ルシファー・エフェクト

ふつうの人が悪魔に変わるとき

THE LUCIFER EFFECT
Understanding How Good People Turn Evil
by Philip Zimbardo

序章

本書の執筆はたいへん楽しい作業だった、と言いたいところだが、あいにくそうではない。完成まで丸二年、私はありったけの時間を、ここに注ぎ込まなければならなかった。精神的になによりきつかったのは、かつて行なったスタンフォード大学での監獄実験に関するビデオテープをすべて見直し、そこから書き起こした記録文書を繰り返し読むことだった。時とともに薄らいでいた辛い記憶が、いやおうなしに甦ってきたからだ。

また、これもすっかり遠い記憶になっていたが、じつは、本書の初めのあたりは三〇年前にほかの出版社と契約して書きはじめたのだった。けれどもそのときは、実験から日が浅すぎて、体験を再現する心の準備ができていなかった。結局、私はすぐに筆を折ってしまった。いま考えると、あのとき無理やり書きつづけなくてよかった。いまこそが、まさに正しい時機だ。現在の私なら洞察力も増し、以前より成熟した視点からこの複雑なテーマに取り組むことができる。

それに、イラクのアブグレイブ刑務所における捕虜虐待が明るみになったこともある。あの虐待がスタンフォード監獄実験で起こった出来事と恐ろしいほど似ていたことで、私たちの実験の妥当性がさらに証明される結果になった。

しかしそのせいで、私はさらにひどく神経を消耗することになった。アブグレイブ刑務所での虐待を徹底究明するうちに、私はこの刑務所の看守のひとりの鑑定人になったのだが、そこから次第に、社会心理学者というより事件記者のような立場へ追い込まれていった。

その若い男性看守、アイヴァン・〝チップ〟・フレデリック軍曹の人間性を、あらゆる角度から明らかにするために、私は本人と長い面会を重ね、家族からも口頭や文面で事情を聞き、看守や軍人としての経歴を調べあげた。同じ刑務所に配属されたほかの軍事関係者たちからも情報を集めた。ここまでしてようやく、その若者の心境が摑めだした。

また、フレデリックの裁判の際は、鑑定人の立場から、彼が犯した虐待のすべてについて証言もした。その必要上、私は特別な許可を与えられ、倒錯行為の数々が写っている数百枚ものデジタル写真をすべて閲覧するはめになった。おぞましい重労働だった。加えて、軍や民間のさまざまな調査委員会から、当時入手できたありとあらゆる報告書が、私のもとへ送られてきた。法廷への詳細なメモの持ち込みは禁止だったため、各資料の重要な点と結論をできるかぎり暗記した。

そうした難題に加えて、さらなる重圧にも襲われた。フレデリックに厳しい判決がくだされたあと、非公式ながら、彼とその妻マーサの心理カウンセラーを務めることになったからだ。私は徐々に、ふたりの〝おじさん〟的役割を担うようになった。

裁判でも不満や怒りを抱えた。その原因は主にふたつあった。ひとつは、フレデリックの減刑理由として私が挙げた数々の状況証拠を、米軍が認めようとしなかったから。もうひとつは、客観性を謳う〝第三者〟の調査報告の多くが、虐待の責任を上級士官たちだけにかぶせていたからだ。

もしも、スタンフォード監獄実験の直後にこの本を書いていたら、状況の力が人々に与える影響がいかに強大であるかは指摘できたとしても、肝心の全体像、すなわち善を悪に変えるさらに大きな力は見逃していただろう。そのような〝システム〟の力は、多数の力が複雑に絡み合いながら独特の状況を生み出し、その状況下では、場の空気が個人の力を押しつぶす。状況の力の奥底には、政治、経済、宗教、歴史、文化といった〝システム〟の力が網の目のように絡み合い、合法であれ非合法であれ、それらが力を支えている。人間の行為を深く理解するためには、個人の力、状況の力、そして〝システム〟の力の範囲と限界を認識することが不可欠だ。

個人や集団の好ましくない行動を変えたり、防いだりするためにも、その行動がとられた際の状況を深く理解することはとても重要だ。状況の力を修正したり、その影響にさらされないすべを学べば、個人の好ましくない反応は効果的に抑えられる。個々の人間の矯正にだけ努めるよりも、じつはそのほうがずっと有効ですらある。大切なのは、一人ひとりに治療を施すだけではなく、もっと広い公衆衛生の観点に立って、個人の病んだ邪悪な心を治していくことだ。

とはいえ、状況の背後にあるシステムの真の力は、たえず秘密のベールに隠れている。だから私たちは、神経を研ぎすませてそれぞれのシステム特有のルールを把握しておかなければならない。そうでないと、行動を軌道修正しても、一時的なもので終わってしまう。

ただし、本書全体を通じて私が繰り返し訴えているように、状況やシステムが個人の行為にどう影を落としているのかを理解することと、その個人が不道徳な、違法な、不正な行動に関わった責任とは、まったく別問題である。つまり、状況やシステムの力がどうであれ、個人の責任が免れるわけではない。

思えば私自身、悪の心理学（暴力、匿名、攻撃性、破壊、拷問、テロの研究）に人生の多くを捧げたその動機を振り返ると、状況の力に影響されていたことがわかる。

私は、治安の悪さで知られたニューヨーク市サウスブロンクスの貧しい家庭で育った。私の人生観や価値観の大半は、スラム街によってつくりあげられたといっていい。都会の片隅のスラムで生き抜くためには、身を守るのに役立つ〝抜け目のなさ〟を養っていくほかない。避けるべき相手は誰か、とり入ってご機嫌をとるべき相手は誰か。状況のかすかな兆しを読みとり、いつ賭けに出て、いつ手を引くべきかを察知し、数々の義理の絆を結び、下っ端からリーダーにのし上がる決め手を見きわめながら、私は成長していった。

当時のブロンクスにはまだ、ヘロインやコカインの取引がはびこっていなかった。貧民街で暮らす人々は〝持たざる者〟であり、おもちゃともテクノロジーとも無縁な若者たちにとって、いちばん貴重なのは遊び仲間だった。そういう連中の一部が、暴力の被害者や加害者になっていった。根はいい奴に思えた男が、やがて凶悪な事件をしでかした。

何がきっかけになったのか、わかりやすいケースもある。たとえば、ダニーという少年の父親は、息子が何か悪いことをしたと気づくたびに、罰として全裸にし、米粒を敷き詰めた浴槽の中でひざまずかせていた。この〝虐待者〟である父親は、ふだんはなかなかの好人物で、とりわけ、同じ安アパートに住む女性たちのあいだでは評判がよかった。しかし、まだ十代だったダニーは、この折檻《せっかん》で心が折れ、やがて刑務所暮らしをするはめになった。

別の少年は、鬱屈《うっくつ》した気持ちに耐えかねて、生きたままの猫の皮を剝《は》いだ。それ以外の子も、遊び仲間に加わるための儀式として盗みをはたらき、ほかの若者と喧嘩をし、何らかのむこう見ずな行為をやっては女の子を震えあがらせ、礼拝堂へ向かうユダヤ系の子どもに脅しをかけた。だが、どれひとつとして犯罪だとは思っておらず、悪いとさえ感じていなかった。ただリーダーに従い、集団の掟《おきて》を守っているだけのつもりだった。

その当時の私たち子どもにとって、〝システム〟の権力の持ち主は、戸口でこちらを蹴って追い払うろくでなしの大柄な管理人であり、あるいは、家賃の滞納を理由に関係当局に連絡して住人一家を追い出し、家財を残らず撤去してしまう無情な大家だった。公衆の面前でそういう恥をかかされた人々に、私はいまでも同情する。

だが、最大の敵は警察だった。路上でスティックボール（ゴム球を投げ、箒《ほうき》の柄で打つ、野球のまねごと）をして遊んでいると、突然、警官が取り締まりにやってきて、理由もなしに箒のバットを没収し、路上での遊びを禁じた。近所には公園がなかったし、道路はどこも荒れていて、ピンクのゴム玉で通行人が怪我をする危険は考えられなかったのに……。

あるとき、警官が近づいてきたのであわててバットを隠すと、運悪く私が目をつけられ、隠し場所を白状しろと問い詰められた。拒否すると、それなら逮捕だと言われ、パトロールカーのドアに頭を叩きつけられた。以来、私は制服姿の大人に対してひとまず不信感を持つようになった。

すべては、親の目の届かないところで起こっていた。当時は、子どもと親が外で行動をともにすることなど皆無だった。

こうした生い立ちがある以上、私が人間の本性に興味を抱いた動機は、もっぱら心の暗い面から湧き出したといえる。貧民街に閉じ込められていた時代から、心理学の分野でキャリアを積む現在にいたるまで、私の内面には長年、〝ルシファー効果《エフェクト》〟とも呼ぶべきものが影を落としている（ルシファー・エフェクトについては次章を参照）。だからこそ、私は大いなる問題と向かい合い、実験による証拠にもとづいて答えを導き出したいと考えるのだ。

本書の構成は、やや異色だ。まず第一章では、人間の性格についておおまかに述べる。善良な人々が悪事に手を染め、さらに邪悪な行為にはまっていくさまを説明したい。必然的に、私たちは自分自身をどこまで本当に知っているのか、過去に経験のない状況におかれたとき、自分がすることとやしないことをどこまで自信を持って予測できるのか、といった疑問が浮き彫りになってくる。神のお気に入りの天使だったルシファーが魔王に変貌したように、それまで思いもよらなかった行動を他人にやりたくなる、という奇妙な誘惑にかられる可能性は、本当にないのだろうか？

スタンフォード監獄実験に関しては、何章もかけて詳細に記した。この実験では、面識のない大学生たちを無作為に囚人と看守に分け、見せかけの監獄の中でしばらく過ごしてもらうとどのように人格が変わるかを研究した。そのときのようすを本書ではきわめてリアルに再現した。章から章へ、時間を追って映画のように話が進む。そのあと、この結果からいったい何を学べるかを解明している。

スタンフォード監獄実験の重大な結論のひとつは、「状況よっては、そこに生じる何らかの力が、個人の抵抗を封じ込めかねない」ということだ。これについても数章を費やし、いくつもの研究成果を交えてくわしく論じた。大学生や、ごく平凡な市民など、幅広い実験参加者たちはみな同じように、ある状況におかれると、自分がやるとは夢にも思わなかった行動に同調し、応じ、従い、容易に誘い込まれた。そのようすをつぶさに紹介していこう。

人は誰でも、独立心を奪われ、権威に服従し、恐怖を前にして我を失い、自己弁護と正当化に埋没していく可能性を秘めている。ありふれたふつうの人が、悪を容認し、はては積極的に関わるようになる。その過程で大きな鍵になるのは、人間性の喪失だ。思考回路が麻痺し、他者を人間以下の存在とみなすには、人間性の喪失が欠かせない。そうなると一部の人々は、特定の人々を敵とみなし、あいつらは苦痛や拷問や死滅に値するとまで考えるようになる。

また、本書の後半では、イラクのアブグレイブ刑務所におけるおぞましい虐待事件に目を向ける。「あの不道徳な行為は、ごく数人の悪質な兵士（いわゆる〝腐ったリンゴ〟）による、サディスティックな暴走だった」とする主張は本当だろうか？　イラク人捕虜を拷問しているときに撮影された、おぞましい〝勝利記念写真〟には、身の毛のよだつ虐待の数々が写っていた。どのような力が、こうした行為の引き金となったのか。その答えを見つけるべく、スタンフォードの模擬刑務所で起こった出来事と対比しつつ、〝場所〟〝人間〟〝状況〟を深く掘り下げたい。

しかし、そこで終わりではない。続いて私たちは、人から状況へ、さらにシステムへと、解明の手を本丸まで伸ばしていく。本書では、各方面の人権擁護団体や法的機関から入手した、虐待その他の調査報告書にもとづいて、システムを裁判にかけることにした。現存の法制度のもとでは、状況やシステム（体制）を裁くことはできない。罪を問えるのは、あくまで個人だ。しかしここでは、四名の陸軍士官を起訴し、さらに命令を出した共犯として、ブッシュ政権内で指揮系統にたずさわった非軍人たちを糾弾した。読者のみなさんには陪審員になっていただき、それぞれの被告が有罪か否かを判断してもらおう。

そして最終章で、心の闇へ分け入るこの重苦しい旅は、大きく方向を変える。

この章では、人間の本性の明るい側面に目を向けたい。個人が状況やシステムの力に対抗してできることがあるとしたら、それは何か？　数々の研究でも、現実世界の具体例でも、悪の誘惑に屈せず、断固として抗った人間が必ず存在することが明らかになっている。そういう人々が魔の手を逃れられた理由は、生まれつき並外れた高潔さを持っていたからだろうか？　そうではない。彼ら彼女らは、抵抗できるだけの精神的、社会的な方策を、無意識にせよ身につけていた可能性が高い。

そこで私は、そうした方策や戦術を紹介し、誰もが好ましからぬ社会的影響力から少しでも身を守れるように努めた。私自身の経験のほか、影響力や説得力の領域を専門とする社会心理学者たちの研究成果もふまえての助言だ。

世の中では、大部分の人が敗北し、わずかな者だけが踏みとどまると、その少数派はたいてい英雄とみなされる。服従、同調、従順を求める強大な力によくぞ刃向かった、と。そして、人々は彼ら英雄を特別視し、勇敢な行為と終生の献身を称え、自分たち凡人とはまるきり違うと考える。

たしかに、この世にはそのような卓越した人物も存在する。が、何もかもなげうつ者は英雄の中でも例外的な、ごく少数にすぎない。気高い人道主義に生涯のすべてを捧げるといった偉人は、きわめて特異な例だ。たいていの英雄的行為は、一時的な、限定された場面で発揮されるものであり、それは、私たち一人ひとりの中にも眠っている。だから、本書の締めくくりでは、私たちの中の英雄に光をあて、その意義を認めたい。

ひとりの人間による残酷卑劣で最低の行為は、同じ人間である以上、ほかの人にとってもけっして他人事ではない。しかし、この悪を〝どこにでもある悪〟と呼ぶとすれば、その一方には、誰もが勇敢に立ち上がれるという事実、いわば〝どこにでもある勇気〟が存在し、これもまた、けっして他人事ではない。合図の鐘が鳴ったとき、人は自分の出番だと気づく。その鐘の音は、人間の本質にひそむ素晴らしい何かが、〝状況〟や〝システム〟の巨大な圧力に負けない強さを持っていることを教えてくれる。

そのとき私たちは、悪を退ける人間の尊厳に、高らかな賛美をおくるのだ。

目次

第一章

悪の心理学
"状況"が人格を変える

心は己の場所を持ち、その内側に地獄から天国を、天国から地獄をつくり出す。
――ジョン・ミルトン『失楽園』

しばらくのあいだ、次ページの絵を眺めてほしい。次に目を閉じて、いま見た絵を思い出してほしい。まぶたの裏に浮かんでくるのは、暗い天空を飛びまわるたくさんの白い天使か？　それとも、地獄にうごめく、角を生やした悪魔の群れか？　版画家M・C・エッシャーの手になるこの作品は、どちらの解釈もできるように描かれている。が、いったん善と悪が隣り合わせであることに気づくと、もはや片方だけを見るわけにはいかなくなる。

本当はあなた自身も、善良で穢《けが》れのない世界と邪悪な世界は別だ、と考えて悠長に暮らしてはいられない。「この私が悪に変わることはあるのか？」。本書を旅するあいだ、この問いを繰り返し自分に投げかけてほしい。

このエッシャーの作品からは、心理学的な真実が三つ浮かび上がってくる。第一に、世界には善と悪の両方が満ちている。過去も、現在も、未来も……。第二に、善悪の境界線は明確ではなく、通り抜けられる。そして第三に、天使が悪魔に変わることもありうるし、悪魔が天使に変わることもありうる。

これを見た人の中には、天使から堕落して魔王と化したルシファーの物語を想起する人もいるだろう。ルシフ

M・C・エッシャー『円の極限4』

アーとは本来〝光をもたらす者〟を意味する。その名のとおり、この天使はもともとは神に気に入られていたが、神の権威に逆らったために、取り巻きの堕天使ともども地獄へ追放された。

突如として〝神の敵対者〟に身をやつしたルシファーは、ジョン・ミルトンの『失楽園』の中でこううそぶいている。「天で従者を務めるくらいなら、奈落で支配者になるほうがよい」。こうして魔王ルシファーは、大言壮語を吐き、槍を使い、ほらを吹き、旗を掲げる。嘘つきでペテン師。要するに、現代におけるいくつかの国家の元首と同じだ。

ルシファーは天国奪還の策をつのるため、おもだった悪魔たちを集めて一大会議を開く[*1]。真っ向勝負ではどうあがいても勝てないとの意見が相次ぐが、側近のビエルゼバブが頭をひねって、邪悪このうえない提案をする。神の偉大な創造物、すなわち人間を堕落させることで神に復讐してはどうか、と。ルシファーはさっそくアダムとイブを誘惑し、神に背かせ、悪の道へ引き入れる策略に成功する。

神は、ふたりはいずれ救われるであろうと告げるが、その言葉どおり人間が神の赦《ゆる》しを受ける日まで、ルシファーは気ままに謀略をめぐらし、魔女を遣わして人間を悪へといざなう。この世から悪を一掃したいと願う者は悪の手先を槍玉に挙げ、懸命に追いつめようとしてきたが、それらの果敢な行為はともすると裏目に出て、〝システム〟の進化を促してしまった。結果として、世界がいまだかつて知らなかった、新たなかたちの悪が生まれてきたのだ。

ルシファーの罪は、中世の思想家が〝クピディタス〟と呼ぶ類に該当する。※中世を生きた詩人ダンテは『神曲』の中で、クピディタスから派生した罪悪が放縦の罪（いわゆる〝狼《オオカミ》の罪〟）のうち最も重いとしている。この罪を犯す者は、精神の内面にひどく深いブラックホールを抱えており、権力や金銭をいくらのみ込んでも満たされない。クピディタスという不治の病をわずらうと、自分自身の外にあるものは何もかも、自分のために利用するか、自分の中に取り込むかしなければ価値がない、とみなすようになるのだ。『神曲』では、地獄の最深部である第九圏へ落とされた人は、永遠に氷漬けにされる。寒さのあまり自分自身のことしか考えられず、生きとし生けるものすべてをつなぐ愛の調和には目を向けられないという刑罰だ。

女性歴史家のエレーヌ・ペイゲルスは、魔王の起源をめぐる研究書の中で、魔王は人間性の鏡だからこそ心理学的に重要なのである、という印象深い主張を展開している。

私たちが魔王に魅せられる理由は、人間という定義枠を超越して、あまりに異様な本性をむき出しにするからである。魔王は、ふだんどれほどひどい衝動にかられても思いつかないほどの貪欲さ、嫉妬、肉欲、憤怒に加えて、残虐という言葉では表わしきれない残虐性を私たちの胸の中に呼び覚まし、人間を動物（獣）に近づける……そして、自然とはかけ離れているように思える悪が、おぞましいことに、じつはマルティン・ブーバーが神を〝絶対他者〟と位置づけたのと正反対の方向性なのだと気づく。*2

私たち人間は、悪を恐れる半面、悪に惹きつけられる。悪の策略をでっち上げ、いつしかそれを信じ込み、対抗するための準備を整えさえする。〝他者〟に対しても、未知な存在として異質かつ危険だと拒絶する一方で、ある種の人間は性的に放縦だったり、モラルを逸脱したりしているのではと考えて、興奮する。

宗教学の大学教授デイビッド・フランクファーターは、著書 *Evil Incarnate*（悪の化身）の結論部分で、他者を邪悪なものとして扱う社会構造に注目している。

> 〝社会的な他者〟は、人食い人種、悪霊、魔法使い、吸血鬼、あるいはその混合などとみなされ、つねに倒錯の象徴にされる。われわれは、自分たちの居場所の周辺に住む人々について語るとき、その人たちがひどく野蛮で、不道徳な風習を持ち、極悪非道だという前提で話を練りあげる。つまり、〝他者〟を思い浮かべると、恐怖と好奇の入り混じった感情が生まれるわけだが（他者の地へ足を踏み入れた移住者、宣教師、軍隊らがときに野蛮な行為に及ぶ背景には、そうした感情がある）、このような社会全般の傾向は、まちがいなく、個人レベルの空想にも影響を与えている。*3

※クピディタス（cupiditas）が語源となって生まれた英語の cupidity は、強欲、貪欲、強い金銭欲、他人の支配を狙った権力欲をさす。しかし、クピディタスの真の意味は、自我を除くありとあらゆるすべてを所有、あるいは自我の中へ取り込もうとする欲望である。たとえば色欲やレイプも、クピディタスに含まれる。他人を、自己の欲求を満足させるための〝物〟として扱っているからだ。利益を得るための殺人もまた、クピディタスの一種といえる。これと正反対の概念は〝カリタス〟であり、こちらは自分自身を愛の輪の一部ととらえ、輪の中ではどの自我も等しく価値を持ち、かつ、互いに結びついていると考える。聖書にある〝己の欲することを人に施せ〟という教えは、カリタスをうまく言い表してはいない。もっともうまくカリタスの概念を表しているのは、賛歌のラテン語の歌詞にある、〝Ubi Caritas et amor, Deus ibi est.（カリタスと愛のあるところ、そこに神はおられる）〟だろう。

天使と悪魔とふつうの人間

善良な人間やごくふつうの人間が悪に手を染めるようになるまでには、段階がある。この本は、その過程を理解するための試みでもある。〝理性を狂わせる元凶は何か？〟という根本的な疑問に立ち向かうとき、私は善と悪の二元論や、健全な精神と腐敗した精神は別種であるといった従来の発想には従わない。代わりに、日々の仕事をこなす現実の人々が、任務の遂行にとらわれるあまり、多くの場面で人間性をひどく揺るがされているようすを観察する。そして、状況の強い力に直面したとき、なぜ、どのように人格が変化するのかを理解していく。

だがその前に、悪を定義しておこう。心理学にもとづいて、私は単純にこう定義する。「悪とは、罪のない人に対し、虐待、侮辱、人権蹂躙《じゅうりん》、傷害、殺害などの行為を故意に加えること。もしくは、権力や組織の力を利用して、そのような行為を自分の代わりに他人が行なうのを助長、または許可すること」。端的にいえば、「まともな頭がありながら、まともではないことをすること[*4]」。

何が人間をある行動へと導くのか？　人間の思考や行為を決める因子は何なのか？　道徳的で高潔な人生をおくる人と、安易に蛮行や犯罪に走りやすい人とはどこが違うのか？　私たちはふだん、思考、感情、行動といった内的要因こそが善悪を選ぶ際の分かれ目だと決めてかかっていないだろうか？　それらの外側にある要因を、軽く扱いすぎていないだろうか？　たとえば、そのときの状況や居合わせた仲間から、人はどのくらい影響を受けるのか？　過去に誰かがやったことを、自分は絶対にやらないと断言できるのか？

たいがいの人間は、自分は特別だという幻想を抱くものだ。自分の利益を守る盾のおかげで、どんなかたちで試されても、清廉潔白さでは並のレベル以上の成績を収められると信じている。足もとの滑りやすい斜面に目を落とすべきなのに、自分だけは大丈夫と分厚い色眼鏡をかけて、星空を見上げているのだ。とりわけ、欧米のように個人主義を奨励する社会では、その傾向が強い。アジア、アフリカ、中東のように集団主義の色彩が濃い社会では、比較的弱い。[*5]

本書で善と悪の世界を旅するにあたって、あなたには次の三つを自分の胸にしっかり問いかけてほしい。①実際のところ、自分の長所と短所をどれくらい知っているのか？　②自分についての認識は、ふだんの慣れた環境における行動だけをもとにしているのか、それとも、まったく未知の状況にさらされたときの行動も考慮しているのか？　③同様に、日常接している人々（家族、友人、同僚、恋人など）をどこまで深く知っているのか？

本書で訴えたい点のひとつは、私たちの大半が、「限られた経験内での自分しか知らない」ということだ。規則、法律、政策、圧力といったものに抑えつけられている、いたってふつうの状況の暮らしなら、だいたい想像がつく。学校に通い、仕事に行き、休暇をとり、パーティへ出かける。年中たえまなく代金を支払い、税金を納める……。

しかし、なじみのない環境にさらされ、いつもの行動習慣では対処しきれないとなったら、いったいどうするだろう？　たとえば、新しい仕事を始める、コンピュータが選んだデート相手と初めて会う、親睦クラブに入会する、逮捕される、軍に入隊する、カルト集団に加わる、心理学の実験に参加する……。基本ルールが変わってしまえば、古い自分は通用しないかもしれない。

この先には、さまざまなかたちの悪が登場するが、あなたにはそのたびに、「私も同じだろうか？」と自問してもらいたい。

悪の本質はどこにあるのか？

善良な人々と邪悪な人々のあいだには越えられない溝がある、と考えれば安心できる。なぜか？

第一に、話を二元論に単純化して、悪を切り分けることができるから。世間の多くは、悪をひとまとまりとみなし、一部の人間だけが持つ特殊な性向だとする。つまるところ、悪い種子が悪い果実を生み、定められた運命をたどるのだろう、と。具体例として真っ先に挙げられるのは、現代の残虐な独裁者であるヒットラー、スターリン、ポル・ポト、イディ・アミン、サダム・フセインなど、大虐殺を指揮した政治指導者の名だろう。もっと身近で小規模な悪としては、麻薬取引、レイプ、性産業の人身売買、高齢者を標的にした詐欺、子どものいじめなどを思い浮かべるだろう。

第二に、善悪二元論の立場をとれば、悪の直接の当事者以外の〝善良な人々〟はあっさりと無罪が確定する。私たちは、非行、犯罪、破壊、侮辱、いじめ、レイプ、拷問、テロ、暴力などの温床にはいっさい関わりがなく、そうした状況を生み、支え、持続させ、はびこらせるような役割もいっさいはたしていない、と。「世の中のしくみなんだから、まあ仕方ない。変えるのは難しいし、もちろん、僕が変えられるはずもない」

しかし、悪の概念を別の角度で捉えれば、それは善からゆるやかに変化したものだと見ることもできる。つまり、誰もが、状況によっては悪に染まりかねないという考え方だ。こちらの説に従うなら、いつであれ、人はどんな特性（自尊心、知性、正直さ、さらには悪）も、大なり小なり持つ可能性があるし、私たちの人格は、良い方向へも悪い方向へも変わる可能性を秘めている。

この段階的変化を肯定する人は、人間の特性は、経験や集中訓練、あるいは特殊な機会を与えられるといった外部からの刺激によって身についていくと考える。要するに、生まれつきの遺伝、性分、家系にかかわらず、善人にもなれるし悪人にもなれるということだ。[*6]

〝気質〟と〝状況〟と〝システム〟の関係

悪はもとから存在するのか、それとも段階的に生まれるのかという問題は、行為の原因が個人の性向にあるのか、それともその場の状況にあるのかという点に直結する。

何らかの異常な行動、予期せぬ出来事、常識では考えられない場面などに遭遇したとき、私たちはどうやって理解に努めるだろう？　伝統的な手法をとるなら、その行動の当事者個人の気質を解明することになる。遺伝子構造、個性、性格、意思などだ。凶暴な行為をはたらいた人物であれば、サディスト的な特徴も調べるだろう。勇敢な行ないをしたのであれば、強い利他主義と関連する遺伝子を探すだろう。

かつて米国では、二人組の高校生が学内で銃を乱射して学生や教師を数十名殺傷するという事件が起こり、都市周辺部の住民を震撼させた。[*7] イギリスでは、一〇歳の少年ふたりが、ジェイミー・バルガーという名の二歳児をショッピングセンターから連れ去って、冷酷に殺害した。パレスチナやイラクでは、若者や女性が自爆テロを実行している。

かと思えば、第二次世界大戦中のヨーロッパ諸国では、おおぜいがユダヤ人をかくまってナチスの魔の手から救い、もし見つかれば自分たちまで皆殺しにされるとわかっていてもひるまなかった。また、みずからの不利益をかえりみず内部告発に踏みきる事例が各国で相次ぎ、上司の不正な、反道徳的な行為を暴いている。

これをどう理解すべきだろう？

従来からある考え方（とくに、個人主義を尊ぶ文化圏の人の主張）は、答えを見つけるにはその人の内面を分析すべきだという。ふつうの人と違う部分があるにちがいないというわけだ。現代の精神医学は、個人の気質を重視する。臨床心理学の心理査定や心理療法も、法律、医療、宗教など関連分野の既存の機関も、ほとんどが同じ視点に立っている。犯罪者、異常者、非道徳者の内面には、犯罪性向、精神疾患、非道徳性が見られるはずだという前提だ。だから、まず〝誰〟を把握するところからスタートする。責任者は誰か？　引き起こしたのは誰か？　罰すべきは誰か？　称賛すべきは誰か？

しかし、私を含め、社会心理学者のアプローチは違う。尋常ではない行為の原因を追究する際は、手がかりとしてまず、〝何〟について探る。特殊な反応を招いた条件は何か？　この行為に関わったとみられる環境はどんなものか？　本人の視点から見ると、どんな状況だったか？　このように、社会心理学者が最初に注目する点は、その場面に特有の外部因子であり、状況の構成要素であり、環境の変化過程である。私たちは、それらが個人の行為にどの程度まで影響を与えたかを見る。

個人の気質を最重視するか、場の状況に着目するかの差は、たとえるなら、病気の蔓延を食いとめたいとき、個別に治療するか、それともまず公衆衛生に努めるかという対策の違いに似ている。治療優先の場合は、患者一人ひとりの疾病や機能障害の原因を探していくが、公衆衛生の研究者は、病気が流行《はや》るのは環境のせいで、蔓延を促す条件が折り重なっているのだと考える。患者はあくまで環境に存在する病原菌が生んだ最終的な結果にすぎないのではないか。そうであれば、いくら個別に治したところで、患者はどんどん増えてしまう、と。

学習障害の子どもがいるとしよう。個々を治療する方式だと、その子がハンディキャップを克服できるよう、さまざまな薬物療法や行動療法を施すだろう。ところが、とくに貧しい家庭の場合、じつは住んでいる家に問題があることが多い。壁から剥がれたペンキの粉を吸い込んで鉛中毒になり、栄養状態の悪さが症状に拍車をかけている――というように。となると、状況への対処が不可欠だ。

こうした別角度の見方は、個人や社会の問題点に関して新たな対処法を生み出していく。これは誰にとっても重要な視点のはずだ。日常生活で私たちは、人の心理を直感で分析し、人々が何を、なぜやっているのか、改善するにはどうすればいいかを理解しようとする。ところが、個人主義を重んじる文化では、つい気質にとらわれて、動機、個性、遺伝子、個人的な病理学にばかり目を向けてしまう。状況の影響力は軽視するのだ。

そこで、ここからしばらくのあいだ、いくつかの実例を挙げて、気質論に偏りすぎた世界観を正し、状況の強い力のもとにおかれると人格がどのように変化するかを見ていきたい。人間と状況は相互作用を及ぼし合っている。あなたは、自分が一貫した性格を保っていると思っているかもしれないが、そうではない。ひとりで仕事をしているときと、集団にいるときとでは、あなたは違う。ロマンチックな場面と、教養を深めるような場面とでも違う。親友と一緒にいるときと、おおぜいの見知らぬ人に囲まれているときとでも異なるはずだ。住み慣れた土地にいるときと、外国を旅しているときとでも、性格は変化する。

「魔女に与える鉄槌」

悪を個人レベルの問題と捉え、その有害な人間をこの世から消し去ろうとする試みは昔からある。文書として記録が残っているものできわめて古い例が、魔女狩りの手引書として使われた論文「魔女に与える鉄槌」だ。[*8]これは、魔女裁判の判事は必ず読まなければならないとされた文書だが、冒頭には、こんな難問が記されている。「全能でまったき善なる神が支配する世界に、なぜ悪が存在しつづけているのか?」

ひとつの答えは、「神が人間の魂を試すためである」だ。神は悪の誘惑に負けた者を地獄へ落とし、耐えることができた者だけを天国へ招き入れる。ただし、アダムとイブが策略にはまったことから、神は、悪魔の力が人間に直接には及ばないようにした。そこで悪魔が一計を案じ、手先を使って間接的に人間を堕落させた。その手先が魔女であるというわけだ。

かくして、カトリック教国では悪が広まるのを防ぐため、魔女を見つけ出しては抹殺することが提案された。となると、何らかの手段を使って魔女を特定し、異端者である事実を告白させ、息の根をとめる必要がある。魔女の特定と抹殺、いわゆる〝魔女狩り〟は、単純かつ直截に行なわれた。住民の密告で発見し、さまざまな拷問によって自白させたあと、魔女と判明すれば殺したのだ。

歴史上には、入念な計画にもとづく組織的な大規模テロや、無数の人々の拷問、殺害が存在する。どれも嫌悪感をもよおすが、魔女狩りの炎が燃えあがった原因は、複雑な問題をひどく単純化したことにある。魔女を〝汚らわしい個人の問題〟としたことで、それを一掃する方法は、おのずと明らかになっていった。悪の使者をひとりでも多くあぶり出し、拷問ののち、熱した油で煮るなり、火あぶりにするなりして、殲滅《せんめつ》をめざせばよかったのだ。

教会も同調する国家機関も、男性ばかりで占められていたから、魔女のレッテルを貼られたのがおもに女性だったのも不思議ではない。容疑をかけられる者は、多くの場合、社会から疎外された人物、あるいは何らかの意味で社会の脅威になる人物だった。貧しい、醜い、肢体が不自由などのほか、ときには、傲慢すぎる、権威を持ちすぎているといった点が告発の理由になった。

教会と国家は率先して、拷問の道具や卑劣な戦術を使った。悪を撲滅したいという異端審問の、熱心でたいがいは真摯《しんし》な願望は、結局、それまでに類を見ない規模の巨悪を生み出すという皮肉な結果になった。生来、人間の精神には素晴らしい能力があり、芸術、科学、哲学をみごとに花開かせることができる。にもかかわらず、ここではその能力がねじ曲げられ、悪を打ち砕くための〝創造的な残酷さ〟にいそしむ方向へとむけられた。

なお、異端審問に使用された拷問の道具は、現在でも世界各地の刑務所や軍や民間の尋問所など、拷問が日常の一部と化している場所で見ることができる（その実例は、アブグレイブ刑務所の実態を紹介する中で示す）。*9

トップダウンの権力システム

個人の気質や場の状況だけでなく、全体を包み込むシステムを考慮に入れないかぎり、複雑な行為は理解できないと言ってもいい。私は、あるシステムに内在する力を見定めたいとき、まずはそのシステムがどのような方法で自分たちのイデオロギーを実践しているかに注目する。異端審問の例でいえば、悪の根絶というイデオロギーは、魔女狩りという方法で実践された。

公共への奉仕を務めとする警察官や刑務官や軍人らが、常軌を逸した、違法な、不道徳な行為を行なった場合、たいていはごく一部の例外による罪悪として片づけられる。善と悪のあいだに明確な線を引いて、事件の当事者を悪の側に、ほかの大部分は善の側におくわけだ。

しかし、そもそもその線引きをしているのは誰か？　それはふつうシステムの管理人だ。彼らは、本当は上層部が生み出した劣悪な労働条件や、監督の不行き届きに責任があるのかもしれないのに、問題をそこから切り離して、世間の目や非難をそらそうとしているのではないか。

〝腐ったリンゴ〟（個人）だけが問題だとする見方は、リンゴの樽そのものも、樽の中身を腐らせかねない状況も無視する。だが、外部因子を先に分析するという姿勢をとるなら、樽の製造元、すなわち、樽をつくる力を持つ者たちにも着目できる。

たいていの場合、樽をつくることのできる連中、いわゆる〝パワーエリート〟が、陰で生活環境の条件の多くを整え、ほかの人々はその枠の中で暮らしている。この権力のブラックホールについて、社会学者のC・ライト・ミルズはこう述べている。

パワーエリートを構成する男たちは、地位の力によって、ふつうの人々からなるふつうの環境を超越できる。権力をかさに、重大な結果を伴う決定をくだせる。実際にそのような決定をくだすか否かは、さほど問題ではない。それだけのただならぬ立場にいる現実がものを言うのだ。総じて、行動を起こさない、決定をくださないということ自体が大きな意味を持つ。なにしろ、現代社会における大規模な階層構造を指揮しているのだから。彼らは巨大なまとまりを支配している。状況のメカニズムを支配し、特権をほしいままにしている。軍事施設に指令を出すほか、社会構造の中で戦略的な指揮をとる地位に位置する。このように、現代では地位の力が権力や富を有効に行使する核になっており、パワーエリートがその特権を享受しているのである。[*10]

ジョージ・オーウェルが『１９８４』で予言したように、権力を行使する者たちは互いの利害を結びつけながら、現実世界を定義するようになる。事実、現代の米国人の多くは、軍＝法人＝宗教という巨大かつ究極の複合システムに、生活の資源や質をコントロールされている。

長期にわたる恐怖と結びついたとき、権力は真の脅威となる。

――エリック・ホッファー『情熱的な精神状態』

〝敵〟を生み出す力

通常、権力者はみずから汚れ仕事に手を染めたりしない。マフィアのドンが、〝焼きを入れる〟手間を下っ端に任せるのと同じだ。システムの支配構造には階層があって、影響力や意思伝達は上から下へ向かう。逆方向はめったにない。だから、パワーエリートが敵国を滅ぼそうと思い立ったときは、プロパガンダの専門家に命じて憎悪の念を広める計画をつくらせる。

市民に別の社会の市民を憎ませて、隔離したいとか、痛めつけたいとか、さらには殺したいとまで思わせるためによく使われるのは、〝敵対的な幻想〟だ。プロパガンダを利用して、心の奥深くにある種の幻覚を植えつけ、どこかの市民を〝敵〟に仕立てあげるのだ。このイメージが、兵士を突き動かし、たずさえたライフルの弾丸を憎しみと怖れの塊にする。市民たちは、恐ろしい〝敵〟が自分たちのささやかな幸福を脅かし、国家全体の治安まで危機にさらしていると感じ、息子たちを戦場へ送り出す。畑仕事よりも戦いが大事だからと、農具を供出して武器につくり変えてもらう。

これらのすりこみはすべて、言葉と画像を介して行なわれる。聖書には「棒や石は骨を砕くが、言葉は私を傷つけない」とあるが、言葉は人を殺すのだ。

一連の洗脳は、敵に関する固定観念を持たせることから始まる。奴らは人間ではない、生きる価値などない、悪魔だ、得体の知れない化け物だ、われわれの大切な価値や信念を揺るがす危険な存在だ……。社会不安が色濃くなり、敵の魔の手が迫っていると感じると、良識ある者すら分別を失っていく。独立心に満ちていた者たちが愚かしく団結し、平和を好む者が戦士に変わる。ポスター、テレビ、雑誌の表紙、映画、インターネットなどに視覚的に描かれた敵の強烈なイメージが、激しい恐怖と憎しみの感情とともに、原始的な大脳辺縁系の隅々にまで焼きつけられてしまうのだ。

社会哲学者のサム・キーンは著書の中で、戦争への道をたどるほぼあらゆる国が、プロパガンダによって〝敵対的な幻想〟をつくり出していると言い、そのしくみをみごとに描いている。彼はまた、こうした敵のイメージには人間の心理状態を変える力があることも指摘している。[*11] じつのところ、支配層にはその相手を打ち砕きたいという欲望がもともとあって、それをあとから正当化し、理由をこじつけたにすぎない。どんな被害を受けているか、あるいは受けそうかといった点を客観的に分析する意図などない。ただ大義名分を並べているだけなのだ。

彼らの思惑どおりに〝敵対的な幻想〟が作用しはじめると、極端な場合は大量殺戮《さつりく》さえ招く。ある民族が一丸となって、「敵と考えられる存在を皆殺しにすべし」と決意する。そのさまは、ナチスドイツの例でもある程度は想像がつく。ヒットラーのプロパガンダ戦術に操られたドイツ国民は、それまで隣人、同僚、さらには親友だったユダヤ人を、唾棄すべき国家の敵とみなし、〝最終手段〟の適用もやむをえないと考えはじめた。子どもの頭にもその思想の種を蒔くべく、小学校の教科書には、あらゆるユダヤ人は卑劣で同情に値しないとする文章や絵が掲載された。

集団虐殺、レイプ、テロ

どんな個人も国家も悪に染まりかねないという現実は、文学作品を読むかぎり、少なくとも三〇〇〇年前から続いていることがわかる。

たとえば、トロイ戦争を描いたホメロスの叙事詩の中では、ギリシャ軍の指揮官アガメムノンが、戦闘に先だって部下たちにこう告げる。「トロイ人をひとりたりとも生かしておいてはならぬ。子宮に宿る赤ん坊といえども、必ず命を奪え。あの民族は、残らず抹殺しなければならない……」。この凶悪な言葉を吐いた男はもともと高潔な人物で、ギリシャといえば、哲学、法学、古典演劇を生んだ高度な文明国だった。

そしていま、私たちは〝大量殺戮の世紀〟を生きている。ここ一〇〇年のあいだに、計五〇〇〇万人以上の人々が、政府の命令によって組織的に殺された。手をくだした側には、軍人はもちろん、みずから志願した民間人も含まれる。

一九一五年から翌年にかけて、オスマントルコは一五〇万人のアルメニア人を虐殺した。二〇世紀半ばには、ナチスが少なくとも六〇〇万人のユダヤ人、三〇〇万人のソ連人捕虜、二〇〇万人のポーランド人、そのほか大量の〝望ましくない民族〟を殺戮した。また、スターリン政権下のソビエト連邦は二〇〇〇万人のロシア人を粛正した。毛沢東の政策にいたってはさらに多く、一説には三〇〇〇万人の自国民を死にいたらしめた。カンボジアでは、共産党のポル・ポト派政権が一七〇万人の自国民を殺害した。サダム・フセイン率いるバース党は、イラクで一〇万人のクルド人を殺したとされる。さらに二〇〇六年には、スーダンのダルフール地方で大規模な虐殺が発生した。にもかかわらず、国際社会の大半は積極的な反応を示さなかった。*12

ルワンダのレイプ

三〇〇〇年の昔、アガメムノンが口にしたのとほとんど同じせりふが、現代でもアフリカのルワンダで発せられた。政権を握るフツ族は、かつてともに暮らしていた少数派のツチ族の掃討をはかった。迫害を受けた女性のひとりは、こう告げられたという。「これからツチ族を皆殺しにする。いずれ、おれたちの子孫は不思議がるだろう。〝ツチ族の子どもって、どんな見かけだったの？〟とな」

中央アフリカのルワンダで平和な日々をおくっていたツチ系民族は、なんでもない鉈《なた》が大量破壊兵器の一種になることを思い知らされた。この原始的な道具で、数多くの住民がやすやすと命を奪われたからだ。ツチ族に対する組織的虐殺は、一九九四年春に、少し前まで生活をともにしていたフツ族によって始められた。それは、わずか数カ月で国内各地に広まり、鉈や、釘のついた棍棒で、何の落ち度もない男性、女性、子どもが多数殺されていった。国連の報告書によれば、約三カ月のうちに八〇万ないし一〇〇万人の死者が出たとみられる。歴史上、類を見ない惨劇によって、ツチ系全体の四分の三が犠牲になったのだ。

フツ系の人々が、友人や隣人だった民族を惨殺しはじめたきっかけは〝命令〟だった。殺害に加わったひとりが、一〇年後のインタビューでこう話している。「この虐殺で最悪だったのは、隣人の男を殺してしまったことです。しょっちゅう酒を飲み交わした仲だったのに。あいつの牛がうちの土地の草を食べているときもよくあった。親戚も同然だったんです」

フツ系のある女性は、自分も子どもを持つ身でありながら、隣に住む子どもたちを撲殺したという。そのあいだ、子どもたちは呆然と眼《まなこ》を見開いていた。生まれてからずっと、隣人同士、友だち同士だったからだ。その女性によれば、政府からひとりの使者がやってきて、ツチ系は敵だと宣言し、女性に棍棒を、夫に鉈を渡すと、この危機に立ち向かうよう命じた。隣家の両親はすでに殺され、よるべのない孤児になっていたから、「その子らのためを思って」やったのだと、女性は殺害を正当化した。

また、最近になるまでほとんど知られていなかったが、この大虐殺の際、ルワンダ人女性のレイプが、一種のテロ、精神の無力化を狙う戦術として組織的に行なわれた。いくつかの報告によれば、発端は、フツ系のリーダーであるシルベスター・キャカムビビ市長が、元友人の娘をレイプしたことだったらしい。続いて、ほかの男どももその娘に襲いかかった。のちに娘本人が証言したところによると、彼らはこう言った。「おまえに弾丸を無駄遣いする気はない。レイプしてやる。そのほうがこたえるだろう」

これは、日本軍による南京での中国人女性のレイプとはやや事情が違う。南京事件の場合、報告まで時間が空いたことや、被害者が経緯を外部者に漏らすのを渋ったことが原因で、悪夢の詳細はぼやけてしまった。それに比べ、ルワンダで被害に遭った女性の心理状態は、かなり明らかになっている。*13

こうしたフツ系の猛襲に対して、ブタレに住む人々が町の境界付近で激しく抵抗すると、暫定政権はこれを反乱とみなした。そして、ひとりの女性を現地へ派遣して、鎮静化をはかることにした。その女性ポーリーン・ニラマスフコは、家族・婦人問題担当大臣で、ブタレで育ち、町の人々とも交流が深かった。フツ系に属し、かつては民生委員として女性の地位向上について講演したこともある。

街の住民は、ポーリーンに一縷《いちる》の望みを託した。しかし、その希望はたちまち潰《つい》えた。彼女は率先して恐ろしい罠をしかけた。近くの競技場に赤十字が食糧と避難所を用意すると住民に伝え、住民たちがそこに行くと、武装したフツ系（インテラハムウェと呼ばれる民兵組織）が待ちかまえていた。武装集団は、逃げ場を求めてやってきた住民のほとんどを殺害した。機関銃をかまえ、何の疑いも抱いていなかった人々へ手榴弾を投げ、かろうじて生きのびた者を鉈で切り刻んだのだ。

ポーリーンはさらに「女を殺す前には、必ずレイプしなさい」と命令した。七〇人の女性や少女を捕らえた別のグループには、生きたまま焼き殺すよう命じ、自分の車のガソリンを渡した。じつは、ここでもレイプすることを勧めていたのだが、若い民兵のひとりが、通訳に向かってレイプは無理だと訴えた。「一日中、殺しつづけて、みんなもうくたくたなんだ。ボトルにガソリンを詰めて女どもに振りかけ、火をつけるだけでじゅうぶんだろ」

ローズという名の若い女性は、ポーリーンの息子シャロムに犯された。そのとき彼は、ツチ系の女性をレイプする「許可」を母親からもらってあると言ったという。結局、ツチ系の住民のうち、ローズただひとりが死を免れ、集団虐殺の目撃者として、神に経緯報告する役割を担うことになる。彼女は、母親がレイプされるさまを見せつけられたうえ、二〇人の親族が殺される場面に立ち会っていた。

国連の報告書によれば、この短期間の大量虐殺で少なくとも二〇万人の女性がレイプされ、そのあと多くが殺害されたとみられる。「中には、槍、銃身、瓶、バナナの木の雄しべなどを挿入された者もいる。性器は鉈、熱湯、酸で傷つけられ、乳房は切り落とされた」。「さらにおぞましいことに、レイプはおおぜいの男が連続して行ない、たいがい、引き続きほかのかたちの暴行へ移った。しかも公衆の面前だったため、被害者の恐怖と屈辱はますます高まった」。このような行為は、フツ系の虐殺者のあいだで絆を深める手段としても使われた。集団レイプを通じて、かりそめの友情を結んだわけだ。

人間業と思えない行為には、際限がなかった。「四五歳のルワンダ人女性は、自分の一二歳の息子にレイプされた。息子の喉元には鉈が突きつけられ、その目の前には女性の夫がいて、ほかに五人の幼い子どもたちが股を開かされていた」。レイプ被害に遭いながらも生きのびた被害者には、エイズが蔓延した。ルワンダでの大虐殺はまだ終わったわけではない。「病気や疫病を、終末論的なテロ、生物兵器として使うことで、子どもを産む能力を根絶し、何世代もの人間を死にいたらしめている」と、ニューヨーク市立大学ジョン・ジェイ法科カレッジのチャールズ・ストロージャー教授は述べている。

どんな力が、ポーリーンを比類のない犯罪者に仕立て上げたのか？　どうすれば理解の手がかりを得られるのか？　なぜ、ひとりの女性が、同性の人たちをかくも痛めつけたのか？

歴史と社会心理学に照らし合わせると、事態の枠組みを用意したのは、権力および立場の変化だった。そのひとつは、〝ツチ系の女性が美しく高貴なのに比べて、フツ系の女性は劣っている〟という俗説だ。これは広く流布していて、ポーリーンもその偏見の影響を受けていた。一般に、ツチ系のほうが背が高く、肌の色がやや薄く、白人に近い特徴を持っている。男性の目から見てフツ系の女性よりも好ましいとされていた。

まだある。フツ系とツチ系は、何百年にもわたって同じ言語、同じ宗教を共有し、異系間での結婚も珍しくなかったが、二〇世紀初頭、ベルギーとドイツの植民地支配によって、勝手に明確に分けられた。ルワンダ人全員が身分証明書の携帯を義務づけられ、多数派のフツ系か少数派のツチ系のどちらに属するかを示さなければならなくなったのだ。そして、高い教育や管理職はツチ系の特権とされた。この点も、ポーリーンの鬱積した不満の源になった。

さらに、男だらけの政権の中で、女性のポーリーンは日和見的に動かざるをえなかった面もあるだろう。彼女は、上の立場にいる人々に対して忠誠、服従、強い愛国心をアピールする必要から、それまで女性が指揮したことのない犯罪的な攻撃を煽った。ツチ系を抽象化し、人間ではなく〝ゴキブリ〟と呼び、だから〝根絶〟しなければいけないという見方をとったことで、大量殺戮やレイプをけしかける行動へ向かいやすくした。敵の顔に憎悪の絵の具を塗りたくり、カンバスごと破壊する、〝敵対的な幻想〟の生きた見本だ。

同じ人間がこれほど残虐な犯罪をあえて扇動するとは、にわかには信じがたいかもしれないが、ニコル・バージビン（ルワンダ大虐殺の国際犯罪法廷でポーリーンの弁護を務めた人物）は、こんなふうに注意を喚起している。「いろんな殺人の裁判を担当していると、私たち誰もが道を踏み外しかねないと気づかされます。自分がこんな行為に手を出すなんて、想像もつかないでしょう。でも、誰だって弱さを抱えているのです。私が、あるいは私の娘がやってもおかしくない。あなたがやる可能性もあるわけです」

この点については、非営利組織ヒューマン・ライツ・ウォッチのアリソン・デ・フォルジェも、当を得た意見を述べている。過去にも野蛮な犯罪を数多く調査してきたこの女性の見解を知ると、残虐行為には、一般人である私たちの姿が映し出されていると考えざるをえない。

このような行為は、私たち人間のうわべのすぐ下にひそんでいるのです。虐殺の簡単な報告を読んだだけなら、大量殺戮の加害者と自分とのあいだには大きなへだたりがあると思うでしょう。この加害者は極悪非道で、自分がこれと同じことをやるなんて想像もつかない、と。けれども、当事者たちがとてつもない圧力のもとで行動していた点を考慮に入れれば、やはり同じ人間なのだと感じられてくる——と同時に、不安を覚えます。事件当時の状況を改めて振り返り、「私だったら、どうしただろう?」と自問するはめになるのです。答えは明るいものとはかぎりません。

フランス人ジャーナリストのジーン・アッフェルドは、一〇人のフツ系民兵にインタビューした。この一〇人は、数千人のツチ系民間人を鉈で殺したかどで現在、獄中にいる。[*14] もとはごくふつうの人間で、ほとんどが農業にたずさわり、熱心に教会へ通い、ひとりは教師だった。しかしその証言は、背筋の凍る内容だ。度しがたい残酷さを淡々と語り、後悔の念もにじませていない。人間は、愚かなイデオロギーのために人間性を完全に捨て去ることができてしまう。カリスマ的な指導者の命令に従い、はてはその命令の枠さえ超えて、〝敵〟とみなした相手すべてを抹殺しようとするのだ。

その証言の一部を以下に抜粋しておこう。ここには、トルーマン・カポーティの『冷血』すら顔色なからしめるほどの残忍さが表われている。

「しょっちゅう殺してたから、人殺しには何の感情も湧かなくなったね。はっきり言っておくけど、最初の殺しから最後まで、すまないと思ったことなんて一度もない」

「秩序を正す作業だったんだよ。みんなの情熱を見習ったってわけだ。サッカー場に集まってチームに分かれ、意気投合して狩りに出かけた」

「心が痛んで殺しをためらう奴は、とにかく言葉に気をつけなきゃいけなかった。行動が控えめな理由をうっかり口にしちゃまずいからね。おまえは連中の仲間か、と疑われらおしまいだ」

「パピルスの草の陰に（隠れて）いる者はみんな、見つけだして殺した。区別の必要なんかなかった。いい意味でも悪い意味でも、誰かを特別扱いする理由なんかないから、知人だろうと隣人だろうと切り刻んだよ。ひたすら計画どおりにね」

「ツチ系の隣人が何か悪さをしたわけじゃないことはわかってた。だけど、おれたちがふだんいろいろ困ってるのは、ツチ全体のせいだと考えたんだ。一人ひとりは見なくなった。前とはまるっきり違う態度になって、仲間だってもう仲間とは思わなくなった。知ってるかぎりを引っくるめてもまだ比べものにならないほど、危険な連中だと感じるようになった。地元の付き合いより、もっと重大な問題だ。みんなそうやって理屈をつけて殺したんだ」

「沼地でツチ系をひとり捜しあてたとき、もはやそいつが人間だとは思えなかった。似たような考えや感情を持つ、自分と大差ない人間とは感じられなかったんだ。狩りは野蛮で、狩人も野蛮で、獲物も野蛮——心を野蛮さが支配してた」

この残忍な殺害やレイプに対する反応として、とりわけ胸を締めつけられるのが、生き残ったあるツチ系女性の言葉だ。

それまでも、人がほかの人を殺すことができるのは知ってました。日常茶飯事でしたから。でも新たにわかったのは、食事をともにし、ベッドをともにした相手だろうと、簡単に殺せるということです。すぐ隣に住む人に自分が噛み殺される可能性だってある。あの虐殺事件から、私はそう学びました。もう、世の中を昔と同じ目では見られません。

当時、ルワンダへ派遣された国連PKO部隊で司令官を務めていた、カナダ軍中将のロメオ・ダレールは、みずからの経験を『なぜ、世界はルワンダを救えなかったのか』(風行社)という迫真の手記にまとめあげた。[*15] この司令官ほどの勇敢な力があれば、何千人もの命を救えたはずだが、国連から追加部隊を派遣してもらえなかったため、手をこまねくほかなく、惨劇の広がりを防げなかった。結局、ダレール中将は心に深い傷を負い、重度の心的外傷後ストレス(PTSD)を患うことになる。[*16]

南京のレイプ

おぞましい場面にもかかわらず、容易に思い浮かべられる光景が、レイプというものだ。それゆえ、この言葉は戦争中の非道な行為全般の象徴としても使われる。一説には、一九三七年のわずか数カ月のあいだに、日本軍兵士は中国の一般市民を万単位で殺害したといわれている。

数だけではない。殺害の方法にも目を向けるべきだろう。虐殺者たちは、少しでもふさわしいかたちで死にいたらしめようと、〝創造性に満ちた悪〟を生み出したらしい。この事件を調査して本にまとめたアイリス・チャンによると、中国人男性の身体を利用して、銃剣の練習や、斬首の競争が行なわれたという。一方、女性は推定で数万人がレイプされた。レイプだけでは満ち足りず、女性の腹を裂き、乳房を切り落とし、生きたまま壁に磔《はりつけ》にした兵士もいたという。家族が見つめる中、父親には娘のレイプを、息子には母親のレイプを強要した兵士がいたという報告もある。*17

戦争は、残酷な心や野蛮な行為を生む。すべての敵を、もはや人間ではない〝悪そのもの〟と決めつける。

この種の行為が人類史上たった一回きりだったら、特殊な例と片づけられただろう。しかし現実には、民間人に対するこうした非人道的なふるまいは、時代を超えて綿々と続いている。イギリス軍は米国の独立戦争で、民間人を処刑したりレイプしたりした。ソ連赤軍の兵士は、第二次大戦末期から一九四八年にかけて、ベルリンの女性およそ一〇万人をレイプした。一九六八年のソンミ村大虐殺では、五〇〇人以上の民間人がレイプや殺人の被害に遭い、また、近年になって公表された国防総省の機密資料には、ベトナムおよびカンボジアの国民に対して米国兵士が蛮行をはたらいた例が三二〇件記載されている。*18

人間性の喪失とモラルの消滅

ほとんどの人間は、たいてい道徳的に生きていると言っていい。しかし、道徳心というものは車のギアに似ていて、ときにニュートラルに切り替えられ、そうなると切り離されてしまう。坂の上にきた車は下るときにスピードが上がるように、個人の技能や意図とは関係なく、状況がものごとの方向性を決める。ごく単純な比喩だが、モラルの機能停止という特徴はとらえていると思う。

機能停止の問題をめぐっては、私と同じスタンフォード大学のアルバート・バンデューラの研究があり、これが、本来なら善良なはずの人々がなぜ悪事をはたらくのかを解明する手がかりになる。一三章で詳述するが、ひとまずここでは、バンデューラが中心となって行なった実験に注目したい。この実験の結果は、敵を〝人間にあらず〟とみなしたとたん、いとも簡単にモラルが切り離されてしまう事実を示しているからだ。*19

実験の概要はこうだ。あなたが大学生だとしよう。そのあなたが、同じ大学の学生二名とグループを組み、集団での問題解決の実験に参加することになった。あなたたちに割り当てられた役割は、よその大学の三人組の監督だ。集団での問題解決の能力を上げるために、その三人がテストの答えを間違えたら、罰として電気ショックを加える。電圧は、間違えるたびにどんどん上げていい。

実験の助手は、あなたたちと相手側の氏名を確認すると、責任者に準備の完了を知らせるために出ていった。テストは計一〇回。相手側の三人は隣の部屋にいる。各質問ごとに電圧をどのくらいにするかは、あなたたちの裁量に任されている。

――と、ここであなたたちは、助手がインターホン越しに責任者へ報告する声を偶然耳にしてしまう。助手は他大学の三人について「まるで獣みたいな腐った連中ですよ」と不快げな声色で伝えている。じつはこれも実験のシナリオの一部なのだが、あなたたちは気づかない。あなたたちに内緒のことはまだある。同じように無作為に選ばれた大学生グループが別にもう二組あって、一組には助手が「感じのいい連中です」と漏らしてあり、残る一組には何の情報も与えていない。

はたして、このような単純なレッテル貼りが、何らかの効果を生むのだろうか？　一回目のテストでは、いずれのグループの反応も似ていて、レベル2という低い電圧のショックを与える。ところが、事前に聞いた情報がやがて大きな違いを生みはじめる。何も聞かなかったグループは、一定しておよそレベル5の電圧を使った。相手が〝感じのいい連中〟と思い込んでいるグループは、もっと寛大な態度をとり、電圧レベル3あたりにとどめた。ところが、〝獣〟を想像しているあなたたちは同情心を完全に失って、相手が誤りを犯すたびに強い電気ショックを与え、最高の8へ向かっていった。

個人的な知り合いでもない実験助手が、あっち側の大学生たちは〝獣〟のようだと伝えるのを小耳にはさんだだけで、他人に向ける精神構造のありかたが変わってしまったのだ。この結果をじっくり考えてみてほしい。実験後の参加者のコメントも興味深い。あなたのグループの学生たちはみな、なぜあんなに強い電気ショックを使う必要があったのかを、なんとか理屈づけようとしていた。

私たちは、ふだんのモラルの水準をその場で適用するかしないかを選ぶことができる……そう考えれば、あるときは非常に残酷に、またあるときは思いやり豊かに豹変することも納得がいく。

――アルバート・バンデューラ*20

アブグレイブ刑務所の虐待画像

私が本書の執筆に取りかかった背景には、イラクのアブグレイブ刑務所で起こった虐待事件がある。二〇〇四年五月、この刑務所内での虐待を証拠づける写真がいっせいに世界中に出まわり、私たちは歴史に残る一コマを目の当たりにした。そこでは、警備にあたっているはずの若い米国人男女が、民間人に対して信じがたい拷問を行なっていた。暴挙のさなかに兵士たち自身が撮ったデジタル写真には、加害者と被害者の姿が克明に記録されていた。

兵士たちはなぜ、そのような違法行為をあえて撮影して証拠に残したのだろう？　もし他人に見かったら厄介なことになるに決まっているのに……。

大きな獲物をしとめた狩人が、誇らしげに獣の死体を掲げて記念撮影するかのように、アブグレイブ刑務所の〝勝利記念写真〟には、捕虜を下等な動物なみに扱って虐待しながら笑顔を浮かべる男女が写っている。拘留者を殴る、叩く、蹴る写真。脚に飛び乗る写真。全裸の男性たちに頭巾《ずきん》をかぶせ、無理やりピラミッド状に積み重ねた写真。男性捕虜に自慰行為やフェラチオのまねを強制し、そばで女性兵士たちがはやし立てている写真や動画。拘留者を長時間にわたり監房の垂木に吊している写真。首輪をはめて引きずっている写真。口輪を外した犬で威嚇《いかく》している写真……。

中でも象徴的な一枚は、暗い刑務所内からイラクの街角へ、さらには地球の隅々へとまたたく間に広まった。〝トライアングル・マン〟と呼ばれるその写真には、三角頭巾で顔をおおわれた拘留者が映し出されていた。箱の上に危なっかしく立たされ、布きれのような服から左右へ伸ばした手の先に電極をつけられている。彼は、「よろけて箱から落ちたら感電死するぞ」と脅されていた。本当は電線の端には何もつながっていないのだが、それは問題ではない。問題なのは、嘘を信じ込んだ当人が、耐えがたいストレスにさらされたことだ。じつはもっと衝撃的な写真もあったのだが、公開したら米軍やブッシュ政権の信用やイメージがあまりに低下するとの判断から、米国政府はそれらを伏せたままにした。しかし、裁判にたずさわった私は数百枚の写真すべてに目を通さねばならず、心の底から震えあがった。

あまりの苦しみ、露骨な傲慢さ、抵抗するすべのない囚人にここまで屈辱を味わわせる無神経さを見せつけられて、私は深く落ち込んだ。しかも、虐待者のひとりである二一歳になったばかりの女性兵士が、こうした行為を〝ただの気晴らしやゲーム〟と供述したと知って、さらに衝撃を受けた。

だが、意外ではなかった。過去にも似たような出来事を目撃していたからだ。三〇年前、私自身が考案し、監督した実験プロジェクトで、不気味なほどよく似た場面が繰り広げられた。囚人が裸にされ、手錠をはめられたうえ、頭巾をかぶせられる。看守に背中を踏まれながら、腕立て伏せをさせられる。性的な辱めを受ける。極度のストレスに悩まされる……。実験中のいくつかの光景は、遠いイラクのあのアブグレイブ刑務所で看守と囚人が見せた構図と取り替えてもわからないくらいだ。

アブグレイブで起きた事件に対して、マスメディアや世界各国の人々は、七人の男女がどうしたらここまで残酷になれたのかと不思議がり、軍の司令部は、〝暴走した兵士〟〝ごく一部の腐ったリンゴ〟とレッテルを貼ったが、私はこの監房棟の中のどんな状況がバランスを崩し、善良なはずの兵士を蛮行に走らせたのかに思いをめぐらせた。

念を押しておくが、だからといって加害者の責任に目をつぶろうとか、道徳的に許そうとかいう意図はまったくない。私が望むのは、今回の狂気の意味を突きとめて、どんな経緯で若者の人格が短期間で急変し、人の想像を超えた行為にいたったのかを明らかにすることだ。

人間性の暗黒面を探る旅

これからみなさんとたどる長い道のりは、詩人ミルトンの表現を借りれば〝可視の闇〟へ分け入る旅路と呼べるだろう。あなたは、ありとあらゆる種類の悪が栄える場所へ踏み込むことになる。他人に極悪非道の仕打ちをしでかす輩《やから》にも出会うはずだ。とはいえ、彼らは高い理想、最良のイデオロギー、モラルの命令に従って行動しているつもりである場合が多い。旅の道中にひそむ悪魔どもにはくれぐれも用心しなければいけないが、悪魔の正体はあまりに平凡で、隣の家で暮らしている人たちと大差ないとわかったら失望するかもしれない。

いずれにしても、あなたには蛮行をはたらく者の立場に身をおいて、そちらの視点からは悪がどう見えるのか、自分自身で実感してもらいたい。ときには、醜悪としかいえない光景にぶつかるだろうが、そのような悪を直視し、原因を探ってこそ、新たな希望が開けるのだ。賢明な判断力とこれまでにないはたらきかけがあれば、この世の悪の進行を食いとめ、事態を沈静化し、状況を変質させていけるかもしれない。

スタンフォード監獄実験については、これまでさまざまなメディアで概要を報じられているほか、私自身も研究発表を行なってきたから、すでに広く知られてはいる。しかし、完全なかたちで明かしたことはまだ一度もない。本書の前半で私は、一日ずつ時間を追って、昼に夜にどんな出来事が起こったかを再現していこう。

「人間は運命の囚人ではなく、自分自身の心の囚人にすぎない」。かつてフランクリン・ルーズベルト大統領はそう言ったが、この〝刑務所〟は、あるときは比喩として、またあるときは現実の存在として、自由を制約する。スタンフォード監獄実験に参加した囚人役や看守役の学生にとって、はじめのうち刑務所は象徴的な概念でしかなかったが、やがてまさしくリアルなものへ変わっていった。

私たちの日常生活でも、自分で自分の自由の足枷《あしかせ》にしている〝刑務所〟はないだろうか？　たとえば、神経症、卑下、恥じらい、偏見、テロに対する過度の恐怖心なども、みずからの自由や幸福の可能性を狭めてしまう幻想であり、身のまわりの世界を正しく把握できなくなる元凶といっていい。*21

こうした知識を頭に入れるうち、アブグレイブでの事件が再び脳裏に蘇ってくるだろう。ただし今度は、新聞の見出しやテレビの映像に捉われることなく、あの恐ろしい刑務所で看守や囚人はどんな状況下におかれていたのかをよく理解できるはずだ。

私は、状況の力を批判するだけでなく、人々の意識的な抵抗の力を後押ししたい。しっかりと知識を持ったうえで断固たる思いを胸に行動することには、前向きな意義がある。社会の影響力のしくみを理解し、密やかながらも隅々まで蔓延しているその力が、いつ誰の心へ忍び込んでもおかしくないと心に留めることができれば、誰もが頭のまわる、賢明な個人になれる。権威、集団心理、説得力ある訴え、順応を迫る戦略などにも、やすやすとだまされなくなるはずだ。

私は、どんな人間であれ英雄になれる力を秘めていると強く信じている。しかるべき状況とタイミングが訪れれば、誰でも自分の危険や犠牲をいとわず、他人を救う行動に出られるにちがいない。

しかし、そういう幸福な結論にたどり着くまでには、長い旅を経る必要がある。さあ、旅立とう！

権力が世界に言った。
「汝《なんじ》は私のもの」

世界は、権力を王座の上に縛りつけた。

愛が世界に言った。

「私は汝のもの」

世界は、愛をみずからの中へ解き放った。


――ロビンドロナト・タゴール『迷い鳥』[*22]

スタンフォード監獄実験

第二章

日曜日。突然の逮捕

まだ互いに見知らぬ十数人の若者は、パロアルトの教会の鐘が自分たちのために鳴っているとは気づかない。もうすぐ、人生がまったく予期しないかたちで捻じ曲げられるとは、夢にも思っていなかった。

一九七一年八月一四日の日曜日、午前九時五五分。気温は二〇度を超え、いつものように湿度は低い。限りなく晴れわたっていて、頭上の紺碧《こんぺき》の空には雲ひとつない。今日もまた、カリフォルニア州パロアルトでは、絵葉書のように完璧な夏の一日が始まろうとしている。たとえ商工会議所のうるさ方であっても、文句のつけようがないだろう。この米国西部の楽園に、〝不完全〟や〝不規則〟はまずない。道ばたのゴミや隣家の庭の雑草と同じくらい、存在を許されていないのだ。こんな日にこんな土地で生きていられるだけで、じつに心地がいい。

ここパロアルトは、アメリカンドリームが繰り広げられるエデンの園、フロンティア精神の最前線だ。人口は六万人ほどだが、大きな特徴として学生が一万一〇〇〇人いて、パーム通りの付近に住み、勉学に励んでいる。両脇に椰子《やし》の木が数百本立ち並ぶこのパーム通りの終着点にあるのは、スタンフォード大学の入り口だ。大学とはいえ、ちょっとした都市と呼んでもいいほどで、総面積は三〇平方キロメートル以上、敷地内には警察や消防署、郵便局もある。サンフランシスコから車で一時間しか離れていないが、雰囲気は対照的だ。

パロアルトは治安がよく、清潔で、静かで、白人が多い。黒人系の人々はたいてい、ハイウェイ国道一〇一号線の東、大学とは反対側のパロアルト東地区に寄り集まっている。私が育ったニューヨーク市ブロンクスは、何階もあるすさんだアパートメントに貧しい家庭がひしめいていたが、このパロアルト東地区はまったく違い、一軒家に一世帯か二世帯が生活していて、都市郊外のような落ち着きがある。私の高校時代の先生が、夜、タクシー運転手のアルバイトをしつつ、金が貯まったらいつか住んでみたいと夢見ていたような土地だ。

しかし、このオアシスの周囲に、近ごろ穏やかでない空気が広まりつつある。たとえば、サンフランシスコ湾をはさんで北方に位置するオークランドでは、黒人解放運動組織ブラックパンサーが、民衆に黒人の誇りを訴え、人種差別に反対するため「必要であればどんな手段も辞さない」と表明している。また、黒人のジョージ・ジャクソンとその仲間〝ソルダッド・ブラザーズ〟が、看守を殺害した罪でまもなく裁判にかけられる見通しで、このジャクソンの思想に触発され、各地の刑務所の囚人たちが政治的に団結しはじめた。

女性解放運動も熱を帯びだしている。市民権を男性と同等にし、女性に、いままでにない機会をもたらそうと懸命の努力を続けている。それに、反対意見の多いベトナム戦争が長引いて、戦死者数が刻々と増えつつある。さらに悪いことに、ニクソン=キッシンジャー政権は反戦運動に神経をとがらせ、大規模な反戦デモを次第に本格的に弾圧する姿勢をとっている。昨今の新世代の一般市民にとって、〝軍部と産業界の結託〟は新たな敵であり、多くの市民が金銭的な利益を貪欲に追求する姿勢に真っ正面から疑問を投げかけている。

真にダイナミックな時代に生きたい人なら、この時代の気風は、近年になく魅力にあふれているかもしれない。

共同の悪、共同の善

私が育ったブロンクスでは、住民は無名の大衆の中に埋もれていたが、パロアルトに来てみると、地域としてのまとまりや個人の独自性が明確で、対照的だった。興味を惹かれた私は、あるとき簡単な実験をして、双方の地域性の違いを立証してみることにした。

最初に調べたのは、「攻撃的な本能を助長するような環境におかれ、しかも、ほかの人たちは自分が誰なのか知らないという匿名性の高い状況では、どのくらい反社会的な行為が誘発されるか」ということだった。小説『蝿の王』のように、人は匿名の状態が続くと敵意の衝動を解き放つのか？　実験の結果わかったのは、没個性化された被験者は、そうでない被験者に比べ、ためらいなく他人に痛みを与える傾向があるということだった。[*1]

続いて私は、パロアルトの善良な市民が、略奪行為をしやすい場面で誘惑にどう反応するかを確かめることにした。パロアルトに車を一台放置し、比較のために、はるか五〇〇〇キロ離れたブロンクスにも同様に放置して、〝どっきりカメラ〟ふうに隠しカメラで成りゆきを観察したのだ。

ニューヨーク大学ブロンクス・キャンパスとスタンフォード大学の前、それぞれ敷地から道を一本隔てた場所に、まだ状態のいい中古車をとめ、ボンネットを上げて、ナンバープレートを外した状態にした。つまり、一般人に略奪をけしかける〝誘発因〟を揃えた。研究チームは、現場がよく見える位置に身をひそめ、ブロンクスでは写真、パロアルトでは動画に実験のようすを記録した。[*2]

するとブロンクスでは、まだ記録の準備が整わないうちに、早くも最初の略奪者が現われ、車から物を盗みはじめた。父親が大声で、トランクの中身を全部出せと母親に命じ、息子にはダッシュボードの小物入れをあさるように言いつけたのだ。父親自身はバッテリーを外した。ほかにも、徒歩や車で通りかかった人々が、価値のありそうなものをかたっぱしから奪った。さらに、何もないと見るや、今度は競うように車体を壊しだした。こうして、ニューヨーク市ブロンクス地区に置かれた哀れな車は、手際よく丸裸にされたうえ破壊されるという運命をたどった。

都会の匿名性が生んだこの残念な経緯は、タイム誌に〝放置車の日記〟というタイトルで報じられた。[*3] ほんの二、三日のあいだに、私たち研究チームは、二三件もの破壊的な行為を記録した。

心なき暴挙に出た人々は、みなごくふつうの市民だった。全員が白人で、身なりもいい。ほかの場面なら、警察はもっと取り締まりを厳しくしろ、犯罪者の扱いが手ぬるすぎる、などと声高に叫んだりするタイプ、法秩序を強化すべきかと意見を聞かれれば「もちろんだとも！」と即答するようなタイプに思えた。予想に反して、ティーンエイジャーはひとりしか関与せず、車を壊す騒ぎに加わって楽しんだだけだった。

さらに意外なことに、赤外線カメラは必要なかった。すべての破壊行為が白昼堂々と行なわれたからだ。ばれないという匿名性があれば、わざわざ暗闇に紛れるまでもないのだ。

一方、パロアルトに放置した車のほうはどうなったか？　こちらも、いかにも無防備な姿で置いたのだが、まる一週間、略奪の類いはただの一件も起こらなかった。徒歩の人も車に乗った人も、放置車を眺めはするが、ふれようとさえしない。いや、厳密にはひとりだけいた。ある雨の日、親切な男性がボンネットを閉めてくれたのだ（エンジンが濡れないように）！

それればかりか、あきらめた私が車をスタンフォード大学内へ移動すると、放置されていた車が盗まれたようだ、との通報が警察に三件寄せられた。[*4] これこそまさに、機能している〝コミュニティ〟の典型例だった。互いを思いやり、自分たちの区域の中でまれに違法行為が起こった可能性があれば、進んで行動を起こす。他人のために動くそうした姿勢は、ほかの人も同じように自分や自分の財産を守ってくれるはずだという、持ちつ持たれつの利他主義を前提にしているからこそ生まれるのだろう。

このささやかな実験でもわかるとおり、匿名状態（自分のことを周囲の人々が知らない、気にしていないと感じられるような状態）だと、反社会的な、利己的な行為は助長されかねない。私は過去の研究で、個人の身元を伏せた場合、他人に対する攻撃性が増す、という事実のあぶり出しに重点をおいていた。ふだんならタブーである他人への暴力が、そのような条件下では解禁されやすくなる。さらに放置車の実験によって、この傾向はより広い人間生活にあてはまり、状況が匿名性を後押ししていると、社会のルールを逸脱する人が増えることが確かめられた。

意図はしていなかったのだが、私のこの試みはその後、犯罪の〝割れ窓理論〟の正しさを示す唯一の実験結果として利用された。割れ窓理論とは、公共の秩序が乱れていると、犯罪が誘発されやすくなるというものだ。[*5]どんな場合でも、匿名性が強い状態だと、個人の責任や市民の義務に目をつぶる可能性が高くなる。実際、学校、会社、軍隊、刑務所などで、何らかの制度を隠れ蓑《みの》にしたこの種の事例が数多く発生しているが、〝割れ窓理論〟の支持者たちは、対抗策として、具体的な物の乱れを減らすべきだと主張する。つまり、道路に放置された車を撤去する、街頭の落書きを消す、割れた窓を修繕するといったことが、犯罪を抑止し、街の秩序回復に役立つ、と。ニューヨークなど一部の都市では、この考え方に沿った措置が効果をあげた。しかし、うまくいかなかった街もある。

パロアルトのような場所では、共同体意識が整然と静かに根づいていて、住民たちは、生活の物質的な、社会的な質を大切にするし、その両面を向上させていくだけの金銭や時間の余裕もある。公正と信頼の観念を持ち、ほかのどこかの人々の心につきまとう不公平感や、斜にかまえた態度とは明確な違いがある。

パロアルトでは、住民は警察に信頼を寄せていて、犯罪に対処し、悪を抑え込んでくれると思っている。たしかに、警察官はじゅうぶんな訓練を受け、愛想がよく、実直だ。規則どおりに行動するから、あくまで公平な態度をとる。ごくまれにそう思えない姿勢を示しても、周囲の人々は、〝警官といえども、たまたま警察の制服を着ている労働者にすぎず、財政が赤字になればクビになる程度の存在である〟という現実にまでは考えが及ばない。しかし、きわめて特殊な場面では、優秀なはずの警察官でさえ、人間性よりも権威を大きく振りかざす。パロアルトのような土地ではめったにそんな出来事は起こらないが、いつそうした事態に発展してもおかしくない。それが、スタンフォード監獄実験で一気に露見した。

街を二分した大学紛争とその余波

パロアルトでは公務員も市民も品行方正、と言いたいところだが、歴史上、ただひとつ汚点がある。一九七〇年、米国がインドシナ半島へ介入したとき、スタンフォードの過激派学生がそれに反対してストライキを断行し、校舎を壊しはじめた。このとき私は、もっと建設的なかたちで反戦運動を繰り広げる数千人の学生たちを支援して、暴力や蛮行はマスメディアに悪い印象を植えつけるばかりで戦争に何ら影響をもたらさないと説得した。前向きな平和運動のほうが効果があるはずだ、と。[*6]

しかし、新学長のケネス・ピッツァーが、動揺のあまり警察に出動を要請したことから、全米各地で起こっている衝突と同じ事態へ突入した。多くの警察官が、職業上のわきまえをなくして過激派の学生を殴打した。ふだんなら守るべき市民に暴行を加えたのだ。

もっとも、ほかの大学では警察がさらなる暴挙に出た。ウィスコンシン大学（一九六七年一〇月）、オハイオのケント州立大学（一九七〇年五月）、ミシシッピのジャクソン州立大学（同じく一九七〇年五月）……、それらの大学では地元警察や州兵が学生に向けて発砲し、死傷者が出た。[*7] 一九七〇年五月二日付のニューヨークタイムズ紙には、次のようにある。


カンボジアにおける事態が深刻化する中、大学で反戦の機運が再び高まっており、昨日、以下に挙げる事件をはじめ、各地でさまざまな出来事が起こった。

メリーランド大学カレッジパーク校の予備役将校訓練本部においては、学生集会が開催され、暴動の末、学生側と州警察が衝突。マーヴィン・マンデル州知事は、州兵二部隊に警戒態勢をとらせた。

プリンストン大学の学生および教職員、合わせて約二三〇〇人は、ストライキに入ることを決議した。期限は早くとも、大規模な集会が予定されている月曜日午後まで。この集会の場で、社会的機能すべてのボイコットが取り決められる見通し……スタンフォード大学の学生ストライキは、構内での投石騒ぎに発展。デモ隊を鎮圧するため、警官隊が催涙ガスを使用した。


スタンフォード大学側のある報告書には、この牧歌的なキャンパスでかつてないレベルの暴力が発生したと記されている。警察への出動要請が少なくとも一三回あり、逮捕は四〇件以上にのぼった。とりわけ激しいデモが起こったのは、米国のカンボジア侵攻が報じられた直後、一九七〇年四月二九日と三〇日だ。はるばるサンフランシスコからも警官隊が駆けつけ、投石が飛び交い、二夜にわたる攻防の中、学内で初めて催涙弾が使われ、ピッツァー学長は「痛ましい」とコメントを出した。多数の警官を含むおよそ六五人が負傷した。

スタンフォード大学に拠点を置くコミュニティーにも憎しみの念が燃え上がり、パロアルト警察や強硬派の一般住民とのあいだには溝が生じた。私が大学院生のころ、ニューヘイブンの街とイェール大学の学生も似たような構図で敵意を向け合っていたが、スタンフォードでは前例がなく、特異な事態だった。

翌七一年の二月に就任した警察署長ジェームズ・チュルシェは、前任者のときに起こった暴動の余波でなおも対立関係が続いていることを憂慮し、私の提案を受け入れて、スタンフォード大学生の〝軟化〟に乗りだした。[*8] 署長は若くて快活な警官をガイドに立てて、学生たちを警察署に招き、真新しい施設を見学させた。お礼として、学生側も警官たちを大学に呼び、寮で食事をともにし、授業を参観させた。解決不能とさえ思える社会問題であっても、理性を持つ人々が理性をはたらかせて策を講じれば、打開の道が開ける。これはほんの一例だ。

ところが、まさにこの流れの一環として、私はみずからパロアルトに新たな悪を芽生えさせてしまうはめになった。私はこの大学で監獄実験を始める準備をしていた。チュルシェ署長も、心理学の観点から研究を深めることに賛成だった。人間はどんなふうに警官という役目になじんでいくのか？　新人警官が無事に〝いいお巡りさん〟になった理由は何なのか？　「興味深いですね」と私は答えたが、本格的な実験には多額の資金が必要なだけに、実現のめどが立ちそうになかった。

とはいえ、刑務所の看守が一人前になっていく過程くらいなら、職務も場面も限られているから、費用の範囲内で実験できそうだった。見せかけの刑務所をつくって、新人警官や大学生に、看守役と囚人役を割り当てたらどうだろう？　署長は、面白いアイデアだと言ってくれた。心理学面の成果はどうあれ、警官の研修としてなかなか役立つと考えたらしい。新人の一部をこの模擬監獄実験に参加させることに同意した。私はすっかり乗り気になった。そういう力添えが得られるとなれば、囚人役の学生を逮捕するまねまで本格的にやってもらえるかもしれない。

その後、署長は準備が整う直前になって前言をひるがえし、うちの警官はこのあと二週間多忙だから、囚人役や看守役として貸し出すわけにはいかないと言いはじめたが、街の緊張した空気をやわらげたい気持ちには変わりないので、監獄実験にはできるだけ協力したいとのことだった。

私は、実験をリアルかつ劇的に始めるため、ぜひ、囚人役の学生を本物の警官が逮捕するという出だしにしたいと持ちかけた。日曜日の朝なら暇があるだろうし、ほんの数時間ですむ。被験者当人の足でスタンフォードまで来て拘束状態に入るのと、いきなり自由を剥奪されるのとでは、実験の成否に大きな違いが出るはずだ、と私は主張した。署長は不承不承ながらも承諾し、担当の巡査部長に命じて日曜の朝にパトロールカーを一台どうにか都合すると言った。

最悪のスタート

この約束を書面にしてもらわなかったことが、つまずきの始まりだった。合意のようすが撮影も録音もされていない以上、書類がなければ現実は動かない。そう思い知らされたのは土曜日だ。念のために確認の電話を入れたところ、チュルシェ署長はすでに週末の休暇をとっていて留守だった。いやな予感がする。

案の定、日曜日になって、担当の巡査部長には協力の意思がないことがわかった。パロアルト警察が偽の容疑をでっちあげて、何人もの学生を急に逮捕するなど無茶すぎる。署長からの許可書がなければ、なおさらだというわけだ。古株の巡査部長が私のような者の実験に関わりたがるはずもない。

なにしろ私は、ときの副大統領スピロ・アグニューから〝退廃的で頭でっかちな俗物〟と謗《そし》られたこともあるほどだ。どう考えても、くだらない研究に手を貸して部下たちに逮捕ごっこをやらせるより、もっと大切な仕事がごまんとある。巡査部長から見れば、心理学の実験など、他人の問題に干渉し、プライベートにしておくべき事柄を暴き出す行為にすぎない。

彼は、心理学者は目を見つめるだけで心を見抜くと信じているらしく、視線をそらしたままこう言った。「悪いねえ、教授。手伝いたいのはやまやまだけど、規則は規則だ。正式な許可なしで、うちの者に新しい任務を与えるわけにはいかないんだ」

「月曜日に署長が戻ってきたら、また来てくれ」の言葉を聞く前に、私の脳裏には失望がよぎった。せっかく計画を練りあげたのに、始めもしないうちに頓挫してしまうのか。ほかの準備は万端だ。心理学部の建物の地下には、模擬刑務所が入念につくってある。看守役たちは、各自希望した制服に身を包み、最初の囚人が到着するのを待ち受けている。初日の食料も購入ずみ。囚人服も、私の秘書の娘が縫ってくれた。監視カメラ、盗聴マイクもしかるべき場所に設置した。学内の衛生局、法務部、消防署、大学警察にも通知してある。ベッドやリネンを借りる手配もした。

その他にも手を尽くして、二〇人以上の被験者が二週間暮らすのに必要な大量の物資を集めた。被験者のうち半数（＝囚人役）は模擬刑務所に泊まり込み、残る半数（＝看守役）は一日八時間ずつ参加する予定になっている。私自身、これまで一度に被験者ひとりにせいぜい一時間しかかけたことがない。こんなに長期にわたる実験は初めてだ。

しかし、手間暇かけたこれらの準備もすべて、巡査部長の「無理」のひとことで打ち消され、水泡に帰す寸前だった。

もっとも私は、科学の知識の大部分は細心の注意に支えられていると知っていたし、ブロンクスで生き抜いた人間だけあって、万が一の備えが何より大事だと身に染みていた。だから、署長が不在と知ったときすぐ、この展開を予測し、次善の策をとっていた。サンフランシスコのＫＲＯＮというテレビ局のディレクターに連絡し、もうすぐスリリングな不意の逮捕劇が始まるから、撮影して夜のニュース番組に使ってはどうかと焚きつけたのだ。メディアの力を借りれば、手続き上の難題をクリアしやすくなるうえ、逮捕にあたる警官にしても、カメラの前に立てるという誘惑にかられて私の味方につくだろうと踏んでのことだった。

私は巡査部長にこう言った。「まったく残念です。署長は、きょう予定どおりにことが運んでいると思ってるでしょうに。チャンネル４のテレビカメラだって呼んであるんです。逮捕のようすを撮って、今晩のニュースで流してもらうつもりでした。警察のＰＲに役立つと思ったんですが……。でもまあ、あなたが計画の中止を命じたからって、署長はそう怒りはしないでしょう」

「いや、中止しろとは言ってない。ただ、うちの署の人間が、そんなことをやりたがるかどうか。本来の任務から無理やり引き離すわけには、どうも……」

虚栄心をくすぐるテレビニュース

私はすかさず言った。「そこにいるふたりに頼めませんか？　本人たちがテレビカメラに映ってもかまわないならですけど、いつもの手順で逮捕を二、三回やって見せてくれれば、署長が言ってたとおりに進むと思います」

「僕はべつにいいですよ、巡査部長」と、若い警官ジョー・スパラコが口をはさんだ。ウェーブのかかった黒い髪をとかしつけながら、大きなカメラをしっかりと肩に載せたカメラマンを見つめている。「日曜の朝は暇ですし、なんだかちょっと面白そうじゃないですか」

「よし、わかった。署長も考えがあって許可を出したんだろう。いろんな準備が整ってるのに、いまさらぶち壊すのもな。ただし、いいか、こっちからの呼び出しにいつでもこたえられるようにしておけ。招集がかかったら、すぐに切り上げろ」

私はたたみこんだ。「じゃあ、おふたりの名前を正確に教えてください。今夜のニュースの中で、キャスターがきちんと発音できるように」。この警官二名と絆を深め、何としても囚人役を全員逮捕し、この署で正規の登録手続きをすませるところまでこぎつけなければならない。

「テレビで放映されたりするんじゃ、よっぽど重大な実験なんでしょうね、教授？」。もう片方の警官、ボブがそう尋ねながらネクタイを正し、無意識に銃に手をやった。

「テレビ局側は、そう捉えているみたいだね」。私は、自分の立場の脆さをじゅうぶん嚙みしめつつ答えた。

「なにしろ、警察が突然、一般市民を逮捕するっていう設定だから。一風変わった実験だけに、興味深い反応が得られるかもしれない。署長もたぶん、そう思ったからゴーサインを出したんだろう。このリストに、逮捕する九人の氏名と住所が書いてある。私は、研究助手の大学院生クレイグ・ヘイニーと車に乗って、パトロールカーの後ろをついていく。カメラマンが撮影しやすいように、ゆっくり運転してほしい。一度にひとりずつ、標準の業務手順に従って逮捕してもらいたい。ミランダ・ルール［訳注：逮捕時に警官が通告する被疑者の権利］を読みあげて、身体検査をしたあと、手錠をはめる。危険な容疑者を捕まえるときの要領でね。最初の五人は窃盗容疑。刑法四五九条の違反だ。あとの四人は強盗の容疑で、刑法二一一条を適用する。ひとりずつ署へ護送して、身元登録、指紋押捺、犯罪鑑識カードの作成など、ふだんどおりの手続きをお願いしたい。

そのあと、ばらばらに留置場に収監し、次の容疑者の逮捕へ向かう。あとでまとめて、私たち側が大学の模擬刑務所へ移送する。ただひとつだけ、いつもとは違うことをやってほしい。留置場へ入れるとき、ここにある布を使って、容疑者に目隠しをしてもらいたいんだ。移送の際、容疑者が私たちの顔を見たり、行き先を悟ったりすると臨場感が薄れてしまうからね。助手のクレイグとカート・バンクス、それから看守のひとりバンディーが、移送を担当する」

「了解しました、教授。ボブと僕でうまくやりますよ。ご心配なく」

いよいよ本番へ[*9]

巡査部長のオフィスを出て、私たち五人（警官のジョーとボブ、私、助手のクレイグ、カメラマンのビル）は、パロアルト市庁舎の地下にある留置事務室を見にいった。何もかもが、まばゆいほど新しい。この施設がつくられたのは、つい最近だ。以前の留置場はここからたいして離れていないものの、内部のようすは大違いで、荒れはてていた。使いすぎたせいではなく、単なる老朽化だが……。私の希望としては、警官とカメラマンにひとり目から最後まで全員の逮捕に関わってもらい、被験者の条件を平等にしたかった。テレビ局側にはあらかじめ実験の意図を伝えてあったものの、巡査部長の反対を押し切ることが第一だったから、説明はかいつまんでしたにすぎない。このあたりで警官とカメラマンには実験の手順を詳しく明かし、なぜこんな実験が必要なのかといった背景もある程度話しておいたほうがよさそうだ。そうすればチームワークが生まれるし、疑問点があればぜひ答えたいという私の熱意も示せる。

口火を切ったのはジョーだった。

「学生たちは、自分が逮捕されるのを知ってるんですか？　実験の一環だと伝えるか何かしましょうか？」

「ジョー、この学生たちは、刑務所生活の実験とわかったうえで応募してきたんだよ。私が新聞に求人広告を載せたんだ。囚人の心理を探る実験に参加したい男子大学生求む、期間は二週間、日当一五ドル、そして――」

「じゃあ、この学生たちは、二週間、監房に座ってじっとしてるだけで、一日一五ドルもらえるんですか？　僕やジョーも応募したいなあ。ずいぶん楽ちんなアルバイトですねえ」

「まあな。たしかに楽な金稼ぎだろう。興味深い事実が出てきたら、改めて実験を繰り返す可能性もある。そのときは署長に最初に提案したとおり、本物の警官を囚人役と看守役に振り分けるよ」

「そうなったら、僕たちもひと役買いますよ」

「前にも言ったが、これから逮捕してもらうのは、選び抜いた九人の学生だ。パロアルト・タイムズとスタンフォード・デイリーの二紙に出した求人広告には、一〇〇人くらいの応募があってね。明らかな変わり者や、過去に何らかの逮捕歴がある者、医学的や精神的に多少とも問題を持つ者はふるい落とした。そのうえで、助手のクレイグ・ヘイニーとカート・バンクスが一時間かけて心理査定と綿密なインタビューをして、二四人に絞ったんだから」

「二四人×一五ドル×一四日となると、かなりの金額を払わなきゃいけませんね。教授が自腹を切るんですか？」

「しめて五〇四〇ドル。これは、海軍研究事務所を通じて政府の助成金でまかなわれる。反社会的行動の研究の一環だからね。私が懐《ふところ》を痛める必要はない」

「学生はみんな、看守の役をやりたがってました？」

「いや、じつをいうと看守役を希望する者はひとりもいなかった。全員が囚人役を望んだんだ」

「どうしてです？　看守役のほうが楽しそうだし、囚人のまねをするより苦労が少ない。僕にはそう思えるけどなあ。それに、囚人役だと二四時間やって一五ドルだから安すぎる。看守役は、ふつうの勤務シフトのあいだだけでいいわけでしょ」

「そう。看守は八時間交替にするつもりだ。三人ずつ三組で、九人の囚人を二四時間監視する。それなのに囚人役を選びたがるのは、そのうち本当に逮捕される可能性だってあると思うからじゃないかな。たとえば徴兵忌避とか飲酒運転、市民権の主張や戦争反対のデモ……。その一方、学生の多くは将来、刑務所の看守になるとは思えない、と答えている。そういう未来を思い描いて大学に入ったわけじゃないからね。基本的にはみんなバイト代が目当てだけど、中には、もし初めて収監された場合にどう対処すべきかを学べるかもしれないと期待するむきもあるらしい」

「看守役はどうやって選んだんです？　そうか、図体のでかいやつでしょう？」

「違うんだ、ジョー。まったく無作為に振り分けた。コイン・トスみたいなものだよ。表が出たら看守役。裏なら囚人役。看守役には昨日のうちに通告しておいた。心理学部の地下につくった小さな刑務所に呼んで、自分たちが使いやすいように多少の手直しもしてもらった。それから、陸軍の払い下げ品の店でめいめい制服を選んで、いまもう、実験開始を待ちかまえてるよ」

「看守のトレーニングもやったんですか？」

「その時間があるとよかったんだが、昨日、簡単なオリエンテーションをしただけでね。とりたてて訓練はやっていない。看守役のおもな心得は、法と秩序を守ること、囚人に対して暴力をふるわないこと、脱走を許さないこと。それと、この模擬刑務所では、囚人は無力という共通理解をつくりたいので、看守役にはその旨をいちおう伝えたつもりだ」

「これから逮捕する学生たちのほうには、自宅、寮、あまり遠くない指定の家のいずれかで待機するように、としか言ってないわけですね。午前中に連絡が入るはずだ、と」

「で、もうすぐその連絡が入るというわけだ。本格的な方法でね」

「どうも釈然としないことが二、三あるんですけど」

「遠慮なく言ってくれ、ジョー。きみもだよ、ビル。不明な点はここで残らず解決しておいて、上司の番組プロデューサーにも伝えてほしい」

「僕が不思議に思うのはですね、なんでわざわざ大学の地下に模擬刑務所なんかつくったんです？　学生を逮捕して報酬まで払うんでしょう？　刑務所や囚人なら、本物がいくらでも存在するじゃないですか。郡拘置所なり、サンクエンティンの州立刑務所なりに行って、どんな生活をおくっているか観察すりゃすむ話じゃないですか？実際の刑務所で看守や囚人を眺めてれば、知りたいことはわかると思うんですが」

　的を射た質問だ。とたんに私は、教壇に立っている気分になり、熱心な聴衆に向かって講義したくなった。

「私が探り出したいのは、囚人や看守になることが心理学的にどんな意味を持つかという点なんだ。新たに与えられた役割に順応する中で、どんな変化を経るのか？　わずか数週間で、従来の自分とは違う新しい人間に生まれれ変わることは可能なのか？

　本物の刑務所暮らしについては、社会学者や犯罪学者がすでに研究しているが、いくつか大きな弱点があってね。まず、刑務所での生活はあらゆる側面を把握することができない。カメラを通した観察にほぼ限定されていて、囚人とじかに接する機会は少ないし、看守との接触となるとさらに難しい。刑務所内にいていい人間は、職員と収監者の二種類のみ。研究者は〝よそ者〟扱いで、内部の人間全員から、不信の目とまではいかないにしろ、うさん臭いというまなざしで見られてしまう。結局、刑務所側に許可をもらった範囲しか観察できず、表面的な暮らしぶりしかわからない。囚人と看守の関係性をもっと奥深くまで追求するためには、刑務所の環境を心理学的に再構築したほうがいいんだ。そのうえで、囚人や看守の立場に見合った精神状態が植えつけられるようすを、つぶさにすべて観察、記録、文書化したい」

「なるほど、おっしゃるとおりなんでしょう」と、カメラマンのビルが割って入った。「でも、スタンフォードの模擬刑務所と本物の刑務所を比べると、囚人や看守にだいぶ違いがありますよね。本物には、犯罪者タイプの凶暴な連中が収監されています。法律を破ったり、看守に殴りかかったりするのだって平気な奴らです。だから看守のほうも、腕っぷしの強い者ばかりが揃っていて、いざとなれば囚人の首をへし折ってやるくらいの気がまえなんです。その点、スタンフォードの学生はお坊ちゃまで、上品だし、乱暴じゃないし、タフでもない。本物の看守や囚人とは違いますよ」

「こう言っちゃなんですけど」と、ボブが口をはさんだ。「何もしなくたって毎日一五ドルもらえるとわかってるんだから、学生たちは全然やる気なしで二週間過ごすかも。いやそれどころか、ゲームをしたりして遊んで暮らして、金だけせしめるかもしれませんよね？」

「まず断っておくが、被験者のうち、スタンフォード大学の学生は数人だけなんだ。ほかは米国各地の学生、中にはカナダの学生もいる。夏休みだから、あちこちの若者が西海岸に集まっててね。スタンフォードやバークレイの夏季講座を終えた学生をいろいろ交ぜて選んだんだよ。しかしきみの言うとおり、本物の刑務所の類いとは、内にいる人間が違う。あえて、正常で健康と思われる、心理テストの全項目が標準的な若者を選び出したからね。私と、ここにいるクレイグと、もうひとりの優秀な大学院生カート・バンクスの三人で、慎重に合格者を決めたんだ」

クレイグは、指導教授の私が名前を出すまで発言の機会を辛抱強く待っていたとみえ、やっと出番だとばかりに言葉をついだ。「現実の刑務所で、何かの出来事——たとえば、囚人が刺し違えるとか、看守が囚人を殴打するとかが起こった場合、特定の個人や状況に、そうした自体を招いた責任がどこまであるのかが判断できません。中には粗暴な社会不適合者もいるし、サディスティックな看守もいます。だけど、そういう性格の全部、あるいは大半が、獄中で起こる事柄の原因なんでしょうか？　僕はそうは思いません。状況を考慮に入れなければいけません」

私は、教え子の力強い物言いに、わが意を得たりの気分だった。彼が要領よく説明してくれたおかげで、ますます調子に乗ってミニ講義を続けた。

「要するに、私たちの研究の意図は、人が刑務所という状況にもたらす影響と、状況がその場に居合わせている人に与える影響とを区別することなんだ。あらかじめ選別して、今回の被験者はみんな、ごくありふれた、中流家庭の教養ある若者ばかりにしてある。いろんな点で互いによく似た学生の集まりといっていい。それを無作為にふたつに分けて、異なる役割を割り当てるわけだから、〝看守〟と〝囚人〟は明確な比較対象になる、いやそれどころか、逆になってもおかしくない。囚人とはいえ、看守より暴力的でもなければ、敵対的でも反抗的でもない。看守にしても、権力を振りかざしたがるような人間ではない。実験開始前の現時点では、看守も囚人もまったく同類だ。全員、囚人役をやりたがった。全員、実際には収監されたり処罰されたりする罪は犯していない。しかし、二週間後も似たもの同士でいられるだろうか？　与えられた役割が、人格まで変えてしまうのかどうか、性格の変化が確認できるのかどうか、それを知りたいんだ」

クレイグが補足した。「大雑把に言えば、善良な人間を邪悪な環境において、善と悪のどちらが勝つかを試すんです」

「なるほど、その表現はわかりやすい」と、カメラマンのビルが笑った。「うちのディレクター、それを今晩の宣伝文句に使いたがると思いますよ。ところで、今朝は映像の切り替えをやってくれる者がいないんで、逮捕シーンの撮影も、いくつかのアングルのつなぎ合わせも、自分で全部やらなきゃいけなくて大変なんです。というわけで教授、時間がもったいないし、準備もできてますから、そろそろ始めませんか?」

「いいとも、ビル。だけどジョー、実験に関するきみの最初の質問にまだ答えていなかったな」

「と言うと?」

「囚人が、実験の一環として逮捕されるのを知っているかどうか。答えはノーだ。実験に参加できるように、今朝は予定を空けておいてくれ、としか伝えていない。罪状に心あたりがないはずだから、実験の一部だと気づくんじゃないかな。もしこれは実験かと尋ねてきたら、そうだともそうじゃないとも、あいまいに答えてほしい。あくまで、本当の逮捕と同じように任務を執行してもらいたい。質問や抗議は無視してほしい」

クレイグが、ひとこと言い添えずにはいられなかった。「この逮捕も含めて、学生たちがこれから経験することは全部、いわば、現実と幻想が混ざり合う必要がある。本当の自分と、役割上の自分とを融合しなければいけません」

少し格好つけすぎだな、と私は思ったが、たしかに意義のある発言だ。ジョーは、映画『暴力脱獄』で看守が着けているような、黒光りするサングラスをかけたあと、真っ白な車体のパトロールカーのサイレンを鳴らしはじめた。サングラスのせいで、もう誰もジョーの目を見ることはできない。私もクレイグも、にやりとした。私たちの模擬刑務所でも、看守はみんな同様のサングラスをかけてもらい、匿名性を高めて没個性化をはかることにしていた。美学と人生と研究が、徐々に溶け合いはじめている。

警官がドアをノックする*10

「ママ、ママ！　お巡りさんが来てるよ。ハビーを逮捕するって！」。ウィットロウ家の末娘ニーナが叫んだ。母親のデクスター・ウィットロウはよく聞きとれなかったようだが、娘の金切り声からただならぬ気配を察し、夫に任せたほうがいいと判断したらしい。

「用事なら、パパに頼んで」。夫人は日曜朝の礼拝から帰ってきたばかりだ。教会の運営がいろいろと変わってきたことに不信感を抱き、深く悩んでいた。しかも最近、ハビーの行く末が心配でたまらない。軽く金色がかった髪と青い瞳を持つ、美しく愛おしい息子だけれど、遠いカレッジへ進学して、これからは年に二度帰省してきたときしか会えなくなるからだ。ただ、これには喜ばしい一面もある。パロアルト高校時代から付き合いはじめた女の子との熱愛ぶりが度を超えてきたが、距離を置けば〝去る者日々に疎《うと》し〟で頭が冷えるだろう。男なんだから、結婚を急ぐよりもまず仕事の経験を積まなきゃ、とハビーには何度も言い聞かせている。

このかわいい息子に欠点があるとすればただひとつ。それは、ときどき友だちとつるんで、はめを外しすぎることだ。先月もそうだった。いたずらで高校のタイル屋根にペンキを塗ったかと思えば、道路標識を逆さにしたり、引きはがしたり……。「ばかばかしいし子どもっぽいわよ、ハビー。そのうちひどいしっぺ返しを食らっても知りませんからね！」と叱ったばかりだ。

「ママ、パパは留守よ」と、ニーナの声がした。「マーズデンさんとゴルフに出かけちゃった。とにかく下りてきて。ハビーお兄ちゃんがお巡りさんに捕まりそうなの！」

「ハビー・ウィットロウ、刑法第四五九条、住居侵入窃盗罪の容疑だ。市警本部へ連行して、調書をとる。ボディチェックをして手錠をかけるが、その前に、権利の告知をしなきゃいけない」（この古典的な逮捕劇をのちのちまで伝えようとテレビカメラがまわりつづけている。ジョーもそれをじゅうぶん意識し、態度はまるで凄腕《すごうで》の刑事、手際のよさはドラマ『ドラグネット』のジョー・フライデー刑事も顔負けだった）。「四つの点を明言しておく。おまえには黙秘権があり、答えたくない質問には答える必要がない。供述の内容は、法廷でおまえに不利な証拠として用いられることがある。尋問の際、おまえには弁護士の立会いを求める権利がある。みずから弁護士を雇う経済力がない場合、全過程において公選弁護人をつけてもらう権利がある。以上、自分の権利はわかったな？よし。了解したものとみなして、これからおまえを本部へ連行し、容疑事実に関して手続書を作成する。おとなしくパトロールカーのところまで来い」

息子が手錠をかけられ、警察の車に両手をついた姿でボディチェックを受けているのを見て、ウィットロウ夫人は肝をつぶした。テレビニュースで見かける常習犯罪者さながらだ。だが、どうにか気を落ち着けると丁重に言った。「お巡りさん、これはいったいどういうことです？」

「じつは奥さん、ハビー・ウィットロウを窃盗の容疑で逮捕するように指示を受けたんです。ハビーは――」

「それでしたら、わかっています。道路標識を盗むなんてとんでもない、って叱ったんですよ。ジェニングスさんの家の子たちにそそのかされちゃだめだと」

「母さん、違うんだ。これはほんの――」

「ハビーはいい子なんです、お巡りさん。何か盗まれた物があるんなら、主人と私で弁償します。まあ、ただのいたずらですし。本気で悪さをしたわけじゃありません」

早くも、近所の住民たちが少しずつ集まり、遠巻きに眺めはじめた。怖いもの見たさで、他人の安全を脅かした若者のようすをうかがっている。ウィットロウ夫人は懸命にこらえて、好奇の視線に気づかないふりをしつつ、目の前の重大事に取り組んだ。どうにかこの警官の機嫌をとって、息子の扱いを優しくしてもらわなければ。

「主人のジョージがいてくれたら、きっとうまく対処してくれるのに」と胸の中でつぶやく。「日曜日に礼拝よりゴルフを優先するから、罰が当たったんだわ」

「じゃあ、先を急ぐとしますか。スケジュールが詰まってるんで。午前中にまだおおぜい逮捕しなきゃいけない」。ジョーが、容疑者を車内へ押し込みながら言った。

「ねえ母さん。父さんには事情を話してあるから、あとで聞いて。保釈手続きをすれば大丈夫。心配いらないよ。だってこれ、単なる――」

けたたましいサイレンと赤色灯のせいで、さらに多くの隣人がなにごとかと寄ってきて、ウィットロウ夫人を慰める。おたくの坊ちゃん、いい子に見えたけど……。

このとき、ハビーは初めて不安に襲われた。取り乱す母親を見て、パトロールカーの後部座席にひとり手錠をかけられて座っているのが後ろめたくなくなった。運転席とは金網で仕切られている。「犯罪者になるって、こんな気分なのか」と思う。隣人のパーマーが、こちらを指さして娘に叫んでいる。「世の中、どうなっちまった？　とうとう、ウィットロウさんちの子まで悪事をしでかしたぞ！」。ハビーの血色のいい頬が、急に羞恥心《しゅうちしん》で真っ赤に染まった。

署に着くと、逮捕の事務処理が慣れた手際で行なわれた。被疑者が協力的なせいもある。警官のボブがハビーの手続きを進めるかたわらで、ジョーと私たちは、最初の逮捕がとどこおりなかったかを振り返る。

私自身は、少し時間がかかりすぎたと思う。まだあと八人逮捕しなければならない。けれどもカメラマンは、立ち位置を工夫したいから、もっとゆっくり動いてほしいと言う。ニュースを流す際は、うまく撮影できた逮捕シーンのみに絞り込む。話し合いの結果、次の逮捕は映像のつながりを考えて慎重にやり、その後は、テレビの都合は二の次にして実験を優先し、迅速化をはかることにした。ハビーたったひとりで、もう三〇分かかっている。こんなペースでは、逮捕の作業だけで日が暮れてしまう。

と同時に、私は別の心配もしていた。警察が手を貸してくれるのはテレビの威力あってこそだ。撮影が完了となったら、残りの逮捕はまともにやってくれないのではないか。この研究の肝は客観的な観察であり、私の孤軍奮闘でコントロールできるようなものではない。支障をきたしかねない要因はいくらでもある。ほとんどは事前に対策を講じてあるものの、どんなに入念に計画しても、まったく予期しない出来事がすべてを台なしにする可能性はゼロにできない。社会科学者が〝フィールド〟と呼ぶ、制御不能な変数があまりに多い。

その点、研究室における実験は気が楽だ。実施責任者が支配権を握っている。ものごとの進行を申し分ないかたちで統制できる。被験者をこちらの縄張りへ連れてこられる。刑事の尋問マニュアルどおりだ――〝事情聴取は、容疑者や目撃者の自宅でやるな。署まで連れてきて、不慣れな空気を味わわせ、社会の助けから切り離して、予想外の邪魔が入らない環境に置け〟。

私は、それとなく警官を急かそうとしたが、カメラマンのビルが、もうワンショット撮りたい、もう一度、別の角度で頼む、とさかんに引き延ばす。ジョーは、ハビーに目隠しをした。犯罪調査記録局フォームC11-6(逮捕記録)の必要事項は記入し終え、両手の指紋もすべて採取した。あとは顔写真の撮影だけだが、それは模擬刑務所に場所を移してからポラロイドカメラでやることに決めている。全員を揃えて囚人服に着替えさせたあと、まとめてすませたほうがいい。

ハビーは、最初に一回だけ冗談を言ってみせたが、「おまえ何様のつもりだ、え?」とジョーに冷たくあしらわれると、以後、逮捕手続きが終わるまで押し黙って無表情を貫いた。いまは市警本部の狭い留置場に座っている。目隠しをされ、孤立無援な中、なぜこんな役を志願してしまったのか、やる価値があるのだろうかと自問している。でも、もし事態がひどくなりすぎたら、父親や公選弁護人を務めているいとこが駆けつけて契約を解除してくれるはずだと、いくぶん安心もしていた。

「ちっ、ちっ、ポリ公が来やがった」

次の逮捕劇は、パロアルトのこぢんまりしたアパートメントで展開した。

「ダグ、さっさと目を覚まして。警察よ。……ちょっと待ってください、すぐ行かせます。ほら、ズボンをはきなさいってば」

「何だよ、警察って? おれたちに何の用だ? びくびくすんな、スージー。落ち着け。ケチをつけられるようなまねなんてしてない。おれがポリ公と話してくる。こっちにだって人権がある。ファシストにこづきまわされる筋合いはないんだ」

厄介な奴だと察して、警官のボブは柔らかい物腰で説得にあたることにした。

「ダグ・カールソンだな？」

「まあね。どうかした？」

「あいにくだが、きみには刑法第四五九条、窃盗罪の容疑がかかっている。これから署まで連行して手続きをする。きみには黙秘権がある。きみは——」

「うるさいな、知ってるよ。だてに大学院まで行ってるわけじゃない。逮捕状はあるのか？」

この難局をどう切り抜けるかボブが悩みはじめたとき、近くの教会の鐘が鳴り響き、ダグが叫んだ。「日曜日か！」。いままで気づいていなかったのだ。それから心の中でつぶやいた。

〈囚人……。例のゲームってわけか。おれとしちゃ囚人役のほうがいい。看守ごときになるために大学へ進んだんじゃないし、いずれ警察にしょっ引かれることがあるかもしれないからな。去年、カリフォルニア大学で反戦デモが起こったときなんか逮捕寸前だったし。今回、たしかヘイニーとかいう名前の男に面接されて、おれははっきり答えてやった。金が欲しくてこの実験に参加したいんじゃない。どうやらばかげた実験だから、うまくいきっこないだろうけど、政治犯として迫害された場合にどんな扱いを受けるのか知っておきたいんだ、と。

連中の間抜けな問いかけには、思わず笑ったな。「この刑務所実験に二週間最後まで参加しつづけられる可能性を、〇から一〇〇パーセントの数字で予測してください」だとさ。おれは、もちろん一〇〇パーセントだ。本物の監獄じゃなくて、たかが模擬刑務所だろ。まあ、面白くなきゃ、とっととやめて帰るけどさ。「いまから一〇年後、どんな仕事をしていたいですか？」って質問に対するおれの返事には、度肝を抜かれたかもな。「理想の職業は、世界の未来を切りひらくと思うもの——革命家」

自分自身をどう思うか？　ほかの人と違うところはどこか？　そのあたりは真っ正直に答えてやった。「宗教的な観点でみれば、無神論者。〝従来常識〟に照らすと活動家。政治的には社会主義者。精神衛生的には健常。実存的や社会的には、異端、冷淡、孤立型。それと、涙をあまり流さない」〉

この若者は、貧困層が抱える抑圧感や、資本主義と軍事力が支配する国の現状から主権を取りもどしたいという思いをよく表わしていた。署へ急行するパトロールカーの中でも、挑発的な態度で後部座席に腰かけていた。〈囚人になるのは、いい経験だ〉とダグは思っていた。〈刺激に満ちた革命的なアイデアはどれも、刑務所暮らしから生まれたんだ〉。彼は、黒人解放運動の指導者ジョージ・ジャクソンに共感を覚えていて、ジャクソンの獄中書簡を愛読し、抑圧された人々が連帯すれば革命に勝つ力を得られると信じている。もしかすると、今回のささやかな実験が、心身の鍛錬の第一歩として役立つかもしれない。やがて始まるであろう、米国を牛耳《ぎゅうじ》る支配者たちとの闘争に向けて……。

逮捕記録を作成しはじめた警官のジョーが、ダグの生意気な言葉の数々を無視して、身長、体重、指紋をてきぱきと記録していく。完全にビジネスライクだ。ダグは手を動かすまいとしたにもかかわらず、やすやすと指を一本ずつ用紙になすりつけさせられ、全指紋を採取された。警官の腕力の強さに少したじろいだようだ。〈いやなに、おれはまだ朝食をとっていないから、力が入らなかっただけだろう〉

だが、重苦しい雰囲気で事務処理が進む中、不安が奇妙に高まってきた。〈ひょっとして、スタンフォードの連中、おれを本気で警察に引き渡すつもりなのか？　まずいな、個人情報をぺらぺら教えすぎた。こっちに不利な証拠として使われかねない〉

「なあ」。ダグは、ふだんの高い声で警官に呼びかける。「もう一回、教えてくれよ。何の容疑だっけ？」

「窃盗だ。初犯なら二、三年で仮釈放になる」

「逮捕される準備はできています」

さて、次はトム・トンプソンだ。逮捕の場所はあらかじめ指定してある。私の秘書、ロザンヌの家の玄関先だ。トムは、成長期を控えた雄牛のような身体つきをしている。身長一七三センチ、体重七七キロで筋肉質。髪は角刈り。実直そのものの人間がもし存在するとしたら、それはこの兵士ふうの一八歳だろう。面接時に「あなたは一〇年後、どんな仕事をしていたいですか？」と質問したときには、驚くべき返事がかえってきた。「場所や内容は問いません。わが国の政府のうち、組織化されておらず効率の悪い分野に、組織性と効率をもたらす仕事をしたいと考えています」

結婚の見通しは？　「経済的な土台が固まったのちに結婚するつもりです」

セラピー、ドラッグや精神安定剤の摂取、あるいは犯罪の経験は？　「犯罪行為に加担した経験はいっさいありません。五歳か六歳のころ、父が買い物中にキャンディを出して食べたのを恥ずかしく思ったのを、いまでも覚えています」

家賃を節約するため、自分の車の後部座席で寝泊まりしている。居心地は悪く、勉強にも適していないが我慢する。最近、「クモに二度噛まれて、追い払うのが大変でした。目と唇をやられまして」。そんな目に遭いつつも、信用履歴を上積みするため、夏季講座の授業料のローンを早々と返済し終えた。週に四五時間さまざまなアルバイトをし、学食の残り物を食べて、今度は秋学期の授業料を貯めるという。その強靭な精神と熱心な倹約のおかげで、卒業を半年早めることができる見込みだ。さらに、空いた時間には熱心にトレーニングをして、肉体を鍛えている。恋人や友だちと過ごす時間がまったくないのは、そのへんが大きな原因らしい。

監獄実験に参加してバイト料をもらえるとなれば、トムとしてはじつにありがたい。夏のあいだの授業も仕事ももう終わって時間があるし、金が欲しい。毎日まともに三食とれるうえ、きちんとしたベッドで眠れて、おそらく熱いシャワーまで浴びられるとは、宝くじに当たったも同然だ。しかし、何よりも誰よりも必要なのは休養で、これからの二週間を有給休暇と考えていた。

トムがキングスレー通り四五〇番地でスクワットをやりながら実験の開始を待っていると、まもなく愛車の六五年型シボレーの後ろにパトロールカーがとまった。実験助手のヘイニーが乗るフィアットは、少し離れた場所に停車した。こちらには、積極果敢なカメラマンのビルが同乗している。屋外で逮捕劇を撮るのは今回が最後で、このあとは署内でのシーンをいくらか追加し、続いて模擬刑務所を撮影する。退屈になりがちな日曜夜のニュース番組に興味深い映像を盛り込めるとあって、ビルはテレビ局へ帰るのが楽しみでならない。

「僕がトム・トンプソンです。逮捕される準備はできています。何の抵抗もしません」

警官のボブは、それでも油断しない。この若者が頭のおかしな奴で、空手の練習を積んだ成果をいま発揮しようとしている恐れもある。すぐさま手錠をかけ、ミランダ・ルールを読みあげるのは後まわしにした。武器を隠し持っていないか、ほかの容疑者のときよりも入念に探った。あまりに無抵抗の姿勢を示してくる相手は、かえって怪しく思えるからだ。

この男は、逮捕に直面している人間にしてはいやに気どっていて自信ありげに見える。たいがい、不吉な予兆だ。むこうが銃を所持しているか、こっちが不当逮捕のミスを犯しているか。とにかく、何かが尋常ではない。

「おれは心理学者じゃありませんけどね」と、あとでジョーは私に言った。「あのトム・トンプソンは、どこかふつうと違います。軍事訓練を指揮する将校か、敵軍の軍曹みたいな奴ですよ」

幸い、パロアルトではその日曜日、これといった犯罪も、猫が木に縛りつけられるようないたずらも起こらず、ボブとジョーは署に呼び戻されずにすんだ。おかげで手際よく逮捕をやり終え、午後の早いうちに囚人役全員の逮捕手続きが完了した。次なる舞台は、看守役が待ちかまえる模擬刑務所だ。セラ通りのジョーダン・ホール内にあるスタンフォード大学心理学部。明るいパロアルトの楽園から追放された若者たちは、改造のほどこされた地下階へと、コンクリートの短い階段を下りていく。

幾人かにとって、それは地獄につながる階段だった。

第三章

尊厳を奪い去る儀式

目隠しされた囚人がひとりずつ、手を引かれながらジョーダン・ホールの階段を下り、私たちの小さな刑務所にたどり着いた。彼らはそこで服をすべて脱ぐよう看守役に命じられ、全裸姿で両腕を広げて壁に手をつき、脚を広げて立つと、その落ち着かない姿勢のまましばらく待たされた。看守がまだ準備の仕上げに忙しいからだ。彼らは囚人の私物を保管用の箱に詰め、看守所を整え、三つの監房内にベッドをしつらえた。

続いてそれぞれの囚人は、囚人服を与えられる前にまず、監房へシラミを持ち込まないようシラミ駆除剤（のつもりのパウダー）を吹きつけられる。すると、実験スタッフが指示したわけでもないのに、一部の看守が囚人の性器をあざけりの種にしはじめた。ペニスが小さい、睾丸の左右が釣り合っていないなどと笑っている。いかにも男同士の下品な冗談だ。

なおも目隠しをされたまま、囚人はようやく服を支給された。頭からかぶるだけの素っ気ない服だ。茶色っぽい薄っぺらな綿でできていて、胸と背中に識別番号が記されている（あらかじめ、ボーイスカウト用品店で番号入りの布を購入し、縫いつけておいた）。囚人の多くは長髪なので、婦人向けのナイロンストッキングをかぶる。

軍隊やいくつかの刑務所では新入りの髪を剃《そ》るが、この帽子はその代わりだ。髪型をおおい隠すと個性が損なわれ、囚人間の匿名性が高まるという効果もある。次に与えられたのは、簡素なゴム靴だ。片方の足首には鍵付きの鎖をはめられる。これによって自分は囚われの身であるという事実をつねに思い知らされる。眠っているあいださえ、寝返りを打つたび足が鎖に当たって、自分の立場を再認識せずにはいられない。下着の着用は許されていないので、前かがみになると尻がむき出しになった。

衣服が整った時点で、囚人は目隠しを外された。壁に立てかけられた姿見で、生まれ変わった自分の全身を眺めたあと、ポラロイドカメラで写真を撮られ、公式の書類に登録される。〝氏名〟の欄に記入されるのは識別番号だ。ここから先、彼らは囚われた人間として辱められつづける。世間では、新兵訓練所から刑務所、病院、劣悪な職場にいたるまで、さまざまな施設に入れられた者がこのような扱いを受ける。

「頭を動かすな。口を動かすな。手を動かすな。足を動かすな。何も動かすんじゃないぞ。いいか、黙って、その場に突っ立っていろ」。看守役のアーネットが、早くも権威をひけらかす。*1 昼のシフトを担当するほかの看守、ジョン・ランドリーとマーカスも含めて、警棒を見せつけて威嚇しながら、囚人の服を脱がせて着替えさせた。

それがすむと、最初の四人の囚人を一列に並べ、基本ルールを言い渡した。このルールは、前日に開かれた刑務所長と看守のオリエンテーションで話し合って決められた。「私の仕事ぶりについて、所長から文句を言われたくない」と、アーネットが囚人たちに言った。「よって、そのような事態にならないよう、注意を与えておきたい。いまから告げる規則をよく聞け。まず、ほかの囚人に話しかける場合は、必ず識別番号で呼べ。看守に話しかけるときは、〝刑務官殿《どの》〟という呼称を使え」

さらなる囚人が刑務所に到着し、同じようにシラミの駆除、囚人服の供与のあと、壁の前の列に加えられて諸注意を受ける。看守たちは、きわめて真剣な態度をとろうと努力していた。「すでに規則を了解できた者もいるが、明らかにまだわかっていない者もいる。頭に叩き込んでおけ」。そう言うと、彼らは規則をひとつずつ、重々しく、威厳を込めて読みあげていった。そのあいだ、囚人たちはだらけた態度を示したり、場所を入れ替わったり、新しい奇妙な世界を見まわしたりしていたが、「真っすぐ立て、七二五八番。全員、気をつけの姿勢をとれ」と叱られた。

続いて、アーネットが規則について囚人に質問しはじめた。本物の将校のような貫禄を出そうと、厳しい命令口調を使っている。私的な感情をぶちまけているのではなく、忠実に任務を遂行しているのだと、態度で伝えたいらしい。しかし、囚人たちは不真面目きわまりない。アーネットの演技にまともに応じる気などなく、にやける者もいれば、笑い声をたてる者もいる。囚人という役柄に入り込んでいないのだ――いまのところは。

「笑うな！」。看守のジョン・ランドリーが声を張りあげた。彼はブロンドの髪を無造作に長く伸ばしていて、がっしりした体格だが、アーネットより約一五センチ背が低い。かたやアーネットは、長身瘦軀《そうく》で、鷲《ワシ》のような風貌だ。髪は焦茶色の縮れ毛、無言のときは唇を固く結んでいる。

そこへ突然、刑務所長のデイビッド・ジャフィーが姿を現わした。「壁の前に並んで、気をつけ！　いまから規則の全文を読みあげる」とアーネットが言う。ジャフィー所長（といっても、本当は私のもとで学ぶスタンフォード大学生）は、一六五センチと小柄だが、背筋をぴんと伸ばして胸を張り、一同を見下ろすような目つきをしているせいで、ふだんよりひとまわり大きく見える。すでに刑務所長の役になりきっているのだ。

私は、パーティションの陰から、目の粗い布でおおった小窓を通じて、成りゆきを見守っていた。地下階の南端にあるこの狭い監視場所には、ビデオカメラとオープンリールの録音装置を密かに設置してある。これから二週間、カート・バンクスをはじめとする研究チームが、おもだった出来事をここで記録しつづけるのだ。食事のようす、点呼の模様、親や友人や教誨師《きょうかいし》の訪問、もめごと……。とはいえ、四六時中記録をとるほどの予算はないので、大切なタイミングをうまく判断する必要があった。

また、この場所からなら、私たちにかぎらず第三者の見学者も、実験のようすをそっと垣間見ることができる。実験の進行を邪魔せずにすみ、こちらが観察や記録をしていることを悟られる心配もない。私たちの目の前で展開している出来事を、ありのままに観察、記録できるわけだ。

さらに、ここから監房の内部までは見られないが、内部の話し声だけなら聞ける。三つの監房には盗聴器がしかけてあり、囚人同士の会話をある程度までなら聞くことができた。盗聴器は間接照明のパネルの裏に隠してあるから、囚人には気づかれないはずだ。ここから摑んだ情報を使って、プライベートな空間で囚人が何を考え、感じていて、ほかの者にはどんな事柄を伝えるのかを分析していく。また、ストレスが過剰になってきた囚人を見極め、特別な注意を向けるのにも役立つだろう。

私は、所長役のジャフィーの堂々たる態度に驚き、スポーツジャケットとネクタイという、ふだん見慣れない服装にも意表を突かれた。ヒッピー世代の学生が、こんな服に身を包むのは珍しい。たっぷりと蓄えた口髭をさかんにいじって役柄を演出している彼は、私の指示に従って、このタイミングで自分が所長であることを囚人たちに宣言することになっている。

しかし、まだ切り出せていない。本来、あまり感情を表に出さないタイプだからだ。いつもは控えめで、心の中に情熱を秘めている。そもそも、彼は用事があってしばらく街を離れていたため、私たちの周到な計画づくりには参加せず、昨日やっと合流して、看守たちのオリエンテーションに顔を出したにすぎない。また、実験助手のクレイグとカートは大学院生なのに、ジャフィーは学部生だから、チームにまだ少しなじめずにいる。ほかの

スタッフがみんな身長一八〇センチ以上なのに、自分だけ小さいという居心地の悪さもあるのだろう。それでも背筋を伸ばして、強靭さと真剣さを漂わせている。
「もう知っているかもしれないが、私が刑務所長だ。おまえたちは全員、何らかの理由で、外の現実世界には不適合であることが判明した。偉大なるわが国の善良な市民としての責任感を欠いている。これから、本刑務所と刑務官の助力により、わが国の市民の責任を学んでもらう。規則はもう聞いたと思う。近々、規則を記した紙を各監房の壁に張り出す。残らず頭に入れ、条文の数字とともに暗唱できるようにしておけ。おまえたちがすべての規則に従い、いっさい手を汚さず、過去のあやまちを悔い、改悛の姿勢を示せば、互いに平穏な生活をおくることができる。今後、おまえたちと顔を合わせる機会が少なくてすむように望んでいる」
アドリブのせりふにしては、たいしたものだ。続いて看守のマーカスが、いままでになく堂々とした口調で命じた。「所長の素晴らしいお言葉に対して、一同、感謝の意を表せ」。九人の囚人が声を揃えて謝意を述べたが、さほど心はこもっていなかった。

監獄生活の規則

ここからは、今後二週間の行動を縛る規則を改めて通知し、状況に重みを持たせる。この規則は、昨日の看守オリエンテーションの締めくくりに、看守全員の意見を汲んだうえでジャフィーがまとめあげた。[*2]

看守アーネットとジャフィー所長が相談の末、アーネットが全文を朗読した。昼の勤務シフトは自分が仕切るという意思の表われだろう。ゆっくりと、明確な発音で読んでいく。規則は全部で一七カ条あった。

①囚人は休息時間中、つまり、消灯後、食事中、囚人棟の外へ出た場合は、いっさい口をきいてはならない。
②囚人の飲食は、食事時間中に限る。
③囚人は、刑務所内のすべての活動に参加する義務を負う。
④囚人は、監房内をつねに清潔に保たなければならない。ベッドは乱れなくメイキングし、私物は整理整頓。床は汚れひとつない状態を維持せよ。
⑤囚人は、壁、天井、窓、ドア、そのほか刑務所の所有物を移動、加工、損傷、破損してはならない。
⑥囚人は、監房の照明を操作してはならない。
⑦囚人は、互いを呼ぶ際、必ず識別番号を使用すること。
⑧囚人は、看守には〝刑務官殿〟、所長には〝刑務官長殿〟という呼称を使うこと。
⑨囚人は、みずからがおかれた状況を〝実験〟〝シミュレーション〟と称してはならない。保釈まで収監さ

れている身であると心得よ。

「ここまでで約半分だ。真剣に聞け。すべての規則を記憶に焼きつけろ。随時テストをするからな」。アーネットが新たな試練を予告する。

⑩トイレの使用時間は五分間とする。使用の間隔はスケジュールにもとづき、いかなる者も一時間以内に再び使用することはできない。使用の可否は看守が判断をくだす。
⑪喫煙の権利を認める。食後、または看守が許可した場合は喫煙してよい。ただし、監房内での喫煙は厳禁。従わない者に関しては、喫煙の権利を永久に剝奪する。
⑫手紙をやりとりする権利を認める。ただし、送る手紙、受け取る手紙とも、すべての文面について検閲をする。
⑬面会の権利を認める。許可を受けた囚人は、所の入り口付近で訪問者と面会できる。その際、看守が立ち会い、看守の判断により面会を打ち切る場合もある。
⑭刑務所長、最高運営責任者らが所を訪問した場合、監房にいる囚人は全員起立すべし。起立のまま、作業の手を止め、指示を待て。
⑮囚人は、いついかなるときも、看守からの命令にすべて従わなければならない。看守の命令は、書面による命令よりも優先する。刑務所長の命令は、看守の命令および書面による命令よりも優先する。最高運営責任者の命令は、何よりも優先する。
⑯囚人は、規則違反を漏れなく看守に報告しなければならない。

「最後に、いちばん重要な規則を告げる。つねに念頭に置くべきは、この第一七条である」と、看守のアーネットは、不気味な前置きをした。

一　⑰上の規則のいずれかに従わない者は、処罰を受ける可能性がある。

しばらく時間が経ったあと、看守のジョン・ランドリーは自分も何かしようと、この規則を再読しはじめた。ついでに、自分なりの出だしもつけ加えた。「囚人とは、社会的な矯正を目指す共同体の一部である。共同体を円滑に運営するため、おまえたち囚人は以下の規則に従わねばならない」

所長のジャフィーが同意してうなずいた。この刑務所を早くも共同体とみなしたがっている。共同体の中では、規則をつくり、規則に従うだけの理性があってこそ、調和して生きられる。

この奇妙な場所で点呼が始まる

前日のオリエンテーションで決めた計画どおりに、看守側の権威を確立するため、ジョン・ランドリーは引き続き囚人の点呼をとった。「では、識別番号に早く慣れるように、列の左から右へ、自分の番号を言え。きびきびと」。囚人たちが順に、大声で番号を叫ぶ。この三桁または四桁の数字は、まったく無作為に決めたもので、質素な囚人服の胸と背中に記してある。

「たいへん結構。ただし、直立不動の姿勢をとれ」。しぶしぶ全員が姿勢を正した。「動きが遅すぎるぞ。腕立て伏せ、一〇回」（ほどなく、看守が統制をとったり罰を与えたりする際は、たいてい腕立て伏せが使われるようになる）。

「いまのは笑いか？」とジャフィーが尋ねる。「笑顔が見えたぞ。おかしいことなど何ひとつない。これは、おまえたちがみずから望んだ真剣な任務だ」

やがてジャフィーは刑務所を出て、私たちの控え室へ戻り、今回の演技がどうだったかを振り返った。私も、助手のクレイグとカートも口々に、威厳があってよかったと褒めた。「いいぞ、ジャフィー。その調子だ！」

点呼をとる最大の目的は、一般の刑務所と変わらない。囚人が全員揃っているか、逃亡した者や、病気または特殊な事情で監房内に残っている者がいないかを確かめるためだ。しかしこの模擬刑務所の場合は、もうひとつ目的があった。それは、囚人に、番号でしか認識されないという新しい立場を思い知らせることだ。自分も他人も、名前を持った人間ではなく、番号を振られた囚人なのだと認識させるのだ。

点呼の意味合いが徐々に変化するのは、興味深かった。最初は、自分の番号を覚えて大声で言っているだけだが、時間が経つにつれ、看守が権限全般を囚人たちに見せつける場になっていった。二手に分かれた実験参加者たちは、本来、立場を取り替えてもおかしくない似た境遇の学生だったのに、めいめい役柄に溶け込むうち、看守と囚人の区別が生まれ、点呼という行為がその変化をさらに明確にした。

囚人たちが、ようやく監房に入った。規則を暗記し、同じ房の仲間になじむ番だ。監房は、刑務所暮らしの匿名性を際立たせるつくりになっている。四×三メートルほどの小さなオフィスを改造した部屋で、もとのオフィス家具はすべて運び出し、代わりに折りたたみベッドを三台くっつけて設置してある。基本的にはほかに何もないが、三号室だけは蛇口と流し台が付いている。いまのところは水道を止めてあるが、看守の判断で開栓することもできる。一部の模範囚をここに収監し、褒美《ほうび》として使わせる予定だ。出入り口は特製の黒いドアと交換した。そこに部屋番号が記され、覗き窓には鉄の棒が何本も縦にはまっている。

三つの監房は通路の右側に並んでおり、私たちがいる隅（片側からしか透けて見えないカーテンの陰）から一望できる。通路は幅三メートル弱、長さ一二メートルほど。窓はなく、ネオン管の間接照明だけで薄暗い。外部との出入り口は、通路の北端、つまり私たちが隠れているのとは反対側に位置する。その一カ所しかないため、万が一に備えて、消火器を数本用意した（実験の承認を受ける際、大学側の被験者調査委員会に指導されたので従った。が、消火器は凶器になる恐れもある）。

前日、看守たちは通路の壁に三枚の張り紙をした。一枚目は、〝スタンフォード郡刑務所〟という施設名。二枚目は、許可がないかぎり禁煙、との注意書き。最後の一枚は、〝穴蔵〟と不気味な言葉が書かれ、監房の向かい側にある小さな物置のドアに張られた。ここが、懲罰のための独房であることを示すものだ。

物置にはファイルの保管箱が所狭しと置いてあり、かろうじて残っている空間は一平方メートルにも満たない。反抗的な態度などで手に負えない囚人は、罰としてここに閉じ込められる。完全に真っ暗な狭い中で、立つか、しゃがむか、床に座るしかない。いつになったら出られるかは看守の一存による。部屋の外の物音はよく聞こえ、いやそれどころか、外からドアを叩かれると、内部では耳を聾《ろう》するほどの音が響く。

監房の割り当ては、ひとまず無作為に行なった。一号室が囚人三四〇一、五七〇四、七二五八。二号室が八一九、一〇三七、八六一二。三号室が二〇九三、四三二五、五四八六だ。捕らえられた数人がまとめて新たに収監されるという意味では、捕虜の立場に似ているかもしれない。通常の刑務所であれば、もとからいる囚人の集団に新入りが交じる格好になり、また逆に保釈で去る者もいて、つねに入れ替わりがある。

もちろん、全般には、たいがいの捕虜収容所よりはるかに人道的な環境を整えてある。劣悪なアブグレイブ刑務所（米軍兵士が事件を起こすはるか前から、サダム・フセインはこの刑務所を虐待や処刑に利用していた）に比べれば、間違いなく広くて、清潔で、秩序正しい。

しかし、わりあい快適なはずにもかかわらず、このスタンフォード刑務所ではやがて虐待が始まり、後年、陸軍予備部隊がアブグレイブで行なう野蛮な行為を不気味に予言することになる。

役になりきれるか？

看守が役割にじゅうぶんのめり込むまでには時間がかかった。三交替の勤務シフトがそれぞれ終わるたび、看守には報告書を書いてもらったが、それを読んだ私たちは、看守のバンディーが不安に襲われていることを知った。どうすれば有能な看守になれるのかわからず、事前にトレーニングしてくれればよかったのにと悩み、しかしとにかく、囚人に親切にしすぎてはいけないと自分に言い聞かせている。

ジョン・ランドリーの弟で、同じく看守を務めるジェフ・ランドリーは、囚人の尊厳を奪う儀式のあいだ気がとがめたと報告した。全裸のまま恥ずかしい姿勢でしばらく立たせたことに対しては、罪悪感も覚えたという。自分が命じたわけでないにしろ、止める努力をすべきだった。なのに異議を唱えようとせず、不愉快な場面に立ち会いたくないからと、できるだけ控室に戻っていた。

一方、アーネットは、こうして模擬刑務所を使って実験しても、期待どおりの結果は得られないのではないかと疑っていた。彼は社会学専攻の大学院生で、ほかの者より二、三歳年上だ。自分の勤務シフトには安全性が確保されていない、ほかの看守は囚人に寛容すぎる、とも考えていた。まだ初日で軽く顔を合わせただけだが、どの囚人が要注意人物で、誰が〝許容範囲〟かを判別し終えていた。さらに、私たちはあまり感じなかったが、警官のジョーが逮捕時に指摘した点に、アーネットもいち早く言及していた。トム・トンプソン、すなわち囚人二〇九三は油断がならない、と。

アーネットが気に入らないのは、二〇九三のトムが「すべての命令や規則を厳守」して「従順すぎる」からだ[*3]（実際、命令に忠実に従う姿が軍隊を思わせるため、のちに二〇九三はほかの囚人から〝軍曹〟とあだ名をつけられ揶揄《やゆ》される。そして実験が進むうち、この人物が持ち込んだ強い価値観が、看守との衝突を生むことになる。こうした展開も、逮捕のとき警官がある程度予測したとおりだった）。

対照的に、囚人八一九＝スチュアートは、今回の状況全体をいたって〝楽しい〟とみていた。[*4] 最初の点呼も面白がって、〝ただの冗談〟ととらえ、看守の一部も同じ気持ちだろうと思っていた。囚人一〇三七＝リッチもわりあい似ていて、ほかの囚人みんなが自分と同じく屈辱的に扱われるようすを見たにもかかわらず、現状をまったく深刻に考えていなかった。むしろ、空腹のほうを心配していた。朝食をほんの少ししかとっておらず、そろそろ昼食が支給されてもよさそうな時間なのに、その気配がない。こうして昼食を与えられないのも、看守が決めた懲罰の一種なのだろうと思い込んだ。ほとんどの囚人はおとなしく、罰せられる理由などないはずだが……。

じつをいうと、これは私たちスタッフが昼食の件をすっかり忘れていたにすぎない。逮捕の作業が長くかかったうえ、看守役をやるはずだった学生が一名、直前になって辞退するというハプニングなどもあり、いろいろな対処に追われていた。幸い、最終選考に残っていた学生の中から代役を見つけ、夜間シフトに割り当てることができた。名前はバーダンだ。

夜勤へのバトンタッチ

勤務開始の午後六時が近づいて、夜勤を割り当てられた看守たちが到着した。新しい制服を着て、銀色に光るしゃれたサングラスをかけ、警笛、手錠、警棒を身につける。集合場所である看守室は、模擬刑務所の入り口からほんの少し階段を下りたところに位置し、その並びには刑務所長と最高運営責任者の個室があって、それぞれドアに名前が明記されていた。

看守室では、昼間を担当した看守たちが夜勤の者と顔を合わせ、状況に異状なし、物品にも問題なし、と告げたあと、ただし一部の囚人がまだ完全には溶け込んでいないと言い添えた。用心深く観察したうえ、圧力をかけて、ほかの者たちと歩調を揃える必要がある、と。「うまくやっておきますよ。あなたたちが明日戻ってくるときには、びしっと歩調が揃ってるはずです」と、夜勤のひとりが自信を示した。

七時。やっと最初の食事の時間になる。通路にテーブルと椅子を置いただけの、カフェテリアのようなスタイルだ。[*5] 一度に六人しか座れないため、その六人が食べ終わりしだい、残りの三人がありつく格好だ。囚人八六一二はすぐさま座り込みストライキをやって、この刑務所の〝受け入れがたい〟状態について抗議しようと提案したが、ほかの囚人はみんな、空腹のあまり、いまのところ行動をともにするそぶりを見せない。囚人八六一二とは、警官に向かって減らず口を叩いた無神論者、ダグ・カールソンだ。

監房に戻されたあと、囚人八一九と八六一二は、静粛にしろとの命令を無視して大声でしゃべったり笑い合ったりしていたが、この時点ではとくに罰は受けなかった。いままで無言だったいちばん背の高い囚人五七〇四＝ポールが、ニコチン切れに我慢しかねて煙草を返してくれと看守に言ったが、喫煙の権利は模範囚になってからの特権だ、と断られた。五七〇四は話が違うじゃないかと抗議したものの、むだだった。

本来、今回の実験では、やめたくなった者はいつでもやめていいというルールなのだが、囚人たちは不満を漏らしつつも、このルールを忘れてしまったかに見える。なんならやめてやるぞと脅して、待遇の改善を迫るなり、ひどい仕打ちをさほど受けずにすむようにするなり、強硬な態度をとれるはずなのだが、そういった手を使わないまま、じわじわと囚人役の深みにはまりはじめていた。

所長のジャフィーが、初日の最後の公務として、夜間面会について通達を行なった。近々、外部者と面会する機会を与える。家族や友だちがこのあたりに住んでいる者は、相手に手紙で知らせなさい——そう言って所長は手紙の書き方を教え、要望に応じて用具を渡した。

ペン、スタンフォード郡刑務所という施設名が入った便箋、切手を貼った封筒。用具は短い〝筆記時間〟のあいだに書き終えて返却しなければならない。次いで、所長は強い調子で言った。「今後、規則に従わなかった、自分の識別番号を忘れたなど、何らかの妥当な理由がある場合には、看守の判断により、その囚人から手紙を書く権利を剝奪する」

書き上がった手紙を看守が取りまとめると、囚人たちは、監房へ戻って夜間の最初の点呼を待つよう指示された。もちろん、保安上、手紙はすべてスタッフが目を通し、コピーをとってから投函する。ほどなく看守は、直感的かつ効果的に主導権を握るため、この夜間面会や手紙をいわば餌《えさ》として使うようになる。

点呼に生まれた新たな意味

私の意図からいえば、点呼にはふたつの役割があった。ひとつは、囚人を自分の番号になじませること。もうひとつは、各勤務シフトを始めるにあたって、看守に囚人全員を確認させることだ。また、前述したように、多くの刑務所では、規律正しさを徹底する手段としても使われている。だが、昼間に行なった初回の点呼こそいたってふつうだったものの、夜の点呼や翌朝の点呼になると、看守がだんだん囚人たちをいたぶるようになってきた。

その日の夜、「さて諸君、いまからちょっとした点呼を行なう。大いに楽しくなりそうだ」と、看守のヘルマンが言い、にやりと大きく笑った。同じく看守のジェフ・ランドリーが素早く言い添えた。「うまくやればやるほど、早くすむぞ」。うんざりしたようすで囚人たちが監房を出て、通路に並んだ。表情は暗く、押し黙っていて、互いに目を合わせようともしない。もうじゅうぶん長い一日だったのに、やっと眠れると思っていたら、その前に何をさせられるのだろう……。

ジェフ・ランドリーが指示を出した。「後ろを向いて、壁に手をつけ。しゃべるんじゃない！　ひと晩中かかってもいいのか？　きちんとできるまで続けるからな。一から順に番号を言え」。ヘルマンも、負けじとつけ加えた。「てきぱきと、大きな声で言うんだ」。囚人たちは命令に従った。「ろくに聞こえなかったぞ。もう一回、やり直し。いいか、いまのじゃ遅すぎる。もういっぺんやれ」。「そのとおりだ」と、ランドリーが口をはさむ。「しっかりやり直せ」

数人が番号を言ったところで、ヘルマンが叫んだ。「やめ！　それで大声のつもりか？　命令が聞こえなかったらしいな。大きな声で、はっきりと、だ」。「逆からもできるか、やってみよう。今度は反対の端から言ってみろ」。ランドリーの口調が、ふざけ半分になる。すると、「おい！　ここでは笑いなどもってのほかだぞ」と、ヘルマンがぶっきらぼうにさえぎる。「ちゃんとできるまでは、寝かさないからな」

一部の囚人は、看守ふたりが支配権を争っていることに気づきはじめた。ランドリーよりヘルマンが年上だ。当初からいっこうに真面目な態度を見せない囚人八一九は、大声で笑いはじめる。囚人をだしにして、どっちが偉いかを競ってやがる、と。「おい、八一九。笑っていいと許可したか？　おれの話が聞こえなかったらしいな」。ヘルマンが初めて本気で怒りだす。問題の囚人の正面に立って、顔を近づけ、警棒で相手の身体を壁に押しつけた。すると、ランドリーが警棒を押しのけて、腕立て伏せを二〇回やれと命じた。囚人八一九は、それに無言で従った。

ヘルマンは舞台の中央に戻った。「今度は、節をつけて歌え」。さらに、再び数えはじめる囚人たちをさえぎって言った。「歌えと言わなかったか？　きみたちは、頭にストッキングをきつく巻きすぎて耳が遠くなったのかもしれないな」。掌握のテクニックもせりふも、だんだん創造的になってきた。囚人一〇三七は音程を外したとして、ジャンプしながら両腕を振りあげるジャンピングジャックを二〇回やらされた。終わったと思うまもなく、ヘルマンはさらに命令をくだした。「あと一〇回やってくれるか？　それと、今度はじゃらじゃら音を鳴らさないでくれ」。足首の鎖の音を立てずにジャンピングジャックをするなど不可能だから、この指示はもはや無茶なのだが、看守たちは命令を与えて囚人を操ることに喜びを感じはじめている。

囚人に番号を歌わせるのも妙な話だったが、ふたりの看守は交互に「おかしいことなんて何もない」「なんだそれは。ひどい。ひどすぎる」と言い放った。「もういっぺんだ」と、ヘルマンが命じる。「歌えと言ってるだろうが。優しく歌うんだ」。次から次へ、遅いだの、声がまずいだのと難癖をつけられて、囚人たちはさらに腕立て伏せを命じられた。

しかし、急な代役を務めることになった看守バーダンが所長に伴われて到着したとたん、ヘルマンとランドリーの二人組はやり方を変えた。ついさっきまで、一から九へ順に番号を言わせるという、実際にはまったく無意味な行為を繰り返させていたが、今度は各自の識別番号を唱えさせた。

もう暗記しているはずだから、胸に縫いつけられた数字を見てはいけない、とヘルマンが新たな命令を告げる。「誰かひとりでも番号を間違ったら、罰として全員、腕立て伏せ一二回だぞ」。看守の序列をめぐってなおもランドリーと張り合いたいとみえ、ヘルマンはますます勝手な条件を増やした。

「腕を曲げたときではなく、曲げてから伸ばした時点で、一回と数えることにする。さあ、あと一〇回やってみろ、五四八六」。明らかに、囚人たちの反応が機敏になってきている。しかしそのせいで、看守は図に乗る一方だ。ヘルマンが言う。「よろしい、たいへん結構。今度は歌ってみるとしようか。きみたちはどうも歌がうまくないな。聞いていてなごまない」。すかさず、ランドリーが続ける。「リズムが合っていないと思う。甘く美しく、耳に心地よい歌声で頼む」。八一九と五四八六は、相変わらず半笑いだったものの、なぜか、看守の命令に従い、罰として何度もジャンピングジャックをこなした。

新しく加わったバーダンは、ほかの看守よりさらに早く役柄に溶け込んだが、とりあえず、先輩ふたりが職権をひけらかすさまを眺めつつ、実地研修に励んだ。「おっ、いまのはよかった！ そんなふうに歌ってほしかったんだ。三四〇一、前へ出て独唱してみせてくれ。おまえの番号は何番か言ってみろ」。バーダンがまたいちだんと要求を高め、囚人を一名ずつ列から外して、独唱させはじめた。

態度の悪い八一九は、集中攻撃を受けた。独唱を何度も何度もやり直させられ、それでも「美しさがまだ不十分」と叱られた。看守同士があきれたように言い合う。「ほんとに下手だな！」「いやまったく、全然だめだ」「腕立てあと一〇回」。バーダンが看守らしくふるまいだしたのを歓迎しつつも、ヘルマンは、ほかのふたりに主導権を譲るまいとする。今度は、自分の列の隣にいる囚人仲間の番号を言え、と命じた。覚えている者などほとんどなく、罰としてまた腕立て伏せが課せられた。

「五四八六、おまえの口調は疲れきってるな。もっとましな声を出せないのか？　腕立て、五回」。ヘルマンは新たな企みを思いつき、五四八六＝ジェリーの脳裏に識別番号を永遠に刻み込んだ。「まず腕立て伏せ五回、次にジャンピングジャック四回、腕立て伏せ八回、ジャンピングジャック六回やれ。そうすれば、自分の番号がしっかり頭に入るだろう、五四八六」。だんだんと巧妙な罰を工夫しつつある。〝創造的な悪〟が芽生えてきた兆しだ。

　ランドリーは、ヘルマンに主導権を明け渡したかのように通路の遠い端へ引っ込んだ。それを見て、空いたスペースにバーダンが入った。とはいえ、ヘルマンと競うつもりはなく、補佐役にまわり、ヘルマンの言葉に何かつけ足すか、詳しく言い直すかした。ランドリーも、まだ完全に白旗を揚げたわけではなかった。再び戻ってくると、新たな点呼命令を出した。一度では満足せず、疲れはてている九名の囚人に、今度は番号をふたつずつ言わせ、三つずつ言わせ、と増やしていく。ヘルマンほど工夫に富んだやり方ではないものの、囚人にとっては同じくらい負担が大きい。

　つっかえた五四八六は、ますます多くの腕立て伏せを課せられた。ヘルマンがさえぎって口をはさむ。「次は番号を七つ言わせたいところだが、おまえにはそんな記憶力はないだろう。仕方ない、こっちへ来て毛布を取れ」。そうはさせじと、ランドリーが「待て、動くな。壁に両手をついたままだ」と止める。が、ヘルマンは意に介さず、威厳たっぷりな態度を示して、ランドリーの制止を無視し、囚人たちに命令を告げる。「めいめい、シーツと毛布を取って、ベッドの準備を整え、次の指示があるまで監房内で待機せよ」

　鍵の管理を任されているのはヘルマンで、収監を確かめてから施錠する。

反逆へ向かう最初の徴候

任務を終えて去ろうとしたヘルマンが、囚人たちに向かって叫んだ。「よしいいだろう。点呼は楽しかったか？」。そのとき、「いいえ！」という声が聞こえた。「誰だ、いまの声は？」。囚人八六一二が、自分の発言だと認め、嘘をついてはいけないと親にしつけられた、と言い添えた。

三人の看守がいっせいに監房二号室へ向かい、八六一二に摑みかかった。八六一二は、反体制のあかしに拳を突き上げて、「人民に力を！」と雄叫びを発し、直後、〝穴蔵〟へ放り込まれた。懲罰房入り第一号だ。「異議申立ては許さない」という原則では、看守三人の意見が一致したことになる。

今度はランドリーが、先ほどのヘルマンの問いかけを繰り返す。「点呼は楽しかったか？」。「はい」。「はい、の続きは？」。「はい、刑務官殿」。「そのほうが、気持ちがこもって聞こえるな」。逆らう者がほかに誰もいないとみるや、三人の看守は一列になって通路を歩きだした。まるで軍隊の行進だ。看守の控え室に戻る前に、ヘルマンが監房二号室を覗き込み、「ベッド三つをもっときちんと並べろ」と促した。

のちに囚人五四八六は、八六一二が〝穴蔵〟へ放り込まれたことで気分が暗くなった、と述べている。また、何も介入できなかった自分を恥じたという。けれども、身の安全を犠牲にはしたくなかったし、同じように懲罰房へ入れられてはかなわないので、「しょせんこれは実験なんだ」と、みずからの行動を正当化した。*6

午後一〇時ちょうどの消灯に先立って、囚人たちは夜間最後のトイレ使用を認められた。ただし、そのためには許可を得る必要があり、一名ずつ、あるいは二名ずつ、目隠しをされたうえでトイレへ連れていかれる。刑務所の出入り口を出たあとはわざと迂回《うかい》させられて、うるさいボイラー室を通り、自分の居場所もトイレの位置もわからなくされるのだ。手間のかかるこの方法は、全員が行き来するあいだに効率化されていったが、その一方で、さらなる攪乱を狙って、エレベーターを使ったりもするようになった。

二〇九三＝トムが、緊張しすぎで小便が出ないから、トイレの使用時間を延長してほしいと言い出した。看守側は拒否するが、ほかの囚人たちも口々に、用を足す時間くらいはまともにくれと同調する。「こっちにだって要望がある、という事実を相手に認めさせたかったんですよ」。後日、五四八六は憤慨したような口調でそう説明した。[*7]このような小さな出来事の積み重ねが、囚人たちの一体感を生んでいく。ばらばらな個人で過酷な状況を生き抜かなければいけなかった状況に、変化が訪れるのだ。

反抗的な八六一二＝ダグは、高をくくっていた。看守役の言動などただの冗談で、ロールプレイング・ゲームを楽しんでいる気なんだろう、と。でも、「やりすぎになってきてるな」と感じた。彼はこれから先も、ほかの囚人に呼びかけて、こちらの権限を拡大するつもりでいた。

しかし、淡い金髪の若者、七二五八＝ハビーの感想は対照的だった。「二日目が進むうち、看守役を希望すればよかったと後悔しました」[*8]。当然ながら、看守役は誰ひとり、囚人役のほうがよかったとは考えていない。

もうひとりの反抗的な囚人八一九は、心のうちを家族への手紙にしたためた。彼は夜間面会に来てほしいと頼んだうえで、こう結んだ。「抑圧された同志に、すべての力を！　絶対に勝利してやる。正直、この環境におかれた囚人としちゃ、おれは最高の気分なんだ！」[*9]

夜勤の看守と所長は、控え室でトランプをしながら、早朝シフトの最初の点呼をどうやるか相談しはじめた。早朝シフトが始まったらすぐ、監房のドアのすぐ外に立って、けたたましいホイッスルを大音量で吹いて叩き起こそう。そうすれば、新しく看守を務める三人もすぐ気分が高まって、役柄に入り込みやすいだろうし、囚人の眠りを邪魔できる。

ランドリー、バーダン、ヘルマンの三人ともこの案が気に入って、トランプを続けながら、もっと看守役をうまくこなすには、明日の夜どうすればいいかと議論を重ねた。ヘルマンは、すべてを〝遊びとゲーム〟だと捉えている。これから先も〝大人物〟としてふるまい、〝威張り散らす役どころ〟を演じるつもりだ。男子学生クラブの新入りを手荒くしごく先輩みたいに。あるいは、映画『暴力脱獄』でポール・ニューマンをいじめ抜く看守のように……[*10]。

バーダンは、そのときどきでほかの夜勤二名のうちのどちらかに近い立場をとっていた。橋渡しとなる貴重な存在だ。ジェフ・ランドリーは、はじめこそ強硬な態度だったものの、夜が深くなるにつれてヘルマンの創造性の豊かさを受け入れ、その強引さにとうとう屈した。さらにやがては、〝善良な看守〟の役に転じ、囚人に親切にし、人間性を貶《おとし》めるようなまねはしなくなる。今後、もしバーダンがランドリーと同調すれば、ふたりの力で、ぎらぎらと燃え上がるヘルマンを多少とも鎮める結果になるだろう。だが逆に、バーダンがヘルマンのほうに肩入れしたら、穏健派に変わったランドリーは孤立し、夜間シフトは邪悪な方向へ突き進むことになる。

後日この時点を振り返った手記によれば、バーダンは午後六時に急な連絡を受け、できるだけ早く来て看守役を務めてほしいと頼まれて不安に襲われたという。しかし、軍人のような制服を身に着けるうちに、今度は滑稽《こっけい》な気分になってきた。有り余るほどの黒髪が頭や顔をおおっているから、服装とのギャップに囚人が笑いだすかもしれない。つとめて囚人の目は見ないように、笑みを見せないように、この状況設定をゲームとは思わないようにしようと決めた。

ヘルマンやランドリーは新しい役割に自信を持っているように見えるが、バーダンはそこまで強い気持ちは持てなかった。ふたりは、自分が到着するほんの数時間前に仕事に就いただけの違いなのに、〝古株〟のような印象を受けた。服装に関していちばん楽しいのは、大きな警棒を持てることだった。振りまわしてみたり、監房の鉄柵を鳴らしたり、〝穴蔵〟のドアを叩いたりすると、権力や身の安全を味わえた。空いたほうの手のひらに当ててポンポンと音を立てるだけでも安心感が湧いてきて、このしぐさが次第に癖になった。

もっとも、勤務シフトの終わり際、新しい仲間ふたりと雑談を始めたときは、またすぐふだんの自分に戻って、権力に酔いしれた看守の態度は影をひそめた。それでも、ランドリーに向かってはっぱをかけ、囚人の規律を保ち、いかなる反抗も許さないためには、看守三人が団結しなければいけない、と訴えた。

午前二時半の警笛

早朝のシフトは、深夜の二時に始まり、午前一〇時に終わる。この時間帯を担当する看守のひとりはアンドレ・セロス。これまた長髪で、顎ひげを生やしている。続いてカール・バンディー。前にも簡単にふれたとおり、バンディーは昼間の看守を手伝って、囚人たちを郡刑務所から模擬刑務所へ移送する作業にたずさわった。そのため、かなり疲れたようすで任務に就いた。バーダンと同じように、前髪も後ろ髪も長く、艶《つや》がある。三人目のマイク・バーニッシュは、守備的なラインマンのような体型だ。頑丈で筋肉質だが、ほかの二名よりも背が低い。所長から、〝不意打ちで囚人たちを叩き起こす〟という計画を知らされた三人は、そんなふうに派手に仕事を始められると知って大喜びした。

囚人たちは、ぐっすりと就寝中だ。暗く狭い監房の中でいびきをかいている者もいる。と突然、沈黙が切り裂かれた。けたたましい笛の音とともに、大声が響きわたる。「起床!」。「起きて、ここに並んで点呼の用意をしろ!」。「さあて、眠れる森の美女さんたちよ、点呼のやり方を覚えたか見せてもらおう」。意識朦朧《もうろう》のまま、囚人は壁に沿って並び、気乗りしないようすで数字を言った。

三人の看守は交互に、点呼の新しい方法を思いついた。点呼のたびに、ミスを犯した者は腕立て伏せやジャンピングジャックをした。この繰り返しが小一時間続いて、囚人たちに疲労の色が漂うと、ようやく眠りに戻ることが許された(とはいえ、数時間後には再び起床の笛が鳴るのだが)。一部の囚人の証言によれば、歪んだ気持ちが最初に芽生えたのはこのときだったという。驚きと疲れと怒りが湧いてきたのだ。またのちに、この時点で実験参加をやめようかと考えた、と語った者も複数いる。

はじめのうち制服に戸惑っていた看守のセロスも、いまでは銀色に輝くミラーサングラスの威力がお気に入りだ。権威の盾に守られているという安心感が持てる。ただ、暗い監房に大音量の警笛が響きわたったときには少し怖くなった。また、自分は性根が優しすぎて立派な看守にはなれないと感じ、つい笑みが浮かびそうなときは〝サディスト的な微笑〟になるように心がけた。[*11] 所長には、点呼の過酷さを増すアイデアを何度も教えてくれたと感謝した。

後日、本人が語ったところによれば、強硬な看守を演じるのは苦手だとわかっていたので、この変わった状況設定のもとでどうふるまえばいいか、ほかの人たちの行動を眺めて参考にしたという。不慣れな環境におかれた場合、多くの者はそうやって他人にならう。一方、バーニッシュは、看守のおもな任務とは環境の条件を整えて囚人に本来の素性を忘れさせ、新しい立場を身に染み込ませることだと感じていた。

早くも懸念が表面化する

私がこの段階で記したメモには、これから日夜よく注目すべき点として、次のような項目が並んでいる。「自主的に残酷さを増していく看守たちは、このまま行動をエスカレートさせつづけるのか、それとも、どこかで均衡のようなものに到達するのか？」、「いったん帰宅したあと、ここでの行為を振り返ったとき、少しやりすぎたなと反省して自分を恥じ、次の勤務時にはもっと愛想よくなるのだろうか？」、「言葉の攻撃性がさらに増して、身体にもっと負担の大きい罰を科すようになる可能性もあるのか？」、「いまでさえ、八時間の勤務シフトが長くて退屈だから、看守たちは囚人をおもちゃ扱いして楽しんでいる。今後、実験が進むにつれて、退屈さとどう向き合っていくのか？」

囚人側に関してもいろいろあった。「二四時間つねに拘束されて過ごす退屈さをどうやって紛らわすのか？」、

「団結して反旗をひるがえし、何らかの手段を講じて自分たちの威厳や権利を保つことができるのか？　あるいは、看守の要求にことごとく屈するという弱い立場に甘んじるのか？」、「耐えかねて囚人役を降板すると誰かが言い出すのは、いつだろうか？」、「ひとりがやめたら、雪崩《なだれ》をうってほかの囚人たちも次々に辞退を申し出るのか？」

割り当てられた役柄に学生たちがなじむまでには、明らかにしばらく時間がかかっている。戸惑いが目立ち、ぎこちなさもあった。この時点ではまだ、これはあくまで刑務所暮らしの実験であり、本物の監獄とはわけが違うのだという認識がはっきりある。どこかに無理やり拘留され、自由に去る権利がないケースとは違うから、今後もそこまで追い込まれた心理には到達しないかもしれないと思われた。警官による逮捕は本物そっくりだったものの、実験にすぎないことが明白なこの状況では、まともな結果を得られないかもしれなかった。

土曜日に行なった事前の看守向けオリエンテーションで私は、ここを本当の刑務所と思ってほしい、実際の監獄内で生まれる心理状態を再現したいのだ、と説明した。そして、一般に監獄では看守と囚人がどんな経験をするかを類型化して話した。私の知識のもとになっていたのは、今回の模擬刑務所のアドバイザーを引き受けてくれたカルロ・プレスコット（服役経験あり）から聞き集めた情報と、つい最近私が担当した、監禁時の心理学に関する夏期講座だった。

事前にいろいろ言いすぎたかもしれない、と私は心配した。職務を経験しながら少しずつ新しい役割に慣れてもらう必要があるのに、私の話をなぞって行動してしまうのではないか、と。しかし、いままでのところ、看守たちは筋書に沿って動くのではなく、さまざまに異なった取り組みをしているように見えた。

前日の看守オリエンテーション

ここで、前日の看守向けオリエンテーションでどんなやりとりがあったかを詳しく説明しておこう。

実験に入る準備として、私たちスタッフは一二人の看守と顔合わせをした。そして、実験の目的を説明し、任務を伝えたうえで、暴力行為は禁止だが、それ以外の方法で囚人を掌握するにはどんな手があるかを例示した。

一二人のうち九人には、三人ずつ三つの勤務シフトを適当に割り当て、残る三人は、緊急時のピンチヒッターとして控えてもらうことにした。続いて、私たちがなぜ刑務所生活に興味を抱いているかについて手短に話したあと、刑務所長のデイビッド・ジャフィーが、いくつかの手順や仕事の内容を教えた。心理カウンセラーを担当する、実験助手のクレイグ・ヘイニーとカート・バンクスは、日曜日の逮捕と、模擬刑務所への移送に関して、詳しい段取りを明かした。

実験の意図を強調する際、私はこう述べた。人間は誰しも、さまざまな理由、さまざまなかたちで束縛感にさいなまれる。刑務所とは、そうした自由の喪失の象徴だ。私をはじめとする社会心理学者は、人々のあいだを仕切る見えない刑務所の塀を解明したい。

もちろん、単なる〝模擬刑務所〟を使った実験だから、検証できる事柄には限界がある。本物の受刑者ならたいがい何年も収監されるが、今回の囚人たちは二週間という短めの拘束で終わることをあらかじめ知っている。また、実際の刑務所では、暴力や電気ショックによる拷問、集団レイプ、ときには殺人などが起こりかねないものの、実験である以上、そんなひどい仕打ちはありえない。囚人とはいえ、肉体的な拷問は絶対に行なってはいけないと、私は看守たちにはっきり申し渡した。

と同時に、このような制約があっても、心理面では現実感に満ちた雰囲気をつくり出したいこと、そうすれば、最近私が把握した多くの刑務所の基本的な特徴を再現できるだろうこともつけ加えた。

私はこんなふうに話した。

「肉体的な拷問や虐待はいけないが、退屈を生み出すことはできる。欲求不満を煽ることも、ある程度の恐怖感を植えつけることも可能だ。自分の生活をすっかり支配されているという思いを抱かせることもできる。看守によって、システムによって、つまり、きみたちや私やジャフィーによって、完全にコントロールされているという抑圧感を生み出せるわけだ。

囚人たちはプライバシーがいっさいなく、常時、監視されつづける。何をやるにも、他人の目を気にせざるをえない。行動の自由もない。看守の許しを得ないかぎり、何ひとつできず、何ひとつ発言できない。また、あの手この手で個性を奪われる。囚人服を着せられ、互いを名前で呼ぶことも許されない。番号で呼び、自分もつねに番号で呼ばれる。全般に、あらゆる状況のもとで、心に無力感が漂うはずだ。

すべての権力は刑務所の運営者側にあって、囚人にはまったくない。そんな中でどんな変化が起こるかが、今回の研究のテーマだ。彼らは力を取り戻そうと、どう努力するのか？　なにがしかの個性、自由、プライバシーを甦らせるために、何をするか？　ふだん、刑務所の外で自由に活動しているときには当然のように持っているいろいろなものを、多少とも奪い返すべく、運営者側の私たちに刃向かうような態度をとるだろうか？」[*12]

そして、看守になりたての学生たちに向かって、私はこう続けた。囚人の側は、どうせ何もかも〝お楽しみやゲーム〟だと考えたがるだろう。だから、実験のあいだ、しかるべき心理状態を生み出して持続できるかどうかは、刑務所を運営する私たち一人ひとりにかかっている。囚人役が、本当に刑務所に閉じ込められた気分を感じるように演出しなければならない。これが研究だとか実験だとかは、けっして口にしないように。

続いて、新人の看守たちからのいろいろな質問に答えたあと、三つの勤務シフトのどれを誰が担当するかを決める番になった。まず、私が決め方を説明した。各自の希望を聞きながら、各シフトに三人ずつ割り当てる。夜間はいちばん不人気だと思うけれど、じつはいちばん楽かもしれない。勤務時間中の半分ほどは囚人が眠っているのだから。「したがって仕事の量は少ない。ただし、看守は眠ってもらっては困る。囚人たちが何かしでかさないかを見張っていてほしい」。あとから振り返ると、私のこの予想に反して、夜間シフトが最も重労働になった――囚人を最もひどい目に遭わせたのも、夜間担当の看守たちだった。

あえて繰り返しておくが、当初、私が興味を抱いていた対象は、看守よりむしろ囚人だった。看守は単なる引き立て役で、本格的に監禁された気分を囚人に味わわせるための存在だと思っていた。そう考えたのは、私が下層階級の育ちだからだろう。看守より囚人のほうに、つい感情移入しやすい。プレスコットの街には個人的な知り合いが多いし、最近の研究を通じて、服役経験のある人々とも関わりが深くなった。だから、看守向けのオリエンテーションで私がしゃべった内容の意図は、状況の〝潤滑剤〟という立場に溶け込んでもらうことだった。そのために、典型的な刑務所ではおもにどんな状況や心理の推移が見られるか、おおまかに説明したのだ。

しかし時間が経つにつれて、囚人の行動と同じくらい、いやむしろそれ以上に、看守の行動が興味深いことが明らかになる。もしこのオリエンテーションをやらずに、同じ状況設定や役割分担を設定していたら、はたして同じ結果になっただろうか？　このあとを読んでもらえばわかるとおり、方向性の偏ったオリエンテーションを行なったにもかかわらず、看守たちははじめのうち、有効に機能してくれなかった。囚人たちに落ち着かない心理状態を植えつけるには、それなりの態度と行動が必要なのだが、看守が役割になじんで状況の力がはたらきはじめるまでに多少の時間がかかった。それでも、徐々に、囚人を虐待する主役になっていった。

別の観点からすると、看守役は、一人前になるための正式なトレーニングをまったく受けなかったといえる。与えた指示と言えば、所内の規律を保ってもらいたい、囚人の脱走を防いでほしい、囚人に対して肉体的な危害を加えてはいけない、の三点だけ。ほかに、収監者のネガティブな心理についておおまかに説明したくらいだ。

世間一般の矯正施設でも、看守はそれほど訓練を積まないまま実務に就くのでそう大差ないが、本物の看守であれば、必要に応じ、切迫した状況になったらいつでも暴力的な行為に訴えることができる。そこだけが明確な違いだ。

ともあれ、所長や看守が囚人たちに課した規則の数々や、私が看守たちに伝えた情報は、〝システム〟が整えた初期条件を表わしている。このような要素が、実験参加者の価値観、態度、個人の気質を次第に揺るがしていくわけだ。状況の力と個人の力との葛藤は、どんな結末へ向かうのか？　以下の章で、まもなく明らかになる。

看守役	
昼間シフト（午前一〇時〜午後六時）	アーネット／マーカス／ジョン・ランドリー
夜間シフト（午後六時〜午前二時）	ヘルマン／バーダン／ジェフ・ランドリー
早朝シフト（午前二時〜午前一〇時）	バンディー／セロス／バーニッシュ
控えの看守	モリズモー、ピーターズ、（一名辞退）
囚人役	
監房一号室	三四〇一＝グレン／五七〇四＝ポール／七二五八＝ハビー
監房二号室	八一九＝スチュワート／一〇三七＝リッチ／八六一二＝ダグ
監房三号室	二〇九三＝トム／四三二五＝ジム／五四八六＝ジェリー

第四章

月曜日。囚人の反逆

月曜日。あまりにも長い一日目と、永遠に続くかに思えた夜のあとだけに、私たちは全員、疲れて重い気分になっていた。しかし再び、鋭い笛が鳴り響く。午前六時ちょうど、囚人を睡眠から呼び覚ます合図だ。囚人たちは虚ろな目つきでのろのろと監房を出て、ストッキング製の帽子や簡素な服の乱れを整え、足首の鎖を直した。不機嫌そうな集団だ。のちに五七〇四が語ったところによると、「あのくだらないまねをまたやらされる。たぶん今度はもっとひどい」とわかっていたから、新しい一日を迎えるのが憂鬱だったという。[*1]

囚人たちのうつむいた顔を、看守のセロスが順々に上げさせた。とくに一〇三七は、夢遊病にかかっているかのようだ。セロスがめいめいの肩をつかんで、前かがみになった背筋を伸ばさせた。さながら、眠気の覚めない子どもをしゃんとさせ、初登校の準備にせきたてる母親だ。

ただし、やり方は少々手荒い。囚人たちはこれから、朝食にありつく前に新たな規則を学び、朝の体操をしなければならない。バンディーが指示を出す。「ようし、予告どおり本刑務所の規則を教える。すべて暗記できるまで特訓だ[*2]」。バンディーの威勢のよさに刺激されて、セロスが、警棒を見せびらかしながら囚人の列の前を行き来した。そして、囚人が規則を復唱するのが少しでも遅いとすぐにしびれを切らし、そのたびに「おい、しっかりやれ!」と大声で言った。開いた手のひらに警棒をリズミカルに当てて、ピシャッ、ピシャッと音を立てる。殴りかかりたい気持ちを我慢しているような音だ。

バンディーは、トイレに関する指示を数分間かけて読みあげると、囚人みんなが暗記できたと判断するまで、しつこく繰り返した。トイレの使用方法と使用時間に加えて、使用中の会話は厳禁、といった内容だ。「八一九は、おかしくてたまらないらしいな。おまえには、あとで特別なものを用意するとしよう」。もうひとりの看守のバーニッシュは、何をするでもなく脇に突っ立っている。セロスとバンディーが役目を交替する。囚人八一九は、なおも笑みを引っ込めようとせず、ついには、ばかばかしさに笑いだした。「おかしくなどないぞ、八一九」

その後も、バンディーとセロスが交互に規則を読みあげた。セロスが命じる。「これはいままで以上に大声で言え!〝囚人は、規則違反を残らず看守に報告すべし〟」。続いて、囚人たちは規則に節をつけて歌わされる。さんざん反復させられて、どうやら完全に覚えたらしい。

次なる指示は、簡易ベッドを軍隊式に整えることだ。「今後、タオルは巻いてベッドの脚のそばにきちんと置くこと。適当な置き方ではなく整然とだ。いいな?」とバンディーが言った。

そのうち、八一九が反抗しはじめた。トレーニングを途中でやめ、続けることを拒んだのだ。ほかの者たちも、八一九が戻るのを待つため動きをとめた。だが、看守が続けろと叫ぶと八一九は命令に従った——囚人仲間に悪いと思ったようだ。

「手間をかけさせてくれたな、八一九。〝穴蔵〟でくつろいでもらおう」と、バンディーが宣告する。八一九は懲罰房へ入ったが、その歩き方は挑発的だ。

背の高い看守バンディーは、通路にいる囚人たちの目の前をじっくりと往復するうちに、支配者意識を感じはじめたようだった。

「さて、今日はどんな気分だ？」

囚人たちの返答は、つぶやきに近い。

「もっと大きな声を出せ。全員、満足だな？」

「はい、刑務官殿」

さりげなく、バーニッシュがやりとりに加わる。「みんな満足なのか？　おまえたちふたり、返事が聞こえなかったぞ」

「はい、刑務官殿」

「四三二五、どんな気分だ？」

「いい気分であります、刑務――」

「違う。素晴らしい気分だろうが！」

「はい、刑務官殿」

ほかの者も、ならって言う。「素晴らしい気分であります、刑務官殿」

「四三二五、どんな気分だ？」

「すてきな気分です」

バンディーが正す。「言い直せ。素晴らしい気分だ！」

「はい、素晴らしい気分であります」

「おまえはどうだ、一〇三七？」

一〇三七は、いやみのこもった明るい調子で答える。「素晴らしーい気分であります」

バンディーが続けた。「一日中、そんな気分でいられるはずだ。おし、監房に戻って三分以内に整理整頓しろ。完了したら、ベッドの脇に立て」。そして、監房の点検方法をバーニッシュに伝えた。三分後、看守たちがそれぞれの監房へ踏み込んだ。囚人たちは、ベッドの横で兵士のように直立不動の姿勢をとっていた。

反逆の芽生え

看守の言うことにいちいち従わなければいけないとあって、囚人たちは明らかに苛立ちつつあった。おまけに空腹だし、ろくに眠れなかったせいで疲れてもいる。それでも忠実に役割をこなしつづけ、手際よくベッドを整えた。が、バンディーの目にはまだ不十分と映った。

「これで整えたつもりか、八六一二? 汚らしい。やり直し!」。そう言うと、毛布とシートを剥いで床へ投げ捨てた。八六一二は反射的に摑みかかって、叫んだ。「なんてことをするんだ、せっかく敷いたのに!」

不意を突かれたバンディーは、八六一二を押し返すと、その胸を拳で殴って応援を呼んだ。「看守、集合しろ。監房二号室で非常事態!」

三人の看守は八六一二を取り押さえると、荒っぽく〝穴蔵〟へ放り込んだ。先に入っていた八一九は、おとなしく座っている。暗く狭い懲罰房の中で、二名の反逆者は権力奪取の計画を練りはじめた。そのせいで、トイレへ行く機会を逃した。ほかの囚人は、順に看守に伴われて用を足す。尿意に耐えかねたふたりは、遠からず騒ぎを起こすにしろ、いますぐはよしておこうと決める。

看守セロスはのちに、興味深い心情を私たちに打ち明けている。トイレに行き来する際、囚人とふたりきりになると、看守の役どころを保つのが難しくなった、と。刑務所の設定という、外部の物理的な支えがなくなるからだ。ほかにも看守の大半が、似たような報告をしている。刑務所を離れたとたん気がゆるみそうになるため、緊張感を保つために、トイレ時には囚人に対してふだん以上に厳しく、高圧的にふるまった。囚人と一対一でいると、強硬な看守を演じることが難しく、用足しの付き添い係になりさがったような気がして、恥ずかしくもあった、と。*3

〝穴蔵〟に陣取る反逆者コンビには、朝食も与えられない。残りの囚人たちは、きっかり午前八時、通路に出て食事をとった。床に座って食べる者もいれば、立ったまま食べる者もいる。彼らは、〝食事中は私語禁止〟のルールを破って、囚人の連帯感を示すべくハンガーストライキをやるべきではないか、などと話し合った。その結果、いろいろな手段に訴えて自分たちの力を試すべきだ、との意見で一致した。私物の眼鏡、薬、本などを返せと要求したり、腕立て伏せその他の罰を拒否したりするといった案が出た。これまで寡黙だった囚人――たとえば、ただひとりアジア系アメリカ人である三四〇一――も、自分が仲間外れではないとわかって元気づいた。

朝食後、七二五八と五四八六は、監房に戻れとの命令を拒否してさっそくプランを試した。やむを得ず、三人の看守が身体を押して、それぞれの監房の中へ追いやった。通常なら、このような不服従は〝穴蔵〟行きなのだが、狭い懲罰房に収容できるのは二名が限界で、すでに満室になっている。不協和音が高まる一方、驚いたことに、監房三号室の囚人たちは皿洗いをやると申し出た。二〇九三＝トムはもともと全般に協力的だから、その点からいえば不思議はないが、囚人仲間たちが反逆を計画しているのとは正反対の行動だ。もしかすると、看守の機嫌をとって、張りつめた空気をやわらげようとしたのかもしれない。

こうして、監房三号室では奇妙な例外がみられたものの、囚人たちは制御不能へ傾きつつあった。看守三人は対策に乗り出した。きっと、今度の看守は手ぬるいと思われているにちがいない。ふざけた態度をとられるのもそのせいだ。このへんで引き締めにとりかからなければいけない。

まず、朝の雑役の時間を設けて、今日は壁と床を磨かせることにした。次に、創造的な報復の第一歩として、監房一号室と二号室のベッドから毛布を剥がして屋外へ持っていき、低木の茂みに擦りつけ、毬《いが》や棘《とげ》だらけにした。ちくちくと刺さる痛みに耐えられるならともかく、まともに毛布を使いたければ、毬などをひとつずつ摘まんで取るしかない。一時間以上はかかるだろう。

この無意味な雑役を押しつけられて、囚人五七〇四は激怒し、大声をあげた。しかし、それはまさに看守の狙いどおりだった。無意味で愚かしい作業を強要することが、看守の権限の大切な一要素なのだ。抵抗する者を罰する必要があるし、有無を言わせぬ服従心を植えつけたい。

はじめは拒んでいた五七〇四も、ついに考え直した。いま看守セロスの顔を立てておけば、あとで煙草を一本もらえるのではないか。彼は、毛布に付着した何百個もの毬を丁寧に取りはじめた。要するにこの作業は、命令、コントロール、権力の象徴だった。誰が力を持ち、誰が力を欲しているかがこれで明らかになった。

看守セロスが尋ねた。「この刑務所は、いいことだらけ。そう思わないか？」

囚人たちの多くは、もごもごと肯定の言葉をつぶやく。

監房三号室のひとりは「じつに快適です、刑務官殿」と返答するが、懲罰房から監房二号室に戻されたばかりの八六一二は、違う意見を口にする。「まったくだよ、くそったれ《ファック・ユー》。刑務官殿」。たちまち、汚い言葉を慎めと命じられた。

考えてみると、この環境下で罵倒のせりふが発せられたのは、これが初めてだ。事前の予想では、たくましさをアピールするために、看守たちがののしる言葉を連発するのではないかと思っていたのだが、それまでそんな言葉は聞かれなかった。なのに、囚人八六一二＝ダグは、ためらいなく下品な言葉を相手に投げつけた。

看守セロスの事後の証言。「命令を出す役割は、どうにも奇妙な気分でした。お互い同じ人間じゃないか、と叫びたい衝動にかられました。でも実際には、囚人同士に『おまえら、まぬけの集まりだ！』とののしり合うように命じたんです。僕に言われるがまま、何度も罵倒を繰り返すのを見て、信じられない思いでした」[*4]

バンディーが言い足した。「成りゆきで、看守の役目を割り当てられましたが、残念だとは思わなくて、むしろ、かなり威張り散らすようになりました。囚人たちがとても反抗的になってきたので、罰を与えたくなったんです[*5]」

反逆の次なる兆候は、三人の囚人から現われた。八一九＝スチュワート、五七〇四＝ポール、そしてもうひとりは、いままで従順だった七二五八＝ハビーだ。彼らは囚人服の胸元に付いている識別番号を引き剥がして、こんな生活環境には我慢ならないと大声で抗議しはじめた。これに対して看守は、すぐさま懲罰にとりかかり、三人を丸裸にした。そして、番号を縫いつけ直すために控え室へと向かった。その足どりには、囚人を威圧する険悪さがにじんでいたが、内心では、この長すぎる最初の勤務が早く終わらないかと願っていた。刑務所内に不気味な沈黙が落ちていた。

昼の看守も反逆を食らう

午前一〇時の勤務開始を前に、昼の看守たちが到着し、身支度にとりかかった。彼らは、昨日の帰り際とは状況が変わって、統制が乱れてきたことを聞かされた。監房一号室の囚人にいたっては、バリケードを築き、出てこようとしない。看守のアーネットがただちに任務を引き継ぐとともに、事態が収拾するまで朝の当番も居残ってほしいと頼んだ。口調のどこかに、状況の混乱を招いたのはきみたちの責任でもある、という響きがこもっていた。

抵抗運動の首謀者は、五七〇四＝ポールだ。一号室に同居する七二五八＝ハビーと三四〇一＝グレンを煽った。その結果、三人は、当局者（私）と結んだ当初の契約にそぐわない命令に対してはそろそろ反旗をひるがえすべき、との意見でまとまったらしい。監房のドアにベッドを押しつけると、覗き窓を毛布でおおって電灯を消した。ドアを開けられなくなった看守たちは、二号室に八つ当たりした。こちらにも、しじゅうトラブルを起こすのが得意な面々が揃っている。八六一二＝ダグと八一九＝スチュワートは、〝穴蔵〟の常連。もうひとりは一〇三七＝リッチだ。不意を突いて、看守たちが二号室になだれ込み、三つの簡易ベッドを手荒く通路へ運び出そうとした。八六一二が懸命に抗った。部屋のあちこちで揉み合いが起こり、叫び声があがって通路まで響いた。

「壁に手をつけ！」

「おい、手錠を持ってこい！」

「全部取れ、取りあげろ！」

八一九は、がなり立てる。「やめろ、やめろ、やめろ！　こんなの、実験じゃないか！　放せよ！　くそっ、放せって言ってるだろうが！　おれたちの物を持っていくな！」。続いて八六一二の声。「ただのシミュレーション、たかが模擬実験なのに。ここは刑務所じゃない。あのジンバルドー教授め！」

すると、看守アーネットが、いたって冷静な声色で言った。「一号室の囚人どもが態度を改めたら、ベッドを返してやる。おまえたちなりに、あの手この手を使って連中を反省させろ」

囚人は、さらに冷静な声で言い返した。「それはおれたちのベッドだ。持っていくなんておかしい」

裸の囚人八六一二は、動揺をあらわにして哀れっぽくこぼす。「服を奪ったうえに、ベッドまで取りあげるなんて！　服もベッドも没収なんて、本当の刑務所でもしないだろ」。そのとき、面白いことに別の囚人が答えた。

「するよ」*6

看守がいっせいに大笑いした。八六一二は、ドアの鉄柵のあいだから両手を突き出して手のひらを上に向け、返してくれと頼むしぐさをする。信じられないという表情を浮かべ、声のトーンも変化してきた。看守ジョン・ランドリーが、ドアから手を引っ込めろと命令する。看守セロスはもっと乱暴で、警棒を鉄柵に打ちつける。八六一二はあやうく指を砕かれそうになり、あわてて手を引っ込めた。看守たちがまた笑った。

続いて、看守三人は監房三号室に近づいた。八六一二と一〇三七が三号室の囚人に向かって、バリケードをつくれ、と叫んだ。「ドアをベッドでふさぐんだ！　縦と横にひとつずつ置け。奴らを入れるな。ベッドを持っていかれちまうぞ！」「おれたちは、やられちまった。くそっ！」

頭に血がのぼった一〇三七は、力勝負をけしかける。「闘え！　力で抵抗しろ。暴力革命のときが来た！」

これに対しては、看守ランドリーが大型の消火器を持ってきて、二号室の内部へ何度も噴射したので、囚人たちはやむなく奥へ下がった（皮肉にも、非常時に備えて用意しておくようにと大学側の調査委員会から勧告を受けた、あの消火器だ）。「黙れ。ドアに近づくんじゃない！」

やがて三号室からベッドが廊下へ引き出されはじめた。それを見た二号室の反逆者たちは、仲間に裏切られたように感じた。

「三号室、どうなってる？　バリケードでふさげと忠告したのに！」

「団結心はどこへ行っちまったんだ？　〝軍曹〟のせいか？　おい〝軍曹〟（二〇九三）、おまえが原因なら、しょうがない。性格からして看守に刃向かうのが無理なのは、みんなだって理解してる」

「だけど、なあ一号室。そっちはベッドをそのままにしとけよ。看守を部屋に入れるな」

結局、今回は看守六人がかりで囚人の反逆を抑え込むことができたものの、これから先は通常どおり、三人で囚人九人をコントロールしなければならない。頭が痛い。

そのとき、アーネットが一計を案じた。三号室を特権つきの監房にして、分断により服従させるという心理作戦を使ってはどうか。三号室の囚人だけベッドや毛布を戻してやり、洗濯、歯磨き、水道水の使用を認めるのだ。

この新しい規則をアーネットは囚人たちに大声で告げた。おとなしく従ったほうびとして、「三号室のベッドは整えたままにしておく。一号室の秩序が回復されしだい、三号室だけベッドを返す」

さらに看守側は、ほかの囚人も素直になるように説得してくれと三号室の〝模範囚〟たちに頼む。

「まあ、何をもめてるのか教えてくれれば、呼びかけてみますけど」。〝模範囚〟のひとりは言う。

これに看守のバンディーが答えた。「おまえたちがそんなことを知る必要はない。態度を改めろと諫《いさ》めるだけでいいんだ」

今度は二号室の八六一二が叫んだ。「おい一号室、おれたちは味方だからな。ここの三人は応援してるぞ」。八六一二は、そのあとタオル一枚の姿で再び懲罰房へ引きずられながら、看守に不気味な脅しをかけた。「あいにくだけど、おれたちはまだ、全部の手を使い切ったわけじゃないぜ」

ここで懲罰房を閉め終えた看守たちが短い休憩をとった。彼らは煙草を吸いつつ、一号室のバリケードにどう対処するか、計画を練った。

反抗はやまなかった。今度は一〇三七＝リッチが、二号室から出るのを拒絶しはじめたのだ。看守三人は力づくで床に押し倒して、足首に手錠をかけ、足を摑んで通路へ引きずり出した。

この一〇三七と、〝穴蔵〟にいる反逆者八六一二は、口々に生活環境の不満を叫び、囚人が一丸となって反撃に転じるべきだと訴えた。たまりかねた看守は、通路奥にある備えつけのクローゼットを整理して、一〇三七を閉じ込めるためのスペースを用意しはじめた。いろいろな箱を動かして場所を空けるあいだ、ほかの看守が、足首に手錠をかけられたまま倒れている一〇三七を引きずって、いったん監房へ戻した。

ついに、アーネットとランドリーが話し合い、混乱状態を多少とも沈静化する簡単な方法を思いついた。また点呼をとればいいのだ。これでいくらか秩序が戻るはずだ。並んだ囚人は四人しかいなかったが、気をつけの姿勢をとらせ、大声で番号を言わせた。

「私の番号は四三二五です、刑務官殿」

「私の番号は二〇九三です、刑務官殿」

列に沿って、声が移動していく。三号室の〝模範囚〟三人と、腰にタオルを巻いただけの七二五八。八六一二も〝穴蔵〟から自分の番号を叫んだが、その口調はふざけていた。

このあと、看守が一〇三七の足を摑んで引きずり、通路の奥の隅にあるクローゼットに押し込んだ。急遽つくった第二の〝穴蔵〟だ。そのあいだ、八六一二は刑務所の最高責任者の名前を叫んだ。「おいジンバルドー、姿た。

を見せやがれ！」。けれども私は、現時点では介入しないと決めて、対立と治安回復の成りゆきを観察しつづけた。

実験の終了後に書いてもらった囚人たちの日誌には、いくつか興味深いコメントが記されている。

五七〇四＝ポールによれば、時間感覚の歪みが全員の思考回路に影響を及ぼしはじめたという。「朝、バリケードを築いて立てこもったあと、僕はしばらく仮眠をとりました。前の晩はじゅうぶんに眠れなかったので、疲れていたんです。目が覚めて、翌日の朝になったのかと思ったら、まだ同じ日の昼食前でした」。午後、改めて眠り、再び目覚めた。そろそろ夜だろうと思ったのに、夕方の五時だった。

時間の感覚がおかしくなったのは、三四〇一も同じだった。空腹を感じて、もう夜九時か一〇時だろうにどうして夕食を出してくれないんだと腹を立てたが、じつは五時にしかなっていなかった。

結局、看守側が反乱の芽を摘むとともに、この騒ぎを口実にして支配権を強め、以後、〝危険な囚人〟になりそうな者をいっそう厳しく取り締まるようになった。けれども囚人の多くは、〝システム〟に立ち向かう勇気を示せたおかげで、心が晴れやかになった。

五四八六はこう述べている。「気持ちが高まって、一体感が生まれ、騒ぎを起こす覚悟ができました。そこで、自分の監房内で新たな反逆のプランを立てました。以後、冗談を言わない、ジャンピングジャックをしない、知恵遊びめいた命令には従わないことにしたんです」。もっと強硬な態度をとりたかったが、五四八六は三号室に収監されていたせいで、ほかのふたりの〝模範囚〟に賛成してもらうには限りがあった。もし一号室か二号室にいれば、そちらの囚人たちと同じように過激な抵抗をしただろう。

いちばん身長が低くて弱々しい、アジア系の囚人三四〇一＝グレンは、反逆の途中で突如、使命に目覚めたようすだった。「ベッドをドアに押しつけて看守が入ってこられないようにしよう、と提案したのは僕なんです。ふだんはおとなしい質《たち》ですけど、あんなふうにこづきまわされるのは好きじゃありません。反逆行為を企てたり、その中に参加したりすることは、僕には大きな意義がありました。今回の経験のうち、いちばんよかったのがその点です。あそこで自我を培ったんです。あのバリケードのあと、自分自身を認めるような気分になって、いままでより自分が理解できました[*7]」

昼食後、脱走の恐れも

一号室が相変わらずバリケードでふさがれているうえ、懲罰房に入れられた者もいるので、昼食は数人分しか用意されなかった。行状の悪かった囚人たちに見せつけるため、模範囚の三号室には特別な食事が提供された。しかし驚いたことに、三号室の者たちは手をつけようとしなかった。せっかくのおいしいメニューだから少し味わってみろと看守に説得されても、応じない。朝は最小限のオートミール、昨晩も質素な夕食だったので空腹を感じているはずだが、三号室の囚人たちは、〝裏切り者〟めいたまねをいやがった。

続く一時間、刑務所内を重苦しい沈黙がおおった。もっとも、三号室の囚人は労役にはきわめて協力的だ。引き続き、自分の毛布から毬《いが》を取り除くなどする。一〇三七＝リッチは、懲罰房を出て作業に加わってもいいと言われたにもかかわらず拒否した。暗がりの中のほうがいくらか静かでましに思えてきたらしい。規則では、〝穴蔵〟で過ごすのは最大一時間と決められているが、一〇三七はかれこれ二時間入ったままでいる。八六一二も同様だった。

かたや一号室の内部では、ふたりの囚人が脱出計画を練り上げ、密かに第一段階を実行しつつあった。五七〇四＝ポールは、ギター演奏で鍛えた長い爪を活かして、コンセントの保護板のネジをゆるめた。うまくいって保護板を外せたら、その角をネジまわしの代わりにして、監房のドア鍵を外す計画だ。ひとりが体調不良を装って、看守にトイレへ連れていってもらう。その途中、刑務所の入り口の扉が開いたところで口笛を吹いたら、それを合図に、もうひとりが監房を飛び出し、一緒に看守を殴り倒して自由の世界へ逃亡しよう！

現実の刑務所もそうだが、囚人は驚くべき創造性を発揮して、ありとあらゆる物から道具をつくり、巧妙な逃亡計画を考え出す。時間の余裕と押しかかる圧迫が原動力になって、画期的な抵抗方法を思いつくのだ。

ところが、まったくもって運が悪かった。ふつうに巡回していた看守ジョン・ランドリーが、ふと、一号室のドアの取っ手をまわしてしまったのだ。取っ手はぽろりと外れ、床で重い音を響かせた。たちまちパニックが起こった。「大変だ!」と、ランドリーが絶叫する。「逃亡するぞ!」。アーネットとマーカスが駆け寄ってドアをふさぎ、手錠を出すと、逃げそうな連中を監房の床に押し倒した。もちろん、厄介事の常連である八六一二は〝穴蔵〟へ逆戻りした。

事態を落ち着かせるための点呼

昼シフトの看守が勤務に就いてから、不穏な数時間が経過した。また騒動が起きる前に、このへんで聞き分けのない獣どもをなだめておくほうがいい。

「おとなしくふるまう者にはほうびを与える。そうでない者には与えない」。穏やかでありながら有無を言わせぬ口調の主は、いまやおなじみのアーネットだ。彼は、再びランドリーと力を合わせて点呼を行ない、権限の強化をはかろうとした。指揮をとるのはアーネット。この勤務シフトのリーダーという風格を備えはじめている。

「壁に手をつけ。ここの壁だ。さて、全員が自分の番号をよく覚えているかを試すとしよう。前と同じく、よく聞こえるように番号を言え。こっちの端から、始め!」

最初の〝軍曹〟は、はきはきとテンポよく言ったが、ほかの囚人には多少のばらつきがある。四三二五と七二五八は、素直に従う。四三二五＝ジムは、これまで目立った行動を見せていないものの、身長が一八五センチくらいあって体格もたくましく、もし本人が看守に力勝負を挑む気になったらそうとう手強そうだ。

従順な三人とは対照的に、三四〇一＝グレンと八一一九＝スチュワートはつねに反応が鈍い。盲目的に服従するのをいやがっているようすが見てとれる。それを不満に感じたアーネットが、お得意の手段で権威を示そうと、番号の言い方を難しくする。三つずつ暗唱させたり、数字を下の桁から上へさかのぼらせたり、不必要にややこしい方法を思い浮かぶままに強制する。創造力の豊かさを周囲に示すところは夜勤の看守ヘルマンに似ているが、アーネットの場合、ほかの勤務シフトのリーダーに比べ、命令を次々と出すことにさほど喜びを感じていないらしい。あくまで、効率よくこなすべき業務として処理しているのだ。

しばらくすると、ランドリーが囚人に番号を歌わせようと提案した。「そのやり方は、ゆうべ好評だったのか？　この連中は歌うのが好きなのかな？」とアーネットが尋ねる。「昨晩は楽しく歌ってたみたいだよ」。ランドリーが答える。けれども数人の囚人から、歌うなんていやだという声があがった。するとアーネットが「ほう。じゃあ、いやなことに取り組む練習をしなきゃいけないな」と、やり返した。「まともな社会にもう一度溶け込むリハビリテーションの一環だ」

「外の世界の人間には、番号なんてついてない」と八一九が抗議すると、アーネットが応じた。「ついていないんじゃなくて、つける必要がないんだ。ここのおまえたちみたいな立場には、当然、番号がいる！」

どんな音程で歌うかをランドリーが指示した。「ド、レ、ミ」のように上がり調子で言え。囚人のほぼ全員が従い、なるべく上手に音程をとる。次に下がり調子。ところが、八一九だけ、音程をつけられない。「おまえ、まるっきり音痴だな。もう一回、聞かせてくれ」。八一九は、なぜ歌えないのかを説明しはじめるが、アーネットはこの訓練の意図を強調する。「おまえがどうして音痴かなんて聞いた覚えはない。目的は、いま、歌い方を学ぶことにある」。続いて、一人ひとりの歌に難癖をつけたが、囚人たちは疲れていて、誰かが音を間違えても、笑うばかりだった。

そのあいだ、看守のうちマーカスひとりが、気だるそうにしていた。通路でのおもな任務にはめったに関わらない。その代わり、学内のカフェテリアから食事を取ってくるなど、刑務所外での雑用となると喜んで買って出た。マーカスは、外見からいってもタフな看守を演じているようには見えない。猫背で、なで肩なうえ、顔もうつむきがちだ。

私は所長役のジャフィーに頼んで、アルバイト料をもらっているんだからもう少し手を抜かずにやってほしい、と伝えてもらうことにした。ジャフィーはマーカスを所長室へ呼び入れると、彼に警告を与えた。

「看守は全員、〝強硬派〟でなければいけません。その点をよく心得てもらわないと。今回の実験を成功させるための鍵は、看守の行動によってできるかぎりリアルな状況をつくり出すことにあるんですよ」。マーカスは反論した。「現実生活の経験からいって、攻撃的で強硬な態度は逆効果を招くと思います」。弁明にまわらざるをえなくなったジャフィーは、実験の目的は囚人を改心させることではない、と話した。刑務所に入れられ、看守にすべての権利を握られているという状況下で、人間はどう変わるかを明らかにしたいのだ、と。

「でも僕らだって、この状況の影響を受けてるわけです。こうして看守の制服を着るだけで、僕にはすごく重荷なんです」。ジャフィーが励ますような口調になった。「きみが本来どんな人間かは、ちゃんとわかっています。ただ、いまは筋書に沿って演じてほしい。しばらくのあいだ、〝強硬派〟の看守をやってもらいたいんです。〝権力の犬ども〟の世界を想像して、そのとおりにふるまってください。こちらとしては、ごく典型的な看守を配備したい――なのに、きみのスタイルは少し温和すぎます」

「わかりました。なんとか努力してみます」

「よかった。きみならそう言ってくれると思っていました」[*8]

八六一二と一〇三七は相変わらず懲罰房の中だったが、もう黙ってはおらず、こんなのは規則違反だとわめいた。しかし、誰にも相手にされない。ふたりはめいめい、医者に診てもらいたいと訴えはじめた。八六一二は、気分が悪く、どこかおかしいという。ストッキングの帽子を脱いでいるのに、まだかぶっているような錯覚を覚えるらしい。所長に会わせろとの要求は、数時間経ったあと認められた。

午後四時、模範囚の三号室にベッドが返却された。看守側の意識は、なおも抵抗の姿勢を崩さない一号室の囚人たちに向けられていた。彼らはあらかじめ連絡を入れ、夜勤の看守たちには早めに来てもらい、看守六人で一号室に襲いかかり、鉄柵の隙間から消火器を噴射して、囚人を部屋の奥へ追いやった。そしてついに突入に成功すると、囚人を裸にしてベッドを運び出し、勝手なまねをこれ以上続けると夕食抜きだぞ、と脅した。

すでに昼食を逃して空腹だった囚人たちは、降参して不機嫌に黙り込んだ。

苦情申し立て委員会の結成

ただならぬ空気になってきていると感じた私は、所長に頼んで、スピーカーで次のような告知をしてもらった。囚人の中から三名を選んで〝苦情申し立て委員会〟をつくることを許可する。その三名は、待遇改善に関する要望を早急に取りまとめ、最高責任者のジンバルドー教授と会って話し合うこと。

のちに五七〇四＝ポールがガールフレンドに宛てた手紙を読んだところ、仲間からこの委員会の代表者に選ばれて鼻が高い、と書かれていた。これは注目すべき記述だ。囚人たちは、時の流れを大きく捉える力を失い、目先のことだけ考えて生きているのだ。

苦情申し立て委員会の構成メンバーに選出されたのは、五七〇四＝ポールと、四三二五＝ジム、それに一〇三七＝リッチだ。三人は私に、さまざまな面で最初の契約に違反していると訴えた。持参してきたリストには、以下のような項目が並んでいた。「看守が、力任せによる強要や暴言の数々といった虐待を行なっている。不必要ないやがらせが度を超えている。食事の量が足りない。私物である本、眼鏡、錠剤その他の医薬品類を返してほしい。夜間面会は一回ではなく、もっと増やしてほしい。信心深い者は、祈禱も望んでいる」。続いて三人は、こうした問題点があるため、今日の一連の反抗はやむをえなかったのだと弁明した。

私は黒光りするサングラスをかけたとたん、最高責任者の役柄に溶け込んだ。まず、どんな不満があるにしろ、

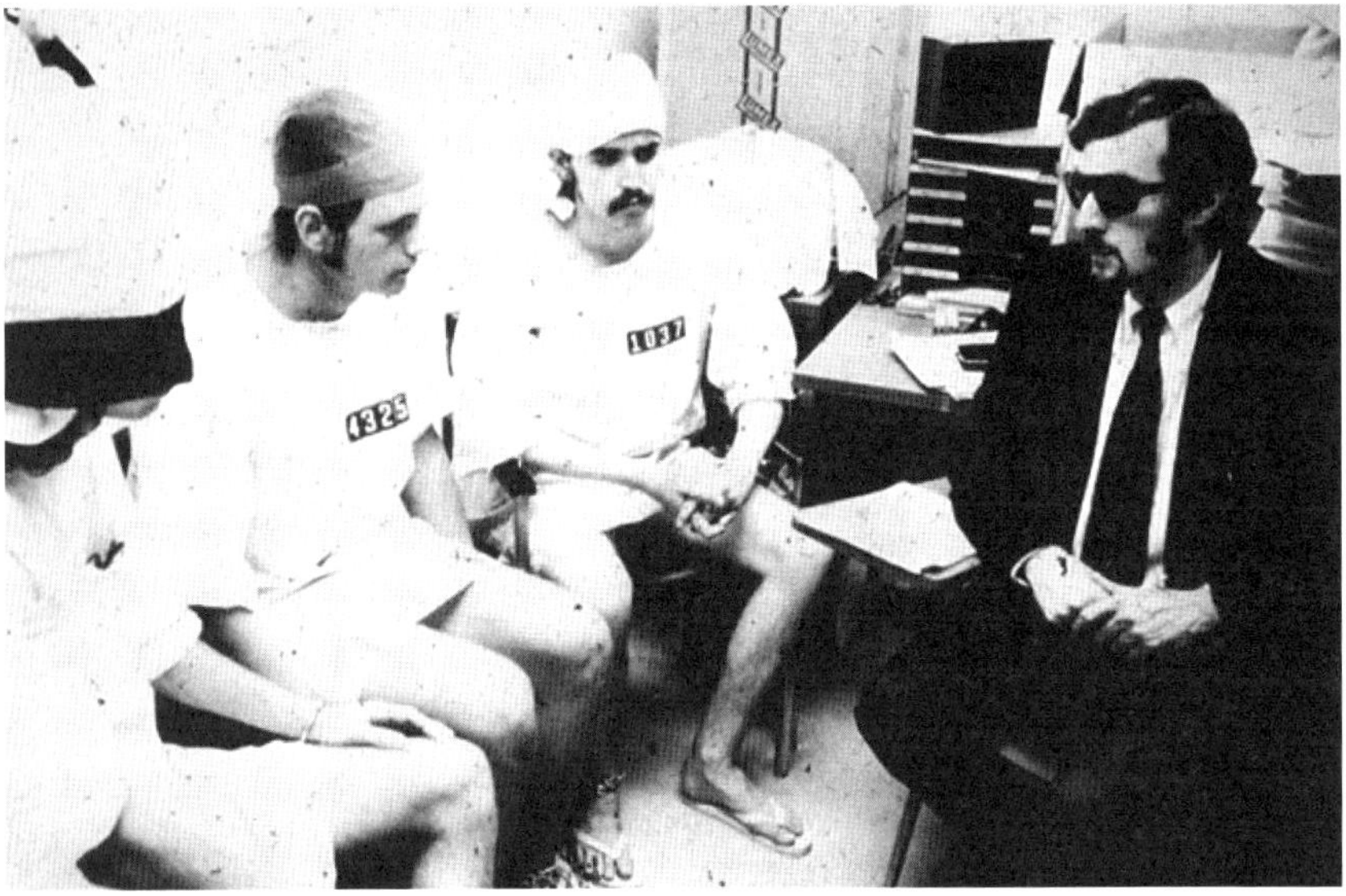

双方が納得できるよう穏便に解決できるはずだと言って安心させた。そういう建設的な方向への第一歩が、この苦情申し立て委員会の設置だ。囚人全員の気持ちを代弁する要望であれば、私としても快く協力するつもりでいる、と。

「もっとも、看守が力ずくに出るのは、たいがい、きみたちが言われたとおりにしなかったからで、そこのところは理解してもらいたい。きみたちはスケジュールを妨害したり、仕事に慣れない看守をパニックに陥らせたりして、自業自得の結果を招いているわけだ。本物の刑務所なら、そういう反抗的な囚人はもっとひどい暴行を受けるが、きみたちはその代わりに、いろんな権利を奪われることになる」。申し立て委員会の三人は、納得したようにうなずいた。

「きみたちからもらったこの苦情リストは、今夜のうちにスタッフに見せて、できるだけ改善しよう。要望の出ている特権も、ある程度は実現したいと思っている。明日、刑務所の教誨師を連れてこよう。それから今週、とりあえず二回目の夜間面会を実施するとしよう」

「それはありがたい。感謝します」と、代表者の五七〇四＝ポールが言う。ほかのふたりもうなずいて、まともな生活環境に向かいつつあることに安堵していた。

彼らは、立って私と握手を交わすと、穏やかな表情で出ていった。この三人が、今後は冷静になれと仲間を説得し、これまでのような衝突がもう起きないことを望みたいものだ。

囚人八六一二の崩壊が始まる

八六一二＝ダグは、その後も態度を軟化させようとしなかった。苦情申し立て委員会が報告した前向きなメッセージなどはなから信じていないのだ。さらに反抗してみせては、〝穴蔵〟へ放り込まれ、手錠をかけられっぱなしの状態だった。気分がすぐれないから所長に会わせてくれと要求し、その要求が認められて所長室でジャフィーと対面すると、看守の勝手かつ〝サディスティックな〟行為について不満を並べた。

これに対して所長のジャフィーは、そんな羽目になったのもきみ自身の挑発が引き金ではないのかと諭《さと》した。今後もっと協力的になってくれれば、手荒なことをしないよう看守に言い聞かせておこうとも言った。しかし八六一二は、すぐに待遇が改善されないなら、実験への参加を取りやめたいと宣言した。それでも、ジャフィーが体調を心配して、本当に医者に診てほしいのかを尋ねると、まだいいですと答えた。

話を終え、看守に伴われて監房へ戻った八六一二は、仲間の一〇三七＝リッチに大声で報告した。一〇三七はまだ懲役房の中で座ったまま、劣悪な環境を批判し、医者を呼べとわめいている。

所長に不満をぶちまけたあと、八六一二はいったん落ち着いたように見えたが、しばらくすると再び怒りにかられて、今度は最高責任者である〝ジンバルドー教授の野郎〟に面会したいと騒ぎだした。私はすぐに会うことにした。

筋金入りの元囚人が、模擬刑務所をあざ笑う

この日は、実験のアドバイザーを引き受けてくれたカルロ・プレスコットが、初めて模擬刑務所を訪れる予定になっていた。事前にカルロに助言を仰いだおかげで、本物の刑務所に収監されるケースと実質的に同じ機能をはたすようなしかけをいろいろと準備できた。

カルロはサンクエンティン州刑務所に一七年間服役したのちに保釈された。ほかにも、フォルサム刑務所とベーカビル刑務所にいた経験がある。罪状のほとんどは武装強盗罪だ。私がカルロと出会ったのは数カ月前である。社会心理学の学生たちが、研究プロジェクトの一環として、施設に置かれた個人の心理をテーマにとりあげた際、ひとりの学生がカルロを招いて、刑務所暮らしの実態を内部者の視点から語ってもらったのだ。

そのとき、出所してまだ四カ月しか経っていなかったカルロは、刑務所制度の理不尽さにひどく腹を立てていた。さらに、米国の資本主義、人種差別、白人にへつらって仲間に厳しくあたる黒人連中、戦争を商売にして儲ける人々などを次々と糾弾した。カルロの大きな長所は、社会的な相互作用にきわめて敏感で、深い洞察力を持っていることだ。そのうえ、深みのあるバリトンの声でよどみなく話しつづけ、説得力にも満ちている。私と年齢も近かった（当時私は三八歳、カルロは四〇歳）。海岸沿いの貧民街で育ったところも共通していた。ただ、私が大学へ進んだのに対し、カルロは刑務所に行った）。

私たちは急速に親しくなった。カルロのとめどない打ち明け話に私は辛抱強く耳を傾け、あるときは心理カウンセラー役を、またあるときは仕事や講演会の交渉役を務めた。カルロに真っ先に頼んだのは、スタンフォード大学の囚人心理を研究する夏期講座で、私とともに教壇に立つことだった。彼は学生たちを前に、自分の獄中体験を事細かに語ってくれた。ほかにも、カルロのつてをたどり、元服役囚の男女を呼んで体験談を語ってもらったり、刑務所の看守、弁護士ら、米国の刑務所制度に詳しい各方面の人々をゲストに招いたりした。

カルロの豊かな経験と熱心なアドバイスのおかげで、私たちのささやかな実験にも現実に即した要素が組み入

れられ、それが過去の同様な社会科学研究とは一線を画すものとなった。

その日の午後七時ごろ、彼と私はテレビモニターを見つめ、ある回の点呼のようすを確認した。日々の特別な出来事は録画してある。そのあとふたりで私のオフィスへ移動し、現在までの状況や、明日の夜間面接のやり方を話し合った。所長のジャフィーが突然、部屋に飛び込んできて、八六一二が完全に取り乱していると報告したのはそのときだった。刑務所の外へ出たがり、私に会いたがっているという。錯乱したふりをして監房から出て、また面倒を起こそうとしているだけなのか、本当に具合が悪いのか、ジャフィーは判断しかねていた。とにかく私の出番らしい。

「よし、ここに連れてきてくれ。私が問題点を検証しよう」

やがて、不機嫌で挑発的で腹を立てて方向性を見失った若者が、オフィスに入ってきた。「何か困ったことがあるようだね？」と、私は声をかけた。

「これ以上、我慢できませんよ。看守にいびられてばっかりです。おれに目をつけて、しょっちゅう〝穴蔵〟に入れられるし、それに――」

「だけど、私の見るかぎり、いや、私は全部見ているんだが、どれもこれも自業自得じゃないのかな。きみはこの囚人の中で、誰よりも反抗的で、規則に従おうとしない」

「知ったことじゃありません。あんたたちは全員、契約に違反してるんです。おれは、こんなふうに扱われるなんて思ってなかった。あんたは――」*9

「黙りやがれ、ガキ！」。そのときカルロが激しい口調で八六一二に食ってかかった。「何が我慢できないだと？　腕立て伏せ、ジャンピングジャック……看守に目をつけられて乱暴な扱いを受けた？　そんな程度で〝いびられた〟と思うのか？　いや、黙って最後まで聞け。狭っ苦しい部屋に二、三時間入れられたって、愚痴をこぼしてたっけな？　言っておくがな、白人のお坊ちゃん。おまえは、もしサンクエンティン刑務所にぶち込まれたら、一日ともたないだろうよ。おまえは、ひ弱で怯えている臭いがぷんぷんする。看守どもに頭をぶん殴られるのがオチだろう。正真正銘の懲罰房はコンクリート壁がむき出しの墓穴みたいな場所で、おれはそこに何週間も閉じ込められたが、おまえなんかは、その前にほかの囚人の前に放り出されるだろうよ。スナッフィーか、そういった悪党のボスが、煙草を二、三箱くれる。そのあと、おまえのケツは血まみれ、青あざだらけになるわけだ。まあ、そんなのは、おまえがホモ野郎に生まれ変わる第一歩だがな」

カルロの長台詞の剣幕に、八六一二は凍りついた。私はカルロが暴走する気配を感じて仲裁に入った。カルロは獄中生活を離れてまだ数カ月だ。監獄を模したここの環境を見て、積年の恨みが蘇ったにちがいない。

「カルロ、現実との違いを教えてくれたことには感謝する。ただ、この囚人から少し事情を聞いておかないと、今後、適切な進め方ができないと思うんだ。八六一二、もしこれからも囚人を続けて、協力的な態度をとってくれるなら、私の権限で、看守には手荒なまねをさせないように命じることができる。報酬は欲しくないのかな？途中でやめると、以後のアルバイト料はふいになるんだが」

「そりゃそうだけど、でも――」

「じゃあ、こうしよう。看守からきみへのいじめはなくし、きみはここに残って報酬を稼ぐ。その代わり、ときどき手を貸してくれればいい。適宜、私にある程度の情報を提供してほしいんだ。この刑務所を円滑に運営するうえで役立つかもしれない」

「それはどうかなぁ……」

「まあ、ゆっくり考えてみてくれ。あとで夕食を楽しんでから、やっぱり出ていきたいと思えば、それでもかまわない。今までのぶんの報酬を支払おう。しかし、参加の継続を選んで、アルバイト料を全額受け取り、乱暴な扱いは受けずに私に協力するほうがいい、と判断した場合は、お互いの力で初日の問題点を解消して、やり直そうじゃないか。どうだろう？」

「そうですねえ、だけど——」

「いますぐどっちかに決める必要はないんだ。よく検討して、今夜中に心を決めてほしい。いいかな？」

八六一二が静かに言う。「うん、わかったよ」。私は八六一二を連れて隣の所長室へ行き、とりあえず刑務所内に戻ってもらうことにした。所長のジャフィーには、彼はやめるかどうかまだ迷っているから、あとで決める、と伝えた。

こうして私は即興で、いわばファウストのような取り決めを考え出した。本来なら善意に満ちた大学教授でいたいのに、このときは、よこしまな刑務所責任者のような対処をした。実験を監督する立場としては、八六一二に脱落してほしくなかったからだ。もしひとり消えれば、ほかの収監者にも悪影響が及びかねない。それに、看守にいじめを控えさせれば、八六一二も従順になってくれるだろうと考えた。

しかし客観的に見れば、私は反乱勢力の中心人物である八六一二を〝密告者〟にスカウトし、特権の見返りとして情報を差し出すよう促したわけだ。刑務所内の掟によれば、密告者とは、人間の下の下のけがらわしい存在だ。万が一、立場がばれれば殺されるので、看守側の配慮でしょっちゅう懲罰房に入れられ、かくまわれる。

このあと、私はカルロと一緒にリッキーズというレストランへ向かった。そして、ラザニアを平らげながらカルロの新しい話を楽しんで、後ろめたさを忘れようとした。

八六一二、「脱落は不可能」と仲間に告げる

刑務所の通路では、看守のアーネットとジョン・ランドリーが、もう勤務時間を過ぎたにもかかわらず囚人たちを一列に並べて壁のほうを向かせ、締めくくりに改めて点呼をとっていた。さらに、囚人全員で声を合わせて「素晴らしい一日をありがとうございました、刑務官殿！」と言わせたが、またしても八一九＝スチュワートがやる気のなさを示したので、看守たちは悪態をついた。

そのとき、きしんだ音を立てながら刑務所の出入り口が開いた。囚人たちがいっせいに視線をおくると、所長や責任者との面談を終えた八六一二＝ダグが入ってきた。私と会う前、八六一二は、これから〝おさらばする〟話し合いをしてくる、と全員に向かって宣言していた。おれはもうやめる、あっちだって引きとめることなんかできやしない、と。ところがいま、八六一二は囚人仲間を押しのけるように歩いて監房二号室に入り、簡易ベッドの上へ身を投げた。

「八六一二、出てきて壁の前に立て！」と、看守のアーネットが命令する。

「知るかよ」けんか腰の答えが返ってきた。

「ここに立つんだ、八六一二」

「やなこった！」

するとアーネットが言う。「誰か手伝ってやれ」

ジョン・ランドリーがアーネットに聞いた。「手錠の鍵、ありますか？」

監房にこもったまま、八六一二は叫んだ。「ここに居残らなきゃいけないとしても、これからは、おまえたちの言いなりにはならないぞ」。続いて、ゆっくりと通路に姿を現わした。そして、二号室のドアの左右に半分ずつ並んでいる囚人仲間に向かって、恐ろしい現実を突きつけた。「いいか、みんな。おれはな、ここから出られないんだ！ ついさっきまで、さんざん話をしてきた。医者とも、弁護士とも……」

声が細くなって途切れ、一同は意味を解しかねる。くすくすと笑いだす囚人もいる。すると、壁の前に並べという命令を無視して、八六一二は仲間の正面に立ち、衝撃的な言葉を浴びせかけた。先ほどと同じ、甲高くて哀れっぽい声色だった。「おれはここから出られないんだよ！ 出してもらえない！ おまえたちだって、出られないぞ！」

面白がっていた囚人の笑い声に、不安げな響きがにじんだ。看守たちは八六一二の言葉に耳を貸さず、手錠の鍵のありかを捜しつづけている。八六一二がまだしゃべる気なら、当然、手錠をかけて〝穴蔵〟へぶち込むつもりだ。

囚人のひとりが、八六一二に尋ねた。「契約を取り消すことはできないって意味かよ?」

別の囚人も、ひどく心配そうに質問するが、誰ひとり、契約破棄が可能かどうかを確かな筋に問い合わせようとはしない。看守のアーネットが引き締めをはかる。「ここでの私語は禁止だ。八六一二とはあとで順々に話をしろ」

みんなに一目おかれたリーダー格が驚くべきことを暴露したせいで、囚人たちの反抗心や決意は大きく揺らいだ。三四〇一＝グレンは、のちに、八六一二の発言の衝撃をこんなふうに語った。「僕らはここから出られない、と聞いて、本物の囚人になった気がしました。ジンバルドー教授の実験で拘束されているだけで、見返りにお金だってもらえるにしろ、でもやっぱり、囚人なんです。本当に囚人だったわけです」[*10]

グレンは、さらにいくつか最悪のシナリオを想像しはじめた。「二週間、身も心もすべて預けるという契約を結んでしまった、と考えて震えあがりました。〝自分は本物の囚人だ〟との思いが、いよいよ現実味を帯びたんです。逃げるためには、よほど必死の行動に出なければいけないし、そのあとどういった展開になるのか、予想がつきませんでした。再びパロアルト市警へ連行されるはめになるのか? 報酬は支払ってもらえるのか? 取りあげられた私物の財布は戻ってくるのか?」[*11]

一日中、看守の手を焼かせた一〇三七＝リッチも、この新情報を知って呆然とした。あとで次のように述べている。「途中でやめることはできないと言われて、突然、ここは本当に刑務所なんだと思いました。その瞬間の気持ちは、言葉では表現できません。それまで人生で味わったことのない絶望感でした」[*12]

八六一二は、このとき明らかに、いくつものジレンマでがんじがらめになっていた。抵抗勢力の強気なリーダーでいたい反面、看守の手荒な扱いは我慢したくはない。居残って必要な金を稼ぎたいものの、運営者側に密告する人間にはなりたくない。内心ではおそらく、二重スパイになることを企んでいたのだろう。囚人の動向について、私に嘘の報告をしたり、わざと誤解を与えたり。しかし、そんな芸当ができるかどうか、まだ自信がない。

本来、扱いをましにしてやるから密告者になれ、などという提案は、即座に断るべきだったはずだが、八六一二はそうしなかった。断ったうえで、あくまでここを出たいと言い張れば、私のほうには引きとめる手段がなかったのに……。面と向かってカルロに怒鳴られたせいで、萎縮したのかもしれない。複雑な心理の板ばさみになった八六一二は、解決策として、〝システム〟に責任を押しつけようと決め、囚人を出ていかせないことを運営者側が正式決定した、などと仲間にふれまわったのだ。

この唐突な知らせほど、囚人たちの気持ちをくじくものはなかったと思う。実験参加者は、必要に応じて途中で離脱する自由を、つまり、みずからの意思で立ち去る権利を失ってしまった。瞬時にして、〝スタンフォード監獄実験〟は、〝監獄〟そのものへ変貌したのだ。しかもそれは、運営スタッフが頭ごなしに何かを正式に宣言したわけではなく、囚人のひとりによって自発的に通達された。看守たちは、囚人のふとした反逆をきっかけに、こいつらは危険な連中だと急に認識を改めたわけだが、それとちょうど同じように、囚人ひとりがこの実験は離脱不可能と言いはじめたとたん、囚人役たちの心情が急変し、自分はまったく無力な囚人であると思い込みはじめたのだった。

夜間の看守、やる気満々に

囚人たちはもう散々な目に遭ったはずなのだが、追い討ちをかけるように、今度は夜間シフトの看守がやってきた。ヘルマンとバーダンは、通路をゆっくりと歩きまわりながら、昼間の看守が帰るのを待っている。彼らは警棒を振りまわし、監房二号室に何か怒鳴っている。あるいは八六一二を脅し、囚人はドアから離れろと命じながら監房に消火器を向け、こいつの煙をもっと顔にかけられたいのかと大声で言う。

ひとりの囚人が、看守のジェフ・ランドリーに尋ねた。「刑務官殿、お願いがあります。今日が誕生日の者がいるんです。〝ハッピー・バースデー〟を歌ってもいいでしょうか?」

するとランドリーが口を開く先に、背後からヘルマンが言った。「一列に並んで〝ハッピー・バースデー〟を歌おう。しかしひとまず夕食だ。三人ずつ来い」。囚人たちは、通路の中央に据えられたテーブルを囲んで座り、粗末な食事をとった。会話は許されていない。

私はいま、この勤務シフトのときの録画を見直している。画面に映し出された刑務所の出入り口から、バーダンがひとりの囚人を伴って入ってくる。つい先ほど、脱走を試みて捕まったのだ。しくじった囚人は、通路の中央あたり、夕食テーブルのすぐむこう側に、気をつけの姿勢で立たされた。目隠しをされている。看守のランドリーが、どうやって施錠を外したのかと問い詰めるが、囚人は答えない。ランドリーが目隠しをとり、にじり寄るようにしながら警告する。「今度また錠前に手を近づけてでもみろ、たっぷりすてきな目に遭わせてやるからな、八六一二」

脱走を企てたのは、あの八六一二＝ダグだった！　ランドリーが八六一二を監房の中へ押し戻す。八六一二は再び罵倒のせりふを吐きはじめた。前回より大声で「くそったれ《ファック・ユー》」を連発し、それが刑務所内に響きわたる。ヘルマンが、うんざりした口調で二号室に言う。「八六一二、おまえの駆け引きの手口には飽きてきたぞ。飽き飽きだ。もう面白くも何ともない」

続いて看守たちは夕食テーブルへ駆け寄り、監房仲間と話し合おうとしている五四八六を制止した。食事中の会話は厳禁だ。ランドリーが五四八六に向かって叫ぶ。「おい、こら！　食事をいっさい与えないという罰は所長から禁止すると釘を刺されているけれど、おまえはもういくらか口をつけてる。残りを没収するのはおれたちの勝手なんだぞ」

さらに全員に通告する。「行ないがよい者にはいろんな特権が与えられる、ってルールを忘れてしまったようだな」。明日、面会があるが、暴動などで刑務所が封鎖となればキャンセルされる可能性が高い、とランドリーは注意を促す。まだ食事中の囚人たちは、もちろん火曜日七時の面会のことは忘れていない、とても楽しみにしていると答えた。

やがてランドリーが、元どおりストッキング帽をかぶるよう八六一二に命じた。夕食の最中、帽子を取っていたからだ。「髪のあいだから何かが食べ物の上に落ちて、腹痛でも起こされちゃかなわない」

八六一二はまるで現実の認識を失ったかのように、淡々とした口調で返事をした。「かぶれないよ。きつすぎちゃって。頭が痛くなるんだ。なに？ そりゃ変な話かもしれないけどさ。脱走しようとしたのだって、そのせいだ。『頭痛なんてするはずがない』って看守の連中は言い張る。でも、かぶったら頭痛がするに決まってる」

あとに続くかのように、一〇三七＝リッチも元気をなくし、態度がおかしくなる。目つきは輝きを失い、しゃべり方も遅くなって一本調子だ。監房の床に横たわり、しじゅう咳き込んで、最高責任者に会わせてくれと言いつづける（私は、夕食から戻って一〇三七と面談し、咳止めドロップを与えた。また、これ以上は無理だと思ったら参加をやめてもかまわない、しかし造反するのに時間や精力を使いすぎなければ、すべてがもっとましになるだろう、と伝えた。すると一〇三七は、さっきより気分がよくなったし、最善を尽くすと言った）。

看守たちが次に注意を向けたのは、五七〇四＝ポールだ。彼は、抵抗勢力の元リーダーである八六一二＝ダグの代役を務めるかのように、態度を硬化しつつあった。「あんまり楽しそうじゃないな、五七〇四」。ランドリーが声をかける。と同時にヘルマンが、監房のドアの鉄柵を警棒で叩き、やかましい音を立てた。バーダンが言う。「連中は、消灯後もその音を聞きたがるんじゃないかな。今夜あたり、どうだろう？・」

ふと、五七〇四が冗談を飛ばした。何人かの囚人が笑ったものの、看守たちは笑みすら見せない。ランドリーが言った。「なるほど、結構。大いに結構だ。その調子でいけ。じつに楽しくなってきた。いまみたいな気の利いたジョークを聞くのは一〇年ぶりぐらいだ」

そのとき、看守二名が並んで立ち、のろのろと孤独な食事をとっている八六一二を見下ろした。ひとりは腰に手を当て、もうひとりは警棒をひけらかし、一組になって威圧している。「ここには反政府主義者や革命家の一味がいるらしいな！」とランドリーが言った。

すると、八六一二はやにわにテーブル脇から立ち上がり、奥の壁へ突進すると、録画カメラをおおってあった黒布を引きちぎった。看守たちに摑みかかられ、またしても〝穴蔵〟へ引きずられたが、皮肉を込めた声色でうそぶいた。「すまないねえ！」

看守が言った。「ほう、すまないと思うのか。おまえにはあとで何か特別に用意してやるよ。たっぷりと後悔させてやる」

ヘルマンとバーダンのふたりは、八六一二を、〝穴蔵〟へ入れると、警棒でそのドアを強打しはじめた。八六一二は、やかましい、頭痛がひどくなる、と悲鳴をあげた。「くそっ、やめてくれ。鼓膜が破れそうだ！」。そこへバーダンが答える。「次の機会には、〝穴蔵〟に入れられるようなことをしでかす前に、これを思い出せよ、八六一二」

八六一二も言い返す。「いや、思い知るはめになるのはそっちだ！　次はドアをぶち壊してやる。本気だぜ！」

（もしかすると、監視カメラが設置してある壁まで破壊するつもりかもしれない）。

一方、囚人のひとりが、今夜は映画を見られるのかと聞いた。当初、詳細なスケジュールの説明を受けたとき、映画上映が組み込まれていたからだ。「映画なんて見られる日が来るかなあ」と、看守は答えた。

それから、看守たちは声をひそめようともせず、万が一、施設を壊された場合の措置を協議しはじめた。ヘルマンが刑務所の規則書を手に取り、該当するケースの記述に目を通した。一号室のドア枠にもたれて警棒をもてあそぶ姿は、刻一刻、自信と支配力を吸収しているかのようだ。ヘルマンは、映画上映の代わりに仕事か休息の時間を与えよう、と看守仲間に言った。

続いて、彼は囚人たちに通告した。「よし、ちょっと聞いてくれ。今夜は全員にお楽しみを用意する。三号室の収監者、おまえたちは息抜きをしろ。好きなことをやってかまわない。なにしろ、皿洗いも雑役もよくこなしてくれたからな。二号室、おまえたちにはまた若干の作業をしてもらう。さて、一号室にはすてきな毛布をくれてやる。絡まった毬《いが》をひとつ残らず取り除け。そうだ、看守、一号室の三人をここへ連れてきてくれないか。その毛布を見せてやろう。毬の付いてない毛布で寝たければ、連中はたっぷりと時間をかけることになる」

ランドリーがヘルマンに渡した毛布には、新たな毬が大量に付着している。「おお、こりゃ見事だ」。ヘルマンの口ぶりが芝居がかる。「紳士淑女のみなさん、この毛布をご覧あれ！　どうかご覧を！　まさしく傑作ではございませんか。みなさまには、たくさんの毬をひとつずつすべて取り除いていただきましょう。今晩はこの毛布でお休みいただきますので」。囚人のひとりから「じゃあ、床の上で寝るよ」という声が上がるが、ランドリーは「どうぞ、お好きに」とすげなく応じた。

ランドリーの態度は興味深い。彼は高圧的な看守と友好的な看守のどちらを演じるべきかつねに迷っている。主導権をヘルマンに完全に譲ったわけではない。ある程度の権限は掌中に収めたいのだが、その一方、好き勝手にふるまうヘルマンに比べると、囚人に対して同情心を抱いている（のちの面談の際、洞察力に富む囚人四三二五＝ジムは、悪い看守のひとりとしてヘルマンの名を挙げ、〝ジョン・ウェイン〟というニックネームをつけた。それに対し、ランドリー兄弟は良心的な看守だったという。ほかの囚人たちも、夜間シフトのジェフ・ランドリーは、わりあい好ましい態度のときが多かったと感想を述べている）。

三号室の囚人から、本を読みたいので貸してもらえないかと要望が出る。しかしヘルマンは、全員に規則書を二部ずつ配っておけばベッドで読むものには困らないだろう、と答えた。

やがて、またしても点呼の時間がやってきた。「いいか、今晩は手抜きするなよ。大丈夫だな？　二〇九三から順番に言ってくれ。ひとまずはウォーミングアップだ」

調子に乗ったバーダンも、囚人の真っ正面まで進み出て言う。「そんな下手な点呼を教えた覚えはない。大声で、はっきり、てきぱきと！　五七〇四、とくにおまえは遅い！　さっそくジャンピングジャックをやってもらおう」

次第に、罰に見境がなくなっていく。看守たちは、これといった理由もないのに罰する。わけもなく腕立て伏せを命じられた五七〇四が、口ごたえした。「やらないよ！」。すると、バーダンは力ずくで始めさせた。さらに、腕の曲げ方が不十分に見えると、「もっと曲げろ、もっと！」と言いながら、背中を警棒で押した。

「押すなよ」

「押すなよってどういう意味かなあ？」。バーダンのあざけるような声がする。

「言葉どおりだ。押すなってば！」

「黙って続けろ」。バーダンが命じる。「……よろしい。列に戻ってよし」

バーダンが以前よりもかなり積極的に囚人の管理に関わりだしたことは間違いない。しかし、〝群れを支配する雄〟は相変わらずヘルマンだ。ともあれ、バーダンとヘルマンがふたりして強気に出はじめたせいで、残る看守のランドリーが急にほとんど目立たなくなった。通路に姿が見当たらないときさえある。

ついには、いちばんの模範囚である二〇九三＝〝軍曹〟までが、理由もなしに腕立て伏せやジャンピングジャックを強制されるようになった。「ほう、上出来だ。みんな見てみろ！　今夜の二〇九三には力がみなぎってる」とヘルマンが褒めると、その直後に三四〇一に顔を向ける。「おまえ、にやけてるのか？　何かおかしいことでもあるか？」。そこへ相棒のバーダンが割り込む。「にやけてるのか、三四〇一？　これがおかしいとでも？　今夜は眠れないようにしてやろうか？」。「にやけ顔など見たくない！　ロッカールームで歓談してるわけじゃないんだ。にやにやしてる男をひとりでも見かけたら、全員に延々とジャンピングジャックをやってもらうぞ」と、ヘルマンも続く。

だが、陰鬱な雰囲気をやわらげる必要があると気づいたヘルマンは、みずからバーダンに向かって冗談を飛ばした。「脚のない犬の話を聞いたことあるかな？　毎晩、散歩に連れていくとき、飼い主は犬《ドッグ》を引きずる《ドラッグ》んだとさ」。ヘルマンとバーダンは笑うが、囚人は反応しない。「どうも連中は気に入らなかったらしい」とバーダンが言った。

「おい五四八六。おれの冗談、気に入ったか？」

囚人五四八六＝ジェリーは「いいえ」と正直に答える。

「こっちに来い。おれの冗談が気にくわなかった罰として、腕立て伏せ一〇回。いま苦笑を浮かべたぶん、プラス五回。合わせて一五回やれ」

図に乗ったヘルマンが、囚人全員に命じて壁のほうを向かせる。そして少し経ってから振り向かせ、卑猥なポーズを見せて笑わせようとする。片手をズボンの中に入れて、股間から指を一本突き出し、勃起のまねごとをしてみせたのだ。囚人たちは笑うことを禁止されている。にもかかわらず数人が噴き出してしまい、腕立て伏せや腹筋運動を命じられる。感想を聞かれた三四〇一は、おかしくなかったと返事するが、正直に答えたことをとがめられ、腕立て伏せを課せられた。

続いて、識別番号を歌う点呼の番になった。いまの自分の声は歌だったと思うか、とヘルマンが二〇九三＝〝軍曹〟に問いただした。

「自分自身の耳には、歌に聞こえました。刑務官殿」

そう答えると、ヘルマンと意見が異なる罰として、腕立て伏せをさせられた。

すると、〝軍曹〟は意表を突いて、「もっとやりましょうか、刑務官殿？」と機嫌をうかがった。

「やりたいなら、あと一〇回」

〝軍曹〟はさらに過激な申し出をする。「疲れて倒れるまでやりましょうか？」

「まあ、勝手にしろ」。面食らったヘルマンとバーダンは、対処にとまどった。囚人たちは、憂鬱な表情で目を見合わせる。〝軍曹〟が志願してハードルを上げてしまうと、その新しい基準が自分たちにまでまわってくるんじゃないか。〝軍曹〟はもはや、悪趣味な冗談のような存在になりつつあった。

そのあと、バーダンは複雑な順序番号を言うように命令し、ふざけてつけ加えた。「諸君のように学歴のある青年には、難しくないだろうよ」。昨今、知識が豊かな大学生を〝退廃的なインテリ俗物〟と嘲笑する風潮があり、それを軽く拝借したわけだ。もちろん、バーダン自身も大学生なのだが……。

次に囚人たちは、毛布とベッドが必要かという質問を受けた。口々に必要だと答えると、「じゃあ」とヘルマンが言った。「ベッドと毛布に値する若者は、どんな善行を積むべきかな？」。「僕たち、毛布のゴミくずを取りましたよ」という返事を聞くと、ヘルマンは〝ゴミくず〟などと呼ぶな、〝毬〟と言えと諭した。ごく単純な例とはいえ、権力が言語の使い方を決める一例だ。結果として、現実も規定することになる。

みんなが〝毬〟と呼びはじめたので、バーダンは、枕と毛布を渡してやろうと促した。ヘルマンが両脇に毛布と枕を抱えて戻ってきた。それらは、五七〇四＝ポールを除いて全員に配られた。五七〇四に対しては、作業にとりかかるまでなぜあんなに時間がかかったのかと問いただした。「枕を使いたいのか？　働きたくないと思うおまえに、どうして枕をやらなきゃいけないんだ？」。「功徳《カルマ》になりますよ」、五七〇四は軽口を叩いた。

「もう一度質問する。なぜおまえに枕をやる必要があるのか？」

「僕が頼んでいるからです、刑務官殿」

「しかしおまえは、作業を始めるのがほかのみんなより一〇分遅かった」と、ヘルマンがなおも責め立てる。

「今後は、やれと命令されたらすぐ取り組むように気をつけろ」。行ないが悪かったにもかかわらず、結局ヘルマンのほうが折れて、五七〇四に枕を与えた。

ヘルマンに全権を明け渡すつもりはないバーダンは、五七〇四に命令を出した。「心をこめて感謝の気持ちを伝えろ」

「ありがとうございます」

「やり直し。〝神のご加護がありますように、刑務官殿〟と言え」。皮肉が奥深くに染みわたっている。

こうしてヘルマンの目論見は成功した。枕が欲しいと頭を下げさせることによって、五七〇四を抵抗勢力の仲間から切り離したわけだ。単純な私欲が、囚人同士の連帯感を上まわりつつある。

囚人五七〇四の誕生日を祝う

五四八六＝ジェリーが、五七〇四のために〝ハッピー・バースデー〟を歌いたいとリクエストした件を持ち出した。いまごろになって妙な要望だ。囚人たちはもはや疲れ、看守側も囚人を監房へ戻して寝かす気になっていたのだが……。もしかすると、外の世界の慣習とわずかでもつながりを持っていたいのかもしれない。あるいは、異常な状況に急接近しているのをどうにか食いとめるための、ささやかな手段か。

バーダンがヘルマンに告げた。「囚人五四八六から提議あり。〝ハッピー・バースデー〟を歌いたいらしい」。だが、誕生日を迎えたのが五七〇四＝ポールだと知って、ヘルマンが声を荒らげた。「今日が誕生日なのに、働きもせず怠けてたのか！」。五七〇四は、誕生日だからこそ働く必要はないはずだと言い返した。

看守が、囚人の列の前を移動しながら、一人ひとりに〝ハッピー・バースデー〟を歌いたいかと尋ねると、全員が誕生日を祝って歌うのはもっともだという意見で一致した。七二五八＝ハビーが音頭とりを任されて、みんなで〝ハッピー・バースデー〟を合唱した。一日を通して初めて、この場所にこころよい音が響いた。ところが、誕生日を迎えた人の名前を歌う箇所で、合唱が乱れてしまった。〝同志〟と歌った者もいれば、〝五七〇四〟と入れた者もいる。とたんに、ヘルマンとバーダンが鋭い声で制した。

「この男の名前は五七〇四だ」と、バーダン。「出だしから歌い直せ」

ヘルマンは、七二五八の歌唱を褒めた。「スウィングのリズムのあと、ストレートに切り替えている」。〝カットタイム〟という用語を織り交ぜて、音楽の知識力の一端をのぞかせた。だが、ごくふつうの歌い方でもういっぺん歌うように命じる。囚人はそれに従ったが、出来に不満なヘルマンは改めて指示を出した。「もうちょっと熱を入れろ！　一年に一度きりの誕生日なんだぞ」

こうして、お決まりの日課の合間に囚人が自主的に割って入り、前向きな気持ちを分け合った。型どおりのスケジュールに縛られた支配と服従の中で、またも興味深い特徴が表れたといっていい。

八六一二、ついに限界。釈放へ

消灯時間が訪れ、八六一二＝ダグは、もう何度目だかわからない懲罰房入りからようやく解き放たれた。しかしそのあと、不満を爆発させる。「くっそぉ、おれははらわたが煮えくりかえってるんだ！　わかってんのか！」

彼は所長のジャフィーと二度目の面談を行ない、怒りにまみれた混乱と苦痛を声高に訴えた。「出ていきたい！　ここは無茶苦茶だ。もう一日も我慢できない。これ以上ごめんだ！　弁護士を呼んでくれ。その権利はあるよな？　母親に連絡してくれ」

これがただの実験であることを自分に言い聞かせようとしながら、さらに叫ぶ。「あんたは、おれの頭をぐちゃぐちゃにしてるんだ。おれの頭を！　こんなの実験だろ。奴隷になる契約なんかした覚えはない。おれの頭をかきまわす権利なんかない！」

八六一二は、ここから出るためならどんなことでもしてやる、手首を切る覚悟もある、と脅しを並べていく。「何だってやるぜ、出ていけるなら。おまえらのカメラを壊したっていいし、看守に危害を加えたっていい！」

所長のジャフィーが懸命になだめようとするものの、効果はない。わめき声がいっそう大きくなるばかりだ。ジャフィーは、心理カウンセラーに連絡がつき次第、真剣に検討すると請け合った。

少し経って、実験助手のクレイグ・ヘイニーが夕食から戻ってきた。彼は感情の高ぶった八六一二とのやりとりを録音で聞くと、本人に直接会った。精神的苦痛の程度を確かめ、即刻解放すべきかどうかを判断するためだ。その時点で、私たちスタッフは八六一二の反応が本物なのか疑っていた。単なる演技かもしれない。経歴を調べた際、つい昨年に学内で反戦運動を指揮していたことがわかっている。そんな人物が、わずか三六時間で精神的にまいってしまうだろうか？

結論から言えば、八六一二は完全に自分を見失っていた。後日こう語っている。「監獄実験のせいで本当に異常な心理になったのか、自分の意志で（わざと）いろんな問題行動を起こしつづけたのか、もうわからなくなっていました」

折悪しく私は食事のため外出しており、助手のクレイグ・ヘイニーが難しい決断を迫られた。そのときの彼の葛藤は、本人の報告書に如実に記されている。

いま振り返ると、判断は容易だったように思う。けれども当時は、決定をくだすのが怖かった。私はまだ大学院の二年生だったし、このプロジェクトには多大な時間、労力、費用が注ぎ込まれていることを知っていた。もし参加者を早々に離脱させてしまったら、せっかく練り上げて実行に移したプロジェクト全体が揺らぎかねない。

実験スタッフは誰ひとり、このような展開を予想しておらず、当然、これほどの不測の事態に対処する方法も考えていなかったとはいえ、囚人八六一二の動揺ぶりもあまりに例外的だった。監獄実験にごく短時間しか関わっていないにもかかわらず、実験終了時まで含めて比べても、ほかのどの参加者よりひどい精神状態だった。結局、私は実験への悪影響には目をつぶって、倫理的、人道的な見地から、囚人八六一二を釈放することに決めた。[*13]

クレイグは、八六一二のガールフレンドに連絡した。ガールフレンドはすぐにやってきて、八六一二の私物を受け取り、当人を連れて帰った。その際、もしも気分がすぐれない状態が続くようなら、明日の朝、大学の保健センターに行くといい、と忠告した。精神的な苦痛を訴える参加者が出た場合に備えて、事前に連絡をとってあったのだ。

クレイグの判断は、人道的な面から見ても法的な面から見ても正しかった。感情が不安定な八六一二を収監しつづけた場合、スタッフにもほかの囚人にも悪い影響が及びかねない。その観点に照らしても妥当だった。しかし、当時の私と、もうひとりの実験助手カート・バンクスは、八六一二を離脱させたという報告を受けて、はたしてそれでよかったのかと疑問を抱き、クレイグが八六一二の名演技にだまされてしまったのかもしれないと考えた。それでも、そのあとしばらく、さまざまな証拠を検討して話し合った末、やむをえない適切な決断だったという意見で一致した。

次なる課題は、なぜこんなに早く過剰な反応が生じてしまったのかを究明することだった。プロジェクトは二週間を予定している。まだ始まったばかりだ。

結論はこうだった。あらかじめ実施した性格テストには情緒不安定の兆しがまったく出ていなかったものの、八六一二はもともと敏感な性格の持ち主であり、それゆえ模擬刑務所という設定に対して過剰な反応を示したにちがいない。私たちはそう考えて自身を納得させるしかなかった。

つまり、そのときのクレイグ、カート、私の三人は、やや〝集団順応思考〟に陥り、選考の過程でミスがあったのだろうという方向でばかり理由を探りつづけていた。候補を絞るとき、〝傷物〟を紛れ込ませてしまったにちがいない、と。この模擬刑務所の設定に状況の力がはたらいて、ひとりの囚人を圧倒したのだ、という可能性には思いいたらなかった。このような偏った発想が持つ意味は、一考に値する。私たちは、個人の性向より状況の力が勝ると仮定し、その裏づけをとるために研究を行なっていた。そんな私たちでさえ、個人の性向に原因を押しつけようとしたのだ！

あとになってクレイグが、私たちの誤りを的確に言い表している。「このあからさまな皮肉に気づいたのは、しばらく経ってからである。実験の中で、真っ先に、まったく意表を突いて、状況の力が見事なまでに実証されたのに、私たちは〝個人に問題あり〟ですませてしまった。自分たちが異議を唱え、批判しようと考えていた姿勢を、そっくりそのままなぞっていた」[*14]

八六一二の異常反応のきっかけに関しては、なおも意見が割れた。制御しきれないほどのストレスに苦しみ、当然の結末として外へ出ざるをえなくなったのか？　それとも、最初のうちは上手に演技すれば釈放されると踏んで、正気を失ったふりをしたのに、演技がエスカレートして自分でも歯止めがかからなくなり、一時的に精神に異常をきたしたのか。

のちの本人の報告によると、当時の八六一二の言動には、さらに複雑な問題がからんでいたようだ。「とどまるべきだったのに、僕は帰ってしまいました。非常に残念です。革命が次第に遊び半分ではない段階に入ったら、踏みとどまらなくてはいけません。だから居残るべきだったんです。〝革命の首謀者たちなんて、どうせ、事態が手に負えなくなってきたら逃げ出すんだろ。他人を煽ってるだけだ〟とファシストの連中は高をくくっています。あんなふうに敵前逃亡したら、連中の考えを裏づけてしまう。僕は、自分の利害など顧みず、正しいことのために闘うべきでした」[*15]

八六一二が離脱してまもなく、看守のひとりが、二号室内でのやりとりを立ち聞きした。囚人たちは、翌日に八六一二が仲間を連れて戻ってきて、この刑務所を破壊し、みんなを解き放つという筋書きを想像していた。それを聞いた私は、空頼みもいいところだと思っていたが、次の日の朝、八六一二がこっそり心理学部の廊下をうろついていた、と看守から報告が入った。

私は、八六一二を捕まえて監房に戻すよう命令した。やはり仮病を使って私たちをだまし、脱走したのだ。今度は、模擬刑務所が本格的に襲撃されるケースに備えなければいけない。深刻な暴力沙汰を避けるにはどうしたらいいだろう？　どんな手段を講じれば、私たちの刑務所を引き続き運営することが——いや、つまり、実験を継続することができるだろう？

第五章

火曜日。訪問客と暴徒の二重苦

囚人たちは、一様にくたびれたようすで目が充血している。狭い刑務所内には、ニューヨークの地下鉄駅の男子用トイレに似た臭いが充満しはじめた。どうやら一部の看守の配慮が足りず、トイレに行く特権を与える回数が少なすぎたらしい。そのうえ、消灯後にはまったく行かせていない。夜間は、大小便とも監房の中にあるバケツを使ってすますしかないが、朝になるまでバケツの中身を捨てさせない看守もいる。囚人の多くから運営サイドへ、続々と強い不満が寄せられていた。昨夜の八六一二の脱落が、囚人たちのあいだで波紋を広げているようだ。八六一二は、もうこれ以上我慢できないと仲間に打ち明けていた（監房にしかけてある盗聴器が音声を拾っている）。

私たちの側は、そういう陰鬱な雰囲気のカンバスの上に、どうにかして明るい絵を描くしかない。今晩は夜間面会があり、両親、友人、ガールフレンドらが訪れる。もし私が親だったら、わずか三日で疲労困憊して明らかにストレスにさらされている息子を見れば、ぜったいに途中で参加をやめさせるだろう。

しかし、それ以上に優先して解決しなければならない悩みがあった。噂になっている刑務所襲撃だ。八六一二に率いられた暴徒どもがいつ襲ってくるかわからない。今日が決行日の可能性はじゅうぶんあり、ひょっとすると、いちばん無防備になる夜間面会の最中を狙う計画かもしれない。

ついさっき、午前二時のシフト交替とともに一日が始まったところだ。どうやら、夜勤のメンバーがしばらく居残るらしい。六人の看守は、囚人を管理下において今後の反抗を防ぐには規則を強化する必要があるとして、控え室で話し合ったあと全員で通路へ向かったのだ。

六人揃ったさまを眺めると、興味深い事実が明らかになった。誰が勤務シフトのリーダーになるかに、身長が大きく影響していたのだ。とくに背の高い看守といえば、ヘルマン、バンディー、アーネットの三人。うちヘルマンは夜間シフトのリーダーだし、バンディーは朝シフトのリーダー格に育ちつつあり、アーネットも昼シフトの中心人物だ。

逆に、背の低い看守はバーダンとセロスだが、ふたりともリーダーの忠実な補佐役になった。バーダンもセロスも威張りたがり屋で、さかんに発言し、囚人の面前で怒鳴る。また、囚人に乱暴をはたらく場面が目立つ。彼らは頻繁に囚人の身体を押したり突いたり、並んでいる者を引っ張り出したりする。懲罰房に入りたがらない囚人を引きずるのも、このふたりだ。トイレへ連れていく途中の階段で囚人をつまずかせたとか、トイレ内で背中を押して小便器に押しつけたなどの報告も入ってきている。

たえず胸の近くに警棒をかまえ、鉄柵やドアやテーブルを叩いて音を立て、存在感をアピールするのは、少し背が低いぶんを武器で補おうとしているのだ、と分析する専門家もいるだろう。どのような心理作用が関係するにせよ、このふたりが最も意地悪な看守になりつつあることは間違いない。

もっとも、同じく身長が低めのマーカスとバーニッシュは、ほかの看守に比べてわりあい受動的で、口数が少ないし、行動量も少ない。私が所長を通じて、もっと断固たる態度をとるようにわざわざ頼んだほどだ。興味深い二人組なのは、ランドリー兄弟だ。弟のジェフはヘルマンよりやや背が高く、夜間シフトの主導権を競い合ってきたものの、創造的な方法を生みつづける〝ジョン・ウェイン〟ことヘルマンには敵わない。結局、具体的な命令を出したり、腕立て伏せその他を指揮したりする段になるとしゃしゃり出るが、終わるとまた表舞台から消えていく。ひたすらこれの繰り返しだ。ほかの看守には見られない、立場の揺れ動きといえる。今夜などは警棒を携帯さえしておらず、やがてミラーサングラスまで外してしまう。実験の施行規則では、ぜったいに外してはいけない決まりなのだが……。

これに対して、身長で劣る兄のジョン・ランドリーは、囚人に対して厳しい態度をとるものの、あくまでルールに沿った範囲内にとどめている。アーネットと違って過剰な攻撃性は示さない。とはいえ、リーダーが理不尽で過酷な命令を出した場合も、たいがい受け入れて補佐する。

囚人はほぼ全員、一七五センチ前後の平均的な身長だ。例外は二名。三四〇一＝グレンは最も小柄で一六〇センチ弱、五七〇四＝ポールは長身で一九〇センチ近い。興味深いのは、この飛び抜けて背の高い五七〇四が、囚人のあいだでリーダー的な存在になりつつあるということだ。当人もだんだん自信を深め、反逆に迷いがなくなってきたようすだ。仲間たちも五七〇四の変化に気づいている。その証拠に、前述した苦情申し立て委員会の代表者に彼を選んだ。

ルールを改訂するも、悪夢の点呼は続く

再び、午前二時半の点呼が行なわれた。壁を向いて七人の囚人が並び、そのうえ看守が六人も立ち会っているせいで、通路は少々混雑ぎみだ。夜間シフトの看守は自主的に居残っている。お決まりの点呼を早朝シフトの仲間がどんなふうに行なうか、見学したいのかもしれない。囚人側は、八六一二が減ったほかに、まだ一名足りな

い。バンディーが二号室から寝ぼけ顔の八一九を引きずってきて、やっと揃う。何人かの囚人が、ストッキング帽をかぶっていないと叱責され、帽子の着用は必須であることを改めて言い渡された。

バンディーが言う。「さあて、点呼の時間だ。準備はいいか?」

ひとりの囚人が答える。「大丈夫です、刑務官殿」

「残りの連中は?」

「準備万端であります、刑務官殿!」。〝軍曹〟の声だ。

「一人ひとりからその返事を聞こう。……おい、そんなのではだめだ。もっと大きく!」

「万端です、刑務官殿」

「もっと声を張れ!」

「いま、何の時間だ?」

「点呼のための時間です、刑務官殿」。ひとりの囚人が、か細い声を出した。[*1] 囚人たちは、壁に向かって一列に並ばされて、両手を壁に突き、脚を広げている。まだ数時間しか眠っておらず、夜更けだから反応が鈍い。

担当時間は終わったにもかかわらず、バーダンが有無を言わせぬ態度で命令を発し、警棒を振りながら歩きまわっている。彼は、手当たり次第に列からひとりずつ選び出した。

「ようし、おまえに腕立て伏せをやってもらおう!」

ここで、バーニッシュが初めて口を開いた。「さて、番号を聞かせてもらおうか。右から順に。始め!」。大柄な看守に囲まれて、いつもより強気になっているのかもしれない。

今度はジェフ・ランドリーが割って入る。「ちょっと待った。そこの七二五八は、自分の番号を逆に言うぐらいのこともできないらしい!」。次のシフトの看守との交替をすませたのに、ランドリーは不思議なほど積極的だ。ポケットに両手を突っ込み、刑務所の看守というよりも通りすがりの旅行者のような格好で歩きまわってい

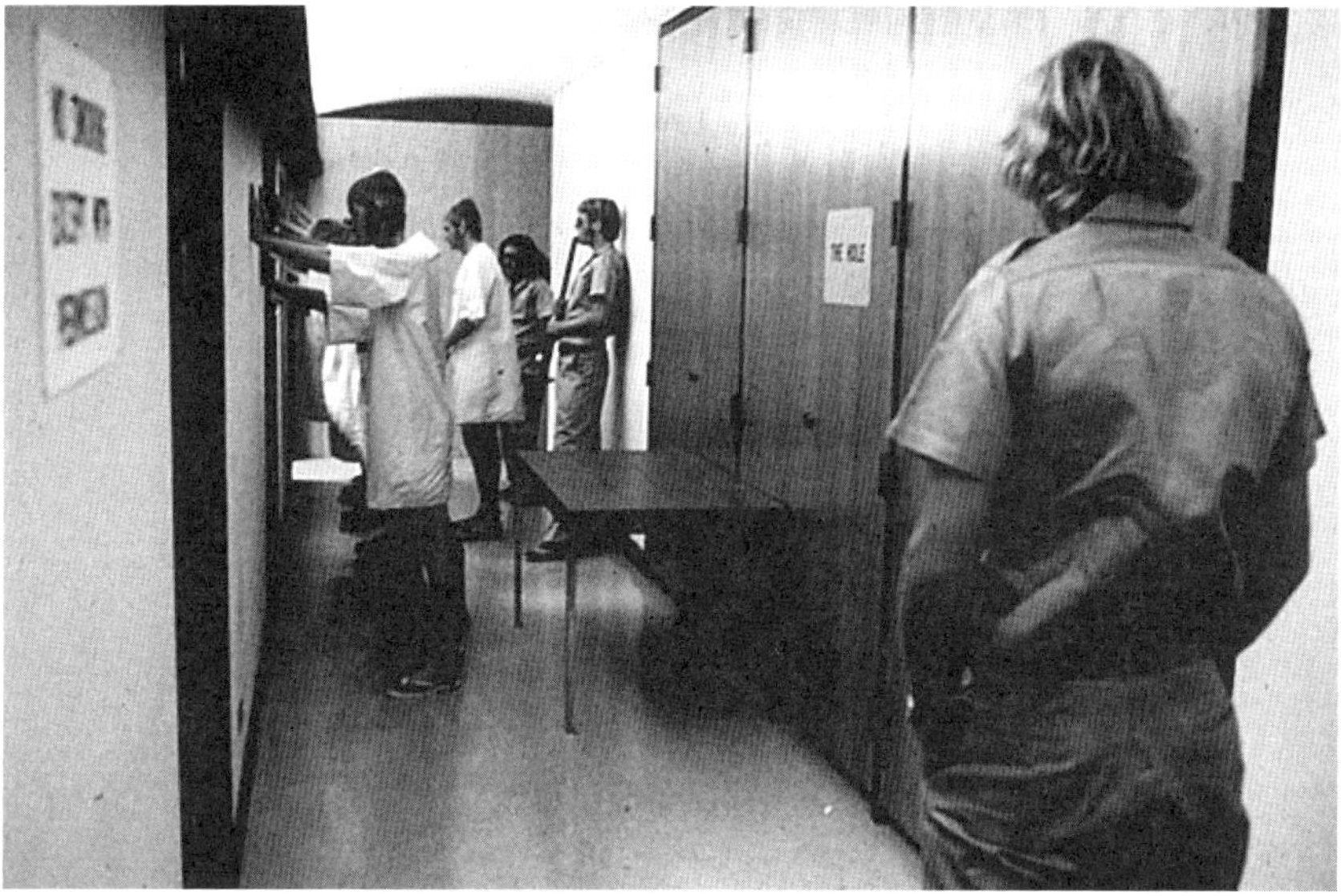

る。夜間シフトは三人とも、いつまでも帰ろうとしない。長く退屈な任務はもう終わったのに……。本来なら、ベッドめざして帰路についているころだ。余計な三人が加わったせいで、誰が命令を出すべきか、混乱や不安定さが生じている。

点呼の作業は、続いてお決まりのバリエーションタイムに移る。番号をふたつずつ言う、逆に言う、メロディーをつけて言う……。当初こそ創意が感じられたが、もはや新鮮味はない。興味が湧かなくなったとみえてヘルマンが黙り込み、しばらく見守ったあと、静かに出口へ向かった。

従来の刑務所ルールが何度も大声で唱えられ、さらに、これも歌われた。暗唱が続く中、バンディーがもっと大きく、てきぱきと、明瞭に、とさかんに命令を出す。疲れきった囚人たちはおとなしく従い、通路内には耳ざわりな歌声が響きわたった。

次にいよいよ、いくつか新しい規則が発表された。看守たちが相談して自主的に増やしたものだ。

「囚人は、刑務所におけるすべての活動に参加しなければならない！　活動とはすなわち、点呼などを指す」

「ベッドをきれいに整え、手まわり品は整理整頓すべし！」

「床は、ゴミひとつない状態に保つこと！」

「壁、天井、窓、ドアをはじめ、所内のいかなる物品も、移動する、いじる、損壊するなどの行為を行なってはならない！」

バーニッシュによる特訓のもと、囚人たちは内容も表現も隅々まで叩き込まれる。熱心に取り組まない者は、ひたすら暗唱を繰り返させられ、気が遠くなるほどさまざまなバリエーションの言い方を命じられた。

バーニッシュ。「囚人は、監房の照明を操作してはならない！」

囚人たちが声を合わせる。「囚人は、監房の照明を操作してはならない！」

バンディー。「囚人は、監房の照明を操作していいか？」

返事は見事に揃う。「いけません！」

声に疲れがにじんでいるが、昨夜より反応が鋭く、声量も大きい。突然、バーニッシュがリーダーになった。率先して規則を暗唱させ、完璧を求め、支配者になって囚人を導いていく。

次なる規則は、もっぱらニコチン中毒の五七〇四＝ポールに向けられた内容だ。

バーニッシュ。「喫煙は特権です！」

囚人の復唱。「喫煙は特権です」

「喫煙は何だと？」

「特権です」

「何？」

「特権です」

「喫煙は、食事のあと、および看守の許可がおりたときのみとする」

バーニッシュ。「声が一本調子でよくないな。音程を上げよう」

指示どおり、囚人たちはいままでより高い音域で繰り返す。

「もう少し低い音から始めるとするか。いちばん高い音で詰まらないように」

そう言って、復唱しつつだんだん音階を上げていけと命じる。バンディーが手本を示す。

バーニッシュ「お見事！」

バーニッシュは、新しい規則を記した紙を片手に持ち、もう一方の手に警棒を握っている。ほかの看守も、大半は警棒をもてあそんでいる。ジェフ・ランドリーだけが例外だ。これでは居残っていても意味がない。バーニッシュが規則の暗唱を指揮するあいだ、バンディー、セロス、バーダンは監房に出入りしたり、囚人のそばを歩きまわったりして、紛失中の手錠の鍵がどこかに落ちていないか、武器その他の不審物が隠されていないかなどを点検している。

ふいに、セロスが〝軍曹〟を列から引っ張り出して、反対側の壁に手をつかせ、脚を広げさせ、目隠しをした。さらに手錠をかけて、汚物の入ったバケツを持ってくるよう命じ、刑務所の外にあるトイレまで連行して、中身を空けさせた。

「誰の命令が至上命令だ？」とバーニッシュが質問すると、囚人たちは順に「最高責任者です！」と大声で叫んだ。実験助手のカートとクレイグが仮眠をとる時間になった。私が早朝のおもな出来事を録画する番だった。私の言葉が〝至上命令〟だと口々に叫ぶ姿を眺めていると、不思議な心持ちになる。ふだんの生活ではけっして命令をせず、他人に頼みごとがあるときも提案やほのめかしにとどめる、というのが私の主義なのに……。

一連の締めくくりにバーニッシュが、「罰を受けます！」との文言を囚人に歌わせる。規則をひとつでも破った場合にはどうなるか、という問いの答えだ。この不吉なせりふをできるかぎり高い声で何度も何度も言わせ、理不尽な屈辱感を植えつけた。

かれこれ四〇分近くも暗唱の練習が続いた。囚人たちはもじもじと身体を動かしている。脚がくたびれ、背中が痛むのだろう。しかし、ひとりとして文句を言わない。バーダンの求めに従い、一八〇度まわって正面を向き、服装の点検を受けている。

ストッキング帽をかぶっていない一〇三七に、バンディーが理由を尋ねた。

「看守のひとりに取られました」

バンディーが聞きとがめる。「刑務官が帽子を奪ったなんて話は知らないぞ。おまえは、刑務官である私が事実を把握していないとでも言いたいのか？」

「いいえ、刑務官殿、そんな意味ではありません」

「じゃあ、帽子はおまえがなくしたわけだ」

「そうです、刑務官殿」

命令がくだる。「腕立て伏せ一五回」

「声に出して数えましょうか？」

そこへ、このところ三四〇一が体調不良を訴えている、とバンディーが明かす。「体調不良とは困りものだな」とバーニッシュは言い、「いますぐ腹筋運動を二〇回やってみろ。そしたら気分がよくなるんじゃないか？」と続けた。さらに、泣き言をこぼした罰として、三四〇一の枕を没収した。

「よし、ストッキング帽をかぶっている奴は部屋へ戻れ。そうでない奴は、立ったままで待機。戻ったあとはベッドに座ってもかまわないが、まだ横になるな。いや、ひとまずベッドを整えろ。皺ひとつないように」

無帽の三人に対しては、タイミングを揃えて腕立て伏せをしろとの命令がくだった。バーニッシュが座っていたテーブルから飛び降りて、警棒でテーブル面を強く叩き、早く始めるように促す。彼は、囚人たちを見下ろしながらリズムをとった。「曲げる！　伸ばす！」。囚人の三人は黙々と罰をこなした。やがて、五七〇四＝ポールが動きを止め、体力の限界を訴えた。バーニッシュは仕方ないとばかりに立ち上がると、壁に手をつけと言った。

「三人ともストッキング帽を見つけるまでベッドの脇に立っていろ。どうしても見つけられなかったら、タオルを頭に巻け。……八一九、どんな一日だった？」

「素晴らしい日でした、刑務官殿」

「よろしい。皺などがないようにベッドを整えて、座っていろ」

いつのまにか、居残りの看守は姿を消し、早朝シフトの三人と、控えのモリズモーしかいない。モリズモーは無言のまま、囚人たちがいたぶられるようすを眺めてきたが、いまようやく口を開き、ベッドに横になりたい者はなってよし、と通告する。即刻、全員が寝床に入り、あっという間に眠りの国へ旅立った。

一時間ほどして、所長のジャフィーが視察に立ち寄った。ツイードのジャケットとネクタイを着用し、小ざっぱりして見える。日に日に成長しているようすだ。私の記憶にあるジャフィーの立ち姿よりも背筋が伸びているせいで、そう思えるのかもしれない。

「ちょっと聞いてくれ」と、ジャフィーが言った。「全員の服装が整ったら通路に並ばせて、もう一度点検したい」

看守が二号室と三号室へ行って、通路に出ろと告げる。束の間の眠りをまたしても妨げられた囚人たちが、再び出てきた。八一九＝スチュアートはストッキング帽を見つけたらしい。一〇三七＝リッチはタオルをターバンのようにぐるぐる巻きにし、五七〇四＝ポールは頭巾のようにすっぽりとかぶって、巻き毛の黒い長髪をおおい隠している。

バーニッシュが〝軍曹〟に尋ねた。「よく眠れたか？」

「素晴らしい気分です、刑務官殿」

五七〇四はそこまでごまをすらず、「はい」とだけ答え、バーニッシュに命じられたまま壁へ向き直ったが、別の看守が、大切な規則を彼に思い出させた。「囚人は、看守に呼びかける際は〝刑務官殿〟という呼称を使用しなければならない」。五七〇四は、どのみち本気ではなかった「はい」の返事に「刑務官殿」をつけ忘れた罰として、腕立て伏せを命じられた。

所長のジャフィーは、おもむろに囚人の列の前を歩いていった。兵士を点検する将軍さながらだ。「この囚人は髪に問題があるようだな。それから、識別番号の縫いつけが不適切。どんな活動よりもまず先に、識別を明確にする必要がある」。さらに移動しながら、難点のある囚人を指摘し、しかるべき措置をとるよう看守に指示する。「この囚人の髪は、タオルからはみ出ているぞ」。彼は、識別番号は正しく縫い直すか油性マーカーで明記せよと厳命した。

「明日は訪問客を迎える日だ。ここの囚人が全員、きちんと整った身なりであることを示したい。そのほうがいいと思わないか？　となると、囚人八一九はストッキング帽の着用法を学び直さなければいけないな。それから、囚人三四〇一と五七〇四は、今後一〇三七を見習ってタオルの巻き方を練習しろ。では、監房に戻ってよし」

囚人はしばしの睡眠を許されたあと、やがて朝食をとるために起床した。新たな一日の始まりだ。昼のシフトの看守が任務についた。斬新な点呼のかたちとして、こんどはチアリーダーふうが試された。ひとりずつ、応援のかけ声のようにコールするのだ。

「五をちょうだい。七ちょうだい。〇ちょうだい。四ちょうだい。さあ、できたのは？　五七〇四！」。アーネット、マーカス、ランドリーの三人の看守は、この新しい辱めに熱中する。並んだ囚人を順に前へ一歩出させて、チアリーダーふうに番号を叫ばせ、この作業を延々と繰り返した。

薄れだす、自分と役柄との境界線

この奇妙な環境での生活はまだ三日目に入ったばかりだが、看守を演じる学生の一部は、いまや単なる演技の域を大きく踏み越えつつあった。本物の刑務所の看守に見られがちな、敵意、ネガティブな影響力、固定観念などが、心の中に芽生えはじめている。毎日の勤務報告書だけでなく、のちの報告書、個人インタビューなどからも、そういう心境の変化は明らかだった。
　看守側が「今日覚えた」方法はとてもよかったと、セロスは自画自賛した。「いままで以上に規律を保てたし、囚人からの反応も素晴らしかった」。それでも油断はできないと考えていた。「猫をかぶって、こっちをだます気かもしれない。脱走計画が進行中という可能性もある」[*2]
　のちにバーニッシュは、じつは当初、看守役をやるのは気が進まなかったと打ち明けた。それは私の目にも明らかで、だからこそ、所長のジャフィーを通じて、もう少し毅然とした態度をとるように頼んだのだ。「でも、二日目になってようやく、無理してでもこの役目にふさわしくふるまわなくちゃいけないと腹をくくりました。どの囚人に接するときも、いっさいの感情を捨てて、同情や気遣いをしないように努力したんです。言葉のうえでも、できるだけ冷たく乱暴に対応しはじめました。囚人たちは、こちらを怒らせたり絶望させたりしたいのかもしれないけれど、僕は感情を表に出しませんでした」
　同時に、集団としての意識も高まった。「看守たちは、感じのいい連中の集まりで、信頼や同情に値しない奴ら、つまり囚人に秩序をもたらす任務を負っている、というふうに感じていました」。さらに、看守の高圧的な態度は先ほど二時半の点呼のとき最大限に高まったが、これを好ましい傾向だとも感じていた。[*3]
　一方、いままでの早朝シフトではバーニッシュと並んで強権を発動していたバンディーが、今日は目立たない。寝不足がたたって、ひどく疲れている。それでも、囚人が役割に徹しはじめたようすを見て満足げだった。「囚人たちはもう、これを実験だとは思っていません。いまや本物で、自分の尊厳を保つため懸命になっています。でも、僕らがたえずかたわらにいるので、服従の状態から逃れられないんです」
　そう語るバンディー自身も、次第に特権意識を抱き、ただの実験であることを忘れかけているらしい。「ついつい、従順でない一部の囚人を罰して、ほかの囚人への見せしめにしてやろう、と考えてしまうんです」。また、囚人の人格を無視し、人間性を否定する態度に変わりつつある。「腹が立てば立つほど、全員をひとくくりにして扱うことにあまり疑問を感じなくなりました。そういう考え方に染まっていくのがいやだったので、本当の自分を役柄の奥深くに押し隠そうとしました。自分自身を傷つけずにすますためには、ほかに方法がなかったんです。進行中の事態にはとても困惑していましたが、やめようなどとは考えもしませんでした」

清潔さからかけ離れた生活環境と化してきたのは、本当は準備にあたった私たちの落ち度であり、シャワーや衛生設備が不十分だったことが原因なのに、看守側はそれを囚人のせいにするようになった。実際、バンディーがこんな不平を述べている。「ぼろ布を着て悪臭を放つ囚人の連中なんて、もう見るのもうんざりでした。刑務所じゅうにいやな臭いが漂っていました」[*4]

施設の安全を確保しなければ——

このころ、刑務所の最高責任者である私は、どんな施設を任された人間も最優先で考えなければいけない課題に頭を悩ませていた。すなわち、自分の管轄下にある施設の安全性をどうすれば確保できるのか？　襲撃を受けるかもしれないとの噂を耳にしたいま、研究者としての本分はもはや二の次だ。八六一二率いる集団がまもなく襲いかかってくるとすれば、現段階でどういう備えをすればいいのだろう。

朝のスタッフ会議で、さまざまな対策を検討した。その結果、実験の場を市の古い留置場へ移そうということに決まった。そこは、警察本部の新築に伴って現在は使われなくなっている施設で、日曜日に私たちが囚人の収監手続きをしたところでもある。

じつを言えば、巡査部長はあの朝、せっかくなら古い留置場を使って実験すればいいのに、と話していた。ちょうど空いているし監房も広いのだから、と。もっと前にそういうアイデアが浮かんでいたら借りたにちがいないが、あいにく私は準備を終えてしまっていた。すでに記録用の機器を設置し、学内食堂には食事の配給も頼んであった。それに、細々とした必要品を調達するにしても、心理学部の建物に居場所を構えたほうが何かと好都合でもあった。しかし、どこかへ移動するとしたら、あの古い留置場こそふさわしい。

私は留置場の手配に出かけ、そのあいだに助手のカートが、苦情申し立て委員会と二回目の面談を行なうことになった。同じく助手のクレイグは、夜間面会のための準備を指揮し、所長のジャフィーは、ふだんどおり看守たちの動きを見守る。

うれしいことに、巡査部長はすぐに会ってくれた。パロアルト市の中心街、ラモナ通りにある古い留置場で待ち合わせた私は、暴動を避けたい旨を訴えた。昨年、大学構内で起こった警察と学生の衝突みたいな騒ぎに発展しては困る、ぜひ協力をお願いしたい、と。私たちは不動産屋と客のように連れ添って、施設内を見まわった。実験の残りをここで続行する構想は完璧に思えた。刑務所のリアルさも加わるだろう。

私は市警本部に戻ると公式の書類に記入し、今夜九時（面会が終わった直後）には使用可能な状態にしてもらえるよう頼んだ。また、これから一〇日間、囚人を働かせて徹底的に清潔に保ち、万が一何らかの破損があったら弁償することを誓った。そして、本物の男同士ならではの堅い握手を交わした。窮地を救ってもらえてうれしいと、巡査部長に深く感謝した。彼は救いの神だ。案ずるより産むが易し。

思いがけない幸運に安堵し、自分の機転を誇りに思いながら、そのあと私はカノーリを食べ、エスプレッソを飲んでひと息ついた。屋外のカフェには陽光が降りそそぐ。今日もまた爽やかな夏の日だ。パロアルトの街中は相変わらず天国で、日曜日以来、何も変わっていない。

しかし、移転計画が無事に進んだと報告した直後、警察から残念な知らせが届いた。なんと不許可！　市の施設にいるあいだに誰かが怪我でもして訴えられてはかなわないと、市政担当官が却下したのだという。監禁実験そのものにも懸念が示されたらしい。私は巡査部長に、そんな心配はいらないことを説明したいから市政担当官と直接交渉させてもらいたいと頼んだ。また、警察署長のチュルシェと知り合いである点を強調し、当局の協力も求めた。もし、保安が万全ではない模擬刑務所を襲撃されたら、そのほうがむしろ怪我人を出してしまう可能性が高いとも訴えた。

「なんとか許可をもらえませんか？」

「すまないが」と巡査部長が答えた。「返事はノーだ。あくまで業務上の問題だから悪く思わないでくれ」

これで、囚人を移送するという名案はふいになった。今後の見通しに暗雲が立ちこめてきた。

巡査部長は私のことをどう思っただろう？　なにしろ、心理学の教授であるはずの男が、刑務所の最高責任者を名乗り、〝私の刑務所〟は襲撃の危機にさらされていると怯えきっていたのだ。〝変わり者〟だと思ったか、それとも〝どうかしてる〟か。いや、〝異常心理学者《サイコロジスト》〟かもしれない。

〈なあに〉と私は自分に言い聞かせた。他人にどう思われようとかまうもんか。それより、行動しなければもう時間がない。前の計画はあきらめて、次へ進むのみだ。

あとから思えば、当時の私は〝私の刑務所〟が襲われてしまうという強迫観念に異常なほど取りつかれていた。

スパイ作戦

迫り来る攻撃には、より正確な情報が必要だ。まずはスパイである。私は、ひとり釈放したので代わりの囚人を入れると偽って、スパイを送り込むことに決めた。私の教え子のひとり、デイヴ・Gは、この場面で必要とされる分析力にすぐれている。おまけに、もじゃもじゃの顎ひげといい、だらしない外見といい、囚人たちに溶け込むにはうってつけだ。この実験が始まってから、カートの代役として録画の手伝いをしてもらったことがあるから、ここの空間や出来事にも多少慣れている。

さっそく彼に連絡したところ、数日間の参加を受け入れてくれた。そのあいだ、囚人に交じって役立ちそうな情報を拾い集めよう。こちらが随時、適当な口実をつくってスタッフの部屋へ呼び、秘密を伝えてもらうことにした。

デイヴ・Gはたちまち、看守たちのルールを理解した。そのひとつは明白で、「従順な囚人には干渉せず、反抗的な囚人には制裁を加える」。ほとんどの囚人は、しょっちゅう抵抗して面倒事を起こしても割が合わない、と結論しつつある。運命とあきらめて、日ごとに、何をされても受け入れる方向へむかっている。「睡眠、食事、ベッド、毛布にあれこれされつづけて二週間すごすなんてまっぴらだ」と考えたのだ。

加えてデイヴ・Gは、開始当初とは違う空気を察知した。のちに、脱走の噂をめぐってこう語った。「ここ全体が、深刻なノイローゼ状態に見舞われています[*5]」

デイヴ・Gの新規加入に関していぶかる者はひとりもいなかったが、看守たちは彼をどこか違う存在だと感じとったようだ。とはいえ、本当の役割を見抜いたわけではないから、ほかの囚人と同じ扱い、つまりひどい扱いをした。まもなくデイヴ・Gは、トイレ使用の規則に悩まされるようになった。

「時間制限は五分。頭巾をかぶせられ、小便器の場所を教えられるんです。無理です。小便器に用を足すことさえできなくて、個室のほうへ入ってドアを閉め、誰も飛びかかってこないことを確かめたほどです[*6]」

そんな彼は、同じ二号室の一〇三七＝リッチと親しくなり、たちまち意気投合した。あまりにも、あっという間だった。信頼して送り込んだのに、八六一二＝ダグが使っていた囚人服を着て、わずか数時間のうちに、ただの囚人になってしまったのだ。デイヴ・Gは、私にこう報告した。「気のいい連中だから、密告するなんて気が引けました。でも結局、伝えるべき情報は何もないとわかって、ほっとしました[*7]」。本当に情報はなかったのだろうか？

一〇三七が、囚人役はやめさせてもらえないんだぞ、とデイヴ・Gに言った。続けて、最初の点呼のとき自分は抵抗したけれど、おまえはよしておけ、と助言した。囚人たちにとって、いま反逆するのは具合が悪い。「脱走を企てるには、看守におとなしく従っといて、油断したところを突かなきゃいけない」

後日、デイヴ・Gが明かした話によれば、八六一二の襲撃計画はデマにすぎなかった。なのに、私たちスタッフは、攻撃に備えてさんざん時間と労力を浪費してしまった。「もちろん、面会時間に友だちが来て強引に連れ出してくれるんじゃないかとか、トイレに行くとき隙を見て逃げたいとかいった空想をする囚人は二、三人いましたよ」と、デイヴ・Gは語った。「でも、明らかにたんなる願望でした」。わらにもすがる思いといったところだろう。*8

ともかく、こんな危急のときにもかかわらず、デイヴ・Gは私との口約束を反故《ほご》にして、密告者の役割を務める気をなくしていった。それは徐々に明るみになった。この日、誰かが手錠の鍵を盗んだのに、デイヴ・Gは心あたりがないと言った。それが嘘だとはっきりわかったのは、後日、実験の終了時に提出してもらったデイヴ・Gの日誌を読んだときだ。「ちょっと経ってから、手錠の鍵がどこにあるかわかったものの知らせなかった。少なくとも、どうでもいい問題になるまで黙っているつもりだった。報告したほうがよかったのだろうが、あの連中を目の前で裏切りたくなかった」

デイヴ・Gが急速に驚くべき変化を遂げ、囚人の精神状態に溶け込んだことは、ほかの場面でさらに明確になった。彼は模擬刑務所で二日間過ごすうち、周囲の囚人と違わない気分になったという。「はっきり違うのは、自分がまもなく外へ出ていけると知っていたことですが、その点すら、だんだん確信が持てなくなってきました。出られるかどうかは、監房の外の人間にかかっているからです。この状況が早くもいやになりました」。デイヴは、スタンフォード郡刑務所での一日目を終える時点でさえ、「汚れて、罪にまみれ、恐怖を感じながら、眠りに落ちました」とのちに語った。

委員会が不満を吐き出す

以前と同じ三人からなる苦情申し立て委員会が、不満を書き連ねた長いリストをたずさえてやってきた。私はちょうど巡査部長と交渉中だったので、助手のカートが対応した。

不満の数々に対して、カートは神妙に耳を傾けた。たとえば、トイレの制約があるせいで不衛生な状態になっている、食事の前に手を洗うきれいな水がない、シャワーがない、伝染病が発生しかねない、手錠や足首の鎖がきつすぎて打撲やすり傷の原因になる、日曜日に礼拝をしたい……。委員会はさらに、足首の鎖をときどき左右取り替えたい、運動の時間、レクリエーションの時間、清潔な囚人服、ほかの監房の囚人と会話する権利、日曜日の報酬の割増しなどを求めた。寝転がってぼんやりするだけではなく、何か意義のあることをやりたいとも要望した。

そのあいだカートは、終始ふだんどおり冷静な表情で聞き、感情をいっさい表わさなかった。彼の正式な名前はウィリアム・カーティス・バンクス。二〇代後半で、肌の色の薄いアフリカ系アメリカ人だ。二児の父親でもある大学院二年生、世界最高の心理学部に入れたことを誇りに思っている。私と仕事をともにしたどんな学生より熱心で、業績も素晴らしい。軽薄、やりすぎ、弱気、言い訳、悪ふざけなどといった言葉とは無縁に生き、感情はストイックなうわべの奥に隠している。

四三二五＝ジムも控えめな性格だが、カートの淡々とした反応を不愉快さの表われと誤解したらしい。ここに列挙したのは〝苦情〟というより〝提案〟のようなものだと、あわてて言い足した。カートは丁寧に感謝を述べ、すべて上司に伝えて検討すると約束した。囚人たちは、おそらくこのとき、大事な点に気づいていなかった。カートがまったくメモをとらなかったことや、鉛筆書きしたリストを彼に渡さなかったことに――。

私たちの〝システム〟は、服従を強いる一方で、民主主義的な話し合いの場を設けた。しかし、市民から提出された不満や要望を〝システム〟がどう処理するかには、幅がある。正直に受け入れて、表だった不服従や反逆を防ぐ手もあるが、聞くふりだけして黙殺することで不服従を弱め、反逆の芽を摘むというやり方もある。囚人側としては、まともに対処するという明確な保証を得ないかぎり、要望を叶えてもらえる望みは薄い。

つまるところ、スタンフォード郡刑務所の苦情申し立て委員会は、〝システム〟の鎧《よろい》に小さな打撃を与えるという肝心の任務に失敗したことになる。にもかかわらず、不満をおおやけに吐き出し、最高責任者ではないにしろ運営サイドの人間にひとことおり聞かせてやったと、三人は晴れ晴れした気分でその場を去った。

囚人たち、外の世界と連絡をとる

囚人たちが最初に外部に出した手紙は、面会に来てほしいと知人を招く内容だった。それに応じた人々が、今夜、つまり実験三日目の夜にやってくる。二度目に出した手紙には、次の面会日への招待と、遠くて面会には来られない家族や友人へのメッセージが記された。いずれも検閲を受けてはいたが、そこには囚人たちの心情がうかがえる言葉が並んでいた。

いかにもアメリカ人ふうのハンサム、七二五八＝ハビーは、ガールフレンドに向けて、「ベッドに座って飾りけのない壁を見つめているのは飽きたから、何か面白い写真やポスターみたいなものを持ってきてほしい」と頼んだ。

両端の垂れ下がった、いわゆるサパタ髭をたくわえているタフガイの一〇三七＝リッチは、友だちに宛てて怒りをぶちまけた。「こんなのはもうアルバイトじゃない。ひどすぎる。ここからは出られないんだ」

八一一九＝スチュワートは、不満をつのらせつつある複雑な気持ちを友人に打ち明けた。「ここの食事といったら、エベニーザーが二度目にタイへ旅行したときの三日目と同じぐらいの味と量なんだ。たいして面白いことは起こらない。基本的には、寝て、番号を叫んで、いやがらせを受けるだけ。出られれば、せいせいするんだが」

小柄なアジア系アメリカ人、三四〇一＝グレンは、この場所への軽蔑をあらわにした。「惨めな時間を過ごしてるよ。陽動作戦として、ジョーダン・ホールを火炎瓶で攻撃してくれないか。仲間もみんな不満が爆発しそうなんだ。なるべく早く脱走するつもりだけど、途中で頭蓋骨を二つ三つ叩き割ってやることに決めてある」。謎めいた追伸もついていた。「馬鹿な奴らに、おまえが本物だと悟られないよう注意しろ……」。〝本物〟とは？

いちばん驚いたのは、囚人たちの新しいリーダーでニコチン依存症の五七〇四＝ポールが書いた手紙だ。彼はガールフレンドへ宛てた文面に、検閲を受ける文章なのに自己流の愚かな革命の計画をしたためていた。それによると、ここを出たあと、経験談を地元のアングラ新聞に載せるつもりらしい。この実験の陰で国防総省の海軍研究事務所が糸を引いていることを摑んだ。[*9] 陰謀の目的は、なんとベトナム戦争に反対する学生を首尾よく監獄送りにできる方法を見いだすことだ、とある。五七〇四は、まだ未熟な革命家なのだろう。刑務所のスタッフが目を通す可能性の高い手紙に、反乱のもくろみを記してしまったのだから。

五七〇四は知るよしもないが、私はこれまでベトナム戦争反対を掲げ、教授の立場から活発な運動をしてきた。活動開始は一九六六年。同志と力を合わせて、全米のどこよりも早く、ニューヨーク大学で徹夜の学内討論集会を開いたほか、同大学がロバート・マクナマラ国防長官に名誉学位を与えることに異議を唱えて、卒業式で大規模なストライキも断行した。スタンフォード大学に移籍してからも、つい昨年、数千人の学生を率いて停戦を求め、効果的な試みを繰り返した。政治に情熱を燃やすところは五七〇四と似ているが、ろくに考えのない革命家とは違う。

五七〇四の手紙はこう始まっていた。「ザ・トライブ・アンド・ザ・バークレイ・バーブ紙（過激派の無料機関紙）と契約したよ。おれが外へ出たら記事を載せてもらう」。続いて、小さな模擬刑務所内での新しい立場を自慢する。「今日、苦情申し立て委員会のメンバーで話し合いをした。おれが委員長を任されてる。明日は、みんなの賃金を合わせて信用組合をつくるつもりなんだ」。また、今回の経験が役に立っているという。「革命家の獄中戦術に関して、学ぶところが大きい。おれたちがいっこうにへこたれないもんだから、看守どもは何もできやしない。ここの囚人の大半は根性があって、すべて終わるまで弱音を吐かないと思う。卑屈になりかけている奴も数人いるけど、ほかの囚人には影響ない」。そして、締めくくりの署名は太字で大きく「おまえの囚われ人、五七〇四」だった。

私は、この内容を看守に伝えるのはやめておこうと決めた。もし伝えたら、報復として本気で虐待行為をやりかねない。ただ、政府に軍事利用されるなどと本当に告発されたら、研究の助成金が下りなくなるかもしれない。そう思うと頭が痛い。とりわけ、私はいままで学生の反政府運動を支持してきた人間だけに、苦しい立場におかれかねない。もともと助成金の交付の対象は、〝匿名化と没個性化の影響および対人攻撃性についての実証的、概念的研究〟だ。刑務所実験のアイデアが浮かんだとき、助成金機関にかけ合って、この実験が終わるまで期間を延長してもらったのだ。ほかからの資金援助は受けていない。五七〇四と機関紙が一緒になってこの真っ赤な嘘を広めるかと思うと腹立たしかった。

生来の気まぐれなのか、ニコチン切れの影響か、はたまた興味を惹きそうなネタを捏造《ねつぞう》してメディアにとりあげられたい一心なのか、今日の五七〇四は次々と面倒事を引き起こしてくれた。ただでさえ処理しきれないほどの問題が山積みの日なのに……。たとえば、囚人仲間と協力して、一号室のドアの鉄柵を曲げた。罰として〝穴蔵〟へ放り込まれると、今度はふたつの小部屋の仕切りを壊し、そのせいで昼食を取りあげられ、懲罰房入りの時間を延ばされた。夕食のあいだも非協力的だったうえ、自分には誰も面会に来ないとわかって取り乱した。幸い、夕食後に所長に呼ばれ、厳しく叱られてからは態度がいくらかましになっている。

偽善の仮面舞踏会

面会にあたって、私は当初、オークランドにいるカルロ・プレスコットにも手伝いに来てもらい、囚人の両親から猛抗議を受ける場合にどう備えればいいかを教わるつもりだった。ところが、毎度ながら、カルロの古い愛車が故障して修理中で、明日予定されている仮釈放決定委員会の会合にも、委員長として参加できるかどうか微妙なところだという。やむなく長電話の末に、どうにかゲームプランを決めた。

まずは一般の刑務所と同じ対応をする。ありがたくない面会客が訪れて、虐待を告発しかねない勢いで待遇の改善を求めてくる恐れがあるときは、刑務所の係官が事前に血痕をマットでおおい、厄介者をどこかへ隠して証拠を消し、見えるところをきれいにしておく。

カルロは、限られた準備時間で何をすべきかについて的確なアドバイスをくれた。それに従って外観をとりつくろい、訪れた両親の目には、管理の行き届いた好ましい〝システム〟と映るように工夫した。お預かりしているご子息は、大切に扱わせていただきます、とばかりに。

ただし、カルロが強調した心得によれば、私たちは人々に役立つ研究を行なっているのだと中流階級の白人の両親たちを納得させる一方、運営者側の必要性に関しては息子と同様、両親たちも従わせなくてはいけない。カルロは笑いながら言った。「きみたち白人は、〝ボス〟に従うのが大好きだからな。正しいことをやっていると信じ込ませさえすれば、まわりのみんなと行動を合わせるさ」

こうして準備が始まった。囚人たちは、通路や監房内を磨きあげた。〝穴蔵〟の表札を外し、新鮮なユーカリの香りがする消毒剤をくまなくスプレーして尿の悪臭を消した。髭を剃り、スポンジで身体を洗い、できるかぎり身だしなみを整えた。ストッキング帽や頭に巻いたタオルを外して片づけた。仕上げに所長が、ひとことでも不平をこぼしたら、その時点で面会を打ち切ると警告した。昼シフトの看守には夜九時まで残業してもらい、面会客への対応と、万が一襲撃された場合の力添えを頼んだ。念のため、控えの看守にも全員来てもらう。

次に、いままでになくまともで温かい食事を与えた。チキン・ポット・パイ、お代わり可。デザート二種。大食漢にもじゅうぶんな質と量だ。食事中は、通路内に優しい音楽が流れる。昼の看守が食事をよそい、夜の看守が見守る。食事のとき漏れがちな笑い声や忍び笑いを除けば、妙に礼儀正しく、一般社会と大差ない雰囲気が漂った。

テーブルの上座には、看守のヘルマンが座っていた。背もたれに寄りかかりつつも、相変わらず大きな警棒を見せびらかし、振りまわしている。「二〇九三、おまえは母親からろくな食事を与えられたためしがないんだろ?」。二〇九三=〝軍曹〟が答える。「はい、刑務官殿」

「食事のとき、お代わりなんてもらえなかったよな?」

「もらえませんでした、刑務官殿」。〝軍曹〟は素直に返す。

「ここは豪勢だろう、え?」

「はい、刑務官殿」

ヘルマンは〝軍曹〟の皿からいくらか食べ物をつまんで、さげすむような視線を送りつつ遠ざかった。ふたりのあいだには、感情の対立が生じはじめている。

そのあいだ、刑務所の出入り口の外にある廊下で、私たちは訪問者を迎える最後の準備をした。現実問題として、やってきた人間が騒ぎを起こす可能性が心配だ。看守、所長、最高責任者の部屋が並んでいるその向かい側の壁際に、十数脚の折りたたみ椅子を並べ、面会の手続きを待つ人たちの居場所をつくった。

やがて、面会希望者が地下へ下りてきた。小説だか最近の出来事だかを語り合い、上質のユーモアに満ちた空気を伴っている。私たちは予定どおり、意図的かつ体系的に、外部の人々のふるまいをこの状況のコントロール下においた。あなたがたはあくまで客であり、私たちのおかげで息子や兄弟や友人や恋人のもとを訪れる権利を授けられたのだ、と思い知らせるわけだ。

あらかじめ用意した魅力的な受付係スージー・フィリップスが、客を温かく迎え入れた。スージーが座るテーブルの脇には、香りのよい赤いバラが一〇本ほど飾られている。このスージーも私の教え子のひとりで、心理学を専攻する学生だ。美貌と運動能力に恵まれ、〝スタンフォード・ドリー〟と呼ばれるチアリーダーのひとりにも選ばれた。そのスージーが、訪問者をひとりずつチェックする。到着時間、同伴者の人数、面会したい囚人の名前と番号をメモし、今夜必ず従ってもらうべき手順を伝える。

面会客はそれぞれ所長と顔合わせして簡単な説明を聞いたあと、刑務所内に入り、食事を終えた囚人と面会することになっている。終了後は最高責任者に会って、問題点なり囚人の反応なりを話し合う。客たちはこの条件に納得し、インターホンから流れてくる音楽を聴きながら、腰をかけて待った。

長くお待ちいただいてすみません、とスージーが謝った。どうやら囚人たちは、いつもよりのんびりと夕食をとって、二種類のデザートを楽しんでいるらしい。面会客の何人かが、落ち着かないようすを示した。ほかにも用があるのだろう。早く囚人に会い、奇妙な刑務所を視察したいと苛立っているようだ。

所長と相談したスージーは、囚人の食事時間が長引いたせいもあって、面会は一〇分間、収監者ひとりあたり一度に二名までに制限することを客に知らせた。客たちは不平を言った。「どうして二名までなの？」。息子や友人に思いやりのない仕打ちだと、腹を立てている。

所内は非常に狭いため、消防法により最大収容人数が定められているんです、とスージーが答えた。「息子さんやお友だちの手紙に、面会は二名までと書いてありませんでしたか？」

「えっ？　そんなこと書いてなかったぞ」

「あいにくですが、お書き忘れになったんでしょう。次回の面会時には、この人数制限をお含みおきください」

面会客たちは気を取り直そうと雑談を始め、この研究の興味深さを話し合った。勝手なルールにまだ不満顔の者もいるが、素直な客を見習って、結局おとなしく従う。注目すべき心理変化だ。私たちの用意した状況設定が威力を発揮したことになる。

こうして客たちはみな、このこぎれいな場所で自分が目にしているものはいたって正常であり、不注意で無責任な息子や友だちが不平をこぼしたとしても信用できない、という心の状態に導かれた。気づかないうちに、私たちがつくった刑務所ドラマの中に取り込まれてしまったのだ。

よそよそしい面会

最初に刑務所へ足を踏み入れたのは、囚人八一九の両親だった。物珍しそうに周囲を見まわすと、ふと、息子の存在に気づいた。八一九は通路の中央に置かれた長テーブルの端に座っていた。

父親が看守に尋ねた。「息子と握手してもいいかね?」

「もちろん、かまいません」。看守は意外な質問に驚きながら答えた。

すると、母親まで息子に握手を求めた。奇妙な光景だ。こんなときふつうなら、親子は自然に抱き合うのではないか?(本物の刑務所で、とくにセキュリティが厳しい場合は、身体的な接触を最小限に制限されるからこのようなぎこちないかたちになる。だが、私たちは面会に際してそんな制約を課さなかった。彼らは、面会前に私たちの側によって心理を操られたせいで、この不慣れな場所ではどんな行動が適切なのか迷う結果になった。よく知らないから、最小限の行動にとどめてしまうのだ)。

囚人と両親を見下ろすように立っている看守は、バーダンだ。ヘルマンも適当に行ったり来たりして、八一九と両親のプライバシーを侵害する。やがて八一九にのしかかるような位置に立つが、親子三人は素知らぬふりで日常会話を続けている。けれども、八一九にはわかっている。刑務所の悪口を言うわけにはいかない。ひとことでも言ったら、あとでひどい目に遭わされる。両親は面会を五分で打ち切って、限られた時間の残りを八一九の妹と弟に譲ると、再び握手して去っていった。

「うん、とっても快適だよ」と、八一九=スチュワートは妹と弟に言った。

全般に、囚人の両親はやや緊張して堅苦しい態度だが、兄弟や友人は全然違う。看守たちが見下ろして監視していても、両親よりリラックスし、上機嫌で、状況による制約にも気おくれしていない。八一九は続ける。「刑務官の人たちとも楽しくおしゃべりしてるしね」。そのあと、〝懲罰のための穴蔵〟があると言ってそのほうを指さしたが、バーダンが「〝穴蔵〟の話は禁止だ、八一九」とさえぎった。妹が、服についている番号はどんな意味なのか、一日中何をやって過ごしているのかと尋ねた。八一九は、質問に答えるついでに、本物の警官に逮捕されてびっくりした件を話した。そして、夜間シフトの看守にまいっているとしゃべりだしたとたん、バーダンが再び冷たく制止した。しかし八一九はやめない。「すごく朝早く起こすんだ。いい看守もいるけどね。体罰とかはないよ。警棒を持ってはいるけど……」

弟が、もしここから出てもいいとなったら、どうするかと聞いた。八一九の返事は模範囚そのものだった。「出ていくなんてできないよ。こんなすてきなところにいるんだから」

きっかり五分後、バーダンが面会を終わらせた。テーブルの近くにいるセロスは座ったきりだ。バーニッシュは奥に立っている。なんと、面会者よりも看守のほうが数が多い。妹と弟が笑顔で手を振ったとたん、八一九の表情が暗くなった。

次に入ってきたのは、一〇三七＝リッチの両親だった。バーダンがすぐテーブルに腰かけ、険しい目で見下ろす（その瞬間、私はバーダンがキューバのゲリラ指導者チェ・ゲバラに似ていることに気づいた）。

一〇三七は言う。「昨日はちょっと変な日だったなあ。今日は、ここの壁を全部拭いたり、そっちの監房の中を掃除したり……ここにいると、時間の感覚がなくなっちゃう。外へ出て太陽を見るときがないし」

二週間、建物の中にこもりきりになるのか、と父親が尋ねる。よく知らないけど、そうじゃないかな、と息子は答えた。全体としてはスムーズな面会で、会話もはずむ。ただ、顔色が悪いのではと母親が心配する。そのかたわらで、看守のランドリーがぶらりと歩いてバーダンと雑談しているが、ふたりとも面会中の会話が聞こえる距離内にとどまっている。一〇三七は、看守にベッドを持っていかれて床で寝るはめになったことにはふれようとしない。

「来てくれてありがとう」。一〇三七は気持ちを込めて言った。「私も、来てよかったわ」。母親が答える。「今度はあさってね。きっと来るから」。立ち去ろうとする母親を呼び止めて、一〇三七は自分の代わりに電話をかけてほしい人がいると伝えた。

「じゃあ、行儀よくしてルールを守るのよ」と、母親が言い残した。父親は、妻を軽くせかすようにして出口へ向かった。時間をオーバーして、ほかの面会客の大切な楽しみを邪魔してはいけないと急いだのだ。

続いて、七二五八＝ハビーの魅力的なガールフレンドが入ってきて、看守たちが色めきたった。ガールフレンドは、おみやげに持ってきたカップケーキの箱を開けると、気を利かせて看守に配った。いっせいにむさぼり食うおいしそうな音がする。ほかの囚人たちには気の毒だ。七二五八も一個食べることを許され、ガールフレンドと会話に花を咲かせた。ふたりとも、看守の息が首筋にかかるのを懸命に忘れようとしているらしい。バーダンがそばから離れず、警棒でテーブルを叩きながら断続的なリズムを刻んでいた。

インターホンから流れるBGMは、ローリング・ストーンズのヒット曲『タイム・イズ・オン・マイ・サイド（時はおれの味方）』だ。曲名とは裏腹に、訪問客たちはみな、ほんの短時間で来ては去っていた。

母は何でも知っている

私は、訪問客一人ひとりに感謝の意を述べた。お忙しい中、おいでくださってありがとうございました。所長と同様、私はできるだけ親切に、愛想よくふるまった。そして、この研究の意義をご理解いただけるとうれしいと話した。実験という制約があるものの、なるべく現実に近いかたちで刑務所生活を再現し、知識を深めている、と。そのあと質問に答えて、今後の面会のスケジュール、差し入れの可否などを説明した。私的な雑談にも応じつつ、該当の囚人をとくに大切に扱っているかのように印象づけた。

こうして、まるで機械じかけのように、型どおりの受け答えで次々とこなしていった。残る数人と面談を終えれば、襲撃に備えるほうに全神経を集中できる。ところが、次のゲームに思いを馳せはじめていたそのとき、一〇三七の母親から不意討ちを食らわされた。私の想定外の、強い懸念をぶつけられてしまったのだ。

夫とともにオフィスに入ってきたその母親は、声を震わせて言った。「先生、ご迷惑をおかけするつもりはないんですけれど、うちの息子、大丈夫でしょうか。あんなにやつれた顔を見るのは初めてです」

非常警報！　厄介な人物が現われた。しかも正しい指摘だ。一〇三七の顔色はひどい。疲労のせいだけでなく、精神的に落ち込んでいる。囚人全員の中でも、いちばんくたびれはてて見える。

「おたくの息子さんがお困りのことは何でしょう？」

即座に、思わずそう尋ね返した。〝システム〟の運営に疑問を投げかけられたとき、責任者がきまって示す反応だ。組織的な虐待を行なったほかの人々と同じく、私は原因を個人の気質に押しつけた。一〇三七のどこかがおかしいのだろう、と。

しかし、母親は責任を転嫁しようなどとしない。ひたすら不安を並べたてた。本当にやつれていたし、ちゃんと眠れていなくて、それに――

「睡眠障害というわけですか？」

「いいえ、息子が言うには、看守さんがみんなを起こして〝点呼〟とやらをするんだとか」

「ええ、もちろん点呼はとります。看守がシフト交代するたびに、全員が間違いなく揃っているかを確かめなくてはいけません。だから番号を言ってもらっています」

「でも、真夜中でしょう？」

「看守の勤務は八時間ずつになっていまして、朝のシフトは午前二時から始まります。ですからその時刻に起きてもらって、メンバーがみんないるか、逃亡者はいないかをチェックする必要があるんです。おわかりいただけますよね？」

「はい。ただ、そのう――」

引き下がるように見えないので、私は別の有効な作戦に切り替えた。標的を無言のままの父親にしたのだ。彼の目を正面から見すえ、私は彼の男としてのプライドを揺さぶった。

「お父様のほうは、いかがです。あなたの息子さんは、この実験に耐えられると思いますか？」

「もちろんですとも。奴は根っからのリーダー格でして……のキャプテンを……それに……」

私はろくに聞いていなかったが、言葉の調子や身振りから、この父親なら手を組めると見抜いた。「私も同意見です。おたくの息子さんには、こういう厳しい状況を乗り越えるだけの資質があると思います」。そして母親に向き直ると、安心させるために言い添えた。「息子さんはよく見守っておきますので、ご心配なく。本日はありがとうございました。また、近いうちに」

父親が、私の手を握りしめ、力強く振った。本当に息子思いなのはあなたですよねと、私はウインクを送る。無言のうちに、父親と私は「心配症の女性には手を焼かされますねえ」と共感し合った。まったくずるいけれど、男同士の暗黙の了解で問題は片づいてしまった。

このお世辞作戦のエピソードには後日談がある。当の母親から、息子を気遣う手紙が届いたのだ。同じ晩のうちに書かれた手紙だった。彼女は、私たちの刑務所の状況、一〇三七の体調とも、完璧に見抜いていた。

夫と一緒に〝スタンフォード郡刑務所〟で息子と面会させていただいた者です。刑務所はまるで本物に見えました。あんなに苛酷な環境だとは思っていませんでしたし、きっと、応募した息子も予想していなかったはずです。息子の姿を見て、暗い気持ちになりました。とてもやつれていて、本人もしばらく太陽を見ていないことが大きな不満のようでした。応募したことを後悔しているのか尋ねたところ、最初のうち後悔した

とのことです。けれど、幾度か気持ちの変化を経て、少しは元気が出たようです。これほどつらい思いをしてお金を稼ぐことは、今後の人生で二度とないにちがいありません。

一〇三七の母より

追伸　このプロジェクトの大成功をお祈りいたします。

まだ先の話になるが、ここでひとこと添えておこう。問題の息子、一〇三七＝リッチは、いち早く反逆した気の強い囚人だったものの、この夜間面会の数日後、私たちの刑務所から釈放されることになる。急性ストレス障害を発症したため、やむをえなかった。

つまるところ、母親は息子の変調を予知していたのだ。

暴徒をあざむく工作

最後の訪問者が帰ったとたん、私たちはいっせいに安堵のため息をついた。いちばん困るタイミングでの襲撃事件は免れた。しかし、脅威が消えたわけではない。今度は総力を挙げて襲撃に備える番だ。

計画としては、看守数人がかりで刑務所を取り壊し、改装中を装う。ほかの看守は囚人の両脚に鎖を付けて、顔に頭巾をかぶせ、いまいる地下からエレベーターで五階へ移送する。五階には、めったに使われない大きな倉庫室があり、外部から侵入される恐れはまずない。刑務所をめちゃくちゃにしようと暴徒が襲ってきても、地下には私たちがぽつんと座っているだけで、実験なら終わったよ、と暴徒に言う。早々に打ち切って、全員を家へ帰すのだ。誰かを解放するつもりなら、あいにく手遅れだ、と。

首尾よく、あたりを見まわってあきらめた暴徒が帰ったら、囚人を地下へ戻し、時間をかけて刑務所のセキュリティを強化しよう。暴徒の中にもし八六一二が交じっていた場合は、捕らえてもう一度監獄に入れることまで検討ずみだ。仮病を使って釈放されたのだから当然だろう。

想像してほしい。かつて刑務所の通路だったがらんとした廊下に、私がひとり、ぽつねんと座っている。あたりには、スタンフォード郡刑務所の乱雑な残骸。監房のドアは蝶番《ちょうつがい》を外され、表札も下ろされ、正面出入り口は開けっ放しだ。これで、マキャベリ顔負けの狡猾《こうかつ》な作戦は万全なはずだ。私は襲撃を待ちかまえた。

ところが、暴徒の代わりに姿を現わしたのは、心理学部の同僚だった。長きにわたる友人で、非常に勤勉な学者であり、大学院生時代のルームメイトでもある。そのゴードンが、これはいったいどうしたんだ、と聞く。彼の妻もいる。私はふたりを五階へ連れていった。囚人の群れを見たふたりは、気の毒に感じたらしい。みんながあまりに惨めな姿だったので、外でドーナツを一箱買って戻ってきた。

私は実験の内容をできるかぎり手短かに話しながらもなお、侵略者が突然押し入ってくる事態に備えていた。するとゴードンが、単純な問いを発した。「なあ、きみの研究の独立変数は何だ？」。本来なら、〝選り抜いた志願者に、囚人または看守の役を割り当てたこと〟と答えるべきところだろう。当然、割り当てはランダムに行なっている。けれども、私はまず腹が立った。

いま、刑務所の暴動が目前に迫っている。スタッフの身が心配だし、囚人たちが落ち着いていられるかも怪しい。そんな重大なときに、この同情しすぎの、進歩的で学究的な、めめしい教授は、独立変数などという馬鹿げたことしか頭にないのか！　私は心のうちで毒づいた。どうせ次は、リハビリテーションの計画を練ってあるかと聞くのだろう。くだらない。

私は、適当な理由をつけてゴードンを追い払い、再び襲撃が始まるのを待った。待って、待って、待ちつづけた。

しかし、結局は全部ただの噂にすぎなかった。具体的な根拠は何もなかったのだ。私たちは、起こりもしない襲撃に対抗するため、長い時間を費やし、多大な労力をむだにしてしまった。警察に助けを求めたなんて、いまとなってはお笑いぐさだ。わざわざ埃まみれの倉庫室を掃除して、刑務所を壊し、囚人を移動させた。いやもっと重大なことに、貴重な時間を失った。まる一日、系統だったデータをまったく収集していないのだから、研究者として最大の罪を犯したといえる。私としたことが……。噂の広がり方や歪曲に関して学術的な関心を持ち、ふだん、そういう現象を授業で実際に試したりしているというのに。

人は誰でも分別を失いかねない。とりわけ、冷静な理性より動物的な衝動が勝ると愚者になる。

結局、私たちは刑務所内のパーティションなどをつくり直し、倉庫室から地下へ囚人を戻した。窓のない暑苦しい倉庫室に、囚人たちを意味もなく三時間閉じ込めたことになる。私の面目は丸つぶれだ。私、クレイグ、カート、ジャフィーの四人は、その後ひと晩中、ほとんど目を合わせなかった。無言のますべてを胸に秘め、「ジンバルドーの愚か者！」と叫びたいのを我慢した。

だました報いを受けるのは誰か？

私たち全員、神経質になりすぎていたのだろう。と同時に、認知的不協和によるストレスに襲われ、嘘を簡単に信じ込み、たいした裏づけもないのに不必要な行動に熱を入れてしまった。[*10]

これは、いわゆる〝集団順応思考〟の典型例でもあった。リーダーである私が噂を本当だと信じた結果、ほかの者も真実として受け入れた。多数意見に誰も反対しなかった。今回のように間抜けな、一歩間違えば致命的な判断ミスをしないためには、どんな集団であれ、あえて異議を唱えてみる人物が必要なのだ。かつてジョン・F・ケネディ政権下では、ピッグズ湾の侵攻という悲惨な大失敗があったが、あのときの問題の元凶と似ている。[*11]いかなる研究をするにしろ、偏見を排して客観性を保つという、学者らしい超然とした姿勢が必須である。それなのに私たちは、そういう姿勢を失いつつあった。たとえば私は、実験責任者の立場を忘れて、本気で刑務所責任者になりかけていた。もっと早い段階で気づくべきだった。巡査部長の判断に腹を立てていたときももちろんだが、せめて一〇三七の両親と面談した際、客観的な見方に立ち戻る必要があった。だが、心理学者とはいえ人間だから、専門レベルで研究している心理変化に、個人レベルではみずから負けてしまったのだ。

私たちの苛立ちや困惑は、入り混じりながら刑務所全体へ静かに広がっていた。あとから思えば、間違いをはっきりと認めたうえで先に進めばよかったのだが、それは生身の人間には非常に難しいことだった。「間違っていた。すまない」のひとことさえ言えれば……。しかし、私たちは過ちと向き合う代わりに、無意識のうちに責任を押しつける相手を探していた。その相手はすぐそばにいた。

身のまわりを取り囲む囚人たちが、私たちの失敗と恥ずかしさの代償を支払わせられるはめになった。

第六章

水曜日。制御不能

実験四日目。トラブル続きの昨日よりは少しでも楽であることを期待したい。今日のスケジュールには面白い予定が詰まっているから、所内での綻《ほころ》びの広がりを食いとめられるかもしれない。

まずは午前中に、かつて本物の刑務所の教誨師だった神父が来てくれる。神父の感想を聞けば、現実の囚人生活と比較してここの模擬体験がどのくらいリアルなのかがわかり、私たちの自己評価にも役立つだろう。

神父とはまた、彼自身が夏季講座向けに論文を書いたときに参照したというい くつかの参考文献と、こちらの資料を交換することにもなっている。彼を招くことは実験前から決まっていたものの、うまい具合に、礼拝したいという苦情申し立て委員会の要望にもこたえるかたちになった。

そのあとは、第一回仮釈放委員会を開き、囚人からの仮釈放の請求に耳を傾ける予定だ。委員長はカルロ・プレスコットである。カルロは、いくども仮釈放を求めて却下された経験を持つが、今回は仮釈放の可否を決める側の責任者になる。現実とは正反対の役割を任されて、どんな対処をするのか楽しみだ。

そして夕食後には、再び夜間面会が予定されている。これで一部の囚人のストレスは軽減できるだろう。さらに、囚人の交代も認めるつもりだ。八六一二を釈放して、四一六の番号をつけた新しい囚人を入れる。

こなすべきことが多いとはいえ、スタッフにとっては前向きな仕事にあふれる一日だ。

聖職者のパズル

マクダーモット神父は、一九〇センチに達しようかという長身ながら、からだつきは痩せて引き締まっている。定期的にジムにでも通っているのだろうか。髪の生え際が後退しかけているぶん、顔が広く感じられて笑みが目立つ。かたちのいい鼻に、血色のいい肌。立ち姿も座った姿も背筋が伸びている。ユーモアのセンスも素晴らしい。アイルランド系のカトリック教徒で、四〇代後半だ。東海岸のある刑務所で教誨師を務めた経験を持つ。[*1]

糊のきいたシャツの襟といい、皺ひとつない黒いスーツといい、温かみをたたえながらも厳格な、映画に出てくる教区神父そのものの彼は、神に仕える立場とそれ以外の立場とを、驚くほど自由に行き来する。あるときは真摯な学者、またあるときは気遣いに長《た》けた神父、かと思うとプロフェッショナルな相談相手になり、しかし必ず、もとの〝ミスター聖職者〟に戻る。

その日、最高責任者のオフィスで、私と神父は参考文献や注釈が大量に並んだリストを眺めた。対人暴力をテーマに報告書をつくっている神父のために、私が準備しておいたものだ。手間暇をかけたかいあって、神父は明らかに感動し、資料の入手を喜んでくれた。「それで、私はどんなお手伝いをすればいいんでしょう?」

「神父さまのお時間が許すかぎり、なるべく多くの被験者たちと話をしていただきたいんです。そのあと、会話の内容やようすをもとに、ここでの刑務所体験がどのくらいリアルか、正直なご意見をうかがいたい」

「資料のお礼に喜んでやらせていただきます。私が数年通っていたのは、ワシントンDCにある矯正施設でしてね。あそこの囚人たちと比較してみましょう」

「ありがたい。ご協力に深く感謝いたします」

私も、教授から刑務所責任者へ立場を変えた。「神父さんと話したい者がいれば申し出るようにと囚人に伝えたところ、希望者が続出しまして、今度の週末に礼拝をやってほしいという要望も出ました。囚人番号八一九だけが、気分が悪くて眠りたいから面会は遠慮するとのことでした」

「わかりました、行きましょう。興味深いですね」と、マクダーモット神父は言った。

私は監房二号室と三号室のあいだの壁際に、椅子を二脚置いた。神父と面会する囚人のぶんだ。さらにもう一脚持ってきて、神父の席の隣に並べた。

そこへ、囚人を監房から連れ出してきた所長のジャフィーが来て、真剣な表情を浮かべて脇に立った。内心では成りゆきを楽しみにしているらしい。架空の現実の中に、本物の神父が現われ、模擬的な囚人に本格的な応対をしてくれるという展開に、ジャフィーはすっかり夢中になっている。だが、私の心は少し曇っている。囚人がいろいろな不満を並べて、善良な神父から改善を求められる可能性もあるからだ。

実験助手のカート・バンクスにはできるだけクローズアップで記録撮影してくれるように頼んだが、カメラの性能が低く、満足いくほどの大写しは無理だった。

ほとんどのやりとりは、同じかたちで進んでいった。

まずは自己紹介だ。「マクダーモット神父といいます。あなたは?」

すると囚人が「五四八六です、よろしく」「七二五八です、神父さま」などと答える。本名を名乗る者はほとんどいない。たいがい番号だけだ。皮肉なことに、神父はそれを平然と聞き流し、むしろ私のほうが仰天した。囚人の役割が、すでにアイデンティティと深く結びつきはじめている。

「きみの罪状は何かな?」

「窃盗です」「武装強盗です」「不法侵入です」「刑法四五九条に違反しました」といった返事が大半だったが、一部の囚人は、ひとこと添えた。「でも、僕は潔白です」「……の罪に問われていますが、実際にはやっていません、神父さま」

続いて神父が言った。「あなたに会えてうれしいですよ」。ときには囚人のファーストネームで呼びかける。続いて、住所、家族、面会者に関して尋ねた。

「きみの足首にはなぜ鎖がついているのですか?」。神父がひとりの囚人に聞いた。

「あんまり自由に歩きまわれないようにするためじゃないでしょうか」と、囚人が答えた。

神父は相手に応じて、ここでの待遇はどうか、気分は大丈夫か、不満はあるか、何か手伝えることはあるか、と質問を重ねたが、次いで、私にはまったく予想できなかった、法的な観点からの問いを投げかけた。

「保釈金を払ってくれる人は?」。また、四三一二五には真剣な表情で問うた。「きみの弁護士は事件をどう見ているのかな?」

質問は変化に富んでいた。「罪状をめぐって、家族とは話し合いましたか?」「公選弁護人にはもう会いましたか?」

私たちはたちまち、映画の『トワイライト・ゾーン』のような不可思議な世界に巻き込まれた。神父はすっかり刑務所の教誨師役にのめり込んでいた。どうやらこの模擬刑務所にはかなりのリアルさがあり、神父まで引き入れる力を備えているらしい。囚人や看守や私を引き入れたように……。

「僕たちは、電話をかける許可をもらえませんでした。まだ一度も公判の場へ出ていませんし、裁判の日どりさえ教えてもらっていません」

すると神父が答える。「まあとにかく、誰かに裁判の手続きを頼まなくてはいけないね。獄中から独力でがんばる手もあるが、刑事法廷の裁判長に書類を送るだけでは具合が悪い。それでは反応をもらうまで当分、時間がかかってしまう。やはり、家族を通じて弁護士に連絡をとるべきでしょう。現状では、きみにはあまり力がないから」

一〇三七＝リッチが、「弁護は自分でやるつもりです。どっちみち、数年後にロースクールを卒業したらすぐ弁護士になる予定ですし」と言ったときには、神父は冷やかに微笑んだ。「私の見るところ、一般に、自分自身で弁護を担当しようとすると感情的になりすぎるきらいがある。昔からのことわざにあるでしょう。『みずからの弁護を試みる人間は、愚か者を弁護士にするに等しい』と」

次の瞬間、私は一〇三七に「時間だ」と告げ、次の囚人を連れてくるよう所長に身振りで伝えた。〝軍曹〟のあまりに堅苦しい態度には、神父も面食らった。おまけに軍曹は「僕が犯したとされる罪については、しかるべき刑を受けてこそ公平だと思います」と法的な手助けも拒否した。「あの囚人は特殊な例ですか？　ほかにも似たような者がいるんですか？」と、神父が聞いた。「あの男だけですよ」。〝軍曹〟に似た人間などめったにいない。神父でさえ一目置くほどだ。

五七〇四＝ポールは抜け目なく、神父に煙草をねだった。ふだん許可されないから、この機会を利用したわけだ。彼はそれに火をつけ、胸いっぱいに吸い込むと、みごとな勝利のサインとばかり、私にいや味な笑顔を向けた。〝してやったり〟の表情だ。苦情申し立て委員会の代表者でもある五七〇四は、刑務所のお決まりの日課にひと息入れられるこの好機を最大限に利用していた。あとで吸いたいからもう一本くれと言うだろう、と私は思った。しかし、看守のアーネットがこの勝手なふるまいをじっと見ていた。ずる賢く煙草を手に入れ、勝ち誇ったような笑みを浮かべた見返りに、五七〇四はあとでたっぷりと報いを受けるにちがいない。

こうして一人ひとり、面談が進んだ。世間話のほか、不適切な処遇への不満、取り決めからの逸脱などが話題にのぼる。そのたびに、私の戸惑いはつのっていった。

そんな中、五四八六＝ジェリーだけが、設定にのみ込まれるのをいやがった。彼は、〝ここは本当の刑務所、自分は本当の囚人で、自由を取り戻すために本当の神父の助けを必要としている〝などという演技をしたがらなかった。ただひとり、いまの周囲の状況は〝実験〟である、それも制御を失いかけている〝実験〟だと口にした。囚人たちの中で五四八六は最も冷静で、最も感情を表わさない。いままでのところ影のような存在だ。どの勤務シフトの看守からも特別な罰をほとんど命じられないし、点呼の最中も目立たず、反逆や騒動にも加わってこなかった。けれども、これからは注目することにしよう。

対照的に、七二五八＝ハビーは神父に法的な支援をしきりに求めたが、多大な費用がかかることを知らされて愕然とした。「そうですね、依頼料として弁護士は五〇〇ドルくらいの前払いを要求すると思いますが、いま持っていますか？　きみの持ち合わせがなければ、ご両親にそのお金やほかの費用を払ってもらうことになる。ただちに、です」

七二五八は神父の提案を受け入れて、母親の名前と電話番号を伝え、法律上の助けを得ようとした。いとこが地元の公選弁護人の事務所に勤めているので、保釈の手続きをしてくれるかもしれない、とも言った。神父が、きみの要望どおりにことを進めておくと約束すると、七二五八はサンタクロースに新車をもらったかのように顔を輝かせた。

あらゆる展開が、ひたすら奇妙な方向へねじ曲がっていった。

七人の収監者と真剣な面談を終えた神父は、帰る前に、ただひとり会おうとしなかった八一九について尋ねた。何か助けが必要なのではないですか。そこで私は看守のアーネットに、神父と数分でもいいから話してみてはどうかと勧めてくれと頼んだ。話せば、いくらか気分がよくなるかもしれない。

八一九を呼びにいっているあいだ、私たちは束の間の休憩をとった。神父が私に語りかけた。「全員、囚人としては考えが甘いですね。刑務所や、その役割に関して何ひとつわかっていない。教養ある人間の典型といえるでしょう。彼らは、現在の刑務所制度を変えていくうえでは必要な人材です。まずは有権者の、やがては指導者の立場から、地域社会の教養を高めていくにちがいありません。ただ、刑務所の現状を知らず、どんな改善策を講じられるのか見当がついていません。あなたがここでやっている実験は有意義です。刑務所に関する知識を深めさせることができますからね」

私はこれを励ましの言葉と受け取って、意見をありがたく胸に刻みながらも、心もとない気持ちを打ち消せなかった。

やってきた八一九＝スチュワートは、ひどい外見という言葉では足りないありさまだった。目の下に隈《くま》ができ、櫛《くし》を入れていない髪が四方八方にはねている。今朝、彼は騒動を起こした。怒りにまかせて枕を引き裂き、中身の羽根をあたり一面にぶちまけて監房内をめちゃくちゃにしたのだ。本人は〝穴蔵〟に入れられたから、同室の囚人たちが片づけるはめになった。

ゆうべ両親と面会したあとから、八一九は沈み込んでいる。ほかの囚人から看守が聞いた情報によれば、両親は息子と存分に会話できたと思っているが、八一九の感想は逆だという。いろいろと懸命に説明しようとしたのに、不満に耳を貸してくれず、体調も心配してくれなかった。両親のほうが一方的にしゃべりつづけ、観てきたくだらない芝居の話などをされた……。

神父「弁護士を雇えるかどうかという件は、家族に相談しましたか？」

八一九「僕が囚人だって事実は伝わったはずです。どんなことをやってるか、この番号は何か、どんな規則のもとで、どんな目に遭っているかを話しましたから」

神父「いまの気分は？」

八一九「ひどく頭が痛いです。医師に診てほしい」

頭痛の原因を探るため、私が会話に割って入った。ごく一般的な偏頭痛なのか、それとも、疲労、空腹、暑さ、ストレス、便秘、視覚異常などを伴う症状なのか？

「ぐったり疲れてます。気が立ってる」。そう言うと八一九は突然、崩れるように泣きだした。大きな涙に、荒く吐き出す大きなため息。神父が静かに、涙を拭くためのハンカチを渡した。

「なあに、そこまで悲惨な状況ではないでしょう。ここにはどのくらいいるんだね？」

「たった三日間です！」

「そんなに感情的になる必要はないだろう」

私は八一九を落ち着かせようと、刑務所の外の休憩室でひと休みさせた（休憩室といっても、パーティションの裏側にある、録画機材を置いた場所にすぎないが）。のんびりしていなさい、いま食べるものを持ってくるから、と私は言った。こうして休んで、午後までに頭痛が治まるかようすを見よう。もしだめなら、学内の保健室へ連れていって診断してもらうつもりだった。

ただし、逃亡を企てたりしないでくれよ、と私はつけ加えた。この場所はセキュリティ対策をほとんど施していないからだ。本当に深刻な状態であれば、いますぐ釈放してもいいが、と意向を尋ねたものの、八一九は続行したがり、妙なまねはしないと約束した。

神父も八一九をなだめた。「この場所の臭いに過剰な反応を示しているのかもしれないね。空気がむっとする。この不快な臭いは簡単には慣れないだろう。身体に毒だし、強すぎる気もする。でも、こんな臭気が漂っているからこそ、本物の刑務所らしく感じられるわけだね（ここで神父が問題にしている臭いとは、いまや囚人にまとわりついている糞尿の悪臭だ。私たちはもう慣れてしまい、改めて言われるまで忘れていた）。平常心を取り戻さなくてはいけない。多くの囚人は、環境への対応を学んでいくんですよ」

刑務所内の通路を歩いて私のオフィスへ向かう途中、神父が感想を述べた。この実験は、実際の刑務所とよく似た作用を引き起こしていて、具体的にいえば〝初犯シンドローム〟と呼ばれる心理状態の典型が見られる、と。たとえば困惑、苛立ち、怒り、憂鬱、過度の感情反応などだ。神父は、しかし彼らは、そうやって思い悩んでみても刑務所内で生きのびていくうえでは役立たないとわかって、一週間もすれば気持ちが変化するだろうと言い、八一九にとっては、自身が認めたくないほどリアルな環境なのだろうとつけ足した。カウンセリングが必要という神父の意見に私も同意した。

唇がわななき、手が震え、目に涙を浮かべていたにもかかわらず、八一九は依然、もはや限界だからここを出ていきたいとは認められずにいる。自分から弱音を吐いて男らしさに傷がつく、という結果を受け入れがたいのだろう。そこで面目を保つべく、私たち（とりわけ私）から、帰りなさいと強く命令されるのを待っているのだ。「そうかもしれません。興味深い可能性ですね」。一連の経緯を振り返って、神父はそう言った。

別れ際、私はこの善良な神父に向かってもうひとつ尋ねた。「八一九の両親に電話をかけたりしないですよね」。すると彼は言った。「もちろん、かけますよ。私の義務です」。それを聞いた私は言った。「たしかに、考えてみれば当然ですね。神父さまとしては」（私としてはもう、両親や弁護士に、けりをつけてほしい気になっていた。神父はあくまで忠実に教誨師の役を演じるという。ここが本当の刑務所ではなく、若者たちが本物の囚人ではないことは重々承知だが、演技を続けざるをえないのだ）。

この神父の訪問は、現実と幻想、演技とアイデンティティの境界線が薄れつつある事実を象徴していた。本物の刑務所をじかに知り、本物の世界に住む本物の神父が、ここは模擬監獄にすぎないとじゅうぶん理解しているにもかかわらず、自分に与えられた役柄に奥深くのめり込み、この〝ショー〟を現実に変える手助けができると考えた。背筋を伸ばして座り、独特なかたちに手を組み、適切なしぐさをし、身を乗り出すようにして個人的な助言を与え、理解のある表情でうなずいて、肩を叩き、囚人の愚かな行為には顔をしかめたのだ。

そのしゃべり方の調子は、私が子どものころに通った聖アンセルムスの日曜学校の神父に似ていた。映画会社から派遣されてきた役者だったら、願ってもない完璧な神父役だ。当人は聖職者にふさわしい行動をしているだけなのだが、それはまるで私たちみんなが撮影セットの中にいるような、奇妙な雰囲気を生み出した。見事なまでの役づくりに、私は感心した。
この神父の訪問によって、今回のシミュレーション実験はいままでに増して本物の刑務所に近づいた。とくに、こんなものは〝たんなる実験〟だという認識をいまだ失っていなかった囚人は、リアルさを痛感したにちがいない。神父から、新たな意味合いのメッセージが届いたことになる。私たちが描いたはずのシナリオは、もはやフランツ・カフカやルーイジ・ピランデッロのような不条理世界に迷い込んでいるのだろうか？
ちょうどそのとき、通路から耳を聾するような大声が響いてきた。囚人たちの声だ。八一九について、何やら大声で唱えている。
アーネット「〝八一九は悪いことをしました〟と大きな声で一〇回繰り返せ」
囚人たち「八一九は悪いことをしました」（復唱が続く）
アーネット「悪いことをした八一九には、いま何が起こっているんだ、三四〇一？」
三四〇一「八一九は罰を受けています」
アーネット「一〇三七、八一九には何が起こっている？」
一〇三七「よくわかりません、刑務官殿」
アーネット「〝罰を受けています〟だろうが。先頭からやり直せ、三四〇一」
三四〇一が改めて言い、一〇三七がさらに大声で続く。「八一九は罰を受けています、刑務官殿」
一〇三七をはじめ、囚人たちは順々に同じ質問をぶつけられ、まったく同じ答えを返した。そして、個別に応じたあとは、全員で声を揃えた。
アーネット「覚えたかどうか最後の確認に、五回言え。〝八一九のせいで、自分たちの監房はめちゃくちゃでです〟。いや、一〇回言ってもらおう」
「八一九のせいで、僕たちの監房はめちゃくちゃです」

囚人たちは何度も唱える。ところが弁護士志望の一〇三七だけは、もう加わろうとしなかった。看守のランドリーが脅すように警棒を振り、参加を促した。アーネットが復唱をとめ、どうかしたのかと尋ねたので、ランドリーは一〇三七が従おうとしないと答えた。

すると一〇三七がアーネットに訴えた。「刑務官殿、質問があります。嘘はいけないんじゃないでしょうか?」

アーネットはたじろがず、ひどく形式ばった態度で堂々と応じた。「いまはおまえの質問になど興味はない。やるべきことは言ったはずだ。聞かせてもらおう。〝八一九のせいで、自分たちの監房はめちゃくちゃです〟と、一〇回言え」

囚人たちは声を合わせるが、数え間違えて一一回繰り返した。

アーネット「何回言えという命令だっけな、三四〇一?」

三四〇一「一〇回です」

アーネット「それで、おまえは何回言ったんだ、ミスター三四〇一」

三四〇一「一〇回です、刑務官殿」

アーネット「違う。おまえらは一一回言った。やり直せ、正確に一〇回。おれの命令どおりにな。〝八一九のせいで、自分たちの監房はめちゃくちゃです〟。一〇回だ」

今度は正しく一〇回、大声でそらんじた。

アーネット「全員、いつものかまえ!」

一瞬のためらいもなく、囚人たちはみな、床に手をつき、腕立て伏せのかまえに入った。「曲げる、伸ばす、曲げる、伸ばす。おい五四八六、腹ばいの練習じゃないぞ。腕立て伏せだ。背筋を伸ばせ。曲げる、伸ばす、曲げる、伸ばす、曲げる。よし、そのまま仰向けになって、次は脚上げのトレーニング!」

アーネット「このトレーニングは、一五センチが肝心だ。脚を一五センチ上げろ。全員の脚が揃うまで、そのまま動かすな」

みんなの脚が床から一五センチ上がっているかどうか、看守のランドリーが高さを測る。

アーネット「声を合わせて、一〇回。〝僕は八一九がしでかしたような誤りを犯しません、刑務官殿〟」

アーネット「次は、限界まで声を張りあげろ。〝僕はいかなる誤りも犯しません、刑務官殿！〟」

完璧に揃った声が所内に響く。一〇三七も大声ではないものの、周囲に従っている。〝軍曹〟にいたっては嬉々としてこの機会に乗じ、権力への服従を示している。

締めくくりには、看守の最後の命令に従い、心を込めて口ずさんだ。「楽しい点呼をありがとうございました、刑務官殿！」

〈乱れひとつないこの合唱ぶりには、聖歌隊の指導者も、ヒトラー青年隊の集会リーダーも脱帽だな〉と私は心の中でつぶやいた。だいいち、日曜日の笑い交じりの点呼や、当初みられた遊び半分の態度と比べて、囚人たちは、いや、私たちはなんと変わってしまったのだろう。

スチュワートの帰宅

薄い仕切り板の裏側で、八一九はすべてを聞いているのではないか――私はそのときはたと気づき、あわててようすを見にいった。すると、八一九が身を丸め、わななないて、ヒステリー状態に陥っていた。私は両腕で彼を抱きかかえるようにしていたわり、ここを出てうちへ帰れば大丈夫だとなだめた。

ところが、一緒に医者に診てもらいに行ったあと帰宅してよいという私の言葉を、八一九はなんと拒否した。「いやだよ、帰るなんて。あっちへ戻らなくちゃ」。八一九は涙ながらに訴えた。ほかの仲間から〝悪い囚人〟の

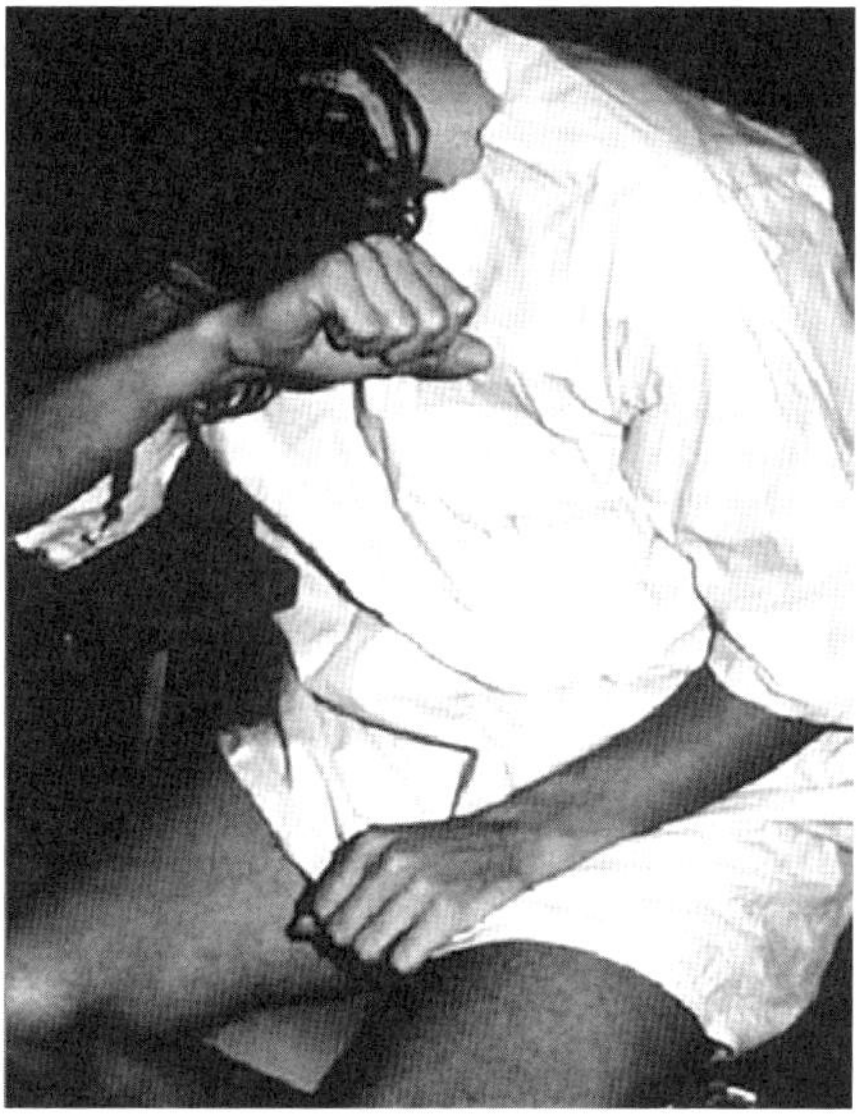

レッテルを貼られたままでは帰れないというのだ。自分が監房を散らかしたせいで、みんなにとんでもない迷惑をかけてしまった、と。精神的に疲れはてているにもかかわらず、自分が悪者ではないと証明するためなら、監獄へ戻ってもかまわないと思っている。

「よく聞いてくれ。きみはもう八一九じゃない。スチュワートだ。私はジンバルドー教授。刑務所の最高責任者じゃなくて心理学者だよ。それに、ここは本物の刑務所じゃない。ただの実験だ。仲間たちだって、きみと同じふつうの学生なんだ。だから、このへんで家へ帰ろう、スチュワート。一緒に来い。さあ」

すすり泣くのをやめた八一九が、涙を拭い、姿勢を正して、私の瞳を覗き込んだ。まるで、悪夢から目覚めた幼児のようだった。本物の怪物なんていないよ、そうわかれば怖くなんかないだろ、と親に諭されたあとのような表情だ。「よし、スチュワート、行こう」

こうして私は彼の幻想を打ち砕いたが、自分自身の悪夢からは逃れられないでいた。

スチュワートの私服を取ってきて釈放の準備をする途中、私はこの日を振り返った。早朝から八一九はいろいろなトラブルを引き起こし、それがついには感情的な崩壊につながったのだ。

不服従の姿勢が崩れるまで

看守の報告書によれば、当日の午前六時一〇分、八一九は起床を拒んだ。その後〝穴蔵〟に入れられて、トイレの使用時間を半分にされた。七時三〇分、八一九も含む全員が一五分間の点呼に参加。番号を頭から言ったり、逆から言ったりを繰り返した。しかし、腕立て伏せなどを課せられるうち、八一九はまた拒否しはじめた。すると看守が団体責任だと言い出し、八一九が折れるまで全員に腕立て伏せの姿勢を強いた。

あくまで屈さない八一九のかたわらで、ほかの囚人たちは体力が尽きて横ざまに倒れ込んだ。八一九は〝穴蔵〟の中で朝食をとるはめになったが、卵を食べようとしなかった。その後、作業時間が来て〝穴蔵〟から出されたものの、今度は素手でトイレを清掃するのをいやがった。囚人全員で並び、際限なく箱を移動しては戻すという無意味な共同作業も突っぱねた。

監房に戻ると、八一九は引きこもった。監房の中へ投げ込まれた毛布から毬《いが》を取れとの命令にも従わず、囚人仲間の四三二五らが代わりにやらされるはめになったあと、やむなく妥協した。続いて、たくさんの箱をクロゼットから別のクロゼットへ移動させられた。余計な仕事をさせられた仲間たちが、八一九の不服従に腹を立てはじめたが、八一九は態度を軟化させず、医者に会わせろと要求した。

看守セロスの勤務報告書には、こうある。「一名の囚人が監房にこもってしまいました。僕たちは警棒を持って外へ出そうとしましたが、出てきません。ほかの囚人全員を通路に並べ、壁に両手をつかせましたが、八一九は監房の中で寝転がり、笑っていました。命令に従う気はないようすです。僕たちはあきらめました。残りの囚人たちがこちらに敵意を向けてきたけれど、僕は苦笑して任務を続けました」

同じく看守のバーニッシュは、この囚人の行動に心理学的な重要性を見いだしていた。「仲間に迷惑をかけていることに八一九が無関心な態度なので、囚人たちは苛立っていました」。さらに、囚人に対してどの程度までの行為が許されるのか、明確なガイドラインがない点に不満をぶつけた。「どのくらいまで力ずくに訴えていいのかがよくわかりませんでした。限度がはっきりしていないので厄介に感じました」*2

バンディーの報告はまた違う。「僕自身は、日を追って積極的に役割をこなすようになりました。深夜二時半に囚人を苦しめるのが楽しかったんです。看守と囚人のあいだに刺々《とげとげ》しい空気を生むことが、僕の加虐趣味に合っていました」。注目に値する告白だ。つい四日前には、まさかこんなコメントを残す人物とは思えなかった。

一方、ふだん強硬な看守のアーネットはこう記している。「八一九と一〇三七に対応する際だけ、自分の役割を正しくはたせそうにない気がしました。このふたりはときどき、どうにも手に負えなくて……。そんな場面では、きちんと強い態度をとれませんでした」[*3]

「ひとことで言って、刑務所暮らしで気が滅入るのは、ものごとをできるだけ難しく不愉快にしようと企んでる連中に身を任せなきゃいけないってことです」と、八一九＝スチュワートが後日私に打ち明けた。「他人から虐待を受けるなんて我慢できない。ファシストみたいな看守には怒りが募ったし、温情のある看守にはすごく愛着が湧きました。反逆精神を示す囚人がいたのはうれしかったけど、おとなしく完全に服従する囚人には腹が立ちました。時間の感覚もおかしくなって、毎日、いじめられているあいだは、楽しい時間よりずっと長く感じました。全体として最悪だったのは、しょっちゅう痛い目に遭わされ、かといって逃げ出す方法もなかったせいで、完全に鬱状態になったこと。逆に最高だったのは、ようやく自由になれたことです」[*4]

スパイが裏切る

ここで思い出してほしい。私たちはデイヴという男を呼んで、八六一二の囚人服を引き継がせ、スパイとして監房内へ送り込んだ。しかし残念ながら、彼は囚人側の立場に同情して、またたく間にそちらの味方になってしまい、私たちには何ひとつ有益な情報をもたらしてくれなかった。そこでこの朝、私はデイヴの釈放を決め、じかに会って現状を評価してもらうことにした。

所長の立ち会いのもと、デイヴは、看守たちに嫌悪感を抱いたことや、命令に背くよう囚人を扇動できなかった点が残念であることを包み隠さず語った。また、つい少し前、ある看守からバスルームにあるコーヒーポットに湯を入れろと命じられ、そのすぐあと、別の看守に湯を捨てて冷水で満たせと言われたうえ、ルールに反したと叱責されたと言った。彼いわく、この手のくだらない〝しごき〟はうんざりだ。しかも、時間が歪んで伸び縮みしたうえ、夜中に起こされて延々と点呼をとられ、頭が混乱した。すべてが霧に包まれたみたいに、ぼんやりしていた……。

「看守が勝手にくだらない作業を押しつけてくるせいで、神経がいかれてしまうんです」と、スパイから革命戦士へ転身したデイヴは言った。「今日、僕は不愉快な囚人になってやろうと心に決めました。囚人のあいだに、多少とも反抗心を行き渡らせたかったからです。誰かひとりが作業を拒否したり監房に閉じこもったりしたとき、ほかの囚人が余分に何かをやらされる。そんな罰が成立するのは、ほかの連中が素直に従うからですよ。僕は抵抗させようとしました。なのにみんな、看守の言いなりだったんです。クローゼットの中身を別のクローゼットへ移したあと、また全部戻すとか、便器を素手で掃除するとかいった屈辱的な作業まで、言われるがままにやっていました」

デイヴによれば、たいがいスピーカーを通じてしゃべるだけの私や所長に対しては、怒りを燃やす者がいないらしい。恨む相手は看守だけだ。デイヴは、ある看守にこう問いかけた。「刑務官殿、この仕事が終わったら、あなたはもとの真人間に戻れるとでも思ってるんですか?」。当然、〝穴蔵〟行きの罰を食らった。

八一九が抵抗した件で集団責任を問われ、ほかの囚人たちは腕立て伏せのかまえのまま待たされた。抵抗を煽れないことに、デイヴは歯がゆい思いだった。やがて囚人は次々に床へ倒れ込んだが、それは反抗心を示すためではなく、疲れきったせいだった。

集団をろくに操れずに不満を抱える心情は、彼の報告書にもよく表われている。

――みんなで大声を出しているあいだは、意思疎通がほとんどできなくて制止しようがないけれど、静かな時間には同じ監房の仲間を説得しようとしています。でも、八一九はいつも〝穴蔵〟の中だし、もうひとりは口数が少ない。食事のときなら、看守に簡単に負けるなと全員に伝えられるのに、会話が許されていません。身体の内部にはエネルギーが溜まっているものの、うまく行動につなげられない感じです。

ある囚人にはこんなふうに言われて、ショックを受けました。「おれは仮釈放を希望してるんだ。変なことをけしかけないでくれ。きみが刃向かうのは勝手だけど、おれはごめんだね」[*5]

結局、私たちがすぐさま対処できるような極秘情報は、デイヴを通じて何らもたらされなかった。逃亡計画の有無もつかめず、手錠の鍵の隠し場所も不明のままだ。ただし、デイヴの個人的な感想からみて、囚人たちの意識には強力な抑止力がはたらいて、集団で抵抗することなどできなくなっているのは明らかだ。どの囚人も思考は心の内側へと向かい、自分が生き残るためにはどうするのが得かだけを考え、あわよくば早めの仮釈放にありつきたいと願いはじめている。

新しい囚人の行方

欠員を補うため、私は新たに囚人四一六を迎え入れた。そして、この途中参加者が、まもなく驚くべき役割をはたすことになる。

最初にビデオカメラで捉えた四一六は、通路の角にいた。買い物用の紙袋を顔にかぶせられて所内へ入り、看守アーネットの手でゆっくりと全裸にされると、ひどく痩せた肉体があらわになった。私の母はこういう男を見ると、「骨と皮だけねえ」とよく言っていた。三メートル離れていても、肋骨の本数を数えられるほどだ。すでに哀れっぽい外見だが、このあとどんな目に遭わされるか、まだまったく気づいていない。アーネットが落ち着いて手際よく、四一六の全身にシラミ除去のパウダー（を模した粉）を振りかける。初日はおおぜいの囚人を処理しなければいけなかったので、この過程は大急ぎですまされた。しかし、いまはたっぷり時間をかけられるだけに、本格的な儀式の趣《おもむき》が漂う。

アーネットが頭から囚人服をかぶせ、足首に鎖をつけ、新しいストッキング帽をはめた。完了！　新しい囚人の出来上がりだ。すでにいる囚人たちは、看守の横暴なふるまいがエスカレートしていくのにだんだん慣れていったわけだが、四一六の場合は準備期間いっさいなしに、常軌を逸した状況へ飛び込むことになる。以下は、四一六がのちに語った言葉だ。

投獄の手続きには仰天しました。僕は交代要員だったので、ほかの囚人とは違い、本物の警察には行っていません。秘書の人から電話があり、書類や報告書を持って正午までに心理学部のロビーまで来てくれ、と言われたんです。仕事をもらえてよかった、参加するチャンスができたと、そのときはうれしく思いました。でもロビーで待っていると、看守がひとり近づいてきて、僕の氏名を確かめたかと思うと、いきなり手錠をかけ、顔に紙袋をかぶせて、そのまま地下へ連行したんです。命令に従って、壁に両手をつき、脚を開いた体勢で立ちました。何がどうなっているのか、さっぱりわかりません。恥ずかしいのを我慢したものの、こんなひどい仕打ちをされるとは想像していませんでした。刑務所内に入るなり真っ裸にされ、シラミ駆除剤をかけられ、警棒で脚を殴られました。できるかぎり看守には意識を向けまいと決めて、ほかの囚人たちがこの心理学ゲームに取り組む姿を眺めました。

自分はなるべく関与しないでいようと胸に誓ったのですが、時間が経つにつれて、何のためにここにいるのかがわからなくなってきました。アルバイト料を稼ぐためとか、それなりに理由があって自主的に来たはずでしたが、突然、四一六という囚人そのものに変えられてしまったわけです。それも、うろたえて放心状態の囚人に……。*6

無慈悲な『アメージング・グレース』

新しい囚人が到着したちょうどすぐあと、囚人たちは、看守のアーネットが読みあげる文章を書きとるように命じられた。これを手紙にして、次の夜間面会に来そうな相手すべてに送らなければならない。全員が看守の朗読を聞きながら、刑務所専用の便箋に書き留めたあと、一部分ずつ順に復唱させられた。文面の指示は、たとえばこうだ。

母さんへ

僕はいま、とても愉快に過ごしています。食事はおいしいし、いろんなゲームや娯楽がたくさんある。係の人たちも、みんな立派です。母さんだって、きっと好感を持つと思うよ。面会に来てくれる必要はありません。そんなの、うれしすぎるから。

敬具

愛する息子（このあと、親にもらった名前を書いておけ。どんな名前か知ったことじゃないけどな）

看守のマーカスがそれを回収し、あとでポストに入れた。もちろん、その前に検閲して、外部秘の情報や面倒を引き起こしそうな不満が記されていないかを確かめた。囚人たちは、この馬鹿げた手紙を我慢して書いた。なにしろ面会は貴重だから。かれこれ何日も、家族にも友だちにも会っていない。外の世界と絆を保つ努力をしなければ。でないと、この地下世界が人生のすべてになってしまう。

そこへ、新たな問題が発覚した。今朝、臆面もなく神父に煙草をねだった不遜《ふそん》な囚人五七〇四が、監房のドアを開けっ放しにして、いつでも出入りできると誇示してみせたのだ。それを見た看守のアーネットは、なめらかな身のこなしでロープを手に取ると、一号室から二号室へと鉄柵を結びつけた。ボーイスカウトで縄結びの実技テストを受けているかのような見事な手際だ。どちらも中からは開けないようにロープを巻きつけると、アーネットは口笛で『美しき青きドナウ』を吹いた。彼は口笛がうまい。ランドリーがカメラの視界に入ってきて、警棒を使ってロープをねじってみる。これでよし、とふたりの看守は微笑を交わした。

当分、ふたつの監房は出入りができなくなった。少なくとも、おそらく五七〇四が壊した錠を看守が調べ、原因を突きとめるまでは。「監房の扉を封鎖しているあいだ、おまえは禁煙だぞ、五七〇四。出られるようになったら、〝穴蔵〟行きだがな」

二号室から一〇三七＝リッチが「おれは武器を持ってるぜ！」と叫んだが、アーネットは軽くいなした。「おまえには武器なんてない。監房はこっちの気が向いたとき開けてやる」

別の誰かが叫んだ。「あいつ、針を持ってるんだ！」

「そりゃあ、よくないな。没収して、しかるべき罰を与えるとしよう」。ランドリーが警棒ですべての監房のドアを強打し、立場の違いを思い知らせた。アーネットも二号室の鉄柵を叩いた。指を折られそうになった囚人のひとりは、際どいタイミングで手を引っ込めた。

二日目の朝の反逆のときと同じく、ランドリーが消火器を持ってきて、二号室へ噴射した。次いで、マーカスとともに鉄柵のあいだに警棒を突っ込んで、囚人をドアの近くから追い払おうとしたが、今度は反撃を食らって警棒一本を奪い取られた。看守をあざける歓声が広がった。警棒が囚人側に渡ったとなれば、新たな大混乱が起こるのは必至だ。

しかし、アーネットは冷静さを失わなかった。彼は看守三人で話し合った末、空いている別室の鍵を借りて、一号室に取りつけることにした。「じゃないと、いまのロープのしかけは自由が利かないし、まず長持ちしないよ」と、アーネットは落ち着き払って看守仲間に言った。

結局、またもや看守の勝利に終わった。彼らは騒ぎに関わった一号室と二号室へ踏み込み、元凶の五七〇四を懲罰房に戻した。ただし今回は慎重を期して、〝穴蔵〟へ放り込む前にドアの固定に使っていたロープで五七〇四の手足を縛りあげた。

さらに騒動の報いとして、囚人全員が昼食抜きの憂き目をみることになった。新入りの四一六には気の毒な話だった。彼は朝コーヒーとクッキー一枚を食べたきりだが、空腹をこらえ、奇妙な展開の数々に目をまるくするほかない。昼食の代わりに、囚人たちは壁に向かって一列に並ばされた。五七〇四＝ポールも懲罰房から引き出されたが、ロープで縛られたままで通路に横たわり、動きがとれない。これ以上の反逆を防ぐための見せしめだ。看守のマーカスは、『漕げ漕げ、お舟』を歌いながら、リズムに合わせてジャンピングジャックをしろと命令した。

「おまえたち、せっかくそんないい声なんだから、今度は『アメージング・グレース』を歌おう」。アーネットが次なる要求を出す。「歌詞の一番だけでいい。神様がそう疑い深い方だとは思えないからな」。ほかの囚人が腕立て伏せの姿勢をとったところで、初めて四一六に注意が向けられた。「さあて、始めるぞ。四一六、しっかり暗記しろ。『アメージング・グレース、何と甘い響きでしょう。私のような者まで救ってくださる。何も見えずにいた私。でも、いまなら見える。神様のあと、私は自由の身です』」

五七〇四＝ポールが、横たわったまま最後の部分の歌詞がおかしいと指摘するが、アーネットには訂正する気がない。「おまえたちはこの歌詞に従え。正しくないとしても、この歌詞のとおりに歌うんだ」。しかしそう言ったはしから、なぜか『神様に出会ったあと、私は自由の身です』と少し変更した。

アーネットは続いて、自慢の口笛で『アメージング・グレース』をひととおり吹き、さらにもう一度、完璧な音程で繰り返した。その見事な才能に、囚人たちも思わず称賛の拍手を送った。ふだんはアーネットの態度や冷酷さを毛嫌いしているのに、つい手を叩いてしまったようだ。

そのあと、残るふたりの看守、ランドリーとマーカスがテーブルの上に座ってくつろぐ前で、囚人たちは歌いだしたが、アーネットの機嫌が悪くなった。「おまえたち、サンフランシスコ六番街の貧民街かどこかから集まった連中なのか？ もういっぺん歌ってみろ」

トラブルメーカーの五七〇四が、歌詞の間違いを再び指摘したが、アーネットはこの機に乗じて、肝心な点を大声で明確にした。「おかしな部分があるにしろ、この刑務所バージョンの『アメージング・グレース』を歌うんだ。間違っていようが関係ない。看守はつねに正しい。四一六、おまえは立て。ほかの者は腕立て伏せの用意。四一六がおれの言ったとおりの歌詞で『アメージング・グレース』を歌って、そのあいだ、ほかの囚人は腕立てをしろ」

刑務所に入ってまだ数時間しか経っていないのに、四一六は一躍、舞台の主役になった。アーネットの命令によって、囚人の群れから選び出され、無意味な作業を強いられたわけだ。ビデオカメラがその哀れな姿をとらえている。痩せこけた新入りの四一六は、心の解放を喜ぶ例の歌を高い音程で歌うはめになった。肩を落としてうつむくようすが、極度の不快感を如実に表わしていた。ミスを正され、歌い直させられて、そのあいだ囚人仲間は延々と腕立て伏せを強制されていた。この抑圧された状況下に自由を讃える歌が響きわたるとは、なんという皮肉だろう。アーネットをはじめとする看守に殴られないようにと、四一六は独唱を続けた。

アーネットがなぜ四一六を選んだのかは、定かではない。ひょっとすると、重圧に満ちた環境にいち早く慣らそうという作戦だったのか。あるいは、神経質でつねに整った身なりをしている看守の目から見ると、四一六の貧相な姿のどこかが腹立たしかったのかもしれない。

「さて、盛り上がってきたから、次は四一六が『漕げ漕げ、お舟』を歌う。ほかの者は仰向けになって、両脚を上げる。五七〇四の大好きなリチャード・ニクソンの耳まで届くくらい、大きな声で歌ってくれ。ニクソンがいまどこにいるか知らないけどな。脚を上げろ。もっと、もっと！　あと二、三回繰り返して歌え。最後の『人生は夢のよう！』のところを強調するんだ」

そのとき、皮肉に輪をかけるように、七二五八＝ハビーが、「ムショ暮らしは夢のよう！」とみんなで歌ってはどうかと提案した。囚人たちは、そこの箇所に入ると、絶叫ともいうべき声量になって、肺の底から一語ずつ発した。

ますます奇妙な世界が展開しつつあった。

テレビカメラ再び

この日の午後、サンフランシスコのローカルテレビ局ＫＲＯＮのカメラマンがやってきて、日曜日の撮影について簡単な報告をしてくれた。局内でも話題になったという。私はカメラマンに少し注文をつけた。ここでの撮影は覗き窓からのみ、実験の進行状況に関して聞く相手は私と所長のみとする。囚人と看守のあいだに生じかけているダイナミックな変化を外部の力で掻きまわされたくなかったからだ。

もっとも、その晩のテレビ放映は結局、見ることができなかった。私たちは全員、もっとはるかに緊急な事態に巻き込まれ、収拾に全精力を傾けなければいけなかったからだ——そのうえ、さらに深刻な出来事が起こった。[*7]

今日も魔の夜間シフトへ

「これから、日曜日の礼拝に向けての用意を行なう」。まだ水曜日なのに、アーネットが囚人たちにそう告げた。

「宗教儀式みたいに、みんなで輪になって手をつなげ。『こんにちは、四一六。きみの仲間の五七〇四です』という具合に自己紹介しろ。ひとりずつ、新人を歓迎するんだ」

みなが、言われたとおり順番にあいさつをし、心温まる儀式が進んでいった。こんな思いやりに満ちた共同作業をアーネットが思いつくとは意外だなと思ったが、次の瞬間、アーネットはそれを台なしにした。彼は、輪をつくってスキップしながら、『薔薇の花輪だ、手をつなごうよ』を歌え、と新たな命令を出し、輪の中心に四一六がひとりぽつんと立たされた。

さらにアーネットは、昼の勤務シフトの締めくくりに改めて点呼をとり、それを引き継いだランドリーが歌い方を指示した。四一六にとっては初めての点呼だ。ほかの囚人があらゆる命令に従い、不気味なハーモニーを生み出すさまを見て、信じられないとばかりに首を振っている。結局のところアーネットは、勤務シフトの最後の瞬間まで、人間性を踏みにじる扱いを続けた。

「これでじゅうぶんだ。各自〝檻〟に戻れ。面会客に備えて監房内を清掃しろ。とんでもない光景に、お客さんが吐き気を催さないようにな」。そう言ってアーネットは『アメージング・グレース』を口笛で吹きながら帰りかけたが、最後にいやみを言い捨てた。「じゃあ、また明日会おう。おれのファンの諸君」

ランドリーも負けじとつけ加えた。「刑務官に、今日一緒に過ごした礼を言ってもらいたい」。囚人たちはしぶしぶ「ありがとうございました、刑務官殿」と言ったが、そんな口調ではランドリーが満足しない。マーカスやアーネットと大股で通路を出ていきながら、もっと大声で叫べと命じた。

三人と入れ替わりに登場したのは、〝ジョン・ウェイン〟ことヘルマンを中心とする夜間シフトの看守たちだ。新入りの四一六は後日、看守に感じた恐怖を次のように打ち明けた。

――新しいシフトの看守が来るたびに、身が縮む思いでした。最初の夜が来るころには、こんな実験に参加するんじゃなかったと後悔しました。それからは、なるべく早く脱出することが最優先になりました。刑務所に入れられたら、誰だってそうでしょう。ほんの少しでも可能性があれば逃げたくなる。それに、ここは本物の刑務所でした。州ではなく、心理学者がコントロールする刑務所。逃げ出すために、僕はハンガーストライキをやって、いっさいの食べ物を拒否しはじめました。体調がおかしくなって釈放されるのが目的です。結果がどうなろうと、意地でもこの計画を貫く決意でした。*8

夕食時、ものすごい空腹にもかかわらず、四一六は計画どおり何も口に入れなかった。
ヘルマン「おい、おまえたち、今夜はうまくてほっかほかのソーセージだぞ」
四一六「(雄弁に) 僕は遠慮します。あなたにもらうものは食べません」
ヘルマン「それは規則違反だ。しかるべき罰を受けることになるぞ」
四一六「かまいません。あなたのソーセージを食べるつもりはないんです」
四一六は罰として、ヘルマンの手で初めて〝穴蔵〟に入れられた。今後もたびたびここで過ごすことになるのだが……。さらに、バーダンの強い命令により、両手に一本ずつソーセージを握らされた。ほかの囚人が夕食を終えたあとも、四一六はじっと座ったまま、二本の冷たいソーセージを見つめていた。
この予期せぬ反逆を食らった夜勤看守たち、とくにヘルマンは激怒した。ゆうべのうちに諸問題が解決し、今夜は厳しい統制のもと、何もかも円滑に進むと予想していたからだ。新顔の厄介者がトラブルを引き起こすせいで、周囲の者まで煽られて逆らいはじめるかもしれない。せっかく完全に支配しておとなしくさせたと思ったのに、それでは水の泡になってしまう。
「ソーセージ二本が食えないのか？　代わりにケツの穴へ突っ込んでほしいわけか？　おれの手で、肛門に詰めてもらいたいっていうのか？」とヘルマンが言った。四一六は辛抱して、顔色を変えずにソーセージの皿に視線を落としている。

するとヘルマンは、囚人の連帯を分断する作戦を思いついた。「さあて、よく聞け、四一六。おまえがソーセージを食わないとなると、囚人が不服従ってことになる。その結果、全囚人は今夜の面会の権利を剝奪される。……聞こえるか？」

「残念ですね。僕の個人的な行動のせいで、ほかの人たちが処分を受けるのはおかしいと思います」。四一六は物怖じせずに答える。

「囚人としての態度は、個人的な問題ではない。それに、処分を決めるのはおれだ！」。ヘルマンが声を荒らげた。

そこへ、バーダンが七二五八＝ハビーを連れてきて、ソーセージを食べるように四一六を説得させた。「それを食べればすむんだ。そうだろ？」と、七二五八。「理由を言ってやれ」とバーダンに促された七二五八は、ソーセージごときで囚人みんなが面会を禁じられてしまうのは困ると訴えた。

「きみは、どうでもいいっていうのかい？　自分にはどうせ面会客がいないからって……看守の命令だからじゃなくて、囚人仲間のためだと思って食べてくれよ。な？」。ほかの囚人からプレッシャーをかけさせることで、バーダンは四一六を追い込んでいた。

七二五八は優しい口調で説得を続けた。もうすぐガールフレンドのメアリー・アンが訪ねてくる。たかがソーセージが原因で、面会の特権を奪われるなんてまっぴらだった。

ヘルマンの横暴なやり方や態度を見習いつつあるバーダンが、問いつめた。「四一六、何が気に入らない？　言ってみろよ、なあ！　いったい、何が気に食わないんだ？」

四一六は、虐待的な扱いや契約違反に抗議するためハンガーストライキに入る、と説明しはじめた。

「それとソーセージに何の関係がある？　おい、どうなんだ？」。バーダンが怒り心頭に発して、テーブルに警棒を叩きつけた。その重い音が通路内の壁という壁に響きわたり、振動が囚人を威嚇した。

「質問に返事をしろ。なぜソーセージを食わない？」

四一六はほとんど聞きとれない声で、ガンディーにならって非暴力の抵抗運動を表明すると答えた。しかし、マハトマ・ガンディーを知らなかったバーダンは、もっとましな理由を言えと突っぱねた。「それとこれとのつながりはどこにあるんだ。さっぱりわからん」。すると、四一六は幻想を打ち壊してみせた。看守たちは契約に違反している、この実験に参加するにあたってサインした内容と違う、と言ったのだ（一部の者にしか聞こえなかったにせよ、このせりふは誰にも相手にされずに終わった。驚いたことに、看守たちはもはや架空の刑務所に同化してしまっていた）。

「どんな契約だろうと知ったことか！」と、バーダンが叫んだ。「それ相応の理由があって、おまえはここにいるんだ、四一六。そもそもおまえが法を犯したから、この場所へ連れてこられたんだ。ここは保育園じゃないぞ。なんでソーセージを食わないのか、いっこうにわからない。保育園と同じつもりで来たのか？　法律を破って暮らして、行き着くところが保育園だと思ったか？」。バーダンの怒りは収まらない。おまえのせいで、囚人仲間は今夜、ベッドなしで床の上に寝なければいけなくなる、そうなったらおまえは平穏無事ではいられないだろう、と続ける。そして、ついに殴りかかるかとみえた寸前でくるりと背を向けた。激昂したまま、自分の手のひらに警棒を叩きつけ、四一六に命令をくだした。「〝穴蔵〟へ戻れ」。すっかり慣れたようすで、四一六は従った。

バーダンの拳が、〝穴蔵〟のドアを強打した。内部の暗い空間に、耳をつんざく音が響きわたる。「よし、おまえらひとりずつ来い。面会をふいにしてくれたお礼に、〝穴蔵〟を叩いて、四一六に『ありがとうよ』と言ってやれ」

言われたとおり、囚人は順に〝感謝〟を込めて、ドアにパンチを食らわせる。五四八六＝ジェリーだけはいやいやだが、七二五八＝ハビーの怒りようはすさまじく、思いがけない運命のねじれに腹の虫がおさまらない。

看守ヘルマンは、いっそうのダメージを加えるため、まだ二本のソーセージをつかんでいる四一六を〝穴蔵〟から引っ張り出し、再びいやがらせに満ちた点呼を始めた。バーダンには口をはさむ隙さえ与えない。ヘルマンの独擅場だ。良心的な看守ランドリーは、姿が見あたらない。

ヘルマンにとってはまさに好機到来だ。囚人の連帯を断ち切り、四一六が反逆の英雄としてしゃしゃり出る可能性をつぶすのはいましかない。「さて、おまえたち全員に苦痛を味わってもらおう。このたったひとりが、ろくな理由もなしに夕食をとるという簡単なことを拒んだせいだ。菜食主義者だとか、事情があればまだわかるんだがな。こいつをどう思うか、面と向かって言ってやれ」。ある囚人は「馬鹿なことはやめろ」と諭した。子どもじみたまねをするなと非難する者もいた。

しかし、〝ジョン・ウェイン〟ことヘルマンは満足しない。「〝腰抜け野郎《プッシー》〟とののしれ」

これにも数人が従ったものの、〝軍曹〟は拒否した。自分の信条として、下品な言葉を口にしたくないという。命令に背く人間がひとり増えたことで、ヘルマンは怒りの矛先を〝軍曹〟に向けた。容赦なく辱め、〝腑抜け〟と罵声を浴びせたうえ、四一六を〝くそったれ《バスタード》〟と呼べと言って譲らない。

手厳しい点呼はこの調子で一時間続き、やがて面会客が訪れてようやく中断した。私は通路に出て、面会時間を尊重してもらいたいと看守たちに告げた。自分たちの勢力圏に割って入られて不服そうにしながらも、看守たちはしぶしぶ私の言うとおりにした。面会客が帰ったあと、時間はいくらでもある。囚人の抵抗を押しつぶす作戦はそのとき続ければいい。

おとなしい囚人だけ面会許可

わりあい従順な囚人、七二五八＝ハビーと二〇九三＝〝軍曹〟は、今夜も短時間だけ面会を許された。ふたりとも、近隣に友人や親族が住んでいる。美人のガールフレンド、メアリー・アンがやってきて、七二五八は有頂天になった。両手で頬づえをついて、メアリー・アンがほかの友人たちの近況を話すのを聞いている。そのあいだ、机に腰かけたバーダンがふたりを見下ろして、ときどき小さな白い警棒を振って音を立てている（地元の警察署から借りた太くて黒い警棒は、事情により返却しなければならなかった）。彼はメアリー・アンの美貌が気に入ったらしく、何かにつけて会話に割り込み、質問やコメントをはさんだ。

七二五八がメアリー・アンに言った。「気力を保つことが大事なんだ。協力的でいさえすれば、ここの暮らしも悪くない」

メアリー・アン「あなたは協力的なの？」

七二五八「（笑いながら）ああ。そうならざるをえない」

バーダンが口を出す。「でも、ちょっとした脱走を企てやがった」

メアリー・アン「聞いたわ」

七二五八「そのあと、今日はひどかった。何にもなしでさ。ベッドも何も」。そして、汚れた毛布から毬を取り除くなど、不快な雑役について説明した。とはいえ、一〇分の面会のあいだ、終始、上機嫌で笑顔を絶やさず、ガールフレンドの手を握りつづけた。やがてバーダンに付き添われてメアリー・アンが帰っていくと、七二五八は孤独な監房へ戻った。

面会を許されたもうひとり、〝軍曹〟のもとへは父親がやってきた。〝軍曹〟は、規則を完全に習得していることを自慢した。「規則は一七個あってね……全部、暗記したよ。いちばん大切な規則は、看守に従わなければいけない、ってことなんだ」

父親「看守は囚人に何でも命令できるのか？」

〝軍曹〟「うん。まあ、ほとんど何でももってところかな」

父親「どんな権利があって、そんなことができるんだ？」。息子の立場を思いやって心を痛めているらしく、父親は額をこするようなしぐさを見せた。あからさまに動揺する面会客はこれで二人目だ。一〇三七＝リッチの母親に似ている。一〇三七はその翌日には精神のバランスを崩したから、母親の心配は的中したといえる。ただ、〝軍曹〟は、もっと芯が強そうだ。

〝軍曹〟「看守たちは、この刑務所の運営を任されてるからね」

その言葉に対して、父親が公民権について持ち出したとたん、バーダンが割って入った。彼は厳しい口調で言う。「こいつらに公民権はありません」

父親「いや、あるはずだ。おそらく……」（私たちの場所からは言葉がよく聞きとれないが、バーダンはひるむ素振りを示さない）

バーダン「投獄された人間には公民権なんてない」

父親「（苛立って）それで、この面会時間はどれくらい？」

バーダン「一〇分だけです」

父親が残り時間に異議を唱えたので、バーダンが妥協し、ではあと五分、と言う。父親は息子とふたりきりで話したがるものの、バーダンが、この刑務所では訪問客との密談は許可されていないと拒んだ。父親はますます落ち着きを失うが、特筆すべきことに、この人物もまた、規則におとなしく従い、看守を演じているだけの若者に権利を蹂躙されても受け入れてしまう。

父親から規則に関してさらに尋ねられた〝軍曹〟は、点呼やトレーニング、雑役、消灯などの決まりごとを話した。

父親「こんな目に遭うとわかってたか？」

〝軍曹〟「もっとひどい目に遭うと思ってたよ」

耳を疑った父親が大声を出した。「もっとひどい？　どうしてまた？」

すると、再びバーダンがさえぎった。看守という邪魔な存在を、父親は明らかに不快に感じはじめている。バーダンが、監房にはもともと九人の囚人がいたけれど、いまは六人しかないと伝えた。父親は理由を知りたがった。

〝軍曹〟「ふたりを仮釈放した。ひとり替わりが入ってきたけど、ふたり、厳重な警備のもとにおかれてる」[*9]

父親「厳重な警備って、どこに?」

よくわからない、と〝軍曹〟は答える。父親が、なぜ厳重な警備など必要になったのかと聞くと、「懲罰の必要性があってね。いたって個人の気質の問題だよ」と言った。

それとほぼ同時にバーダンが言った。「そのふたりは悪い奴らだから」

父親「本当に刑務所にいる気分か?」

〝軍曹〟「(笑いながら直接の回答を避けて)そう言われたって、本当の刑務所を知らないからねえ」(父親も笑う)

ちょうどそのとき、ほかの場所でやかましい音がしてバーダンが駆けていったので、父子ふたりきりになった。

看守の目がないあいだに、〝軍曹〟は仮釈放を申請するつもりであることや、いちばんの模範囚だから認められるにちがいないことを話した。けれども、まだ大きな不安があるという。「仮釈放になるための基準がわからないんだ」

「時間切れだ」と、ジェフ・ランドリーが宣告した。父子は立ち上がり、抱擁しかけるが、思いとどまって、男らしい堅い握手を交わした。「じゃあ、また」

同性愛の危険な匂い

私が学生食堂で急ぎの夕食をすませて帰ってくると、トラブルメーカーの五七〇四＝ポールが通路の中央に立って、頭の上に椅子を載せていた。頭の上に椅子!　ヘルマンが〝軍曹〟を怒鳴りつけると、そこへバーダンが割って入った。ほとんど目立たず扱いやすい五四八六＝ジェリーは、言われるがまま壁に向かって立ち、七二五八は腕立て伏せをしていた。どうやら、四一六は懲罰房に戻ったらしい。

ヘルマンが五七〇四に、なぜ椅子をかぶっているのかと尋ねる。帽子のようにかぶれと命じたのはヘルマン自身なのだが……。五七〇四は、命令に従っただけだと素直に答えた。意気消沈しているように見え、以前の気力がすっかり失せていた。バーダンが、みっともないから椅子を下ろせと言い、〝穴蔵〟のドアを警棒で叩いた。

「そこにいて楽しいか、四一六？」

しかし、今夜のドラマの監督をヘルマンが引き継ぐときが来て、バーダンは脇によけた（善良な看守ジェフ・ランドリーは、面会終了後、姿がない）。

「七二五八、両手を前に突き出して、フランケンシュタインのまねをしてみろ。二〇九三、おまえはフランケンシュタインの花嫁がお似合いだ。ここに立て。さあ早く」

二〇九三＝〝軍曹〟が、身振りも加えるのかと尋ねた。

「もちろん、本格的にやってもらう。おまえはフランケンシュタインの花嫁。七二五八、おまえがフランケンシュタインだ。フランケンシュタインふうにこっちまで歩いて、二〇九三に愛していると言え」

七二五八＝ハビーは花嫁に向かって歩きだすが、途中でバーダンが止める。

「そんなのじゃあフランケンシュタインっぽくないぞ。ふだんどおりの歩き方なんか命じた覚えはない」

ヘルマンが、七二五八の腕を乱暴につかんで引き戻し、フランケンシュタインらしい足どりをやらせる。

七二五八「愛してるよ、二〇九三」

「もっと近づいて！　近づいて！」と、バーダンが叫ぶ。

七二五八が〝軍曹〟から何センチかというところまで接近する。「愛してるよ、二〇九三」。ヘルマンに背中を押されて、ふたりの身体がふれ合った。

七二五八＝ハビー＝フランケンシュタインが繰り返す。「愛してるよ、二〇九三」。〝軍曹〟が苦笑すると、ヘルマンがとがめた。「笑っていいと言ったか？　おかしくなんかない。いますぐ腕立て伏せ一〇回！」

両手を突き出した格好のまま、七二五八は壁ぎわへ下がったが、その拍子に囚人服がめくれて、性器の一部があらわになる。新たな命令が出され、今度は〝軍曹〟が五四八六＝ジェリーに向かって愛していると言う番になった。〝軍曹〟はいやいやながら従った。

「おやまあ、アツアツだなぁ」と、バーダンがからかった。

そのとき、ヘルマンが五四八六＝ジェリーの面前に立った。「おまえ、笑ってるな？　きっとおまえも、あいつが好きなんだろう。そばに行って愛の告白をしたらどうだ？」

五四八六は躊躇なく命令に従うものの、声は弱々しい。「二〇九三、愛してるよ」

囚人から囚人へひとりずつ、ヘルマンが近づいては難癖をつける。

「腕を下ろせ、七二五八。そんなふうだから、おまえはいつも臭いんだ」

「臭い囚人ども、全員、身体をかがめろ。馬跳びをやる」

そこから馬跳びゲームが始まったが、仲間の背中を跳び越えるはずみに、サンダルが脱げたり囚人服がめくれ上がって性器が見えてしまったりして、スムーズにいかない。そのぎこちなさに、バーダンがやや不愉快になる。性的な雰囲気が過ぎるのか、同性愛者の楽しみのようでいやなのか。

続いてヘルマンは、もっと単純にしようと、二〇九三と五七〇四のふたりだけでやれと命じる。ふたりの馬跳びが続き、バーダンが小さな呻き声をあげた。

同性愛の匂いがするこのゲームは、ヘルマンに歪んだ想像をもたらしたようだ。

「犬って、そんなふうにやるんだよな？　犬の交尾、そんなやり方だろ？　そいつ準備万端だぞ。おまえの後ろに犬みたいな格好で立ちやがって。犬のまねしてやってみたらどうだ？」

長身の五七〇四＝ポールは、以前、苦情申し立て委員会の代表者として、看守のいやがらせに文句をつけていたが、まさかここまでの侮辱を受けるとは予想しなかったにちがいない。あからさまに顔を引きつらせ、そんなことは〝少し卑猥すぎる〟とヘルマンに抗議した。

気分を害したヘルマンが言う。「おまえの顔も、少し卑猥すぎると思うがな。黙って馬跳びをしろ」

いつのまにかジェフ・ランドリーが現われ、五七〇四の真後ろに立ってやりとりを眺めていた。ことの流れに興味を抱いているようすだが、両手をポケットに入れ、中立的かつ無関心な態度を保ったままだ。所長から注意を受けたにもかかわらず、匿名性を高めるためのサングラスをかけていない。

「すまん。感受性豊かなこの囚人の良心を傷つけてしまったらしいな」。ヘルマンが冷やかしぎみに言った。

最初から不快そうだったバーダンが、機をとらえて終止符を打った。「このゲームにはもううんざりだ。くだらない」。こうして、多少まともなゲーム、つまり、おなじみの点呼に戻った。

あの〝軍曹〟が立ち上がる

それでもまだ、ヘルマンは退屈で仕方ないらしい。疲れきった囚人たちの列の前をしばらく行ったり来たりしつづけていたが、突然、振り向いたかと思うと〝軍曹〟に難癖をつけた。「おまえ、どうしてごまをすってばかりいるんだ？」

「わかりません」

「なんでそんなに従順な態度をとりたがる？」

〝軍曹〟は臆することなく、ゲームに応じた。「生まれつきの性格であります、刑務官殿」

ヘルマンがますます下品さを剥き出した。さっきの性的なゲームで拍車がかかったのかもしれない。「うつ伏せになって、床とファックしろ、とおれが命令したらどうするんだ、え？」

「やり方がわかりませんと返事します、刑務官殿」

「こっちに来て、同志の五七〇四の顔を思いっきり殴れ、と命令したらどうする？」

〝軍曹〟は自分を見失わない。「残念ながらそれはできかねます、刑務官殿」

ヘルマンが鼻で笑って背を向けた。といっても、次なる犠牲者を攻撃するために方向を変えたにすぎない。

〝穴蔵〟のドアを開けると、見世物小屋の客引き係のように声を張りあげた。「おおいみんな、こりゃあ面白いぞ！　この男を見てやってくれ。四一六、そのままじっとしてろよ！」

暗がりの中で、四一六は目をしばたたかせる。彼は集まった看守や囚人から、いっせいに視線を浴びた。なんと四一六は、まだ両手に一本ずつソーセージを持っていた！

「なんでソーセージを握りしめてるんだ、四一六？」とバーダンが言った。

「こいつ、まだ食ってねえ」。感情的になるにつれ、ヘルマンの言葉づかいは荒くなった。「そのせいで、おまえらがどんな目に遭うかわかってるか？」

囚人たちはじゅうぶん知っていて、暗い声で答える。「今夜は毛布なしです」

「そうとも。おまえら全員、毛布なしで寝るはめになる！　ひとりずつこっちに来て、四一六がソーセージを食うように何か言え。まず、五四八六」

戸口に近寄って、四一六の目を見つめると、五四八六＝ジェリーは穏やかに言った。「食べたいなら、素直にソーセージを食べるといいよ、四一六」

「嘘つきめ。おまえはペテン師だ」

「すべて、おっしゃるとおりです、刑務官殿」

「そんな生ぬるい言い方で従うわけないだろ、五四八六」と、バーダンが叱りつけた。「おまえは今夜、毛布がいらないらしいな。次は七二五八、おまえが説得しろ」

一人目とは打って変わって、七二五八＝ハビーは反逆者を怒鳴りつけた。「ソーセージを食え、四一六。じゃないと、ケツを蹴飛ばすぞ！」

敵意むき出しの言葉を聞いて、ヘルマンがにんまりと満面の笑みを浮かべた。「ようし、その調子だ！　五四八六、もういっぺんこっちへ来てまねしてみろ。ソーセージを食わなきゃ、ケツを蹴飛ばしてやる、と言うんだ」

今度は、五四八六も厳しい口調を使った。

「二〇九三、おまえもこっちに来て、ケツを蹴飛ばすぞと言ってやれ」

しかし、二〇九三＝〝軍曹〟は立派に言い放った。「申し訳ないのですが、ほかの人間に向かって下品な言葉を使いたくありません」

「どのあたりが気に入らないんだ？」

「あなたがいま使った単語がいやなんです」

〝ケツ《アス》〟と言わせようとしたヘルマンの作戦に、〝軍曹〟は引っかからない。

「どの単語だ？　『蹴飛ばす』？　『蹴飛ばす』と言いたくないのか？　そりゃまた、なんでだ？」

言葉を返そうとする〝軍曹〟を、ヘルマンがさえぎる。「命令なんだぞ！」

自分の命令を拒まれて、ヘルマンは苛立ちはじめた。ひたすら従順なロボットのようだった〝軍曹〟に、初めて気骨を示されたのだ。

「いいか、あそこへ行って、おれが命じたとおりに言え」

〝軍曹〟は低姿勢ながらも信念を曲げない。「申し訳ありません、刑務官殿。それはできかねます」

「なら、今夜はベッドを使えないことになる。それが望みか?」

〝軍曹〟はそれでも立場を譲らず、みずからの価値観を明言した。「そんな言葉を口にするくらいなら、ベッドなしですませるほうを選びます、刑務官殿」

ついに怒りが沸騰したヘルマンは、数歩離れたあと、また〝軍曹〟に向き直った。不服従の罰として、全員の面前で〝軍曹〟を殴打しそうな勢いだ。

そのとき、爆発の気配を察した善良な看守ランドリーが妥協案を出した。「だったら、〝後ろから〟蹴飛ばしてやる、と言ってやれ」

「はい、刑務官殿」。〝軍曹〟は、四一六に歩み寄って言う。「ソーセージを食べろ。でないと、後ろから蹴飛ばすぞ」

ランドリーが聞く。「本気で言ったのか?」

「はい……いいえ、刑務官殿。すみません、本気ではありませんでした」

なぜ嘘をついたのか、とバーダンが問いつめる。

「刑務官殿に言えと命じられたからであります」

ヘルマンが仲間の看守に加勢した。「嘘をつけとは命令していない」

崇高なモラルを貫く〝軍曹〟に優位に立たれていると感じたバーダンは、ほかの囚人にまで影響が及ぶ恐れもあるとみて、問題を巧みにすり替えた。「ここでは、いかなる嘘《ライ》も求められていない。二〇九三、ちょっと床にうつ伏《ラ》せ《イ》になってもらおう」

そう言うと、うつ伏せになった二〇九三=〝軍曹〟の両腕を広げさせた。「その体勢から、腕立て伏せをやってみせてくれ」

そこへヘルマンが言い足す。「五七〇四、あいつの背中の上に座れ」

しかし、体力がある〝軍曹〟は、言われたままにやってのけた。

「手助けは無用だぞ。おい、もう一回繰り返せ。五四八六、おまえも背中の上に座れ。五七〇四とは逆向きにな」。五四八六＝ジェリーは躊躇したが、「さっさと、背中に乗るんだ！」と言われて従った。

看守たちは、五四八六と五七〇四を乗せた状態で〝軍曹〟に腕立て伏せを強いた（看守には躊躇がみられない）。〝軍曹〟は、ありったけの腕力と誇りを振り絞って、腕立て伏せを一回やり遂げようとした。床から身を起こそうと歯を食いしばる。しかし、ふたりの体重に耐えかねて崩れ落ちた。悪魔のような看守二人組が大笑いして、〝軍曹〟をあざけった。

〝軍曹〟に対してまだ完全に気が晴れたわけではないが、かたくなにソーセージを食べようとしない四一六のほうが、看守たちにとっては緊急度が高かった。ヘルマンが抑揚のない声で言った。「そのソーセージに関しちゃ、まったく理解不能だよ、四一六。いつもいろんな点呼をやって楽しんで、扱いだって優しくしてやってるのに、今夜にかぎって台なしじゃないか。わからない。なぜなんだ？」

ヘルマンが明快な回答を迫る一方で、バーダンは落ち着いて、再び、柔らかな物腰での説得を試みる。「そのソーセージ、どんな味だろうなあ？　うーん、食べてみれば、きっとおいしいはずなんだが」

ヘルマンが、先ほどと同じ問いを声を大にして繰り返した。誰か聞き逃した人がいるのではないかと疑うかのように……。「いっつも楽しい点呼をやってきたのに、なんでおまえたちは今夜、めちゃくちゃにしたがる？」

単純な説明を求めつづけるヘルマンに向かって、七二五八＝ハビーが答えた。「わかりません。たぶん、僕らはただのくそったれ《バスタード》なんだと思います、刑務官殿」

〝軍曹〟も言う。「正直わかりません、刑務官殿」

先ほど優勢に立たれた仕返しに、ヘルマンはここぞとばかりに〝軍曹〟に食ってかかる。「おまえも、〝くそったれ〟なのか？」

「刑務官殿がそうおっしゃるのなら、そうでしょう」
「おれがどう言うかじゃなくて、おまえの口で言ってみせろ」
〝軍曹〟は態度を変えない。「失礼ですが、その言葉は使いたくありません。言えないんです」
バーダンが割り込んできた。「ついさっき、ほかの人間に向かってそういう言葉は使えないって言ってたよな？　今度は状況が違う。自分に対しても言えないのか？」
〝軍曹〟が応戦する。「自分も人間ですから」
バーダン「自分も〝ほかの人間〟なのか？」
〝軍曹〟「先ほど申し上げたのは、ほかの人間に向かってそんな言葉を口にできない、ということです」
バーダン「で、おまえ自身も〝ほかの人間〟に含まれるのか？」
〝軍曹〟は、授業中にディベートをやっているような調子で、沈着冷静に言葉を選ぶ。いまはディベートどころか、いじめの標的にされているのだが……。「さっきの発言は、僕自身を含めていません。自分に向かって言うケースはありえないからです。なぜかと言えば、僕は……」。そこまで言って、ため息をつき、か細い声で残りをつぶやく。とうとう気持ちが萎えてきている。
ヘルマン「とすると、要するにおまえも〝くそったれ〟の仲間入りだな？」
〝軍曹〟「いいえ、刑務――」
ヘルマン「いや、仲間入りだ！」
〝軍曹〟「はい、刑務官殿がそうおっしゃるなら」
バーダン「これから、おまえの母親を口汚くののしってもらう。おまえは命令に従うんだ、二〇九三」。明らかに、バーダンも一枚嚙みたがっているが、ゲームを仕切りたいヘルマンが相棒の口出しをよしとしない。
ヘルマン「おまえは何者だ？　何者だ？　くそったれか？」

〝軍曹〟「そうです、刑務官殿」
ヘルマン「じゃあ、自分の口で言ってみせろ」
〝軍曹〟「すみません。言うつもりはありません」
ヘルマン「いったい、どうして言わないんだ？」
〝軍曹〟「冒瀆的な言葉は使わないと決めています」
ヘルマン「なぜ自分に対して冒瀆だと決められる？　だって、おまえは何者だっけな？」
〝軍曹〟「刑務官殿のお望みのままの存在です」
ヘルマン「自分の口で、くそったれだと認めれば――どうなると思う？　おれの言葉が証明されるわけだ。二〇九三はくそったれ、とな。言うんだ。言ってみろ」
〝軍曹〟「すみませんが、言うつもりはありません」
今回も負けと悟ったヘルマンが、前に効果を実証ずみの、囚人を分断する戦略に立ち返る。「さて諸君、きみたちは今夜ぐっすり眠りたいんだろう？」
全員、声を揃える。「はい！」
ヘルマン「しかし、少し待たなきゃいけないようだ。二〇九三が、自分はくそったれだと嚙みしめるまで。じゅうぶん身に染みたら、みんなに向かって言うだろう」（予期せぬ力と力のぶつかり合いだ。誰よりも権力に飢えた、人をコントロールしたがる看守と、いままでは逆らいもせず、〝軍曹〟と揶揄されつづけた囚人とが衝突している。〝軍曹〟は、軍事ロボットのような奴だと、ほとんどの囚人や看守から軽蔑されていた。ところが、その性格には尊敬すべき面があることを証明しつつある。自分はルールを重んじる人間なのだ、と）。
〝軍曹〟「僕に対する非難は、じつに的を射ていると思います、刑務官殿」
ヘルマン「それは、わかってる」

〝軍曹〟「でも、その単語は言えません、刑務官殿」
ヘルマン「どの単語だ？」
〝軍曹〟「どんな意味においても言えません、その〝くそったれ〟という単語は」
たちまち、どんちゃん騒ぎのような様相になった。
バーダンが喜びをあふれさせる。「言いやがったぜ！」
ヘルマン「こりゃあ、めでたい。いや、本当に！　あいつ、いま言ったよな、五七〇四？」
五七〇四「はい、刑務官殿」
ヘルマン「おれたちの勝利だ」
バーダン「この連中も、今夜、ベッドにありつけるかもしれないな。まあ、わからないが」
しかし、部分的な勝利では満足しないヘルマンは、権力を勝手気ままに操れる立場にいることを誇示せずにはいられない。「汚い言葉を吐いた罰として、二〇九三、床で腕立て伏せ一〇回！」
〝軍曹〟は「ありがとうございます、刑務官殿」と言うと、疲労の色は隠せないものの、完璧なフォームで腕立て伏せをこなした。〝軍曹〟にまだそんな力が残っていたことに驚いて、バーダンが完璧さにまで文句をつけた。
「二〇九三、ここをどこだと思ってる？　新兵の訓練所か？」
すると、ここ一時間ほど椅子に座ってくつろいでいたランドリーが急に口をはさんだ。「さらに一〇回！」。続いて、眺めている囚人たちに聞く。「残りの連中、あの腕立て伏せはいい出来だと思うか？」
一同が「はい」と答える。大柄なジェフ・ランドリーが、なぜか権力をかさに着ている。もしかすると、囚人の目から見てまだいくらか威厳があることを、自分自身で納得したいのかもしれない。「いいや、まだまだ。二〇九三、あと五回やれ」
このときのいざこざに関して、〝軍曹〟はのちに、奇妙に冷めた視点で振り返っている。

別の囚人を〝くそったれ〟と呼べ、さらには自分自身のこともそう呼べと、看守から命じられました。前者に関しては、僕はぜったいにやりたくありませんでした。後者は論理的に矛盾があって、前者の内容の正当性を否定する結果になってしまいます。〝罰〟を与える前、あの看守がいつも使う手なのですが、〝もしおまえが従わなければ、ほかの者たちに処罰を加えるぞ〟と声のトーンでほのめかしていました。ほかの囚人に迷惑をかけず、なおかつ、命令に従わなくてすむように、僕は一気に両方の問題を解決する返事を考え出しました。「どんな意味においても言えません、その〝くそったれ〟という単語は」――これで、看守も僕自身も、迷路を出ることができたわけです。*10

こうして、ひたすら従順なご機嫌とりかと思われていた〝軍曹〟は、じつはきわめて規律を重んじる人物であることが浮かび上がってきた。この環境下、どういう気持ちで囚人役に臨んだのか、後日、興味深い心境を打ち明けてくれた。

この刑務所に入るとき、なるべくありのままの姿でいようと心に決めました。仲間の囚人や自分自身の人格を劣化させたり、劣化を助長したりしてはいけないし、僕の行動によって他人が罰せられるような事態は避けなければいけない。そういう信念を持っていました。

ソーセージの威力

二本のしなびた小汚いソーセージが、なぜこれほど重大な問題になったのか？

四一六にしてみれば、このソーセージは邪悪な〝システム〟への反抗を象徴するものだった。彼には、他人に無理強いされず、自分の力でコントロールできる行為に訴えて反抗心を示す必要があった。それによって、看守たちの横暴さに歯止めをかけることができるはずだった。

一方、看守の立場からすると、四一六がソーセージを食べるのを拒否したことは、見逃しがたい規則違反だった。囚人は、決められた時刻、時間内に食事をとらなければならない。このルールは本来、一日三回の指定時間以外には食べ物を要求したり入手したりできない、という制約を表わしている。ところが、いまや拡大解釈され、食べ物が支給された場合、看守の命令があれば必ず食べなければいけない、という意味まで含みはじめた。そのせいで、食事を拒むことは不服従の証となり、看守側の目には、せっかくおとなしくなった囚人たちのあいだでさらなる反抗が起こりかねない危険な兆候、と映った。

四一六が屈伏しなかったことは、ほかの囚人から英雄的な行為ともてはやされてもよさそうなものだった。彼のもとに結集して集団で立ち上がり、いつまでもやまないどころかますますひどくなる看守のふるまいに抗議する、という展開になってもおかしくなかった。しかし、四一六の抵抗には戦略上の難点があった。彼は事前に計画を打ち明けて、自分の不服従の重要性を知らしめ、囚人たちを仲間に引き入れておくべきだった。なのに、心密かにハンガーストライキを決めたため、仲間の共感を得られなかったのだ。

看守側は直観的に対策を立てた。彼らは、四一六がまだ新入りでたいして苦しい思いもしておらず、周囲との絆が弱い点につけ込んで、みんなにとっての〝トラブルメーカー〟だとレッテルを貼った。この男が抵抗すると、ほかの者たちは罰せられたり、特権を奪われたりすると印象づけたのだ。このハンガーストライキは自分勝手で、四一六は他人の面会の楽しみを奪っても平気でいる、というわけだ。

けれども本来、囚人側は別の観点に立つべきだろう。四一六がソーセージを食べないからといって、ほかの者たちが面会客に会えないのは理屈が合わない。無関係な事柄を看守が勝手に結びつけたにすぎないのだから。

ともあれ、〝軍曹〟の抵抗に打ち勝ったヘルマンは、改めて痩せぎすなのに手強い四一六を始末することにした。彼は、懲罰房を出て腕立て伏せを一五回やれ、と命じた。「おれのためにやるんだ。思いきり速いテンポで」

四一六は、床に手をついて、腕立て伏せを始めた。しかし、筋力がないためぐらつくので、腕立て伏せだかどうだか怪しい。腰を上げ下げしているだけに近い。

ヘルマンが目を疑い、不審げな声を出した。「こいつ、何をやってるんだ?」

「尻の体操かな」とバーダン。

休止状態から目覚めたジェフ・ランドリーも言う。「腕立て伏せを命じたはずだが」

ヘルマンが叫んだ。「あれは腕立て伏せか、五四八六」

五四八六=ジェリーは、「そうだと思います、刑務官殿」と答えた。

「冗談よせ。あんなのは腕立て伏せのうちに入らない」

すると、五四八六が同意する。「そうおっしゃるなら、あれは腕立て伏せではありません、刑務官殿」

バーダンも割り込む。「尻を振ってるだけじゃないかな? 二〇九三」

二〇九三=〝軍曹〟も素直に認める。「そうおっしゃるならそうでしょう、刑務官殿」

再びバーダンが「あいつ何をしている?」と聞くと、五四八六は逆らわず「尻を振っています」と言った。

続いてヘルマンが、四一六の教育上、模範を示せと五七〇四=ポールに命令した。「よく見ろ、四一六。尻なんか押し込んでないだろ。床の穴とファックしてるわけじゃないんだ。さあ、上手にやれ！」

四一六は五七〇四をまねようとするものの、なにしろ腕力がないので同じようにはできない。それをバーダンが意地悪く指摘する。「身体をまっすぐ伸ばしてできないのか？　四一六。くねくねしやがって、ジェットコースターか何かみたいだぞ」

ヘルマンは、暴力をふるうことはまずない。彼は皮肉や暴言、さらには独創性に満ちたサディスティックなゲームを使って支配を試みる。看守役に許されている裁量の限度を正確に心得ているのだ。その場の思いつきで行動するときはあっても、自制心はけっして失わない。にもかかわらず、今夜の厄介事の数々には苛立ってきている。腕立て伏せの姿勢を保つ四一六の横に立って、ゆっくりやってみろと命令し、四一六が腕を曲げて伸ばした瞬間、背中を片足で踏んで強く押した。身体的な虐待が始まったのを見て、周囲のみんなが驚いた表情になった。

二、三回の腕立て伏せがすんだあと、ヘルマンはようやく足をどけて、〝穴蔵〟へ戻るよう四一六に言った。そして四一六が入ったのを見届けると、大きな音を立ててドアを閉め、鍵をかけた。

一連の光景を見た私は、アウシュビッツ収容所の囚人が描いた、ナチの看守の絵を思い出した。その絵では、いまのとちょうど同じように、腕立て伏せする囚人の背中を看守が踏みつけていた。

「独りよがりの、偽善者ぶった、ろくでなし」

懲罰房のドア越しに、バーダンが四一六に向かって叫んだ。「何も食わないと元気が出ないぞ、四一六」（さんざんいたぶられた痩せっぽちの男に、同情しはじめたのかもしれない）

こうなるとヘルマンのひとり舞台だ。ちょっとした説教まで始めた。「おまえたちには、これを教訓にしてほしい。命令に背く理由なんてないんだ。こっちは、おまえたちに無理なことを押しつけたりしていない。おれがわざわざ人に不快な思いをさせるわけがない。だけど、おまえたちは立派な市民じゃなかったから、ここにいるんだろ。こんなふうに独善的なくだらないことをされると、吐き気がする。即刻やめてもらいたい」

次いで、いまのスピーチの出来栄えを〝軍曹〟に尋ねた。

「見事だったと思います、刑務官殿」と〝軍曹〟は答えた。

すると、間近に顔を寄せて、ヘルマンが〝軍曹〟への攻撃に戻った。「おまえは、自分がひとりよがりの偽善者のろくでなしだと考えるか?」

〝軍曹〟は答える。「そう考えるのがお望みなら」

「どうだろう……。うん、おまえはひとりよがりの偽善者のろくでなしだ」

またしても、実りのない問答が始まった。「あなたがお望みなら、そうなります、刑務官殿」

「望んじゃいない。おまえの現実の姿だ」

「ではそうなんでしょう、刑務官殿」

囚人の列の前を歩きながら、めいめいに確認をとる。どの囚人も同意する。

「あいつはひとりよがりの偽善者のろくでなしです」

「ひとりよがりの偽善者のろくでなしです、刑務官殿」

「はい、ひとりよがりの偽善者のろくでなしです」

少なくとも、この小さな世界では自分の見解が承認されたとあって、ヘルマンがうれしそうに〝軍曹〟に言う。

「あいにく、四対一でおまえの負けだな」

これに対して〝軍曹〟は、肝心なのは自分で自分をどう思うかだ、と言った。

「ほう、おまえが自分をほかのものだとでも考えてるなら、そうとう深刻な状態だぞ。何が本当なのやら、もう現実がわからなくなってるってことだ。おまえが生きてる人生は、たんなる偽り。それがおまえの現状なんだ。吐き気がするよ、二〇九三」

「すみません、刑務官殿」

「おまえは、ほんとに独りよがりの偽善者ぶったろくでなしだ。吐きたくなる」

「そんなお気持ちにさせてしまったなら、申し訳ありません、刑務官殿」

バーダンの命令で、〝軍曹〟は前屈してつま先に手の指をつけた状態のままでいさせられた。二度と顔を見せるな、という罰だった。

「ありがとう、四一六！」と言え

抵抗勢力との戦いの総仕上げとして、ヘルマンにはもうひとつやらなければいけないことが残っていた。哀れな四一六に対して囚人のあいだで同情が芽生えないようにすることだ。「頭のねじがゆるんでいる数人のせいで、おまえたち全員が苦しむはめになって残念だなあ。ここにいるお友だちは、まったくありがたいよ（と言いながら〝穴蔵〟のドアを強打する）。おまえらが今夜は毛布なしで過ごすように取りはからってくれてる」

自分も囚人たちと同じように苦しんでいるという構図をつくることで、四一六を〝共通の敵〟に仕立てあげ、くだらないハンガーストライキでみんなに迷惑をかけようとしていると訴えた。

続いて彼とバーダンが、ほかの四人の囚人を列に並べ、狭苦しくて暗い〝穴蔵〟の中に座っている四一六に礼を言えと促した。囚人がひとりずつ従うと、今度は「次は、全員で感謝しろ」と言った。

囚人は声を揃えた。「ありがとう、四一六」

しかし、残忍な看守二人組から見れば、まだじゅうぶんではない。ヘルマンが命じた。「今度はあそこ、ドアのそばに行け。拳でドアを叩いて感謝の意を表わすんだ」

言われたとおり、ひとりずつドアを殴りつけては言った。「ありがとう、四一六！」。そのたびに、大音響が〝穴蔵〟中に重く響きわたり、ぽつねんと座る哀れな四一六をさらに苦しめた。

バーダンが言った。「その調子！　魂を込めろ」（囚人たちがどこまで本気で怒っているのかは、判断しづらい。不必要な苦痛をもたらしたと、心から腹を立てているのか。それとも、みんなに迎合しているだけなのか。あるいは、看守たちの非道さに対する不満や怒りを屈折したかたちでぶつけているのか）。

ヘルマンが、本当に強く叩くやり方の手本を示した。さらに、おまけに五、六回叩いた。最後は〝軍曹〟の番だった。彼は驚くほど素直に応じた。バーダンは、叩き終えた〝軍曹〟の両肩をわし摑みにし、背中ごと壁に打ちつけた。そのあと、全員に監房の中へ戻れと命じ、事実上の最高執行責任者となったヘルマンに報告した。

「囚人全員、消灯の用意が整いました」

毛布をめぐる駆け引き

米国南部の刑務所を描いた古典映画『暴力脱獄』はご存じだろうか。じつは私はこの映画からアイデアを拝借して、看守やスタッフにミラーサングラスをかけさせ、匿名性を高めたのだが、今夜の看守ヘルマンなら、刑務所の脅威の本質を浮き彫りにする、プロの脚本家も顔負けの映画脚本を思いつけるだろう。彼は持てる権力を活かし、好き勝手な現実を生み出せることを実証してみせた。囚人たちがみずから進んで仲間のひとりを罰しているかのような、実際とはかけ離れた幻想を押しつけたのだ。

薄暗い中、囚人たちは監房で、四一六は懲罰房でおとなしくなった。不気味な静けさが刑務所内をおおう。そのとき、ヘルマンがおもむろにテーブルの上に腰かけた。そのテーブルは、〝穴蔵〟と、私たちがひそむ場所との中間あたりにあった。

夜勤の看守の主役になった男は、壁にもたれ、仏陀のように胡座《あぐら》をかいて、脚のあいだに片手を垂らした。もう片方の手はテーブルについている。束の間の休息をとる権力者そのものに見えた。彼は頭を右へ左へ、ゆっくりと動かした。もみあげが長く、頰から顎にかけて髭がおおっている。しゃべるときは、いつも厚ぼったい唇を舐めながら慎重に言葉を選ぶ。強い南部なまりだ。

その男ヘルマンが、策略に長けた新たな計画を思いついた。トラブルメーカー四一六を夜通し〝穴蔵〟に閉じ込めておくべきかどうかを、囚人仲間に決めさせようというのだ。

ちょうどそこへ、良心的なジェフ・ランドリーがふらりと通路に姿を現わした。一九〇センチ、八四キロの体格は、看守と囚人を合わせた中でもいちばんの大柄だ。いつもどおり片手に煙草を持ち、反対の手はポケットに突っ込んでいる。相変わらずサングラスをかけていないのが目立つ。彼は中央まで歩いて立ち止まり、思い悩むように顔をしかめて何か口をはさむかに見えたが、結局は何もせず、〝ジョン・ウェイン〟ことヘルマンがワンマンショーを続けるさまを傍観した。

「おまえたちの希望に応じて、ふたつの道がある。ひとつ目は、このまま四一六がソーセージを食べない場合、全員の毛布をこっちに預けてむき出しのマットレスの上に寝るというもの。ふたつ目は、毛布をそのままにして、四一六にもう一日あそこで過ごしてもらうというもの。さて、どうする？」

「僕は毛布を使いたいです、刑務官殿」と、七二五八＝ハビーが即座に大声で叫んだ（四一六には何ら同情を示さない）。

「こっちの連中は？」

「毛布が欲しいです」。かつて反乱を率いていた五七〇四＝ポールが言った。

「五四八六はどうだ？」

五四八六＝ジェリーは、社会的な圧力に屈さず孤立する四一六を気の毒がって、さらに一日〝穴蔵〟で暮らさなくてもすむように毛布をあきらめると告げた。

だが、これにバーダンが怒鳴った。「おまえの毛布なんているもんか！」

「となると、おまえたちで話し合って決めてもらわなきゃいけないな」

腰に手を当て、しょっちゅう警棒を振りまわし、それなりの権力者ぶりを誇示しているバーダンが、三つの監房の前を行き来した。そしてふと、監房内の〝軍曹〟に向かって、「おまえはどう思う？」と聞いた。

意外にも、〝軍曹〟の高いモラルはずいぶん地に落ちていた。もはや下品な言葉を口にしないだけになったらしい。「同室のふたりが毛布を使いたいと言うなら、僕も毛布を使います」。この浮動票が事態を決した。

「これで三対一だな」とバーダンが宣言した。

全員の耳に届くように、ヘルマンが大声ではっきりと繰り返した。

「投票の結果は三対一だ」。テーブルから滑り下り、〝穴蔵〟に向かって叫ぶ。「四一六、まだ当分そこにいてもらうぞ。せいぜい慣れるんだな！」[*11]

ヘルマンが、もったいぶった歩き方で通路を出た。忠実なバーダンがあとに従うと、ランドリーは気乗りしないようすで最後尾についた。看守の権力と囚人集団の抵抗とのはてしない攻防は、どうやら看守側の勝ちとなった。看守にとってはじつに疲れる夜だったが、知恵比べの末、勝利の甘い味を噛みしめることができたのだ。

第七章

「仮釈放」という権力

厳密にいえば、私たちのスタンフォード刑務所は、未決囚を収監する拘置所に近い。日曜日の朝、パロアルト市警にまとめて逮捕された若者たちが、公判を待っているような状態だ。もちろん、囚人役を演じているだけだから公判の日取りなど決まっていないし、誰ひとり弁護士もついていない。

にもかかわらず、教誨師であるマクダーモット神父の助言に従って、囚人のひとりの母親が弁護士を雇おうとしていた。そこで、所長役のデイビッド・ジャフィー、心理カウンセラー役の助手クレイグ・ヘイニーとカート・バンクス、それに私のスタッフ全員で対策を話し合い、仮釈放委員会を開くことに決めた。現実世界では、刑事裁判がまだ開かれていない段階で仮釈放の検討に入るはずはないのだが、そのあたりは目をつぶることにした。

これによって私たちは、自由になれるという思わぬ機会に各囚人がどう対処するのかを、じっくり観察できる。いままでのところ、それぞれの囚人は役を演じる集団の中に埋没している。刑務所区域の外にある部屋で話をすれば、地下階の重苦しく狭い世界から解放されてひと休みできるだろう。新たな環境のもとで刑務所の専属スタッフでない人間とも顔を合わせれば、いくぶん気が楽になって、自分の感情や行動を素直に打ち明けてくれるかもしれない。

また、このような手続きを交えることによって、私たちの監獄実験にいっそうの真実味が加わる。面会客や教誨師の訪問、今後予定されている公選弁護人との面談などと同じように、実験をよりもっともらしくする効果が出るはずだ。

さらにもうひとつ私が興味を抱いているのは、カルロ・プレスコットが、仮釈放委員会の責任者をどう演じるのかだ。前にも述べたとおり、カルロは過去一七年間、実際の刑務所でたびたびこの種の委員会から事情聴取を受けたうえで仮釈放の申請を却下され、ようやく最近、武装強盗の罪に関して〝相当の期間、服役した〟ということで、無期限の出所を許されたのだ。はたして彼は、かつての自分と同じ境遇にある囚人を見て共感を覚え、仮釈放を支持するのだろうか？

仮釈放委員会の審議は、スタンフォード大学心理学部の一階にある、私の研究室で行なわれることになった。絨毯敷きの広い部屋だ。一方からしか見えないマジックミラーの裏側に、私たちがこっそり観察するスペースをつくって、ビデオカメラを設置した。六人がけの丸テーブルを囲んで、委員四人が腰を下ろす。上席にカルロ、その隣にクレイグ・ヘイニー。反対隣には、男子大学院生と女性秘書（ふたりとも今回の実験についてほとんど事前知識がなく、ボランティアで参加してくれている）。護送係はカートが務め、仮釈放の申請者を監房からこちらへ連れてくる。そして私はマジックミラー越しに隣室から経緯を録画する、という手はずだ。

八六一二を放免したあと、水曜の朝の時点で残っていた囚人八名のうち、素行を参考にして仮釈放を検討してもよさそうな者を四名、スタッフが選び出した。この四名には、審議を受ける権利を与え、なぜ現時点で仮釈放に値すると思うのか、みずからの意見を書面のかたちで提出してもらった。

残りの者にも、別の日に機会を与える予定でいるが、看守たちは四一六にはその権利を許すべきではないと言

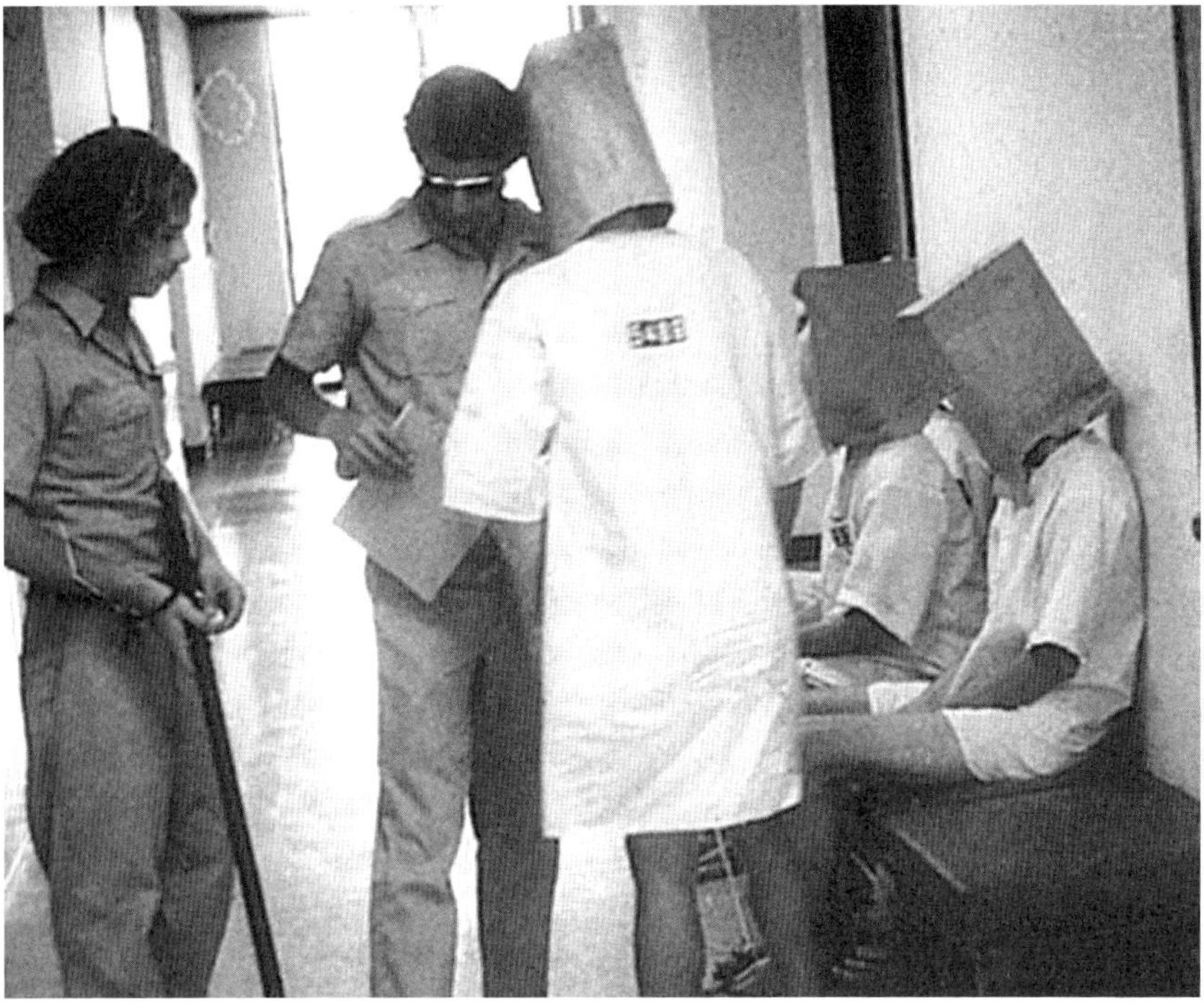

い張った。〝囚人は指定の時間中に食事をすまさなければならず、それ以外の時間の食事は禁止する〟という規則第二条を頑として守ろうとしないからだ。

自由を取り戻すチャンス

昼シフトの看守たちが、該当する囚人四名を通路に並ばせた。毎晩、その日最後のトイレをすませるときにやっているのと同じ方法だ。足首の鎖を隣の囚人の鎖とつなぎ合わせ、頭から大きな紙袋をかぶせて、これからの道筋や行き着く先の場所がわからないようにする。その姿のまま、委員会が開かれる部屋のすぐ外まで連れてきて、廊下のベンチに座らせた。足首の鎖は外すが、手錠と紙袋を取るのは各自の順番がまわってきたあとだ。護送係のカートが部屋から出て、ひとりずつ囚人を番号で呼び入れた。

カートが、囚人の仮釈放の申請書と、それを否定する看守の文書を読みあげることになっている。囚人は、進行役であるカルロの右手に座る。審議を受けるのは順に、四三二五＝ジム、三四〇一＝グレン、一〇三七＝リッチ、それに七二五八＝ハビーだ。めいめい、委員の前でしばらく時間を過ごしたあと、廊下のベンチに戻され、手錠と鎖をはめられて、紙袋をかぶせられる。そして、全員が終わったあと、地下の刑務所に帰される予定だ。

最初の囚人が姿を現わし、私はビデオの画像をチェックした。年季の入ったカルロは、慣れないメンバーに仮釈放委員会の基本的な現状を教えはじめた。[*1] しかし、夏季講座でさんざん聞かされた長話がまた始まりそうだと察知したカートが、威厳を込めて言った。「次へ進まないと。時間がありませんので」

囚人四三二五、無罪を主張

カートに付き添われて、まず四三二五＝ジムが部屋に入ってきた。手錠を外され、席に座らされた彼は、大柄で、たくましい体格の若者だ。委員長のカルロが単刀直入に「きみはなぜ刑務所にいるんだね？　罪状の認否は？」と尋ねる。囚人は、きちんと真剣に答えた。「凶器を持って暴行したという罪に問われています。けれども、無罪を主張します[*2]」

「無罪？」と、カルロがまったく意外なふりをした。「とすると、きみを逮捕した警察官の行為には正当な根拠がなく、何らかの間違い、ないしは思い違いがあったということだろうか？　治安を守るための訓練を受けて、おそらく何年もの経験を積んだ警察官が、パロアルトの全市民の中からよりによってきみを選んで、ろくな根拠もなしに、きみの行為に関して誤解したと言いたいのかね？　要するに、嘘つきだと、警察官は嘘つきだと告発しているのかな？」

四三二五「嘘つきだなんて言ってません。証拠だの何だのは、じゅうぶんに揃えてあるんでしょう。警察官の専門知識その他には敬意を持っています。……証拠は何ひとつ見せられていませんけど、僕をしょっ引くだけの理由はたっぷりあったんだと思います」(この囚人は、高い権威に屈しつつある。カルロの高圧的な態度に接したせいで、最初の主張がトーンダウンしている)

カルロ「それなら、警察側の主張にはある程度の根拠ありと認めるんだな」

四三二五「逮捕したからには、ある程度の根拠があるんでしょう」

続いてカルロが、囚人の経歴や将来計画について質問した。と同時に、犯した罪をさらに詳しく知りたがった。

「逮捕される事態にいたった背景として聞くが、きみはふだん、どんな人付き合いをして、どんなふうに余暇を過ごしているのかね? これは重大な罪だ……凶器を持って襲いかかったら、相手が死亡する恐れだってある。凶器は何だろう? 銃なのか刃物なのか、あるいは——」

四三二五「よくわかりません。警官のウィリアムズさんによれば——」

カルロ「きみ自身がやったことを聞いているんだ。使ったのは銃、刃物、爆弾? それともライフルか?」

ここで、助手のクレイグや委員会のほかのメンバーが、緊迫した空気をやわらげようと、刑務所生活には適応できているかどうかを尋ねた。

四三二五「生まれつき少し内向的な性格で……だから最初の数日はそのあたりを考えて、自分なりに精一杯できることは……」

すると再びカルロが発言した。「質問に答えなさい。ご託は並べなくて結構。明快な質問だ。さっさと返事をしなさい!」

すかさずクレイグが割って入り、刑務所での暮らしが社会復帰に役立ちそうかと聞く。四三二五は言う。「ええ、まあ。多少の効果はあります。従順さを学んだのは確かですし、ストレスの面でちょっときついですけど、でも刑務官の人たちはあれが仕事ですから」

カルロが言った。「この仮釈放委員会は、外へ出たあとまで責任を持てない。ある程度の従順さを学び、協調性も身につけたと言うけれど、外部には見張り役がいないから、自分自身でしっかり管理するしかない。きみは今後どんな市民になれると思う？　こういった重罪に問われていながら……いま、ここにきみの罪状の一覧があるんだがね。大変な量だ！」。自信と権威に満ちあふれたようすで、カルロが手元の用紙を眺める。じつはまったくの白紙なのだが、あたかもこれが逮捕記録書で、数々の有罪判決、逮捕や釈放の日付が並んでいるかのようなふりをする。「きみは、ここで規律を学んだから外でうまくやっていけると言う。しかしここの規律は、外の世界には適用されない。どうしてうまくやっていけると断言できるんだね？」

四三二五は答えた。「自分なりの目標を見つけました。カリフォルニア大学バークレー校に行って、専攻科目を、物理学を勉強したいんです。その夢を実現するのを心から楽しみにしています」

しかし、カルロはそこまででさえぎって話題を変え、宗教的な信条について尋ねたのち、刑務所の集団療法や職業訓練療法のプログラムに参加しないのはなぜか、と質問した。四三二五はすっかり面食らい、知っていれば参加したかったけれど、そういう話は聞いていないと答えた。カルロが、かたわらにいるカートに向かって、本当に聞いていないのかをチェックしておくよう頼むと、カートも調子を合わせて、そんなはずないですよねえ、といぶかしんだ（もちろん、今回の実験にそんなプログラムなど用意されていないことはカートも百も承知だが、この話題は過去にもしょっちゅう出ているので対応を心得ている）。

続いて、ほかの委員からいくつか質問があったあと、カルロが囚人を監房へ戻すようにと命令した。四三二五は立ち上がり、委員会の面々に感謝した。そして、しごく当然のように両腕を突き出して手のひらを合わせ、付き添いの看守に手錠をかけてもらった。そのまま再び頭から紙袋をかぶせられ、部屋を出て、ほかの囚人の聴取がすむまで静かに廊下のベンチに座って待った。

四三二五がいなくなると、カルロが参考意見を述べた。「ずいぶん愛想ばかり言う奴だな」

私のメモにはこうある。「囚人四三二五はかなり落ち着いて、全般に自分をコントロールできているようだった。彼はこれまで一貫して〝模範囚〟のひとりだ。しかし、犯した罪に関してカルロに詰問されたときは不安になり、容易に追い込まれ、有罪かもしれないと認めてしまった。彼の罪はまるっきり架空の設定なのに……事情聴取のあいだは素直で人あたりがよかった。こういう態度のおかげで、今回の刑務所の環境でもわりあい問題なくやっていけているのだろう。おそらく長期間耐えられる」

輝ける模範囚の失墜

続いてカートが、三四〇一を聴取する準備ができたと告げ、本人の仮釈放申請書を読みあげた。

僕は仮釈放を請求します。絶望的な世界の中で新しい人生を始めたいからです。失われた魂であっても善行を積めば温かい心の見返りが得られることや、物質主義者の豚どもは卑しい貧者でしかないこと、常習犯罪者だろうと一週間足らずで完全に更生できること、神、信頼、兄弟愛がわれわれみんなの中にまだ強く存在していることを証明するつもりです。

刑務所内にいるあいだ、僕の行動には非難されるべき点などなく、仮釈放に値すると考えます。ここでの快適さは味わいましたので、さらに神聖な高みへ居場所を移動すべきであると感じています。また、人間は環境によって育まれる存在ですから、そういう場所へ行けば、完全に更生した僕の姿はいつまでも変わらないにちがいありません。

神の祝福あれ。

輝ける模範として、どうか僕を忘れないでください。

忠実なる三四〇一より

しかし、看守たちの反論の書面はきわめて対照的な内容だった。

三四〇一は、問題を起こしてばかりいるくだらない人間です。そればかりか、自分の心の中にまともな支えがないので他人に追従します。悪いことまでひたすらまねるのです。仮釈放を認めないよう進言します。

看守アーネット

三四〇一に仮釈放を認める理由などまるきり見あたりません。そもそも、仮釈放の申請書に記されている人物と、私が知っている三四〇一とは似ても似つきません。

看守マーカス

三四〇一は仮釈放に値しません。彼の手で書かれたいやみな申請書をご覧になればわかるでしょう。

看守ジョン・ランドリー

三四〇一が、顔に紙袋をかぶせられたまま連れてこられた。カルロが袋を取ってその〝若造〟の顔を見せなさい、と命じる。三四〇一＝グレンがアジア系アメリカ人なのを知って、カルロをはじめ委員が一様に驚きを示した。囚人の中でただひとり白人ではない。反抗的なタイプで、ぶしつけな態度をとる。もっとも、体形はいたって地味だ。背は約一五七センチと低く、引き締まっているものの痩せ型。童顔で髪は真っ黒に輝いている。

まずクレイグが、監房一号室にバリケードがつくられたことに端を発する騒動について尋ねた。そのときどんな役割を担ったのか。同室者を制止するために何をしたか？

場をわきまえず、三四〇一はこう答えた。「制止はしていません。煽りました！」。この騒ぎをめぐってほかの委員からも追及されるが、三四〇一は皮肉めいた口調で応じつづけた。先ほどの謙虚そうな四三二五とは大違いだ。「僕が思うに、この施設の目的は、囚人を更生させることであって、囚人と敵対することではないはずです。

だから、僕たちが行動を起こした結果──」

所長のジャフィーが、委員のテーブルではなく部屋の脇の椅子に腰かけていたにもかかわらず、三四〇一の発言の途中で思わず口をはさんだ。「きみは、更生の何たるかを正しく把握していないようだな。この刑務所では、囚人を社会にとってプラスになる人間に変えようと努力しているんだ。バリケードで監房に立てこもる方法を教えるつもりなどない！」

そこへ、話が脱線しすぎていると判断したカルロが、委員長らしく語気を強めて言った。「少なくとも二名の市民が、犯行現場からきみが立ち去るのを目撃したと証言している」（即興ででっちあげた事柄だ）。「そういう目撃談を否定するのなら、人間はみんな目が見えていないと言い張るに等しい。一方できみは、〝神、信頼、兄弟愛がまだ強く存在している〟と書いたな？　他人の財産を盗むことが兄弟愛と呼べるだろうか？」

さらにカルロは、人種問題を持ち出した。「きみのような東洋系の人は、ごく少数しか服役していない……非常に善良な人間が多いんだ……なのにきみはトラブルを起こしてばかりで、この刑務所の環境を馬鹿にしている。それでいて、刑務所の運営を任せてくれとでも言うかのように、ここで更生について説教をぶっている。きみは審議を受けるために来ていながら、所長の発言をさえぎったりして、自分の言葉のほうがはるかに大切とでも思っているようすだ。率直なところ、もしきみが囚人の最後のひとりだとしても、私は仮釈放を認めないだろう。いま候補に挙がっている囚人の中で、最も望みが薄い。その点をどう思う？」

「あなたがどんな意見を持とうと、あなたの自由です」と、三四〇一は答えた。

「私の意見は、この場では重要な意味を持つ！」。カルロが怒って言い返した。

カルロはさらに、矢継ぎ早に質問を重ねた。相手に答える隙を与えず、要は三四〇一をひたすら非難して追い込んでいく。「これ以上時間をかける必要はないと思う。過去の記録、本委員会での態度に照らして、この囚人の言動についてはきわめて明確であると考える……あとのスケジュールもあることだし、もはや議論の余地もないだろう。われわれの目の前にいるのは、口先だけ達者な扱いにくい囚人だ」

三四〇一は部屋を出る直前、自分には発疹の持病があり、症状が出そうなので心配だと訴えた。するとカルロは、医者に診てもらったのか、問題処置のために何か前向きな努力をしたのか、と尋ねた。そして、何もしていないという返答を聞くと、ここは医療委員会ではなく仮釈放監察委員会だと言ってはねつけた。

「われわれは、入所してきた人物を仮釈放する理由を見つけようと努力している。あとは本人次第だ。この刑務所に入った以上、よい行状を残し、社会に適合していけると行動で示すのは、きみの責任ということになる……きみが書いた奥深い文章について、自分自身で少しよく考えてもらいたい。きみには知性があり、難しい言葉も駆使できる。自分を変えることだってできるだろう。そうとも、きみにはいずれ、自分を変えるチャンスがめぐってくるかもしれない」

カルロが、控えていた看守に向かって、囚人を連れていけと素振りで伝えた。ようやく反省の色を見せた小柄な三四〇一は、ゆっくりと両手を前に伸ばして、手錠をはめられ、出口へ向かった。軽はずみな言動のせいで大きな代償を支払わなくてはいけなくなった現実に、やっと気づいたのかもしれない。ここまで本格的な聴取だとは思わず、仮釈放委員会の真剣さに比べて心の準備が足りなかったと後悔しているようだった。

私は、三四〇一が見かけより複雑な若者らしいとメモに記した。興味深い特徴が入り交じっている。刑務所内で看守と接するときは、たいてい真面目で行儀がいいものの、今回は皮肉とユーモアをにじませた仮釈放申請書をしたためた。ありもしない更生プログラムや、みずからの精神性についてふれ、自分は模範囚だと訴えていた。看守たちはそれが気に入らなかったとみえ、強い調子で仮釈放に反対意見を唱えた。

仮釈放申請書に並んだ大胆不敵な言葉と、帰りぎわのしょげたようすとはじつに対照的だ。厳しい尋問を受けて打ちひしがれ、怯えているようにさえ見える。「ここでは軽口を慎め」と各委員から、とくにカルロから叱責され、すっかり気圧《けお》されていた。聴取が進むにつれ、三四〇一は内に引きこもり、反応しなくなっていった。二週間の実験に最後まで耐えられるのか、危うい予感がする。

抵抗が軟化する

次に登場したのは一〇三七＝リッチだ。昨夜訪ねてきた母親が、顔色が悪いとひどく心配していたこの囚人は、今朝になって監房二号室に閉じこもってしまった。〝穴蔵〟にもしょっちゅう入れられている。この一〇三七の仮釈放申請書は興味をそそる内容だったが、カートに無感情かつ平坦に朗読されると、いくぶん生気が失われた。

十代の最後を旧友たちと過ごしたいので、仮釈放を求めます。今度の月曜日、僕は二〇歳になります。刑務官の方々により、自分のさまざまな欠点を思い知らされました。どうも不当に扱われているような気がして、去る月曜日には反抗的な態度をとってしまいましたが、夜になってようやく、自分はこれ以上の扱いに値しない人間なのだと気づいたのです。それ以来、命令に添えるように最大限の努力をしました。

いまでは、刑務官のみなさん誰もが、いつだって僕やほかの囚人のためを思ってくれているとわかります。僕がひどい軽蔑の念をむき出しにして、わがままな願いを口にしたにもかかわらず、刑務所のスタッフはつねに変わりなく僕によくしてくれました。侮辱されても相手を温かく受け入れることができる気高さを、僕は心から尊敬します。そういう美徳にふれたおかげで、僕は更生し、まともな人間に生まれ変われたのだと思います。

誠意を込めて。

一〇三七より

次に、三人の看守からの仮釈放の可否を進言する書面を、カートが声に出して読んだ。

反逆の段階を経て、一〇三七は徐々によくなっているものの、われわれのもとで更生を終えた人間として世間に出すには、いましばらくの鍛錬が必要だと思います。大いに態度を改めたという、ほかのスタッフや本人の評価には同意見ですが、まだじゅうぶんなレベルには達していません。仮釈放までにまだまだ学ぶべきことがあり、現在、更生の途中です。よって、仮釈放処分はお勧めしません。

部屋へ入ってきた一〇三七＝リッチの姿には、若々しい活力と憂鬱の兆候が奇妙に交じっていた。さっそく、仮釈放を求める唯一の理由、誕生日に関して話しだした。一〇三七にとってひどく大切な日なのに、つい忘れて応募してしまったらしい。懸命になってその件をしゃべっている最中、所長がさえぎって、当人の主張を検討するわけでも却下するわけでもなく、返事に窮するような質問をぶつけた。「うちの刑務所内でも、きみの誕生日パーティくらいできると思わないか？」

カルロがこの機に乗じた。「きみは、年齢のわりに、けっこう長くこういう環境で暮らしている。ルールはわかっているはずだ。まさにきみの行動でルールを危機にさらしたんだ。ここの書類にあるとおり、きみは変わりつつある。私も、きみはだいぶ更生したと本気で考えている。しかしだ、ここにきみ自身の手書きで、〝僕がひどい軽蔑の念をむき出しにして、わがままな願いを口にしたにもかかわらず〟とある。ひどい軽蔑の念！　他人の人格を軽蔑するなんて、とんでもない。この国のみんなが、ほかの人たちの人格をさげすんだりしたら、どうなる？　逮捕された人間など、殺されるだろうな」

例によって白紙の用紙を眺めつつ、カルロが囚人の記録を読んでいるふりをする。続いて、ふいに何か重大な発見をしたかのように、ある箇所で目を止めた。

「手元の逮捕記録によれば、きみはそうとう暴れ、力ずくで抑え込まなければいけなかったそうだな。逮捕にあたった警官隊に危害を与える恐れもあったという。それにしてはずいぶんと進歩していて感心だ。自分の行為は未熟だった、いろんな面で他人に対する配慮に欠けていたと、やっと悟りはじめたところだろう。きみは他人を杖の代わりにし、自分に都合のいいものとして扱った。人を操っていたわけだ。ずっとそうやって生きてきて、法や秩序を無視していたことが、報告書に表われている。みずからの行動をコントロールできない時期があったらしい。現時点で、仮釈放の検討に値する人間であるとどうして思う？　教えてくれないか？　きみを助けたいんだよ」

一〇三七は、性格をやり玉に挙げられて個人攻撃されるとは予想していなかったとみえる。自分は暴力をふるいたい誘惑にかられても、その状況から立ち去ることができる、とよくわからない言い訳をつぶやいた。また、現在の刑務所生活が役に立ったとも言い添えた。「いろいろな人が異なる状況に異なる反応を示すのを目の当たりにしました。他人に配慮しながら行動をとる方法も、見て学びました。一人ひとり個性の違う仲間たちと話したり、同じ場面でほかの囚人がどうするかを眺めたりできました。三交代制の看守の人たちにしても、同一の状況下でそれぞれ少しずつ対処に差があることに気づきました」

さらに一〇三七は、みずからの〝弱み〟をあえて話題にした。すなわち、月曜日の囚人反逆を煽動した件だ。全面的に反省して、看守に逆らった非を認める一方、看守による虐待的な行為や相次ぐ辱めについてはいっさい批判しない（私は、マインドコントロールされた人間の実例をつきつけられた思いだった。朝鮮戦争のとき、自分を捕らえた中国共産党に対して、細菌兵器の使用などの非人道的な行為を告白したアメリカ人捕虜の姿とだぶって見えた）。

ところが、囚人が反省の弁を述べている最中、不意にカルロが「きみはドラッグをやっているか？」と強い口調で尋ねた。一〇三七は「いいえ」と答えて反省の続きに戻ったが、やがてまたさえぎられた。一〇三七の腕の青あざに気づいたカルロが、どうしてそんな大きなあざができたのかと問いただしたのだ。本当は看守との揉み合いが原因なのだが、一〇三七は身体を押さえつけられたことや懲罰房まで引きずられたことなどにはふれない。

看守たちはなるべく優しく扱ってくれたと言い、命令に背いてばかりいるので、打撲傷をこしらえてしまったのだと説明した。

自己責任に帰した態度を、カルロは気に入った。「そういう謙虚さを忘れるなよ」すると一〇三七は、報酬をもらえなくなってもいいから仮釈放されたいのだと訴えはじめた（これは極端な話に思えた。いままで苦労してきたことを考えると、無報酬は考えがたい）。全体を通じて、一〇三七は委員の質問に的確な答えを返すものの、気分が落ち込んできているようだった。この点は、カルロもあとでメモの中で指摘している。

母親は昨夜の面会時点ですぐさま精神状態の異変を感じ、私のオフィスで不安がっていた。それでも一〇三七はなんとか我慢の限界まで粘り、自分の男らしさを、おそらく父親に向けて証明したがっているかのように見えた。この刑務所暮らしを通じて何を得たかという質問に対して、いくつか興味深い発言をしたが、ほとんどは、委員のご機嫌をとるためにでっち上げたうわべだけの言葉に聞こえた。

ハンサム男も徹底的に叩かれる

最後は、ハンサムな若者、七二五八＝ハビーだった。その申請書を朗読するカートの声には、いくらか失笑がにじんでいた。

僕が仮釈放を希望する第一の理由は、ガールフレンドがまもなく旅行に出かけてしまうからです。その前にもう少し会っておきたいんです。というのも、帰ってくるころはちょうど僕が遠方の大学へ行かなければいけない時期にあたるのです。ここで丸二週間過ごしてしまうと、ガールフレンドと会える時間は面会の三〇分だけです。それに、ここだと刑務官や付き添いがいて、思うようなかたちで別れを惜しむことができません。

第二の理由は、もう見ておわかりのとおり、僕は変わりっこないからです。変化するとしたら、僕たち囚人に定められたルールをわざわざ破るしかありません。ですから、僕を仮釈放したほうが、こちらの時間も助かりますし、みなさんの側の余計な経費もかからずにすみます。たしかに、元囚人仲間の八六一二と共謀して脱走を試みたのは事実ですが、あのあと、服を没収されてひとりぼっちで監房に座っているうち、刑務官に逆らうのはもうやめようと思ったんです。それ以来、どんな規則にもほぼ忠実に従っています。それから、僕の監房がこの刑務所でいちばん整っていることも気づいてもらえるはずです。


これに対する看守アーネットの進言は、またしても囚人の主張と大きく食い違っていた。全体として「七二五八は反抗的な生意気男です」と評価し、皮肉を込めた辛辣《しんらつ》な言葉を添えていた。「規定の期間ぎりぎりまで、あるいは当人がやつれはてるまで、どちらが先かわかりませんが、それまでずっと収監しておくべきです」

看守マーカスはもう少し寛大だった。「私は七二五八に好感を持っており、さほど問題のない囚人だと思いますが、ほかの囚人に比べて、とくに仮釈放にする理由があるとは感じません。また、生来ややわがままな面があるので、刑務所で生活することがよい薬になるにちがいありません」

ジョン・ランドリーは、「私も、八六一二（私たちが送り込んだスパイ、デイヴ・G）と同じくらい、七二五八には好意を持っています。けれども、仮釈放にすべきではないと思います。アーネットほど大反対ではないものの、仮釈放には値しないでしょう」と書いていた。

部屋に入り紙袋を外されたとたん、七二五八はいつものこぼれんばかりの笑顔を輝かせ、白い歯を見せた。しかし、これがカルロの神経を逆なでしたようで、さっそく全面攻撃が始まった。

「どうしたわけか、きみにはこの状況がおかしいらしい。看守からの報告にあるとおり、まさに〝反抗的な生意気男〟だな。自分の人生がどうなろうとかまわないと考えているタイプか？」

七二五八が答えかけるとすぐ、カルロは話題を切り替え、学校について尋ねた。そして、「この秋から、オレゴン州立大学で授業を受けはじめる予定です」という返事を聞くと、ほかの委員会メンバーに顔を向けた。「いいか、私に言わせれば、教育を施しても無駄な奴がいる。そういう奴は、大学へ行こうなんて気を起こすべきじゃない」。そう言いながら、手振りで囚人を指した。「さて、話を進めよう。どうしてここに入れられた？」

「何もしていません。実験に参加するサインをしただけです」。現実を持ち出されると、この先が続かなくる恐れがあるのだが、カルロが舵をとっているとなれば話は別だ。

「で、生意気男くん。これがただの実験だと思うのか？」。落ち着いて主導権を握り、囚人の関係書類を調べるふりをして、平然と言い放つ。「きみは強盗をはたらいたわけだな」

カルロはカートのほうを向くと、第一級強盗なのか第二級なのかを確かめる。カートが「第一級です」とうなずいた。

「第一級ね。ふん、案の定だ」。鼻っぱしの強い若造に人生の教訓を授けようと、彼はまず、脱獄をはかって捕まった囚人がどんな目に遭うかを思い出させた。「まだ一八歳なのに、きみは自分の人生になんてことをした！私の手元の報告書には、いたるところに同じことが書いてあるぞ。〝生意気〟〝うぬぼれ屋〟〝あらゆる権威に刃向かう〟、どこでおかしくなってしまったんだ！」

続いて、両親の職業、宗教的な信条、定期的に教会へ行っているかどうかを尋ね、信じている宗教の「宗派は不特定」と聞くと怒りだした。「きみはそんな大事なことさえ決めていない」

激昂したカルロは、立ち上がって荒々しく部屋を出ていき、数分間戻ってこなかった。そのあいだ、ほかの委員が通常の質問を行ない、仮釈放の請求が通らなかった場合、来週どうするつもりかなどと聞いた。

自由になるなら報酬はいらない⁉

緊迫したやりとりが小休止したところで、私は、仮釈放の許可が下りるなら報酬を放棄してもいいと言った一〇三七の言葉の重みを噛みしめた。ほかの囚人に対しても、この大事な質問を最後に投げかけるように取りはからうべきだろう。そこでカルロに頼んで、七二五八にこんなふうに聞いてもらった。「仮釈放と引き換えなら、囚人としての報酬を全額放棄してもかまわないと思うか？」

しかし、カルロはさらに極端な質問方法をとった。「ここから出られる見返りに、いくらまでなら払ってもかまわないと思う？」。七二五八は困惑し、金を出してまで釈放してもらう気はないと答えた。するとカルロは質問を変えて、いままで稼いだ報酬を放棄するというのはどうか、と尋ねた。

「ええ、それならべつにかまいません」

私は、七二五八がとくに聡明とか自意識過剰といった印象は受けていない。ただ彼は、一部の囚人とは違い、現在おかれている状況をそれほど深刻だとは感じていないようすだ。一八歳になったばかりで、囚人の中では最年少。態度や受け答えにはかなり幼さが目立つ。にもかかわらず、超然としているうえユーモアのセンスがあることから、今後の一週間に待ち受けているいろいろな事柄にも対処できるように思えた。

このあと、先ほどまでの囚人をひとりずつ委員会室に呼び戻し、仮釈放のためなら報酬をあきらめるかどうかを、最後の質問としてぶつけてみた。誕生日を控えた反逆者、一〇三七の返事はもちろんイエス。仮釈放を得られれば無報酬でもいいと重ねて言った。協力的な囚人四三二五もイエスと答える。反抗的なアジア系アメリカ人三四〇一だけが、金がどうしても必要なので、報酬と引き換えなら仮釈放を望まないと返答した。

つまり、四人の若者のうち三人が、囚人役を四六時中演じて苦労の末に稼いだ金を捨ててまでも、釈放されたいと願い出たわけだ。特筆に値するのは、この質問が誘いかけている中身だ。思えば、そもそも今回の実験に応募してきた動機は、ほぼ全員、金銭だったにちがいない。秋学期が始まる直前、ほかにアルバイトの口がないとき、最大二週間にわたって一日一五ドル稼げるということに心を惹かれた。ところがいま、囚人の立場におかれてさんざん苦しめられた――延々と続く点呼のせいで身体的、精神的にダメージを負い、真夜中に叩き起こされ、看守のわがままかつ創造的な悪の犠牲となり、プライバシーを奪われ、懲罰房に入れられ、裸にされて、鎖をかけられ、顔に袋をかぶせられ、粗末な食事と最小限の寝具でしのいだ――にもかかわらず、囚人の大半が、一セントの報酬ももらわずにこの場所から脱け出したがっている。

さらに異様とも思えたのが、そうやって金より自由が大切だと言っておきながら、そのあとどの囚人も〝システム〟におとなしく従い、両腕を伸ばして手錠をかけられ、顔の上に再び紙袋をかぶせられ、足首に鎖をはめられ、まるで羊のように看守に付き従って、おぞましい地下の刑務所へ戻っていったことだ。仮釈放委員会の聴取を受けているあいだは監獄から抜け出せたわけだし、地下の虐待者たちと直接つながっていない〝民間人〟も数人立ち会っていた。なぜ囚人の誰ひとり、「報酬を放棄する以上、僕はこの実験から勝手に降りていいはずだ。いますぐ解放してくれ」と言わなかったのだろう？　もしそう言われれば、私たちはのむしかなく、その場で参加辞退を了承したにちがいない。

だが現実には、そんな要求は出なかった。後日、複数の囚人が、やめることなど考えもしなかったと明かしてくれた。ほぼ全員が、この状況を単なる実験とは思わなくなっていたのだ。四一六は、州当局の代わりに心理学者が運営している刑務所に閉じ込められた気分だったと言った。だから、外へ出られるかどうかを決定するのは自分ではなく、刑務所スタッフだと考えて、囚人役のアルバイト料をあきらめてもいいという意見に傾いた、と。

彼らは、みずからの意思で囚人役をやめることが可能とは思えなくなっていた。もはや、拘束するも釈放するも仮釈放委員会が権限を握っている。もし本当の囚人なら、力を持つのはたしかに仮釈放委員会だけだろう。しかし、あくまで実験の被験者なのだから、とどまろうが適当な時点でやめようが、決定権はつねに学生一人ひとりが持っているはずだ。それなのに、思考回路のスイッチが切り替わり、〝あらゆる市民権を持ち、自発的に実験に応募してアルバイト料をもらう学生〟から〝システムの不当な権力の言いなりでしかない、無力な囚人〟になりさがってしまったのだ。

囚人との面談を終えたあと、私たちスタッフは今回の四名について、それぞれの事例と全体に共通する反応を話し合った。どの囚人も神経が過敏で囚人役に疲れはてている、という点で委員の見解は一致した。

じつは一〇三七が心配だと、カルロが心遣いをみせた。彼は、最初のうちこそ果敢に反乱を指揮していた一〇三七が、ひどく落ち込みはじめていることを的確に言い当てた。「似たような奴らをおおぜい見てるから、ぴんと来る。刑務所には、上階の監房から柵を跳び越えて自殺したり、手首を切ったりする連中がいるんだ。あの一〇三七の場合、おれたちの前でいちおう自制してはいたけど、返事と返事のあいだに妙な間が空いていたな。そのあとに来た七二五八、あいつは理路整然としていて、状況を把握し、まだこれが〝実験〟だと指摘できる状態だった。それにしちゃ、父親のことを詳しく話しだしたり、自分の気持ちを打ち明けたりして、現実逃避の傾向を感じるが。あくまでおれの勘だけどね。ふたりめの東洋系の囚人、あいつは頑固だな。石みたいだ」

総括として、カルロがこんな助言を添える。「残りの連中も見させてもらうけど、おれの意見では、一、二人、時間をずらして釈放するのがいいと思う。ほかの囚人は、自分も外へ出してもらうためにはどのへんを改めるべきかと、いろいろ考えはじめるだろう。それに、何人か釈放すれば、残りの者のあいだにもたちまち希望が生まれて、重苦しい気持ちが少しは晴れるはずだ」

結局、最初に面談した大柄な四三二五＝ジムをまず釈放し、若干の間をおいたあと、三人めの一〇三七＝リッチを釈放する、という案でまとまった。次は三四〇一と七二五八のどちらがふさわしいのか、あるいはふたりとも申請却下かといったあたりに関しては意見が分かれた。

いま目撃したものの意味

仮釈放委員会の第一回審議を通じて、注目すべき点が三つ浮かび上がった。第一は、シミュレーションと現実との境界が薄れてきたこと。第二は、看守の支配力が強まるにつれ、囚人の心の中で服従の気持ちや深刻さが膨らみつつあること。第三は、委員長を務めるカルロが、ふだんとは大幅に異なるキャラクターを演じてみせたことだ。

●薄れゆく実験と現実との境界

もし、ことの成りゆきを知らない第三者が面談のようすを見たら、地方刑務所の仮釈放委員会が本当に囚人から事情聴取している場面と思ったかもしれない。

投獄された罪人と、社会から任を与えられた刑務所スタッフとのせめぎ合いが、どのくらい激しくなり、露骨になるかは、さまざまな要素に影響される。状況の深刻さ、仮釈放請求に託された熱意、看守側の対抗策、委員会のメンバー構成、囚人への個人的な質問の性質、囚人に対する叱責……。ひとことで言えば、事態の流れ全体にわたってどういった質の強烈な感情が交錯しているのか、による。

双方の相互作用は、委員会の質問と囚人の返事を見ればおおよそ把握できる。〝前科〟はどうだったか、いまはセラピーや職業訓練に参加して更生に励んでいるのか、弁護士を手配しているか、公判の予定はどうか、善良な市民に生まれ変わるための将来計画についてどう考えているかなどをめぐって、委員会と囚人の攻防が繰り広げられる。

信じがたいことに、応募してきた学生たちが実験に参加しはじめてから、まだ丸四日も経っていない。あと一週間あまり過ごすあいだ、囚人役の未来には何が待っているのかを想像するのは難しい。かりそめの仮釈放委員会は長期にわたる拘留をほのめかしていたものの、実際にはこの先一〇日ほどだ。しかし、全員がもうその役になりきっている。架空の人格や立場を、自分の内側に取り込んでしまった。

●囚人の服従と深刻さ

現時点までに、おおかたの囚人が、しぶしぶながらも結局は従順に、私たちの刑務所の極端な階級構造に溶け込んでいる。みずから識別番号で名乗って匿名を受け入れ、その番号に向けて発せられた質問にすぐさま反応する。現実からかけ離れた問いにも大真面目に答えた。どんな犯罪を犯したのか、更生の努力はしているかなどと聞かれても、調子を合わせた。

また、ほとんど例外なく、囚人たちは仮釈放委員会の権威にすっかり服従した。刑務官や〝システム〟全般の支配に従うようになったのと同じ構図だ。七二五八だけが、この場にいるのは実験の参加者だからだと言ってのけたが、カルロの言葉の攻撃にさらされると、彼もたちまち引き下がった。

悪ふざけ気味の文章で仮釈放請求書をしたためた者（とりわけ、アジア系アメリカ人学生の三四〇一）も、不真面目な態度では仮釈放は認められないとして委員会側の拒絶に合うと、すぐに意気消沈した。

囚人の大半は、この状況の前提条件をすべて受け入れたように見える。もはや、言われたことや命じられたことに、反対もしなければ抵抗もしない。舞台裏であっても、カメラがまわっていなくても演技を続ける、いわゆるメソッド式の俳優のようだ。役柄になりきって、自分自身を失いつつある。囚人にも人間的な尊厳を認めるべきだと主張する人々なら、心を痛めるにちがいない。

最初のうち反逆を起こした囚人たちも、すっかり勢いを失ってしまった。暴動を指揮していた人物が、いまでは刑務所側の許可を請うまでになりさがっている。この集団の中から立ち上がろうとする英雄はいない。

いちばん強がっていたのは三四〇一＝グレンだが、彼は仮釈放委員会でただならぬストレスに押しつぶされた数時間後、全身に発疹が出て、やむなく釈放される運びになった。その後、学生保健課で応急措置を受け、かかりつけの医者に行くため帰宅した。急に感情を制御しきれなくなると同時に身体が悲鳴をあげて、この場からの解放を求めたのだった。

●委員長カルロの劇的な変身

カルロ・プレスコットと知り合ったのは、三カ月以上も前になる。それからほとんど毎日、じかに何らかの連絡をとり、長電話もしょっちゅうしてきた。彼は、私とペアを組んで拘禁時の心理について六週間の講義も行なった。そのとき私は、刑務所制度を声高に非難する彼を見た。

カルロは、刑務所などというものは、白人以外を抑圧したがるファシストの道具だと断じた。また、刑務所その他の権威主義的な制度が、統制下においた人間を（囚人も看守も）変えてしまいかねないことを、驚くほどの洞察力で指摘した。さらには、地元ラジオ局ＫＧＯで土曜夜にトークショー番組の司会を務め、経費ばかりかかって古くさいいまの更生のしくみは失敗であり、税金の無駄遣いだと繰り返し訴えた。

あるときカルロは私に、実際に収監されているあいだ、年に一度開かれる仮釈放委員会の聴取を考えると悪夢だった、と語った。五、六人の委員を前に、それぞれの囚人が自己の言い分を述べる。ただし時間は数分のみ。しかも委員たちは、分厚い書類をめくって読んでいて、囚人の訴えなど耳に入っていないように見える。その書類すら、もしかすると、次の順番の囚人のファイルを下読みしているのかもしれない。また、罪状に関して、あるいは前科記録のうちのマイナス要素に関して何か質問されたら、その時点で仮釈放は一年以上先とあきらめるほかない。過去の弁明に追われてしまい、明るい将来を語る余裕がなくなるからだ。委員たちの勝手な無関心さのせいで、大多数の囚人は、来る年も来る年も仮釈放の請求を却下される。そうした事実に対して、カルロをはじめおおぜいが激しい憤りを抱いていることを、私は初めて知った。[*3]

こうした状況から得られる教訓とは何だろうか？　権力への賞賛、弱者への嫌悪。支配せよ。話し合いの余地はない。頬を殴られた相手がもう片方の頬を向けてきたら、すかさずまた殴れ。自分がしてほしいことを他人にもするなどという教えはもってのほか。権力が掟であり、掟とは権力……。

父親から虐待を受けた息子がどう育つかについて、興味深い調査結果がある。そういう息子の半数は、やがて自分が父親になったとき、子どもや配偶者や両親を虐待する。自分を攻撃者とみなし、長期にわたって暴力をふるう可能性があるという。しかし残りの半数は、自分が虐待された身であることを認識して、暴力を拒否し、思いやりを持つ。虐待されて育った子どものうち、誰がのちに虐待者になり、誰が逆に思いやりのある成人になるのか、いまのところの研究では予測する方法は見つかっていない。

●虐待と思いやりの選択

ここで私は、小学校教師のジェーン・エリオットが一九六〇年代に行なった有名な実験を、思い出さずにいられない。エリオットは、偏見や人種差別の本質を教えるため、生徒たちを目の色によって優劣をつける〝差別ごっこ〟をした。青い目の生徒を〝特権階級〟、茶色い目の生徒を〝劣等階級〟と振り分けたのだ。するとすぐに、青い目の者が、茶色い目の者に対して威張りはじめ、悪口を言い、暴力までふるいだした。そのうえ、権力を握ったあとは認知機能も向上した。〝特権階級〟である青い目の生徒は、ふだんやっている算数やスペリングのテストの成績が上がった（統計的に顕著な違いが見られた）のだ。同様に、茶色い目の生徒の成績は、明らかに低下した。

アイオワ州ライスヴィルの小学三年生を対象にしたこの実験は、ここから先のアイデアが素晴らしい。翌日、エリオットは、きのうの割り当ては間違いだったと生徒たちに告げる。じつはあべこべで、茶色い目のほうが〝特権階級〟で青い目の生徒より優れているのだ、と。

ここで、茶色い目の子どもには選択の自由が生じる。差別される苦しみが身に染みているのだから、自分が上に立ったいま、青い目の者たちに同情してやることもできるはずだ。テストの成績に関していえば、前日と逆転した。つまり、新しい〝特権階級〟がいい成績をおさめ、〝劣等階級〟に落ちぶれた生徒たちは成績が落ちた。では、同情心のほうはどうか？　上の立場になった茶色い目の子どもたちは、つい一日前に味わった被差別の経験をもとに、恵まれない弱者に対して憐れみの心を示すだろうか？

あいにく、そんな傾向はまったくなかった！　茶色い目の生徒たちは、されたことをやり返した。支配し、差別し、昨日の虐待者である青い目の生徒たちを虐待したのだ。[*4]

歴史上には、同様の例があふれている。宗教的な迫害を逃れた者の多くが、新たな環境を築いて安全を確保したとたん、ほかの宗教を信じる人々に冷酷な仕打ちをしはじめる。

●茶色い目のカルロ

話がだいぶ脇道にそれたが、いま述べたのと同じような大きな変化が、仮釈放委員会の委員長についたカルロにもあてはまる。はじめのうちカルロは、まるでチャーリー・パーカーのソロ演奏のように、みごとな即興を演じた。犯罪の内容や、囚人の前科など、架空の詳細をその場ででっちあげてみせた。ためらいなく、自信ありげにすらすらとでまかせをしゃべった。そして、時間の経過につれて新たに手にした権力になじむと、熱意や信念がどんどん増していった。スタンフォード郡刑務所仮釈放委員会の最高位という権威をかさに着て、彼は囚人たちをおののかせ、ほかの委員を従えた。特権的な地位を与えられて、いちばんの高みから世界を眺めるようになるや、長年、茶色い目の受刑者として耐え忍んできた経験を忘れてしまったのだ。この会合の終わりごろ、ほかの委員たちに向かって言ったせりふには、囚人への激しい感情や嫌悪が表われていた。もはや、変化が心の奥深くまで達したにちがいない。それは完全に抑圧者の姿だった。

このあとの夕食のとき、カルロは自分の言葉を聞いて自分ながら気分が悪くなった、新しい地位についてみて湧いた感情にも辟易《へきえき》したと語ったが、それを聞きながら私は、反省した結果、彼は次の仮釈放委員会では、囚人にもっと温かく接するようになるのだろうかと考えた。仮釈放を求める囚人に対して、初回よりも配慮や同情を示すだろうか？　それとも、委員長という立場が再びカルロを変えるのだろうか？

第二回仮釈放委員会

翌日、顔ぶれを一新した仮釈放委員たちの前に、別の四人の囚人が連れて来られた。カルロ以外の委員は新しいメンバーだ。クレイグ・ヘイニーはフィラデルフィアの実家で急用があり、同じく社会心理学に詳しいクリスティーナ・マスラックと交代した。クリスティーナは、当面静かに経緯を見守った。これに秘書ひとりと大学院生ふたりを合わせて、計五人だ。

ただし、今回は看守からの要請により、仮釈放請求を検討するだけでなく、さまざまな懲罰を与える可否についても判断をくだすことになっている。昨日より問題の多い囚人たちだからだ。

護送係は引き続き助手のカート・バンクスが務め、所長のデイビッド・ジャフィーは脇に座って見学しながら、適宜コメントをはさんだ。私は例によってマジックミラー越しに経緯を観察し、あとで詳しく分析できるようにアンペックス社製のビデオテープレコーダーで録画した。また、前回とは少し変えて、囚人は委員と同じテーブルにはつかず、高い椅子（いわば台座）に座ってもらった。これによって、いっそう注視されながら、警察の取り調べと似た雰囲気で質疑に応じることになる。

ハンガーストライキ男は、強情を貫く

最初に呼び出された囚人は、最近入ったばかりの四一六だった。まだハンガーストライキを続けている。さっそく、護送係のカートが、看守たちから寄せられた懲罰の請求を読みあげた。四一六にとりわけ腹を立てているのは、看守のアーネットだった。ほかの看守たちも、四一六の扱いには手を焼いている。「入所してほんのわずかしか経っていないにもかかわらず、きわめて反抗的で、あらゆる命令に背き、みんなの日課を邪魔しています」

当人は、そのとおりだとすぐに認め、告発のどの内容にも反論しなかった。さらに、法的な支援を確保してからでなければ、ここで支給される食べ物は口にしない、と突っぱねた。そこでカルロが、〝法的な支援〟の要求に関してさらに明快な説明を求めると、四一六は奇妙な返答をした。

「僕がこの刑務所にいるのは、契約書にサインしたといういたって現実的な理由ですが、僕はまだそんなサインをする法定年齢に達していません」。よって、しかるべき弁護士を呼んで釈放の手続きをとってほしい。でなければ、ハンガーストライキを続行する。このままでは、やがて体調を崩すだろう。その場合も、結局は釈放しか方法がなくなるはずだ、という。

この痩せた若者は、看守に対して向ける顔と同じ表情を浮かべていた。知的で、芯が強く、意見を曲げようとしない。ただ、収監に異議を唱える根拠――事前の参加同意書にサインする法定年齢には達していないとの主張は、ふだんイデオロギーにもとづいて行動する人物にしては、法律や状況に頼りすぎているきらいがある。また、痩せぎすで哀れっぽいにもかかわらず、四一六の態度にはどこか、誰からも同情してもらえないような雰囲気が漂っていた。看守にしろ、囚人仲間にしろ、この委員会のメンバーにしろ……。街のホームレスを見て、通行人が同情よりむしろ罪悪感を覚えるのに似ている。

どんな容疑で投獄されたのかとカルロに聞かれた四一六はこう答えた。「容疑なんてありませんし、起訴もされていません。パロアルト警察に本当に逮捕されたわけではありません」

カルロが苛立ち、ではぬれぎぬだと言いたいのかと尋ねると、「僕は交代要員でした。それで――」と言いつづける。すっかり頭に血がのぼったカルロは取り乱していた。私は、事前にカルロに説明し忘れていたことに気づいた。四一六はほかの囚人と違って、最近参加したばかりだ。

「きみは何様のつもりだ？　哲学専攻か？」。カルロが時間をかけて煙草に火をつける。次なる攻撃のせりふを練っているのだろう。「この部屋に入ってきて以来、哲学者ぶってばかりだな」

そこへ、今日委員会に加わった秘書のひとりが、懲罰としてトレーニングをやらせてはどうかと提案した。四一六は、トレーニングならもう散々やらされたと不平をこぼしたが、カルロは、「この囚人は体力がありそうだからそれがいい」とそっけなく言い、カートとジャフィーに目くばせして、行動リストに書き加えさせた。

そして最後に、おきまりの質問をぶつけた。仮釈放を許されるなら、囚人として得た報酬をすべて放棄してもかまわないと思うか？　四一六は間髪おかず、ふてぶてしく答える。「そりゃあ、もちろん。お金より時間が大切ですから」

辟易したカルロが命じた。「もういい、連れていけ」。すると四一六はほとんど反射的に、いままでの囚人と同じ動きをした。つまり、命令されてもいないのに立ち上がり、手錠をはめられるために両腕を突き出して、顔に袋をかぶせられ、看守に付き添われて部屋を出たのだ。

不思議な話だが、四一六も、実験に参加しつづける気になれないのでやめさせてくれとは要求しなかった。報酬もいらないのなら、なぜ堂々とこう言わないのだろう？　「僕はこの実験から降ります。服と所持品を返してください。もう出ていきます！」

四一六の本名はクレイ。だが実体は〝粘土《クレイ》〟どころか、他人にかたちを変えられることをよしとしない。自分のルールにこだわり、自分が練った戦略を貫く。それでいながら、囚人という立場にのみ込まれて、大局的な視点で状況を分析できくなっている。冷静に見れば、自由を摑むための鍵はとっくに与えられているのに、彼の頭の中ではまだ刑務所暮らしを引きずったままなのだ。

ニコチン中毒者は意気消沈

囚人五七〇四＝ポールの番がきた。五七〇四はさっそく、行ないがよければもらえるはずの煙草をもらえない、と苦情を申し立てた。看守たちからの懲罰の請求書には、こんなふうに記されている。「たえず、はなはだしく反抗的。粗暴さと暗いムードを漂わせ、ひっきりなしにほかの囚人を煽動し、不服従や非協力を促そうとしています」

カルロは、〝行ないがよい〟という本人の言葉を却下し、今後は一本たりとも煙草を与えないと告げた。すると五七〇四は蚊の鳴くような声になり、もっと大きな声でしゃべるよう注意された。さらに、自分が反抗すればほかの囚人が身代わりに罰せられるとわかっているときでさえ態度を改めようとしない、と指摘されると、テーブルの真ん中あたりに視線を落としながら、再び小声で答えた。「みんなと話し合ったんです……そのう、誰かのせいで何かあっても全員で頑張ろう、って……僕だって、ほかの仲間が何かやらかしたとき、代わりに罰を受けます」

委員のひとりがさえぎった。「きみは、誰かの代わりに罰を受けたことがあるのか?」。五七〇四は、はい、仲間の犠牲になりました、と返事をした。

カルロが大声であざけるように言った。「じゃあ、きみは殉教者ってわけだな?」

「いやまあ、僕たちはみんな……」。五七〇四の声は再び、か細くなる。

「何か弁明はあるか?」とカルロ。五七〇四は答えるが、今度もよく聞きとれない。

思い起こすと、囚人の中でいちばん背の高い五七〇四は、大半の看守に正面きって逆らい、いろいろな脱走計画に加わって噂の種となり、バリケードを築いた。苦情申し立て委員会の囚人代表に選ばれたと、手紙でガールフレンドに自慢していたのもこの学生だ。そもそも、この五七〇四が実験に応募した背景には、よからぬ動機があった。彼は、この刑務所実験は反体制派の扱い方を調べるための政府の秘密研究にちがいないと決めつけ、実態を探って過激派のアングラ機関紙に記事を売り込む腹づもりだった。それなのに、あの虚勢はどこへ消えてしまったのだろう？　なぜ突然、弱気な態度に変わったのだろう？　いま、この部屋で私たちの前に座っているのは、控え目で、意気消沈した若者にすぎない。ただうつむいて質問にうなずき、仮釈放委員とはけっして目を合わせようとしない。

仮釈放されるなら報酬を放棄してもかまわないか、という質問をすると、五七〇四は「はい、いますぐ仮釈放してもらえるなら、稼いだお金をあきらめてもかまいません」とありったけの力を振り絞って声を張った（これで、六人の囚人のうち五人がイエスと言ったことになる）。

あれほどいきいきと燃えていた革命家精神が、こんなに短期間に消滅してしまうなどということがあるのだろうか、と私は不思議でたまらなかった。

前述したように、囚人役にのめり込んだこの五七〇四＝ポールは、最初の脱走計画のとき、ギターを弾くために伸ばしていた爪を活かしてネジをまわし、壁のコンセントの保護板を外した。続いてその板を使って、監房のドアノブを取り外したという。さらに彼は、その強靱な爪で監房の壁にカレンダーを刻み、日数の経過に合わせてM、T、W、Th（月、火、水、木）……の文字の横にチェック印をつけていた。

屈強な囚人の不可思議

次に仮釈放を求めてやってきたのは五四八六＝ジェリーだったが、彼はいままでのどの囚人よりも理解しがたかった。物腰には前向きさが感じられ、どんな困難にぶつかっても冷静に対処できそうに見える。ほかの囚人は三四〇一＝グレンに代表されるように痩せていて、とりわけ四一六は弱々しい体形だが、五四八六は対照的で、屈強な身体つきを誇っていた。二週間、最後まで文句を言わずに耐え抜きそうな風格がある。しかし、口にする言葉には不誠実さがにじみ、苦しんでいる仲間をほとんどかばおうとしない。

彼が部屋に姿を現わして数分しか経たないうちに、ほかの囚人のときと同じようにカルロが苛立ちはじめた。ちなみに例の質問に対しては、五四八六は仮釈放と引き換えに報酬をあきらめる気はない、と即答した。

看守たちからは、五四八六は仮釈放の検討に値しないとの報告が届いている。「手紙を書くことを馬鹿にしたほか、全般に協調性がありません」。この行動に関して説明を求められた五四八六は言った。「どうせまっとうな手紙ではなくて……どうもその……」

審議の進行を眺めつつ無言で脇に立っていた看守のアーネットが、思わず口をはさんだ。「刑務官から手紙を書くように命じられたよな？」。五四八六の、はいという返事を聞いて、アーネットが言葉をついだ。「刑務官が、まっとうではない手紙を書け、と命令したと言いたいのか？」

五四八六はあわてて取り消す。「いえ、僕の言い方が悪かったようですけど……」

しかし、最後まで言わせずに、アーネットが自分の報告書を読みあげた。「五四八六は、次第に態度が悪くなっています……冗談を言い、つまらない悪ふざけをする人間になりさがってしまいました」

「面白いとでも思ってるのか？」と、カルロが問い詰めた。

「同じ監房の仲間は、笑みを浮かべていました。みんながにこにこしたから、僕も笑顔になったんです」。五四八六は言い訳した。

すると、カルロが意地の悪いせりふを入れた。「ほかのみんなは笑顔になるのも無理はない――今夜、帰宅する予定なんだから」。とはいえ、昨日ほどの喧嘩腰にはならず、相手を窮地へ追い込むような質問で攻める。「もしきみが私の立場で、これだけの証拠を前にして、スタッフからも悪い報告を受けているとしたら、どうする？どんな行動をとる？　何をする？　どういう処分がふさわしいと思う？」

五四八六はあいまいに答えるばかりで、難しい問いに正面から立ち向かおうとはしなかった。ほかの委員から若干の質問があったが、苛立ちをつのらせたカルロは、五四八六を出ていかせた。「事情はじゅうぶんにわかった。委員会としての判断はついたと思う。時間をむだにする必要はあるまい」

唐突に追い払われた五四八六は、驚きを隠さなかった。自分の言い分を認めてくれるよう説得しなければいけなかったのに、どうやら印象を損ねてしまったらしい。たとえ今回は無理でも、次回に希望をつなげる必要があったが、この質疑応答では有効な手だてができなかった。五四八六はそのまま看守に手錠をかけられ、顔を袋でおおわれると、廊下へ戻ってベンチに腰かけた。次に控える最後の囚人の聴取が終わるまでここで待ち、そのあとは、階段を下って再び刑務所生活を続けるはめになるのだ。

〝軍曹〟には裏表なし

委員会の評価を受ける最後の囚人は、二〇九三＝〝軍曹〟だった。その性格にふさわしく、彼は高い椅子に腰かけると背筋を伸ばし、胸を張り、顔を上げて顎を引いた。本物の軍人も、きっとこんな座り方をするにちがいない。仮釈放を求める理由は、時間を〝もっと生産的な事柄〟に使いたいからだという。さらに、〝初日からいままで、あらゆる規則に従ってきました〟とつけ足した。彼はほとんどの囚人とは違い、仮釈放と引き換えに報酬を捨てることは望んでいない。

「いままで稼いだぶんをもしあきらめたら、人生のうちの五日間がますます大きな損失になってしまいます。金をもらったほうが多少ましです」。そして、金額ではないので、費やした時間と比べるととうてい割りが合わないけれど、と言い添えた。

これに対してカルロは、きみの返事には〝心がこもっていない〟ように聞こえると追及した。すべて事前に計算ずみで、自然に出てくる言葉を使わず、感情を偽っているのではないか、と。これに対して〝軍曹〟は、そんな印象を与えたなら申し訳ないと謝った。そして、自分はいつも思ったとおりのことを言っているし、なるべく明快に話そうと努力していると言った。

カルロはこれを耳にすると態度をやわらげ、委員会ではきみの仮釈放をきわめて真剣に検討するつもりだと言い、さらに、収監中の態度のよさも褒めた。

面談を終える前に、カルロはもう一点、質問した。初回も囚人全員に仮釈放請求の機会があったのに、なぜ申請しなかったのか？　〝軍曹〟はこう説明した。「仮釈放を求める囚人が少なくて定数に満たなければ、申請したと思うんですが」。ほかの囚人仲間のほうが辛い思いをしているようすだったので、他人を押しのけてまで申請したくはなかったという。カルロは、委員会に好印象を持ってもらおうというずる賢い作戦ではないのかと疑い、格好をつけるのはよせと軽く諫めた。だが〝軍曹〟は驚いた表情になった。あくまで本音を語ったにすぎず、人に感心してもらう意図などなかったらしい。

カルロは二〇九三に好奇心をそそられたとみえる。彼の私生活について探りを入れはじめた。家族構成、ガールフレンドの有無、好きな映画の種類、アイスクリームコーンも買ったりするのかどうか……どれもささいなことばかりだが、すべて合わせると、独自の人間像が浮かび上がる。

〝軍曹〟は淡々と答えた。ガールフレンドはいない。映画を見にいくことはめったにない。アイスクリームは好きだけれど、最近は買う余裕がない。「スタンフォードの夏学期に通いながら車の後部座席で寝泊まりしていたので、初日の晩も、べつに苦もなく眠れました。それは確かです。僕にとっては、ここのベッドは軟らかすぎるくらいですし、食事だって、ここ二カ月の食べ物よりましです。それに、二カ月ぶりにのんびりできました。ありがとうございます」

なんとまあ。私たちには思いもよらない告白だった。堂々たる誇りや、がっちりした体格とは裏腹に、この若者はひと夏じゅう腹を空かせ、夏期講座に通うあいだベッドで寝ることすらできなかったのだ。刑務所の劣悪な環境がふだんの生活よりましだという大学生がいると知って、私たちは全員ショックを受けた。

一見すると、〝軍曹〟はほかの囚人と違って単純な考えしかなくひたすら従順なだけのように見える。ところがじつは、囚人たちの中で最も筋が通っていて、思慮深く、モラルを堅く守る人物だった。この若者にもしひとつ問題があるとすれば、目に見えないルールに従って生きるばかりで、他人とともに効率よく生きるすべや、他人に経済的、個人的、感情的な援助を頼む方法を心得ていないことだろう。

決意を秘めた内面と、軍隊流の外面に縛りつけられているため、ほかの人たちは誰ひとりとして〝軍曹〟の心の奥を覗けない。この先、彼は他の囚人仲間より苛酷な人生をおくることになるかもしれない。

後悔、先に立たず

四人の面談を終え、委員会が締めくくりに入ろうとしたときだった。囚人の護送係カートが入ってきて、五四八六＝ジェリー（軽口を叩いたと批判された囚人）が、供述をつけ加えたがっていると言った。カルロはうなずいて許可した。

五四八六は悔いているようすで、本当に言いたかったことを言えなかった、さっきはよく考える余裕がなかった、と話しだした。この刑務所にいるあいだに、自分は人間的に堕落してしまった。いずれ裁判を受ける機会があると思っていたのに、公正な裁きを受ける望みはないと悟ったからだと言った。

すると、背後に座っていた看守のアーネットが、今日の昼食中に五四八六がしゃべっていた内容を明かした。自分が堕落したのは〝悪い仲間に染まった〟せいだと嘆いていたらしい。

委員はみな、展開に戸惑いの色を示した。こんな発言が、五四八六を仮釈放する理由の足しになるだろうか？

カルロは明らかに、五四八六の申し開きに憤慨している。「万が一、委員会の中に仮釈放を支持する声があっても、私がくつがえして、きみには最終日までここにいてもらう。きみに個人的な恨みがあるわけではないが、われわれには社会を守る使命がある。もし出所したところで、建設現場で働くとか、そういった社会の役に立つことをきみがやるとは思えない。さっきそのドアを出たあと、私たちを小馬鹿にした態度をとってしまったと気づいたんだろう。司法にたずさわる、権力側の人間と交渉していたのに。きみはどうも権力側の人間との付き合い方がうまくないようだな、え？　仲間との付き合いも苦手なんじゃないのか？　いやともかく、きみはドアを出て、少し時間をかけて策を練った。そしてここへ戻ってきて、どうにかして私たちを丸め込み、きみを新たな目で見るように仕向けたがっている。きみにはまともな社会意識というものはないのか？　社会に対してどんな義務を負っていると思う？　きみの口から、何かまっとうなせりふを聞いてみたいものだ」（カルロは、すっかり昨日の調子に戻っていた）

人格を真っ向から非難された五四八六はたじろぎ、懸命に挽回をはかった。「僕は今度、人に勉強を教える仕事をするんです。価値ある仕事……だと思います」

しかし、この自己弁護もカルロには効きめがなかった。「となると、きみはますます胡散臭い男らしい。きみなんかに、年下の学生を教えてほしくはないね。そんな態度で、未熟さ丸出しで、責任感のかけらもないくせに。きみはたった四日間、人に迷惑をかけずに刑務所で過ごすことさえできなかった。なのに、人に教える仕事をしたい、栄えある仕事がしたいと言うのか？　真摯な人々と知り合って、相手に何かしら教えるなど、それ相応の人間の特権だ。さっきから言っていることがさっぱりわからない。いま初めてきみの記録に目を通したが、きみには何の取り柄もない。おい係官、こいつを連れていけ」

五四八六は鎖をはめられ、袋をかぶせられ、地下の刑務所へ連行された。次回は、もっと上手にふるまう必要があるだろう。次の機会を許されれば、だが。

元囚人＝仮釈放委員長の本音

二回の仮釈放委員会で留守をしているあいだ、地下の刑務所内で何が起こっていたかはあとで述べるとして、注目に値する点をここでひとつ記しておきたい。このロールプレイングが、強硬な仮釈放委員長を演じた人物に及ぼした作用だ。

一カ月後、カルロ・プレスコットは、自分自身が受けた影響について私にこんな本音を打ち明けた。

「ここの実験現場に来るたびに、帰りがけはいつも気分が落ち込んだ。それだけ本物っぽかったってことだな。途中で起こったいろんな出来事に関係者が特殊な反応を示しはじめた段階で、実験はもう実験じゃなくなった。たとえば、実際の刑務所では、看守を任せられた人物は看守にふさわしい行動をしなきゃいけないと自己の行動を縛りはじめる。それなりの態度をとって、それなりの雰囲気をかもし出さなければ、とね。一方、囚人たちもおのずと相応の態度でふるまい、相応の印象を周囲に与えるようになる。

きみの実験でも、同じことが起こった。おれがあの仮釈放委員会のメンバー、それも委員長を演じるというだけでも不思議な話だが、どうしてあんなふうに厚かましく叱責できたのか、自分で信じられない。傲慢で反抗的だった囚人のひとりに、理由を問い詰めた。『きみのような東洋系の人は、ごく少数しか服役していない。こんな状況にはめったに陥らないんだ。なのになぜ？　きみは何をした？』と。あれをきっかけに、囚人のようすが一変した。こっちの質問に一個人として答え、個人的な感情を明かしはじめた。別の囚人は、役柄にすっかりはまり込んで、また部屋に戻ってきた。もういっぺん委員会に事情を説明すれば、仮釈放が早まるかもしれない、とでも思っているかのようだった」

カルロはさらに内心をさらけ出した。

「元囚人のおれは、ここに来るたびに敏感に察知してしまう。役柄に染まった若者たちは、軋轢《あつれき》や不信や敵意のみなぎる中、拘禁のせいで生気を失っていた。その空気が、おれの心も深く落ち込ませるんだ。刑務所に逆戻りしたような気分になった。何もかも、本物の刑務所にそっくりだったよ。つくりものという感じが全然ない。

とっさの行動であろうと、囚人たちは状況に反応して、その結果、ときどきの状況に取り込まれていった。囚人たちの行動パターンには、当人の思考回路の変わりようがよく表われていたと思う。早い話、投獄された人間は、外の世界の出来事——たとえば、橋がつくられたり、子どもが生まれたりといったことをきちんと認識できるものの、どれひとつとして刑務所内にいる自分には無関係という立場におかれる。生まれて初めて、一般社会とのつながりから、いわば人類から完全に断ち切られるんだ。

悪臭を放つ憎たらしい連中と一緒に暮らすはめになって、以後、たまに面会客が来たり、仮釈放委員会に出席するといった特別なとき以外の時間は、自分がいったいどこから来たのか、本来の姿を思い出す機会なんてない。獄中で過ごすその瞬間、その一瞬しか存在しなくなるんだ。

〝人は、演じている役柄どおりの人間になる〟というのがおれの持論で、それが裏づけられたわけだが、驚きもしなければ、うれしくもなかったね。看守は権威の象徴になって、けっして揺るがない。囚人側の要望を聞き入れてやる義理はなく、そんな権限もない。実際の看守も看守役の大学生たちもそうだった。

一方で囚人は、日々、寄るべのない自分と向かい合う。どれくらい反抗心を示すのか、どれくらい巧みに悲惨な経験を遠ざけておけるのか、みずからの処遇を自分で考えなければならない。憎悪の念と、抵抗の効果とを天秤にかける必要がある。

たとえある時点では勇敢な、度胸のある態度をとったつもりでも、結局のところ、点呼をとられて刑務所の規則に縛られる存在にすぎないんだ[*5]」

カルロをめぐる考察の締めくくりに、彼と同じくらい洞察力に富む人物の手紙の一節を引用しておきたい。第二章でもふれた政治犯ジョージ・ジャクソンの手紙だ。これはカルロの告白より少し前に書かれた。じつは私は、ジャクソンの弁護士から専門家証人になってくれるよう頼まれていたのだが、〝ソルダッド・ブラザーズ〟の裁判が開かれる前、ちょうど私たちの刑務所実験が終わった翌日に、ジャクソンは射殺された。

こんな場所で笑いの種を見つけることができるとは、まったく奇妙な話だ。全員が、一日二四時間、監禁されつづけている。囚人には、過去もなく、未来もなく、次の食事のほかに何の目標もない。自分がつくったわけでもなければ、今後変えられる見込みもない世界にさらされて、怯え、混乱し、狼狽している。だからこそ、心が語りかけてくる声に耳をふさぎたくて、ああやって馬鹿騒ぎをする。自分自身や周囲の者たちに、怖くなんてないんだと納得させるため、笑い声をたてる。迷信深い人が墓場のそばを通り過ぎるとき、わざと口笛を吹いたり楽しい歌を歌ったりするのと似ている。*6

第八章

木曜日。現実との対峙

木曜日。刑務所内は悲嘆にあふれている。しかし、私たちの旅はまだまだ先が長い。

真夜中、私は恐ろしい悪夢から目覚めた。夢の中で私は交通事故に遭い、知らない町の病院に入れられてしまう。仕事に戻らなくてはいけないと、懸命に女性の看護師に伝えようとするのだが、どうしても通じない。まるで私が外国語をしゃべっているかのようだ。自由を求めて私は叫ぶ。「出してくれ！」。ところが、看護師は私に拘束具をはめ、テープで口をふさぐ。それはいわゆる〝明晰夢〟だった。夢の中なのに思考がはたらき、私はこの一件が看守たちに伝わったらどうなるだろうと想像をめぐらしている。*1 彼らはきっと大喜びするはずだ。〝情け深すぎる自由主義者〟の私の監視がなくなれば、思う存分、危険な囚人を処罰できる。法と秩序を保つために必要なことは何でも遠慮なくやれる、と。

じつに恐ろしいことだ。もし上からの目がなかったら、あの看守たちはどんなことをやらかすことか。誰にも見張られずに支配と服従の秘やかなゲームを続け、誰にも邪魔されずに独自のささやかな〝心理実験〟を行なえるのだ。気の向くがまま、やり放題だ。

私は、学内オフィスのカウチ兼用ベッドから飛び起きて顔を洗い、服を着て、地下へ向かった。そこでは、午前二時半の点呼が、またしても派手に進行中だった。

疲れはてた七人の囚人が、壁に向かって一列に並んでいる。今夜もまた、耳をつんざくような警笛が鳴り響き、悪臭に包まれたわびしい監房の鉄柵を警棒で叩かれて、眠りを破られたのだろう。看守のバンディーが規則をアトランダムに読みあげ、囚人の記憶力を試している。すんなりと言えなければ、罰を与えるのだ。一方、看守セロスは、厳格な軍事刑務所のような施設にしたいらしく、囚人たちに列を組ませると、軍隊のように繰り返し行進させていた。

少し相談したあと、看守たちはさらに規律を徹底し、軍隊式のベッドメイキングの大切さを教え込むべきだという結論に達した。いったんベッド上のシーツなどをすべて剝ぎとってすべて整え直し、脇に立って点検を待つよう指示する。新兵訓練の場合と同じく、当然ながら全員が不合格だった。囚人たちはやり直すが、また不合格となり、看守がこのゲームに飽きるまで無意味な作業を反復した。

最後に、看守バーニッシュが抜かりなくつけ加えた。「ようし、ベッドのメイキングはできたようだから、眠っていいぞ――次の点呼までな」

実験は、まだ五日目だ。

暴行事件が発生

それは午前七時の点呼のさなかのことだった。課題の中ではわりあい気楽な、歌う作業の途中で、突如、暴力が勃発した。睡眠不足で疲れがとれないうえ、大半の看守から集中攻撃を受けて気が立っている五七〇四＝ポールが、逆襲に出たのだ。彼は命令された腹筋運動を拒んだ。そこで看守のセロスが、五七〇四が従うまでほかの者は腹筋運動をやめるなと言った。五七〇四が折れないかぎり、全員、苛酷な運動を続けなくてはいけない。この措置に五七〇四が憤った。

あとで実験助手のカート・バンクスがじっくりと事情を聞いたとき、五七〇四はこの一件について、胸中にわだかまっていた敵意をこんなふうに打ち明けた。

「大腿筋の調子が悪くて、伸ばしちゃまずいんです。看守にそう訴えたんですが、『黙って、とにかくやれ』と言われたので、僕は床に横になったまま『くそっ、威張りくさりやがって』と悪態をつきました。それで、また〝穴蔵〟行きを命じられ、立ち上がったところを、あの看守（セロス）に身体ごと壁に押しつけられたんです。そこから小競り合いになって、互いに大声を出しながら強く突き飛ばし合いになりました。僕はあいつの顔を殴りたかったけれど、そうすると喧嘩になってしまうんで……つまりその、僕は平和主義者ですし、自分がそんな暴力性を秘めているなんて思いたくありませんから。もみ合う途中で足を痛めてしまい、医者に診てもらいたいと要求したけど無視されて、〝穴蔵〟に入れられました。結局、ほかのみんなが朝食を終えるまで閉じ込められました。やっと〝穴蔵〟から出されたとき、僕はもう怒りを抑えきれず、あの看守（セロス）に殴りかかったんです。

でも、看守ふたりがかりで止められました。そのあと別室でひとりきりで朝食をとらされましたが、僕は改め

て足の痛みと治療の必要性を訴えました。看守が足を診ようとしたのは断りました。だってあの人たち、専門知識なんか持ってないでしょう？
　食事しながら、ひとりの看守（バーニッシュ）には謝りました。看守三人の中でいちばん悪意が少なかったので……。僕がほんとにぶん殴ってやりたいのは、〝ジョン・ウェイン〟とかいう、アトランタ出身の男（ヘルマン）です。仏教徒の僕を共産主義者とののしりつづけて挑発したあいつには、僕もさすがに腹が立っています。こうして考えると、まともな態度で接してくれる一部の看守、たとえばジェフ・ランドリーみたいな人がいるから、囚人は命令に従っただけだと思いますね」[*2]
　しかし、その兄弟であるジョン・ランドリーは、五七〇四が最も手が焼ける囚人で、〝とにかく懲罰を受ける回数が人一倍多い〟と日誌に記している。

　騒ぎを起こすたび、五七〇四はそのあとでひどく落ち込みます。なのに、やがてまた闘志を奮い立たせる。本人は〝情熱家の血〟と呼んでいますが……。すごく頑固な囚人です。それと、昼食の皿を洗うのを拒否したので、今後は夕食を減らして、喫煙の権利も制限するのがいいと思います。

もうひとり、看守セロスが、今回の事件と拘禁時の心理全般に関して鋭い分析をしている。

　囚人のうち、五七〇四はまったく協力的な姿勢を見せなかったので、〝穴蔵〟行きに処しました。でももう、毎度のことです。暴力をふるってきたため、僕個人としてではなく看守の立場として、防御しなければいけないと思いました。五七〇四は看守としての僕を憎んでいたんです。制服に拒絶反応を示していて、その悪いイメージを僕に重ねているようすでした。だから、看守である僕は応戦せざるをえません。どうして

ほかの看守が駆け寄ってきて助けてくれなかったのか不思議でした。みんな呆然としたきりでした。

そのとき、気づいたんです。僕も同じように囚われの身なんだ、と。僕も囚人たちの感情に反応しているだけにすぎません。行動の選択の余地は、囚人のほうがむしろ大きい。看守はそれほどでもないと思います。双方とも、抑圧された状況に押しつぶされていました。僕たち看守には偽りの自由があったけれど、あのときの僕には見えませんでした。見えていたら、さっさとやめていたでしょう。

僕たちはみんな、お金の奴隷としてやってきた。囚人たちはすぐ看守の奴隷になったものの、やっぱり、全員がお金の奴隷でした。あとから思うと、あの環境下では誰もが何かの奴隷だったんでしょう。実験にすぎない〟と思ってみたところで、現実は少しも変わりません。偽りの自由というのは、そういう意味です。参加をやめられるとわかっていながら、やめられなかった。それは、僕が何かの奴隷だったからです。[*3]

囚人四三二五＝ジムも、本質的にいえば奴隷の状態だったことを認めている。「経験してみて最悪だったのは、生活が恐ろしく構造化されていることと、看守に絶対服従しなければいけないことでした。ほとんど看守の奴隷にすぎず、その屈辱感といったらありませんでした」[*4]
とはいえ看守セロスは、役柄に囚われていると自覚してもなお、権限の行使をためらわなかった。「囚人を困らせるのが楽しかったんです。二〇九三＝〝軍曹〟のすごく眠そうなようすが気に入りませんでした。それで、僕の靴をぴかぴかに磨く作業を七回命じましたが、何の文句も言ってきませんでした」[*5]
看守バンディーは、あとから振り返って、囚人を人間と思わない気持ちが徐々に心へ入り込んできたと語っている。「木曜日になると、囚人たちはとても眠たげでした。変化があったといえば、せいぜい、セロスと五七〇四の揉み合いぐらい。たいした暴力じゃなかったけど、僕は不快でした。囚人連中なんて従順な羊みたいなものだと考えて、生活環境にはこれっぽっちも配慮しませんでした」[*6]

看守が囚人を人間とみなさなくなっていったことについては、セロスが最終評価報告書で、違う角度から意見を記している。

囚人が人間であることをふと忘れたときも何度かありましたが、いつも我に返って、やっぱり人間なんだと気づきました。ただ、人間性を見失っている〝囚人〟というふうに見ていたように思います。僕が囚人を人間扱いしなかったのは、ほんの短時間、たいていは命令を与えている最中でした。いま僕は、ときどき疲労と嫌悪感に襲われて、いつも憂鬱な状態です。自分の気を楽にするため、あの連中は人間じゃなかったんだと思い込もうとしたりしています。[*7]

私たちスタッフの一致した意見として、看守の中で最も一貫して規則どおりに任務を遂行しているのはバーニッシュだ。アーネットと並んで最年長の二四歳。ふたりとも大学院生だから、いちばん若い一八歳のセロス、バンディー、ランドリーをはじめとするほかの看守よりも大人びているにちがいない。

毎日の勤務報告書にしても、バーニッシュの文章が最も長くて詳しい。囚人の服従にかかわる個別の出来事を事細かに記してある。ただし、看守たちの行為に対してのコメントはめったになく、その場にはたらいている心理的な力についても言及がない。

彼は気まぐれで囚人に罰を与えたりはせず、規則違反が発生したときのみ処罰に乗り出す。役柄を完全にのみ込んでいて、刑務所内にいるあいだはつねに看守らしくふるまう。アーネットやヘルマンらとは違い、芝居めいた演出、虐待的な行為などは行なわない。その代わり、ジェフ・ランドリーたちのように、囚人から好かれるための努力もしない。ひたすら、なるべく型どおりに効率よく任務をこなすのだ。

事前の個人情報によれば、バーニッシュ当人は自分を、〝ときどき利己主義に走るうえ、やや独断的なきらいもある〟と評価しているらしい。「やろうと思えばもっとできるのに、囚人へのいやがらせを適当に控えて、手抜きぎみになる場面がときどき明らかにありました」と、彼は報告している。

与えられた役割は、ときに人の感情ばかりか理性までも支配するようになる。その過程が、実験終了後にバーニッシュが分析した内容によく表われていて興味深い。

始まった当初、自分はこの実験にふさわしい行動がとれるだろうと思っていました。ところが実験が進むにつれて、意外にも、役割上しかたなく自分に課そうとしていたはずの感情が、むしろ支配的になってきたんです。本物の看守のような気分になり、以前は到底できないと思っていた行動もとりはじめました。驚いたというか――いや、げんなりです。自分があんな、くそ――あっ、つまり――夢にも考えなかった不慣れな態度をとれるなんて……。しかも、そんなふうに行動していながら、ぜんぜん後悔を覚えない、後ろめたさを感じない。あとになってようやく、みずからの行ないを振り返ることができて、意味がわかりだし、いままで気づかなかった部分が自分の中にあると認識したわけです。[*8]

さらに痛めつけられる五七〇四

午前一〇時、看守の控え室で早朝シフトから昼シフトへ引き継ぎが行なわれた。制服を脱いで勤務を終える者と、制服を着て任務につく者が入り交じる。今日の会話のおもな話題は、五七〇四＝ポールがセロスに殴りかかった件だ。看守に向かって暴力をふるうなどもってのほかで、五七〇四には特別な注意と教育が必要だという意見で一致した。

五七〇四は、午前一一時半の点呼に姿を見せなかった。監房一号室の自分のベッドに鎖でつながれていたからだ。看守のアーネットが、五七〇四の反抗は集団責任だとして、全員に腕立て伏せ七〇回を命じる。貧しい食事のせいで力が落ち、寝不足がたたって疲れているにもかかわらず、囚人たちは相当な回数の腕立て伏せをこなす。私なら栄養と休息がじゅうぶんでも無理なほどのハードさだ。不本意かつ惨めながらも、筋骨が鍛えられてきたらしい。

前日から引き続き、囚人たちは皮肉な曲を大声で朗々と歌わされる。『オー、ホワット・ア・ビューティフル・モーニング』『アメージング・グレース』、さらに『漕げ、漕げ、お舟』。五七〇四＝ポールもこのコーラスには加わったが、すぐに反抗的な言葉を吐いて、再び〝穴蔵〟に入れられた。すると、彼は金切り声を上げ、声をかぎりに看守をののしって、〝穴蔵〟の中をふたつに仕切る木製のパーティションを蹴り倒した。看守たちは五七〇四を引きずり出して手錠をかけ、両足首を鎖でつなぐと、〝穴蔵〟の修復が終わるまで二号室へ戻した。〝穴蔵〟は、囚人ふたりを同時に処罰する場合に備え、ふたつに区切っておく必要があるのだ。

それでもなお、決意が固くて器用な本物の囚人と同じように、五七〇四は何らかの手を使って監房ドアの蝶番のボルトを外し、外側から開けられないようにして看守を挑発した。以前と同様、看守たちがドアを押し破り、五七〇四を復旧した〝穴蔵〟へ連れていく。五七〇四は、このあとで開かれる仮釈放委員会で、懲罰を審議されることになった。

この一連の暴挙に、とうとう看守アーネットの堪忍袋の緒が切れた。辛抱強く冷静さを保ってきたこの年長の看守は、社会学専攻の大学院生である。三つの少年院で教育係を務めた経験があり、自身も、市民権を求める〝違法な〟抗議集会に絡んで告発されたことがある（のちに無罪判決）。そうした背景を考え合わせると、彼が良心的な看守になるのも当然だろう。

しかし、かといって囚人に同情するわけではなく、所内ではいついかなるときも割り切ってプロに徹していた。的確な言葉で指示を出し、しかるべきしぐさをする。ニュースキャスターのように、超然とした立場になって。

彼の身のこなしは、頭、首、肩の動きに乱れがなく、腕から手首、手のひらまで、なめらかだ。言葉づかいも身振りも慎重に考え抜かれていて、周囲との関わりにむだのなさが感じられる。どんな出来事に際しても感情を波立てそうにないし、どんな人間からもたてつかれそうにない。

ほとんど一貫して平静な気持ちだった自分に、我ながら少し驚いています。腹を立てたのは一度だけ。五七〇四がドアの鍵を外し、僕の警棒をつかんで腹をこづいてきたときです（直前に僕は、その警棒で五七〇四をこづいたのですが）。その場面を除けば、いつもすごくリラックスしていました。ほかの人に命令を出したり、身体を押したりはしたものの、権力意識や高揚感はまったく生じませんでした。[*9]

本人いわく、社会学の知識をあらかじめ持っていたことが、この刑務所で過ごすにあたって役立ったという。

本を読んで、しくみはわかっていました。退屈さをはじめ、刑務所暮らしのいくつかの特徴を悪用すれば、人間の感覚を狂わすことができる、と。たとえば、個性を奪い、つまらない作業をやらせ、態度が悪い者がひとりいれば全員に罰を与え、トレーニングの際は細かな注文を出して、完璧であっても難癖をつける。社会的な環境で上に立つ人間の力は敏感に察知できたので、僕自身もそういうテクニックをいくらか使って、囚人たちの疎外感を高めようと努力しました。もっとも、冷酷にはなりたくなかったので、権力を行使したのはごく限られたかたちでのみでした。[*10]

そのアーネットが、五七〇四の早期仮釈放に異議を唱えて、委員会にこう書き送っている。「五七〇四の規則違反をここに全部書くなんて、とうてい無理です。いつだってひどく反抗的で、暴力のムードを燃え立たせていて、感情の振れ幅も大きい。たえずほかの囚人にけしかけて、不服従や非協力を全般にわたって広めようとしています。ほかの囚人が身代わりに罰を受けるとわかっていても、逸脱した行動をとる。懲罰委員会で厳しい処分をくだすべきでしょう」

ハンガーストライキで闘う囚人四一六

懲罰の検討対象は五七〇四だけではない。私たちは早くも慣れてしまったが、日曜日の開始から数日しか経っていないのに、この場所には狂気が蔓延していて、四一六＝クレイもそれにむしばまれている。最初に釈放となった八六一二＝ダグの交代要員として、昨日、到着したばかりなのに。

四一六は初め、目の前の光景が信じられず、すぐに実験から降りたがった。だが、やめさせてもらえないぞと囚人仲間に忠告された。囚人のあいだでは、八六一二の残した嘘の情報がまだ信じられている。途中でやめることは不可能、〝あいつら〟は制限時間ぎりぎりまで誰ひとりここから出すつもりがない、と。私は『ホテル・カリフォルニア』の有名な歌詞を思い出した。「チェックアウトはいつでもできる。けれど、出ていくことは永遠に無理」

真相を確かめようとしないまま、四一六は消極的な脱走方法を考えた。「自分なりに計画を練ったんです」とのちに本人は語った。「にわかづくりの契約に綻《ほころ》びがあると言い張ることも考えました。でもそれだと、声高に訴えるぐらいしか、〝システム〟にはたらきかける手段がありません。あとは、五七〇四＝ポールみたいに抵抗する方法ですね。ただいずれにしろ、自分の意志を貫いて目標を達成するとはいえ、契約をあげつらって釈放されるわけで、それは気分がすっきりしません。そこで僕は、このシミュレーション環境の権力を骨抜きにする作戦に出ました。与えられるものをすべて拒み、罰はすべて受け入れて、どうにも対処のしようがない厄介者になったんです」（四一六は気づかなかったようだが、これは労働組合が経営陣と闘うときに用いる戦略、いわゆる〝順法闘争〟に似ている。組織が抱える欠点を浮き彫りにするため、規則をわざといちいち厳密に守って作業効率を下げるという企みだ）。[*11]

こうして、四一六はハンガーストライキを始めた。食事を拒否すれば、看守が囚人をコントロールする力のひとつを奪い去れる。もっとも、四一六の痩せこけた身体（一七二センチ、六一キロ）をはたから眺めると、もともと飢餓に苦しんでいるようにも見える。

ある意味でいえば、スタンフォード郡刑務所に収監された日、四一六＝クレイはほかの誰よりも強い衝撃を受けている。本人も、自身の体験を客観的な目で分析して、私たちにこう明かした。

「自分のアイデンティティが失われていく気がしはじめました。〝クレイ〟という名の、僕をこの場所に閉じ込めた人物、この刑務所に入ることを志願した人物が、だんだん消えていく感じでした。僕にとってここは刑務所そのものだった――いえ、いまでも刑務所です。実験とかシミュレーションだとは思えません。州当局の代わりに心理学者が運営する刑務所です。僕のアイデンティティが、かつての僕が、この刑務所に来る決意をした人間が、自分から離れていき、遠ざかって、とうとう僕ではなくなってしまいました。

僕はもう〝四一六〟でした。その番号が僕の本体で、四一六がこれから先の行動を決めなきゃいけなくなっていて、だから、断食しようと決めたんです。食事は看守から与えられる唯一の報酬なので、拒絶することにしました。看守たちはしょっちゅう、食事を抜きにするぞと脅しますが、じつは食事を与えなくちゃいけない決まりです。それで、僕は食べるのをやめた。

結果として、看守側にはどうにもならない案件が生じて、僕のほうがある種の力を握ったわけです。何とかして僕に食べさせることができなければ、結局、看守たちがルール違反の罪を問われます。つまり、僕はハンガーストライキという手段を通じて、看守たちに恥をかかせたようなものです」[*12]

最初は、昼食に手をつけるのを拒否した。看守アーネットからの報告によれば、四一六は要求どおり弁護士を呼んでもらうまで食事を拒否するつもりだ、と囚人仲間に話していたという。さらに、こう言い添えていた。「たぶん、半日ぐらいで僕はぶっ倒れるだろう。そうしたらどうなる？　連中は降参するしかない」。しかしアーネットは、〝くそ生意気な囚人〟としか考えなかった。このハンガーストライキの陰に立派な意図があるとは気づかなかったのだ。

こうして、新たにひとり、大胆な計画のもとに不服従の態度をとる囚人が現われた。四一六は看守の権力に真っ向から挑もうとしている。成功すれば非暴力の英雄になるかもしれない。ほかの囚人の賛同を集め、盲目的に従うだけだった者たちの目を覚まさせる可能性がある。あのマハトマ・ガンディーのように……。これとは対照的に、五四〇七が使った暴力は、力の分配があまりにも〝システム〟に偏っているこの状況下では、効きめがないことが明らかだった。

私は内心、四一六がさらなる計画を繰り出すのを期待した。同室の仲間、続いて囚人全員を巻き込み、集団でハンガーストライキを決行して、待遇の改善を求めるのではないか。しかし、それにしては四一六が自分個人に意識を集中しすぎている点が気がかりだった。仲間を味方につけて大規模な集団抗議を行なう必要性には考えが及ばない恐れもあった。

さらに二名が離脱

五四〇七と四一六が引き起こした問題は、どうやら、そのあと発生するドミノ式の衝突の予兆だったらしい。息子リッチの顔色が悪いと察知した一〇三七の母親は正しかった。いまになってみれば、私の目にもわかる。面会に来た知り合いたちが帰ってから、彼はふさぎ込む一方だ。おそらく、友だちと一緒に帰らせてくれと言いたかったのだろう。だが、体調を不安視する母親の的確な判断に反して、リッチは自分の男らしさが試されていると思い込んでいた。〝一人前の男〟として、この試練を乗り越えられることを証明したがっていた。

結局、それはできなかった。同じ二号室で最初に反逆を起こした囚人の八六一二や八一九と同じく、一〇三七は過度のストレスの兆候を示していた。私はやむなく刑務所の外の静かな部屋へ彼を連れ出し、この時点での仮釈放がふさわしいと思う、と伝えた。一〇三七は、この朗報に喜び、驚いた。私の手伝いでふつうの服に着替えるあいだも、震えが止まらない。私は、報酬は最終日までの全額とし、支払いは、あとでほかの参加者も含めた全員による実験結果のまとめが完了した時点ですると伝えた。

後日、一〇三七は実験の中で最悪の印象を持ったことについて語った。「看守たちが、ただ役柄を演じているんじゃなくて、本心をさらけ出していると思えるときがあったんです。たとえば、腕立て伏せの際、背中を押さえつけて、とことんまで苦しめようとした。看守によっては、囚人があえぐのを見て心から楽しんでいるみたいでした」[*13]

一方、面会時に両親と会い、一〇三七がまもなく釈放されることを知らされた四三二五＝ジムは、これを快く思わなかった。周囲の想像以上に、四三二五もまた相当なストレスに苦しんでいたのだ。スタッフのあいだで〝ビッグ・ジム〟と呼ばれているこの若者は、芯の強そうな人物に見えるし、事前の調査でもあらゆる評価項目が〝正常〟の判定だった。ところが、この日の午後になって突然、おかしくなった。

「仮釈放委員会に出席する番がまわってきたとき、これで釈放してもらえる可能性が高いと楽観的な気持ちになりました。なのに、一〇三七＝リッチが釈放され、僕はだめだとわかってとても落ち込みました。このたったひとつの出来事が、僕の心をむしばんで、いっそう重い絶望感をもたらしたのです。その結果、僕は〝崩壊〟しました。このときの経験から、僕は個人的な感情というものが、自分で思っていたよりずっと大きいことを知り、それまでの生活がどれほど素晴らしかったのかに気づきました。本物の刑務所が、ここで体験したものにもし多少とも近いなら、囚人にどう役立つのかさっぱりわかりません」[*14]

私たちは、一〇三七と同じ内容を四三二五に告げた。つまり、服役の態度がよかったのでどのみちもうすぐ釈放になるものの、もっと早く釈放されたいのなら希望を受け入れる、と。そして、参加してくれたことに礼を言い、辛い経験になってしまったことを謝って、近々実験結果を話し合うときに戻ってきてほしいと伝えた。四三二五は私物をまとめると、学内の保健課で心理カウンセラーの診断を受ける必要はないと断って、静かに出ていった。

所長ジャフィーの記録にはこうある。「四三二五のようすがおかしくなり、午後五時半には釈放しなければいけない。いままでの八一九＝スチュワートや八六一二＝ダグと同様、ストレスにひどく苦しんでいる」。そのうえで、彼の釈放については、囚人も看守もいっさいふれていないという興味深い事実も付記されている。

去る者は追わず。安らかに眠りたまえ。忍耐を強いられるこの試練の世界では、もはや、いま存在する人間、現在の構成メンバーだけが重要らしい。消えた面々にはもう興味がなくなっている。まさに「去る者、日々に疎し」だ。

わが家への手紙

「囚人たちは今日、以前と同じように、すてきな時間を過ごしていると実家に手紙を書きました。その際、五四八六＝ジェリーだけはきちんと書こうとせず、三度やりなおすはめになりました」と、看守マーカスは記している。「この囚人の、権威に対する敬意や挙動は、当初に比べて着実にねじ曲がってきています。最初のうちは三号室の模範囚だったのに……。収監者が入れ替わって以来、新しい囚人仲間たちの悪影響を受けて、このごろは悪賢く立ちまわるのが特徴になっています。とくに点呼のときがひどい。やることなすこと、刑務所の尊厳を傷つけるのだけが目的です」

看守アーネットの報告にも、この元模範囚が新たな頭痛の種であることが明記されている。「三号室の四三二五や二〇九三から隔離されて以来、五四八六は徐々に悪い方向へ向かっています。冗談を飛ばし、くだらない悪ふざけをするようになりました。容認できない態度であり、重大な事柄につながらないうちに矯正すべきです」

昼シフトのもうひとりの看守ランドリーも、同じように問題視している。「五四八六は、手紙を書くことをあざ笑いました。これに象徴されるとおり、全般に非協力的です。罰として、この種の手紙を一五通書かせてはどうでしょうか」

クリスティーナの訪問

きょう木曜日、委員会で仮釈放と懲罰を審議したあと、カルロは仕事上の急用でいったん街へ戻らなくてはいけなくなった。彼を夕食へ連れ出す手間が省けて、私は正直ほっとした。囚人の食事が終わったらすぐ、面会が予定されており、その場に立ち会いたかったからだ。先日、無神経な応対をしてしまった件で、一〇三七の母親に詫びなければいけない。しかしそれだけでない。今晩の夕食はなごやかな雰囲気を漂わせ、委員会に新たに加わったクリスティーナ・マスラックを歓迎したい。

クリスティーナは、先ごろスタンフォード大学で社会心理学の博士号を取り、バークレー大学の助教授として専門家への道を踏み出そうとしている。バークレー大学心理学部で女性が教職についた例はここ数十年ほとんどない。クリスティーナは、なめらかなダイヤモンドのような女性だ。知性にあふれ、穏やかで、慎ましい。研究者としても教育者としても勤勉でひたむきだ。以前、私の授業を手伝ってくれたことがあるほか、貴重な共同研究者であり、著書の執筆時にも助言をくれた。

それだけでも恋人にしたくなったが、おまけに、とびきりの美貌の持ち主でもあった。ブロンクスの貧しい家で育った私の目には、洗練された〝カリフォルニア・ガール〟そのものに映った。しばらくのあいだは、バークレー大学に推薦したのが私情がらみだなどと誤解されないように慎んで距離をおいていたが、彼女は晴れて実力を認められ、米国屈指の大学に職を得た。ようやく堂々と関係を発展させられるようになったのだ。

クリスティーナには、今回の刑務所実験に関してまだ詳しくは話していなかった。さしあたっては、二週間の実験期間の中ほどにあたる明日の金曜日に、彼女をはじめ数人の同僚や大学院生を招いて、スタッフ、囚人、看守を徹底的に客観評価してもらう予定だった。しかし、今日の午後、委員会の審議中に見聞きした内容から、クリスティーナはあまりいい印象を受けていないようだ。私に不快な感想を漏らしたわけではない。むしろ何も言わなかったことが、心のうちを表わしている気がした。だから今晩は一緒に遅い夕食をとりながら、カルロをどう思ったかなどといった委員会の感想を聞きつつ、明日評価してほしいポイントなども伝えておきたかった。

任務をはたしつづける神父

少し前、マクダーモット神父は、ただのシミュレーション実験と知りながら、迫真の演技で模擬刑務所に真実味を加えてくれた。ただそのせいで、助けが必要な者には手を差しのべるという、神父らしい約束を守る必要に迫られていた。そこで神父は、七二五八＝ハビーの母親ウィットロウ夫人に電話し、息子さんが刑務所を出たいなら弁護士が必要だと伝えた。そして、七二五八が切迫した心理状態にある事実は伏せ、こんど夜間面会にいらしたとき連れて帰っていただいて結構、と言った。

ウィットロウ夫人は指示に従い、公選弁護人である甥のティムに連絡をとった。ティムから私に電話が入り、明日の朝に来てもらうことが決まった。これもまた、実験に真実味を加えるための演出だ。もっとも、肝心の実験は次第に現実とは思えない方向へむかっている。私たちが描いたはずのささやかなドラマの筋書きは、いつしか歪んで書き換えられ、フランツ・カフカの『審判』の続編か、ルイジ・ピランデッロの『生きていたパスカル』の改訂版、あるいはピランデルロのさらに有名な戯曲『作者を探す六人の登場人物』の翻案さながらになっていた。

英雄になりそこねた男

人生の貴重な教訓は、ときに時間や距離をおいてこそ、その価値を理解できる。映画『波止場』で、マーロン・ブランドは「おれだって大きな顔ができる身になれた」という有名なせりふを吐いたが、それになぞらえて四一六＝クレイがこうつぶやいてもおかしくない。「おれだって英雄になれた」。しかし現実には、場の勢いに流されて、四一六は仲間に苦難をもたらすただの〝トラブルメーカー〟とみなされ、その行為は〝（さしたる）理由なき反抗〟ととらえられてしまった。

英雄が生まれるためには、多くの場合、社会のあと押しが必要になる。勇気ある個人の英雄的な行動は褒め称えられるが、もしも、そういう行動によってほかの人々が代償を払わなければならず、当人の動機も理解不能となったら、まず称賛はされない。英雄的な抵抗運動が実を結ぶのは、共同体のメンバー全員が同じ価値や目標を共有し、それを達成するためならともに苦しむ覚悟を持っているときである。

歴史上、そのような例は少なくない。たとえば南アフリカでは、ネルソン・マンデラが収監されても反アパルトヘイト運動が続いた。ヨーロッパの多くの人々は、第二次大戦中、国境を越えて地下ネットワークをつくり、ユダヤ人に逃走手段や隠れ家を与え、ナチのホロコーストから守った。

また、北アイルランドのベルファストでロング・ケッシュ刑務所に収監されていたアイルランド共和軍（ＩＲＡ）の指導者たちは、政治的な目的でハンガーストライキに突入し、餓死するまでやめようとしなかった。ＩＲＡのメンバーも含め、この一派がハンガーストライキを行なった目的は、政府から一般犯罪者と認定されたことに反発し、政治犯として世間の注目を浴びるためだった。*15 もっと最近では、キューバのグアンタナモにある米軍基地収容所に拘束された一〇〇人以上の人々が、長期のハンガーストライキを断行し、違法性や非人道性を訴えるとともに、メディアの関心を集めた。

これに対して四一六＝クレイの場合、効果的な抵抗の計画を胸に抱いていたにもかかわらず、同室の者にもほかの囚人にも相談せず、そのため同調者を得られなかった。仲間の協力がありさえすれば、〝意地っ張りな男〟で片づけられることなく、筋道だった考えを持つリーダーになれたかもしれない。ハンガーストライキの企ても、個人の気まぐれではなく、一致団結して邪悪なシステムと闘う有効な手段になった可能性がある。

しかし、途中から参加したせいもあって、四一六は周囲の囚人にあまり理解されていなかった。あるいは、辛い初日の昼夜を経験していない未熟者ととらえられた。いずれにせよ〝よそ者〟だった。デイヴ（八六一二のあと釜）も似た立場だったが、たちまち囚人側の味方について歩調を合わせ、自分をスパイとして雇った〝システム〟に刃向かった。そのあたりが四一六とは違う。もっとも、まわりから孤立した原因は、四一六の内向的なスタイルにこそあると私は見ている。彼は独立独歩のやり方に慣れていて、みずからの複雑な意識の中で生き、ほかの人間とつながって生活するすべを知らない。

とはいえ、四一六の反抗に強い衝撃を受け、実験の終了後、ものの見方を変えた囚人が少なくともひとりはいる。仮釈放委員会で〝胡散臭い〟とレッテルを貼られた五四八六＝ジェリーは、手荒い扱いに立ち向かう四一六の勇敢さにはっきりと影響を受けた。「僕は、クレイのストイックな意志の強さに感心して、最初からいてくれたらよかったのに、と思いました。もし一日目からいてくれれば、その後の出来事に大きな影響を与えたはずです」

また後日、実験を振り返って、五四八六はこんなふうにつけ加えた。

四一六＝クレイは、初めて現われた本当に意志の強い人物でした。ソーセージを断固として食べず、決意を曲げませんでした。興味深いことに、それを見てまわりの囚人は反感を抱きました。実験の開始当初なら、理想の姿とみなされていたはずです。でも大半の囚人は、そのうち抵抗する、断食するなどと決意を語っていたのに、いざ現実にそれをやってのける人物が出てくると毛嫌いしたんです。言動一致を貫く姿勢を眺めるよりも、自分のけちな安らぎにしがみつくほうを選んだわけです。

五四八六はさらに、四一六＝クレイと七二五八＝ハビーが、ソーセージやガールフレンドをめぐって衝突するのを見て不愉快だったという。あとから振り返ると、そのぶつかり合いが持つ本当の意味はまともだと考えられたものの、目の前で起こっていた当時は本質を見抜けなかったという。改めて考えれば、仲裁に入ってとめることもできたはずだ。

誰もが状況に深くのめり込んで、苦しんだり、ほかの人を苦しませたりしていました。そんなみんなの姿を見て、とても悲しい気持ちになりました。たとえば、もしハビーがガールフレンドに会えなくなったとしても、それはジョン・ウェイン（＝ヘルマン）のせいで、クレイが悪いのではありません。ハビーはそのからくりに気づかず、看守の罠に引っかかって取り乱していました。[*16]

一方、〝穴蔵〟に閉じ込められていた四一六＝クレイは、仏教徒のような方法で事態に対処していた。精神的に耐え抜くため、四一六が禅もどきの戦術を使っていると知っていたら、五七〇四＝ポールあたりは喜んだにちがいない。

「僕はしじゅう瞑想していました。たとえば夕食を拒否したあるとき、看守（バーダン）の命令で、ほかの囚人たちは監房を出て僕を説得しようとしました。面会がキャンセルされてしまうなどといろいろ言っていましたが、僕は、そんなことになるはずはないと踏んでいました。確信はありませんでしたが、可能性としては低いと考えたんです。だから、フランクフルトソーセージから出た肉汁がブリキの皿の上で光っているのを、僕はじっと見つめつづけました。その輝きを凝視しながら、意識を自分の身体の水平方向に、続いて垂直方向に集中させたんです。もう、誰も僕を惑わすことはできませんでした。あの〝穴蔵〟の中で、僕は宗教的な体験をしたんです」[*17]

この痩せこけた若者は、内に引きこもるという抵抗を通じて心の平穏を見いだした。身体をコントロールし、看守たちとの関わりを避けることで、四一六は意志の力で〝システム〟に対抗し、勝利できたと認識した。彼は、感情を込めてこんなふうに言っている。

「あの威張り散らす夜間看守の前で食事を拒んだとき、やっと、ここに来て初めて満ち足りた気分になりました。ヘルマンとかいう看守を激怒させるのは痛快でした。夜のあいだ〝穴蔵〟へ放り込まれて、僕は大喜びしました。あいつの（自分に対して行使する）権限をいくらかでも奪ってやったと手応えを感じたからです。それに、独房に監禁されるとプライバシーを保てるとわかったのも、うれしい驚きでした。ぜいたくな特権です。僕は、この状況の限界に賭けていました。面会の権利は奪えないことは織り込みずみで、翌朝の一〇時ぐらいまで〝穴蔵〟で過ごす覚悟をしていました。

〝穴蔵〟での自分は〝クレイ〟とは遠く離れた存在でした。僕は〝四一六〟。けっしていやではなく、むしろ誇りでした。この番号は僕にアイデンティティをもたらしてくれました。四一六は状況に対して独自の対処法を見つけたからです。昔の名前だったころの男らしさに執着する必要は感じませんでした。〝穴蔵〟の中では、クローゼットのドアの隙間から一〇センチほど光の筋が漏れていました。三時間過ごしたころ、そのわずかな光に癒やされて、心に平穏が満ちてきました。あの刑務所でいちばん美しい光景でした。主観で言っているのではありません。本当に美しいんです、見てみてください。

午後一一時あたりに外へ出され、ベッドに戻ったとき、僕は勝ったんだと感じました。これまでのところ、状況全体の意志の力よりも僕の意志の力のほうが強い、と。その晩はぐっすり眠れました」

実験助手のカート・バンクスは、「看守の中でいちばん好きになれず敬意も持てないのはバーダンだ」と私に打ち明けた。バーダンはおべっか使いで、ヘルマンに媚び、いつも大柄なヘルマンの陰にくっついて生きている。私も同感だった。もっとも、囚人の目から見れば、正気と命を脅かすもっとひどい看守がいるだろうが……。

あるスタッフによると、バーダンはゆうべ、友人の妻を誘惑したと自慢していたという。友人夫婦とバーダンは、毎週三人でブリッジをするらしい。夫妻には二人の子があり、妻は二八歳。バーダンはこの女性に前々から魅力を感じていたものの、言い寄る度胸がなかった——ゆうべまでは。それなのに古くからの友を欺いて妻を寝取る勇気が湧いたのは、もしかすると、刑務所で新たに身につけた権力意識が原因かもしれない。そうだとしたら、バーダンのいやな面がまたひとつ増える。

だが、彼の生い立ちを改めて眺めてみると、母親がナチス・ドイツから逃げてきたことがわかった。私たちは、バーダンという複雑な若者の評価をいくらかプラス方向へ戻した。

そんな彼の勤務報告には、看守の行動が驚くほど正確に記されていた。

僕たちの権威は危機にさらされています。ほかの囚人をせっかく完全に掌握できたのに、この反逆行為（四一六の断食）のせいで綻びかねません。僕はもう、いろんな番号の独自性がつかめてきました（囚人を〝番号〟と呼んでいる点が興味深い。あからさまに個人の人格を無視している）。刑務所内でのいやがらせに、この情報を活かしたいと思います。

バーダンはさらに、私たちスタッフから看守への力添えが足りないことを公然と非難した。「問題が深刻化したのは夕食のときです。僕は、いまごろになって生じた反抗にどう対処すべきか、刑務所のスタッフに教わろうと思いました。囚人が食事をとらないので心配だったからです……でもなぜか、誰もいませんでした」（私たち

の監督、指導が不行き届きだった点は認めざるをえない）

そして私は、バーダンのそのあとの行動で、マイナス査定をさらに少しやわらげた。「これ以上、四一六を〝穴蔵〟に閉じ込めておく気になれませんでした」とバーダンは言った。「危険に思えました（規則では、懲罰房に入れるのは一時間まで、となっている）。所長と話し合ったあと、四一六をそっと監房に戻しました」。ただし、「若干の悪意を込めて、ソーセージを持ってベッドに入るよう命じました」[*18]。

バーダンの好判断については、五四八六＝ジェリーも認めている。五四八六は、囚人の中でただひとり、四一六＝クレイのためなら毛布を諦めてもいいと申し出た人物だ。「ジョン・ウェインがあんまりひどい剣幕なので、戸惑いました。でも、僕がクレイに同情的なのを知っているバーダンが監房にやってきて、クレイをひと晩じゅう閉じ込めておくことはしないと言いました。『みんなが眠ったら外へ出すよ』と、そっとささやいたんです。とはいえ、次の瞬間には手厳しい看守の姿に戻っていました。まるで、一瞬だけ台風の目に入って、正直で誠実なコミュニケーションをしなければ、と思ったかのようでした」[*19]

前述したように、五四八六は四一六に共感したどころか、この実験に参加した最大の収穫はクレイと出会えたことだと感じるまでになった。「自分が欲しいものを知っていて、それを得るために必要なら何でも耐えてみせる覚悟がある男です。どんな危機にさらされようと、信念を曲げず、弁解もせず、精神的に押しつぶされもしない。そういう人物はたったひとりでした」[*20]

その夜の勤務報告書に、バーダンはこう書いている。「残りの囚人たちのあいだに結束は見られません。五四八六だけが例外で、全員に同じ権利を与えるべきだといつも言い張ります」（私も同意見だ。ほかの囚人と比べて五四八六＝ジェリーに尊敬の念を覚えるのも、これが理由のひとつといえる）

この濃密な長い実験を通じて、私は人間性の複雑さに対する理解を深めつつあった。ある人物を把握できたと思うまもなく、じつはまだ内面のほんの一部分しか摑めていないと気づかされる。四一六＝クレイに関しても、激しい攻撃にへこたれない精神力に感心しはじめている一方、悟りを開いた仏教僧のような人間とはまったく異なることも知った。

のちに最後の面接の際、自分のハンガーストライキでほかの囚人が苦しむはめになった件に関して、彼はこう語った。「僕がここから出ようとして、そのせいで、看守たちが画策してほかの人たちが辛い目に遭うような状況になったとしても、そんなのは知ったことじゃありません」

四一六の肩を持つ五四八六＝ジェリーは、この刑務所で自分が加わり（そして敗れた）複雑な心理戦をめぐって、後日、非常に面白い見解を示している。

実験が進むにつれて、僕はだんだん、みずからの行動をこんなふうに正当化していきました。〈これはただのゲームだ。ちゃんとそうわかってるし、僕なら簡単に耐え抜ける。連中に心をかき乱されるはずがない。だから、ちゃんとやってのけよう〉と。それで僕は納得しました。出来事を楽しみ、稼いだ金額を考え、逃げ出す計画を練りました。意識はいたって正常で、取り乱してなんかいない。だって、僕は超然として成りゆきを見守ってるだけなんだから、と思っていました。たとえまわりの囚人と打ち解けて親しくなり、助け合ったりしても、僕はあくまで毅然と、自立した人間らしくふるまって、感情よりも理性を大事にしました。でも、そういう冷徹な態度で僕自身はうまくやっていけたものの、いま思えば、僕の行動がほかの人を傷つけたときも多かったと思います。周囲のニーズにこたえず、自分は別次元の存在と考えることで利己的な行為を正当化していたのです。

わかりやすい例でいえば、四一六＝クレイがソーセージを持って〝穴蔵〟へ押し込まれたときです……僕たちは仲がよかったので、クレイは、ハンガーストライキのあいだ僕が味方すると思っていたはずです。たしかに夕食のテーブルでは、ほかの囚人がクレイに食べさせようとする中、多少の支えになれた気がします。

でも、クレイが〝穴蔵〟に入ったあと、扉を叩いてののしるように命じられた際には、僕はみんなとそっくり同じようにしました。自分を正当化するのは簡単でした。〈これは単なるゲームなんだ。僕が味方だってことは、クレイには伝わってる。ここでどんな行動に出ようと変わりはない。ここは看守の顔を立てておくとしよう〉

あとになって、大声やドアの音がクレイにはとても苦痛だったと知りました。となると僕は、いちばん好きな仲間を苦しめたわけです。それでいて、〈言われたとおりにするけれど、連中に僕の心を操られてるわけじゃない〉と弁解しました。その場面で本当に大事なのは、クレイの心だったのに……。クレイは何を考えているのか？　僕の行動はクレイにどんな影響を与えているか？　僕には、自分の行動の結果が見えていませんでした。無意識のうちに責任をみんな看守に押しつけていたんです。自分の心を行動と切り離していました。看守に責任を転嫁できるなら、ほかの囚人に身体的な危害を与える寸前まで、何だってやったでしょう。

振り返って考えると、実験中の僕みたいに心と行動をばらばらにするなんて、ふだんはできないはずです。僕は、自分の心は誰にも操られないと誇りを持っていました。冷静さを失ってなどいないし、看守たちにコントロールされてもいない、と。でも、僕が当時やったことを思い出すと、わずかだけれど非常に強い力で連中に心を操られていた気がします。[*21]

「あなたは、あの子たちにひどいことをしてるのよ！」

木曜夜、最後のトイレ時間が午後一〇時に始まった。クリスティーナは、仮釈放委員会で物静かに審議を見守ったあとしばらく図書室で仕事をしていたが、少し前、初めて地下の刑務所に下りてきた。私と一緒に大学近くのタウン&カントリー・モールにあるスティックニーズというレストランへ行き、遅い夕食をとるためだ。

私は、最高責任者のオフィスで、翌日に控える大量の面談に向けて必要なものをチェックしていた。ふと見ると、クリスティーナが看守のひとりと雑談中だった。私は話が途切れるのを待って、手振りで彼女を部屋に呼び、デスクのそばの椅子に座らせた。

後日クリスティーナは、この看守との出会いは尋常ではなかったと述べている。

一九七一年八月、私はスタンフォード大学で博士課程を終えたばかりでした。クレイグ・ヘイニーとは在学中の研究仲間でした。卒業した私は、カリフォルニア大学バークレイ校の心理学准教授になる予定で、ちょうど準備をしているころでした。もうひとつ、関連する背景を言っておかなくてはいけません。少し前から、私はフィリップ・ジンバルドーと恋愛関係にあり、結婚も視野に入れていました。

模擬刑務所の実験については、フィリップやほかの同僚から計画を聞いていましたが、準備段階や、始まってから最初の何日かは、私自身は参加していません。ふつうならもっと興味を持って、たぶん何らかのかたちで関わったでしょうが、なにしろ西海岸へ引っ越す最中でしたし、初めて教職につく準備に忙しかったんです。でも、フィリップから連絡があって、被験者との面談をぜひとも手伝ってほしいと言われたので、やることにしました……

刑務所のある地下へと階段をくだり……通路のいちばん奥まで行きました。そこに看守の出入り口があって、刑務所区域のすぐ外に控え室がつくられていました。看守が休憩したり、勤務シフトの前後に着替えをしたりする部屋です。勤務開始を待っている看守がひとりいたので、話をしました。明るくて丁寧で愛想のいい、誰もが〝好青年〟と認めるような人物でした。

しばらくして、刑務所内をもう一度観察してはどうか、とある研究スタッフに勧められました。ちょうど深夜の勤務シフトが始まって、あの悪名高い〝ジョン・ウェイン〟のようすを眺められるからとのことでした。ジョン・ウェインとあだ名された看守は、抜きん出て底意地が悪いうえ高圧的だという評判を、事前にいろいろな筋から耳にしていました。それほどまでに関心を集めるのはどんな人物で、どんなことをするのか、もちろん私は知りたくてたまりませんでした。

でも、隠し窓から所内を覗いて愕然としました。ジョン・ウェインというのは、さっきおしゃべりした〝好青年〟だったからです。ただし、もはや別の人間に変身していました。動き方だけでなく、話し方も前とは違っていて、言葉に南部なまりがにじんでいます……囚人に〝点呼〟をとらせながら、怒鳴ったり罵ったりして、喧嘩腰の粗暴な態度で歩きまわっています。つい先ほど言葉を交わした相手とは思えない、驚くべき変貌ぶりでした。外の世界から刑務所へと一線を越えてから、まだ何分かしか経っていないのに、別人になったのです。軍隊ふうの制服を着て、警棒を握り、ミラーサングラスで目元をおおい……職務に徹して、隙ひとつない、本当に陰険な看守でした。*22


一方の私は、最高責任者のオフィスの開いたドアの前を、囚人たちが通り過ぎるのを眺めていた。彼らは本日最後のトイレをすまそうと、列を組んで歩いていた。いつもどおり互いの足首を鎖でつながれて、頭には紙袋をかぶされ、前の囚人の肩に手を置いている。行列の先頭に立つのは、大柄の看守ジェフ・ランドリーだ。

「クリスティーナ、あの姿を見てくれ！」と、私は大声で呼びかけた。だが、クリスティーナはふと顔を上げると、すぐにうつむいた。

「見たかい？　どう思う？」

「さっき見たわ」。そう言って、彼女は再び視線をそらした。

その無関心そうな態度に、私はショックを受けた。

「どうした？　わからないのか？　人間というものの行為が複雑に溶け合ってる。こんな状況でいまだかつて誰も見たことのない光景が、いま目の前に広がってるんだぞ。興味が湧かないのか？」。助手のカートと所長のジャフィーも、私に加勢した。

じつは、クリスティーナが反応を示さないのは、ひどく心を痛めているせいだった。両頰に涙が伝っていた。

「私、帰る。食事はやめにするわ。家に戻る」

私は走ってあとを追い、心理学部があるジョーダン・ホールの正面階段で話し合った。実験の成りゆきを見て感情的になるようでは優秀な研究者として大成できないのではないか、と私はたしなめた。かれこれ数十人がこの刑務所を訪れたけれど、きみみたいな過剰反応を示した者はいなかった、と。

するとクリスティーナは憤慨し、抗議した。たとえ世界中の人々がみんな、あなたのやっていることを問題視しないとしても、私は違う。単純に言って、これは間違いだ。あの子たちは苦しんでいる。実験の責任者なのだから、あなた個人に責任がある。あの子たちは囚人でもなければ、実験材料でもなく、若者、青年だ。状況にのみ込まれてモラルが麻痺したほかの学生たちに動物扱いされ、辱められている。

この激しいやりとりに関してクリスティーナがあとで記した文章には、理解や同情があふれているが、その当時の私は、顔を平手打ちされた思いだった。ここ一週間ほど昼夜を問わず過ごしてきた悪夢の世界から、目を覚まさせられたのだ。

クリスティーナはこう振り返っている。

午後一一時ごろ、就寝に先立って、囚人たちはトイレへ連れていかれました。トイレは刑務所の区画の外です。研究者としては、囚人には一日二四時間〝獄中〟にいてほしい（本物の刑務所にならいたい）ので、こ

の点は少し問題でした。囚人が外の世界の人々や場所を見てしまうのは好ましくない。研究者がつくりあげようとしている環境の完全さを損ねてしまいます。そこで、トイレの時間になったら、何も見えないように囚人たちの頭に紙袋をかぶせ、お互いを鎖でつないで一列に並ばせて、看守の先導で建物内を遠まわりして、ボイラー室を通り抜け、トイレまで行って、また戻ってくることにしていました。遠まわりには、刑務所とトイレがとても遠いように錯覚させる意図もありました。実際には、トイレは通路の角を曲がってすぐの場所でした。

刑務所実験が現実と向き合うことになる運命の夜をめぐって、クリスティーナの回想は続く。

あの木曜日の晩、トイレとの往復が始まったとき、フィリップが興奮ぎみに話しかけてきました。私は何かの報告書を読んでいるところでしたが、顔を上げてこっちを見ろと言うのです。「早く、早く。あの光景を見てくれ！」。目をやると、紙袋をかぶせられ、鎖でつながれた囚人たちが、足を引きずりながら進んでいました。複数の看守が大声で命令を発している――私は即座に視線をそらしました。寒気と吐き気に打ちのめされそうでした。

「見たかい？　なあ、よく見ろよ。驚くべき眺めだ！」。そう言われましたが、私は二度と直視する気になれず、「見たわよ！」と言い返しました。するとフィリップ（や、ほかのスタッフ）が少し憤慨して、どうして関心を持たないのかと責め立ててきました。きわめて興味深い人間行動が展開しているのに、心理学者のきみが、見ることさえできない？　そんな反応は信じられない、と。私の態度を、興味の欠如と受け取ったようでした。

そんな言葉を浴びせられ、揶揄されて、私は自分が愚かで無力に思えました。男性ばかりの世界の中で、場違いな紅一点という気がしてきたのです。ただでさえ、まったく人間扱いされていない可哀想な若者たちを見て、胃がむかついているのに……。

そのあと、私との対立と和解についてこう記している。

すぐあと、模擬刑務所を出てから、この実験を全体としてどう思うかとフィリップが尋ねてきました。先ほど目撃した研究内容やいろいろな出来事に関して、実りのある知的な議論をしたかったにちがいありません。でも私は話に乗らず、信じられないほど感情を爆発させました（ふだんの私は、あまり感情を表に出しません）。腹を立て、怯えて、涙ぐみ、こんなふうに言いました。

「あなたは、あの子たちにひどいことをしてるのよ！」

そして、フィリップと激しい口論が始まりました。私はますます怖くなりました。私が知っているはずのフィリップとはまったくの別人に思えたからです。いつものフィリップは、学生を愛し、心から思いやり、その温かさといったら、大学ではもう語り草になっているくらいです。なのに、そのときの彼は、私が愛するようになった男性とは違っていました。優しくて繊細で、私をはじめほかの人たちに尽くしてくれる人間とは、別の存在になっていたのです。

このときほど激しい言い争いになったことは過去にありませんでした。お互いに波長が合って近しいはずなのに、大きな亀裂をはさんで対峙しているかのようでした。とにかく、フィリップが（さらには私も）すっかり変わって、ふたりの関係が危うくなるなんて、思いがけない展開でしたし、ショックでした。口論がどのくらい続いたか覚えていませんが、私には永遠のように思えて、心が深く傷つきました。

ただ覚えているのは、結局のところフィリップが私の言い分を認めて、謝ってくれたことです。自身も含めて実験にたずさわる全員が、徐々におかしくなっている事実に目覚めたのです。どのスタッフも、本来の人道的な価値観を見失い、破壊的な刑務所の価値観に染まっている、と。フィリップはようやく、こんな刑務所を生み出した自分に責任があると納得し、実験中止の決断をくだしました。

　真夜中をだいぶ過ぎていたので、中止は翌朝と決めました。その前にまず、すでに釈放ずみの囚人に連絡をとって、看守もみんな呼び集め、看守全員、囚人全員、看守と囚人の全員という三回に分けて、感想を報告してもらわなくてはいけません。

　こうして、フィリップに、私に、さらにはふたりの関係に重くのしかかっていた何かが取り除かれました。*23

「おまえたちはラクダだ。交尾しろ」

　実験の中止を決めて肩の荷が下りた、いやむしろ元気さえ湧いてきた私は、地下の刑務所へ引き返した。カート・バンクスに、この決定を早く伝えたくてたまらなかった。彼は家族の面倒もみなければいけない立場なのに、昼夜のまちまちな時間帯にビデオカメラで監視を行ない、実験助手として尽力してくれていたからだ。

　知らせを聞いたカートは喜んだ。いまあなたがいないあいだにひどい展開になったので、即刻中止を進言するつもりだった、という。あいにくその夜クレイグは不在で、終了の喜びを分かち合うことができなかったのが残念だった。

　その夜、地下では、再三にわたって精神的な苦痛を味わわされながらも沈着冷静な四一六＝クレイを見て、ヘルマンが苛立ちをつのらせていた。最後となる点呼は、午前一時に開始された。かろうじて残っている五人の囚人（四一六、二〇九三、五四八六、五七〇四、七二五八）は悲しげに力なく、壁を向いて並び、番号や規則を言い、歌をうたった。どんなに上手にやり遂げても、誰かしらがけちをつけられ、さまざまな罰を受ける。怒鳴られ、ののしられ、互いに悪口雑言をぶつけ合うよう命じられるのだ。

「あいつに、このくず野郎と言え！」とヘルマンが声を張りあげ、ある囚人が隣の囚人に向かって指示どおりに叫んだ。続いて、昨夜じわじわと頭をもたげてきた性的ないやがらせがいよいよ本格化し、猛威をふるいはじめた。

ヘルマンが大声で全員に呼びかける。「床のあの穴が見えるか？　あの穴をファックしながら、腕立て伏せを二五回やれ！　わかったな」。ひとりずつが力ずくで床に伏せされられ、務めをはたした。

すると、〝ジョン・ウェイン〟＝ヘルマンはさらに、小柄な相棒バーダンと少し話し合い、新しい性的なゲームを考案した。「ようし、聞いてくれ。おまえたち三人は雌のラクダだ。こっちへ来て、四つん這いになれ」。三人が指示に従った。上っ張り一枚をはおっているだけで下着をつけていないので、裸の尻がむき出しになる。喜びを隠しきれないヘルマンが、命令を続けた。「さて、おまえたちふたりは雄のラクダだぞ。雌の後ろ側に立って、交尾《ヘンプ》しろ！」

〝交尾《ヘンプ》〟と〝背中のこぶ《ヘンプ》〟の駄洒落を、バーダンが面白がって笑った。拒絶できない囚人たちは、身体こそ接触させないものの、後ろから突き上げるような動きをして交尾をまねる。やがて囚人は監房に戻され、一方の看守たちは、今晩の仕事をじゅうぶんやり終えたとばかり、満足げに控え室へ戻った。私の昨夜の悪夢が、現実になりつつある。明日になればすべてに終止符を打って状況をコントロールできるのだと思うと、ほっとした。

たった五日のうちに、これほどの性的な辱めが横行するようになるとは、信じがたかった。参加者はみな、これが単なる模擬刑務所の実験だと承知しているはずなのに……。また、当初は全員、〝相手側〟も同じ大学生であることを認識していた。看守と囚人という正反対の役割を演じるものの、割り当ては無作為なのだから、双方に本質的な違いはない。善良そうな学生ばかりで実験をスタートしたのだ。

看守になった者たちも、ちょっとした運の違いで自分があの囚人服を着せられ、いま虐待しているのと逆の立場におかれただろうことはわかっている。囚人たちがじつは何も犯罪を犯しておらず、卑しめられる理由などないのもわかっている。それでも、一部の看守は悪を行使しはじめた。それを黙認して間接的に悪をはびこらせた看守もいる。正常かつ健全な精神を保っていた囚人は、結局、状況のプレッシャーに屈し、生き残った囚人たちはゾンビのような服従者となった。[*24]

状況の力は、人間性を試すこの〝探査船〟に乗り合わせたほとんどの者に、素早く深く浸透した。権力や支配に屈服したくなる気持ちをはねのけて、わずかなりともモラルと良識を保つことができたのは、ごく少数だけだった。私自身、明らかに後者の高潔なグループには属していなかった。

第九章

金曜日。意外な終幕

刑務所を機能停止させるためには、数時間のうちにやらなければいけないことが大量にあった。朝から晩まで苦労の多い一日だったから、カートもジャフィーも私も疲れきっている。そのうえ、真夜中だというのに、参加者の会合、スタッフによる最終評価、報酬の支払い、私物の返却など、あらゆる手配をしなければいけない。明日の午後は、この実験に手を貸してくれた同僚たちがやってくる予定だったので、それもキャンセルしなくてはならない。食堂からの配達などもストップし、借りていた寝台や手錠を学内警察に返却するなど、ほかにも雑務が山積みだった。

スタッフ全員が、複数の任務を並行して片づけた。刑務所内の動向を監視し、慌ただしく仮眠をとり、最終日の段取りを準備した。実験の終了を宣言するのは、公選弁護人が到着してからの予定だ。弁護人が朝やってくることは前から決まっていたのだが、実験全体を締めくくるうえでちょうどいい。囚人にはこの朗報を私から直接伝え、看守への事前の通告は行なわないことにした。実験中止の準備中だと知ったら、看守たちが腹を立てるだろうからだ。とりわけ現時点では、囚人を完全にコントロールできている、また新入りが入って来ようと残りの一週間は楽にこなせると考えているにちがいない。看守を務めるコツを摑んだ、いまならおそらく、どんな事態にもすぐに適応できる、と。

所長ジャフィーは、すでに釈放ずみの囚人五名に連絡をとり、正午ごろこちらへ戻ってきてくれるように頼むことになった。彼らには報告会に参加してもらい、丸一週間ぶんの報酬を渡す。目下勤務中の看守たちには、私から通達を出し、〝特別なイベント〟があるので、正午に戻ってくるか、それまでここに待機していてくれ、と伝えることにした。もともと、金曜日は外部の人々が見学に来て、スタッフ全員と面談する予定だと知っているはずだから、その関係で何かスケジュールが追加されたんだなと考えるだろう。唐突に任務の終了を告げられるとは夢にも思うまい。

すべてが計画どおり進めば、昼一時ごろに囚人たちの報告会を一時間開き、続いて看守たちの報告会を同じく一時間、そのあと、囚人と看守を一堂に集めることになる。片方のグループだけが報告会に出席しているあいだ、もう片方には、最終報告書の記入や報酬の受け取りをすませ、制服を記念に持ち帰るか返却するかを決めてもらう。なんなら、刑務所内や〝穴蔵〟のいろいろな掲示物も持っていってくれてかまわない。このほか、送別に盛大な昼食会をする手配が必要だし、少しだけ日にちが経ってからまた全員を呼び出す用意もしなければならない。再集合させて、一部の録画を見直しながら、ある程度客観的な視点で当時の自分たちの行動を話し合ってもらうためだ。

ここ一週間の大半、私は上の階にある教授室のソファーベッドで断続的に仮眠をとっていたが、ひと眠りする前に、早朝シフトの看守たちのところへ行った。そして、今晩は朝まで囚人たちを寝かせておいてくれ、囚人への敵意をこれ以上エスカレートさせないように、と注意を与えた。看守たちは、まるで公園で遊んではいけないと父親から言い渡された子どものように、肩をすくめてうなずいた。

金曜日の最後の点呼

この一週間で初めて、囚人は六時間ほど連続で眠ることを許された。寝不足のつけが、そうとうたまっているにちがいない。毎晩しょっちゅう眠りや夢を妨げられることが、感情や思考にどのくらい影響を及ぼすのか、正確な判断は難しい。しかしおそらく、かなり大きいはずだ。早期釈放された囚人たちの神経がずいぶんまいっていたのも、睡眠障害が状態を悪化させたせいかもしれない。

午前七時五分の点呼は、たったの一〇分で終わった。番号の確認のほかは、あたりさわりのない作業のみ。ここまでしのいだ囚人五名は、温かくおいしい朝食を与えられた。しかし案の定ではあるが、四一六＝クレイは食べ物をいっさい口にしようとしない。ほかの囚人たちから優しく促されるものの、意志を貫いた。

すると、囚人に厳しく当たりすぎないようにと指示しておいたにもかかわらず、看守たちが抵抗をやめないクレイに激怒した。「四一六が朝食をとらないなら、全員に腕立て伏せを五〇回やってもらう」。それでも四一六＝クレイは動じず、視線を皿に落とした。看守のバンディーとセロスが、食べ物を無理やり口に押し込んだが、四一六はすぐに吐き出した。看守ふたりは五七〇四と二〇九三にも応援を頼むが、効果はなかった。

四一六は監房の中へ戻され、夕食時のソーセージと〝愛を交わす〟ように命じられた。ソーセージを愛撫して、抱きしめ、キスしろ、と看守セロスが命令を出す。四一六はすべてやってみせた。けれども、宣言どおり、食べることだけは断固として拒否した。

看守バンディーは、四一六の頑固さに驚くとともに、相棒の底意地の悪さにも、とまどいを覚えていた。そのときを振り返って、のちに日誌にこう記している。「四一六が食べるのを拒否したため、僕はまた、すごく腹を立てました。無理に食べ物を飲み込ませる方法はないからです。ほかの囚人にやらせてみましたけれど、だめでした。アンドレ（・セロス）が四一六に命じて、一日経ったソーセージとしばらく一緒に寝かせてから、抱擁やキスや愛撫をさせました。僕は、ちょっとやりすぎだと思いましたが……。僕だったら、そんなことはさせません」[*1]

当の看守セロスは、自分の行動をどう釈明するのか？　後日の報告書にはこんなふうに書いている。「強引に食べさせようと思いましたが、四一六は食べませんでした。食べ物が頬を滑り落ちていきましたが、放っておきました。自分がそんなことをしているなんて、信じられませんでした。食事を強要していることに自己嫌悪を覚えました。食べない四一六にも憎しみが湧きました。人間の行動というものがほとほといやになりました」[*2]

昼の勤務シフトの看守が、いつもどおり一〇時に到着した。私は、リーダー格の看守アーネットに忠告した。もうすぐ弁護士が来るから、落ち着いて控えめにしておけ、と。このアーネットが、シフト中の重大な出来事として、以下のような記述を残している。禅に近い瞑想にふけり、表面上は冷静を保っていた四一六＝クレイが、少し変化しはじめてきたという。

四一六が、ひどく神経を尖らせています。トイレ時、頭にかぶせていた紙袋を僕がとろうとしたら、びくりと身を震わせました。トイレとの往復も、僕が引っぱって歩かせなければいけませんでした。べつにおまえを何かにぶつけようとしてるわけじゃない、と諭したのですが……（看守はしょっちゅう、わざと囚人を物にぶつからせていたからです）。罰を受けることにとても神経質になっていました。トイレに行く際は、ソーセージを僕が持ってやりました。ところが、ほかの看守に「いつも持っていろ」と命令されたと言って、僕から奪い返そうとしました。[*3]

公選弁護人による査定

私はティム・Bを迎え、手短かに話をした。彼は公選弁護人事務所に勤める地元の弁護士だ。今回の実験全体を胡散臭く感じている。しぶしぶ貴重な時間を割いてくれたのは、いとこのようすを見てくれと叔母から個人的に頼まれたからにほかならない。

私は、この実験のおもな特徴と、事態の深刻さを説明すると同時に、本物の囚人グループの弁護を頼まれてやってきたのとそっくりに手続きを進めてほしいと頼んだ。ティム・B弁護士はそれに同意し、まずはいとこの七二五八＝ハビーだけと会い、次に囚人全員と顔を合わせた。また、同弁護士の許可を得て、面談は仮釈放委員会を開いたのと同じ一階の実験室で行ない、隠しカメラで録画した。

最初に七二五八＝ハビーとの面談が始まったとき、あまりにもよそよそしい雰囲気が流れたので私は驚いた。過去ふたりのあいだに交流があったとはとても感じられなかった。習慣の違いもあるのだろうが、私としては、少なくともハグくらいして当然に思える。なのに、ふたりは改まった握手のあと、「また会えてよかったです」といかにも堅苦しかった。

このあとティム・B弁護士は、一連のありきたりな質問を事務的に片づけていった。そして、事前に用意したリストから、懸念事項を分野ごとに読みあげた。ひとつ言うたびに囚人の返事を待ってそれを書き留めるが、たいていはコメントもせず、ただ次の質問へ移った。

「逮捕時に権利を告知されましたか？」

「看守によるハラスメントは？」

「看守から辱めを受けましたか？」

「看守の虐待は、どんな性質のものですか？」

「プレッシャーのもとで、精神的にとり乱しましたか？」

「監房の大きさと状態は？」

「拒否された要求はどんなものですか？」

「許せなかった所長の行為は？」

「仮釈放に関して困っていることは？」

七二五八＝ハビーは機嫌よく質問に答えた。いとこがここから連れ出してくれる、そのための形式的な手続きなのだと考えているのだろう。彼はティム・B弁護士に、僕は以前、この刑務所から出ることはできない、契約を破棄する手段はないと言われたと相談した。すると弁護士は、金銭的な報酬をもとに契約したのなら、その報酬を放棄さえすれば契約は無効になると教えた。「そうですよね。仮釈放委員会でそう訴えたんですけど、だめでした。だからまだここにいるんです[*4]」。不満点を並べる中で七二五八は、囚人四一六の問題行動のせいでみんな正気を失ってしまったと指摘した。

しばらくすると、看守たちが残りの囚人たちを部屋に連れてきた。例によって囚人の顔にかぶせてある袋を取りながら、冗談を交わす。看守が退席したあとも、私は後方に腰かけて見守った。ティム・B弁護士が、ハビーのときと同じ質問を順に繰り出し、適宜、囚人からの苦情を聞いていった。

真っ先に応じたのは、四一六＝クレイだった。彼は、仮釈放委員会に臨んだ際、逮捕容疑を認めるよう圧力をかけられた、でも正式に容疑をかけられているわけではないので拒否した、と申し立てた。自分がハンガーストライキを始めた理由のひとつは、罪もないのに拘留されているということの違法性に注意を向けたかったからだとも言った（この若者の言動は、またしても理解しがたい。明らかに複数の、相いれない面を合わせ持つ人物だ。今回の経験を純粋に法律面から語り、実験参加時の契約について語ったかと思うと、囚人の権利や矯正方法の話を織り交ぜる。しかもニューエイジふうの摩訶不思議な瞑想に取り組んでいる)。

四一六は、自分に本気で耳を傾けてくれる相手と話したくてたまらなかったようだ。「名前は挙げませんが、一部の看守は僕に対して乱暴をふるいました。怪我をしてもおかしくないほどでした」。必要なら、不服を正式な書面として提出するという。「おまけに、僕がハンガーストライキをやめないかぎり、ほかの囚人たちから面会の権利を剝奪すると脅して、みんなを僕の敵にまわしたんです」。同意を求めるように七二五八＝ハピーに向かって軽くうなずくが、ハピーはばつが悪そうに目をそらした。「そのうえ、僕は〝穴蔵〟に入れられ、ほかの囚人たちにドアを強く叩かれて、怖い思いをしました。一応、暴行は禁止とのルールがありましたが、そんなルールはすぐ破られてしまうのではないかと心配でした」

次に、〝軍曹〟＝二〇九三が話しだした。いろいろな看守が彼を辱めようとした例を挙げ、どれにも耐えたと胸を張る。続いて、ある看守の命令により、ふたりの囚人を背中に乗せて何度も腕立て伏せをした件を持ち出して、正確に客観描写し、実際に目の前でやってみせる。ティム・B弁護士もこれにはさすがに驚いて、眉をひそめながら、しかるべきメモをとった。

続く背の高い五七〇四＝ポールは、煙草好きを逆手にとられて、看守の言いなりにさせられたと訴えた。善良な五四八六＝ジェリーは、自分個人ではなく一般的な問題として、食事が足りず栄養不足だったこと、真夜中に延々と点呼が続いて疲れきったこと、何人かの看守の行為が目にあまること、運営スタッフの監督が不行き届きであることを指摘した。私をまっすぐににらんできたのでぎくりとしたが、たしかに私に非がある。

メモを書き終えたティム・B弁護士は、情報提供に感謝の言葉を述べ、月曜日に正式な報告書を提出して仮釈放の準備を進めると約束した。弁護士が立ち上がって部屋を出ようとしたとき、七二五八＝ハピーはたまらず叫んだ。「僕らを置いたまま帰るなんて、あんまりです！　いますぐ、あなたと一緒にここから出ていきたい。あと一週間なんて、いや土日だけだって、もう耐えられません。てっきりあなたが、僕を、僕たちを釈放する手続きをこの場でやってくれるんだと思ってました。お願いします！」

だしぬけに感情あらわな言葉を浴びせられて、ティム・B弁護士は面食らった。だが、きわめてフォーマルな口調で、自分の任務の実効性、限界などを説明した。囚人に手を貸すことはできるものの、いまここでというわけにはいかない、と。現時点まで残っている五人の囚人は、この説明を聞いて意気消沈した。大いなる希望が、法律上のたわごとによって打ち砕かれてしまった。

後日ほどなく、ティム・B弁護士から手紙が届いた。文面には、このときの特殊な体験に対し、興味深い考察が記されていた。

・囚人が法的な権利を要求しなかったことに関して

……囚人たちが法的な助言を求めなかった理由は、こんなふうにも解釈できるでしょう。中流階級の白人米国人だけに、犯罪がらみの世界へ押し込まれる心の準備ができていなかった。そんな世界では自分の権利が何より重要なのですが、あれよあれよという間にあの刑務所に収監されてしまい、状況を客観的に判断する能力を失って、本来ならとるべき行動をとれなくなっていた可能性があります。

・現実を歪める状況の力に関して

……金銭よりも行動や移動の自由が高い価値を持つようになるのは珍しいことではなく、明らかにそういった状況になっていました（私がじかに見た光景からわかります）。私が仮釈放の道を開く説明をしたところ、解放への期待が大きく膨らんだのを覚えていらっしゃるでしょう。実験に参加しているだけだと頭では納得していても、獄中生活という現実が身体の隅々に浸透してしまっているようでした。法的な根拠の有無とは関係なく、監禁状態そのものが苦痛だったにちがいありません。[*5]

「実験は終わりだ。全員、自由に帰っていい」

ティム・B弁護士の言葉で、囚人の希望に暗い影がさした。ただでさえ陰気な囚人たちに、憂鬱のベールがまたはっきりとおおいかぶさったのだ。弁護士が一人ひとりの力ない手と握手を交わし、部屋を出た。私は、外で待っていてくれるよう弁護士に頼んだあと、テーブルの上座に歩み寄って、これから言うことに耳をすましてくれと囚人たちに呼びかけた。しかし、みな注意力を失っている。早期釈放の望みが、苦境を理解しない冷淡な弁護士によって打ち砕かれたいま、何にも関心を持てないのだろう。

「きみたちに大切な知らせがある。よく聞いてほしい。実験はこれで終わりだ。全員、自由に帰っていい」

すぐには反応がない。表情にも、身動きにも、変化が見られない。戸惑って、本気にせず、むしろ疑っている気配だ。これもまた、反応を調べるテストだろうと思っているらしい。「私をはじめ研究スタッフは、この時点で実験を打ち切る決定をした。実験は正式に終了、スタンフォード郡刑務所は閉鎖する。重要な役割を担ってくれたことに深く感謝する。なお――」

憂鬱が歓声に変わった。抱き合い、背中を叩き合い、長らく暗い表情だった顔に大きな笑みが広がった。無上の喜びがジョーダン・ホールに満ちた。私にとっても、うれしい瞬間だった。これで、耐え抜いた囚人たちを解放してあげることができ、刑務所の最高責任者という自分の任務にもきっぱりと別れを告げることができるのだから。

私自身がまんまとのみ込まれる

短い言葉で自由を宣言し、突き抜けるような歓喜を分かち合うことができた。私自身、このときほどうれしい気持ちになった経験は人生でも数少ない。自分の行為、言葉で、こんなにまで他人を無条件に喜ばせることができるとは……。私は、ポジティブな力がもたらす快感に酔いしれた。そしてその場で心に誓った。これからは自分のありったけの力を善のために、悪と闘うために使い、人間が内に秘めている最良のものを引き出そう。心の中の牢獄に縛られた人々を解き放ち、しかるべき幸福や正義から人類を引き離すさまざまな〝システム〟に立ち向かっていこう。

ここ一週間、模擬刑務所の責任者としてネガティブな力を行使するうち、私は自分が支える〝システム〟にすさまじい破壊力が宿っているという現実を見失っていた。そのうえ、研究主任の務めに埋もれて目先のことばかりに囚われ、正常な判断もできなくなっていた。本当は、もっと早く実験を打ち切るべきだったのだ。正常かつ健康な参加者が情緒障害に陥った二例目の時点で、即刻、中止する必要があったのに、私は、行動に関わる状況の力と個人の気質の力とはどちらが強いのかという、目に見えない概念上の課題にすっかり意識を奪われていた。私自身が中心になってつくりあげ、維持している〝システム〟の力に四方八方を囲まれていることにも気づかなかった。

そう、クリスティーナの言うとおり、私は結果的に罪のない学生たちにひどい仕打ちをしていたのだ。じかに手をくだしたわけではないにせよ、虐待をとめようとせず、むしろ助長しかねない手前勝手な規則、規律、段取りを整えた。非人道的な行為の温床にいる〝冷血動物〟さながらだった。

システムは状況も含んでいるが、それよりさらに複雑で幅広い。より長期間、より広範囲にわたり、人々やその期待、尺度、ポリシー、さらにはおそらく道徳上の慣習まで、システムには大量の要素が入り組んでいる。そこには時間の経過とともに歴史的な土台ができ、ときには政治的、経済的な構造を確立して、影響力の範囲内にいる多くの人間の行動を支配し、指示するようになる。

システムとは、状況を動かすエンジンのような存在だ。それによって状況が行動の背景をつくり、そこにいる人間の動きに影響を与える。ある段階までくると、システムは自律的な存在物と化しかねない。そうなると、最初にシステムをつくった人々はもちろん、できあがった権力構造の中の支配層とも無関係に機能しはじめる。どのシステムもそれぞれ独自の文化を発展させ、その一方で、数多くのシステムが合わさって社会の文化に影響を与えるのだ。

今回の実験に参加した学生たちの大半は、状況の力によって心の中の最悪の部分を引き出され、ある者は悪の使い手になり、またある者は精神を侵された。しかし、さらに大きく人格を変貌させてしまったのは私だ。学生たちはまだ若く、それほど多くの経験を積んでいない。ところが私は、ベテランの研究者であり、れっきとした大人だ。ブロンクスで育つ中で、状況を判断し、貧民街で生きのびる行動計画を練りながら、生活の知恵を磨いた。成人になったいまもそれは忘れていない。

にもかかわらず、この一週間のうちに、少しずつ〝刑務所の権威の象徴〟へと変身を遂げてしまった。そういう象徴として、歩き、話した。周囲の人々もみな、私をそんなふうにとらえて対処した。帰するところ、私はまさしく〝奴ら〟のひとりになった。私が生涯つねづね批判し、忌み嫌ってきた権威主義者そのもの、高い地位から権力を振りかざす、尊大で横柄な人間になりさがったのだ。

自分の良心に言い訳しようと思えばできなくもない。誠実で心優しい最高責任者として私は、熱心すぎる看守が肉体的な暴力をふるわないように、上の立場から手綱を引き締める必要があったのだ、と。だが、その引き締めは、エネルギーを別方向へそらす効果しかなく、看守たちがますます巧妙な方法で囚人を心理的に苦しめる結果を招いた。

研究者と監督者の二役を兼ねようと考えたのは、明らかにミスだった。このふたつがはたすべき任務は異なり、ときに矛盾する。私の中でアイデンティティの混乱が起きてしまったのもそのせいだ。また、兼任のせいで私の権限が強大化しすぎた。そのため、多くの外部者（両親、友人、同僚、警察、神父、メディア、弁護士）は、模擬刑務所を訪れたものの、萎縮してシステムに異議を唱えようとはしなかった。

状況の力のもとにおかれた者は、自分の思考や感情、行動をねじ曲げられることをいやがるが、システムの毒牙にまでかかってしまうと、もはやおとなしく従うだけで、その場その場で起こる出来事に、システムの側から見て自然な対応をするようになる。

強力なシステムの内側に取り込まれて、未知の奇妙で残酷な状況におかれた人は、まずたいていは入ったときと同じ人間のままではいられない。かたわらに変貌ぶりを写す鏡があれば、見慣れた自分とは似ても似つかない姿に驚くはずだ。

私たちはふだん、自分の内なる力、行為の主体性を固く信じ、このスタンフォード監獄実験で作用したような外部からの状況の圧力には屈しないと考えている。実際そのとおりの人もいる。しかし、それは少数にすぎない。そういう人は稀有な存在であり、本書の長い旅の最後で〝英雄〟と分類するような人物だ。

大多数の人にとっては、強大なシステムや状況のパワーに個人の力で抵抗できるというのは過信であり、自分は絶対無敵だという気休めの幻想と大差ない。皮肉な話だが、そんな幻想を持ちつづけていると、かえって周囲に操られかねない。好ましくない影響を受けているのではないかと警戒することを怠ってしまうからだ。

全員が再集合した報告会

実験を中止するにあたっては、その前にぜひとも報告の場を設ける必要があった。理由はいくつかある。第一に、参加者全員を威圧感のない環境に集め、類のない今回の経験で感じたことや考えたことを自由に話してもらいたかった。[*6]

第二に、実験中の行きすぎた行為は状況の力のなせるわざであって、各個人の特徴の表れではないことを、囚人にも看守にも言い聞かせておくことが大切だった。みんなもともとは正常で健康だったからこそ被験者に選ばれたわけで、その点を改めて伝えなければならない。個人的な欠陥をこの刑務所の環境へ持ち込んだ者は誰ひとりいない。状況設定が、人々の心の中から極端な部分を引き出して、私たちの前にさらしたのだ。「腐ったリンゴが一個あると、樽全体がだめになる」ということわざがあるが、今回はむしろ逆で、スタンフォード刑務所なる〝腐った樽〟が中身のリンゴをだめにして、参加者たちをあれほどまで明白に変貌させたのだ。

第三に、この機会を活かし、モラルの再教育をほどこすことも重要だった。報告会のかたちを使って、実験中めいめいにはどんなモラルの選択肢があったのか、各自それにどう対処したのかを振り返るのだ。看守に関していえば、もう少し虐待的ではない態度で囚人に接することができなかったのか。囚人のほうには、虐待をやわらげる手段はなかったのか。

私自身で言えば、実験中に虐待が目にあまる状態になったとき、もっと頻繁に介入すべきだった。自身の責任を感じていることをみんなに明言したかった。肉体的な暴力はやめさせようとしたものの、ほかのかたちの辱めについてはとめようとも改めさせようともせず、本来の務めを怠った。必要な場面で適切な監視、監督を行なわなかった点で、怠慢の悪＝傍観という罪悪を犯してしまったのだ。

元囚人が心情を吐露

元囚人たちのあいだには、安堵と憤りが奇妙に入り交じっていた。悪夢がようやく終わったことには、全員がほっとしている。早めに釈放された仲間と顔を合わせても、一週間を乗り切った者があからさまに偉ぶったりはしない。最後まで残ったとはいえ、ゾンビのようにひたすら服従しただけだということが身に染みているようだ。彼らは馬鹿げた命令に従い、声を合わせて八一九＝スチュワートをののしり、四一六＝クレイに敵意をぶつけ、最も高潔な精神を持っていた〝軍曹〟こと二〇九三＝トムをあざ笑った。

早期釈放された五名の囚人は、苦しんでいたストレス過重のなごりを何も感じさせていなかった。理由のひとつは、もともと一定の安定性と正常さを持っていて、戻るべき土台が固まっていたからだ。もうひとつは、苦痛の原因があの特殊な設定、地下の刑務所、たび重なる不可解な出来事に集中していたからだろう。彼らは、奇妙な囚人服や鎖などから解放されたせいもあって、あの不愉快な環境と距離を置くことができた。囚人の場合、従属的な役割を演じなければならず、それに伴う屈辱感と向き合わなければいけなかった点が、最大の問題だった。何としても個人の尊厳を取り戻し、外から押しつけられた低い地位の束縛を振り払う必要があった。

しかし、真っ先に逮捕され、精神状態の悪化により真っ先に釈放された八六一二＝ダグは、いまだに私に怒りを向けていた。行動や意識がコントロール不能に陥るような状況をつくった私が、なおも許せずにいるのだ。じつは、ダグはやはり仲間を引き連れて刑務所を襲撃し、ほかの囚人たちを解放することを考えていたという。その準備のため、釈放された翌日にジョーダン・ホールへ戻ってきていたらしい。だが、いくつかの理由で断念した。スタッフが襲撃計画をかなり本気で心配していると知って愉快になり、私たち（とりわけ私）が、時間をかけて施設の防衛策を講じているとわかって、ますます溜飲《りゅういん》を下げたらしい。

一方、まだ釈放されたばかりの囚人たちは、予想どおり看守を激しくなじった。任務に必要なレベルを大きく踏み越えて新しい罰を考え出したり、特定の囚人を選んでいじめたりしたと非難した。やり玉に挙げられた回数の多さで並べると、ヘルマン、アーネット、バーダン。続いたのは、そこまでつねに〝邪悪〟ではなかったバーニッシュとセロスだった。

しかしほどなく、〝良心的〟と感じた看守についても話しだした。ちょっとした願いを聞き入れてくれた看守、囚人が人間であることを忘れるほどには役割に没入しなかった看守のことだ。こちらの分類では、ジェフ・ランドリーとマーカスのふたりが人気を集めた。ランドリーはささやかな要求にこたえてやったほか、虐待にいそしむ同じ夜間勤務の看守たちとは一線を引き、はては義務づけられていたミラーサングラスをかけず、軍隊ふうの制服も着なくなった。それどころか、のちに明かした話によれば、他人をひどくむしばむシステムの一部になるのはごめんだと、囚人役に替えてほしいとスタッフに頼むつもりだったという。

マーカスはそこまで囚人の苦しみを切実に感じていたわけではなかったが、囚人の食事が貧しすぎるため、最初のうち何度か新鮮なフルーツを差し入れたという。ただ、囚人が反逆騒ぎを起こしたときに少し傍観していたとして、勤務中の熱意が足りないと所長に叱責されたあとは、囚人を怒鳴りつけたり、囚人の仮釈放に反対する報告書をつくったりするようになった。もともとアウトドア、ハイキング、キャンプ、ヨガが好きなだけあって、地下の狭苦しい刑務所で過ごすのは人一倍苦痛だったようだ。ちなみに、マーカスの手書き文字はじつに美しく、美術品の域に近い。本人はわざとそれをやや強調して、仮釈放を認めるべきではないという文章に説得力を持たせようとしたらしい。

〝悪い〟看守と〝良い〟看守のあいだに位置したのは、決められたとおりに任務を遂行し、役割を演じ、規則違反は罰したものの、個々の囚人に虐待をはたらくことはほとんどなかった者たちだ。具体的には、バーニッシュ、控えの看守だったモリソンとピーターズ。もうひとりのランドリーもときに含まれる。当初、バーニッシュが無関心そうな態度をとり、通路内にあまり姿を見せなかったのは、恥ずかしがり屋のせいもあったのだろう。

個人情報にも「親しい友だちはごくわずか」と書かれている。

ジョン・ランドリーの演じる看守は、態度が揺れ動いていた。あるときはアーネットを支える強硬派。反逆する囚人たちに冷たい消火器スプレーを浴びせるのも、きまってこのジョン・ランドリーだった。しかしほかの場面では規則を逸脱することなく、たいがいの囚人から好かれていた。歳のわりに大人びたジョンは、たくましくてハンサムだ。小説家を志望していて、カリフォルニアの海岸沿いに住み、女の子と頻繁にデートしていた。

総じて、〝良い看守〟の特徴として、ある種の消極性が挙げられる。たとえば、勤務シフト中に〝悪い看守〟が虐待行為を行なっても、彼らをたしなめようとしなかった。私たちが知るかぎり、ジェフ・ランドリーもマーカスも、刑務所内で一度も異議をはさまなかったばかりか、看守の控え室で待機しているあいだも、やりすぎを批判したりはしなかった。虐待を傍観して止めなかったことが〝怠慢の悪〟と言えるかどうかは、本書のもう少しあとで議論したい。

一貫して反抗しつづけた五七〇四＝ポールは、実験が終わったと知ったときの気持ちをこう述べている。


実験終了を告げられたとき、僕の心の中には、安堵と憂鬱の波が同時に押し寄せてきました。実験が終わったのは本当にうれしかったけれど、二週間ちゃんと続いたほうがずっとうれしかったと思います。僕の参加の目的は、お金だけですから。とはいえ結局、外へ出られた喜びがまさって、バークレーに帰り着くまでたえず笑顔でした。帰って数時間すると、僕は何もかも忘れてしまい、今回の件を誰にも話しませんでした。*7

思い起こしてほしい。このポールは、囚人の苦情申し立て委員会の代表者になったと自慢する一方、バークレーのアングラ機関誌に今回の実験について暴露記事を書き、反体制派の学生たちをどう抑え込むべきかを模索する政府の陰謀だとすっぱ抜いてみせる、と意気込んでいた。しかし、その計画は完全に立ち消えになって、実現せずに終わった。

憤る元看守たち

報告会の二時間目は、元看守が集まった。ここでは先ほどとはかなり異なる感想が漏れた。囚人から〝良い看守〟と評価された者たちは、実験が終わったことを喜んでいるものの、その他おおぜいは、中止の決定に失望を隠しきれない。せっかく状況をコントロール下において、あと一週間、楽に稼げると思ったのに、という点に不満を集中させた看守もいた（四一六＝クレイの断食が続いていたうえ、〝軍曹〟がヘルマンと対立しながらモラルの面で優位に立ちつつあったわけだが、そういった未解決の問題には目をつぶっている）。

看守の中には、やりすぎだった、権限を享受しすぎたと、率直に謝ろうとする態度の者もいたが、逆に自分の行動を正当化し、与えられた任務をはたすには必要な措置だったと主張する看守も少なくなかった。ここで私がはたすべき大切な務めは、たとえ任務上の必要性があったとしても、他人を苦しませた事実にはいくらか罪悪感を覚えるのが当然であることを看守たちに気づかせることだった。

私は、自分自身が深く反省していることを明かした。私が看守たちのやり方にあまり介入しなかったせいで、暗黙の了解を与えたかたちになり、虐待をエスカレートさせてしまった。上からの監視をもっと強めれていれば、むごい行為は防げたかもしれない、と。

すると、ほとんどの看守が、囚人に対する認識を改めたきっかけは二日目の反乱騒ぎだったと即答した。彼らは、囚人たちが急に〝危険〟に思えてきて、制圧の必要を感じたと言った。また、その騒ぎの最中、一部の囚人が、個人を名指しで非難したり、ののしったりしてきたことに憤って、屈辱を受けたと感じ、復讐してやるという気持ちになったとも語った。

この報告会を進行するうえで難しかったのは、何を、なぜやったのか、看守たちに正しく説明させることだった。自己正当化を織り交ぜさせてはまずい。それでは、ただ単に虐待的、敵対的、さらにはサディスティックな行為の言い訳をするだけに終始してしまう。

ともあれ、実験が終わった結果、彼らはせっかく会得《えとく》した「自在に使える看守の力」を放棄しなければいけなくなった。看守バーダンは日誌にこう書いている。「ジンバルドー教授から実験の打ち切りを聞いて、僕は大喜びしましたが、一部の看守ががっかりしていたのはショックでした。失望の原因は、報酬が減ったせいだけでなく、任務を楽しんでいたからでもあったはずです」[*8]

元囚人と元看守の対面

報告会は三時間目に入った。今度は囚人と看守を対面させる。私たちが元囚人を連れて入ると、研究室には困惑ぎみの笑いが満ちた。私服姿だと、双方は見分けがつかない。制服も番号も小道具も消えたいま、どちらがどちらだろうと不思議はない。刑務所内の格好をさんざん見慣れているだけに、私の目からさえ区別が難しかった(なにしろ、一九七一年当時、誰もがやたらと毛むくじゃらだった。看守も囚人もほとんどが、髪を肩まで伸ばし、長いもみあげを生やしていた。口のまわりにたっぷり髭をたくわえている者もいた)。

この合同報告会は、ある元囚人の言葉を借りれば〝ぎこちない礼儀正しさ〟に包まれていた。先ほど囚人だけで集まったときの友好的なくつろいだ雰囲気とは違う。互いに気配をうかがっている。囚人五四八六＝ジェリーが質問をした。背が高いから看守に選ばれた人もいるのか？　「実験中のどこかで、看守は囚人より長身に思えてきて、平均身長でいうと看守のほうが高いんじゃないかという気がしてます。本当のところどうなのかは知らないし、制服のせいでそう感じたのかもしれませんが」

これに対して私は、「そんなことはない」と否定する前に、全員に背の順に並んでもらった。みごとなほど看守と囚人がほぼ交互に並び、身長がつり合っているのがみてとれた。それなのに囚人の目には、看守の背がより高く映っていたわけだ。まるで、看守の権限を握ると靴底が五センチ増すかのように……。

虐待された囚人と虐待した看守を対面させたら対立するかもしれない、と心配していたのだが、これといったいざこざは何も起こらなかった。理由のひとつは、二〇人以上もいる前で個人攻撃をするのがみっともないからだろう。しかしそれだけではないはずだ。権力構造が消滅したいま、たとえ元囚人の心に強い衝動が残っていたとしても、意志の力で抑え込まざるをえないのかもしれない。

数人の看守がおおやけに謝罪したことも、関係の険悪化の歯止めになった。彼らは、役割に没頭しすぎ、本気で演じようとしすぎるあまり、自分を見失ってしまったと詫びたのだ。おかげで緊迫した空気がゆるみ、明確には謝らなかった強気の看守、たとえばヘルマンも救われる格好になった。

強硬派のひとりだった元看守アーネット――ここスタンフォード大学で社会学を学ぶ大学院生は、この合同報告会でふたつのことがとくに印象に残ったという。


ひとつは、〝囚人〟をめぐるジンバルドー教授の考察です。いかに役割に深く没入していたかの証拠として教授は、仮釈放してもらえるなら報酬を放棄してもかまわないと言いながら、囚人たちがなおも刑務所内にとどまっていた事実を挙げました。

もうひとつ印象的だったのは、会合に臨んだ囚人たちが、〝ジョン・ウェイン〟（＝ヘルマン）や僕も役割を演じていただけ、とは信じていないようすだったことです（ほかの看守についても同様かもしれませんが、僕たちふたりがいちばん嫌われていたと思います）。囚人の一部、あるいは多くは、僕たちが根っからのサディストか、むやみに権威を振りかざしたがる人間なのだろうと考え、看守の肩書きは、その本性を囚人から、また自分自身からおおうための隠れみのにすぎないと感じているようでした。でも、少なくとも僕に関していえば、ぜったいにそんな人間ではありません。*9

心理学的な見地から、私は刑務所内にユーモアが欠けていた点も指摘した。ユーモアを活かせば、緊張感をやわらげ、さらには現実を逸脱した状況に多少とも現実を持ち込むことができたのではないか。たとえば看守の場合、同じ勤務シフトの仲間がやりすぎだと不快に感じたときは、控え室で冗談の種にして、「きみみたいに熱心なら、報酬を倍にしてもらわなきゃねえ」などとからかう手もあっただろう。囚人にしても、「この場所って刑務所になる前は何だったのかな？　豚小屋？　いや、もしかして男子学生のクラブハウス？」といったふうに看守に尋ねたりすれば、ユーモアの力を借りて、あの悪夢のような地下刑務所の環境に浸りきらずにすんだかもしれない。ユーモアは、見せかけの人間や場所を打ち破る。にもかかわらず、この哀しい場所には一週間、ユーモアがかけらもなかった。

解散する前、私は全員に、今回の体験の最終報告書を忘れず完成させるように、また、助手のカート・バンクスがみなに渡したその他の書類にも記入するようにと頼んだ。さらに、今後一カ月のうちに、とくに記憶に残った出来事を振り返って簡単に記してもらえるとありがたい、それなりの原稿料を支払うから、とも伝えた。そして最後にこう言った。「〝一九七一年クラスの同窓会〟を数週間後に開いて集まったデータを検討したいので、できればみんなに来てほしい。スライドやビデオも用意しておくから」

じつは私は、このあと何年にもわたって、多くの参加者と連絡をとりつづけ、実験について出版やメディアで扱う際は全員に知らせた。以後何十年ものあいだ各種のテレビ番組でこの実験の特集が組まれ、参加者の一部が出演した。今日もなお大きくとりあげられている。

実験が終わったあと、被験者たちにどのような後遺症が見られたかは、のちほど論じよう。

囚人や看守になった感想

次章では、六日間の実験で集まった客観的データを分析し、これによって提起された倫理上の問題を考察したい。ただその前に、参考として一部の被験者の所見を紹介しておこう。

囚人役を演じることについて

四一六＝クレイ「よい囚人とは、自分が動きをとれなくならないように注意しつつ、まわりの囚人たちと戦略的に歩調を合わせるすべを心得ている人間です。僕と同室だったジェリー（＝五四八六）は、そういう囚人です。刑務所内にはいつも、外へ出たくてたまらない囚人と、その時点ではそれほどでもない囚人がいます。それほどでもない囚人は、必死な囚人の大きな障害にならないように気をつけると同時に、自分の利益を守っていく必要があります。悪い囚人はこの両立ができず、自己の利益だけを求めます[*10]」

五四八六＝ジェリー「僕が気づいたいちばん顕著な特徴は、実験に参加した人の大多数が、自分の内面ではなく、その場そのときの環境に、アイデンティティや快適さのよりどころを求めていることでした。だから神経がまいってしまったんです。あのプレッシャーには耐えられません。すべてに対抗できるだけの心の支えがありませんでした[*11]」

五七〇四＝ポール「僕たち囚人は自分を貶めなくてはいけなくて、すごく落ち込みました。実験が終わりに近づくにつれ、みんなおとなしくなったのはそのせいです。反抗的にふるまっても何ひとつ変わらないとわかって、あきらめました。スチュワート（＝八一九）とリッチ（＝一〇三七）がいなくなったあと、自分の立場を変えるためにはいろんなことが必要で、でも僕の力ではできないと身に染みました……ふたりが消えてから僕が従順になったのには、もうひとつ理由があります。望みを叶えるためには、ほかの囚人の協力を仰ぐしかありません。なのに、ストライキか何かをしようと持ちかけても、先頭を切ってやったら罰せられると怖がって、誰も賛同してくれなかったのです」[*12]

看守アーネット「あの実験の状況に対するおおかたの囚人の反応には、心底驚き、目をみはりました……中でも、神経衰弱に陥る人が現われたこと。あのまま実験を続行していたら、さらに多くの人が精神をやられるのも時間の問題だったにちがいありません」[*13]

八六一二＝ダグ「目に見えるいろんな条件、たとえば看守や監房などは、たいした問題ではありませんでした。全裸にされて鎖をはめられても、僕はちっとも気にしませんでした。最悪だったのは、気持ちのほう、心理的な側面です。外へ出たくても出られないとわかって……トイレに行きたいときに行けないという制約もいやでした……選択の余地がないことに苦しめられたんです」[*14]

八六一二の後任＝デイヴは、脱走計画の真偽や詳細を確かめるために私たちが送り込んだスパイで、収監されるのは一日だけと事前に承知していた。にもかかわらず、囚人役にたちまち完全に溶け込んだという。「最下位の囚人から最上位の所長まで、誰もが役柄にむしばまれていました」。彼はあっという間に囚人としての自己認識を植えつけられ、たった数日でありながら、模擬刑務所に収監されたことで大きな打撃を受けた。

こんないい連中を裏切る目的で送り込まれたなんて、と僕は何度か罪悪感を覚えました。でも、脱獄に関して報告すべき事柄がとくにないとわかり、いくらか安心しました。……やがて密告の機会が訪れたとき（手錠の鍵のありかを、少し経って知ったのですが）、僕は黙っていました……その晩は、穢《けが》れと後ろめたさと怯えを感じながら眠りにつきました。

（刑務所の襲撃に備えて）倉庫へ移動させられ、足の鎖を外されたとき、僕は本気で脱走を考えましたが、捕まるのが怖くて実行できませんでした……囚人として丸一日過ごした結果、感情がひどく不安定になり、実験終了まであの場所に近づけない状態でした。報告会で再び足を踏み入れたときでさえ、ひどく不安な気持ちに襲われたほどです。食欲もあまり湧かず、しじゅう軽い吐き気がして、それまでの人生では覚えがないくらい神経質になっていました。あそこでの体験全体を自分の中で消化できず、どんなことがあったのかを誰にも事細かに話す気になれませんでした。妻にさえ話していません。[*15]

ちなみに、行方不明だった手錠の鍵は、囚人が看守のひとりから盗んだことが後日判明した。水曜日の夜、囚人全員を五階の空き部屋へ移し、午前〇時半に元の刑務所に戻す際、逃亡を防ぐため、囚人をふたりずつ手錠でつないだ。しかし外す段になると鍵が見つからなかった。私はスタンフォード警察に電話しなければいけなくなり、少なからず恥ずかしい思いをしたのだが、じつは、囚人のひとりが鍵を排気口に投げ入れたのだった。デイヴはそれを知っていながら、スタッフの誰にも伝えなかった。

看守役の力に関して

看守ジェフ・ランドリー「まるで、自分で刑務所を築いているような感じでした。みずから中に入って、自分で自分を定義づけしてしまい、それが壁みたいになる。僕はその壁を打ち破りたい、外へ出たいと思う。壁の中に閉じこもっているのは本当の僕じゃない、とみんなに向かって叫びたい。僕は出ていきたい、自由の身だ、自分の意思を持っている、と。あるいは、こんなことをやって楽しむサディストなんかじゃないんだ、と」[*16]

看守バーニッシュ「僕にとっては価値ある経験でした、本当に。もとは似かよった大学生のグループなのに、ほんの一週間のうちにまるきり違うふたつの社会集団へ進化した。一方が完全に権力を握って、もう一方を虐《しいた》げる……考えると、背筋が寒くなります。自分自身にも驚きました……僕は囚人たちに命じて、互いを罵り合わせたり、素手でトイレを掃除させたりしました。囚人を〝家畜〟も同然とみなし、こいつらが何かしでかさないように見張っていなければ、と思いつづけていました」[*17]

看守バンディー「囚人を辱めたり罰したりして楽しむなんて、ぜんぜん僕らしくありません。ふだん、傷ついている相手、とくに動物には優しく接するタイプのはずだからです。囚人を完全に自由に管理していいという立場が災いして、権限を濫用しはじめたんだと思います」[*18]（興味深いことに、バンディーは、こうして新たに得た看守の力を刑務所の外にまで持ち出したらしい。所長ジャフィーの報告によれば、バンディーは同じ勤務シフトの看守にこう打ち明けた。「気がついたら、家でも母親に向かって偉そうに命令を出してたよ」）

看守アーネット「うわべで厳格な看守を演じるのは、造作ありませんでした。僕はいくらか威張りたがり屋の面があるからです（自分であれ他人であれ、そういう性格は大嫌いなのですが）。それに、この実験の重要性を感じていましたし、僕が看守らしくふるまってこそ、本当に抑圧された人たちの反応を研究できるのだとわかっていました……僕の行動に大きな影響を与えたのは、雰囲気です。かすかではあるけれど、本物の刑務所は残酷で、人を人として扱わないという気配が伝わってきたんです。僕には溶け込めない部分もあり、行動には規制がありましたが、その範囲内で、場の空気に従う努力をしました……まず、囚人には打ち解けたり親切になったりしないよう心がけました……ビジネスライクに中立を貫こうとしました。また、退屈さなど、刑務所暮らしの諸要素につけ込めば囚人の頭を混乱させることができると、本から仕入れた情報で知っていました。たとえば、無意味な作業をやらせる、誰かひとりの態度が悪いときは全囚人に罰を与える、トレーニングその他では細かな命令を出して完璧にできるまでやらせる、トレーニング中は厳しい口調で機械的にしゃべる……そういったテクニックのいくつかを使って、囚人の疎外感を煽りました。もっとも、残酷な仕打ちはしたくなかったので、限られたかたちでしか実践できませんでした」[*19]

良い看守、悪い看守

五七〇四＝ポール「ランドリー兄弟が好きでした。ほかの面々ほど看守の任務に没入していなかったからです。誰かに罰を与えるときさえ、人間らしさを保っていました。看守全般についていえば、毎日いったん帰宅できるにもかかわらず、戻ってきてまた役になりきれるところに驚きました[*20]」

看守ジョン・ランドリー「囚人たちと話したら、きみは良い看守だと感謝されました。でも、僕は内心、ろくでなしなのを自覚していました。（実験助手の）カート・バンクスも、目つきから見て、そうわかっていたにちがいありません。囚人に対して公明正大なふりをしつつ、実質を伴っていなかったんです。残酷さがまかり通るのを傍観して、止めようともしませんでした。単に、罪悪感を抱きながら善人面をしていただけです。正直な話、何かできるのではなどとは考えず、試してもみませんでした。平凡な行動に終始し、看守の控え室に座って囚人のことを忘れようとしました[*21]」

また、最も公平な看守と囚人たちから評価されたジェフ・ランドリーは、この模擬刑務所で過ごした経験の影響力に関してさらに注目すべき証言をしている。前述したように、実験の締めくくりに行なった聞き取り調査によれば、ジェフは途中で囚人役に替えてもらおうかと考えていたという。

看守ジェフ・ランドリー「ただ実験に参加するという以上の経験になりました。つまり、これが単なる実験だったとしても、そこから生じたものや結果は、現実すぎるほど現実だったんです。囚人がどんよりした目でにらんできたり、聞きとれない小声で何かつぶやいたりしたら、反射的に最悪に備えざるをえません。そのうちとんでもない事態になるかもしれないと恐れているからです。ちょっとでも不穏な気配や精神衰弱の兆候があったときは、最悪の展開の始まりだと感じていました。とくに、実験の域をはみ出しはじめたのは、一〇三七が精神的にまいったようすを見せだしたときです。あの時点で、心配で怖くなり、やめようかと考えました。囚人役に替えてくれるよう頼もうとさえ思いました。ほかの人たちを押さえつけ、服従を強いて、悩ませつづける——そんな〝機械〟の部品になりたくなかったんです。いやがらせをしなければいけないくらいなら、されたほうがましだ、という気持ちに近づきました」[*22]

この言葉を踏まえて振り返ると、水曜日の夜の出来事は興味深い。ジェフ・ランドリーは所長に、シャツがきつすぎて窮屈で仕方ないから脱いだ、と報告している。けれども、シャツは自分でサイズを選んで実験開始の前夜に試着したはずだし、開始後も四日間は不満なしに着つづけていた。となると、窮屈に感じはじめたのは、精神的な理由によるのだろう。こちらで大きめのシャツを手配して渡したところ、気乗りしないようすで身につけた。また、彼は一貫してサングラスを外していた。スタッフから、なぜ決められたとおりに着用しないのかと聞かれると、どこかに置き忘れてしまったと答えた。

看守セロス「この実験全体がすごくいやでした。終了後、僕はそそくさとドアを出ました。あまりにもリアルすぎたんです」[*23]

静かに湧きあがるサディズム

八六一二＝ダグは、後日、この実験を題材に学生がドキュメンタリーフィルムを製作した際、インタビューに答えている。そのとき彼は、スタンフォードの模擬刑務所とカリフォルニア州にある本物の刑務所とを比較した。実際に刑務所のスタッフとして働くようになり、内情を知ったのだという。

「スタンフォード模擬刑務所は、監獄としてはごく甘い環境でした。それでも、看守はサディスティックになり、囚人はヒステリーを起こし、中にはじんましんを発症する囚人まで現われました。わりあい良心的な環境でもだめだったんです。通常の刑務所ではびこるようなものは、すべてはびこりました。看守という役割はサディズムを助長する。囚人という役割は混乱と恥辱を強いる。誰だって、看守になる素質を持っています。サディスティックになりたくなる衝動は、簡単には消し去れません。静かに湧きあがる欲望、悪意です。どうにか抑えてはみても、どこへも逃がすことはできません。また別のかたちで、加虐趣味が顔を出すのです。囚人の立場であれば、もう少し自制がきくと思います。本物の刑務所で会った囚人の中には、立派な尊厳を持つ人もいました。そういう人は、看守をけなすどころか、いつも敬意を払い、看守の心にサディスティックな衝動を芽生えさせず、囚人という恥を超越できていました。状況の中で尊厳を保つすべを知っていたわけです」[*24]

刑務所の本質

四一六＝クレイ「看守も、囚人と同様に囚われの身なんです。監房棟の出入りは自由ですが、その先に鍵のかかった目に見えない扉があって、開くことができません。だから実際には、みんな共同体で、ひとつのものをつくってそれに同化することになります。囚人だけの人の輪も、看守だけの人の輪もない。全体がひとつの、おぞましいまとまりなんです」[*25]

看守セロス「ある囚人が僕に乱暴な態度で歯向かってきたとき、守らなければと瞬時に思ったのは、純粋な自分の身ではなく、看守としての自分でした……相手は、看守としての僕を憎んでいたからです。彼は看守の制服に拒否反応を示していました。だからこっちも、看守として自己防衛するほかありませんでした。僕はショックでした……囚人と同じく、僕のほうも囚われた人間にすぎないのだと気づいたからです。僕は、囚人の感情の裏返しでしかなかったわけです……双方とも抑圧に押しつぶされていました。僕たち看守側には自由の幻想がありましたが、それは本当に幻想にすぎません……もとはといえば、全員がお金の奴隷でした。やがて囚人は僕たちの奴隷になりました……」[*26]

そういえばボブ・ディランも、『ジョージ・ジャクソン』という曲で、世界がときどきひとつの大きな刑務所に感じられる、と歌っている。

おれらの一部は囚人で
残りはみんな看守たち

六日間で人格はどう変わったか？

実験が始まる前の発言などを確認しつつ、改めて日々の記録を眺めると、看守の精神状態が根本的に変化したことがわかる。典型例はバーダンだ。実験前、実験中、実験後の本人の言葉を見比べてほしい。

実験前。「僕は平和主義者だし、攻撃型の性格ではないので、命あるほかの存在を監視したり、虐待したりすることは想像できません。ですから、看守よりも囚人の役を希望します。権力層を嫌う人たちが法にそぐわない政治行動、社会行動をさかんに行なう時代だけに、自分が囚人の立場におかれる可能性はじゅうぶん予想できます——その方向で僕がどんな能力を発揮するのか興味深いです」

看守向けオリエンテーションのあと。「会合の最後に制服を買ったら、ゲームみたいな雰囲気がますます高まりました。実験スタッフは〝真剣さ〟を期待しているようですが、看守役のうちいったい何人が真剣に取り組めるのか疑問です。その点、僕はただの控えなので、わりと安心しています」

一日目。「実験開始にあたってとても心配だったのは、囚人たちから、正真正銘の人でなし、根っからの看守タイプと見られるのではないか、ということでした。実際の僕とはぜんぜん違う、自分自身が認識しているのとはまるきり異なる人間だと受け取られそうで怖かったんです……じつは髪を伸ばしているのも、本当の僕からかけ離れた印象を周囲に与えたくないからです……囚人たちはきっと僕の外見を笑いの種にするだろうと思って、とりあえずの基本方針を立てました。おおまかにいえば、囚人に何を言われても絶対に笑みを浮かべないこと、これがただのゲームだと認めるような行動はとらないことにしたんです。ヘルマンと、もうひとりの長身で金髪の看守が夕食を配るあいだは、刑務所の外で待機しました（僕以外のふたりは、もっとはるかに自信を持って役割を演じているようです）。意を決して所内に入る前に、サングラスを確かめ、警棒を握りました――多少とも権力を示して身を守るためです。唇を固く結んで、なかばしかめっ面をし、どんな言葉にも表情を変えないと心に決めました。三号室の前で立ち止まって、わざと厳しい低い声で、『何をにやついているんだ？』と囚人五四八六に言いました。『いいえべつに、刑務官殿』『じゃあ、にやけないように気をつけろ』。やりとりのあと歩み去りながら、どうにも間抜けな気がしていました」

二日目。「車を降りて歩きはじめてから、突然、周囲の人たちに制服姿に気づいてほしくなりました。『おい、僕がやってることを見てくれ』と……五七〇四に煙草を一本ねだられましたが、無視しました。僕自身は吸わないので、同情できなかったんです……一方、一〇三七には同情心が湧いたため、この男とはけっして口をきかないことにしました。そうこうするうち、警棒で壁や椅子や柵を叩き、権力を誇示するのが癖になってきました。……点呼を終えて消灯後、ヘルマンと大声で雑談し、これからガールフレンドの待つ家に帰って、あれやこれやしようと話し合いました。囚人を苛立たせるのが目的でした」

三日目（最初の夜間面会の日）。「面会を早めに打ち切られたくなければ、不満はいっさい漏らすな、と囚人に警告したあと、ようやく最初の両親を招き入れました。僕はあらかじめ、面会のあいだ通路内にいさせてほしいと頼んでおきました。初めて、僕が大好きな種類の支配力を発揮できる場面だったからです。何をしゃべっていいか悪いかをほぼ完全にコントロールでき、とても目立つ存在になれます。囚人と両親が椅子に座っているとき、僕はテーブルの端に腰かけて両脚をぶらりと垂らし、好き放題に口をはさみました。今回の実験を心から楽しめたのは、このときが最初です。囚人八一九は、不愉快そうにしながらも、じろじろと見つめられることに耐えていました……ヘルマンと僕は、お互いに敬意と軽蔑の両方の念を抱いています。看守（役者）として見れば、へルマンは素晴らしくて、本気でサディズムを実践しつつある。でも、そういうところが、僕は気に食わないんです」

四日目。「カウンセリング室を出る前、囚人に手錠をはめて目隠しをしたら、あの助手（クレイグ・ヘイニー）に叱られました。僕は憤慨して、セキュリティのうえでも、とにかくこうしなきゃだめなんだ、と答えました……自宅に帰ったあと、ここの状況の現実を説明するのが日に日に難しくなっています」

五日目。「どんな命令を出しても要求以上のレベルをやってのけようとする〝軍曹〟をいびることにしました。〝軍曹〟を選んでとくに重いペナルティを科した理由は、ひとつには本人が望んだから。もうひとつは単純に僕は〝軍曹〟が嫌いだからです。深刻な厄介事が持ち上がったのは夕食時でした。新しい囚人（四一六）が、ソーセージを食べることを拒否したのです。僕たちはこの囚人を〝穴蔵〟へ放り込み、両手に一本ずつソーセージを握ったままでいろと命じました。看守側の権威が危機にさらされました。せっかくほかの囚人を完璧に掌握できたところなのに、この反抗が災いして、統制が崩れかねません。そこで、懲罰房という弱みにつけ込むことにしました。と同時に、おまえがソーセージを食べないなら、ほかの囚人全員から面会の権利を剥奪すると伝えました。僕は、〝穴蔵〟の前まで行き、ドアに警棒を突っ込んで何度も叩きました……ほかのみんなに不愉快な思いをさせ、手をわずらわせるこの新しい囚人に、すごく腹が立ちました。無理やり食べさせようとしましたが、頑として口に入れません。食べ物が頬を滑り落ちても、僕は放っておきました。自分がこんなことをしているなんて信じられない思いでした。食事を無理強いしている自分がとてもいやでしたが、食べようとしない囚人にも憎しみを覚えました」

六日目。「実験終了。僕は大喜びしたものの、ショックだったのは、一部の看守ががっかりしていたことです。失望の原因は、報酬が減ったせいだけでなく、任務を楽しんでいたからでもありました……リハビリのための会合がありましたが、話し合いはとても苦痛でした。空気が張りつめていて、不快な感じだったんです……陽射しが降りそぐ中、僕は家まで自転車をこいで帰りました。外に出られて、このうえなくいい気分でした」

数週間後。「この出来事（ヘルマンが四一六を一晩中〝穴蔵〟に放置すると決めたこと）がどんなに残酷だったか、数週間経ってやっと気づきました。ジンバルドー教授は、ほかの出来事と合わせて、かなりの衝撃を受けていた（だから実験を中止した）にちがいありません」[*27]

もうひとり、興味深い人格変化を遂げた者がいる。私たちの研究にはごくわずかしか関わっていないが、所長ジャフィーによる報告書の〝余談〟の中に記述がある。刑務所の襲撃に備え、実験がすでに終了したふりをしようと私が懸命に工作していたときのことを思い出してほしい。あの最中、非常に真面目な同僚の心理学者が見学に訪れ、「きみの研究の独立変数は何だ？」などと質問を投げかけてきた。

ジャフィーの報告書にはこう書かれている。「火曜日の夜、囚人を五階の空き部屋へ移したあとで、博士がやってきました。奥さんを連れて五階に上がり、囚人のようすを見ました。奥さんは囚人たちにドーナツを配りましたが、博士のほうは、囚人をからかう発言を少なくともふたつしました。ひとつは服装、もうひとつはその場の臭いにまつわる内容でした。外部から訪れた人のほとんどが、こんなふうに〝芝居に一枚噛む〟ような行動パターンをとりました」

妻が実験参加者に同情といたわりを示したのに比べ、ふだん控えめな同僚は、意外にも学生たちを辱める非人道的な態度で接していたのだ。

ヘルマンの〝ささやかな実験[*28]〟

ここで、看守役のヘルマンが実験開始の一週間前に書いた自己プロフィールを眺めてみよう。このプロフィールは、看守役を演じる前はどんな人物だったかをおおよそ摑むために、各自に記入してもらったものだ。改めて読んで驚いたが、ヘルマンはまだ一八歳、大学二年生にすぎない。参加者の中で最年少のひとりだ。

彼は中流階級の、学問を重んじる家庭に生まれた。姉が四人、兄がひとりいる末っ子だ。身長一八八センチ、体重七九キロ。緑色の瞳にブロンドの髪。全体として威圧感を漂わせている。自分はミュージシャンだが、〝根は科学者〟だと評価する。「僕は自然のままの生活をおくり、音楽と食べ物と人々を愛しています」と記している。「同じ人間という同胞に大いなる愛情を抱いています」

また、「あなたがまわりからいちばん好かれている点はどこですか？」という質問には、自信に満ちてこう答えている。「付き合いが浅い人は、僕の才能と外向的な性格に感心します。人間関係における僕の本当の能力を知っている人はほとんどいません」

逆の質問、「いちばん好かれていない点はどこですか？」に対しては、複雑な性格へ踏み込んでいる。絶対的な権力を与えられたときどんな姿に変わるかを予感させる内容だ。「僕は馬鹿に我慢できないんです。それと、ライフスタイルがまるきり合わない人は相手にしません。人につけ入ることもあるし、無遠慮で自信家です」。このような要素を合わせ持つヘルマンが、当初、看守ではなく囚人を希望したのは、「看守は憎まれ役だから」だという。

これらを踏まえると、実験終了後のヘルマンの感想は興味深い。今回、自分の役割をどう感じたかについて、彼は次のように述べている。

「これは、実験という以上のものでした。刑務官の仮面のもと、いろんな人たちの能力を試し、限界まで追いやる機会を得られました。愉快な気分ではなかったものの、反応を見てみたい誘惑に突き動かされていた感じです。さまざまな場面で、僕なりにあれこれと実験をしました」[*29]。「今回の実験に関していちばんよかったのは、どうやら僕が触媒になって、いくつか驚くべき結果を生んで、テレビや新聞などの関心を集められたことです。……運営スタッフに想定外の迷惑をかけたのなら、すみません。僕の独自の実験だったんです」[*30]。「いちばん悪かったのは、僕の言動を深刻に受け取る人が多くて、敵をつくってしまったこと。僕の言葉の影響で、連中（囚人たち）

はこれが実験だという現実を見失っていたようです」[*31]
私たちの実験が終わって一カ月後、この元看守ヘルマンは、手を焼かされた元囚人四一六＝クレイとともに、NBCテレビのインタビューを受けている。同局の『クロノログ』（CBSテレビ『60ミニッツ』に似た報道番組）が私たちの実験のドキュメンタリーを製作しており、その一環として、ふたりが対談することになったのだ。特集のタイトルは「八一九は悪いことをした」。
番組でヘルマンが看守役への変身ぶりを説明すると、クレイは攻撃的な口調になった。当時の世間でよく言われた〝やられたら、やり返す〟の機会がようやく訪れたわけだ。
ヘルマン「制服に身を包んで、役割を、つまり仕事を与えられる。〝きみの仕事は、この連中を統制することだよ〟と。そのとたん、街で私服を着て違う役割を担っている自分とは、明らかに違う人間になる。あのカーキ色の制服を着用して、サングラスをかけ、警棒を握り、役目を自覚すると、本当に別人になるんだ。服装が鍵だね。着ただけで、それに応じた行動をとらざるをえなくなる」
クレイ「そのせいで、僕は傷ついてるよ。いいかい、〝傷ついてる〟。現在形だ。いまも傷ついてる」
ヘルマン「どうして傷ついたんだ？　傷ついてるんだ？　人間があんなふうになれると思うだけでショックって意味かな？」
クレイ「そう。それまでじかに体験したことのなかった真実が、身体に染み込んできた。本では読んで知ってた。いやというほど読んだよ。だけど、直接の経験は一度もなかった。誰かがああやって急変する姿なんて初めて見た。しかも、僕はきみが本当はいいやつだとわかってる。どうなんだ？　きみ自身はわかってる？」
ヘルマンは、笑みを浮かべて首を振る。「きみは僕のことなんて知らないだろ」
クレイ「知ってるよ。本当はいい奴だ。悪くなんて――」
ヘルマン「じゃあ、なぜ僕を憎んでる？」

クレイ「どんな男に変身するかを知ってるからだよ。〝いやあ、僕は誰も傷つけたりしないよ〟だの、〝まあ、特殊な状況だし、二週間で終わるから〟だの言いつつ、どんなことをやってのけるか知ってるんだ」
ヘルマン「だったら、きみが逆の立場だった場合、どうしたと思う？」
クレイ（ゆっくりと慎重に、一語ずつ発音する）「わからない。知ったかぶりで、仮定の話は、できない」
ヘルマン「きみだったら——」
クレイ（いまや、ヘルマンの声を上まわる）「きみみたいに次から次へ考え出すとは思えない。ぜったいに思えない。自分がやることにそこまで創造力をつぎ込むはずがない。わかるか？」
ヘルマン「うん。僕は——」
クレイ（すぐさえぎり、新しい力を感じて楽しむかのように）「僕が看守を務めることは想像がつくけど、あんな素晴らしい看守にはなれなかっただろうな！」
ヘルマン「どこがそんなにひどかったのかわからないな。あれは人格を貶める行為で、僕なりのささやかな実験として、自分がどこまで、そのう——」
クレイ（信じられない様子で）「きみなりのささやかな実験？　どういうことか説明してくれよ」
ヘルマン「自発的に、ちょっとした実験をやってたんだ」
クレイ「そのちょっとした実験とやらについて聞きたいな。興味がある」
ヘルマン「いいよ。僕はね、あの状況下で、人はどんな虐待の言葉まで耐えられるのかを確かめたかった。どこまで言われたら限界が来て、反撃に移るのか。やってみて驚いたんだけど、誰も僕をとめようとしない。『おい、おれにそんな口をきくな。胸くそが悪い』なんて言う人はひとりもいなかった。みんな逆らわずに、僕の言葉を受け入れた。『あいつに面と向かって、おまえは地球のくず野郎だと言え』と命令したら、疑問も抱かずに従った。異議も唱えず腕立て伏せをし、〝穴蔵〟に座り、互いにいじめ合った。刑務所の中でひとつの集団として共存するはずが、僕にちょっと命令されただけで、平気で罵倒し合っていた。僕の権威にはぜんぜん疑問をはさもうとしなかった。すごくショックだったよ（そう言って、目に涙を浮かべる）。僕が虐待を始めたのに、どうして誰も何にも言わなかったんだ？　どんどん暴走していっても、相変わらず、みんな黙ったままだった。どうしてだろう？」

たしかに、どうしてなのだろう？

第一〇章

スタンフォード監獄実験の意味

人格豹変の魔力

われわれはみな、神の実験室のモルモットである。……人類とは、試作品にすぎない。

――テネシー・ウィリアムズ『カミノ・レアル』

スタンフォード監獄実験の当初の目的は、単に、状況変数の組み合わせが人にどんな効果を及ぼすかを確かめることだった。つまり、模擬刑務所という環境に被験者を置き、囚人と看守に役割を振り分けた場合、各自の行動に変化が出てくるのではないか、といったことを検証するための実験だった。何か特定の仮説の裏づけをとろうとしたわけではなく、背景となる施設という外的な特徴の力が、その環境下にいる被験者の内的な気質をどのくらいまで抑え込むのか、その度合いを調べたかった。だから、良い気質を悪い状況に立ち向かわせた。ところが、時間の経過につれて、悪いシステムや状況が有害な影響力を持ちかねないことをまざまざと証明する実験に変わっていった。そういう邪悪な力のせいで、善良な人々であっても、本来の性格とはまったく異なる病的なふるまいをするようになった。

私はこの実験をなるべく忠実に再現するために、ここまでは時間軸に沿って物語ふうに経緯を綴ってきた。この実験には、ごくふつうの正常で健康な若い男性が、状況に由来する社会的な力にどれほど脆いか、あるいは誘惑されてしまうかが明確に表われていた。私も含め、この環境の内部に足を踏み入れた多くの大人や専門家も例外ではなかった。従来、〝善と悪のあいだには越えられない境界線がある〟と考えられてきたが、実際には容易に行き来できてしまうことが証明されたわけだ。

さらにここからは、実験中に収集したほかのデータも眺めてみたい。さまざまなデータと照らし合わせていくと、あの暗い地下刑務所で起こった出来事に関して新たな側面が浮かびあがってくるからだ。あらゆる証拠を総動員して、私たちの実験から導き出された意味を把握し、権力の与奪に応じて人間はどのように変化するのかを明らかにしたい。そこには、人間性の本質や人間らしさを増減する諸条件についての、重大なメッセージがひそんでいるはずだ。

データ分析に先立つまとめ

すでに見てきたとおり、心理学的にじつに興味深い私たちの模擬刑務所は、大半の被験者を揺さぶって、濃密でリアルな、たいがいは病理学的ともいえる反応を引き起こした。看守たちの支配力の強さ、囚人の反逆を押さえ込んだ素早さには、まったく驚かされた。八六一二＝ダグの例のように、健常な若者の多くが状況の圧力で簡単にひどく押しつぶされたことも想定外だった。

個人としてのアイデンティティを失い、行動を他人から好き勝手に操られ、プライバシーや睡眠まで奪われた結果、囚人たちには、受動性、従属状態、憂鬱さが蔓延し、いわゆる〝学習性無力感〟と似た状態になった[*1]（学習性無力感とは、失敗や刑罰を繰り返し味わわされたとき――とりわけ、自分の行為に対する報いではなく、理不尽にそういった経験が相次いだとき――あきらめて受動的になり、憂鬱な気分に悩まされる状態をさす）。

囚人役の学生の半分は、感情や認知力の深刻な乱れを生じ、途中で解放せざるをえなかった。一過性の乱れとはいえ、その時点ではただならぬ異常だった。最後まで残った囚人の大部分は、看守の命令にひたすら従い、ゾンビさながらに無気力に動き、暴走する一方の看守に従った。

看守の中にもごくわずかに〝良い看守〟がいたように、ほんの一部の囚人は、看守の身勝手なふるまいに抵抗した。すでに述べたとおり、四一六＝クレイがその一例だ。彼は受動的ながらも勇敢に立ち向かった。それゆえ、本来なら仲間の賛同を得られてもよかったはずだが、実際のところほかの囚人は、四一六を〝トラブルメーカー〟とみなし、痛い目に遭わせた。看守たちの狭い観点にならって、四一六個人に問題があると考えたのだ。自分自身の広い視野でとらえることができれば、四一六のハンガーストライキは、権力への絶対服従に集団で抵抗するきっかけと考えられただろうが……。

〝軍曹〟も、ときおり勇敢な行動をとった。たとえば、仲間を口汚くののしるように命じられたとき、断固として拒否した。とはいえ、それ以外の場面では従順な模範囚だった。最も安定していた囚人は五四八六＝ジェリーだが、本人の報告にもあったとおり、気持ちを内側に向けて切り抜けたにすぎない。ほかの囚人の役に立つこともできたはずだが、そうした言動はあまり見られなかった。

実験を開始する時点では、参加者は全員、事前調査のどんな角度から眺めても〝教養ある一般市民〟の正常な範囲におさまっていた。役柄の割り当ては無作為であり、囚人に割り当てられた者が、入れ替わって看守になってもおかしくなかった。どちらのグループも、犯罪歴はいっさいなく、精神や身体の機能も正常だった。また、現実世界の囚人は、看守や一般の人々と知的レベルや社会レベルの差がある場合も多いようだが、そうした面でも、今回の実験参加者たちには差がなかった。

このように、ランダムに役を割り当てたこと、事前にじゅうぶん比較調査したことからしても、参加した若者たちが私たちの模擬刑務所に何らかの異常な要素を持ち込んだ可能性はないと断言できる。もとから特殊な因子が混じり込んでいて、囚人なり看守なりを演じている過程で表面化した、というわけではないのだ。実験開始時、ふたつのグループには差がなかった。ところが一週間もしないうちに、共通点が皆無になってしまった。これは、刑務所を模した環境におかれ、状況のさまざまな力を受けつづけた結果、参加者たちに異常が生じたからだと考えるのが妥当だろう。

さらに、この〝状況〟は、背景となる〝システム〟によって認められ、支えられていた。その〝システム〟の成り立ちには私も関わっている。看守役たちに心理面のオリエンテーションを行ない、いくつもの規則や手順を定めて、ほかのスタッフとともに遵守されているかを監視したのだから。

こうして、看守役も囚人役も、もともとは〝腐ったリンゴ〟ではなかったが、〝腐った樽〟に閉じ込められたことで、きわめて強い影響を受けた。樽の中のいくつもの特徴が組み合わさって強制力が生まれ、居合わせた人々の行動の流れを決めていった。樽の特徴は、役柄、ルール、規範、個人や場所の匿名性、非人間化の過程、適合化の圧力、集団のアイデンティティなど多岐にわたった。

データから読みとれる事実

実験中、囚人と看守の互いの行動や特別な出来事に関して、私たちスタッフは二四時間じかに監視した。それに加えて、録画ビデオ（約一二時間）、隠しマイクによる録音（約三〇時間）、アンケート、本人による性格分析表、各種の面談といったかたちでデータを収集した。一部のデータは集計のうえ定量分析し、相互の関係性を調べた。

分析する際、データをどう解釈するかという点では多くの問題が生じた。今回はまず、サンプルの数が比較的少ない。また、予算やスタッフに限界があり、とくに注目すべき日々の出来事（点呼、食事、訪問者、仮釈放委員会など）に集中するのが賢明と判断したため、録画や録音は一部のみで、すべてを網羅することはできなかった。さらに、ひとつの勤務シフト内や複数のシフトにまたがって、看守と囚人のあいだに動的な相互作用がはたらいていたので、因果関係の方向性が明確ではない。個人間やグループ間の力、時間経過にもとづく効果などが複雑に影響を及ぼし合っており、各自の行動についての定量的なデータ分析は困難になった。

それに加え、従来型の実験とは違って対照群がなかった。似たような若者たちを集め、囚人役や看守役を演じさせないまま事前と事後の評価テストだけ受けてもらう、といった比較の手法はとらなかった。今回の企図は、権威への盲従を明らかにした有名なミルグラム実験と同様、ある種の現象を実証してみせることにあり、因果関係を解明することには重点をおいていなかったからだ。この最初の試みでもし興味深い結果が得られれば、将来、実験群と対照群の比較などに踏み込んでいくつもりだった。つまり、私たちのシンプルな単独実験で集まったデータは、人間を看守と囚人に分けて向き合わせた状況の主効果のみにすぎない。

にもかかわらず、分析の結果、いくつか明白なパターンが浮かび上がってきた。それは、私がいままで個々の被験者に注目しながら物語ってきた事柄を、さらにはっきりと裏づける内容だった（それぞれの尺度のスコアリングの進め方、統計の意義といった詳細は、学術誌 *International Journal of Criminology and Penology* に発表した論文などに記載している）。*2

性格特性を測定する

被験者たちには実験開始の数日前、事前に評価テストを受けに来てもらったが、その際、三種類の尺度で性格特性を測定し、個人間のばらつきを調べた。その三種類とは、権威主義的傾向をはかる「Fスケール」、対人操作姿勢をはかる「マキャベリアニズム尺度」、そして「コムリー性格特性尺度」だ。

Fスケール[3]　従来の価値観への厳格なこだわりや、権力に対する無批判な従属性を示す尺度。ふたつの役割に振り分ける前は、看守役の平均値（四・八）と囚人の平均値（四・四）に有意な差はない。ところが、最後まで残った囚人五名と途中で釈放された囚人五名を比較すると、目をみはるほどの違いが浮き彫りになった。模擬刑務所の権威主義的な環境に耐えた者（平均値＝七・八）は、早めにリタイヤした者（平均値＝三・二）の二倍以上のスコアを記録している。驚くべきことに、このFスケール値の順に囚人を並べた場合、実験環境にとどまっていた日数とスコアがほとんど一致する（相関係＝・九〇）。すなわち、厳格さを好み、従来価値を堅く守り、権威を受け入れやすいタイプであるほど、権威主義がはびこる刑務所環境にも長く耐えられ、上手に溶け込める可能性が高いということだ。逆に、模擬刑務所の環境から受ける圧力に対処するのが苦手な囚人ほど、Fスケールのスコアは低かった。もっとも、このスコアが低いことはむしろ誇りかもしれない。

マキャベリアニズム尺度[4]　名前からも想像がつくとおり、〝対人関係において優位に立つためには手段を選ばない〟という姿勢をどのくらい肯定しているかを示す尺度。看守の平均値（七・七）と囚人の平均値（八・八）は、後者がわずかに高いものの、有意な差は認められなかった。また、刑務所にとどまっていられた日数とも関係性が見られない。他人を操る性向の指標だけに、事前の予想では、このスコアが高い被験者たちの能力が、刑務所生活における相互作用に大きく関わってくると考えていたのだが、実際には、マキャベリアニズム尺度のスコアが非常に高かった囚人二名は、私たちの目から見て、刑務所にかなりうまく適応していた。その一方、同じく適応に長けていると思われた別の囚人二名は、スコアがきわめて低かった。

コムリー性格特性尺度[5]　八種類の観点でみずからの性格を自己評価してもらう方式。私たちスタッフは、これをもとに、看守と囚人のあいだの気質の違いを予想しようとした。八種類とは、信頼性、節度、従順さ、活発さ、安定性、外向性、男性度、共感性だ。しかしこの尺度に照らすかぎり、看守たちと囚人たちの平均スコアは、どちらがどちらでもおかしくない。統計上、何らかの意味すら感じられない。そのうえ、どの観点においても、全体の平均値は、コムリーが「標準的な男性」と定義する範囲の四〇ないし六〇パーセントにおさまっていた。この事実から見ても、やはり、ふたつのグループに分けた学生たちの性格は、〝ふつう〟あるいは〝正常〟に分類できる。学生の応募者から〝ごくふつうの男性〟を選んだ実験助手のクレイグ・ヘイニーとカート・バンクスは、じつにいい仕事をやってのけていた。囚人役を割り当てられた者も看守役の者も、もともとの気質の傾向はまったく区別がつかなかった。

しかし、途中で釈放された囚人と、悲惨な事態に最後まで耐えた囚人とのあいだには、それほど重大ではないものの目を惹く違いが二、三あった。〝完遂グループ〟は、極度のストレスで離脱を余儀なくされたグループと比べ、従順さ（社会をありのままに受け入れる度合い）、外向性、共感性（他人に手を貸し、同情を示し、寛容に接する度合い）のスコアが高かった。

また、囚人と看守それぞれについて、集団内の平均から大きく離れた被験者（標準偏差との隔たりが一・五以上）のスコアを眺めると、いくつか奇妙なパターンが浮き彫りになった。

まず、囚人一人ひとりの性格特性に目を向けよう。私の印象で〝最も協調性あり〟だった囚人、五四八六＝ジェリーは、やはり「安定性」のスコアが誰よりも高い。ほかの特性はおおかた標準の範囲内だが、突出している項目はどれもポジティブな方向だ。「男性度」（簡単には泣かない、恋愛小説には興味がないなど）でも最高のスコアだった。

一方、八一一九＝スチュワートは、「節度」（細かいところまで気にする、整然と秩序だっていないと気になるなど）のスコアが最低だった。この学生は、監房の中をめちゃくちゃにして、同室の仲間に片づけを押しつけた。規則に反することをやっても気にしない。では、「活発さ」（身体を使うこと、きつい仕事、トレーニングなどに関わる尺度）で最も得点が高かったのは誰だろう？　そう、やはり二〇九三＝〝軍曹〟だった。「信頼性」という尺度は、根が正直で他人に善意を抱いている度合いを表わすが、この最高得点は四一六＝クレイだった。

さて、次はいままでの情報から想像してみてほしい。「従順さ」（法の効力を重んじる、社会をありのままに受け入れる、規則に従わない者に対して腹を立てる、などの度合い）で最も高いスコアを記録した囚人は誰だろう？　看守の要求に刃向かう四一六＝クレイにいちばん強く反感を持ったのは誰か？　それはほかでもない、ハンサムでお坊ちゃんタイプの七二五八＝ハビーだった。

看守のほうはといえば、仲間と比べてスコアが〝異端〟で際立っているのは数人しかいない。ひとり目は、〝良い看守〟のジョン・ランドリー。彼は「共感性」で最高得点だった。対照的に、バーニッシュは「共感性」と「信頼性」が看守の中で最低だったが、清潔さや秩序正しさをとても気にしていた。また、看守でマキャベリアニズム尺度のスコアがいちばん高かったのも、バーニッシュだった。総合すると、この若者が実験中に一貫して見せた冷静かつ冷淡、効率的、機械的な行動様式が如実に表われている。

こうして判明した結果によれば、性格診断テストは、一部のケースにおける個々の行動の差を予測するうえでは役立つと考えられる。だが、応用範囲を広げすぎないように注意しなければいけない。今回のようにまったく新しい環境下におかれた場合、めいめいの行動パターンは性格診断だけではじゅうぶん把握できない。私たちが使ったどの尺度に照らしても、囚人の中で最も〝きわめて正常〟だったのは、五四八六＝ジェリーだが、診断スコアでそれに次ぐ二番目の成績をおさめ、〝ごく正常〟と分類できそうな人物は、八六一二＝ダグだった。情緒不安定な行動報告をし、やがて精神的にまいってしまったなどとは、実験前のこの〝ごく正常〟な状態からは予測しがたかった。

また、冷酷な態度をとった看守四名と、それほどでもなかった残りの看守四名とを比較しても、性格特性の中に予兆は見当たらない。どんな尺度であれ、たったひとつの性格特性だけでは、こうした極端な行動の変化を説明しきれないのだ。

ではここで、囚人に対してきわめて意地悪かつサディスティックだった看守二名の診断スコアに注目してみよう。ふたりとも、ほぼふつうでありながら、ひとつの性格特性だけが正常の範囲を外れていた。それは「男性度」だ。性格分析の理論を直感的に組み立てる人なら、不敵な〝ジョン・ウェイン〟ことヘルマンはやっぱり男性度が飛び抜けて高いのか、と早合点するかもしれない。ところが正反対なのだ。ヘルマンの〝男性度〟のスコアは、どの看守よりも低い。いや、囚人を含めた全員の中で最低だ。対照的にアーネットは、全看守の中で男性度が最も高かった。

精神力学から分析すれば、ヘルマンの残酷で支配的なふるまいや、同性愛嫌悪のトレーニングを考えつく力は、自分自身に男らしさが欠如していること、ひょっとすると潜在的に同性愛の傾向があることとの反動によって生まれた、となるのではないか。しかし、学問上の分析で塗り固めてしまう前に、重要な事実をつけ加えておく必要がある。実験のあと現在まで三五年のあいだ、ヘルマンの生活はしごくまっとうであり、夫として、父親として、ビジネスマンとして、さらには市民意識にあふれた住民として、いたって正常な生活をおくっている。

気分形容詞の自己申告　実験中に二度、そして報告会の直後に一度、私は参加者一人ひとりに形容詞のリストを渡し、各時点での気分にそれがどのくらいふさわしいかを判定してもらった。そのうえで、「ネガティブな語とポジティブな語」「能動的な語と受動的な語」というふたつの切り口で集計した。

囚人たちの状態については、すでに詳しく述べてきたので想像がつくだろう。選んだ形容詞は、ポジティブな語よりネガティブな語のほうが三倍多く、全般に、看守よりはるかに弱気だった。一方の看守側は全般に、ポジティブな語よりネガティブな語がわずかに多い程度だった。もうひとつ、看守と囚人に二分して眺めたときに興味深い差は、囚人のほうが気分の浮き沈みが大きいことだった。看守がわりあい安定していたのに対し、実験中の囚人は二倍ないし三倍の変化を示した。

また、能動的か受動的かという観点でも、おおかたの囚人が看守の二倍の変化を記録した。つまり、看守の二倍、心の中に揺らぎが生じたと考えられる。刑務所暮らしは、看守にも囚人にもネガティブな情動をもたらしたものの、やはり囚人への悪影響のほうが深刻だった。

さらに、最後までとどまった囚人と、早く釈放された囚人とを比較すると、案の定、途中でやめざるをえなかった囚人たちの気分のほうが明らかにネガティブで、憂鬱や不幸感がにじんでいた。この検査を三度目に行なったのは、実験の打ち切りを伝えた直後(釈放ずみの囚人は、報告会のために戻ってきたとき)で、明らかにポジティブな雰囲気が盛りあがっている。全員、役割から解放されたとあって、みずからの気分を表わす形容詞には、それまでと打って変わって、はるかにポジティブな語を選んだ。ネガティブさの度合いは、当初一五・〇と高かったのだが、五・〇まで下がった。逆にポジティブさは、六・〇から一七・〇に跳ね上がった。加えて、従来ほど受動的ではなくなった。

全般的に言って、早めに釈放された囚人と六日間我慢した囚人のあいだには、気分を表わす尺度にもはや違いは見られなかった。私にとっては喜ばしい話だ。重大な結論として、実験の終了に伴い、どちらの役割を担った学生も、実験前の正常な情緒反応に戻ったことになる。とすると、奇妙な役を演じている最中に学生たちが味わった鬱やストレスは、やはり、あの状況の特殊性を反映していたといえるだろう。

彼らの急速な快復をめぐっては、いくつかの解釈が可能だ。まず、実験が中止になったとたん、苦しんでいた囚人がすぐさま通常の感情レベルに戻ったのだから、刑務所生活が感情に与えた影響は一時的だったとみることができる。また、実験開始にあたって慎重に〝正常〟な者を選んだからこそ事後の立ち直りが早かった、との説明も成り立つ。

しかし、囚人たちの反応がだいたい同じでも、理由は人によって大きく異なるのかもしれない。最後まで残った囚人は、ついに自由を得られた、自分は試練を乗り越えられたという喜びで気持ちが高揚したのだろう。一方、早期に釈放された囚人は、暗い状況からしばらく遠ざかって気分をリセットずみで、すでに苦痛は感じていなかったはずだ。にもかかわらず新たにポジティブな感情を抱いた背景には、仲間の囚人が釈放されて安堵したという一面もありそうだ。仲間たちが刑務所にとどまって苦痛に耐えているのに、自分はいち早く離脱した、という罪悪感から解放されたせいだとも考えられる。

何人かの看守は、実験を予定どおりもう一週間続けてほしかったようだが、そういう人物でも、全体のためには終わってよかったとの意見だった。ポジティブなスコアが平均で二倍以上増え（四・〇から一〇・二へ上昇）、もとから低めだったネガティブなスコア（六・〇）はさらに低下した（二・〇）。したがって、集団としてみれば、あの刑務所内であえて劣悪な条件をつくり出すという任務を負わされた看守たちも、本来の感情のありかたやバランスを取り戻すことができたわけだ。

けれども、気分はもとに戻っても、一部の若者は、すでに紹介した実験後の反応や報告書からうかがえるように、自分がやってしまったことや、ほかの看守の虐待を止められなかった結果に対し、自責の念を禁じえなかった。

録画データを分析すると……[*6]

録画された看守と囚人の相互作用のうち、わりあいはっきりと独立した出来事は二五件あった。私たちは、その出来事や場面を、一一種類のカテゴリー（行動一〇種類、発言一種類）に分けてスコア化した。すると、その採点結果は、いままで実験には関わっていなかった二名に別々に作業してもらったにもかかわらず、非常に似通っていた。

行動の一〇カテゴリーとは、「命令する」「個人の存在を薄れさせる（ネガティブな没個性化）」「攻撃性を示す」「脅迫する」「質問する」「情報を与える」「（何らかの目的のために）道具を使う」「個人の存在を際立たせる（ポジティブな個性化）」「他人を援助する」「抵抗する」である（発言のカテゴリーは「侮辱」）。

結果をおおまかに表わした次ページのグラフでわかるとおり、全般に、看守と囚人のあいだには敵意をはらんだネガティブなやりとりが多々みられた。強圧的な行為はおもに看守が行ない、囚人はたいがいやや受け身の態度をとっている。録画のさまざまな場面に共通する看守たちの言動の大きな特徴は、命令を与える、囚人を侮辱する、囚人を没個性化する、囚人に攻撃性を示す、囚人を脅迫する、囚人に向かって道具を使う、の六つだった。

はじめのうち、とくに実験を開始してから数日間は、囚人が看守に抵抗する場面が目立った（そのほか、終了間際には、四一六＝クレイがハンガーストライキに訴えて出た）。囚人たちは、ほかの者を積極的に個人として認めようとする傾向があり、相手に質問を投げかけ、情報を与えた。権力を振りかざす看守たちがネガティブな言動に傾く中、囚人たちはめったに相手にネガティブな態度を示さなかった。しかし、そういう傾向も、開始直後の数日だけだった。その一方、六日間全体にわたって頻度が最も低かった行為は、他人の個性化と、他人への援助だった。救いの手を差しのべた出来事はたった一件しか記録されていない。ふたりの囚人のあいだで相手を気遣うようすが見られたのが、人間らしい配慮の唯一の例だった。

また、実験中に感じられた印象が、録画データで量的に裏づけられた。看守たちは間違いなく、囚人の虐待をひたすらエスカレートさせていた。囚人と看守のやりとりがどうだったか、最初の点呼二回と最後の点呼二回を対象に、同じ単位時間で比較したところ、当初は、囚人を没個性化するような言動はなかったが、最後のほうの点呼では大幅に増えていた（平均五・四回）。同様に、看守ははじめのうち人格を貶める侮辱の言葉はほとんど使わなかったが（平均〇・三回）、最終日には、同じ単位時間で大幅に増えていた（平均五・七回）。

この録画データを時間軸で分析すると、経過につれて囚人の言動そのものが減っていることもわかる。すべてのカテゴリーにおいて、一様に数値が下がっているのだ。なすすべもなく、昼夜が漫然と通り過ぎていく中、囚人たちは、ただ受動的になる一方だった。

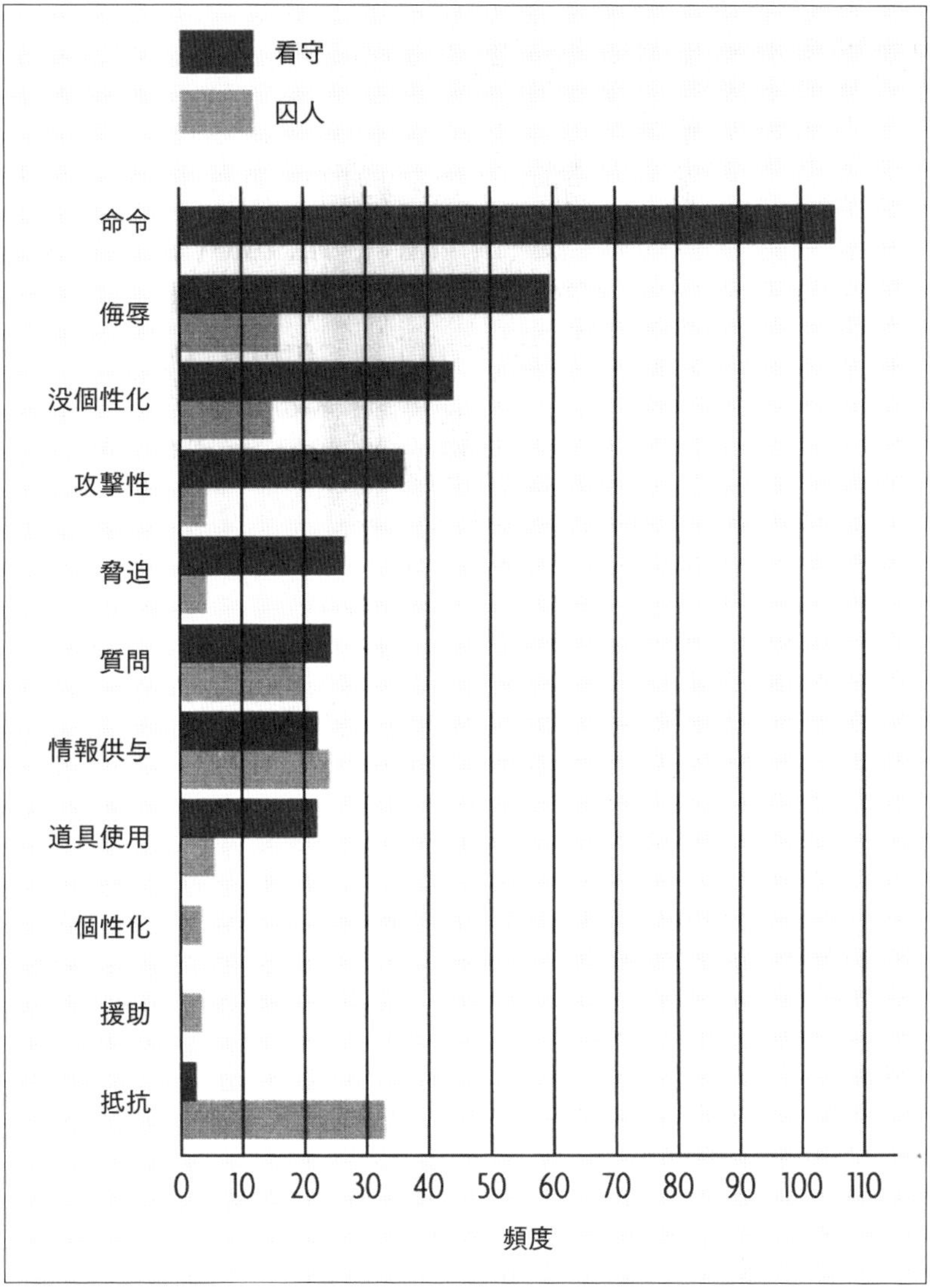
看守
囚人
命令
侮辱
没個性化
攻撃性
脅迫
質問
情報供与
道具使用
個性化
援助
抵抗
0
10
20
30
40
50
60
70
80
90
100
110
頻度

また、〝ジョン・ウェイン〟＝ヘルマンがいる夜勤シフトは、ほかのふたつのシフトより囚人に厳しく当たっていることも、この動画の検証ではっきりと裏づけられた。強硬で残酷なこのシフトの看守たちは、前後のシフトの看守とふるまいが大きく異なった。命令の回数が多く（一定の単位時間あたり、夜勤シフトの平均は九・三回、他のシフトは平均四・〇回）、囚人を見くびった中傷の発言も二倍以上だ（夜勤五・二回、その他二・三回）。また、ほかのシフトよりも積極的に囚人を罰していた。私の印象では、アーネットを含む昼間のシフトで、囚人に陰険な言葉を浴びせている回数が多いように思ったが、録画では確認できなかった。

録音データの分析　実験中はスタッフと囚人の面談、スタッフと看守の面談、監房内での囚人同士の会話など、随時、隠しマイクによる録音を行なった。また、こうした言語行動の一般的な性質を把握するため、九つのカテゴリーをつくった。その九つとは、「質問する」「情報を与える」「要望や要求を出す」「命令を発する」という基本的なカテゴリーに加えて、「他者を批判する」「ポジティブ／ネガティブな展望を述べる」「個性化／没個性化するような自己評価をする」「実験参加を継続／放棄したい願望を示す」「ポジティブ／ネガティブな行動を起こしたい意思を示す」の五つである。こちらの分類作業も、実験には関わっていないふたりの第三者に任せ、信頼できる結果が得られた。

すると、まず驚いたことに、看守も囚人とほとんど同じくらいネガティブな展望を口にし、ネガティブな自己評価をしていた。〝良い看守〟のジェフ・ランドリーにいたっては、どの囚人よりも、自分自身に否定的な評価をくだしていた。彼はまわりのネガティブな影響も受けやすく、その割合は参加者の中で上から二番目に高かった（トップは八六一二＝ダグ）。スタッフと面談した囚人は、情動の表現が全般にネガティブで、自己評価に関しても、意思表示（おもに、自分のおかれた状況を悲観的に考え、攻撃的になる衝動）に関しても、ネガティブさが目立った。

会談の模様からすると、最後まで残った囚人と早めに釈放された囚人とでは、今回の経験で精神面に受けた打撃は明らかに違った。双方のグループについて、ネガティブな展望、ネガティブな情動、ネガティブな自己評価、攻撃的な意図を（一回の面談につき）何回くらい口にしたか、平均値を比較したところ、早期釈放された囚人のほうが、よりネガティブな展望、情動、自己評価を示しており、攻撃的な意図を言葉にした回数は、耐え抜いた囚人たちの四倍にものぼった。興味深い傾向が、統計上も明確に表れたわけだ。

監房内の会話を盗聴した結果からは、囚人が陰でどんなことを話し合っているかがある程度摑めた。囚人たちは、点呼、退屈な作業、面会や面談などの合間に、束の間の休息をとりながら話をしていた。念を押しておくが、それぞれの監房に振り分けられた三人は、もとはまったく面識がない。おおやけの場では雑談が許されていないため、監房内でほかの人の目が届かない状態になって初めて、互いを知ることになった。

私たちは事前の予想で、閉鎖された空間で二週間も顔を突き合わせることになるのだから、囚人たちは共通の話題を探そうとするだろう、と考えた。ほかにも、大学生活、専攻科目、アルバイト、ガールフレンド、ひいきのスポーツチーム、好きな音楽、趣味、実験が終了したあと残りの夏休みにやりたいこと、今回稼いだ金の使い道、といった話題を予想した。

ところが、それは大はずれだった。予想はほぼことごとく裏切られた。囚人間の会話のゆうに九〇パーセントは、この刑務所にまつわる話題だった。監獄実験に関連しない個人的な、あるいは経歴に関する内容はわずか一〇パーセント。囚人の関心事は、もっぱら食事、看守から受けた恥辱、苦情処理委員会の設立、架空の脱獄計画、訪問客、ほかの監房や懲罰房における囚人のふるまいなどだった。

囚人同士の会話は、看守から辱められたり、退屈なスケジュールに耐えたりする日常を一時的に忘れることができる機会だし、囚人役を離れて社会的なふれあいの中で個人のアイデンティティを確立できる場面でもある。しかし、彼らはそれらに活かそうとしなかった。囚人という役割が、個性の発露を封じ込めていたのだろう。先の見通しも懸念も刑務所の設定によって支配され、現在の一時的な方向性がいつまでも続いていくような感覚に陥っていたのだ。監視下にあろうと、監視の目が光っていない場所であろうと、自己表現には差がなかった。

彼らは、過去の経歴も未来への期待も語り合わず、そのせいで、ほかの囚人に関する情報が乏しく、いま目の前でどんな行動をとっているか、眺めてわかる事実のみが頼りだった。点呼や単純作業のあいだに互いを観察したところで、たいがいネガティブな姿しか目に入らないが、その姿だけを手がかりに、仲間それぞれのイメージを組み立てていくほかなかった。目前の状況にばかり気をとられていたため、いま経験していることに対してのネガティブさがますます強く感じられるようになった。

人間はふだん、悪い状況にぶつかると、これは一時的な不運だと割り切って、もっと違う望ましい未来を思い浮かべ、勇気づけられるような過去の出来事も考え合わせ、どうにか場を切り抜けるものだ。だが、囚人たちは悲惨な現状にみずから意識を集中してしまい、ますます事態を悪化させた。つまり、看守側が生み出すネガティブなイメージを甘受しはじめた。私たちに届いた報告の範囲では、囚人間の私的なやりとりの半数が、〝冷淡〟あるいは〝非協力的〟と分類すべき内容だった。それどころか、仲間の囚人について評価をくだしたり関心を示したりしたケースのうち、なんと八五パーセントが軽蔑や批判だった。この数字の異様な高さは注目に値する。

無作為に話題を選べば、刑務所以外の話題を選ぶ確率のほうが一〇〇倍高いはずだし、仲間の囚人についてのコメントにしても、中立的か肯定的な言葉を使うほうが、悪い点ばかりあげつらう可能性よりも二〇倍高くて当然のはずだ。だがそうならなかったのは、囚人がプライベートな監房で話したことが〝リアル〟なものであり、たまたま偏った内容だったのではないということだ。

こうして刑務所という設定の重苦しさを心の内側に抱え込みながら、囚人たちは仲間が辱められ、羊のように言いなりになって、下品な命令に盲目的に従う光景を眺め、そこからほかの囚人の印象も形づくっていった。周囲の誰にも敬意を払えないこの刑務所の中で、自尊心を持てというのが無理な話だろう。

ここで浮かび上がった予期せぬ心理傾向は、〝攻撃者との同一化〟と呼ばれる現象を想起させる。この用語を最初に使ったのはアンナ・フロイトだが、心理学者のブルーノ・ベッテルハイム[*7]は、ナチスの強制収容所に関してこの言葉を使用している。収容された人々の一部は、この種の同一化によって虐待する者たちが持つパワーを内面化させ、ナチスの看守と同じようにふるまいはじめたという。すなわち、ほかの囚人を虐待し、そればかりか親衛隊の古着の一部分を身に着けたりした。敵意に包まれた予測不能な事態を乗り切らなければと必死になるあまり、支配者の望みを敏感に感じとり、それに対抗するのではなく、むしろ受け入れ、自分もそのイメージに従おうとしたのだ。そういう心理作用によって、強者である看守と弱者である囚人のあいだに存在する恐るべき力の差を精神的に小さくするわけだ。

人はときに、心の中で敵側の人間に変身する。自分で自分をだまして、おかれている状況の冷静な評価を避け、目立つ行動や対応策や反抗を慎み、同じく苦しんでいる仲間への同情心をも抑え込むのだ。[*8]

人生とは、巧みにだまされる技能である。首尾よく進めるためには、習慣的にたえず騙されつづけなくてはならない。

——ウィリアム・ヘイズリット『円卓』収録「衒学について」

スタンフォード監獄実験の教訓と意義

さて、ここまでは囚人や看守の役を演じた若者たちについて、個々の反応や資質を検討してきたが、そろそろ先へ進んで、この実験で提起されたもっと広い概念上の問題や、教訓、意義やメッセージについて考えてみよう。

科学の美徳とは

ある視点から言えば、このスタンフォード監獄実験は、何らかの新事実を暴いたわけではない。刑務所生活の邪悪さについては、社会学者、犯罪学者、現実の囚人の手記などで、すでに白日のもとにさらされている。刑務所は、人間性の最悪の部分を呼び覚ます野蛮な場所になりかねない。建設的な更生に役立つよりも、暴力や犯罪の温床になる恐れが高い。米国内の累犯率は六〇パーセントを越えており、刑務所は重犯罪者が入れ替わるだけの回転扉と化している。

つまり現実社会の〝監獄実験〟では、犯罪を減らす手段としてすでに失格の判定がくだっているわけだが、さて、スタンフォード監獄実験は、私たちの理解を深めるうえで役に立つのだろうか？　私の考えでは、その鍵は実験の基本的なルール設定にある。

本物の刑務所の場合、刑務所の状況が抱える欠点と、そこに収監された人々とは、切っても切り離せない関係で複雑に絡み合っている。私がパロアルト警察の巡査部長に最初に話したことを思い出してほしい。あのとき私は、近くにある現実の刑務所へ行って生活ぶりを観察するのではだめで、あえて実験を行なわなくてはいけない理由を説明した。今回の実験は、模擬刑務所の環境がそこで暮らす人間（看守と囚人の両方）にどのような影響を与えるか調べるため、入念な工夫を凝らしてある。スタッフ側がさまざまな要素をコントロールできるからこそ、多くの事柄を検証でき、結論を引き出せるのだ。現実世界では、諸条件を制御することができない。

私たちが系統立てて取捨選択を進めたおかげで、できるかぎり平均的で正常で健康な、かつ、反社会的な行動や犯罪や暴力の前歴がない者だけが実験に参加するという状況をつくることができた。そのうえ、全員が大学生なだけに、おおまかに言えば知性が平均を上まわっており、教育を受けていない同世代の人々に比べて偏見が強くなく、みずからの将来に自信を持っている。

さらに、この実験の肝として、本人の適性とは無関係に囚人と看守を無作為に割り当てた。まさに運任せだった。そのほか、私たち自身がコントロールした側面は、体系的な観察、多種類にわたる証拠の収集、統計データの分析などで、これらを総合すれば、事前に整えた条件下で実験参加の影響を判定できる。私たちの実験では、あらかじめ準備した諸条件によって、場所から人を、状況から気質を、〝腐った樽〟から〝良いリンゴ〟を切り離していた。

むろん、実験とはすべて〝つくりもの〟であり、現実世界の状況のまねにすぎないことは認めよう。しかし、諸条件をコントロールしたスタンフォード監獄実験のような研究にしろ、あとの章でふれる各種の社会心理学の研究にしろ、たとえ〝つくりもの〟であっても、日常のリアリズムが持つ特徴のエッセンスを引き出せるように細心の注意を払えば、一般化できる可能性がきわめて高い結果が得られるのだ。[*9]

私たちの模擬刑務所は、多くの点で〝本当の刑務所〟ではないことが一目瞭然だったが、周到な準備によって収監時の特徴的な心理状態を引き出すことができた。刑務所生活で最も重大と思われる側面も検証できた。当然ながら、実験で得られた結果はすべて、ふたつの問いと照らし合わせなければいけない。第一に、〝何と比較すべきか？〟。第二に、〝外的妥当性（一般化して現実世界の理解に役立つ度合い）はどうか？〟。このような研究の価値はたいがい、根底にひそむプロセスを明らかにし、因果関係を特定して、実験中に見られた効果を触発する変数を突きとめるられるかどうかにかかっている。実験で統計的に重要性が確認されれば、偶然のつながりとして見逃しかねな因果関係にも目を向けられる。

社会心理学の先駆けといえる理論家で研究者のクルト・レヴィンは、数十年前に実験社会心理学の合理性について論じている。現実の世界から重大な問題点を概念的、実質的に抽出し、研究室の実験環境でテストすることはじゅうぶん可能だ、というのがレビンの主張だった。彼は、入念に計画して、細心の注意を払いつつ独立変数を操れば、現地調査や観察実験では見定められなかったある種の因果関係を立証できると考えた。さらに、そういう知識を使って社会に変化をもたらしたり、研究にもとづく証拠を活用して、社会や人間の機能を理解し、改善していくべきだと提唱した。[*10] 私はこのレヴィンの説に刺激を受けて、あとに続こうと努力している。

看守の変容について考える

人の心を摑んだときよりも、人の精神を破壊したときのほうが、私たちの権力意識は鮮明になる。

――エリック・ホッファー『情熱的な精神状態』

私たちの実験に参加し、無作為に看守に割り当てられた者の一部は、新たに得た力を濫用して、たちまちサディスティックにふるまいはじめた。夜となく昼となく〝囚人〟をけなし、卑しめ、いたぶった。この看守たちの行動は、第一章で示した悪の心理上の定義と一致する。ほかの看守はそこまで虐待的ではないものの、口やかましく強硬な姿勢で役割を演じた。囚人の苦しい立場にはほとんど同情を示さなかった者もいた。権力の誘惑に耐え、ときには囚人の状態を気遣って、ある者にはリンゴや煙草を与えるなど、ささやかな親切をほどこし、〝良い看守〟に分類できそうな者は数名だけだった。

恐怖の規模も、下支えとして広がるシステムの複雑さも大きく違うものの、スタンフォード監獄実験の看守たちと、アウシュビッツ強制収容所に関わったナチス親衛隊の医師たちとのあいだには、興味深い共通項がある。私たちの実験における看守と同様、ナチスの医師たちも三つのグループに分類できた。ロバート・J・リフトンの著書 *The Nazi Doctors*（ナチスの医師たち）によると、その三グループとは、「大虐殺の過程に熱心に加担し、あげくは命じられたこと以上までやってのけた者たち」「よくも悪くも几帳面に進行に従い、義務と感じた範囲を過不足なくこなした者たち」、そして「あくまで、いやいや殺戮に加わった者たち」だ。[*11]

私たちの実験で任務の遂行をしぶった〝良い看守〟も、積極的に善を推し進めたわけではない。残酷な行為にふけっている看守仲間と対比すれば、ささやかながらも囚人に親切なことをしたというだけだ。前にも書いたとおり、誰ひとりとして、〝悪い看守〟が囚人を虐待するのをとめようとはしなかった。スタッフに苦情を申し立てた者も、早退や遅刻をした者も、非常時の残業を拒んだ者もいない。不快に感じる任務もあったはずだが、時間外手当てを要求する声さえ皆無だった。要するに、〝怠慢の悪〟に陥っていた（怠慢の悪については一三章で詳述する）。

勤務シフトを振り返ると、最も良い看守とされたジェフ・ランドリーは、最も悪い看守のヘルマンと同じ夜勤だった。しかし、ヘルマンの行きすぎをたしなめたことは一回もなかった。しょせん単なる実験だ、与えられた囚人役を演じているだけの連中にひどい苦痛を味わわせる必要などない、といった説得は試みなかった。すでに本人の報告書で見たとおり、無言のまま、（囚人とともに）苦しんでいたにすぎない。もしもこのジェフが良心を奮い立たせて建設的な行動に出ていたら、夜間シフトに大きな影響を与え、囚人の虐待がエスカレートするのを食いとめることができたかもしれない。

長年、数々の大学で教鞭をとってきた私の経験からいって、ほとんどの学生は権力の問題にたいして関心を抱いていない。自分が住む世界の範囲では、知性と努力で目標を達成できるから、力はすでにじゅうぶんあると考えているのだ。一般に、権力が大きな関心事になるのは、多大な力を持っていて維持する必要がある場合、あるいは逆に、みずからの力が小さすぎてもっと欲しい場合にかぎられる。だが、権力を握れば人も物も思いのままになるだけに、権力そのものを目標とする人も少なくない。元政治家のヘンリー・キッシンジャーは、そのような誘惑を〝権力の媚薬効果〟と表現した。老いた醜い男だろうと、権力の持ち主なら若くて美しい女性を惹きつけることができる。

囚人の病的状態を分析する

みずからの意思に反する状況はすべて、その人物にとって監獄である。

——エピクテトス『論文集』(二世紀の作)

当初、私たちが注目していたのは、看守よりむしろ囚人だった。囚人役を割り当てられた若者たちは、か弱い立場でどう適応していくのか? 私はその夏、スタンフォード大学で、収監中の心理についての講座を受け持っていたから、なおのこと囚人に感情移入しがちだった。

講義を手伝ってくれたカルロ・プレスコットは、看守の手による虐待や侮蔑的行為をまざまざと描写してみせた。現実の刑務所を体験したほかの人々からも、囚人同士のおぞましい性的虐待や激しい抗争の実話をじかに耳にした。そのせいで、助手のクレイグやカートも含め、私たちは内心、囚人側に肩入れしていた。看守にどんな仕打ちを受けても重圧に耐え抜けるように、劣った身なりを強要されても内面の尊厳は保ってくれるようにと願っていたのだ。もし私だったら、映画『暴力脱獄』でポール・ニューマンが演じた囚人と同じく、反抗心むき出しで賢く立ちまわるだろうと想像したりもした。自分が看守になる状況は想像もつかなかった。[*12] 非常に早い段階で囚人が抵抗しはじめたときには喜ばしく思い、看守から勝手なルールを押しつけられたり、点呼で消耗させられたりしても、めげないでいてくれと願っていた。

しかし状況は、こちらが募集時に新聞広告に載せた〝囚人生活の研究〟という表現から想像できる体験より、はるかに厳しいものになってしまった。本人たちは当初、ちょっとした単純作業を数時間やらされるにしろ、あとは読書や休息やゲームなどでくつろぎ、新しい友だちもできるようなアルバイトだと思っていたにちがいない。いや実際、私たちスタッフが用意したつもりだったのは、そういう内容だった——が、やがて囚人たちの反乱が起こり、制圧した看守たちが主導権を握った結果、状況が一変してしまった。もともとは、映画の上映会まで予定していたというのに。

囚人は、昼夜を問わず襲いかかる虐待の数々に辟易していた。また、プライバシーがないこと、スタッフの常時監視により気が休まらないこと、好き勝手な規則を押しつけられ、気まぐれな罰を与えられること、殺風景な狭い刑務所内で共同生活を強いられることなどに不快感を覚えていた。

そのうち囚人の反逆が始まって、看守が助けを求めてきたとき、私たちスタッフは前面に出ず、看守の決断に任せると言明した。スタッフはあくまで傍観者、仲介は避けたかった。初期段階では、私はまだ完全に監督者の精神状態に浸りきっていなかった。むしろ実験責任者として、この非常事態に看守役がどう対処するかに興味を持っていた。

だから、八六一二＝ダグが反乱を企てたすぐあとで精神的にダウンしたときには、まったく意表を突かれた。金切り声を上げ、囚人の扱いが間違っていると文句を並べたてるダグの姿を見て、私は不可解だった。彼が「こんなの、ただの実験だろ。ほんとの刑務所じゃない。ジンバルゴー教授のくそったれ！」と叫んだ時点でさえ、私は威勢のいいやつだと感心したにすぎない。ダグが本当に苦しんでいるとは、信じる気になれなかった。ダグが初めて釈放を要求してきたときの、私との会話を思い出してほしい。私は、看守にいじめをやめさせるのと引き換えに、密告者にならないかと持ちかけたのだ。

しかし、八六一二＝ダグの精神状態は急激に悪化し、助手のクレイグ・ヘイニーは、報告書に書いたとおり、実験開始後わずか三六時間で釈放という苦渋の決断をくだした。すでに第四章でも紹介したが、もう一度、引用しておこう。


——私たち実験スタッフは誰ひとり、このような展開を予想しておらず、当然、これほどの不測の事態に対処する方法も考えていなかった。しかしその一方、スタンフォード刑務所でほんの短期間過ごしただけなのに、事前には想像しえないような精神的動揺にこの若者が苦しんでいることも間違いなかった……結局、私は実験への悪影響には目をつぶって、倫理的、人道的な見地から、囚人八六一二を釈放することに決めた。

これほど早く深刻なストレスを感じる者などいるはずがない、と高をくくっていたのに、その考えをくつがえされた当時の私たちは、クレイグの報告書にあるとおり、見当外れの因果関係を推察した。

慌てた私たちは、自然かつ納得しやすい説明に飛びついた――ダグは、ひ弱だったか、あるいは性格上何らかの欠陥を抱えていて、模擬刑務所の環境にひどく敏感な反応を示したのだ、と。私たちが参加者を選考する段階でミスを犯し、〝欠陥品〟を採用してしまったのではないかとも危惧《きぐ》した。このあからさまな皮肉に気づいたのは、しばらく経ってからである。実験の中で、真っ先に、まったく意表を突いて、状況の力が見事なまでに実証されたのに、私たちは〝個人に問題あり〟ですませてしまった。自分たちが異議を唱え、批判しようと考えていた姿勢を、そっくりそのままなぞっていた。*13

八六一二＝ダグが、実験の場から去るときに語った言葉は次のとおりだ。あの時点での精神の混乱ぶりがよくわかる。

「おれは、外へ出ると心を決めて、あなたたちスタッフのところに行ったんです。でも、〝だめだ〟と言われて、いろんなたわごとではぐらかされ……だからすごく頭にきて、ぜったいに出てやる、何だってやってやると決意して、脱出に役立ちそうな計画をいくつか練りました。いちばん簡単で、誰も傷つけず、備品も壊さずにすむ方法は、動揺して気が変になったふりをすることで、おれはその手段を選びました。〝穴蔵〟に入れられてるあいだ、自分でも気持ちを高めて、所長のジャフィーに話をつけに行ったときは、怒りのエネルギーを〝穴蔵〟の中でぶつけるんじゃなく、この男の目の前でぶちまけてやりたいと思ってて、でも釈放されるとわかったんで、おれはそのう、いらいらしてるあいだだって、ちゃんと自分をコントロールしながらいらいらしてて、いや、つまり――ほんとに苛立ってなきゃ、苛立ってるふりなんて無理だし……ちょっとは頭がおかしくなけりゃ、頭のおかしいふりなんかできないでしょ？　それと同じですよ。自分が苛立ってたのか、誘導されてたのか、おれにはわかりません……あの黒人の助手にすごく腹が立って、何ていう名前でしたっけ、カーターかな？　そんな感じの人と、あとジンバルドー教授、あなたにもむかっ腹が立つ。おれを奴隷か何かみたいに扱う契約を結ばせて……それ以後もおれをもてあそんで……でも仕方ないですよね、あなたはやらなきゃいけなかった。ほかのスタッフだって、実験だからやるしかなかったんです[*14]」

なぜ〝状況〟が重要なのか？

影響力の強いある種の社会環境のもとにおかれると、人間性は急激に変化しかねない。ロバート・L・スティーブンソンの魅惑的な寓話『ジギル博士とハイド氏』の中で起こる化学変化と同じくらい、劇的であってもおかしくないのだ。私たちのスタンフォード監獄実験が、以後何十年にもわたって世間の興味を引いてやまないのも、〝人格の急変〟を驚くほど如実に暴き出したからだろう。いたって善良な人々が、身に降りかかる状況の力に反応し、突如、悪を行使する看守になり、あるいは尋常ならざる受け身一方の囚人になったのだから。

そう、どんなに善良な人であっても、誘導され、そそのかされ、けしかけられて、邪悪な行動をとってしまう恐れはある。もしも、個人の人格、性向、モラルの安定性や一貫性を損なうような〝総体的な状況〟におかれ、人間性を揺さぶられたら、あなただって、非合理で、愚かしく、自滅的、反社会的、無分別なふるまいに走りかねないということだ。[*15]

私たちの心情からすれば、人間というものは根底に変わらぬ善良さを持ち、外部からの圧力に耐えることができ、つねに理性で判断をくだし、状況の誘惑にも負けないと信じたい。人間性には神のような美徳があり、モラルと理性が備わっていて、だからこそ公平かつ賢明でいられるのだ、と。だからこそ私たちは、人間の複雑な経験を単純化して、善と悪のあいだにほぼ越えられない壁を打ち立てる。壁の片側には〝われわれ〟〝同志〟〝同種の人々〟がいて、反対側には〝奴ら〟〝よそ者〟〝別種の人々〟がいる、という二元論にすがる。しかし皮肉なことに、自分はぜったい状況の力に屈するはずがないという誤った信念を抱くことで、状況の力に対する警戒心は不十分となり、実際にはかえって罠にはまりやすくなってしまうのだ。

スタンフォード監獄実験は、ほかの社会科学実験（第一二章と第一三章で詳述）の大半と同じように、私たちが直視したくない現実を暴き出している。つまり、ほとんどの人間は、社会的な厳しい力にとらえられたとき、人格を大きくねじ曲げられてしまう。実際にそんな状況におかれないうちは、自分だったらこんな行動をとるだろうと甘い想像をするものの、いざ網の目にからめとられると、まるきり違う人格に豹変し、思いもかけない行為に出たりする。

悪い状況があふれていても自己の良心を貫けるはず、などという単純な考えは捨てなければならない――スタンフォード監獄実験は、そうはっきりと警告している。ネガティブな状況の力を避け、防ぎ、はねのけ、変えるためにできる最善の策は、「そういう力はいままで同様の立場におかれた人々をねじ曲げてきたし、自分にも〝感染〟しかねないパワーを秘めている」と肝に銘じることだ。古代ローマの喜劇作家テレンティウスは、「およそ人間に関することで、私に無縁なものはない」と書いた。この言葉の重みを心に刻みつけるべきだろう。

実際、この教訓は私たちが繰り返し胸に焼きつけなければいけない真実なのだ。ナチス強制収容所の看守たちが人間らしさを失ったときも、ジム・ジョーンズの人民寺院や日本のオウム真理教のような破壊的なカルトが暴挙に出たときも、このことを反芻すべきだった。ボスニア、コソボ、ルワンダ、ブルンジ、あるいはスーダンのダルフールで起こった大量殺戮や残虐事件も、国家の安全や征服の野望といった曖昧なイデオロギーに人間性や思いやりが敗北した明確な証拠であり、人々が社会の力に屈した例といえる。

どんなにおぞましいものごとであっても、過去に人間が一度でも手を染めた行為である以上、私たちのうちの誰かがまた繰り返してもおかしくない。周囲を取り巻く状況が正常であろうと異常であろうとだ。もちろん、だからといって悪を容認するわけではない。正しい理解があってこそ、私たちは悪の正体を広く知らしめることができると言いたいのだ。悪は常軌を逸した者や暴君だけに限られた問題ではない。それはごく一般の人々のあいだにもひそんでいる。これは、〝あいつら〟ではなく〝われわれ〟の重大事なのだ。

スタンフォード監獄実験が残した最大の教訓をひとことで言えば、「状況こそが重要である」となる。社会的な状況は、個人、集団、国家のリーダーの行動や精神機能に、想像以上に強い影響を与えうる。一部の状況は私たちに強大なパワーを及ぼし、事前には予想しなかった、いや予想できなかった行為へ導く恐れもある。[*16]

状況の力が最も顕著になるのは、まったく新しい環境下にあるときだ。そうした環境におかれた人々は、不慣れな中でどうふるまうべきなのか、過去の行動指針に頼ることができない。何をすれば何が返ってくるかがいつもとは異なり、予想を裏切られてしまう。そんな状況になると、ふだんなじみのある状況で示したいままでの個性をもとに未来を予測したところで、ほとんど役に立たない。そこには、たとえば突然、看守や囚人になったというような新しい状況は考慮されていないのだから。

したがって、自分にしろ他人にしろ、不可解で異様な行動をとったときの原因を突きとめたいなら、状況の分析から始めるのが正しい。それでも謎が解明できない場合のみ、個人の気質の分析（遺伝子、個性、病的な逸脱など）へ移るべきだ。私の同僚のリー・ロスは、状況を優先するこのようなアプローチが〝思いやりに満ちた原因分析〟につながると述べている。ある行為の責任を追及する際、真っ先に行為者を非難するのではなく、寛容な精神にもとづいて、背景にどんな状況の要素があったかを調べることこそが重要なのだ。

しかし、思いやりに満ちた原因分析は、口で言うほど簡単ではない。私たちはたいがい、強い偏見を植えつけられているため、それが致命的な足枷《かせ》になって、理性による思考を妨げてしまう。[*17] 実際、欧米の国々のように個人主義を奨励する社会で暮らしていると、状況より個人の気質が大きな問題だと信じ込むようになる。どんな行動を説明するうえでも、個人を重視しすぎ、状況の影響力を軽視しすぎる。この本を読んだことで、みなさんの認識が変わり、自他の思考回路にたびたびそういう偏った傾向が見られることに気づくようになってほしいと願う。

では次に、状況の力が重要になる場合の特徴を考えてみよう。

現実をかたちづくるルールの力

スタンフォード監獄実験における状況の力は、さまざまな要素が融合してできたものだ。一つひとつはそう派手ではないが、それらが合わさることで、じつに強大な力になった。

状況の力の中でも顕著な特徴のひとつは、ルールの力だ。ルールは、非公式で複雑な行動を制御し、それを公式かつ単純な方法に変える。さまざまな規定を具体化し、何が必要で、認められ、報われるのか、何が認められず、結果として罰せられるのかを定める。そして時間が経つにつれ、ルールはみずから勝手に動きだし、法的な強制力をふるうようになる。ときには、あいまいだったり、もはや不適切だったりするルールまでが力を持ったり、施行者の気まぐれで変化する場合もある。

たとえば、私たちの実験における看守たちは、囚人に対してひどい仕打ちをしても、〝これがルールだ〟と称して、ほとんどすべてを正当化した。看守と所長が一七カ条のルールを一方的に決め、囚人に無理やり暗記させたことを思い出してほしい。また、その第二条にあった食事の規定を濫用し、ソーセージを食べようとしない四一六＝クレイを罰した点も注目に値する。

たしかに、社会的な行動を秩序正しく保つためには、ある程度のルールが不可欠だ。講演者が話しているあいだ聴衆はおとなしく耳を傾ける、信号が赤になったら運転手は車をとめる、行列に割り込んではいけない……。けれども大半のルールは、目に見えない支配の網にすぎず、規則をつくった者や執行する者の利用手段となる。スタンフォード監獄実験で看守が定めたルールもそうだが、当然ながら結びは、「以上に反した場合は罰を与える」と締めくくられる。するとどうしても、そういう罰則を実行に移すだけの意思と能力を持った個人、あるいは機関が必要になる。ルール違反を抑止するためには、できればおおやけの場で処罰を行なうことが望ましい。

役柄が現実に変わるとき

制服に身を包んで、役割を、つまり仕事を与えられる。〝きみの仕事は、この連中を統制することだよ〟と。そのとたん、街で私服を着て違う役割を担っている自分とは、明らかに違う人間になる。あのカーキ色の制服を着用して、サングラスをかけ、警棒を握り、役目を自覚すると、本当に別人になるんだ。服装が鍵だね。着ただけで、それに応じた行動をとらざるをえなくなる。

——看守ヘルマン

役者が架空の人物を演じるときは、本来の自分とはかけ離れた役柄になることも多い。そういうとき役者は、与えられた役にふさわしい姿になるように、話し、歩き、食べる。さらには、考え方や感じ方までその役になりきる。だが、プロとして演技の訓練を積んであるから、役柄と自分自身は区別でき、日常とはかけ離れた人物を演じつつもおのれを保つことができる。とはいえ、ときにはベテランの俳優でさえ、現実と芝居の境界線が薄れ、カーテンが下りたあとやカメラの作動ランプが消えたあともなお、役柄に取りつかれたままになるケースがあるという。役柄の強烈さが当人をのみ込み、実生活までむしばむ。役が俳優の心の中に棲みついて、もはや観客のあるなしなど関係なくなってしまうのだ。

演じている役がいつのまにかリアルになっていく面白い実例としては、英国のテレビ・ミニシリーズ『エドワーディアン・カウンティー・ハウス』がある。これはいわゆるリアリティ番組の一種で、約八〇〇〇人の応募者の中から選ばれた一四人が、〝エドワード王朝時代（一九〇〇年代初頭）の英国に住む使用人〟という設定で旧家の豪邸で暮らす。使用人全体を取りまとめる執事が一名選ばれると、ほかの者は、当時の厳格な上下関係にならい、執事の言いつけを守って行動する。

番組終了後、執事役を任じられた六五歳の建築家は、いともたやすく横暴にふるまえる立場が〝怖くなった〟と言っている。おおぜいの下働きの使用人の上に立ち、絶対的な権限をふるうことができるこの役柄に心の準備が追いつかず、簡単に溶け込めなかったらしい。「突然、声を出す必要さえなくなってしまうんです。人差し指を立ててみせるだけで、全員が静まり返ります。まったく恐ろしいですよ。愕然としました」

一方、現実生活では観光案内係をしている若い女性は、メイドを演じるうちに透明人間になったような気がしはじめたと話した。ほかの参加者もみな、従属的な役割にたちまち順応した。「みんな呪縛にかけられたみたいになりました。私は最初驚いて、そのうち怖くなってきました。すぐに気づいたんですけれど、口ごたえが許されないとなると、すっかり卑屈な気分になるんです」[*18]

役割はふつう、特定の状況、仕事、職能と結びついている。大学教授、ドアマン、タクシー運転手、大臣、ソーシャルワーカー、ポルノ俳優……。そして人は、その状況（家庭、学校、教会、工場、舞台など）に入ったときに演じはじめ、〝平常〟の生活に戻ればその役割から離れることになる。

だが役割によっては、ときどき演じるだけの筋書きでは終わらず、心の奥底へ忍び込み、ほとんどの時間、当人を支配するようになる。はじめのうちは、うわべだけ、束の間だけ、ある状況のときだけの役どころにすぎないと自覚していたものが、そのうち内面にまで浸透してしまうのだ。たとえば、父親、母親、息子、娘といった家族上の立場もそうだし、隣人、上司、部下、助手、医師、売春婦、兵士、物乞い、泥棒など、例を挙げればきりがない。

さらに複雑なのは、私たちの誰もが複数の役割を受け持たなくてはいけないという現実だ。場合によっては、役割同士が矛盾していたり、自分本来の価値観や信念とはへだたりがあったりする。スタンフォード監獄実験と同様、最初は〝単なる演技〟で、本当の自分とは別物だったとしても、その役割における行動が周囲からの反応を得るようになると、もう演技ではすまなくなってくる。たとえば〝クラスのお調子者〟は、ちょっとした成績優秀者よりはるかに注目を浴びるだろうが、反面、何をやっても真面目には受け取ってもらえなくなる。あるいは、人付き合いが面倒だとか、派手な状況が好きではないとかいった理由で、〝照れ屋〟のふりを装っていると、その経験が積み重なって、本当に内気な人格が形成されていくこともある。

残念なことに、それらと同じように、人間は特定の状況下でおぞましい行為をしかねない。大きな権限を与えられ、その場に何がふさわしいか、何を助長すべきかという厳密な境界線を自分たちで定めていい立場におかれると、歯止めを失うのだ。役割に備わった力が、〝平常時〟の生活を支配している伝統的なモラルや価値観を遮断してしまうと、自我を守るために〝区画化〟というメカニズムもはたらきはじめる。これは、信念や経験と矛盾する部分については別の区画に閉じ込め、その枠を越えて解釈が生じたり思考が入り乱れたりすることを防ぐことを言う。

だからこそ世の中には、よき夫でありながら罪の意識なく不倫をする男が存在する。聖なる神父でありながら、何十年にもわたって男児に性的いたずらをしつづける者もいる。親切な農場主が奴隷を冷酷にこき使っていても不思議ではない。

私たちは、善かれ悪しかれ、演じる役割の力が自分のものの見方に強い影響を与えていることをじゅうぶんわきまえる必要がある。もし教師や看護師の職につくとなれば、それに応じて人生が変わり、学生や患者のために多くを捧げることになるだろう。同じように、どんな役割を受け持つにしろ、相応の大きな変化が訪れるのだ。

治療者から殺人者へ

役割にまつわる最悪の事例は、ナチス親衛隊の医師たちだろう。当時、彼らには、強制収容所の収監者の中から誰を〝抹殺〟や〝実験〟にまわすべきかを選別する役割が割り当てられた。もとは人を癒やす立場だったのに、社会の流れに押され、殺人の手伝いをするはめになったわけだ。公益のためにはやむをえない行為であるという集団合意のもと、大きな心理的防衛もいくつかはたらいて、親衛隊の医師たちは、大量虐殺に加担しているという現実から目をそむけた。

ここで再び、社会精神医学者ロバート・J・リフトンの著書を参照し、ナチスの医師たちがたどった心理変化を見ておきたい。

> 現場にやってきた新しい医師は、最初はきまって目の前の光景に驚愕し、こんな疑問を口にしたという。「どうしてこんなことができるんですか?」。すると、あらっぽい質問を投げ返されて……すべてが明白になる。囚人にとってどちらがましなのか――糞にまみれてくたばるか、それともガスの雲に包まれて天国へのぼるか?　この二択を突きつけられたとき、新入りは事態をのみ込む。
>
> 大量虐殺は、揺るがしがたい現実であり、誰もが適応する以外ないのだった。

ユダヤ人の抹殺を〝最終的な解決《エントローズング》〟と銘打つことで、彼らの心理には二重の効果が生まれた。「まず、中身は大量殺人でありながら、そう聞こえない、感じられない表現に包み隠した。そして、おもに問題の解決という部分に焦点を当てるようになった」。つまり、問題全体を、なんとしてでも解決しなければいけない難問であるかのように歪め、現実の目標を達成するためにはいかなる手段もやむをえないと位置づけた。知的な課題を押しつけて、医師が日々の診療時に抱くであろう情動や同情を切り捨てさせたのだ。

それでもなお、どの囚人を亡き者にするかを選ぶ任務は「陰鬱であり、巨悪と密接に結びついていた」ため、知性豊かな医師たちは、ありとあらゆる精神的な防御策を利用して、殺戮に関与している現実から逃れようとした。たとえば、ある者は〝精神的無感覚〟に陥って、情動を認知から切り離すのが習慣になった。あるいは、統合失調症に近い〝二重人格化〟をきたす者もいた。ひとりの医師が、ときによって残酷さと寛容さの両極端を往復しなければならないため、「自己の内部にふたつの大きく異なる人格を抱え込む必要があった。ひとつは、〝一般世間の価値基準〟にもとづき、〝常人〟の教養と経歴を備えた人格。もうひとつは、〝この（ナチ＝アウシュヴィッツの）イデオロギーにのっとって、一般世間とはかけ離れた価値基準に立脚した人格〟である」。彼らはこうしたふたつの心理状態を日々行き来していた。*19

じつは互いに補い合っている

役割のいくつかは、互いに補い合う関係にある。看守の役割が意義を持つためには、誰かが囚人を演じなければならない。逆に、囚人が存在するためには、誰かが快く看守を引き受ける必要がある。スタンフォード監獄実験の場合、それぞれの役を演じるにあたって、訓練と呼べるほどの事前準備はなかったし、お手本となるマニュアルも存在しなかった。思い起こすと、実験の第一日目、看守たちはぎこちなく、囚人たちはまだ浮ついていて、双方とも初めての不可思議な役柄を手探りで演じているようだった。なのに、あっという間にやすやすと役柄に入り込み、看守と囚人の共生関係を支える権力の差が浮き彫りになっていった。

看守にしろ囚人にしろ、演じる際のとりあえずの〝台本〟は、参加者各自の経験にもとづいたものだった。力のある者とない者の主従関係、かねて見知っている両親の間柄（たいがいは父親が看守、母親が囚人）、医師、教師、上司といった権威者に対する自分の態度などを参考にしたのだ。また、刑務所を舞台にしたさまざまな映画の影響で、頭の中に刻み込まれていただろうある種のイメージも、手がかりにしたはずだ。私たち運営側はとくに指導もせず、参加者たちの思いつきの演技が発展していくのをデータとして記録したにすぎない。

結局のところ、数々の証拠から見て、参加者のほとんど全員が何らかの時点で〝台本〟から外れた。自分の役割に表面上必要な範囲を超えて反応し、囚人心理の構造の奥深くまで入り込んだ。おそらく、看守たちの行動はじめのうち、オリエンテーションの内容に影響されていた。オリエンテーションで彼らは、私たちスタッフから、刑務所生活の現実感をかもし出すためにどんな雰囲気づくりをしてほしいかを伝えられたからだ。けれども、そうした舞台設定においてどんな条件が大切だと感じたにせよ、看守たちは控え室でまで演技する必要はなかったはずだし、私たちスタッフに監視されていることを考えて自重してもよかったはずである。

それなのに、実験後の報告によれば、囚人を監房から出してトイレへ行っているあいだに、とりわけ横暴になった看守もいたらしい。囚人を小便器や壁に押しつけるなどの暴行をはたらいたという。私たち監視の目が届く範囲では、深夜と早朝のシフトでとくに残酷な仕打ちが多かった。あとでわかったのだが、看守たちは、こうした時間帯はスタッフが監視や記録をしていない〝実験オフ〟の状態だと勝手に思い込んでいたらしい。

そのうえ、囚人への虐待は日増しにエスカレートして、新たな段階へ突入していった。刑務所内はまったく悲惨なありさまと化し、囚人は無抵抗になり、明らかに衰弱しつつあったにもかかわらず、虐待はひどくなる一方だった。面談の録画を見直したところ、ある看守は初日、囚人を突き飛ばしたことを笑いながらも詫びていたが、四日目になると、囚人をこづきまわしたり辱めたりするのを何とも思わなくなっていた。

実験助手のクレイグ・ヘイニーは、看守たちを突き動かす力が変化していくようすを克明に分析している。断っておくが、以下に記された事態が起こったのは、実験が始まってまだ数日後のことだ。

実験開始前、私は囚人だけでなく看守一人ひとりとも話をして、ごく簡単ではあるものの、めいめいがどんな人物かを摑めたつもりでいました。そのせいもあるのでしょうが、実験が進んで、次第に極端で虐待的な行為が目立ってきても、私としては看守たちに憎悪の念は覚えませんでした。

けれども、〝カウンセリング〟の名目で囚人たちと個別に面談しつづけて、ときには看守側に警告を与え、理由もなくあまりひどいことをしないようにと指示しているうちに、私は看守たちから〝裏切り者〟のようにみなされはじめていることに気づきました。げんに、私とのやりとりに関して、ある看守は日誌にこう記しています。「カウンセリング室を出る前、囚人に手錠をかけて目隠しをしたら、あの助手に叱られた。僕は憤慨して、セキュリティのうえでも任務のうえでも、とにかくこうしなきゃだめなんだ、と答えました」

つまり、逆に私が叱りつけられたわけです。奇妙な展開になってきました。私自身が加わってつくりあげた模擬環境に、いつのまにか新たなルールが芽生えはじめ、それに従わなかったと非難されたのです。しかも、叱責してきたその人物は、私が無作為に選び出して役割を与えた若者でした。[*20]

私たちは、看守向けのオリエンテーションに偏りがあったのではないかと振り返っているうちに、囚人たちにはオリエンテーションをいっさい実施しなかったことを思い出した。では、通路で繰り返し虐げられた囚人たちは、ひどい目に遭わずにすむ時間、つまり仲間同士だけでいるあいだ、何をしていたのか？　前述したように、彼らは互いを深く知ろうとも、刑務所の外の現実について話し合おうともしなかった。いま直面している試練が頭から離れない状態だったのだ。

こうして、彼らは囚人役から離れようとするどころか、いっそう深みにはまっていった。看守たちも同様だ。勤務シフトの前後に控え室にいるとき、彼らがどんな様子かを記録したのだが、個人的な、刑務所の外の話題はめったに出ず、ほとんどが、手の焼ける囚人、所内でのこれからの課題、スタッフに対する意見などで占められていた。大学生が休憩中にしゃべりそうな、若い男同士の馬鹿話などほとんどなかった。冗談も言わず、笑いもせず、看守仲間に個人的な情動も何ら示さなかった。もし冗談でも飛ばし合えば、場の雰囲気がなごみ、役柄から少し距離を置けたはずだったのに……。途中から仮釈放委員会に加わったクリスティーナ・マスラックの話を思い出してほしい。勤務前にふと見かけた優しい繊細な若者は、やがて制服に身を包み、所内の定位置についたとたん、残忍な〝ジョン・ウェイン〟に変身した。

囚人や看守以外の役割

最終的に得られた教訓に話題を移す前に、役割が秘める力と、役割を利用して良識からの逸脱を正当化する現象について、あともうふたつほどつけ加えておきたい。

まず、看守役や囚人役その他、役割をみごとに演じた人々に目を向けてみよう。刑務所を訪れたカトリック神父、仮釈放委員会の委員長、公選弁護人、夜間訪問の両親たち……。両親たちの多くは、刑務所の現状を目の当たりにしても、環境が不快だとか有害だとかいった批判はせず、安全で興味深い実験と受け入れていた。そればかりか、わが子が引き続き運営側の一方的な規則によって行動を制約されてもかまわない、と容認した。

スタッフ側が囚人役の若者たちに望んでいたのは、標準的な中産階級の市民を演じてもらうことだった。素直で、法律を守り、権威を尊重し、〝システム〟に真っ向から反抗したりしない、ごくふつうの人々の参加を求めていたわけだ。そういう若者であれば、自暴自棄になって看守に襲いかかったりする心配はないだろう、と踏んでいた。そういう若者なら、看守のひとりが場を外したとき、九対二の人数差にものを言わせて暴動を起こすこともないだろう。もっとすさんだ環境下にある人なら、力ずくで主導権を握るといった発想を持つかもしれないが、今回の若者たちが人生経験で培った行動様式には、そのような暴力的な解決は存在しないはずだった。囚人たちには、そうした行為は思い浮かびすらしなかっただろう。

どんな役割にしろ、現実味の程度は、その役を必要としている〝システム〟に応じて異なってくる。背景となるシステムが、役をすっかり内部に縛りつけ、ほかの現実を入り込ませない場合、そのリアルさは増す。一〇三七＝リッチの母親が、息子の様子がおかしいと苦情を言ってきたときのことを思い出してほしい。私は思わず、体制の責任者という役割を前面に出して母親の見解に異議を唱え、模擬刑務所の運営上の欠陥ではなく、一〇三七の個人的な問題なのではないかとほのめかした。

あとから思えば、いちばん嘆かわしいのは私自身の変貌ぶりだった。思いやりある教師からデータ優先の研究者へ、さらには冷酷な刑務所責任者へと変わっていったのだから。新しい不慣れな役割を受け持った結果、私は不適切な判断をくだしたり奇妙な行動をとったりした。たとえば、一〇三七＝リッチの母親のもっともな意見をないがしろにしたし、囚人を市の刑務所へ移送したいと願い出て当局に却下されると、ひどく動揺した。私が本気で役割に没入したからこそ、模擬刑務所があれだけ本格的に機能したとも言えるだろうが、その半面、〝自分の刑務所〟の安全と維持に意識を集中しすぎたせいで、実験打ち切りのタイミングを見失ったのも事実だ。限界を訴える囚人が二名に達した時点ですぐに中止すべきだったのに、私にはそれができなかった。

役割、そして逸脱の責任

役割の皮をかぶっていても、必要なときには切り離して本来の自分を取り戻してしかるべき、という観点から見れば、私たちは責任の〝言い逃れ〟をしていた。自分の行動の責任を放棄し、責任はあくまで役割にあり、私たちの平常時の本質とは無縁だと信じていたのだから。その昔、ナチス親衛隊の上官たちは、ニュルンベルク裁判において「私は命令に従ったにすぎません」と弁明したが、それと似ている。「私を非難しないでください。私はあのときあの場所で自分の役割を演じていただけです。あれは本当の私ではありません」というわけだ。

テレビ番組の対談で、虐待的な態度をクレイ＝四一六から批判されたとき、看守ヘルマンが自己をどう正当化したかを思い出してもらいたい。どこまで追いつめれば囚人たちが反逆してきたり権利を主張したりするのか、〝自分なりのささやかな実験〟をやっていた、とヘルマンは釈明した。あたかも、善の心を目覚めさせるため、わざと陰険にふるまっていたと言いたげだった。囚人がみごと反逆してくれれば、自分のひどい仕打ちが大いに報われたのに、と。

後日になってのこの弁解は、信じるに足るだろうか？　ソーセージを食べようとしなかった四一六＝クレイや、罵倒の言葉を拒んだ〝軍曹〟に対して、ヘルマンがどんな態度をとったかを考えれば、信憑性はいかにも乏しい。彼は、権利確保や規則遵守を求めて立ち上がったふたりを褒め称えるどころか、いきり立ってさらなる虐待を加えた。ありったけの力で究極の看守と化して、自身の〝ささやかな実験〟に見合う状況を大きく逸脱し、ごく個人的な好奇心やいたずら心を満足させようとした。

じつは先ごろ、ロサンゼルスタイムズ紙の記者が、スタンフォード監獄実験の後遺症を検証すべく、ヘルマンと八六一二＝ダグにインタビューした。すると両名とも、当時のみずからの状態（ヘルマンは〝残酷さ〟、八六一二＝ダグは〝精神の不安定さ〟）をめぐって、同じ理由づけをした。いわく、「ジンバルドー教授を喜ばせるために演技していただけです」[*21]。本当だろうか？　私には、実験参加者たちが映画『羅生門』さながらにまた新たな役を演じ、実際に起こった事柄をめいめい違うふうに供述しているように思える。

匿名性と没個性化に着目

規則や役割に加えて、制服、衣装、マスクなどの使用も状況の力をさらに高めていく。それらは、ふだんの姿をおおい隠して匿名性を助長し、個人の責任を薄れさせるからだ。ある種の状況のもとで、誰にも正体を見破られない（だからおそらく誰も気にしない）と感じると、人間は反社会的な行動に走りやすくなる。衝動的な行為が容認される状況や、上からの命令に従う状況、平常ならさげすまれる行動指針が暗黙のうちに認められている状況などでは、とくにその傾向が強まる。私たちの監獄実験で使用した銀色のミラーサングラスは、看守、所長、私が囚人と接する際、冷淡かつ非人間的に見えるようにするための小道具だった。また、制服によって看守たちに共通のアイデンティティを持たせた。〝刑務官殿〟という漠然とした呼び方を囚人に強制したのも、看守の個性を薄れさせるためだった。

反社会的な行為を増長させるような状況下では、大人のあいだでも子どものあいだでも、没個性化が、暴力、破壊、窃盗を生み出しやすいということは、あとの章で詳述する他のさまざまな研究でも明らかになっている。ウィリアム・ゴールディングの小説『蠅の王』にも描かれているように、集団のメンバーが没個性化された状態になると、精神のはたらきは変化する。いまこの瞬間だけが大きく膨らみ、過去や未来は無関係な遠い彼方へ退く。感情が理性を、行動が思慮を押しつぶすのだ。そうした状態では、自分のふるまいを社会的に好ましい軌道に乗せようとするふだんの認知や動機づけのプロセスがはたらかなくなる。整然とした理性や秩序の観念が崩れ、逸脱した行為、さらには無秩序がとって代わる。ついには後先を考えず、愛し合うのと同じくらい簡単に戦争を起こすようになるのだ。

これについて私は、禅僧ティク・ナット・ハンが言ったというベトナムの警句を思い出す。「同じ母親を持つひよこたちは、戦い合うために顔を違う色に塗る」。これは、没個性化が暴力を勢いづかせるというしくみを独特に表現している。注目すべきことに、アブグレイブ刑務所における拷問のおもな舞台となった1A棟では、看守のひとりがロックグループ〝インセイン・クラウン・ポッシー〟をまねて、顔に銀と黒のメイクをほどこしていた。彼はそのメイクをしたまま勤務につき、囚人虐待の証拠となる多数の写真でカメラに向かってポーズをとっている（没個性化の過程がアブグレイブでの虐待にどう関わったかは、あとで詳しく述べよう）。

認知的不協和による悪の正当化

自分の信念にそぐわない役割をはたさなければいけない場合、人は〝認知的不協和〟という興味深い状態に陥る。これは、行動と信念が矛盾し、心にもない行為をするときに生じる現象で、そういうとき人は、心にストレスがかかるため、その矛盾（不協和）を低減しようとして、外面の行動か内面の認識かのどちらかを変える方向へ強く動きやすくなる。つまり、一方の要素を変化させようとするのだ。

人間は、信念と行動の矛盾に何らかの一貫性を持たせるためなら、相当なことまでやる。矛盾が大きくなればなるほど、調和させようとするモチベーションは強くなり、より極端な変化が予想される。じゅうぶん正当な理由（命が危険にさらされていたとか、兵士としての任務のひとつだったとか、強大な権力者に実行を命じられたとかいったこと）があれば、誰かを傷つけても認知的不協和はほとんど生じない。

ところが、行動を正当化するそうした理由が減ると、認知的不協和の影響は大きくなる。たとえば、お金はほとんどもらえず、危険にさらされているわけでもなく、その行為を正当化する根拠が必要最小限あるいは不適切であるにもかかわらず、矛盾した行為を実行に移すような場合だ。

認知的不協和が高まり、同時にそれを低減させようとする力が最もはたらくのは、本人が自由にふるまえると感じているときや、矛盾する行為を迫る状況圧力に気づかないとか認識していないようなときだ。矛盾する行為が表沙汰になっていれば、否定することも変更することもできない。そうなると多くの人は、認知的不協和の方程式を構成する要素の中でもっと変えやすい要素、つまり内面の私的な要素（価値観、意見、信念、さらには知覚まで）に変化の圧力をかけるようになる。このことは、厖大な調査でも明らかになっている。*[22]

スタンフォード監獄実験の場合、看守役の学生たちは自分の意志で、一時間二ドルという低賃金で長時間の過酷な勤務につくことを買って出た。最低限の指示しか与えられなかった難しい役割を、彼らは何昼夜にもわたり、囚人、両親、その他の訪問者の面前で演じつづけなければならなかった。

こうした状況は、認知的不協和を引き起こさずにはおかなかった。公的な役割にもとづく行動が内面化されたことで、彼らは認知的・情緒的な反応によって個々を支えるようになり、時間とともに独断性と虐待性を増す行動を助長したのだ。

それだけではない。個人的信念と相いれない行為にのめりこんでしまった看守には、それを理解しなければならないという大きなプレッシャーがあった。認知的不協和をごまかさざるをえなくなると、本来は思慮深い人間が、判断力を失って無分別な行動に走ったりする。社会心理学でも、そうした状況に陥ると、賢明な人が愚行を犯し、良識ある人が常軌を逸し、道徳心のあつい人が不道徳な行為にふけることが証明されている。そして彼らは、そうしてしまったあとで、〝もっともな〟理屈をつけるのだ。

人は自己正当化に長けている。個人の道徳規範と行為とが食い違うと、うまく釈明して言い抜ける。そのおかげで自分自身にも他人にも、自分の決定は合理的な考えにもとづいていると納得させられる。裏を返せば、認知的不協和に直面しても、一貫性を維持しようとするモチベーションには鈍感なのだ。

社会的承認への欲求

また、人は概して一連の行動に影響を与えているさらに強い力に気づいていない。その力とは、社会的承認への欲求である。受容され、好かれ、尊敬されたい。正常かつ善良であり、場に溶け込んでいると思われたい……。こうした承認欲求はとても強力なので、見知らぬ人から、それが正しいふるまいなのだと教えられると、じつに愚かで奇妙な行動までしてしまいかねない。いわゆる「どっきりカメラ」を見て私たちは笑うが、自分自身が、日常生活の中で「どっきりカメラ」の主人公を演じているときには、めったに気づかない。

スタンフォード監獄実験では、認知的不協和に加え、同調圧力も看守に作用していた。あの空間では、看守はほかの看守からの圧力で〝チーム・プレーヤー〟になることが重視された。つまりは、さまざまな方法で囚人を非人間的に扱うやり方に従えということだ。あそこでは、良い看守は集団からの逸脱者だった。彼らは、同じシフトのほかの看守がつくる社会的な見返り（社会的報酬）のある集団から外れ、黙って耐えていた。その一方、各シフトで少なくともひとりは、同じシフトの強硬な看守を模倣していた。

〝社会的現実〟の力

看守が軍隊式の制服を着るたびに権力を手にしたのに対し、囚人は胸に識別番号のついた皺だらけの服を着たとたん無力感に襲われた。看守が警棒、ホイッスル、目を隠すサングラスを身につけていた一方、囚人は足首を鎖につながれ、ストッキングの帽子で長髪をおおわれていた。とはいえ、双方の状況の違いは、衣服や装身具の違いだけが原因ではない。看守の権力の源泉は、むしろ制服というものが何を意味するかについて、双方が抱いているイメージにこそある。

状況がどれほど重要かを理解するには、何らかの行動が、そこにいる人々にどう認識され、解釈されているかを知る必要がある。その場にいる人々が付与する意味こそが、社会的現実（その社会における現実）を生み出すからだ。社会的現実は、物理的特性だけでなく、集団や組織の構成員の行為やルールに関する価値観によってできあがる。それゆえ、構成員が、自分のおかれた状況や現在の行動をどう見ているかによって変わってくる。そこには多様な心理がはたらいているが、ときにはその心理が信念となって、状況の認識を変えることもある。

信念というものは、たいてい行為者の期待や価値観に状況を合わせたり、一致させたりしようとする。たとえば、信念によって生じた期待が自己達成的予言［訳注：意識的または無意識的に自分の期待や思い込みに沿った行動をとることで、その期待や思い込みどおりの結果になること］になると、ある種の力を持つようになる。

自己達成的予言については、心理学者のロバート・ローゼンタールと、小学校校長のレノーア・ジェイコブソンによる有名な実験がある。

この実験では、小学校の教師たちに、クラスの一部の子どもが「大器晩成型だ」と信じるよう仕向けたところ、その子どもたちは無作為に選ばれたにもかかわらず、優秀な成績をおさめるようになった。[*23] 子どもたちの隠れた才能について、教師が好意的な想定をしたことで、その子たちに対する態度が変わり、成績の向上につながったのだ。言ってみれば、この平凡な生徒のグループは、〝学業に秀でるはず〟という期待に応えることによって〝ピグマリオン効果〟を証明したわけだ。

ただ残念ながら、現実には反対のパターンのほうが多い。つまり、教師がある種の生徒（マイノリティの出身者など）を蔑視し、どうせ成績が悪いだろうと決め込むことで、無意識のうちにその偏見にもとづいた態度で生徒に接し、その結果、その生徒は本来の能力より低い成績しか残せなくなるのだ。

では、スタンフォード監獄実験ではどうだったか？　参加した学生たちは、その気になればいつでも途中でやめることができた。銃で脅されていたわけではないし、法律で強制されていたわけでもない。実験開始に際し、二週間やり遂げられるように最善を尽くすと約束したにすぎない。契約といっても、単に学術実験への参加同意である。当初は三者とも、被験者には自由な意思が保証されており、いつでも参加中止を申し出ることができると考えていた。

しかし、実験二日目の経緯から明らかなとおり、囚人たちはやがて、ここは国家の代わりに心理学者が運営する本物の刑務所なのだと思いはじめた。八六一二＝ダグが口走ったデマに惑わされ、ここからは出たくてもけっして出られないと信じ込んだ。そのせいで、「僕はこの実験を辞退します」とは誰ひとり、一度として言い出さなかった。代わりに、他人の力で解放してもらうことを望み、スタッフが釈放を決断せざるをえないほどの極度の精神衰弱に陥った。みずから新たな社会的現実を築きあげ、耐えがたい状況の中で身動きがとれなくなり、看守たちの気まぐれで悪意をはらんだ行為にさらされた。囚人たち自身が、自分を縛りつける看守になっていったのだ。

じつは、今回の実験ではもうひとつ、社会的現実がつくり出される場面があった。それは、仮釈放委員会でのやりとりの最後に、スタッフから囚人に〝取引〟を持ちかけたときだ。私たちスタッフはあえて、委員会の権力を振りかざし、報酬を全額放棄すれば仮釈放されるとしたらどうするか、と尋ねた。するとその多くは、もらわなくてかまわないので外へ出たいと希望した。さらに、そう答えつつも、誰ひとり、その時点で本当に離脱するそぶりを見せなかった。本当は単なる実験であるにもかかわらず……。これは、個人が自己の利益を最大限に守る権利よりも、仮釈放という社会的現実を受け入れたことを示している。

彼らは結局、全員がおとなしく手錠をかけられ、頭巾をかぶせられて、自由がすぐ目の前にある場所から地下の暗い刑務所へ戻っていった。

人間性の抹殺――無価値なもうひとつの顔

神《ゴッド》のためにベトコン《グーク》を殺せ。

――ベトナムの米国兵士のヘルメットに書かれた標語

人間同士の行為でおよそ最低なのは、誰かの人間性を奪うこと、精神的に非人間化を進め、価値のない存在にしてしまうことだろう。非人間化は、自分とは違う感情、思考、価値観、目的を有している、とみなした相手になされる。誰かをそのようにみなした人は、本当は自分と共通する人間的な特性があっても、その点はほとんどあるいは完全に意識から消し去ってしまう。なぜそんなことが可能なのか？ それは、知性化［訳注：感情的なストレスや対立を避けるために、無意識に合理化して自己を防衛すること］、否認、感情の分離といった心理メカニズムがはたらくからだ。本来、人と人のつながりは主観的、個人的、感情的であるのに対し、いったん非人間化した相手との関係は、客観的かつ分析的で、情緒や同情を伴わない。
宗教哲学者マルティン・ブーバーの用語を使うなら、人間的な関係は〝我―汝〟と表せるのに対し、非人間的な関係は〝我―それ〟と表わせる。さらに時間が経つと、相手を非人間化していた当人もネガティブな経験の中にのみ込まれ、〝我〟そのものが変質して、〝それ―それ〟の関係となるケースも多い。もはや、物と物あるいは行為主体と被害者という関係になってしまうのだ。非人間化する人は、対象者のことを、下等な人間、悪者、人非人、人間以下、無用者、けだものと安易に割り切るために、レッテルを貼り、類型化し、スローガンやプロパガンダでやり玉に挙げる。[*24]
じつはどんな人でも、緊急事態や危機的状況、他人のプライバシーを侵害せざるをえない職務環境などにおかれ、通常の情緒反応を抑えなければいけなくなったときには、相手を非人間化する可能性がある。たとえば外科医は、患者の身体をひどく損傷するような手術をする際、そうした割り切りが必要になるかもしれない。大惨事の現場に駆けつけて初期対応にあたる救助員もそうだろう。仕事上、おおぜいを次々に処理する必要がある人や、一日に大人数を担当しなければならない人にも、同様の傾向が生じやすい。
臨床心理学者、ソーシャルワーカー、医師、看護師など、医療福祉の専門職にたずさわる人々は、この過程を〝突き放した関心〟と呼ぶ。彼らは、看護や治療の質を高めるために、かえって患者を非人間化しなければいけないという矛盾した立場におかれるわけだ。[*25]
しかし、たいがいの場合、非人間化は虐待的、破壊的な行為を招き、〝モノ扱い〟された人物が被害をこうむることになる。以下の証言からうかがえるとおり、私たちの実験の看守たちも、囚人を非人間化していた。「僕は囚人たちに命じて、ののしり合わせたり、素手でトイレを磨かせたりしました。連中なんて家畜も同然とみなしていたんです。そのうえ、奴らが何かしでかさないか目を光らせていなきゃ、といつも警戒していました」。

囚人とはいえ、相手は同じ大学生であり、運次第では看守の制服を着る側になっていてもおかしくなかったのに、何とも驚くべき話だ。

ほかの看守もこう証言している。「ぼろ切れをまとった囚人の姿を見るのは、もううんざりでした。囚人の身体から漂う強烈な悪臭が監房内に充満していることにも辟易しました。僕らの命令で囚人がいがみ合うのを、ただ眺めていました」

現実の刑務所と同様、スタンフォード監獄実験でも、囚人が人間性を喪失するような環境をつくり出した。彼らはまず自由を失い、続いてプライバシーを失い、最終的には個人のアイデンティティまで失った。過去や地域社会や家族から切り離されて、ふだんの現実の代わりに新たな現実を押しつけられ、殺風景な監房でほかの囚人と共同生活するはめになった。プライベートな空間はほぼ皆無。形式的で威圧的な規則と、看守の気まぐれな判断によって、行動を勝手に決められたのだ。

内面に関しても、私が知る各地の本物の刑務所と同じように、情緒が抑えられ妨げられねじ曲げられた。その結果、実験開始後ほんの数日のうちに、看守も囚人も、優しさや思いやりをなくしてしまった。

通常、管理された環境のもとでは大多数の人が同じ反応をする。だから、人間としての情動が見られる場面は限られる。個人が思わず示した、たいがいは意外な反応からうかがい知れる程度だ。私たちの実験の囚人も、看守に手荒く扱われて、管理上の手続きでも貶められ、さまざまなかたちで人間性を奪い去られた。ほどなくして、みずから情動を心の内に抑え込み、人間らしさをどんどん失っていった。感情を表に出すのは神経衰弱に陥ったときくらいだった。

情動は、人間性には不可欠なはずだが、刑務所では情動を押し隠すことが不可欠なのだ。感情をあからさまにすると、看守にもほかの囚人にも弱さをさらけ出すはめになる。

偶然の出来事で脚光を浴びる

ところで、私たちの実験が悪の心理を示す代表例とみなされるようになったのは、終了後まもなく、予想外の劇的な出来事が重なったせいだった。カリフォルニアのサンクエンティン州立刑務所とニューヨーク州のアッティカ刑務所で相次いで暴動が発生し、多くの死傷者が出たのだ。私たちは、状況の力という概念を裏づけるためにささやかな実験をしたつもりだったのだが、このふたつの事件の影響で、実験の概要が全米に知れわたった。

そこで、両事件の重要点と、スタンフォード監獄実験や私に及んだ影響について、ここで簡単に述べておこう。さらに詳しい内容や、同時期に蜂起したブラックパンサー党、過激派学生組織〝ウェザーマン〟に関しては、www.luciferreffect.com を参照していただきたい。

カリフォルニアのサンクエンティン州立刑務所で、おおぜいの看守や囚人が命を落とす事件が起こったのは、スタンフォード監獄実験を打ち切った翌日だった。獄中にいた黒人政治活動家ジョージ・ジャクソンが首謀者となって脱獄を企てたのが、ことの発端と言われている。

その三週間後、騒ぎは国土を大きくまたいだ東海岸北部のニューヨーク州へと飛び火した。今度はアッティカ刑務所で暴動が起こったのだ。囚人たちは刑務所を乗っ取り、四〇人ほどの看守と民間スタッフを人質にして五日間立てこもった。このとき囚人側は、所内で横行していた暴行や人権蹂躙に抗議して改善を求めたが、当時の州知事ネルソン・ロックフェラーは交渉に応じなかった。いかなる手を使ってでも刑務所を奪還せよと州の軍隊に命じたことで、軍隊が一斉射撃に踏みきり、囚人と人質合わせて四〇人以上が死亡、ほかにも多くが負傷する事態となった。

ほぼ時を同じくしてふたつの暴動が起こったため、刑務所の現状が世間の注目を浴びた。私は議会から要請を受けて、いくつかの委員会に出席し、スタンフォード監獄実験で学んだ事実を現実の刑務所に応用しつつ証言をした。また、サンクエンティン州立刑務所で暴動に関わった六名の囚人のうちひとりについて、鑑定人を務めた。同じころ、サンクエンティンの副所長と私のテレビ討論を見たメディア関係者が、スタンフォード監獄実験のドキュメンタリー番組を制作して、全米放映することも決めた（NBCテレビ『クロノログ』、一九七一年一一月）。さらにライフ誌でも特集記事が掲載されるなどしたことから、スタンフォード監獄実験の知名度は一気に高まったのだった。

監獄実験が行なわれた当時の時代について

大学生の演じる囚人や看守の人格が、模擬刑務所での生活を通じてどのように変貌したのか、それをさらに深く理解するためには、一九六〇年代末から七〇年代初頭という時代の風潮も考慮に入れる必要がある。

当時の若者たちは権力を毛嫌いし、「三〇歳を超えた大人は誰ひとり信用するな」を合言葉にしていた。彼らは社会からも親からも厳しく縛りつけられていたことに対し、反逆に出たのだ。誰もがセックス、ドラッグ、ロックンロールに染まり、長髪をなびかせ、自由気ままを愛した。〝ヒッピー〟になり、〝ビー・イン〟や〝ラブ・イン〟の集会を開き、サンフランシスコの〝フラワー・チャイルド〟として髪に花をさした。平和主義を唱え、ことさら個人主義を打ち出した。ハーバード大学の心理学者ティモシー・リアリーが、サイケデリック体験の伝道師ともてはやされ、LSDなどをいたるところで若者に処方した。多くの人々が伝統的社会から外れ、意識変革をもらたす幻覚剤に酔い、内なる自分の声に耳を傾けようとした。

そしてベトナム反戦運動で、不公平や抑圧に強く抗議する若者文化はピークに達した。ベトナム戦争の理不尽さ、苛立ちの中で日ごと増える戦死者数、過ちを認めようとしない国内政権、七年間にわたる流血のはての撤退などに対して、若者たちは過激な反抗を繰り返した。この余波で、ヨーロッパやアジアでも学生運動の嵐が吹き荒れた。ヨーロッパ諸国では米国以上に武力闘争の色合いが濃く、既存の権力に向かって激しい攻撃が行なわれた。そうした国々の学生たちは、政治の面でも学問の面でも既成の枠組みに真っ向から対決を挑んだ。パリ、ベルリン、ミラノで人間バリケードが築かれ、保守的、圧政的と思われる従来権力と正面衝突した。その多くが社会主義に傾倒した。ファシスト的あるいは共産主義的な全体主義はよしとせず、経済的理由でより高い教育を受けられない現状に不満を抱いていた。

私たちの実験に進んで参加した学生たちも、全体として言えば以上のような若者文化に属していた。反抗心に燃え、新しいことを試す意欲にあふれ、権力や服従を毛嫌いした。だからこそ、私たちスタッフは事前の予想で、被験者たちが体制の力にもっと抵抗するだろうと踏んだのだ。事実、囚人と看守のどちらをやりたいかと尋ねた時点では、誰も看守役を希望しなかった。それなのに、いざ看守に任じられると、あれほど簡単に適応し、権力をかさに着るようになったのはとても意外だった。強硬な看守ヘルマンでさえ、最初は看守より囚人をやりたがり、「たいていの人は看守なんて嫌いでしょう」と話していたのだ。

実験参加者はほとんど全員、自分が将来経験するとしたら囚人のほうだろうと感じていた。大学まで出て刑務所に就職する気は毛頭ないが、いつか何かしらささいな法律違反で逮捕される可能性ならゼロではない、と。看守役に割り当てられた若者たちが偏った性向の持ち主だったわけではない。のちに虐待的で高圧的な態度をとったとはいえ、彼らは他人を傷つけたり、虐げたり、支配したりする性格の持ち主ではなかった。当時の社会の風潮から見て、むしろ愛や平和を好む傾向ならあったかもしれないが……。

同様に、囚人を演じる学生たちがあれほど急激に精神衰弱に陥ることも、事前に予想しようがなかった。実験開始時には前向きな性格で、身体も健康だった。手がかりはなかったに等しい。

〝システム〟が最重要である理由

スタンフォード監獄実験から学びとることができる最も重要な点は、〝状況はシステムによってつくられる〟という事実だ。システムが体制を整え、権威を生み、人員や資金を用意し、その結果、状況が勝手に機能しはじめる。私たちはいままで、さまざまな機会を利用して、この実験で生じた状況の特徴を説明してきたが、ひととおり知った相手から、肝心の質問をぶつけられたことはめったにない。つまり、「誰が、何が、こんな事態を引き起こしたのか？」だ。

行動様式を設計し、特定の運営を進行し維持する権限は、誰が持っていたのか？　スタンフォード監獄実験の場合なら、答えは単純、それは私だ。しかし、もっと複雑な組織体だと、答えはそう容易には見つからない。たとえば、行きづまった教育機関や矯正施設、腐敗した巨大企業、アブグレイブ刑務所。

システムの力は、権限の授与や制度上の許可に関わってくる。たとえば、人々に規定どおりにふるまうよう求め、違反行為を禁じて処罰する。あるいは、より高い権威という位置づけを盾にして、新たな役割を認め、新たなルールを発効し、ふつうであれば既存の法律、規範、モラル、倫理に縛られてできないような行為を促す……といった認可は、たいてい、山ほどのイデオロギーを隠れみのにして行なわれる。スローガンや何らかのプログラムを通じて、最終的な目標を達成するためならおおよそどんな手段でも正当化されてしまうのだ。

イデオロギーとはいわば〝最高位の首領《ドン》〟であり、それに対して異議を唱える者はいないし、疑問の声すら出ない。特定の時と場所においては、大多数の人々がそのイデオロギーを明らかに〝正しい〟と信じ込んでいるからだ。

権力の座にいる者たちは、自分たちが組み上げたプログラムを、善や徳として、あるいはきわめて価値ある至上のモラルとして送り出す。そして、イデオロギーを支えるためにつくられたそれらのプログラムや方策や執行手順は、次第にシステムの必須要素になっていく。システムが定めた手順であれば、理にかなった適切なものであるにちがいないとみなされ、イデオロギーは神聖視されるようになる。

地中海からラテンアメリカまで、世界のいたるところにファシストの軍事政権が存在していた一九六〇年代から七〇年代、独裁者たちはたえず、社会主義者や共産主義者によって〝国家の安全が脅威にさらされている〟と警鐘を鳴らし、自己防衛のためには武器を手に取らざるをえないと訴えつづけた。また、その脅威を排除するためという名目で、軍や民間警察が国家ぐるみの弾圧を行なった。〝国家の敵〟と思われる人物であれば殺害も正当化された。

近年の米国でも、同じように国家を脅かす存在が喧伝され、怯えた一般大衆は、市民としての基本的権利を犠牲にしてでも安全の幻想を得たいと考えている。結果として、そのイデオロギーが行動を正当化する口実になり、イラクへ向かって先制攻撃をしかけた。まず、政権を握る〝システム〟がそのようなイデオロギーを構築し、そこから派生して、いくつか小さなシステムができあがった。戦争を指揮するシステム、本国の安全を保障するシステム、軍事刑務所を管理するシステム……。いや、戦後に事態を収拾するまともな計画がなかったことを考えると、できあがったのは、そうしたシステムの不在だったのかもしれない。

ジョージ・オーウェルの古典的小説『一九八四』[*26]には、マインドコントロールのさまざまな戦略や戦術が記されている。私は学問上の見地からこれに深い興味を抱いた。私が研究生活の早い段階で〝システム〟の力を意識するようになったのは、この本の影響だと思う。作中に登場する〝ビッグブラザー〟は、個人の自発性を完全に押しつぶし、介入に抗う気持ちを打ち砕いた。

何年ものあいだ、スタンフォード監獄実験をめぐる議論では、〝システム〟レベルの分析がまったく無視されていた。もともと私たちは、人間の行動を理解するうえで気質と状況のどちらがどう重要なのか、という観点で研究を進めていたからだ。この観点の枠組み自体がじつはシステムによって決められているという、さらに大きな問題を私たちは見落としていた。イラク、アフガニスタン、キューバにおける陸軍刑務所で横行した多くの虐待のメカニズムを本格的に究明しはじめてようやく、私は〝システム〟レベルの分析が重要であることをつくづく思い知った。

ノーベル賞に輝いた物理学者リチャード・ファインマンは、スペースシャトル「チャレンジャー号」の悲劇的な事故の原因を解き明かし、それが人為ミスではなく、〝公式運営組織〟のシステム上の欠陥だと糾弾した。技術者二名がふたりとも疑問を抱き、重要な部品（惨事の引き金となった欠陥品のO＝リング）の製造業者が懸念を伝えたにもかかわらず、NASAの上層部は発射を強行してしまった。なぜか？　ファインマンは、「資金提供を確保するために、NASAは完璧でつねに成功することを政府にアピールしなければいけない」という思いが、拙速な判断につながったのではないかと主張する。[*27] 要するに、NASAのシステムは、政治上の動機にせきたてられ、〝より速く、よりよく、より安く〟を目指そうとして失態を引き起こしたわけだ。

これに対してナチスという〝システム〟は、恐ろしい大虐殺を実現させてしまった。そこに存在したのは、ヒットラー率いる執行部から、国家社会主義ドイツ労働者党の政治家、銀行家、ゲシュタポの幹部、親衛隊、技術者、医師、建築家、化学者、教育者、列車の車掌にいたるまで、緊密に統合されたトップダウン方式の〝システム〟だった。それぞれの立場にいる者が、ヨーロッパ全土にいたすべてのユダヤ人、そして国家の敵を皆殺しにしようという凝り固まった意図に加担したのだ。

事態の進行につれ、強制収容所の建設が求められ、処刑のための場や専用の火葬場も必要になった。新しい種類の殺人ガスも完成させなければならなかった。プロパガンダの専門家は、映画、新聞、雑誌、ポスターを通じて、ユダヤ人は脅威であると中傷し、非人間化していった。教師や牧師もナチスに盲従する若者を育て、〝ユダヤ人問題の最終的解決〟を自己正当化できるように教育するほかなかった。*[28]

言葉づかいにも工夫が凝らされた。そこでは、さも無害そうな単語によって、人間の残酷さや破壊性がおおい隠された。〝特別処理（Sonderbehandlung）〟、〝特別行動（Sonderaktion）〟、〝移住（Umsiedlung）〟、〝疎開（Evakuierrung）〟……。〝特別処理〟とは、対象となる人間の肉体を消滅させることをさす隠語で、ときに〝ＳＢ〟と略された。ナチス親衛隊大将のラインハルト・ハイドリヒは、戦時中の一九三九年、ある声明の中で安全保障の原則をこんなふうに語っている。「通常どおりの扱いを受ける者と、特別処理が必要な者とを、明確に区別しなければならない。後者に分類されるのは、きわめて好ましからざる性質を持つ者、危険性をはらむ者、あるいは敵側のプロパガンダの道具になりうる者であり、人間として敬意を払うに値せず、情け容赦ない手段（たいがいは処刑）によって抹殺することがふさわしい」*[29]

どの囚人を抹殺すべきか、あるいは人体実験に使うべきかを決めるように求められたナチスの医師たちは、両極端のふたつの忠誠心の板ばさみになることが多かった。ふたつの誓いは矛盾していた。アウシュビッツにいるあいだ中、親衛隊の医師たちはたえず、人殺しをいとわぬ残忍さと、束の間の寛容さという、相反する両面をさらけ出していた。双方を融合するのはまず無理だった。両方の面を持ちつづけることで、親衛隊の医師たちはなんとか心の均衡を保ち、人命を奪う作業に従事し、やがて、巨大かつ残酷な、機能性の高いシステムの一部に取り込まれた。

アウシュビッツは、多くの力が結集してできた産物だった。*[30]

第一一章
監獄実験の倫理と広がり

旅路が長くなりすぎて、もはや惰性にのみ込まれてしまった。ただ流され、永遠へ向かって漂うのみ。立ち止まることは許されず、説明を受けられる望みもない。――トム・ストッパード『ローゼンクランツとギルデンスターンは死んだ』第三幕

ここまで眺めてきたとおり、スタンフォードの模擬刑務所は、塀の中にいる若者たちの生活をのみ込んでいった。ほとんどの者にとって、それは最悪の展開だった。前章では、人間があれほど急速に大きく変貌してしまうことなどありうるのかという疑問について、おおまかな答えを記した。とくに、状況の力とシステムの力が一丸となって、人間性の果実を腐らせることを指摘した。

私たちの実験に参加した若者たちは、良い樽を台なしにする、いわゆる〝腐ったリンゴ〟ではなかった。むしろ、もとは良いリンゴだったのに、悪い樽、つまり模擬刑務所のせいで、じわじわと腐っていったと考えられる。もちろん、本物の一般刑務所や軍事刑務所が持つ、ときに死を招くような有害な性質と比べれば、スタンフォード模擬監獄は比較的良心的な環境だったが、実験参加者の考えや、感じ方、ふるまい方が変化したのは、状況ごとに多様なかたちをとる心理変化の結果だった。こうした環境下での状況の力は〝全体の状況〟と密接に絡んでいて、平常時に自分の意思で出入りできる状況にあるときよりも、はるかに強大なパワーを備えている。*1

本当は私たちの誰もが、表裏両面の可能性を、つまりどちらにも転びかねない精神的な雛型を秘めている。聖

人か罪人か。利他主義者か利己主義者か。愛情にあふれるか憎悪にあふれるか。正気か狂気か。善か悪か。どちら側へ向かってもおかしくはない。おそらく、生まれた時点ではあらゆる可能性を備えていて、自分の生活を支配する社会や文化の環境に応じて、ひとつずつスイッチが入り、発達していくのだろう。

私たちはめいめい、何百万年にもわたる進化、成長、適合、対処を通じて複雑に発達し、専門化してできあがった産物といえる。人類が地球上で特別な地位を築くことができたのは、学習、言語、理性、発明などのきわだった才能を備え、よりよい新たな未来を想像できるおかげだ。人間はみな、本来はじゅうぶんな素質を備えていて、じつに幅広い技能、才能、特技を完身につけることができる。どうにか生きのびるだけにとどまらず、社会や文化の中で花開き、さらなる新たな世界を押し広げられる。

だが、あとで詳しく論じるとおり、人間はそのようにさまざまな素晴らしいことをやってのける一方、それとまったく同じ過程をたどりつつ、道を踏み外す危険性も生まれ持っている。

完璧な人間が歪曲するとき

世界で起こった凶悪な出来事の一部は、ごくふつうの人間がある種の特殊な状況におかれ、本性の中から悪い面だけを引き出された結果なのではないか？　——この章で私はまず、こうした疑問に対して答えてみたい。そしてそのあと、スタンフォード監獄実験で正常な人間がひどく変貌していった過程を、もう一度振り返ってみたい。

記憶というものは、過ちから教訓を得てよりよい未来を築くための原動力となる。しかし、その記憶のせいで、怨恨、復讐心、絶望、暗いトラウマの反芻といったネガティブな要素が生じる場合もある。同様に、私たち人間は言語や記号を扱う能力に秀でているおかげで、時や場所を超えて、他者と個人的あるいは抽象的にコミュニケーションをとることができる（言葉の力によって、歴史や計画や社会統制の基礎を整えられる）一方、言葉の悪用のせいで、噂、嘘、プロパガンダ、固定観念、高圧的な規則などがはびこる恐れもある。

また、人間の素晴らしい創造性は、文学、ドラマ、音楽、科学、コンピュータやインターネットなどの発明品につながるが、その創造性が歪められると、劣悪な監房や残酷な拷問、妄想じみたイデオロギー、ナチスの大虐殺に見られる〝効率的な〟体制などを生み出す元凶にもなる。

つまり、私たちが持つ際立った素質は、愛と憎しみ、誇りと傲慢、自己尊重と自己嫌悪といったように、ポジティブにもネガティブにもなりうる二面性を持つのだ。[*2]

こうした例はまだある。人間には帰属本能があり、その根底には、ほかの人とつながりたい、協力し合いたい、集団の規範を受け入れたいという願望がある。ところが、スタンフォード監獄実験でわかるとおり、その帰属本能が裏目に出ると、過度な服従、遵守、集団同士の対立などに発展しかねない。中央の権力も、自治と統制の必要上、みずから方向性を決めて将来を計画しなければならないが、正しい道を外れれば、力を過剰に行使して他者を支配したり、人々を学習性の無気力へ追い込んだりする恐れがある。

さらに、このような諸刃の剣になりかねない心のはたらきを三つ挙げてみよう。

まず第一は、一貫性や合理性を貫きたいとする欲求だ。ふつうなら、そうした気持ちが私たちの人生を有意義で賢明な方向へ導いてくれる。だが、一貫性や合理性にこだわりすぎると、誤った決定までも尊重したり、勝手な理由をこじつけたりする事態を招く。げんに、これにこだわった囚人役はあくまで居残ろうとし、看守役は虐待を正当化していた。

第二は、環境を知り、その環境と自分のつながりを理解したいとする欲求だ。これが正しく作用すれば、好奇心、科学上の発見、哲学、人文科学、芸術などにつながっていく。ところが、理不尽で気まぐれな、一部の者の勝手な都合で決められた環境の場合、どうにかして理解しようとする者は、次第に不満や孤立感にさいなまれてしまう（私たちの実験の囚人役が好例だ）。

そして最後は、刺激を追い求める欲求だ。これはリスクもいとわない大胆な行動や冒険の引き金となるが、その一方、平穏な状況におかれた人物は退屈さに襲われやすい。すると、その退屈さを打ち破るため、何か行動を起こしたいという強い衝動にかられ、スタンフォード監獄実験の夜勤看守のように、〝慰み者〟をつくって気晴らしをしたりする。

だが、ここで注意しておきたいのは、ある出来事の原因を突きとめられたからといって、その出来事を許していいというわけではないことだ。心理学にもとづく分析は、〝言い逃れ学〟ではない。モラルや法に反する行為をした個人もしくは集団は、みずからの犯罪にあくまで責任を負わなければならず、法による裁きを受けなければならない。私はただ、刑の重さを決めるにあたって、行為の引き金となった状況やシステムの諸要素を考慮に入れることが重要だと言いたいのだ。*3

続くふたつの章では、スタンフォード監獄実験にとどまらず、心理学のさまざまな研究に目を向けていくが、その前に本章で、今回の実験中に提起された重大な問題をいくつか処理しておきたい。

まず最も重大な点は、この実験で苦しい思いをした意味はあったのか？　ということだ。参加者たちが実験のあいだ苦難にさらされたことは間違いない。苦難を強いた側も、いくら任務とはいえ、長時間ひっきりなしに他人を痛めつけ辱めて、必要な範囲を逸脱してしまったという事実に直面せざるをえない。この種の研究では必ず倫理の問題が絡んでくる。ダンテが『神曲』の地獄篇で描いたとおり、善とは、ただ罪を犯さないことではなく、行動を要するものだ。ところがスタンフォード監獄実験では、行動が麻痺してしまった。この点については、このあと論じたい。

また、〝怠慢〟という倫理上の過ちや、〝絶対的な〟倫理についての検討に加えて、重大な科学研究に向けて道を切り開けたのかどうかという〝相対的な〟倫理についても考察しなければならない。相対的な倫理の問題を大きな視点でとらえるためには、〝苦〟と〝益〟を天秤にかける必要がある。すなわち、今回の実験参加者が耐え忍んだ〝苦〟は、実験を通じて科学や社会が得た〝益〟とつりあうだろうか？　言い換えれば、科学上の目的に照らした場合、ああした実験のやり方は正当化できるのか？　スタンフォード監獄実験から多くの有益な結果が導き出されたのは事実だが、そもそもあのような実験を行なうことが正しかったかどうかは、読者のみなさん各自に判断してもらうしかない。

刺激的な研究は、さらなる研究を生み、派生を促す。スタンフォード監獄実験がまさにそうだった。私たちの実験の倫理を考察したあとは、続いて行なわれた各種の類似実験や応用実験をとりあげ、それらが世にもたらした重要性を吟味していきたい。

スタンフォード監獄実験は倫理にもとるか？

スタンフォード監獄実験は倫理を逸脱していたのだろうか？　いくつかの見地から言うなら、答えは断固として〝イエス〟だが、別の見地から言えば〝ノー〟となる。しかし、それぞれの側の証拠を挙げて分析する前に、実験が終わって数十年経ったいま、なぜ倫理面をなおも議論するのかに関して断っておきたい。

私は長年、この件について個人的に深く考え抜いてきた。それだけに、いまこそさまざまな角度から問題を浮かび上がらせることができると思っている。その内容をここに記せば、おそらくほかの研究者たちの役に立つだろう。ほんの小さな危険信号も見逃さずに察知して、私と同様の落とし穴にはまるのを避けられるかもしれないし、倫理的な予防対策をより慎重に練ることができるかもしれない。私は、自分が実験の中ではたした役割を弁解したり正当化したりするつもりはない。ここで伝えておきたいのは、実体験をもとに人間の心のはたらきに介入するような研究は、倫理的に複雑な判断が伴うという事実だ。

介入の倫理

話を戻そう。まず検討するのは、〝介入の倫理〟だ。これは、実験研究を進める際に、絶対的な倫理と相対的な倫理とを比較して理解するうえでの土台になる。

個人、集団、環境のいずれであれ、生活に介入する行為はつねに倫理的な問題にさらされる（反精神医学を唱えた心理療法士ロナルド・D・レインなら、倫理的というより〝政治的な判断〟と呼ぶかもしれない）。心理療法士、外科医、カウンセラー、実験主義者、教育者、都市計画立案者、建築家、社会改革主義者、公衆衛生担当者、カルト指導者、中古車販売員、世間一般の親……こういった人々は、まるきり無関係な集団に思えるだろうが、じつは共通の目的を持っている。治療、矯正、助言、研修、教育、更生、マインドコントロール、軌道修正、金銭配分、建設、しつけなど、用語はさまざまだが、彼らは要するに、あの手この手で私たちの生活に介入を試みている。非常に直接的な干渉もあれば、環境を変えることで間接的に影響を与えているケースもある。

介入者のほとんどは、当初は善意の持ち主だ。対象となる人物や社会の利益になることを考えて、是正の道を提示する。しかし、本当にやる価値があるかどうかの判断基準は、しょせん介入者の主観的な価値観にすぎないので、ここで重大な倫理上の問題が持ち上がる。たとえば、社会生活をおくるうえで親がわが子に強い影響を与えるのは当然だと考えられている。親は、自分たちが抱く社会的、政治的、宗教的な理想のイメージに合わせて、子どもに影響力を行使する。だが本当に、子どもにあらかじめ説明して同意を得なくてもいいのだろうか？　何を馬鹿なと思うかもしれないが、ちょっと考えてみてほしい。現実には、親に洗脳された結果、ＫＫＫのような人種差別グループや破壊的なカルト教団やテロリスト組織に入ったり、売春に走ったりするケースだってあるのだ。

ふつう、〝親としての権利の領域〟は、たいがい不問に付される。たとえ子どもに不寛容な精神や偏見を植えつけているとしても、よほど目にあまるかたちで無理強いしているのでなければ、異議を差しはさまれはしない。しかし、こんな父親の場合はどうだろう？

その父親は、息子にもっと愛国心を持つよう教え込みたがっている。いやそこまでなら、たいていの社会では妥当な育て方に思えるが、この父親は、全米で広く読まれている雑誌に投稿し、読者の相談にのる精神科医にこう質問した。「私は自分の国を愛していて、息子にも同じくらい愛してほしいと願っています。そこで、息子が寝ているあいだに、ちょっとした教示の言葉をかけたいのですがいいでしょうか？　そうおおげさなものではなく、自国を愛するように促す内容なのですが……」

この父親は、こうしたやり方が効果をもたらすどうかを尋ねているともいえる。睡眠学習の有効性には科学的な根拠があるのか、潜在意識にはたらきかけてメッセージを浸透させることができるのか、と（ちなみに答えはノー。これといった裏づけはない）。その一方、この父親は倫理的な疑問も提起している。無防備の子どもにそんなふうに教え込むのは倫理にかなっているだろうか？　それとも、少々怪しいこんな方法を使わずに、子どもが目覚めているときに教育すれば倫理的と言えるのか？　ほうびにこづかいをやったり、社会の力を利用したりするのはどうなのか？

倫理上まずいと感じる人がいるとしたら、問題なのは、この父親の目的か、それとも手段か？　露骨に熱心な父親が教え込むのではなく、もっと遠まわしなやり方で教化すれば倫理にかなうと言えるのだろうか？　そもそも、〝教育〟という大義名分のもと、教室に国旗や国家元首の写真を飾ったり、国歌を斉唱させたり、祈りを捧げさせたり、歴史や地理や公民の教科書を読ませたりすることは許容範囲なのだろうか？　教科書とはいっても、偏った歴史観が記されているケースは多い。どの社会でも現体制を維持するためのプロパガンダとして利用されている面がある。

　ここで大事な点は、私たち一人ひとりが、日常のさまざまな状況にもっと敏感になる必要があるということだ。社会生活をおくる中で、じつは数々の介入が〝ごく自然な過程〟として起こっている。その事実に気づかなければいけない。目立たないかたちで広く行きわたっているせいで、倫理に反する事柄がいつのまにかまかり通っている恐れもあるのだから。

〝絶対的な〟倫理に反しているか？

　おおまかに言ってしまえば、倫理は〝絶対的〟なものと〝相対的〟なものに二分できる。

　絶対的な倫理は、共同体の行動規範というかたちで具体化され、たいがい明確な原則（たとえば「十戒」や「権利の章典」など）にのっとっている。それはいかなる度合いのずれも許されず、存続に終止符を打つことが認められないのはもちろん、原則が一時中断されたり、ゆるめられたりするのにつながることも容認されないとどのつまり、この倫理基準に反する状況はすべて不当であって、酌量の余地はない。

　ある行動が絶対的な倫理に導かれているときには、高次元のモラルがはたらき、時、状況、人、損得にとらわれず、どんな条件にさらされようと揺らがない。絶対的な倫理の土台となっているのは、「人生は神聖なものである。それゆえ、たとえ不慮であれ、神聖さを傷つけるようなことは絶対にあってはいけない」という考え方だ。実験に関していえば、被験者に苦痛を感じさせるものはいっさい正当化できないことになる。この立場からすれば、参加者の誰かひとりでも生物的もしくは心理的な正常性を乱すような医学実験や心理実験はけっして行なうべきではない、という主張さえ妥当になるだろう。たとえその実験が社会全体には役立ち、間違いなく利益をもたらすとしても認められないわけだ。

この見地に立つ人々は、名目にかかわらず、苦しみを引き起こす行為はすべて非倫理的とみなす。科学のためだろうと、叡智、「国家の安全保障」、そのほかどんな大仰な抽象概念のためだろうと、人の道にもとると考えるのだ。心理学の世界であれば、人文主義の伝統を受け継いでいると自負する類いの学者たちが、最も熱心にこの種の主張を展開する。彼らは、心理学のおおやけの目標である行動の予測や制御よりも、人間としての尊厳に対する配慮を優先すべきだと訴える。

絶対的な倫理から見ると違反

絶対的な倫理をもとに判断すると、スタンフォード監獄実験は間違いなく非倫理的だ。被験者たちに、明らかに多大な苦痛を強いたのだから。応募する際、本人にもいくらかの覚悟はあったはずだが、有名大学で〝刑務所生活〟についての学問研究が行なわれる、と聞いたときに想像するであろうレベルははるかに超えていた。しかも、時間の経過につれて苦しみが増し、実験前には健康だった囚人役の若者が五名も極度のストレスを受けて情緒不安定に陥り、やむなく途中で解放された。

看守役も、権力を誇示する制服と匿名性を生むサングラスに隠れて自分が何をしでかしたのかに気づき、苦悶した。同じ大学生に痛みや辱めを与えてしまっていることを、彼らは目や耳で感じていた。本当は囚人たちは悪事などしでかしておらず、そんなひどい仕打ちにふさわしくない相手だとわかっていた。

否定しようがないほど過剰に囚人を虐待したという自覚は、スタンリー・ミルグラムが行なった有名な〝権威への盲従〟実験の参加者が味わった心痛より耐えがたいものだったはずだ（ミルグラムの実験に関しては次章で詳述）[*4]。あちらの実験では、被験者は離れた場所にいる相手（〝学習者〟）に電気ショックを与えることに対して良心の呵責と闘った[*5]。ただ、彼らは実験が終わったとたん、犠牲になったはずの人々は痛がるふりをしていたにすぎないと教えられた。もし電気ショックが本当だったら、とんでもないことをしてしまったという認識が被験者の苦悩を生み出しただろう。これに対して私たちの看守役は、囚人たちに本当にショックを与えた。それゆえ、きわめてリアルに、直接的に、継続的に苦悩を与えたという自覚に苦しめられた。

私たちの実験を非倫理的とみるべき特徴はもうひとつあった。それは、あとになって初めてわかったのだが、囚人役の学生を警察本部へ連行して逮捕の手続きをしたことだ。私たちは平穏な日曜日をまったく唐突に打ち破って、学生本人も両親も動揺させてしまった。また、夜間面会にあたってさまざまな隠蔽工作を凝らし、学生たちが実際ほど劣悪な状態にはないかのように両親を欺いた点でも、私たちには非がある。あのとき私たちは、両親が模擬刑務所の残酷さを直視してしまったら、息子を連れて帰ると言いだすのではないかと危惧していた。そんな騒ぎになったら実験を打ち切らなくてはいけなくなる。だから予防策として、見かけだけ改善した。

こうした偽装は、実験を邪魔されないためでもあったが、いま思えば、刑務所を模倣するうえでも欠かせない条件だった。監視機関の視察が入る際、たいがいの施設はそうやってうわべを取り繕うものだからだ。客を迎えるときだけすてきな赤い絨毯を敷き、状況に対する苦情や懸念を払拭するのだ。

さらに、スタンフォード監獄実験は、実験中止に踏み切るのが遅すぎた点でも倫理に反していた。二人目の囚人が深刻なストレス障害をきたした時点で、私は中止を宣言すべきだった。その前日、八六一二＝ダグが感情的にふるまって異常な状態に陥ったとき、これはけっして演技ではないと、じゅうぶんな証拠から判断できてしかるべきだった。せめて、三人目が極度のストレスに打ちひしがれた段階では、中止して当然だった。なのに、私はそれもしなかった。

もっとも、クリスティーナ・マスラックが介入して早期終了を主張しなかったとしても、まる一週間が終わる日曜日には打ち切っていた可能性が高い。二四時間たえまなく準備に追われ、日増しにエスカレートする看守の虐待行為を諫める必要に迫られていた私とカート・バンクス、そしてデイビッド・ジャフィーは、少人数での対応に疲れはてていた。結局は、一週間が限度だったように思う。

いま振り返れば、手に負えなくなりはじめているのにすぐ中止しなかったのは、私がふたつの立場の板ばさみになっていたせいだ。まず、私は主任研究者だから、実験が倫理にのっとって進むように気を配らなければいけなかった。しかしその一方、私は刑務所の最高責任者でもあり、どんな犠牲を払ってでも自分の刑務所の秩序と安定を維持する必要があった。もしも刑務所の監督をほかの誰かに任せていれば、危険信号を察知してもっと早く警笛を吹いていただろう。現時点で考えると、誰かに私より上の権限を与え、実験を客観的に監督してもらうべきだった。

だが当時は、被験者調査委員会のメンバーも私も、そのような外部の者の目が必要だとは気づかなかった。なにしろ、被験者である学生たちには、我慢できなくなったらいつでも参加をやめる自由があった。実験前は〝若い連中が警官泥棒ごっこをする〟くらいの認識で、わずか数日のうちにあんなにも深刻な事態になるとは想像できなかった。まさに後悔先に立たずといったところだ。

この実験を行なった時期がもっとあとであれば、学生や両親が訴訟を起こし、大学や私の責任を追及したにちがいない。だが一九七〇年代当時は、その後の日々に比べ、アメリカ人といえどもそう裁判好きではなかった。結局この実験については、現在にいたるまで裁判沙汰にはなっておらず、同じ分野の専門家たちから倫理面についての批判が何度かあった程度だ。[*6] むしろ私自身が、一九七三年七月、全米心理学会に願い出て、既存の倫理ガイドラインに合っているかどうかを査定してもらったのだった。

それでもなお、私は自分の責任を感じている。〝収監中の心理学〟という研究の流れの中で、私は虐待を招く施設をつくってしまった。実験があまりにもリアルに進みすぎ、本物の刑務所で見られる最悪の側面が再現されてしまった。実験としては成功だったが、被験者の苦痛という犠牲を伴った。いまでも申し訳なく思うし、非人間的な行為に加担したことを反省しつづけている。

では〝相対的な〟倫理は？

一般に、大半の研究は倫理モデルに従う。しかし、倫理の原則が不慮の場合で、融通をきかせられるとき、その尺度は相対的になる。倫理と実用上の原則とを天秤にかけて、その場に応じた基準でものごとを判断するのだ。言うまでもなく、スタンフォード監獄実験もこうした倫理モデルによって進められた。たいていの心理学実験と同様だ。しかし、天秤にかけて損得を比べる際、どんな要素を考慮に入れるべきなのか？　双方にどう比重をかければいいのか？　損得の相殺を判定するのは誰が適任か？……相対的な倫理をまっとうな倫理だとみなすのなら、ほかにも数々の疑問に直面せざるをえない。

この疑問に対する解決方法のひとつは、一般通念にもとづいてつりあいをとることだ。つまり、関連知識の現状、類似した先行研究、社会のコンセンサス、研究者個人の価値観や感受性、その時点でその社会に広まっている意識レベルを考慮する。研究所、資金提供機関、政府などが、人体を使う医学的な研究、非医学的な研究すべてに関して、厳密なガイドラインや制約を定めておくといったことがそうだ。

社会科学者にとって、倫理上のジレンマの核をなす問題とはこうだ。「その研究者は、社会的または理論的に役に立つ実験に必要と思われるものと、実験参加者の幸福や尊厳を守るのに必要と思われるものとを、バランスよく並立できるのか？」。研究者本人は、自分の都合があるだけに前者のほうを偏重しかねない。そこで、外部の人間、とりわけ助成金の審査担当者、施設内の倫理委員会が、比較的無力な参加者の代理として、オンブズパーソンの役割をはたす必要が出てくる。

そうした監視役は、参加者側だけでなく、〝科学〟や〝社会〟の利害も考え合わせる。そのうえで、実験の際、象にすぎないという前提に立ち、実験の枠を超えて持続するほどの悪影響はまずないと踏むことも必要だ。かなどを判断することになる。また、実験中に参加者がネガティブな影響を受けるとしても、それは一時的な現状況設定を偽ったり、情動を刺激したりするといった嫌悪状態が許されるのか、許されるとしたらどの程度まで

では、スタンフォード監獄実験の場合、相対する利害のバランスはどのようにはたらいたのか？　相対的な立場をとるなら、スタンフォード監獄実験はけっして非倫理的ではないと主張できるだろう。なぜなら、私たちはスタンフォード大学の法律顧問に相談したうえ、正式な〝インフォームド・コンセント〟の書類を作成し、実験を承認してもらうために必要な業務面、安全面、保険面の諸条件についての説明を受けたのだから。

その〝インフォームド・コンセント〟には、実験中はプライバシーが侵害されることや、囚人役は必要最低限の食事しか与えられず、市民権の一部が失われ、いやがらせ行為を受けることが明記されており、参加者全員が同意のサインをした。学生保健課にも事前に知らせ、被験者が要するかもしれないあらゆる治療の準備を整えてあった。研究を支援した各方面の部署（海軍研究事務所グループ有効性部門、スタンフォード大学心理学部、スタンフォード学内倫理委員会）からも、おおやけに書面で承認を得ていた。*7

また、警察による逮捕劇を除けば、参加者を不意打ちにしたことはない。それに、私を含めてスタッフは繰返し、囚人に身体的な虐待を加えないように諫めた。看守全体に注意したり、個別に呼び出して警告したりした。ただ、心理的な虐待までは禁じなかった。

理由はまだある。私たちの刑務所は部外者がいつでも監査できる状態にあったわけで、そういう人々が参加者の権利を守るべきだったとも考えられる。たとえば、あなたがこうした環境で苦しんでいると想像してほしい。私たちに囚われている身だったら、誰に救いの手を求めるだろうか？　自分で脱出ボタンを押せないとき、代わりに押してくれそうなのは誰か？　あなたが泣いているのを見たカトリックの神父や教誨師？　いや、彼らはまず無理だろう。ならば両親やそのほかの家族、あるいは友だちは？　あなたが劣悪な環境にいると気づいて、割

って入ってくれるのでは？　だが、実際には彼らも助けてくれなかった。おおぜいいるプロの心理学者や大学院生、秘書や心理学部のスタッフ、実験のライブ映像を見た者、仮釈放委員会に参加した専門家、面談時に会った関係者、ありもしない襲撃に備えて倉庫室に移送されたとき会った夫婦などは？　あいにく、そういった筋からの助けもなかった。

なぜか？　すでに記したとおり、これらの部外者は受け身の役割に終始してしまったからだ。全員が、私のつくった状況の枠組みを受け入れ、実情に気づかなかった。彼らは、なかなかリアルな模擬実験だ、本格的に役を演じているなどと感心したり、実験の設計の細部にばかり目を奪われたりして、理性で納得し、感情を封じ込めた。そのうえ、目の前でかなりひどい虐待が繰り広げられているのに直視しなかった。被験者側も、はっきりとは打ち明けようとせず、親友や家族にさえ伝えずじまいだった。戸惑いのせいか、プライドが許さなかったのか、〝男らしさ〟を貫きたかったのか……。いずれにせよ、おおぜいが模擬刑務所を訪れて見学したにもかかわらず、実態を把握せずに帰っていった。

倫理的であったとする理由の最後は、私たちがそれなりに適切な措置をほどこしていたからだ。実験終了後に三時間かけて詳しく話し合ったほか、そのあとも何度か機会を設けて大半の学生に集まってもらい、実験時のビデオやスライドを見て振り返るなどした。実験が完全に終わったあとも、多くの参加者と何年も連絡をとりつづけ、関連記事のコピー、私の議会での証言、ニュース記事、この実験に関するテレビ番組などの情報を送った。参加したうちの五、六人は、長年にわたって私と一緒にそうした全米放映の番組に出演した。三十年以上経ったいまもまだ、数人とは連絡をとっている。

何度も報告会を開いて幅広い議論をしたおかげで、参加者は心に閉じ込めていた強い感情をおおやけにすることができた。自分自身を新たな視点で理解できたほか、見知らぬ不慣れな環境ではふだんと異なる行動をとることも自覚できた。

このように、辛い経験を詳しく話すことで克服するやり方は〝プロセス・デブリーフィング〟[*8]と呼ばれる。これを通じて私たちは、実験中に生じた効果や信念の中には、終了後も持続するものがあることも明らかにした。ただ、この実験に限って言えば、効果の持続は好ましくなかった。私たちはそのことも説明した。実験参加者の行動は、こちらが用意した刑務所環境のネガティブな性質が表面化した結果にすぎず、本人の隠れた資質が浮かび上がったわけではない、と。運営者側が慎重に検討し、ごく正常で健康な人物とみなしたからこそ被験者に選んだのだし、囚人役と看守役のどちらにするかは無作為で決めたということも、改めて強調した。被験者は、いかなる異常も実験の場に持ち込んでいない。被験者の力を借りて、場に秘められた異常性が露呈したのだ。

また、囚人役の誰かが威圧的、反抗的な態度を示したとき、ほぼあらゆる手を尽くして鎮めようとしたのは、特定の学生だけでなく、ほとんどの看守役に見られる行動だったことも伝えた。みんな何らかの時点で虐待に走り、同じシフトの看守同士は同じように任務を遂行した。

私たちはさらに、この報告会を〝モラル教育〟の機会にしようと努め、実験のあいだ中、全員が直面していたモラルの相剋についても逃げることなく議論した。モラルの発達をめぐる先駆的な理論家であるラリー・コールバーグは、モラルが対立する中でそれを議論するのはきわめて重要であり、個人のモラルの水準を向上させる唯一の手段だろうと述べている[*9]。

ここで思い出してほしいのは、囚人役と看守役の両方に、何回かその時点の感情にふさわしい形容詞を選んでもらったことだ。それによって、報告会のあとは双方ともかなり安定した心理状態に戻り、実験開始時と大差ないレベルまで回復したことが明らかになった。強烈な体験をしたにもかかわらず、ネガティブな影響がわりあい短期間で終わった原因は三つあると思う。まず第一に、参加した若者は全員、心理面でも人格面でも、実験後に元へ戻れるだけの健全な土台を持っていた。第二に、あの経験はきわめて特殊であり、時間、設定、服装、筋書きが揃ってこそ生じたものだったから、〝スタンフォード監獄実験アドベンチャー〟をまるまるあとに残して去ることができた。そして第三に、報告会を開いて詳細まで踏み込んだおかげで、看守役も囚人役も、異常な行動をした事実から解き放たれた。自分たちは状況の力に操られたのだと納得できたのだ。

参加者にもたらしたポジティブな結果

研究は相対的な倫理と照らし合わせるべきだという従来型の考えからすれば、実験が許されるのは、参加者に与える負担よりも、科学、医学、社会にもたらす恩恵のほうが大きい場合のみとなる。一見このような損得計算は適切に思える。だが、私は異議を唱えたい。被験者たちは、現実に、即座に、多くは明白なかたちで負担をこうむる。それに対して、研究の計画や承認の段階で予想できる利益などは、どんな内容であれ、しょせん可能性にすぎない。本当に利益が得られる見込みは低く、現実化しないこともある。

事実、かなり有望な研究であっても、たいがいは意義深い成果を生み出せないまま、学会に公表もされなければ世間に知れわたることもなく終わる。広く発表された重大な研究結果でさえ、現実世界には応用されないことがあるし、応用を試みようにも、社会に役立つようなレベルにまで規模を拡大するのは不可能あるいは非実用的なこともある（もっとも、当初はとりたてて役立ちそうになかった基礎研究に、やがて価値ある応用方法が見つかるケースもある。たとえば自律神経系の調節をめぐる基礎研究は、のちに生体自己制御を活かした心理療法につながり、人々の健康維持に役立っている）[*10]。また、研究で摑んだ知識をもとに個人や社会のさまざまな課題を解決するという、いわゆる〝社会工学〟に関して、心理学の研究者の大半があまり興味や能力を持っていない点も、実験の意義を薄れさせている。

以上を踏まえた批判的な見地と倫理を天秤にかけたとき、研究が生む利益のほうが上まわると見るのは皮算用にすぎないのではないだろうか？　損害のほうは、間違いなく及ぶものに加えて、被験者や社会がこうむる損失も計算する必要があるだろう。

奇妙なことに、この論理の天秤は、被験者にどんな利益があるかを考慮していない。これも問題だ。特定の研究プロジェクトに加わると、その人にはどういう得があるのか？　たとえば痛みの度合いを調べる医療実験に参加するとして、その苦痛は金銭的な報酬で埋め合わせできるのか？　研究を体験して得られた知識は、本人にとってどれほどの価値があるのだろう？　その人自身が貴重な何かを学べるのか？　もし、人体実験でそういった副次的な成果まで出したければ、適切かつ詳細な事後報告会を開かなければならい（私がある実験をした際、誘発された精神病理現象にどう対処したかについては、巻末の注を参照）[*11]。とはいえ、被験者側の利益をはなから期待するのは無理がある。実際には、〝倫理上の疑念〟を踏まえたうえで実験を行ない、結果を積み重ねて利益を実証するほかないだろう。

もう一点、研究の倫理を検討する際、たいてい配慮されていないのが研究者の義務だ。成果を自分たちの学問分野に役立て、さらには社会の改善の一助とするためには、ある種の行動に積極的に力を入れる義務がある。その点、スタンフォード監獄実験は、被験者にもスタッフにもいくつか顕著な利益をもたらした。また、私は過去三〇年以上にわたって、社会に強くはたらきかけ、この実験の価値が最大限に活かされるよう努力してきた。

被験者やスタッフにもたらした予期せぬ効果

スタンフォード監獄実験は、思いがけないポジティブな効果を少なからず生み出し、一部の被験者やスタッフに長期にわたって影響を与えた。参加者が提出した評価報告書（実験後のまちまちな時点で自宅から送付されたもの）の多くは、この実験は自分にとって貴重な体験だったと述べている。参加者の誰ひとり、そのあと同様の実験には応募していないことから、模擬刑務所からネガティブな影響を受けたことは間違いないのだが、それでも、当人たちの前向きな評価のおかげで、多少ともバランスがとれたといえる。

以下、彼らの評価報告の中から、この実験がもたらしたプラス面を見てみよう。

囚人八六一二＝ダグ　ダグは、はじめのうち反逆の首謀者だったが、誰よりも早く極度のストレスでまいってしまった。そのようすのひどさから、実験開始後わずか三六時間でやむなく釈放された。私たちが製作したドキュメンタリー映像『Quiet Rage: The Stanford Prison Experiment（静かなる怒り——スタンフォード監獄実験）』の中で、ダグは大きなショックを味わったと語っている。「特殊な体験でしたね。いままでの人生であのときほど大声で叫んだことはありませんし、あんなに気が動転したこともありません。状況も感情も制御不能に陥った。ひょっとすると、もともと感情のコントロールを失うことが苦手だったのかもしれません。あれから僕は自分自身を理解したくなって、心理学を勉強しはじめました。もっと深く学んで、人を突き動かす要因は何かが摑めれば、未知のものをそれほど恐れなくなると思います」[*12]

実験の五年後の追跡調査で本人が明かしたところによると、ダグは当初、釈放されたくて極度のストレスに苦しむふりをしていたが、だんだん演技ではなくなってしまったのだという。「あの実験から抜け出す手段として、仮病を使うくらいしか思いつきませんでした。まずは、身体の不調を装いました。でもうまくいかなかったので、精神的にまいったふりに切り替えました。ところが、演技に力を入れたせいと、自分はここまで動揺できるんだというまぎれもない事実を知ったせいで、本当に動揺したんです」。どの程度の動揺なのか？　ダグによれば、終わってからも二カ月間、動揺と神経過敏がおさまらず実験の話ばかりしていたと、付き合っていた女の子に指摘されたらしい。

その後もダグは勉強を続け、ついに臨床心理学で博士号を取った。学習意欲の原動力のひとつは、感情や行動をより上手にコントロールする方法を学びたいという思いだった。博士論文のテーマも、恥（囚人の立場）と罪（看守の立場）についてだった。ふつうなら実習の研修先には薬学か医学の分野を選ぶものだが、ダグはサンクエンティン州刑務所を希望した。さらに卒業から現在にいたるまでの二〇年以上にわたって、サンフランシスコやカリフォルニア各地の更生施設で司法心理療法士を務めている。

先ほどふれたドキュメンタリーのタイトル『Quiet Rage（静かなる怒り）』は、ダグが私たちに語った言葉だ。立場の違いが力を生む場面では、つねにサディスティックな衝動が誘発される。看守たちを突き動かすそうしたエネルギーから、囚人は身を守らざるをえない。いまにも発露し、爆発しかねない衝動――ダグはそれを〝静かなる怒り〟と表現したのだ。

職についてからのダグは、受刑者の側に立ち、周囲の環境にめげず自尊心が保てるように手助けするかたわら、看守と受刑者がより円満に共存できる環境づくりにも力を入れている。スタンフォード監獄実験で受けた強いネガティブな効果が、やがて深い洞察力に変わり、個人にも社会にも役立つ末永い成果につながったわけだ。彼はひとりの被験者として、多大な痛みを味わいつつ、多大な強みを得たことになる。

看守ヘルマン　強気で体格のいい〝ジョン・ウェイン〟ことヘルマンは、実験の記録映像ではいつも支配的な地位を誇示し、底意地の悪い作業やゲームを囚人に課して、〝創造的な悪〟を披露しつづけた。その彼が最近、私の開いた講演会で顔を合わせたとき、こんなふうに打ち明けた。「アンディ・ウォーホルは〝人間誰でも一生に一度、一五分は名声を得られる〟と言ったけど、自分の場合は、スタンフォード監獄実験によって一五分で得た悪評が、永遠に続いているんです」。そして、あの実験に参加したことが人生に有益な影響をもたらしたと思うかという質問には、こんな文章を送ってきた。

人生という荷物を何十年間も運んできた結果、一九七一年当時は傲慢で無神経なティーンエイジャーだった私も、すっかりまるくなりました。もしあのころ、私の行動のせいで傷ついた囚人がいると耳にしたら、おそらく〝めめしい意気地なし野郎め〟とあざけったでしょう。けれどもいまでは、役柄に深くはまり込み、他人の苦しみが目に入らなかったという記憶が戒めとなり、ほかの人たちとの接し方を慎重に考えるようになりました。はたから見ると、むしろ経営者の立場にいる私が気を遣いすぎていると感じるかもしれません。決断をためらうときがあるので。たとえば、働きの悪い従業員をクビにしようと思っても、本人が困るだろうとつい躊躇してしまうのです。[*13]

看守バンディー　バンディーは、早朝シフトの看守の中でリーダー格として強硬な姿勢をとりつづけた。その経験を通じて身につけた個人的な見識について、彼は実験後数カ月経ったころの追加報告でこう語った。「囚人をいじめたり罰したりして楽しむなんて、僕らしくありませんでした。ふだんの僕は、弱者、とくに動物に優しいたちだと思うんです。囚人を完全に自由に支配できる立場だったせいで、ついあんなふうにふるまったんでしょう。権限を濫用しはじめたってわけです。それを念頭において、あれ以来、自分が権威を振りかざしているときや強引な態度をとっているときには、自力で気づいて直そうと心がけてきました。いまでは、そんな行動に走ったら、すぐ自覚して分析できるようになりました。人間の行動についての理解が深まったおかげで、実験に参加する前に比べて、押しつけがましさや横暴さが薄らいだと実感しています」

カルロ・プレスコット　私たちのアドバイザーを務めてくれたカルロは、スタンフォード監獄実験の半年ほど前にサンクエンティン州刑務所から出所したばかりだった。それ以前にもカリフォルニア州内の刑務所や少年院を転々とし、合わせて一七年間以上の服役生活をおくった。しかし、私と組んでスタンフォード大学で教壇に立って囚人の心理を分析したり、スタンフォード監獄実験に大きく貢献したりした結果、学識経験者としての地位や誇りが身について、人生に有益な変化が生じた。たとえば、サンフランシスコのラジオ局KGOから依頼され、「カルロのコーナー」というトーク番組の司会をするようになった。彼はその番組を通じて、リスナーの社会意識を高め、米国内の人種差別主義やファシズムの風潮について鋭い意見を述べた。また、ほかの大学でも授業を担当したり、講演会を開いたり、地域に役立つボランティア活動をしたり、私と一緒に議会で証言するなどして、いまでは模範的な市民として暮らしている。

クレイグ・ヘイニー　クレイグは、スタンフォード大学で勉学を続け、法科大学院を修了し、心理学部でも博士号を取得した。現在はカリフォルニア大学サンタクルーズ校の教授となり、法心理学、制度内心理学といった講義で人気を集めている。また、刑務所環境に関して米国内でも屈指のコンサルタントになったうえ、囚人の集団訴訟の弁護に協力するなど、心理学の専門家として貴重な存在になっている。優れた著書も多く、そのテーマは犯罪、刑罰、死刑、更生など多方面にわたっている。私と共同で仕上げた論文、書籍、専門誌記事も少なくない。[*14] 彼は、スタンフォード監獄実験から受けた影響を以下のように述べ、価値ある実験だったと明言している。

私にとってスタンフォード監獄実験は、進むべき学問の道を変えるような、強烈な体験でした。フィリップ・ジンバルドー教授やカート・バンクスと一緒に実験を計画した当時、私はスタンフォードで心理学を学び、大学院の二年目を終えた直後でした。ちょうど、ジンバルドー教授の心強いあと押しを得て、罪と罰の問題に社会心理学を応用できるのではないかというアイデアが固まってきたころでした……スタンフォード監獄実験を終えてまもなく、私は実際の刑務所を研究しはじめ、やがて、囚人たちの人生の形成に影響した社会史にも注目するようになりました。私たちの模擬刑務所内でわずか六日のあいだに起こった出来事はいまも忘れていません。あのとき徐々にできあがった制度に対する見方は、いつも私の中にあります。[*15]

クリスティーナ・マスラック　スタンフォード監獄実験の紅一点、クリスティーナは、現在ではカリフォルニア大学バークレイ校で心理学の教授を務めており、学部生をとりまとめる教務副部長や、文理学部の学部長を兼任しているほか、カーネギー財団から年間優秀教授の表彰も受けた。私たちの実験に参加した時間は短かったものの、その強烈な経験が専門家としてのさまざまな決断に前向きな影響をもたらした、と回想している。[*16]

あの監獄実験に参加したことで、身をもって貴重な体験ができ、それはのちに、専門家として心理学の分野に貢献するうえで土台のひとつになりました。あの実験で最も明確に把握できたのは、非人間化の心理です。基本的には善良な人々が、他人をあんなにもひどくさげすみ、あしらうようになるのだと思い知りました。誰もがごく簡単に豹変し、助けや善意を求めている相手に対して人間以下の、動物並みの扱いをし、敬意を払うどころか仲間とも思わないような態度をとりかねない、と気づいたのです。

そうした経験の影響から、私はその後、極度のストレス環境に関する先駆的な研究に取り組みました。精神面の負担が非常に大きいサービス労働をさせられると、もともとは他人思いで心優しい人物でも、サービスの対象であるはずの相手の人間性を無視し、虐待に走ることがあるという、心理の危険性をめぐる研究でした。そのような異常心理の原因と結果を明らかにするため、私はいくつもの職業の実態を調査しました。そして、導き出した事実を活かして実用的な解決方法を見つけようとしました。また、サービスにたずさわる個人の資質を重視するよりも、環境を改善する方向に力を入れました。

私があの実験に参加したことの意義は、監獄実験の終了を予定よりいくらか早めただけではありません。あの唯一無二の実験に直接加わり、刺激を受けたおかげで、私は新しい研究プログラムに着手できたのです。[*17]

スタンフォード監獄実験では没個性化の進行が際立ったが、クリスティーナはその裏返しに着目した。すなわち、人々が自分らしさを追い求める〝個性化〟の動きについて、いち早く研究のメスを入れたのだ。[*18]

フィリップ・ジンバルドー　最後に私自身について（カート・バンクスとデイビッド・ジャフィーの消息に関しては、巻末の注を参照）。[*19]スタンフォード監獄実験の一週間は、公私にわたっていろいろな面で私の人生を変えた。この経験が私にもたらした思いがけないプラス効果は、明白なものだけでもじつに大きい。私の研究全体に影響が及んだのはもちろん、教授としても個人としても、これが考え方を改めるきっかけになり、以降の私は、刑務所の環境改善や、制度がもたらす権力濫用の実態のあぶり出しなど、社会改革に向けて精力を傾けるようになった。

あれから約三〇年、私のおもな研究はどれも、あの実験から得たさまざまなアイデアが原点になっている。そこから発展して、羞恥心、時間概念、狂気をとりあげるようになったのだ。

少し脱線するが、以下、この点についてもう少し話を進めておこう。

"羞恥心"という名の監獄

自分の心ほど暗い地下牢があるだろうか。自分自身ほど、情け容赦ない看守がいるだろうか。

——ナサニエル・ホーソーン(アメリカの小説家)

私たちの地下刑務所では、囚人たちが看守の威圧に屈し、ごくあたりまえの自由まであきらめたが、現実世界でも似たようなことが起こっている。見張りの看守に強制されたわけでもないのに、多くの人々が、言論、行動、団結などの自由を放棄してしまっているのだ。彼らは自己の姿の中に厳しい看守を抱え込み、その内なる看守によって自発的に行動の選択肢を絞り込んでいる。

奇妙な話だが、じつは彼らは、同時に受け身一方の囚人のイメージも心の内に抱えていて、その囚人はみずから課した行動の制約に渋々ながらいつも従ってしまう。それはなぜか? 内面の人格を刺激するような行動は、ともすると恥、不名誉、社会からの拒絶につながりかねないから避けるのだ。こうして心の中の囚人は、心の中の看守に命じられると人生からあとずさり、殻に閉じこもって、従順な囚人という安全な姿勢を選ぶ。

私は、スタンフォード監獄実験によって看守と囚人という比喩を思いつき、羞恥心とは社会を怖がる心理であり、その心理が、周囲の人々を友好的ではなく敵対的にとらえて連帯を断ち切る元凶になっていると考えるようになった。そして、刑務所の研究を終えた翌年、「スタンフォード羞恥心プロジェクト」なる大々的な研究を立ち上げ、成人が羞恥心を抱くときの原因、相関関係、結果を調べはじめた。また、じゅうぶんな量の事実を把握したところで、これをさらに発展させ、一九七七年には「羞恥心クリニック」というプログラムも設けた。臆病な性向を克服するのが目的だった。このクリニックは、いまもカリフォルニア州パロアルトにあり、現在では、パロアルト大学パシフィック心理学大学院のもと、リン・ヘンダーソン博士が中心となって運営している。

臆病の治療、予防をめざすうえで、私の最大の目標は、内気な人がみずから課した静かな監獄を打ち破ること、彼らを救う手だてを編み出すことにある。その一環として、一般向けに何冊か本も書き、大人や子どもが羞恥心にどう対処すべきかを説いてきた。[*20] 実験の参加者に収監体験を強いたときとは逆方向の努力をしているわけだ。

時間感覚の歪み

塀の外にいる人々は、たいがい、未来を見つめながら生きる。けれども、囚人の未来は曖昧模糊としている。過去は失われ、外からの便りもやがて途絶える。ただ現在だけが重くのしかかってくる。

——ケン・ホエーレン（劇作家。服役経験者）[*21]

スタンフォード監獄実験の最中は、時間の感覚がいろいろな意味で歪んでいった。たとえば囚人の場合、点呼のたびに無理やり起こされて睡眠サイクルが狂い、ただでさえ疲れがたまっていたのに、退屈な運動や無意味な作業をやらされて疲労困憊した。しかも、昼なのか夜なのかを知ることができず、時計もなかったため、時間感覚はますますおかしくなった（カジノの室内に時計が置かれていないのも、客に時間を忘れさせ、いまこの瞬間だけを過剰に意識させるためだ）。

　前述したように、囚人たちは互いに眼前の状況についてばかり話し、過去や将来の生活はほとんど語ろうとせず、結果として、悲惨な現在に向ける気持ちを膨らませてしまった。囚人がひとりまたひとりと早期釈放されて姿を消しても、残った囚人たちは、いなくなった仲間をほとんど話題にしようとしなかった。去った者はただ忘れられ、目の前の出来事にとらわれている人々の意識から消えていった。

　私たちスタッフもまた、時間の感覚にひずみが生じた。長い勤務シフトに耐えなければならなかったし、まとまった睡眠時間がとれず、日夜、物品の調達や戦略上の問題に悩まされたせいだった。決断をためらったり誤ったりしたのも、時間感覚の麻痺が理由のひとつだったのではないかと思う。

　こうした経験を通じて私は、人間の行動が時間感覚にどう影響されるかを究明すべきだと考えるようになった。過去、現在、未来という時間の区分に自分の体験の流れをどんなふうにあてはめているのかを解き明かすべきだ、と。その後、私は各種のアンケートやインタビュー、実験、異文化研究などを駆使して、時間の観念についてさまざまな新事実を摑み、個人によって違う時間の観念を測る、信頼性の高い尺度を生み出すにいたった。[*22] この「ジンバルドー時間観念尺度（ＺＴＰＩ）」は、世界各国の研究者に利用され、意思決定の偏重、健康障害、ストレス、依存症、問題解決処理、環境維持など、時間経過と密接な関わりを持つさまざまな現象の重要な研究に活かされることになった。

　ほとんどの人の生活は、ひとつの時間枠（過去や現在や未来）に囚われすぎ、ほかの枠組みを軽視しすぎている。本来は、その場の状況に応じて、もっと柔軟な尺度を持つべきだが、そうしたバランスを保つのは難しい。何かやるべき仕事がある場合は、未来を強く意識した心がけが重要になる。家族や友人とつながりを保つには、彼らとの関係の基礎になっているポジティブな過去を呼び起こす必要がある。人生の官能的な面の喜びを味わったり、新たな冒険に挑んだりしたいなら、現在の一瞬を存分に楽しむのが賢明だろう。だが、諸要素がからんだすえに、人々は特定の時だけを過剰に意識してしまう。いい意味でも悪い意味でも、快楽や諦観に浸って現在ばかりを重視したり、過度な未来志向や過去志向に陥りがちなのだ。

その原因には、文化的な影響、教育、宗教、社会階級、家族構成、個人的な経験などが挙げられるが、スタンフォード監獄実験によって、時間というものは個人の資質やものごとの結果だけでなく、場面ごとの経験によって、長くも短くも感じられることがはっきりした。

各種の施設を研究していると、このような時間感覚が明らかに人々の意識をかたちづくり、施設内での暮らしに順応していくのに大きな役割をはたしていることがわかる。刑務所、老人ホーム、長期療養施設など、どこでも同じだ。際限なく繰り返す日課や代わりばえのしない毎日のせいで、そこにいる人々にとって、時間はひたすら循環しているも同然になる。実際には時が流れているのに、まるでアリがメビウスの輪の上を這っていくかのごとく、進めども進めども前に行かないように感じるのだ。

獄中記『ソルダッド・ブラザー』で刑務所生活の意義を描いたジョージ・ジャクソンは、時間やその歪みについてこう述べている。

時が私から滑り落ちていく……たとえ夜だろうと、休むことなく……数日間、さらには数週間の時が、別の数日間、数週間の中へ消え、やがてそれがまたもとの時の中へ消えるという無限の繰り返しである。来ては去るどの一日も、すでに去った。[*23]

ご自分がどんなことをやってのけたか、わかりますか？（と、シャーロック・ホームズはシグムンド・フロイト博士に尋ねる）。私のやり方を――観察と推論を――そっくりまねて、患者の頭の中身を知るのに使ったんですよ。

――ニコラス・メイヤー『シャーロック・ホームズ氏のすてきな冒険』

スタンフォード監獄実験では、健康なふつうの若者たちのおおぜいが、ごく短期間で精神をむしばまれ、異常行動をきたすという衝撃的な結果が出た。私たちは被験者を慎重に選び、性格に潜在的な病のない若者だけを集めたのだから、ごくふつうの人間が突然、病的な兆候を示したことになる。私は、その過程をぜひ解明したいと考えた。羞恥心や時間感覚の研究に加え、ごくふつうの人々がどのようにして正気を失っていくのかを研究したいと考えるようになったのだ。

異常機能に関する知識の大半は、すでに精神障害を発症している特定の個人について、どんな要因が引き金になったのかを調べるといった方法で得られていた。これは、結果から原因を突きとめるシャーロック・ホームズのやり方に似ている。しかし私は、恐怖症や妄想など、精神障害の症状が徐々に現われてくる過程に焦点を合わせた。人間は、自分の持つ機能に乱れを感じると、何らかの説明をつけたいという衝動にかられる。学問でもビジネスでもスポーツでも性行為でも、私たちは失敗すると、何がいけなかったのかを理屈でとらえようとする。本来の能力との食い違いが自己保全にとって重要であればあるほど、原因究明に懸命になるのだ。

しかし、いくら理性で突きとめようとしても、認識の偏りのせいでどうしても判断が歪んでしまう。〝人物〟を軸にして行為に説明をつけようとしすぎると、原因の解明が正しくできない恐れがあり、妄想の諸症状を生んだ元凶を突きとめるのが難しくなる。同様に、〝環境〟ばかりに注目して行動を説明しようとしても、恐怖症に特有の症状を正しい観点で分析できそうにない。

これに対して、正常で健康な人々にひそむ〝狂気〟を認知的、社会的にとらえるという私の新しいモデルは、少なくとも統制のとれた実験室の環境内では妥当であることが裏づけられている。たとえば、不可解な感情の高ぶりに理性で説明をつけようと試みると、ふだんは正常な被験者のうち、多ければ三分の一が精神に異変を生じかねないという事実が判明した。[*24] また、正常な聴力を持つ大学生に催眠暗示を与え、少しのあいだ部分的な聴覚障害を体験させたところ、ほどなく妄想に取りつかれはじめ、他人に敵意を持たれていると思い込んでふるまうようになった。とすれば、お年寄りが妄想癖を示しはじめる一因は、周囲の気づいていない難聴にあるのかもしれない。それなら、心理療法を施したり施設に入れたりするよりも、補聴器その他で耳の聞こえにくさに対処したほうがいい。

狂気の種は、すべての人の心の裏庭に紛れ込んでいると言っていい。それは、ふつうに生きている中でふと心が動揺したときに芽を出す。医学という限られた分野での精神障害から離れて、もっと一般大衆の健康問題に目を向ければ、ストレスに苦しむ人の頭の中ばかり調べるより、個人や社会にどんな状況のベクトルがはたらいて混乱を引き起こしているのかを探ったほうが賢明だろう。認知や社会や文化のプロセスに関する基礎知識を活かして、正常な人々が異常な行動に出はじめるメカニズムをより詳しく把握していけば、狂気や精神障害の治療、予防に向けてさらに前進することができるはずだ。

私の反省

スタンフォード監獄実験では、私がいともたやすく絶対的な権力を握る人物になってしまった。その反省から、私はふだんの授業のやり方を見直した。以前よりも学生に権限を与え、教師の役割は専門知識を駆使することにとどめ、状況を制御するのは慎むようにしたのだ。また、授業の冒頭に、誰でも自由に発言できる時間を設け、大人数のクラスであっても授業に対する不満や各自の意見を言える工夫をした。

そして、いまではこれをさらに推し進め、オンライン掲示板を設置し、学生たちは学期中いつでも私の講義をめぐってプラス面やマイナス面を包み隠さず書き込んでいいことにしている。そのほか、学生のあいだで成績を競い合いすぎないよう、相対評価ではなくテーマの習熟度にもとづく絶対評価を採用したり、学習パートナーと共同でテスト問題を解かせたり、一部の講義では成績評価を完全に廃止したりもした。*25

監獄実験が私生活に及ぼした余波

スタンフォード監獄実験が終了した翌年（一九七二年八月一〇日）、私はスタンフォードメモリアル教会でクリスティーナ・マスラックと結婚した。そして二五回目の結婚記念日に、私たちはこの教会で再び、子どもたちを前に愛を誓い合った。実験時に大きな役割をはたしたクリスティーナはいま、私のやることすべてにわたって、想像しうる最高のかたちで深く貢献してくれている。この面で言えば、私は監獄実験の地獄から天国のかけらをひとつなりとも拾えたことになる。

あの実験から私個人が受けた影響は、もうひとつある。それは、研究で得られた証拠にもとづいて社会を改善していくべきだと強く訴えるようになったことだ。あれ以来、私は刑務所の改革を促す一方、実験で得た重要なメッセージをできるだけ広く世に伝える努力を続けている。

社会的福音を広めるために活かす

以上のように、スタンフォード監獄実験は、私の人生をさまざまな面で変えたが、中でも面食らったのは、米国下院の小委員会に招かれたことだ。ある日突然、単なる学問の研究者ではなく、社会改革のためのご意見番という立場におかれたのだ。

一九七一年一〇月、私は刑務所制度の見直しをめざす聴聞会に呼ばれ、単純な分析にとどまらない改善策を提案してほしいと求められた。連邦議会議事録に記された私の発言を見ると、議会の介入によって刑務所制度に改善をもたらし、収監者の待遇を改めるように、また、刑務官も再訓練するようにと主張している。[26]

意見の趣旨は、刑務所という〝社会的実験〟はいい加減に打ち切らなければいけないということ、またその点について世間の問題意識を高めることにあった。再犯率の高さでわかるとおり、現行の〝実験〟は明らかに失敗だからだ。徹底的なシステム分析をして失敗の原因を突きとめ、投獄に代わる新たな方策を提案する必要があった。意義ある刑務所改革を妨げようとする抵抗勢力にも、打ち勝たなくてはならなかった。

下院小委員会での二回目の証言（一九七三九月）は、少年拘置所をテーマにすえた内容だった。私はますます声高に社会改革を提唱した。そして、少年拘置所の環境を改善するための一九項目の提案を並べた。[27] 幸い、私の証言も一助となって、のちに新たな連邦法が可決された。この聴聞会を主導した上院議員のバーチ・バイの尽力も大きかった。新連邦法では、虐待事件を防ぐべく、少年たちと成人の未決囚とを同じ刑務所に収監しないといった規則が成文化された。スタンフォード監獄実験は、公判前の若者が虐待された事例に相当する（もっとも、あの実験の場合、仮釈放委員会を開いた影響で事態がさらに複雑になった。現実には、有罪判決がくだるまで、ああした委員会は開かれない）。

法律の分野でスタンフォード監獄実験が私に多大な影響を及ぼした例は、ほかにもある。〝サンクエンティンの六人〟の連邦裁判（一九七三年）に出席したのもそのひとつだ。前述したように、一九七一年八月二一日、ジョージ・ジャクソンが脱獄をはかり、複数の看守と密告屋の囚人が殺害されるという事件が起こったが、この六人は事件との関与を疑われ、三年以上も独房に隔離されていた。専門の鑑定人を任された私は、サンクエンティンにある最大規模の独房監禁所を見学し、六人と何度も個別面会した。

法廷では、その結果をまとめた原稿を読みあげ、二日間にわたる証言をした。私はそこで、いつ終わるともしれない非人間的な拘留を延々と続けることは〝残酷かつ尋常ではない処罰〟であり、改善しなければならないと結論づけた。その後も結審するまで、心理学のコンサルタントとして、原告側の弁護士チームを援護した。

スタンフォード監獄実験ののちに私が力を入れたこのような事柄は、いずれも倫理上の使命にかられて引き受けたものだ。私はあの実験を最大限に活かし、科学や社会に役立てることで、スタンフォード監獄実験の参加者たちが味わった苦痛の罪滅ぼしをしたいと願った(そのころの私の奮闘については、一九八三年に書いた「実験研究を社会変革に力に変える」と題する文章にまとめた)。[*28]

メディアや視覚イメージの威力

スタンフォード監獄実験はきわめて視覚的な体験だったので、私たちは画像も利用して状況の力の大きさを世間に伝えることにした。

まず、写真八〇枚からなるスライドショーをつくり、私自身がナレーションを吹き込んだ。グレゴリー・ホワイトの協力で一九七二年にできあがったこの資料は、おもに大学教員向けに授業の補助教材として配布した。その後、ビデオが普及したので、実験当時の記録動画や新たに撮影した映像、インタビュー、私の動画コメントなども入れられるようになった。

一九八五年には、スタンフォード大学の学生たちが編集プロジェクトを進め、その中心人物ケン・ミューゼンの監督で、前述した『Quiet Rage』が完成した。さらに二〇〇四年には、スコット・プラウスの協力でこの作品がDVDになった。きわめて質が高いこの五〇分の作品は、世界各国で入手可能だ。ドラマチックな写真や動画も数多く収録されていることから、スタンフォード監獄実験をますます広く知らしめるのに役立った。

また、私が制作に関わったテレビシリーズ『心理学の発見』の第一九回「状況の力」でも、この映像記録の一部を紹介した。私が書いた心理学入門用の教科書 *Psychology and Life and Psychology: Core Concepts*(心理学、人生、心理学――その中心概念)でも、スタンフォード監獄実験の画像を大きく扱った。これらの画像は、学生、専門家、市民を対象に、悪の心理学に関して講演するときも活用している。

さらに、この監獄実験について大手メディアが報じたものとしては、ニューヨーク・タイムズ・マガジンの「恐るべき看守の心――狂気の刑務所」と題する記事がある（一九七三年四月八日号）。通常、真面目な実験研究に関心を抱くのは学者筋に限られているが、この記事はより広い人々の関心を呼び起こす構成に仕上がっていた。実験のようすを具体的に伝える写真も多数交え、読者に力強く訴えかける内容だ。ライフ誌にも、「私は囚人を畜生同然にみなしていた」という記事（一九七一年一〇月一五日）が掲載され、メディアからさらなる注目を集めた。

視覚的に把握しやすい実験だけに、テレビなどのメディアでとりあげるには格好の題材だったのだろう。前述したとおり、実験終了の数カ月後にはさっそくＮＢＣテレビシリーズ『クロノログ』で特集された。[*29] ＣＢＳテレビ『60ミニッツ』やナショナル・ジオグラフィックＴＶでも大きく報じられた。[*30] 最近では、『人間の行動の実験』という質の高いテレビ番組でも放映された。[*31]

そのうえなお、私は以下のようなさまざまな手段を駆使して、実験の衝撃をさらに世界に広めようとしてきた。

●本研究を、一般市民のほか、司法、軍事、警察、心理学の関係者に向けて発表し、刑務所生活について啓蒙をはかり、関心を呼び起こす。

●米国軍の内部に矯正に関する委員会を設置し（一九七二、一九七三、一九七四年）、各種の矯正研究プログラムが方向性の決定に役立つかどうか、さらには軍の矯正制度にどのような改善をもたらせるかを精査した。とくに、組織上の諸問題（人種差別や、思うように昇進できない入隊者のストレスなど）に焦点をあてた。[*32]

●ある地域が新設した刑務所で新たに雇った職員をテストするため、試験的な運用に協力した。この実験では一三二人の市民が囚人役を志願し、三日間にわたって役目をはたしてくれた。本物の刑務所を使ったテストだけに、おおぜいの第三者の目が光っているのを意識して、看守たちはわりあい親切にふるまったにもかかわらず、ロールプレイングの威力はスタンフォード監獄実験よりいっそう顕著だった。メディアの報道では、次のような極端な反応が、いくつも大きく報じられた。

「ひとりの主婦が神経衰弱の兆候を示して、やむなく釈放された」「ある女性収監者にいたっては、別の囚人を人質にし、喉にナイフを突きつけて軽く切り、いま演じている役をやめたくないと言い張った。結局、看守たちが力ずくで抑え込むほかなかった」「のちに多くの囚人役が、一日もしないうちに意識に霧がかかって集中できなくなったと証言した。プライバシーがないこと、とりわけ、トイレが丸見えであることに苛立ちを覚えたという。世間から見捨てられ、人間性を剝奪されたと感じた者もいる。人によっては、実験を辞退したり、看守たちに刃向かったりしたい衝動にかられたらしい。時間の観念を見失った人々もいる」

こうした実験の結果、職員は技術面や運営面でいくつもの問題に気づき、実際の犯罪者が刑務所に収監される前に改善できた。囚人役のひとりだった弁護士は、実験終了後、たとえ設備がきれいでスタッフに節度があっても、刑務所は〝現実には惨めな場所なのだ〟と結論づけた。*33

●二〇〇人以上の囚人と手紙をやりとりした（パソコンのない時代だったから、すべて手書きだ）。そのうち一〇人あまりとは定期的に情報を交換するようになった。いまだに連絡をとりつづけている。また、学生から届く大量の手紙にも毎日返事を書いている。とりわけ、上級課程へ進むための試験に備えて社会心理学や認知心理学を修得する際、スタンフォード監獄実験について学ばなければいけない英国の学生からの便りが多い（www.revision-notes.co.uk 参照）。

スタンフォード監獄実験に刺激された人物から届いた手紙のうち、とくに力強さにあふれていたものが二通ある。一通はわりあい最近届いた、仲間の心理学者からのもの。もう一通は実験直後にある服役囚から送られてきたものだ。ここで、この二通の一部を紹介しておきたい。

心理学者のほうは、みずからの経験に照らして、軍事的な洗脳との類似点にふれている。

私が社会心理学に興味を抱きはじめたのは、米国空軍士官学校の生徒だったころです。心理学の入門クラスでスタンフォード監獄実験をめぐる資料を読みました（映像を見たのだったかもしれません）。その内容は、当時私の身のまわりで起こっていたことと同じでした。士官学校では、有望な若者を洗脳し、人を虫けら同然に扱う殺人マシンに仕立て上げる訓練が行なわれていました。あなたの分析はじつに的確です。兵士はもっとモラルを持つべきだなどと問題にしたいわけではありません。戦争という状況（さらには、そういった状況に向けた準備をすべく整えられた軍隊の文化的な制度や慣わし）が、私たちの誰をも怪物に変えてしまうという事実を、はっきりと知っておくべきだと言いたいのです。*34

一方、オハイオ州立刑務所に収監されていた囚人は、虐待の体験や、次第につのった怒りについて綴っている。

私は先日、三七カ月（！）にもわたる独房生活から解放されたばかりです。収監中は〃無言のシステム〃に重くのしかかられ、隣の監房にいる囚人に小声で話しかけただけでも看守に痛めつけられました。素手や棍棒で殴られ、催涙スプレーをかけられ、踏みつけられ、備品が何ひとつない特別監房に全裸で放り込まれました。ベッドもシーツもなく、裸のままコンクリートの床に寝るはめになりました。洗面器どころかトイレもありません。用を足すのも眠るのも同じ床の上でした。そんな場所でも〃無言のシステム〃がはたらい

ていました。苦痛や不満のせいでうっかり呻き声を漏らそうものなら、もっと殴られました。私は三七カ月の独房生活のうち、何日どころか何カ月もその特別監房で過ごしたのです。

野蛮な刑務所運営に腹が立って、ありとあらゆる抗議文を提出しましたが、連邦裁判所にすべて却下されました。そればかりか三七カ月のあいだ、自分に起こった出来事をひとつも忘れようとせず、おとなしくあきらめようともしなかったせいで、オハイオ刑務所の囚人の中でもいちばんの憎まれ者になって、〝手に負えない頑固野郎〟と呼ばれました。

ジンバルドー教授、私はたしかに頑固野郎かもしれないけれど、だとしてもそれは、人間以下の扱いを受けて黙っているくらいなら死んだほうがましだという信念を持っているからです。不当に長い懲役を科せられたことに関しては、上訴した以外、不満を口にしていません。看守の喉元にナイフを突きつけて釈放を要求するなどというまねはしませんでした。泥棒が罰せられるのは当然ですし、その行為を正当化することはできません。私は泥棒だったんです。でもいまは、もう二度と盗みをしないと思います。

いいえ、更生したわけじゃありません。ただ、泥棒して金持ちになれるとは思えなくなったんです。いまの私には、〝殺し〟しか思い浮かびません。私を殴り、畜生扱いした連中を殺してやることしか……。自分自身の魂のためにも、今後自由に暮らしつづけるためにも、日々湧きあがるこの悔しさと憎しみをどうにか克服したいのですが、簡単にはできそうにありません。

波紋の広がり

ここまで、社会現象としてのスタンフォード監獄実験を考察してきたが、その締めくくりに、この実験に関連した心理学の研究について簡単に紹介しておきたい（詳しい内容やコメント、参考情報は、www.lucifereffect.comを参照）。

別の文化における後続実験

オーストラリアにあるニューサウスウェールズ大学の研究チームは、セキュリティが中程度の国内の刑務所を模して〝標準拘置所〟をつくり、スタンフォード監獄実験にきわめて近い手順で実験を行なった。彼らはそこで、社会組織が囚人と看守の関係にどう影響を及ぼすかを調べたのだが、きめ細かく記された報告書によれば、結論の中心は次のようになる。[*35]「したがって、われわれの実験結果は、ジンバルドー教授らが暴き出した重大な事実を裏づけている。つまり、刑務所内の険悪な対立関係は、囚人や看守の個人的な資質よりむしろ、刑務所というシステムの性質がおもな原因なのである」

このような実験で得られた結果は、同種の実験の有効性に対する懐疑論を封じるのに役立つ。条件さえ整えれば、現実の刑務所でも行動の変化を評価できるのだ。[*36]

精神病棟での模擬実験

イリノイ州のエルジン州立病院では、三日間にわたり、二九人の職員をふだん勤務している病棟に閉じ込めた。そこは精神病棟で、職員は〝患者〟の役を演じた。一方、別の二二人の常勤職員はいつもどおり病院側のスタッフを務め、ことの成りゆきは専門家が見守り、ビデオカメラで録画した。

「あそこで起こったことは、まったく現実と思えませんでした」と、研究ディレクターのノーマ・ジーン・オーランドは語る。実験開始からほどなく、偽の患者たちが本物と大差ない行動をしはじめたからだ。六名が逃亡をはかり、二名が自分の殻に閉じこもったほか、二名が手のつけられないほど泣きじゃくって、一名は神経衰弱の一歩手前まで追いつめられた。ほぼ全員、緊張、不安、不満、絶望感が高まった。

患者役は七五パーセント以上がネガティブな気分に陥ったという。彼らはたとえば、「監禁されている」「アイデンティティを失った」「自分の感情などたいした意味はない」「誰も耳を傾けてくれない」「人間扱いしてくれない」「心配してくれるはずがない」と考えた。単なる実験であることを忘れ、本当に患者であるという錯覚に悩まされた。そのうちのひとりは、試練を経た結果、こう述べるにいたった。「それまで、患者たちを家畜の群れみたいに思っていました。どんな苦しみに耐えているのか、考えたこともありませんでした」[*37]。この研究はスタンフォード監獄実験の後継とみなされている。

結果の一部には明るい側面もあった。この実験を契機に、新旧の患者たちと接したスタッフが寄り集まって組織を結成し、患者の不適切な扱いをめぐってスタッフの意識を高める活動を始めたのだ。そのメンバーたちは、自分たちの患者への態度や、患者がスタッフに向ける態度を改善すべく力を尽くすようになった。彼らは、患者やスタッフの行動を悪い方向へねじ曲げるのは〝状況全体〟の力であり、そういう大きな力を活かせば、逆にもっと建設的な方向へ向かうこともできる、と気づいたのだった。

テレビ局の再現実験は失敗

スタンフォード監獄実験にならって、ＢＢＣテレビも類似の実験を行なったことがある。ただ、結果はかんばしくなかった。看守たちは暴力性も残酷さもほとんどあらわにしなかった。途中経過は省いて、驚くべき結末だけ記しておこう。この実験ではなんと、囚人が看守を支配してしまう事態にいたったのだ。看守たちは「ますます怯え、落ち込み、ストレスに苦しみ、脅されていると不平を言い立てた」[*38]。繰り返すが、この〝リアリティショー〟に苦しめられたのは、囚人ではなく看守だった。もはや耐えきれなくなってやめた看守もいたが、囚人はひとりもやめなかった。

囚人同士が手を組んで優位に立ち、看守を圧倒しはじめたのは、開始後ほどなくのことだった。さらにその後、双方が結託し、平和な共同体として仲よくやっていこうと合意した。しかも、労働組合の調停役の助言によって。この〝実験もどき〟については、www.lucifereffect.com の中で批判的な分析を掲載してある。

力の濫用に対する警鐘となる

私たちの研究は、ふたつの想定外の方面にも活かされた。虐待に苦しむ女性たちの避難所と、米国海軍のＳＥＲＥ（サバイバル・回避・抵抗・脱出）プログラムだ。

虐待された女性の緊急避難所を運営する人々からは、たびたび各地から連絡が届いた。私たちが製作したドキュメンタリー『Quiet Rage』を使って、男性の力がささいなきっかけで虐待や破壊につながりかねない事実をわかりやすく教えているという。また、被害女性たちにこの記録映像を見せたあと、内容について話し合い、虐待の原因がけっして女性当人にあるのではないことや、かつて愛情深かった男性が変貌して虐待に走ったのは状況の力がはたらいたせいであることなども説明しているという。このほか、男女の力関係を軸にしたフェミニズム理論のいくつかにも、スタンフォード監獄実験は影響を及ぼした。

もうひとつはＳＥＲＥだ。軍は、どこの分隊でもＳＥＲＥに類する訓練プログラムを用意している。これは、万が一、敵の捕虜になった場合、いかにして苛酷な尋問や拷問に耐え抜くかを教えることが目的で、朝鮮戦争後につくられた。とくに重要な訓練として、兵士たちは捕虜収容所に見立てた施設に何日間も閉じ込められ、精神的、肉体的な苦痛に耐えなければならない。容赦のない集中トレーニングを通じて心の準備を整え、実際に囚われて痛めつけられたとき味わうであろう恐怖に備えるのだ。

複数の情報筋によれば、米国海軍でもスタンフォード監獄実験が役立っているらしい。私たちのビデオとウェブサイトを利用して、命令権を握った者はたやすく権限を濫用しかねないという事実を教え込んでいるという。

SEREの訓練を施す側、つまり模擬収容所の運営スタッフが図に乗って〝捕虜〟を虐待しないように、スタンフォード監獄実験を活用しつつ、看守役が歯止めなく他人を虐げることが可能な状況下でも、正しく自制心をはたらかせる訓練をしているのだ。

だがその一方、同じSEREプログラムでも、ノースカロライナ州フォートブラッグといった陸軍基地のそれは、国防総省の非人道的な行為に応用されたとして、多くの非難を浴びている。もともとは、捕虜になった米国兵士が簡単に口を割らないようにするための訓練なのだが、高官たちはそれを逆の立場から吟味して、効果的な尋問方法を編み出し、捕らえた敵国の戦闘員や、反米主義者と思われる捕虜に用いた。少なからぬ情報筋が、陸軍のSEREプログラムにもとづく尋問のテクニックが、キューバにあるグアンタナモ収容所（ギトモ）で使われたと証言している。

こうした尋問のやり方について、アメリカ人の法学教授M・グレッグ・ブロッシュと、イギリス人の弁護士で、生命倫理学の専門家でもあるジョナサン・H・マークスは、次のように批判している。「SEREの戦術や、グアンタナモでの手法を戦場に持ち込むことによって、国防総省は、虐待を引き起こしかねないパンドラの箱を開けてしまった……SEREモデルの場合、国防総省の非軍人が主導することを認めている。このことは、拷問に近い虐待が国家としての方針である、というさらなる証拠だといえよう。たまたま兵役についた者が、勝手に狼藉をはたらいたのとはわけが違う」[*39]。事実、尋問の手順をまとめるにあたっては、行動科学者や医師が協力している。

ルポライターのジェーン・マイヤーも、ニューヨーカー誌に寄稿した「The Experiment（実験）」と題する文章の中で、同様の懸念を表明している[*40]。米国国防総省がスタンフォード監獄実験を誤った方向に利用している点に関しては、第一五章でもとりあげたい。

SEREプログラムに盛り込まれた戦術は、本来、兵士が敵の捕虜になったときにどう防御すべきかという訓練の一環だった。それが様変わりしたのは、二〇〇一年九月一一日のテロ事件以降だ。以来、兵士や敵対的な市民から情報を聞き出すための攻撃兵器と化した。尋問対象者を気弱にさせ、従順な人間に変えたうえで、必要な情報を吐かせることに応用されたのだ。まず、行動科学コンサルタントたちの助言を得ながらテクニックをまとめあげ、フォートブラッグ基地におけるSERE訓練など各地の軍事訓練施設で実際に使い、試行錯誤しつつ改良を加えていったという。

その手法の特徴は、身体的な拷問は最小限にとどめる代わりに、精神を痛めつける〝ソフトな拷問〟を行なうところにある。以下、SEREの大きな柱のうち五つを挙げておく。いずれも、尋問中の拘留者をおとなしく従わせ、すんなりと情報提供や自白に追い込むことを目的としている。

- 性的な屈辱を与え、尊厳を奪う
- 宗教的、文化的な習慣にもとづく屈辱を与える
- 睡眠を妨害する
- 感覚を遮断、もしくは逆に過剰刺激する
- 肉体的に痛めつけ、恐怖や不安につけ込む（水責めをする、極寒のもとにさらすなど）

こうした戦術は、グアンタナモ収容所で使用せよと告げたラムズフェルド国務長官の内部文書にも、アブグレイブ刑務所で指揮をとったサンチェス司令官の内部文書にも明確に記されており、事実、その二カ所をはじめ各地で実践された。二〇〇二年八月には、グアンタナモ収容所で尋問担当などを務めていた陸軍関係者がフォートブラッグ基地を訪れ、SERE訓練プログラムを視察したことも証拠として文書に残されている。もっとも、この種の情報は機密事項だ。それゆえ、さまざまな詳しい筋からもたらされた報告をもとに、妥当と思われる推測

をしたにすぎないとお断りしておく。

いずれにしても、私たちとしては、状況の力のすさまじさというスタンフォード監獄実験の重大な教訓が、米国国防総省に目をつけられ、拷問の訓練に使われてしまったなどとは信じたくない。しかし、最近のある批判は、そういう見解をかなり強く押し出している。

「どうやらこの実験は、イラクにおける拷問について教えてくれているらしい……実験では、ある種の状況（人員の不足、危険、第三者による独立した統制の欠如により悪化した状況）がつくられたあと、ほんのわずかのあと押しで、（具体的な虐待の指示はけっしてないものの）看守たちは虐待を始めた。このような状況、拷問は、イラクの米国捕虜収容所で昨今さかんに見受けられる。米国政権は、スタンフォード実験もどきの〝状況〟を抱えながらも、収容所のスタッフに拒否権という特権を与えていた。すなわち、拷問せよと絶対命令で強要したわけではない。しかし、その状況からいって、現場で虐待行為が起こることは当然予想できた」[*41]

さらに、この記事の執筆者たちは、ここで述べているのは単なる憶測ではないとし、アブグレイブ刑務所での虐待事件を調査したシュレジンガー委員会の報告書に、スタンフォード監獄実験がとりあげられているという事実を挙げている。「刑務所の状況とからめつつ、この実験について公式文書で情報が公開された結果、米国陸軍の指揮系統が方針に対して大きな責任を負う構造がますます明らかになった」。シュレジンガー報告書の中で指摘されているおもな共通点は、理不尽な状況の力が生じ、それが猛威をふるったことだ。

「あの実験では、ネガティブかつ反社会的な反応が現われたが、それは異常な人格を寄せ集めて特殊な環境をつくったからではない。本質的に理不尽な状況のせいで、本来は正常な個人の行動が歪められ、常軌を逸してしまったのである。ここでの異常性は、個々の人物ではなく、状況そのものの本質に根ざしている」[*42]

大衆文化への広がり

私たちの実験はさらに、学問の領域を越えて、音楽、映画、アートの世界にも浸透していった。その例を三つ挙げておこう。

まずひとつ目は音楽。アメリカでは、その名もずばり〝スタンフォード・プリズン・エクスペリメント〟というロックバンドが、ロサンゼルスを拠点に活動している。自分たちの激しい曲調を〝パンクと雑音の融合〟と称する同バンドのリーダーは、UCLAの学生だったころスタンフォード監獄実験を知ったのだという。[*43]

ふたつ目は映画だ。私たちの実験に想を得て、ドイツでは『Das Experiment（邦題 es《エス》）』という映画が製作され、世界各国で公開された。脚本家はその筋書きを「あくまで空想」としているが、スタンフォード監獄実験との関連性を匂わせることで正当性や現実味を帯びさせ、また、スタンフォードで実際に起こった出来事と、観客の好奇心を煽るための架空の展開とを意図的に区別しにくくしている。しかし結局は、理不尽なセックス重視や性差別のさまを下品に描くばかりで、それを補うような価値は何もない映画だ。

スリルを感じた観客もいたようだが、批評家からの反応は散々だった。英国のふたつの有力な映画評も、出来栄えをこきおろしている。「『Das Experiment』は、これといったオリジナリティもなく、現実味に欠けるスリラーである。国家（あるいは世界）が権威を振りかざすファシズムに傾きがちだという点を指摘しているにすぎない」（オブザーバー誌）。[*44]「管理国家についてどんな物語を描くにしろ、この愚鈍なナンセンスよりはましな深みのある話になるはずだ」（ガーディアン誌のハーシャー氏）。[*45] それでも、アメリカの著名な映画評論家ロジャー・エバートは、この映画から貴重な教訓をひとつ引き出した。「おそらく、私たちは制服を着ると、群れをなしてボスに従うようになってしまうのだろう。群れに加わらない者などめったにいない」[*46]

影響の三つ目は、ポーランドの芸術家アルトゥル・ジミイェフスキによる『Repetition（繰り返し）』と題するフィルムの発表だ。この四六分間の作品は、志願者に報酬を払って模擬刑務所で七日間過ごしてもらうという再現実験を映像作品に仕上げたもので、二〇〇五年六月のヴェネツィア・ビエンナーレ（世界で最も歴史ある現代芸術展覧会）に出品された。ポーランド館で一時間おきに繰り返し上映されたほか、ワルシャワやサンフランシスコの芸術会場でも披露された。

この作品について、ある批評家はこう述べている。「本作品は、ジンバルドー教授の実験が——洞察に満ち、きわめて科学的に組み立てられていただけでなく——芸術の要素までも含んでいたのではないか、と示唆するものだ……もっとも、模擬刑務所では、芸術上の作法などすぐそっちのけになってしまう。〝ゲーム〟がみずから勢いを得て、プレーヤーを大きな力の中に完全に包み込み、その心の奥底をむしばみはじめる。看守たちは徐々に残酷になり、横暴にふるまう。反抗する囚人は懲罰房へ放り込まれる。全員が髪を剃られる。その時点で、一部の囚人が限界に達する。もはや、報酬（日給四〇ドル）をもらいながらできるだけ長く我慢する不愉快な〝ゲーム〟とは割り切ることができなくなり、状況を邪悪そのものとみなして〝実験〟を辞退し、二度と戻ってこない」[*47]

インターネットで一気に影響力が増す

スタンフォード監獄実験の記録映像や、四二ページにわたるスライドは www.prisonexp.org で誰でも見ることができる。これは、私たちの実験の運命的な六日間の成りゆきをおさめたサイトだ。サイト構築に詳しいスコット・パイアスとマイク・レーシックの力を借りて、一九九九年一二月に公開された。背景となる情報、議論や質問、記事、インタビューなど、実験や矯正に関して詳しく知りたい人々のための資料が、五カ国語で豊富に記されている。

グーグルで〝Experiment（実験）〟という単語を検索すると、世界中のウェブサイトのうちでも上位にスタンフォード監獄実験がヒットするはずだ。二〇〇六年八月現在では、二億九一〇〇万件のかなり上位に位置している。同様に、〝Prison（刑務所）〟を検索した場合、二〇〇六年八月の時点では、一億九二〇〇万件以上の検索結果のうち、米国政府の刑務局のサイトに次ぐ二番目にスタンフォード監獄実験が表示される。

www.prisonexp.org は、一日あたりおおよそ二万五〇〇〇回、サイトの開設以来のべ三八〇〇万回以上閲覧されている。アブグレイブ刑務所での虐待が発覚してさかんに報じられた二〇〇四年の五〜六月には、スタンフォード監獄実験のウェブサイト（および、親サイトの www.socialpsychology.org）へのアクセス量が一日二五万ページビューを超えた。これほどのアクセス集中は、多くの人々が心理学の研究に高い関心を寄せ、刑務所内で生じる力関係や、さらに広く言えば権力と抑圧がつくり出すダイナミズムについて知っておくべきだと考えていることを示している。また、スタンフォード監獄実験が世界各国でもはや伝説的な地位を確立していることも示している。

ここでは、私たちのサイトを訪れた人がどのような感想を抱いたかが明確にわかる、ごく個人的な手紙を紹介しておこう。これを書いたのは、心理学専攻の一九歳の男子学生だ。彼は、監獄実験のウェブサイトにふれて自分が得たものを記して、私に送ってきた。

（スタンフォード監獄実験を眺めはじめて）それほどじっくりと見ないうちにもう、涙があふれてきました。僕は二〇〇一年一一月に、子どものころの夢を追い求めて、米国海兵隊に入隊しました。簡単に言うと、そのあと僕は、違法な身体的、精神的な虐待を受けるはめになりました。後日の調査の結果、僕が受けた四〇回以上の肉体的な懲罰は正当な理由がないと断定されました。でも、僕は懸命に抵抗する一方で、死にたいとまで思いつめて、海兵隊の新兵訓練所から放免されました。基地にいたのはたった三カ月でした。

要するに僕が言いたいのは、あなたの実験で看守たちが見せた職務の遂行の仕方や、軍隊の訓練教官のやり方は、本当にとんでもないということです。僕がすぐ思い出す教官のひとりと、あなたの看守たちとは、何から何まであまりに似ていて驚きました。僕は同じような、ときにはもっとひどい仕打ちを受けたんです。

とくに忘れられないのは、小隊の連帯感を断ち切ろうとされた一件です。僕は、所属する班の居住空間の真ん中に座らされ、ほかの新兵たちに向かって「おまえたちの動きがのろいから、こんなことを何時間もやるはめになったんだぞ」と叫ばされたあげく、一人ひとり名指しでののしるよう命じられました。仲間たちはそのあいだ、全員が私物の入った重いトランクを頭の上に掲げさせられていました。模擬監獄の囚人たちが〝八一九は悪い囚人〟と大声で言わされた出来事とそっくりです。

そんなこんなで帰宅して数カ月経ってからも、僕はほかのことなんて考えられませんでした。基地に戻って仲間たちに真実を示したい、訓練教官には出来損ないの新兵だとさんざんけなされたけれど、僕が出来損ないなんかじゃないことをみんなにわからせたい、という気持ちでいっぱいでした（囚人役八一九＝スチュワートの心情と同じだ）。思えばそのほかにも、罰として腕立て伏せをさせられたり、髪の毛を剃られたり、〝新兵○○〟としか呼ばれず個性をいっさい認められなかったりと、あなたの研究にうりふたつの状況でした。

つまり、あなたの実験が行なわれたのは三一年も前なのに、僕自身の体験を理解するのに役立ったわけです。セラピーやカウンセリングを受けても納得のいかなかった部分に、やっと合点がいきました。あなたが実証してくださったおかげで、かれこれ一年のあいだ悩みつづけていた事柄を正しく分析できるようになりました。だからといって、あの教官たちの行動を正当なものと認めるわけにはいきませんが、権力を振りかざしてサディスティックにふるまっていた点に関しては、いまなら背景となる行動原理を把握できます。

そんなわけで、ジンバルドー教授、ありがとうございました。

海兵隊員が一人前になるまでの過程は、ウィリアム・メアースの著書 *Marine Machine* にもリアルに描写されている。*48

私たちの行なった実験のある部分には、どうやらいつまでも色あせない価値があり、社会科学者だけでなく、むしろ一般大衆のあいだで大きな意義を持っているらしい。その〝ある部分〟とは人間性の急変だと、いまの私は確信している。ジキル博士が摩訶不思議な薬でハイド氏に変身するのとはわけが違う。

あなたの人間性だって、社会的な状況の力や、それを生み出して維持する〝システム〟の力によってねじ曲げられかねないのだ。

悪をめぐる実験の数々

第一二章

権力への「同調」と「服従」

誰もが一定の時期に、また多くの人が幼児から死の間際にいたるまで、ある要因に生活を強く支配されているようだ。すなわち、局所的な「輪」の内部に留まりたいという願望と、外部に取り残されることへの恐怖である……あらゆる情熱の中でも、「内輪」に入りたいという情熱ほど、まだ大きな悪に染まっていない人間に巧みに大きな悪事をはたらかせるものはない。——C・S・ルイス『内輪』*1

いつもは役に立つ動機や欲求が、道を誤らせることがある。多くの人が見落としている〝状況の力〟によって、それらが生み出され、増幅され、操作される場合だ。これこそ、悪事がはびこる理由である。その誘惑は、小さな逸脱、人生におけるちょっとした回り道、サイドミラーのくもりに過ぎないにもかかわらず、大きな災いをもたらす。

何かに帰属することへの、また他人とつながり、受け入れてもらうことへの基本的欲求は、コミュニティを構築したり家族の絆を深めたりするのに欠かせない。スタンフォード監獄実験でも、こうした欲求がいかにして、看守による囚人の虐待を招いてしまうかを見た。*2 また、私的な態度と公的なふるまいの整合性を保とうとするあまり、認知的不協和が仲間への暴力につながり、合理化されるさまも見た。*3

誘導されて生じた行動の変化や、目をみはるような〝マインドコントロール〟は、必ずしも、催眠術、向精神薬、〝洗脳〟といった特殊な要因から生じるわけではない。それらは、人間の本性のごくありふれた特徴を閉鎖的な環境で長いあいだ体系的に操作することで生じる。*4

その意味で私は、C・S・ルイスの説を信じている。イギリスの学者であり作家であるルイスは、人間の行動を変え、人々に善悪の境界を越えさせる強い力は、〝内〟にいたいという基本的な欲求に由来するという。社会的権力は同心円状に配置されていて、最も強力な中央の輪から、社会的重要性の低い外側の輪へ向かって広がっていると考えれば、ルイスが中央の輪の求心力に注目したのも理解できる。

ルイスの言う〝内輪〟とは、特別なグループや特権的な組織に受け入れてもらえる幻の理想郷である。それは、すぐさま高いステータスをもたらし、アイデンティティを強化してくれる。大半の人にとってその魅力は明らかだ。〝派閥〟の一員になりたくない者がいるだろうか？　審査を受け、社会の新たなエリート層に加わる資格があると認められたくない者がいるだろうか？

仲間からの圧力《ピアプレッシャー》は社会的な力のひとつで、人々、とりわけ青年に、どんなにおかしなことでも受け入れさせてしまう。とはいえ、内輪に入りたいという気持ち自体は、内面から育ってくるものだ。自己圧力《セルフプレッシャー》に追い立てられることがなければ、仲間からの圧力が力を持つことはない。両方の圧力があるからこそ、多くの人は友愛会やカルト集団、社交クラブや軍隊といった組織での、不快かつ屈辱的な加入儀礼も進んで我慢する。出世の階段を昇るために一生耐えるようにもなる。

さらに、人を動かすこうした力は、ルイスの言う「外部に取り残される恐怖」によって二重に強化される。人は受け入れを拒絶されることを恐れるあまり、進取の精神を萎縮させ、個人の自律性を失うのだ。かくして、本来の社会的動物は、内気で内向的なはにかみ屋に変貌してしまう。中には、外部集団へ追放されることを恐れるあまり、何でもやってしまう人もいる。権力者が全面的服従を命じるときに使うのは、賞罰ではなく、相反するふたつの武器――受け入れという誘惑と、拒絶という脅しだ。人間はこれにきわめて弱いため、見ず知らずの相手にさえ、〝共通の秘密〟というテーブルの特別席を約束すれば力を行使できる。そう、「ここだけの話ですが」と言うだけでいいのだ。*5

最近、こうした社会力学の浅ましい事例が明るみになった。四〇歳のある女性が、まる一年にわたって毎週自宅でセックスパーティを開き、五人の男子高校生と性的関係を持ったうえ、彼らを含む少年たちに薬物やアルコールを提供した罪を認めたのだ。警察への供述によると、この女性がそんなことをしたのは「かっこいいママ」になりたかったからだという。このいまどきのかっこいいママは、宣誓供述書で捜査官にこう語っている。高校時代、クラスメートから好かれたことは一度もなかったが、このパーティを仕切っているときは「グループの一員だという気持ちになれた」[*6]。残念ながら、この女性は醜悪な内輪に囚われていたのだ。

ルイスは、加入儀礼の神秘的プロセスについても述べている。それはまさに、善良な人々が邪悪で私的な内輪へ取り込まれることで、〝悪党〟に変身していく洗脳のプロセスだ。彼は、内輪への加入の可否を決める権力者によって、いつのまにか人間としての基本的なモチベーションが歪められてしまうさまを雄弁に語っている。少し長くなるが、その一節を引用してみよう。

あなたがたのうち一〇人に九人は、悪行につながりかねない選択肢と出会う。とはいっても、そうした機会は何か劇的な事態とともに訪れるとはかぎらない。誰の目にも明らかな悪人が現われたり、あからさまな脅迫や贈収賄が行なわれたりすることはまずない。むしろ、たいていは酒やコーヒーを飲みながら、さもたいしたことではないかのように、ジョークにはさまれて、ある男性、あるいは女性の口から、それをほのめかす言葉が出るのだ。

あなたは彼らと親しくなってきたところで、さらに親しくなりたいと願っている。ぶしつけ、愚か、堅苦しいなどと思われるのを最も恐れている。そんなあなたにほのめかされるのは、フェアプレーのルールに従っていない何か、無知で夢見がちな大衆にはけっして理解できない何か、あなた自身の仕事に無関係な者でさえやきもきする何か、それでいて新しい友人が、「私たちは」とか「私たちはいつもそうしている」という何かだ（「私たち」という言葉を聞いたあなたは、喜びで顔を紅潮させまいと必死だ）。

利益や安全を願ってではなく、再び冷たい外の世界に放り出されるのはごめんだという理由で内輪に留まろうとするのなら、あなたはその内輪に取り込まれてしまうだろう。あなたが内輪に入れないと知ったとたん、にこやかで頼もしく、喜びにあふれた相手の顔が、冷淡で侮蔑的になるのを目にするほど恐ろしいことはない。内輪に入れれば、たとえその何かが翌週にはさらにフェアプレーから遠ざかり、翌年にはもっと遠ざかっても、すべては愉快になごやかに進むはずだ。その結末は、破綻や醜聞や懲役刑かもしれないし、巨万の富や貴族的身分や母校からの褒賞かもしれないが、いずれにしろ、あなたは悪党になるのである。

実験で明らかになった状況の力の新事実

スタンフォード監獄実験は、状況の力と現実の社会構造を解明しようとする研究のモザイクのひとつにすぎない。この実験以前にも以後にも、さまざまな研究が行なわれ、状況の力によって思わぬ形で生じる人間行動の特徴の多くが明らかにされている。

人は集団に入ると、ふだんの自分ならやらないことにも手を染めてしまう。だが、集団の影響はたいてい間接的で、模倣させたい行動のモデルをつくるにすぎない。これに対して、権威の影響は往々にしてもっと直接的で無遠慮だ。「言うとおりにやれ」とでも言わんばかりだ。ただし、その要求があまりにも露骨で厚かましければ、従わないと決めることもできる。

このことを説明するために、次の質問の答えを考えてほしい。「善良で平凡な人間が、権力者から、何の罪もない見ず知らずの他人に危害を加えよ、さらには殺してしまえと要求されたら、どこまで抵抗するだろうか？　あるいはどこまで従うだろうか？」

この挑発的な問いに答えるべく、かつて物議をかもす実験が行なわれたことがある。この実験については、そのショッキングな結末ゆえに、あなたも耳にしたことがあるかもしれない。

〝自己奉仕バイアス〟に注意

実験の詳細を紹介する前に、あなたが持っていると思われるある傾向（バイアス）について注意しておかねばならない。さもないと、この先、何を読んでも正しい結論を引き出せない恐れがあるからだ。

ほとんどの人は、自分を特別な、人並み外れた、間違いなく〝平均以上の〟存在だと感じる自己高揚的、自己奉仕的、自己中心的な傾向を身につけている。[*7] こうした傾向の重要な役割は、自尊心を高めたり、人生の苦難から身を守ったりすることにある。虹のプリズムを通した主観的な世界を見ることで、失敗の言い逃れをし、成功を自分の手柄にし、誤った決断の責任を否認できたりするのだ。研究によると、オーストラリア人の八六パーセントは自分の仕事ぶりを平均以上だと評価しており、アメリカ人経営者の九〇パーセントが、自分の業績を平均的な同業者よりも上だと考えているという。

問題なのは、これらの傾向がときに厄介にはたらくことだ。この〝自己奉仕バイアス〟のせいで、人は他人との類似性が見えにくくなる。また、自分と似た人たちが劣悪な状況下では悪行に走るという現実にも、気づきにくくなる。さらに、自分の行動が望まれない結果を生むことはないと決めつけ、それを避けるための基本的な予防策をとろうとしなくなる。こうして、性的リスク、運転リスク、賭博リスク、健康リスク、その他のリスクを冒すはめになるというわけだ。極端な場合、自己奉仕バイアスについて説明されたあとでさえ、「他人はともかく自分はそんなものには囚われない」と信じてしまう。[*8]

そうだとすれば、スタンフォード監獄実験やこれからとりあげる多くの研究について読んでも、自分はほかの人とは違うことをするはずだとか、自分は例外だという結論になってもおかしくない。また、統計的に見て不合理なこうした信念のせいで、もしかしたら、かえって状況の力に流されやすくなるかもしれない。自分自身を過大評価しているのと同じく、状況の力を過小評価しているからだ。自分なら、善良な看守、不敵な囚人、抵抗者、反体制派、反逆児、そして何より〝英雄《ヒーロー》〟になるはずだと思い込んでしまう。本当にそうであればいいのだが、残念ながら英雄はめったにいない。

それゆえ、あなたにはぜひ、これらの実験で多くの被験者がとった行動は、基本的に自分がしてもおかしくないのだと思っていただきたい。少なくとも、同じ状況でその立場におかれた場合、平均的な被験者の行動を繰り返さないとは言い切れない、と考えてもらいたい。ソーセージを食べるのを拒否した囚人四一六＝クレイが、実験後に自分を苦しめた看守〝ジョン・ウェイン〟と対談したときのことを思い出してほしい。きみが僕の立場だったらどんな看守になっていただろうね、と挑発されたクレイは、落ち着いて、まったくわからないと答えていた。

誰であれ、人はおかれた状況の中で同じ力に動かされているのだということを認識して初めて、謙虚さが根拠のないうぬぼれを上まわる。人はみな状況の力にのみ込まれやすいものなのだと理解できるようにもなる。

詩人ジョン・ダンは、次のように謳っている。

人類はひとりの著者の手になる一巻の書物である。ある人が死ぬとき、ある章がちぎりとられるわけではない。そうではなく、よりよい言葉へと翻訳されるのだ。すべての章が、そんなふうに翻訳されねばならない……したがって、説教の始まりを告げる鐘は、牧師だけでなく、集まってくる信徒全員に対する呼びかけである。そう、この鐘はわれわれ全員に向けられているのだ……何人《なんぴと》もまったくの孤島ではない……私も人類の一部である。それゆえに、どんな人の死にも傷つく。誰のために鐘が鳴っているのかを知ろうとして、使

いを送ってはならない。それはあなたのために鳴っているのだ。(瞑想録一七)

同調に関する古典的実験

〝同調〟に関しては、一九三五年に、トルコ出身の社会心理学者ムザファー・シェリフによって、最初期の研究のひとつが計画された。[*9] アメリカに移住したばかりのシェリフは、この国のデモクラシーでは互いの合意が重視される、だからアメリカ人は同調しやすいのだと考えた。そしてそれを証明するために、次のような実験を行なった。

まず、男子大学生がひとりずつ、固定された光点のある真っ暗な部屋に通された。一般に、位置を掴むための座標がなければ、光点はふらふらと動きまわって見える。「自動運動効果」という錯覚である。各被験者に光点の動きを判定するよう指示すると、案の定、人によって判定は大きくばらつき、数センチだけ動いたと言う者もいれば、何十センチも動いたと言う者もいた。その後、各人は光の見えた範囲をほぼ確定した。

次に、被験者は数人ごとのグループにまとめられた。そのうえで同じ指示を出したところ、彼らはまたも大きくばらついた判定をくだしたものの、次第にそれぞれの集団でひとつの基準が生まれ、ある範囲でのいくつかの判定と平均的な判定基準ができあがった。しばらくこの実験を繰り返したが、そのあと、ひとりだけ残してほかの被験者は退席した。そして、残った人に光の動きを再び判定してもらった。集団によって生まれた基準にどこまで同調するか？　はたして彼の判定は、はじめに自分一人で判定した範囲から大きく外れ、集団で認定された範囲におさまった。

この実験ではまた、被験者の中に〝サクラ〟を紛れ込ませ、狭い範囲からかなり広い範囲まで判定を変えるよう言いつけておいた。すると、被験者はそのサクラの判定に影響を受けた。自分の知覚で前もって確定していた基準が、あっさりくつがえされてしまったのだ。

アッシュの同調実験からわかったこと

ところが一九五五年、同じく社会心理学者のソロモン・アッシュが、シェリフの同調効果に疑問を投げかけた。[*10] アメリカ人は、シェリフの実験で示された結論よりも、じつはもっと自主性があるという。アッシュは、アメリカ人は自分とは違う世界観を持つ多数派と対峙しても、自律的に行動できると信じていた。それなのにシェリフの実験は、その点が非常にあいまいで、はっきりした座標も個人的な基準も欠けている――彼はそう主張した。集団が別の認識を示したときに個人が同調したのは、当初の自分の判断に確信がなかったからにすぎない。本当に同調したと言うためには、集団が個人の基本的な認識や信念に異論をはさみ、明らかに間違っているのに「XはYだ」と言う必要がある。こうした状況であれば、同調する者はそういないはずだとアッシュは予想した。はっきりと間違っている極端な集団圧力に対しては、ほとんどの人が断固として抵抗するはずだ、と。

さて、結果はどうだったか？　これを理解するために、試しに被験者の立場に身を置いてみてほしい。

あなたは視覚実験の被験者になった。すると、長さの違う三本の線が書かれたカードを見せられ、別のカードに書かれた線と同じ長さの線はどれかを大声で言うよう指示された。一本は短く、一本は長く、一本は比較線とまったく同じ長さだった。じつに簡単である。あなたはほとんどミスをしなかった。ほかの大半の被験者も同じだった（ミスの確率は一パーセント未満）。

この実験はあなたひとりで行なわれるわけではない。横に七人並んでいて、あなたは八人目だ。はじめのうち、あなたの答えは彼らと同じだった――いい調子だ。ところがその後、異常事態が発生した。他の人が、長い線が中間の線と同じ長さに、あるいは短い線が中間の線と同じ長さに見えると言いだしたのだ（じつは、ほかの七人はアッシュの研究チームのメンバーで、特定の回では全員が同時に間違った答えを言うよう指示されていた）。

あなたの順番が来た。三本の線が書かれたカードに目をやると、一同の注目が集まった。あなたに見えるのは、彼らが見ているものとははっきり異なっている。全一八回のうち一二回で、こんな選択を迫られるとしたら、あなたは見たままを言うだろうか？　意見を変えず、正しいと思うことを言うだろうか？　それとも、ほかの全員が正しいと言うことに合わせるだろうか？

あなたがアッシュの研究に参加した一二三人の被験者の大半と同じなら、誤っていても、約七〇パーセントの確率でほかの人に従うだろう。実際の実験では、被験者の三〇パーセントが多くの回でグループに同調した。一八回とも自分の立場を貫いた人は、全体の四分の一にすぎなかった。

自分が見たものとグループの意見との違いに気づいた、と言う人はいたが、その人たちは他人に合わせたほうが楽だと感じた。中には、意見の食い違いから生まれた葛藤（認知的不協和）を解決するために、ほかの人のほうが正しくて、自分が間違っていると信じるようになった人もいた！　しかし、理由はどうあれ、グループに従った被験者全員が、自分の同調の程度を過小評価していた。自分の記憶では、集団圧力に屈した程度は現実よりもはるかに小さかった。つまり、彼らは頭では独立を保っていたが、行動は違っていたのだ。

追跡実験によれば、間違った判定をくだす人がひとりだけの場合、被験者はやや動揺した様子を見せるものの、自分の立場を変えることはない。だが、三人の被験者のうちの過半数が自分と違う意見だと、間違いは三二パーセントに増える。ちなみにこの実験でアッシュは、独立性を促す強力な方法を見つけた。被験者と意見が一致するパートナーをひとり加えると、多数派の力が大きく削がれたのだ。仲間のサポートのおかげで、間違いはパートナーがいなかったときの四分の一に減った。この効果は、パートナーが去ってからも持続した。

人が同調してしまう理由については、ほかにも重要な知見がある。そのうちのひとつは、集団への同調を引き起こすふたつの基本的メカニズムに光をあてた研究だ。[*11]　メカニズムの第一は、「人は情報が欲しいがために同調する」。他人の持っているアイデア、見解、展望、知識は、われわれが世界をよりよく航海するのに役立つからだ。第二は、強い所属欲求にかかわる。他人に受け入れてもらいたければ、反対するのではなく賛成するほうがいい。それゆえ人は、他人の世界観に追随し、相違点を減らそうとするのだ。

そしていま、私たちは、アッシュの時代にはなかった新たなテクノロジーのおかげで、社会的同調の際に脳がはたす役割も知るようになった。

同調と独立とでは、脳の活性の仕方が異なる

他人に同調するとき、その人は理性的に判断して、あえて集団に合わせているのだろうか？　それとも、本当に考えを変えてしまい、集団が示す間違った新情報を正しいものとして受け入れているのだろうか？　この問いに対して最近、高度な脳スキャニング技術を利用したある実験が、答えを出した。[*12]　スキャニング装置、いわゆる機能的磁気共鳴画像法（ｆＭＲＩ）を使えば、人間が多様な知的作業をする際、脳のどの部分が活性化しているかを探知できる。脳の各部位がどんな精神機能を司るかを理解していれば、実験によってさまざまな部位が活性化するときに、それが何を意味するかがわかるわけだ。

実験の詳細は次のとおりだ。まず、自分が知覚実験のために採用された三二人の被験者のひとりだと想像してほしい。実験の課題は、三次元の物体の映像を頭の中で回転させ、基準となる物体と同じか違うかを判断することだ。あなたは待合室でほかの四人の被験者と顔を合わせ、ノートパソコンでゲームをしたり、互いに写真を撮り合ったり、おしゃべりしたりするうちに、だんだん親しくなる（じつは彼らはサクラで、やがて始まる実験では答えをでっちあげ、あなたが出す正しい答えと一致しないようにする）。

ほどなく、あなたはスキャナーに入る人物に選ばれる。外にいるほかのメンバーはみんなで物体を見て、それらが同じか違うかを判断する。あなたが答えるときには、ほかのメンバーの答えがわかるようになっている。あなたはそのうえで、その物体が基準のものと同じか違うかを判断しなければならない。アッシュの実験と同じように、サクラたちは何回目かの実験でいっせいに間違った答えを出す。さて、どう判断するだろうか。グループ

の判断に従う？　それとも、自分が見たとおりに答える？

たぶん、あなたは（典型的な被験者として）集団圧力に屈し、平均して四一パーセントの確率でグループと同じ誤答を出すだろう。そして、グループの間違った判断に従うとき、あなたの脳は視覚と空間認識に関わる大脳皮質の特定の部位に変化が表われる（とくに右の頭頂間溝の活動が増す）。意外にも、葛藤、計画、その他の高次の精神活動を監視する前脳には変化が出ない。グループに逆らって独自の判定をくだすときに活性化するのは、感情の高まりに関わる領域（右の扁桃体と右の尾状核）だ。ここからわかるのは、独立を維持する人にとっては、抵抗が感情的な重荷になるということだ。自律には心理的負担がかかるのである。

この研究で筆頭著者を務めた神経科学者のグレゴリー・バーンズは、こう結論づけている。「われわれは百聞は一見にしかずと思いたがるが、この研究結果からわかるとおり、一見は集団の圧力にしかずなのだ」。他人の見解が集団的な合意を形成すると、それが重要な特徴の認識にまで影響を及ぼしかねない。そうなると真実そのものが疑わしくなるというわけだ。同調に抵抗できるようになるためには、人間は社会的圧力に屈しやすいという事実に気づかなければならない。

多数派に対する少数派の影響力

裁判では、陪審が〝評決不能〟になることがある。ひとりの反対者が、少なくとももうひとりの支持を得て、多数意見に異を唱えるときだ。だが、ごくわずかな少数派が多数派を転向させ、新たな規範を生みだすことなど本当にできるのだろうか？

この疑問に関しては、フランスの心理学者の研究チームが実験で検証した。その実験では、色の名前を答えるという課題が与えられたが、六人の女子学生グループに紛れ込んだふたりのサクラが、青い光をつねに「緑」と言うと、何も知らない多数派の被験者のほぼ三人にひとりが、最終的にサクラの答えにならった。とはいえそれは、多数派のメンバーが同席した場合ではない。同席しているときは、少数派に屈することはなかった。あとで個々にテストを受けたときに初めて、少数派が出した答えをまねて判断を変え、緑を選んだのだ。[*13]

また、少数派の反対のせいで多数派の見解が認められないという設定で、模擬陪審評議を開き、少数派の影響を調査してきた研究者もいる。この場合、大半の少数派は好かれなかったし、多数派を説得するにも、長い時間をかけてようやく少しずつ認めてもらえるだけだった。

少数派の影響力が最も大きかったのは、彼らが四つの特徴を備えているときだった。その四つとは、「首尾一貫した意見を粘り強く主張しつづける」、「自信満々に見える」、「頑迷で独善的とは思われない」、「社会的影響力を巧みに発揮する」だ。少数でもひたむきに説得すれば、多数派の力が削がれる場合もあるということだ。

少数の反対派のこれらの特徴（とりわけその粘り強さ）が多数派を動かすのはなぜだろう？　グループ内の個人はたいてい、体系的に考えたり批判的に頭をはたらかせたりはしない。熟慮せずに周囲に同調してしまうこうした人たちは、グループ内の規範に引きずられて意見を形成する。ものごとを額面どおりに受け取ることが多いのもそのためだ。ところが粘り強い少数派は、関連情報をもっと注意深く分析するようほかの人たちに迫る。[*14] 研究によると、グループ全体の決定は、少数の反対派がいる場合のほうが、よく考えられた創造的なものになるという。[*15]

少数派が間違っているときでも支持者を味方につけられるとすれば、少数派には朗報だが、それにはちゃんとした理由がある。この社会では、多数派は現状を守ろうとすることが多い。イノベーションや変革を求める力は、たいてい少数派によってもたらされる。彼らは、現在のシステムに満足せず、現在の問題に対処する独創的で斬新な手法を思い描ける人たちだ。フランスの社会心理学者、セルジュ・モスコヴィッシ[*16]は、現状維持を支持する多数派と、少数の反対派の対立は、好ましい社会変革をもたらすイノベーションや革命にとって不可欠だと言っている。

人は社会の規範、役割、地位規定に順応する一方、そうした規範をつくり変えるよう社会にはたらきかけてもいるのだ。

権威への盲従——ミルグラム実験の衝撃

「私はアッシュの同調実験を、もっと人間的な意味のあるものにする方法を見つけようとしていた。同調性の検証が線の長さで判定されたことが不満だったのだ。そうではなく、たとえば集団がひとりの人間に徐々に強いショックを与えるように促し、その人を他人に攻撃的にふるまわせることはできないだろうか。とはいえ、集団効果を研究するにはまず、集団からの圧力がないときに被験者がどう行動するかを知る必要がある。そう思いいたるや、私は考えを変えた。〝人は実験者に命令されると、どこまでやるのか〟に的を絞ることにしたのだ」

これは、かつてソロモン・アッシュのもとで教育・研究アシスタントを務めたある人物による回想だ。その人物とは、社会心理学者のスタンレー・ミルグラムである。彼は、以上のような考えから、「権威への盲従」の究明として知られるようになる一連の注目すべき研究に着手した。

そもそもミルグラムが権威への盲従の問題に興味を持ったのは、ホロコーストのユダヤ人殺害に際して、ナチスがどれほど権威に従順だったのかについて深い関心を抱いていたためだった。

「（私の）実験の基本構想は……権威に関してのより一般的な関心を、科学的に表現するものだった。私の世代の人々、とりわけ私のようなユダヤ人は、第二次世界大戦の残虐行為のせいで、どうしてもそうした関心を持たざるをえない……私自身の精神に対するホロコーストの影響が、服従への興味を湧きあがらせ、それを検討する独特の方法を生み出したのである[*17]」

以下、この実験の詳細を紹介していこう（私とスタンレー・ミルグラムとの個人的な関係については注を参照のこと）[*18]。

服従をめぐるミルグラムの基本構想

あなたは日曜日の新聞で、次ページに示すような広告を目にし、これに応募することにしたとしよう。当初は男性だけが対象だったが、のちには女性も参加したから、この想像上のシナリオへはすべての読者に参加してもらいたい。

あなたともうひとりの応募者は、リンスリー＝チッテンデンホールにあるイェール大学の研究所に到着した。すると、ひとりの研究者が出迎えてくれた。その厳粛な態度と灰色の実験衣から、この研究の重要性が伝わってくる。あなたはここで、「罰を利用した学習と記憶の改善法を科学的心理学によって発見する」手伝いをすることになっている。出迎えてくれた研究者が、この新しい研究がなぜ重要なのかを説明してくれた。やるべき作業は単純なものだ。ひとりが〝教師〟となり、〝生徒〟に対して記憶すべき一連の単語のペアを読みあげる。そのあとテストで、教師役が一語ずつキーワードを読みあげる。生徒役はそれに対応する正しい単語を答えなければならない。教師役は、答えが正しければ「よろしい」とか「正解」とか言ってねぎらうが、間違っていたら、罰としてその場で電気ショックを与える。ものものしい外観の、電気ショック発生装置のレバーを押すのだ。

電気ショック発生装置には、三〇のスイッチがある。電圧は一五ボルトから始まり、ひとつ進むごとに一五ボルトずつ上がるようになっている。実験者からは、生徒が間違えるたびに次のレベルのスイッチを押すように言われている。コントロールパネルに、各スイッチの電圧レベルとその説明が記されている。たとえば、第一〇レベル（一五〇ボルト）は「強いショック」、第一三レベル（一九五ボルト）は「非常に強いショック」、第一七レ

時給4ドル
記憶実験の参加者募集

◉記憶と学習に関する科学研究の完成にご協力いただけるニューヘヴン在住の男性を500人募集。参加者には約1時間につき4ドル支給（さらに交通費として50セント）。拘束は1時間のみで延長なし。時間は自由に選択可（夜、平日、週末など）。
◉特別な訓練、教育、経験は不要。次のような職業の方々を求む。
•工員　•実業家　•建築作業員　•市役所職員　•事務員　•販売員　•労務者
•専門職　•サラリーマン　•理髪師　•電話交換手　•その他
◉年齢は20歳から50歳まで。高校生と大学生は不可。
◉以上の資格を満たしている方は、下記の申込券に必要事項を記入し、ニューヘヴン、イェール大学心理学部、スタンレー・ミルグラム教授までいますぐ郵送を。実験の日時と場所は後日通知（当方は申し込みを拒否する権利を保有）。報酬は研究所に到着した時点で支給。

イェール大学心理学部スタンレー・ミルグラム教授殿
私は記憶と学習に関するこの研究に参加します。私は20歳以上50歳以下です。
研究に参加した場合、4ドル（プラス交通費50セント）をお支払いいただきます。

ベル（二五五ボルト）は「激しいショック」、第二一レベル（三一五ボルト）は「きわめて激しいショック」、第二五レベル（三七五ボルト）は「危険、耐えがたいショック」、そして第二九、第三〇レベル（四三五ボルトと四五〇ボルト）は、コントロールパネルにXXXという極限の痛みと強さを表わすポルノまがいの不吉な文字がある。

あなたともうひとりの参加者が、演じる役を決めるためにくじを引くと、あなたが教師役、もうひとりが生徒役になった（じつは、相手はつねに生徒役になるようしくまれたサクラ）。生徒役は温厚な中年男性で、あなたは彼に付き添って隣の部屋へ行く。

「では、生徒に罰を与えられるよう準備をします」と実験者が言うと、生徒は腕をひもで縛られて固定され、右腕に電極が取りつけられる。答えを間違えると、隣室に置かれた装置で電気ショックが与えられる。あなたはインターホンを通じて生徒役とコミュニケーションをとるが、隣には実験者が立っている。テストを始める前に、あなたも第三レベル（わずかにひりひりする痛み）にあたる四五ボルトの電気ショックを受けた。

おかげで、電気ショックのレベルがどんなものかが実感としてわかった。

　こうして、いよいよ実験者の合図とともにテストがスタートする。生徒は、最初のうちこそ正解を答えるが、まもなく間違うようになり、あなたは電気ショックのスイッチを押すことになる。生徒が、電気ショックで痛みが出はじめていると不平を漏らす。あなたは実験者のほうを見る。が、彼は続けるようにと促す。電気ショックのレベルが上がるにつれ、生徒は叫び声をあげ、もう続けたくないと言う。そのたびに、あなたはスイッチを押すのを躊躇し、続けるべきかどうか尋ねるが、実験者はそれ以外に選択肢はないと言い張る。

　ついに、生徒役が心臓の不調を訴えはじめる。あなたはこれ以上続けることに反対するが、実験者は続行するようにと言って譲らない。誤答に次ぐ誤答。あなたは生徒に、集中して単語の正しい組み合わせを思い出すようにと懇願する。こんな高いレベルの電気ショックを与えて相手を傷つけたくない。それなのに、あなたの懸念や励ましのメッセージは何の役にも立たない。生徒役は誤答を繰り返し、電気ショックが激しさを増す。彼は大声をあげる。「こんな痛みには耐えられない、ここから出してくれ！」。さらに実験者に向かって言う。「あなたには私をこんなところに入れておく権利はない！　出してくれ！」。電気ショックのレベルがまた一段上がる。彼は叫ぶ。「もう絶対に答えないぞ！　ここから出せ！　閉じ込めるなんて許されないはずだ！　心臓が苦しい！」

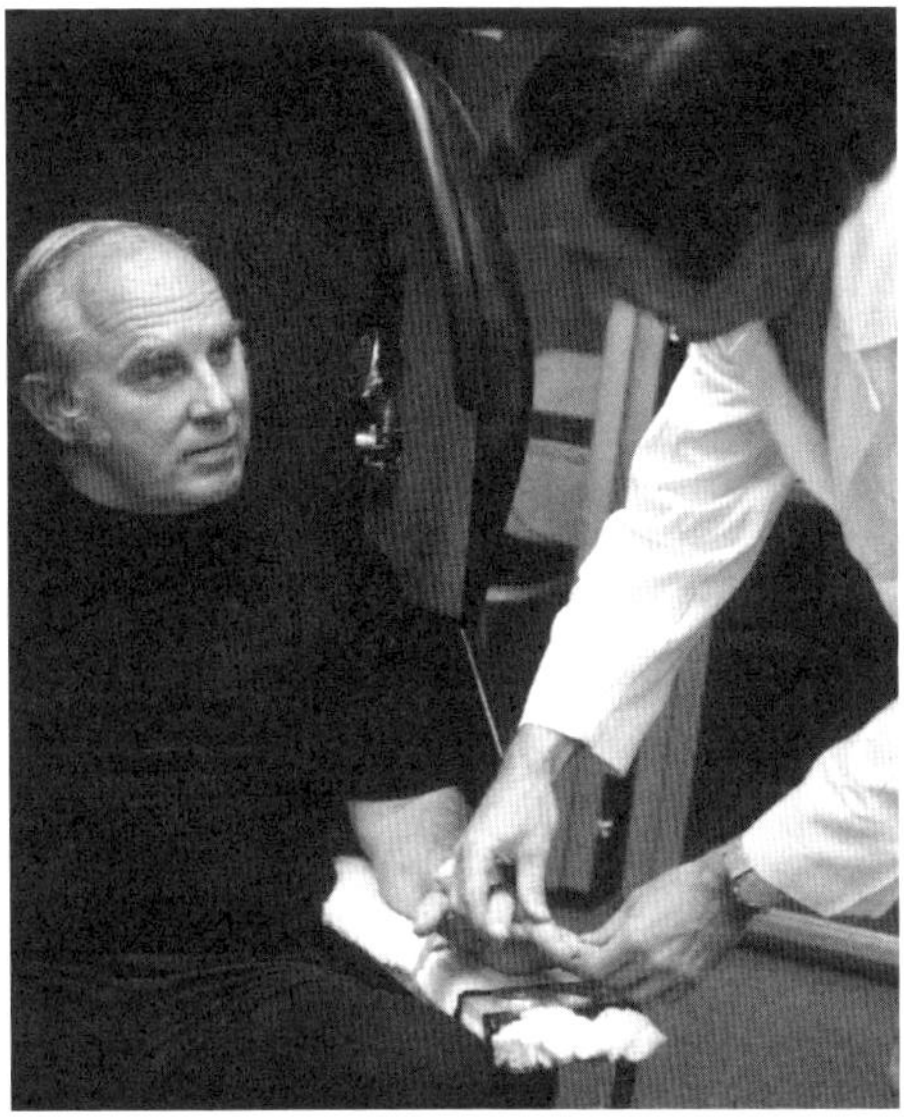

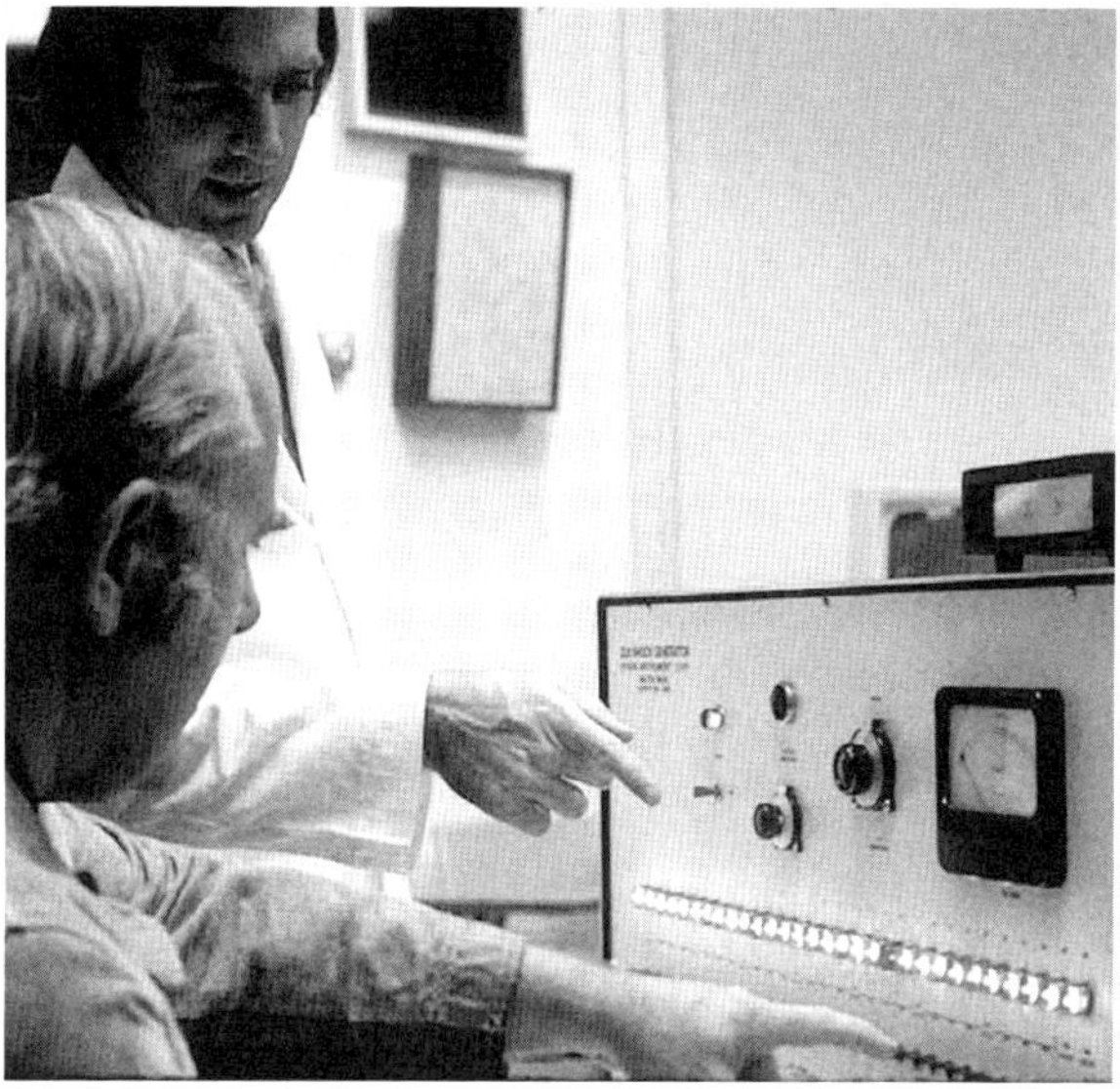

言うまでもなく、あなたはこんな実験にこれ以上関わりたくない。だから続行は断ると実験者に告げる。自分は他人をこんなふうに傷つける人間ではない。もうやめたいのだ。ところが、実験者はまだ続けろと言う。そして契約を持ち出す。最後まで付き合うことに同意したではないか、と。さらに彼は、電気ショックを与えることで生じる結果には自分が責任を負うとも言う。

あなたは仕方なく三〇〇ボルトのスイッチを押し、次のキーワードを読みあげる。だが、生徒からの答えはない。「生徒が答えません」と実験者に告げる。彼が別室に入って生徒が無事かどうかを確認してくれるはずだと思ったが、実験者は表情ひとつ変えず、ようすを見にいこうともしない。それどころか、あなたにこう告げる。「生徒が五秒の制限時間内に答えなければ、誤答とみなしてください」。怠慢の罪は過失の罪と同じように罰せられる――それがルールだからだ。

さらに危険な電気ショックのレベルまで続けるが、生徒がいる部屋からは何も聞こえない。彼は気を失っているか、さもなくばもっと悪い事態に陥っているのかもしれない！　あなたは大いに動揺し、即刻やめたいのだが、何を言ってもこの窮地から脱する役には立たない。ルールに従い、テストの問題を出し、誤答には電気ショックを与えつづけるよう言い渡されるだけだ。

さて、ここで教師役として参加したあなたがどうするかをよくよく想像しみてほしい。あなたはまず間違いなくこう言うだろう。「私なら最後までやることは絶対にない!」。もちろん、あなたは実験者に異議を唱え、指示に背いて部屋を出ていったことだろう。自分の倫理観を四ドルで売り飛ばすことなどありえない! だが実際には、あなたが実際に最後の第三〇レベルまで進んだとすると、実験者はあのXXXスイッチをついでにあと二回押すよう言い張るのだ! いまや、あなたは自分の立場をいやというほど思い知らされている。もういいだろう、まっぴらだ。

そんな立場にはならない? では、あなたならどこまで続けて部屋を出るだろう?

専門家の予測は?

ミルグラムは、四〇人からなる精神科医のグループに自分の実験について説明し、アメリカ市民が三〇のレベルのうちどこまで続けるかについて、レベルごとにパーセンテージで予想するよう依頼した。その予想によると、最後まで続ける人は一パーセントにも満たなかった。そんな残酷な行為に及ぶのはサディストだけ、ほとんどの人は第一〇レベルの一五〇ボルトで脱落するだろう、と。

しかし、それはとんでもない間違いだった。これら人間行動の専門家がすっかり間違ってしまったのは、第一に、この実験の手続きの説明に書かれた行動を決める〝状況〟を無視したためだった。第二に、伝統的な精神医学を学んできたせいで、異常な行動を理解するのに気質を重視しすぎ、状況という要素をないがしろにしたためだった。つまり彼らは、心理学で言うところの「根本的な帰属の誤り(FAE)」を犯していたのだ!

驚くべき結果

では、事実はどうだったか。ミルグラムの実験では、被験者の三人に二人(六五パーセント)が最高レベルの四五〇ボルトになるまで作業を続けた。大多数の〝教師〟が、やめさせてほしいと必死に懇願しながらも、自分の〝生徒＝犠牲者〟に繰り返し電気ショックを与えたのだ。

そこで、読者にもうひとつ推測をしたもらいたい。電気ショックのレベルが三三〇ボルトに達したあとの脱落率はどれくらいだっただろうか？　三三〇ボルトとは、部屋から何の反応もなくなり、生徒が気を失っていると想定するのが当然のレベルだ。誰がそんなところまで続けるだろうか？　良識ある人物であれば作業をやめ、役割から抜け出し、電気ショックを与え続けよという実験者の要求を断るのではないか？

ある〝教師〟は、自分の対応についてこう語っている。「いったい何が起きているのかわかりませんでした。もしかすると、私はこの男を殺してしまうのではないかと思いました。実験者には、これ以上やって何かあっても責任はとらないと言いました。もうたくさんだと」。だが、実験者が責任は自分がとると言って安心させると、心を痛めていたこの教師役は彼に従い、最後まで作業を続けた。[*19]

彼だけではない。この段階まで進んだほぼすべての人が、同じようにした。どうしたらそんなことがありうるのか？　なぜ最後まで続けてしまうのか？　これほど驚くべき服従を可能にした理由のひとつは、単なる盲従というより、教師役がこの状況から抜け出すすべを知らなかった点にあるかもしれない。ほとんどの参加者はときおり抗議し、もう続けたくないと言った。だが実験者は彼らを解放せず、その場に留まらねばならない理由を次々にひねり出し、苦しむ生徒にテストを続けるようせっついた。

通常であれば、抗議は受け入れられ、あなたは不快な状況から抜け出すことができる。ところが、この落ち着き払った実験者は、あなたが何を言ってもいっさいとりあわず、部屋に残って誤答のたびに電気ショックを与えつづけよと言い張るのだ。そしてついに、あなたは電気ショック発生装置のコントロールパネルを見て気づく。最も簡単な脱出法が最後のショックレバーであることに。あと何度かレバーを押せば、手っ取り早くこの状況から逃れられる。実験者と言い争う必要もないし、何も言わない生徒の呻き声を聞くこともなくなる。そう、四五〇ボルトのレバーこそ楽な逃げ道なのだ！　権威者と真っ向から対決しなくても、これ以上さらに犠牲者に苦痛を加えなくても自由になれる。ただ、立ち上がって出ていきさえすればいいのだ。

条件を変えてさらに検証

ミルグラムは、一年間に一九の異なる実験を行なった。彼はそれぞれの実験で、実験者、教師、生徒、記憶テスト、誤答に電気ショックを与える、といった基本設定を変えた。実験ごとに条件をひとつ変えることで、〝生徒＝犠牲者〟に電気ショックを与えつづけよという権威者の不当な圧力に対する服従度に、どんな影響が出るかを観察したのだ。ある実験では被験者に女性が加えられた。またある実験では物理的近接、つまり実験者と教師の、あるいは教師と生徒の距離が変えられた。教師が電気ショックのレバーを手にする前に、仲間の被験者に反抗させたり服従させたりしたこともあった。ほかにもさまざまなパターンがあった。

そのうちのひとつの実験では、実験結果にイェール大学の権威が影響していないことを示そうとした。イェール大学といえばニューヘヴンの看板だからだ。そこでミルグラムは、コネティカット州ブリッジポートという商業地区の荒れはてたオフィスビルに研究室を移し、民間の調査会社のプロジェクトというふれこみで実験をした。イェール大学とのつながりは伏せた。それでも結果は同じだった。参加者は状況の力に同じように呪縛されてしまった。

いくつものデータから明らかになったのは、人間の本性はきわめて柔軟だということだった。ほぼすべての人が、すっかり従順になることもあれば、権威の圧力に抵抗することもあった。すべては、そのときの状況にかかっていた。状況の違いによって、最大値の四五〇ボルトまで続ける人が九〇パーセントを超えることもあれば、一〇パーセントを切ることもある。ミルグラムはそれを、条件をひとつずつ変えることで実証していった。

もし、あなたが最大限の服従をお望みなら、被験者を、教師そのものではなく〝教師チーム〟の一員にするといい。電気ショックのレバーを引いて犠牲者を罰する役目はほかの人（サクラ）に任せ、被験者には別の作業を手伝わせるのだ。いや、権威者の圧力に抵抗させたい？　それなら反逆した人の例を示すといい。たとえば、生徒役が電気ショックを加えてほしいと言っても、教師役はレバーを引くのを拒否した。それはマゾヒズムに応じることであり、彼らはサディストではないからだ、と。あるいは、実験者に生徒の代役を務めさせてもいい。こうすれば、被験者は高レベルの電気ショックを与えるのをためらうはずだ。逆に、生徒役の居場所を遠くすれば、電気ショックを与える傾向は強まる。

この実験では、アメリカの多様な一般市民、幅広い年齢と職業の男女に条件の変化を加えるたびに、その状況ごとのスイッチが入り、低、中、高と、違ったレベルの服従を引き出すことができた――まるで彼らの魂の内部の〝人間性ダイヤル〟をまわすかのように。ともあれ、多様な背景を持つ一〇〇〇人の一般市民という大標本のおかげで、ミルグラムの服従実験は、あらゆる社会科学研究の中でも最も一般化しやすいもののひとつとなった。

長く陰鬱な人類史について考えると、反逆ではなく服従の名のもとに、はるかに忌まわしい罪が犯されてきたことがわかるはずだ。

――C・P・スノー『二つに一つ』

善人を悪の罠にかける

ここで、多くの一般市民をそそのかしてどう見ても有害な行動へ走らせたこの実験の手法を概観してみよう。そのうえで、セールスマンやカルト集団や軍の勧誘員、あるいはメディアの広告主といった、現実の世界で「影響力をふるう専門家」が用いる服従戦略と比較したい。[*20]

ミルグラムの実験の手法のおもなものは、次のとおりだ。

①事前に口頭または書面で何らかの契約上の義務を取り決め、法律的な体裁をそれらしく整えて個人の行

動を支配する。
②参加者に演ずべき役割（〝教師〟〝生徒〟）を与える。そうすることでこの役割がいかに大切なものかが事前にわかり、応答の台本が自動的にできあがる。
③従うべき基本ルールを示す。ただしそのルールは、一見、理にかなっているようで、じつは歯止めのない服従を正当化できるようなものであること。システム側はルールをあいまいにし、必要に応じて変えてしまう一方、「ルールはルール」だから従わねばならないと言い張って人々を支配する（ミルグラムの実験で白衣を着た実験者がしたように、あるいはスタンフォード監獄実験で看守が囚人四一六＝クレイにソーセージを食べるよう強制したように）。
④行為や活動の意味を変える（〝犠牲者を傷つける〟から〝科学的発見という高尚な目的のために犠牲者を罰する〟へ）。不愉快な現実を好ましい美辞麗句で飾りたて、枠組みを金メッキして実態をごまかすのだ（これは広告でも見られる。たとえば、まずい口内洗浄液がいいとされるのは、薬に似た味にすることで、細菌を殺すという効能を期待させるからだ）。
⑤よくない結果に対する責任を分散、あるいは放棄する機会を与える。責任は他人にある、少なくとも本人にはないことにするのだ（ミルグラムの実験では、実験者が、〝生徒〟に何かあった場合は自分が責任をとると言った）。
⑥一見ささいな一歩によって、究極の悪行への道をスタートさせる。この一歩こそ、もっと大きな服従を強いるように導く簡単な〝足がかり〟となる[*21]（ミルグラム実験でも、最初の電気ショックは一五ボルトにすぎなかった）。これは、少しばかりの麻薬を試した良い子が薬物中毒者に変わってしまう原理でもある。
⑦少しずつ継続的に前進させ、直前の行為との違いがほとんどわからないようにする。行為者にはつねに、〝もうちょっとだけ〟と思わせるのだ（ミルグラム実験で最強のスイッチまで進んだ参加者は、各ステッ

プでの増大がわずか一五ボルトにすぎなかったため、いくら次のレベルに進んでも、前のレベルと大差ないように思えた)。
⑧権威者(ミルグラム実験における実験者)の本性は、当初は〝公正〟で合理的なものとし、その後、徐々に〝不当〟で自分本位、さらには不合理なものに変える。この戦術は、まず追従を、続いて混乱を引き起こすが、それは私たち人間が、相手に一貫性を期待するからだ。いずれにせよ、この変化を見破れなければ、歯止めのない服従につながっていく(多くの「デートレイプ」に見られるシナリオの一部であり、虐待されている妻が虐待する夫とともに暮らしつづける理由でもある)。
⑨言葉による異議を認める(それが人々の自信を深める)一方で、行動で従うよう求めることによって、退出へのハードルを上げ、逃げにくくする。
⑩イデオロギーを提示する。つまり大嘘をつく。いかにも望ましく思える目標を達成するため、どんな手段を使っても許されると主張する(ミルグラム実験では、望ましくない行動を正当化するためにじゅうぶんな根拠を示すという形がとられた——賞罰を慎重に利用することによって、記憶の改善に科学を役立てたいのだ、と)。社会心理学の実験では、この戦術を「カバーストーリー」と呼ぶ。その後に続く手順がそれ自体としては理不尽であり、異議を唱えられるかもしれない場合の隠れみのとして使われるからだ。現実世界でこれに相当するのが〝イデオロギー〟である。ほとんどの国家が、戦争に突入する前、あるいは反体制的な政治勢力を抑圧するときに、「国家の安全への脅威」というイデオロギーを持ち出す。自国の安全が脅かされていることを恐れると、市民はみずからの基本的自由を進んで政府に譲り渡し、政府はその代わりとなるものを提供する。この交換取引に関しては、エーリッヒ・フロムが『自由からの逃走』で分析している。昔から、ヒトラーをはじめとする独裁者は、この方法を利用して権力を掌握し、維持してきた。彼らは、市民が自由を放棄すれば支配しやすくなる。だから、自由と引き換えに安全を提供しよ

――うと主張するのだ。*22

こうした手法は、他人に影響を及ぼそうとするさまざまな状況で利用される。他人を命令に従わせたい権威者たちは、〝思いもよらないことでもする〟という心の準備ができていなければ、終盤戦にまで進もうとする人などいないと知っているからだ。しかしあなたは、将来もし服従させられそうな立場に追い込まれても、服従へのこうしたプロセスについて思い出すことができる。そうすることで、権威者のつくった道を引き返し、最後まで進まずにすむ可能性が高まるにちがいない。

服従という愚行を避けるためには、個人の権威を主張し、行動に対する全責任をつねに負わなければならない。*23

ミルグラム実験の再現と拡張

ミルグラムの実験は、すぐれた構造と詳細なプログラムを備えていたおかげで、それを土台として多くの国々の研究者が独自に再現実験を行なうようになった。さらに最近になって、アメリカで行なわれた八つの研究と、ヨーロッパ、アフリカ、アジアの国々で行なわれた九つの再現実験をもとに、比較分析がなされた。それによると、どの実験でも、服従レベルは同じように高かった。アメリカの再現実験では六一パーセント、ほかのすべての国でも六六パーセントと服従率はほぼ同等だった。また、服従率の範囲も似通っており、アメリカでは下は三一パーセントから上は九一パーセントまで、国をまたいだ再現実験では下は二八パーセント（オーストラリア）から上は八八パーセント（南アフリカ）までだった。さらに、実験の実施時期（一九六三～一九八五年）が違っても、服従率はさほど変わらなかった。*24

強力な合法的権威への服従

ミルグラム実験で、被験者が実験を進める人物に権威者としての地位を認めたのは、その人物が制度的背景を持っており、服装もふるまいも厳格な科学者のようだったからだ（実際には、その役割を演じるために雇われた高校の生物教師にすぎなかったとしても）。つまり、その権威の源泉は、権力組織の代表だと認識された点にある。その後のいくつかの研究でも、合法的な権威がその管轄内で権力をふるうと、服従効果がきわめて大きくなることがわかっている。

たとえば、ある大学教授が権威者となり、電気ショックを利用して子犬をしつけるという課題を学生ボランティアに出したところ、七五パーセントの学生が服従した。大学生が〝教師〟となり、抱きしめたくなるような子犬＝〝生徒〟を電気ショックでしつけようとしたのだ。ミルグラム実験と同じく、最高で四五〇ボルトに達する三〇段階の電気ショックが用意され、子犬は所定の時間内に正しく対応できないと電気ショックを与えられた。男女一三人ずつの大学生は、みなレバーを押すたびに電線網の周囲で子犬が悲鳴をあげたり跳びはねたりするのを見聞きした。電気ショックが子犬を傷つけているのは明らかだった（じつはショックの強さは装置に表示されている電圧レベルよりもはるかに低かったが、それでも次々にスイッチを押すことで子犬から明らかな苦痛の反応を引き出すにはじゅうぶんだった）。

ご想像のとおり、この実験のあいだ、学生たちは明らかにうろたえていた。男子学生は大きな心痛を口にし、女子学生の中には泣き出す者もいた。しかし、その心痛のほとんどは、不服従という行動につながらなかった。男子学生のほぼ半数（五四パーセント）が、最終段階の四五〇ボルトまで作業を続けた。女子学生にいたっては、実験に異議を唱え、涙まで流したにもかかわらず、一〇〇パーセントが最後の最後まで服従し、子犬に電気ショックを与えつづけた！　女子高校生を対象とした未発表の研究でも、同じような結果が出ている（ただし、ミルグラム実験も含め、人間を犠牲者とした場合の実験では男女差はない）。*25

服従実験の批判者の中には、「被験者は電気ショックが偽物であることをすぐに見抜いてしまう、だからこそ最後まで電気ショックを与えつづけるのだ」と主張する人もいる。[*26] しかしこの疑念は、一九七二年に心理学者のチャールズ・シェリダンとリチャード・キングによって行なわれたこの子犬の実験で払拭された。シェリダンとキングは、被験者の服従反応と子犬の痛みのあいだには目に見える明白なつながりがあることを示した。

さらに興味深いことに、服従しなかった男子学生の半数は、解決できない課題を子犬が習得したと教師に嘘の報告をしていた。これは、欺瞞《ぎまん》という名の不服従である。ちなみに、この大学の別のクラスの学生に、女性がこの作業を平均してどこまで続けるかを予想してもらったところ、彼らはゼロと推定した。実際の一〇〇パーセントとはほど遠い数字だ（この誤った低い推定は、ミルグラムの基本構想を評価した精神科医が出した一パーセントという数字を思い出させる）。

ここでもまた、私の中心的主張のひとつが浮き彫りになる。すなわち、人がその行動の背景から切り離されている場合、個人の行動を左右する状況の力をじゅうぶんに評価するのは難しい。

看護師に患者を虐待させる医師の力

教師と生徒の関係が権威にもとづく関係だとすれば、医師と看護師の関係はどうだろうか？ 強い権力を持つ医師の命令が間違いだとわかっているとき、看護師は逆らえるだろうか？ ある医師と看護師のチームは、これを突きとめるために、自分たちの組織で服従実験を行なった。現実の病院で、面識のない医師の不法な要求に看護師が従うかどうかを調べたのだ。[*27]

実験の詳細はこうだ。まず二二人の看護師がひとりずつ、一度も会ったことのないスタッフドクターから電話を受けた。その医師は、「アストロゲン」を二〇ミリいますぐ患者に投与し、自分が病院に着くまでに薬効が出るようにしてほしいと告げた。病院に着いたら処方箋にサインするという。しかし、アストロゲンの容器のラベルには、通常一回五ミリ、最大量は一〇ミリとの注意書きがある。医師はその二倍を投与せよと命じたのだ。

指示された看護師たちの心には、葛藤が生じた。薬物を過剰投与せよという見知らぬ電話主の指示に従うべきか、それとも、許可されていない指示は拒否するという医療行為の一般慣行に従うべきか。一〇人は電話口では拒否した。しかし、医師がまもなくやってくる（そして、指示に従わなかったことを怒るかもしれない）という窮地に直面すると、ほとんど全員が降参し、指示に従った。結局、二二人のうち二一人が、患者に投与するために薬物（実際には偽薬）を準備した（実際に投与する前に研究者がやめさせた）。指示に従わなかったただひとりの看護師は、昇級と英雄メダルを手にしてもいいくらいだ。

残念ながら、こうした劇的な服従効果はけっして珍しくない。絶大な権力を持つ医師に対する盲従は、公認看護師を対象とした最近の調査でも明らかになっている。看護師のじつに半数近く（四六パーセント）が、「実際に患者に有害な結果をもたらしかねないと感じる医師の指示を実行した記憶がある」と答えているのだ。これら従順な看護師は、そのときの責任は自分よりも医師のほうが重いとした。さらには、医師の社会的権力の第一の基盤は、彼らの持つ「合法的権力」（患者に対して全般的な治療を施す権利）だとも指摘した。[*28] つまり、看護師は合法的だと思う指示に従ったにすぎなかった。だがそうすると、患者は死んでしまうかもしれないのだ。事実、毎年何千人もの入院患者が、医療者のさまざまなミスが原因で亡くなっている。そうしたミスの一部は、医師の間違った指示に対する看護師や技師の無批判な服従に原因がある、と私はにらんでいる。

権威への行きすぎた服従について

権威者が部下に対してこの種の権力をふるう可能性があるなら、生活の多くの場面で悲惨な結末を招く恐れがある。その一例に、航空機事故が挙げられる。一般に、民間航空機の操縦室では、機長が副操縦士や航空機関士の上に立つ中央権力となることが多い。その力を強化するのが、組織規範や、ほとんどのパイロットが持つ軍隊経験、あるいは航空機の操縦はパイロットが直接責任を負うとする飛行規則などだ。しかし、こうした権威は飛行ミスを招く恐れもある。権威者が間違っているにもかかわらず、乗組員が権威者の判断を受け入れざるをえないと感じたら危険だ。

ボイスレコーダーからじゅうぶんなデータが得られた、過去三七件の重大事故に関する調査から明らかになったのは、これらの事故の八一パーセントで、機長がミスを犯したときも、副操縦士は適切な監視や抗議を怠っていたという事実だ。この研究論文の執筆者は、より広範なサンプルとして七五の航空機事故を調査し、有害な服従の数を見積もったうえでこう結論づけている。「監視や抗議の失敗が過剰な服従のせいだとすれば、すべての航空機事故の二五パーセントが過剰な服従に起因すると言える」[*29]

管理者の権威に対する服従

現実の社会では、ミルグラム実験のように、権威ある地位にいる人が直接、暴力で他人を罰することはめったにない。しかし、権威者が部下に実行すべき命令を伝える、〝媒介された暴力〟ならある。無力な人々の自尊心や威厳を傷つける罵詈雑言などの暴力だ。権威者はしばしば、懲罰的ではありながら、その結果が直接目には見えない行動をとる。たとえば次のようなケースも、社会的に媒介された暴力の一形態だろう。

一九八二年から八五年にかけて、オランダのユトレヒト大学の研究チームが、ある一連の実験を行なった。それは、五〇〇人近い被験者を使った二五の実験からなっていた。[*30] 個々の実験者は、管理者としてふるまう被験者に、隣室の求職者（訓練を受けたサクラ）の就職試験を監視するよう指示する。試験に通れば求職者は職を得るし、通らなければ失業者のままになる。

被験者はまた、試験のあいだ、求職者を妨害したりストレスをかけたりするよう指示されてもいた。具体的に試験の出来を酷評し、人格を傷つける一五段階の発言が用意されていた。たとえば「その程度とは本当にバカだね」といった具合だ。被験者が敵意ある発言をエスカレートさせると、「求職者は強い心理的ストレスを感じ、そのせいで満足な成績を残せず、結果として仕事を得られなかった」。

さらに被験者は、求職者からどんなに抗議されても発言をやめないようにと言われていた。実験者は、被験者が異議を唱えても、あくまで敵意ある発言を続けるよう四度まで促した。それでも相手が譲らない場合のみ、やめるのを認めた。

そしてもうひとつ、被験者は最も重要なことを言い渡されていた。ストレスのもとで作業する能力は仕事をするうえで必須の条件ではないが、ストレスが試験の成績にどう影響するかを研究するこのプロジェクトには、こうすることが役立つのだ、と。言い換えれば、苦痛を与え、他人が仕事を得るチャンスを損なうことは、研究者のデータ収集以外には何の役にも立たないということである（対照実験では、被験者はストレスを与える発言を好きなときにやめられることになっていた）。

オランダ人の別のグループに、あなたならこんな発言をするかどうかを聞いたところ、九〇パーセント以上が指示に従わないと答えたが、ここでもまた〝部外者の視点〟はまるであてにならなかった。実際には権威実験の被験者の九一パーセントが、最後の最後まで求められるままに行動した。企業の人事部員が被験者になっても同じだった。彼らの職務上の倫理規定は何の歯止めにもならなかったのだ。被験者が研究室を訪れる数週前に実験内容を知らせ、自分の役割について考える時間を与えた場合でも、服従率は高いままだった。

では、こうした状況で服従しない被験者を増やすにはどうすればいいのだろうか？　方法はいくつかある。たとえば、ミルグラム実験と同じように、被験者の順番が来る前に同じ立場にある何人かが反抗する。または、求職者が損害を受けて大学を訴えた場合は、被験者に法的責任があることを知らせる。あるいは、最後まで続けさせようとする権威による圧力を取り除く、などだ。これらの場合、最後まで従った者はいなかった。

権威への性的服従――ストリップサーチ詐欺事件

かつて、「ストリップサーチ（人を裸にしての所持品検査）詐欺」が、アメリカ中の多くのファストフード・チェーンで横行したことがある。このとき明らかになったのは、匿名であっても、一見重要な権威者には多くの人が服従してしまうということだ。

その手口はこうだ。たとえば〝スコット巡査〟と名乗る男が電話をかけてきて、副店長を電話口に呼び出す。その男は、あなたの店で従業員による窃盗事件が起きたので緊急支援をしてほしいと言う。また、自分を「巡査殿」と呼ぶようにとも求める。男は、店舗の運営手順や地元の詳しい事情を前もって調べつくしている。ステージ上の手品師や読心術者のように、巧妙な質問を通じて知りたい情報を引き出すすべも心得ている。じつに口のうまい男なのだ。

やりとりをするうちに、〝スコット巡査〟は副店長から若く魅力的な新人従業員の名前を聞きだし、その人物が店のものを盗み、盗品を現に所持しているらしいと告げる。そして、ついては彼女を裏の部屋へ隔離し、自分か同僚がそこに行くまで閉じ込めておくようにと求める。はたしてその従業員は監禁され、〝巡査殿〟から電話越しに選択を迫られる。その場ですぐに同僚からストリップサーチを受けるか、本署に場所を移して警官から受けるか、と。すると例外なく、従業員はすぐに検査を受けることを選ぶ。彼女は潔白であり、何も隠していないからだ。電話主は副店長に彼女を取り調べるよう指示する。盗んだ金品や薬物を隠していないかどうか、肛門や膣《ちつ》まで検査される。電話主は終始、何が起きているかを事細かに語るよう指示する。調べが進むあいだ、監視カメラがその異例の事態を記録している。

だが、これは無実の若い従業員にとっては悪夢の始まり、電話主＝のぞき魔にとっては性欲のスイッチを入れたにすぎない。

私が鑑定人を務めたある事件では、このシナリオはその後、怯えた一八歳の女子高校生にさらなる愚劣な行為を強要した。その裸の女子高生は、跳びはねたり、踊りながらあたりを歩いたりするよう命じられた。女性の副店長は電話主から、もっと年上の男性従業員に監禁役を交代させ、あなたは店の仕事に戻るようにと指示された。状況はさらに悪化する。電話主は女子高生に、自慰をし、その年上の男とオーラルセックスをするよう求める。警官がゆっくりと店に向かっているあいだ、この男が彼女を裏の部屋に閉じ込めておくことになっている。これらの性的行為は、警官の到着を待つあいだ数時間にわたって続けられた。言うまでもなく、警官がやってくることはない。

ほかにも、同じような状況に遭遇した多くの人が、その場に姿のない奇怪な権威者の影響力に屈し、店の方針ばかりかおそらく彼ら自身の倫理的・道徳的原則にも背き、正直で若い従業員を性的に虐待し、辱めた。結局、虐待に加担した店員は解雇され、何人かが罪に問われ、店は訴えられた。犠牲者はひどい苦しみを味わった。この（そしてまたほかの似たような）事件の加害者（元刑務官）は、逮捕されて有罪となった。

この詐欺事件について知った人のありがちな反応のひとつは、犠牲者と加害者の気質を問題とするものだ。彼らは事件の当事者たちのことを、馬鹿正直で、無知で、だまされやすく、ちょっと変わった人たちだと考える。だが、この詐欺は六つのチェーン店を舞台に、三二の異なる州の六八の似たようなファストフード店で成功している。全米中の店の副店長がだまされ、男女とも犠牲者となっているのだ。だとすれば、単に犠牲者個人を責めるよりも、このシナリオに含まれる状況の力を認識することに分析の矛先を転換するべきだろう。どうにも理解しがたい服従を生み出す〝権威〟の力を、見くびってはならない。

ケンタッキー州マウントワシントンのマクドナルドで副店長を務めていたダナ・サマーズも、権威をかさに着たこのいたずら電話にだまされて加害者となり、解雇された。彼女は、本書のメインテーマである状況の力について、こう語っている。「事件を振り返って、自分ならそんなことはしないと言う人もいるでしょう。でも、あのときのあの状況にいるわけでもないのに、自分が何をするかがどうしてわかるのでしょうか。わかるはずがありません」[*31]

カナダの社会学者エスター・ライターは、著書 *Making Fast Food: From the Frying Pan into the Fryer*（ファストフードをつくる——フライパンからフライヤーへ）で、権威に対する服従は、ファストフード店の従業員にとって最も大切な特性だと述べている。また、最近のインタビューでも、「流れ作業のプロセスでは、従業員が自分で考えたり決めたりしないよう細心の注意が払われています。彼らは機械の添えものなのです」と述べている。

また、元FBI特別捜査官で、この種の事件を調査している私立探偵のダン・ジャブロンスキーはこう語る。「あなたや私はここに座ってこうした人々について判断し、とんでもない愚か者だと言うかもしれません。しかし、彼らは常識をはたらかせるようには訓練されていません。こう言い、また考えるように訓練されているのです——『ご注文は？』」[*32]

ナチ・コネクション——それはあなたの町でも起こるのか？

ミルグラムが服従の研究を始めた動機のひとつは、どうすればあれほど多くの〝善良な〟ドイツ市民が、数百万人ものユダヤ人を虐殺できるようになるのかを理解することだった。ミルグラムは、この大量殺戮《ジェノサイド》という悪を説明するのに、ドイツ人の国民性、その気質の傾向を探ろうとはしなかった。彼は状況の特質こそが、決定的な役割を演じたはずだと信じていたのだ。

権威への服従が虐殺の〝有毒な引き金〟だったにちがいない——実験を終えたミルグラムは、その科学的結論をさらに広げ、突拍子もない予想をした。いつのまにか浸透する服従の力は、ふつうのアメリカ市民をもナチスの死の収容所の職員に変えてしまうだろう、と。彼はこう述べた。「ナチスドイツのような死の収容所がアメリカにできた場合、中規模の町ならどこでも、収容所の職員が不足することはないだろう」[*33]

このぞっとするような予想について考えるために、ここで五つの実験を見てみよう。最初のふたつは、創造力あふれる教師と、高校生、小学生による教室での公開実験だ。三つ目は私が指導した元大学院生による実験で、彼によれば、権威者がじゅうぶんな根拠を示せば、アメリカの大学生は「最終的解決（民族抹殺）」を支持するはずだという。最後のふたつは、ナチスの親衛隊とドイツ警察を直接研究したものだ。

アメリカの教室でナチスを生み出す

カリフォルニア州パロアルトにあるクバリー高校でのこと。世界史の授業を受けていた生徒たちは、多くの人と同じくホロコーストの非人間性が理解できなかった。どうしてあれほどの人種差別的な、そして破壊的な社会政治運動がさかんになったのだろう？　どうして、ふつうの市民が仲間のユダヤ人市民の苦しみを無視したり、無関心になったりできたのだろう？　この疑問に対して、創意あふれる教師ロン・ジョーンズは、実際に経験させることでこたえようとした。

彼は生徒に、来週、ドイツ人が経験したことのいくつかをシミュレーションしてみようと言った。そして翌週、五日間にわたってロールプレイングを行なった。その〝経験〟は、あらかじめ予告してあったにもかかわらず、生徒にとっては深刻な問題に、教師にとっては衝撃になった。校長や生徒の両親にとっては言うまでもない。生徒たちは全体主義的な考えを抱くようになり、ナチス政権がつくりあげたのとそっくりの強制支配の構造を生み出した。[*34] シミュレーションと現実が融合したのだ。

シミュレーションを始めるにあたり、ジョーンズはまず、問答無用で従わなければならない新ルールを定めた。「生徒が何かを答えるときは、机の横に直立し、はじめに〝サー〟をつけて三語以下で答えなければならない」。ほかにもいくつかの恣意的なルールを発表したが、誰も異議を唱えずにいると、次第に教室の空気が変わりはじめた。弁が立つ知的な生徒が優位な立場を失う一方、口下手で体格にものを言わせる生徒が力を持つようになっていった。

教室での〝新たな運動〟は「第三の波」と名づけられた。誰もが、手のひらを下にした敬礼を交わし合うようになった。命令されたら、声を揃えてスローガンを叫ばなければならなくなった。強さに関するスローガンは、日を追うごとに増やされた。「規律を通じた強さ」「共同体を通じた強さ」「行動を通じた強さ」「プライドを通じた強さ」……。また、〝秘密の握手〟によって仲間かどうかが確認された。批判する者は〝反逆罪〟で通報された。

スローガンの次は行動だった。旗をつくって学校中に吊るす、新メンバーを募集する、座る際に必ずとるべき姿勢をほかの生徒に教える、といったことが行なわれた。

最初から歴史の授業に出ていた二〇人が中核グループとなってすぐに仲間を増やし、「第三の波」の熱心な新メンバーは一〇〇人を超えた。その後も生徒たちは任務を遵守し、血肉化していった。彼らは特別な会員証を発行し、最も優秀な生徒の何人かに教室を出ていくよう命じた。権威主義的で排他的なこの新集団は狂喜し、追い出されるかつてのクラスメートを口汚くののしった。

ジョーンズは続いて、自分の信奉者たちに「諸君は、政治変革のために進んで闘う生徒を見つける全国運動の一翼を担っている」と伝えた。彼らは〝大義のために選ばれた若者の精鋭集団〟なのだ。そのうえで、集会のスケジュールが組まれた。この集会のようすはテレビで放映され、全国的に知られた大統領候補者が「第三の波の若者」という新たなプロジェクトの発足を発表することになっていた。二〇〇人を超える生徒がこの高校の講堂を埋め、期待に胸を膨らませて発表を待った。気分を高揚させた「第三の波」のメンバーは、白いシャツのユニフォームに手製の腕章をつけ、講堂のあちこちに旗を掲げた。筋骨たくましい生徒がドア付近で警備に立ち、教師の友人が記者やカメラマンに扮しておおぜいの〝信者〟のあいだを歩きまわった。

その後、この集会を収録したテレビ番組がついに始まった。全員が、上げ足歩調［訳注：ひざを伸ばしたまま脚を高く上げて行進する」をとる自分たち集団の姿に見入った。そして、このあとに続くはずの重大発表を待った。次の瞬間、「規律を通じた強さ！」という叫びが響きわたった。しかし、彼らの期待に反し、画面に映し出されたのは、ナチス党大会を描いた映画だった。「誰もが責任を負わねばならない——自分はとにかく関わっていないとは、誰にも言えないのだ」。これが、その映画の最後の一コマであり、五日間にわたるシミュレーションの終点だった。

ジョーンズは集まった生徒全員を前に、自分の当初の意図をはるかに超えてしまったこのシミュレーションを行なった理由を説明した。続いて、きみたちにとっての新たなスローガンは「理解を通じた強さ」であるべきだと言い、こう結んだ。「きみたちは操られていた。自分自身の欲望にかりたてられて、いまいる場所にやってきたのだ」

後日、ジョーンズのもとには、新体制によって教室を追い出されたクラスメートの親がやってきて、わが子へのいやがらせや脅しに不平を訴えた。学校当局ともめることにもなった。それでも彼は、生徒の多くは重要な教訓を学んだと思った。ファシズムのような環境で強力な権威者に従うことで、いとも簡単に自分の行動が一変してしまうことを、多くの生徒が身をもって経験したからだ。

ジョーンズはのちに、この〝実験〟について書いた論文でこう述べている。「私がクバリー高校で教えた四年間、『第三の波』の集会に参加したことを口にする者はいなかった。それは誰もが忘れてしまいたい何かだった」（ジョーンズは数年後にクバリー高校を去ると、サンフランシスコで特殊教育にたずさわるようになった。そののち、このナチス経験のシミュレーションをもとにした『The Wave（波）』というタイトルの迫真のドキュメンタリードラマがつくられた。そこでは、善良な子どもたちが偽のヒトラー青年隊に変わってしまうさまが生々しく描かれている）。*35

いやな小学生をつくる――「茶色い目」対「青い目」

権威者の力がどれほどのものかは、信奉者にどこまで服従させるかだけではかられるわけではない。どこまでものごとを定義し、それによって、習慣となっている思考や行動を変えられるかでも実証される。第七章でもふれたが、その格好の例をもう一度、紹介しよう。

ジェーン・エリオットは、アイオワ州ライスヴィルという小さな農村の学校で、三年生を受け持つ人気教師だ。彼女は、マイノリティのほとんどいないこの町の白人の子どもたちに〝兄弟愛〟や〝寛容〟の意味をどう教えるかを思案していたが、ある日、名案が浮かんだ。自分が弱者だったら、また強者だったら――つまり偏見の犠牲者だったり加害者だったりしたらどんな気持ちがするかを、身をもって経験させることにしたのだ。[*36]

彼女はまず、目の青い人は茶色い人よりも優れていると生徒に教え、それが正しいことを例証するため、裏づけとなるさまざまな〝証拠〟を出した。たとえば、ジョージ・ワシントンは青い目をしていたとか、ある生徒の父親（その生徒は父親にぶたれたと訴えていた）は茶色い目をしているといった具合だ。

するとすぐに、青い目の子どもは特別な〝すぐれた〟子どもに、茶色い目の子どもは〝劣った〟子どもに変わりはじめた。より賢いとされる青い目の子どもは特権を与えられた。茶色い目をした劣った子どもは二等の身分ゆえのルールを課された。たとえば彼らは、遠くから見ても低い身分だとわかる襟をつけさせられた。

ほどなく、以前は友好的だった青い目の子どもが、茶色い目の子どもと遊ぶのを拒みはじめた。茶色い目の子どもが泥棒をするかもしれないと学校職員に通報しようとまで言い出した。休憩時間には殴り合いが始まった。ある子どもがほかの子どもの腹を殴ったと認めた。「あいつは僕を茶色い目と言ったんだ。まるで黒人みたいに、ニグロみたいに」。一日が終わらないうちに、茶色い目の子どもは学業面でもふるわなくなった。意気消沈し、黙り込み、怒りっぽくなった。そして自分自身を「惨め」「愚か」「卑しい」などと評した。

しかし、翌日になると立場が入れ替わった。エリオット先生が、自分が間違っていたと生徒に告げたからだ。

すぐれているのはじつは茶色い目の子どもで、青い目の子どもは劣っているのだ、と。そして、これを裏づけるもっともらしい新証拠を示した。とたんに、青い目の子どもは以前の「幸せ」「善良」「楽しい」「魅力的」といった自己イメージを失った。前日の茶色い目の子どもに近い卑下するような自己イメージに囚われはじめたのだ。こうしてまたも子どもたちから友情が消え、敵意にとって代わられた。その状態は、この実験が終了し、なぜこんなことをしたのか、その目的が念入りに説明され、喜びに満ちた教室が戻ってくるまで続いた。

エリオットは、よく知っているつもりだった教え子の豹変ぶりに肝をつぶした。「驚くほど協調的で思いやりのある子どもたちが、意地悪で、残酷で、差別的な幼い三年生になってしまった……何と恐ろしいことでしょう！」

世界から不適格者を一掃する

試しに、あなたがハワイ大学の学生だとしてみよう。あなたは、いくつかの心理学の夜間授業のひとつに出席する五七〇人のひとりだ。そして今日の講義で、デンマークなまりのある教師が、通常の講義を変更すると言った。なんでも、人口爆発によって生じている国家安全保障への脅威（一九七〇年代初めに注目を集めたテーマ）を明らかにするという。[*37] 彼によれば、社会に出現しつつある脅威は、肉体的・精神的に不適格な人々の急増が招いたものらしい。さらに、この問題は高尚な科学的プロジェクトだと続けた。科学者の支持も得ているし、人類の利益のために計画されたものだ、と。

そのうえで教師は、「精神的・感情的に不適格な人々を排除するための科学的施策」を手伝ってほしいと言いだした。さらに、暴力犯罪に対する抑止力としての死刑、という比喩を持ち出し、行動を起こす必要性を正当化した。あなたの意見を求めるのは、あなたを含めここに集められた人々は知的で教養があり、高い倫理観を持っているからだと教師は言った。

あなたは、自分もこの選り抜きの集団に入っているのだと思って気分がよくなった（C・S・ルイスの「内輪」の誘惑を思い出してほしい）。教師はまた、疑念が晴れないケースでは、そうした不適格な人々に対して何らかの手段をとる前に、細心の注意を払って調査を行なうことも保証した。

この時点であなたに求められているのは、簡単な調査に対する意見、勧告、個人的見解だけだ。調査は講堂にいる学生の協力によってこの場で完了する。そこで、あなたは質問に答えはじめた。それが新たな課題であり、自分の意見を言うことに意味があると納得したからだ。

しかし、七つの質問に念入りに答えるうちに、自分とほかの学生の答えがかなり画一的であることに気づく。学生の九〇パーセントが、「ほかの人と比べて生き残るのにふさわしい人がつねに存在する」ということに同意していた。一方、不適格な人々をどのような方法で殺害するかに関しては、七九パーセントの学生が、殺害に責任を負う者と、実行役となる者を別にするよう望んだ。また六四パーセントが、死につながるボタンを押す人物を匿名にすることを選んだ。たくさんのボタンをたくさんの人で押し、誰が死につながるボタンを押すのかわからなくするのだ。そして八九パーセントが、安楽死させるのが最も有効で人間的な方法だと判断した。

では、法律によって協力を求められたらどうするか？　八九パーセントの学生が協力したいとし、九パーセントは殺害にも協力することを選んだ。回答を拒否した学生は六パーセントだけだった。

そして、信じがたいことに、回答者の九一パーセントが次のような結論に同意した。「極限状況では、公共の福祉にとってきわめて危険と判断された人々を抹殺することは完全に正しい」

さらに驚くべきは、自分の家族をこの〝最終的解決〟の対象としなければならない場合でも、二九パーセントの学生がそれを支持したことだった。*38

こうして、これらのアメリカ人大学生（夜間部なのでふつうよりも年長）は、一部の権威者が生きるにふさわしくないと判断した他人の抹殺計画を進んで支持した。教師＝権威者による簡単なプレゼンテーションを受けただけで。

いまなら私たちは、ごくふつうの、知的でさえあるドイツ人が、ユダヤ人に対する〝最終的解決〟を喜んで支持した理由を理解できるだろう。その〝解決〟は、教育制度によってさまざまに促進され、政府の体系的プロパガンダによって強化されたのだ。

異常な殺害を教え込まれたふつうの人々

いかにして、ふつうの人々がその経歴や倫理観と相いれない悪行に走るのか？　この疑問を究明しようとする私に、これ以上ないほど明確な説明を与えてくれたのが、歴史家のクリストファー・ブラウニングの発見だ。彼によると、一九四二年三月にはホロコーストの全犠牲者の約八〇パーセントがまだ生きていた。それなのに、わずか一一カ月後には約八〇パーセントが世を去っていた。この短期間のあいだに、ポーランドを津波のように襲った大量殺戮機動部隊によって、ヒトラーの〝最終的解決〟が進められたのだ。

これだけの大量殺戮には、大規模な殺人マシーンを動員する必要があった。だが、当時は同時に、崩壊しつつあるロシア戦線でも健康で丈夫なドイツ兵が求められていた。また、ポーランドのユダヤ人の大半は、大都市ではなく小さな町に住んでいた。そこからブラウニングは、ドイツの最高司令部に関してこんな疑問を提起した。戦争の転換点となったこの年、大量殺戮を支えるのに必要な人的資源をどこで見つけたのだろか？[*39]

そして彼はその答えを、ナチスの戦争犯罪についての公文書から引き出した。この公文書には、ドイツのハンブルク出身の約五〇〇人の男性からなる第一〇一警察予備大隊の活動記録が含まれていた。彼らの大半は妻子ある年配男性で、陸軍に徴兵されるには歳をとりすぎていた。労働者階級で、憲兵の経験もなかった。その彼らが、新兵としてポーランドへ派遣された。秘密の使命——ポーランドの僻村《へきそん》に住むユダヤ人を殲滅すること——については注意も訓練も受けていなかったが、わずか四カ月のあいだに、彼らは少なくとも三万八〇〇〇人のユダヤ人を至近距離から射殺し、四万五〇〇〇人をトレブリンカの強制収容所へ送った。

彼らの指揮官は最初に、これはわが大隊が取り組まざるをえない困難な任務だと告げたが、そのとき、いかなる個人も、これらの男、女、子どもの処刑を拒否できるとつけ加えていた。記録によれば、当初は約半数の男たちが任務を拒否し、ほかの予備兵に大量殺人を任せた。だが、時が経つにつれて状況は変化していった。実行を免れた予備兵たちは、射殺にたずさわる予備兵に対する罪悪感にさいなまれた。また「自分は仲間の目にどう映っているのだろうか」という集団同調圧力もはたらいた。結局、死の旅が終わるまでに、この警察予備大隊の九〇パーセントまでが大隊長に盲従し、直接射殺に関わった。それればかりか、彼らの多くは誇らしげにポーズをとり、自分の手でユダヤ人を殺した現場の写真にアップでおさまった。アブグレイブ刑務所で囚人虐待の写真を撮った人々と同じように、彼らはユダヤ人の脅威の誇り高き破壊者として、〝勝利記念写真〟のポーズをとったのだ。

ブラウニングが明らかにしたところでは、こうした男たちは特別に選ばれたわけでも、みずから立候補したわけでもなかったし、大量殺人に結びつく利己主義や出世主義に染まっていたわけでもなかった。彼らは、考えられるかぎり〝ふつう〟の人々だった――新たな環境に投げ込まれるまでは。ブラウニングはこの日常的悪行を鋭く分析したが、何より明白だったのは、ふつうの男たちが強大な権力体制に取り込まれたということだった。政治的な警察国家は、ユダヤ人の殲滅をイデオロギーとして正当化し、秩序および国家への忠義という道徳的要請で人々を強く洗脳していた。

興味深いことに、ブラウニングはこの基本的メカニズムを、ミルグラムの服従実験やスタンフォード監獄実験ではたらいた心理作用と比較している。また、スタンフォードの実験における看守の行動は、第一〇一警察予備大隊の内部で生じたグループ化に不思議なほど似ているとも述べている。

以上のように、ブラウニングは、一部の人々が残酷なまでに〝無慈悲で非情〟になって殺人を楽しむようすを描いたが、その一方では、少数ながらも〝非情だが公正〟な態度で〝ルールにのっとる〟者もいたし、〝善良な看守〟に値する人もいた。彼らは殺人を拒否し、ユダヤ人に対してちょっとした便宜をはかった。

心理学者のアーヴィン・ストーブ（彼は子どものころ、ナチスによるハンガリー占領を「保護の家」で生きのびた）は、特定の環境下にあるほとんどの人に、過激な暴力をふるい、人命を奪う可能性があることを認めている。世界中の大量殺戮と集団暴力における悪の根源を理解しようとするうち、ストーブはこう考えるようになった。「ふつうの人々がふつうの判断から犯す悪事は当然のものであり、例外ではない……大きな悪を生み出すふつうの心理作用は、通常は続けざまに起こる破壊の進展に伴って進んでいく」。彼は、ある状況に囚われているふつうの人々が、権力システムの求める悪事に手を染めるようになるのだと強調する。「あるシステムに取り込まれると、いくつかの見解が形成され、支配的見解に忠実であれば報酬が与えられる。その一方、逸脱は心理的負担となり、困難になる」[*40]

アウシュヴィッツの惨事を生きのびたジョン・シュタイナー（私の親友にして同僚の社会学者）は、ドイツへ戻ったあと、数十年にわたり、兵士から将軍にいたる数百人の元ナチス親衛隊員にインタビューした。この男たちが来る日も来る日もあの筆舌につくしがたい悪行に走った原因は何だったのかを知るために。データ分析を進めると、彼らの多くが、権威主義的傾向をはかるFスケールで高いスコアを示すことがわかった。その権威主義的傾向のせいで、彼らは親衛隊の文化である暴力に引きつけられたのだ。

そんな彼らを、シュタイナーは〝休眠者〟と呼んだ。いくつかの特性を持っているが、それらは特定の状況によってその暴力的傾向が顕在化するとき以外は隠れており、表面に現われることはまったくないかもしれないという意味だ。彼は「そのときの状況が、親衛隊の行動の最も直接的な決定要因となる傾向があった」と結論づけている。シュタイナーはまた、この膨大なインタビューのデータから、この男たちが強制収容所で暴力まみれの数年間を過ごす前も後も、暴力とは縁のないふつうの生活をおくっていたことにも気がついた。[*41]

個人的かつ学問的レベルで多くの親衛隊員と接した幅広い経験から、シュタイナーは制度の力と残忍な役割の実演について、ふたつの重要な結論を導き出した。「暴力の役割に対する制度的支持には、一般に思われているよりもはるかに広範な効果があるようだ。暗黙の、またはあからさまな社会的制裁として暴力が支持されるとき、人々は、自分の仕事の本質に満足を覚えるだけでなく、行動はもちろん感情においても疑似死刑執行人となるような人物に惹かれやすい」

続いてシュタイナーは、役割が性格特性を抑え込んでしまうことについても述べる。「残忍な役割を演じる人がすべてサディスティックなわけではないことが明らかになっている。自分の性格に合わない役割を担いつづけた人々は、自分の価値観を変えることが多かった（つまり、その役割に期待されているものに適応する傾向があった）。中には自分の立場に同化し、明らかにそれを楽しんでいる親衛隊員もいた。しかしその一方で、命じられた行為に嫌悪感を抱き、吐き気を覚えた人もいた。彼らは、可能な場合に被収容者を手助けすることによって償いをしようとした（筆者は親衛隊員に何度か命を救われた）」

ホロコーストのあいだに悪事に加担した数十万というドイツ人がそうしなかったのは、彼らが権威者の命令に従っていたからにすぎない。この認識は重要だ。ユダヤ人の殺害を許可し、報奨した体制に服従した根底には、当時ドイツをはじめとするヨーロッパ諸国に存在した激しい反ユダヤ主義があった。この偏見を方向づけ、解決したのが、ドイツの命令系統だった。

歴史家のダニエル・ゴールドハーゲンの分析によると、こうしたふつうのドイツ人が「ヒトラーの自発的死刑執行人」となった。[*42] ただし、ゴールドハーゲンの分析にはふたつの欠陥がある。第一に、史実によれば、一九世紀初頭以降、ドイツの反ユダヤ主義はフランスやポーランドなどの近隣諸国ほど激しくはなかった。第二に、彼はヒトラーの権力機構（人種差別的な狂信を称え、強制収容所のような大量殺戮を機械化した権威が生み出す、状況を美化するネットワーク）の影響を軽視しすぎている。多くのドイツ市民は、個人的事情と、狂信的な偏見のシステムから生じる状況とを踏まえて、母国のために、自発的または非自発的に死刑執行人となったのだ。

悪の陳腐さ

一九六三年、社会哲学者のハンナ・アーレントは、のちに現代の古典となる『イェルサレムのアイヒマン――悪の陳腐さについての報告』（みすず書房）を発表した。彼女はその中で、数百万人というユダヤ人の殺害の手はずをみずから整えたナチス党員、アドルフ・アイヒマンの戦争犯罪裁判を詳細に分析している。

自分の行為に対するアイヒマンの弁明は、ナチスのほかの指導者たちの証言と酷似していた。すなわち、「私は命令に従ったにすぎない」。アーレントはこう書いている。「彼がやましさを感じたとすれば、命令に背いたときだけだったろう――一心不乱に、細心の注意を払って、数百万人の男、女、子どもを死の旅に送り出すという命令に」[*43]

アイヒマンに関するアーレントの説明の中でとりわけ印象深いのは、彼がどこから見てもまったくふつうの人間に見えたという点だ。

六人の精神科医が彼を〝正常〟だと認定した――ある医師は「いずれにせよ、彼を検査したあとの私よりは正常だ」と叫んだそうだ。また別の医師は、彼の心理の全体像や、妻子、父母、兄弟姉妹、友人に対する態度が「正常なだけでなく、最も望ましい」ことを知った。

こうしたアイヒマンの分析を通じて、アーレントは次の有名な結論に達した。

アイヒマンにまつわる問題は、じつに多くの人が彼に似ていて、その人たちが異常でもサディスティックでもないこと、彼らはぞっとするほどふつうだったし、いまでもふつうだということだ。私たちの法制度や道徳的判断基準の観点からすると、このふつうさは、あらゆる残虐行為が束になっても到底かなわないほど恐ろしいものだった。というのも、それは次のことを意味したからだ……この新たなタイプの犯罪者は……自分が悪事に手を染めていることを知ったり感じたりするのがほぼ不可能な状況下で罪を犯す。

それはまるで、（アイヒマンが人生の）最後の数分間で、人間の邪悪さに関する長い授業が教えてくれた教訓を総括しているかのようだった——恐るべき、言葉にするのも考えるのも難しい、悪の陳腐さという教訓を。

〝悪の陳腐さ〟というアーレントの言葉が共感を呼びつづけているのは、世界のあちこちで大量虐殺が起こり、拷問やテロリズムが依然として地球上にあふれているからだ。私たちはこうした真理から距離を置き、悪人の愚行や暴君の無分別な暴力を個人の気質の問題とみなしたがるが、アーレントの分析は、人間がいかに変わりやすいかを示し、個人の気質に帰結する姿勢を否定している。社会的な勢力は、人間のこの変わりやすさにつけ込むことで、ふつうの人々をぞっとするような行為にかりたてていくのだ。

拷問者と死刑執行人の人格は？

仲間に対する組織的な拷問が、人間本性のきわめて邪悪な一面の現われであることはほぼ疑いない。私と同僚はかつて、ブラジルで数年にわたって連日卑劣な拷問をしていた人々を調査したことがある。彼らは、国家の「転覆」を目論む敵に自白させるべく、政府によって任命された警察官だった。

調査の当初、私たちは拷問に焦点をあてて、彼らの精神状態とそれに環境が及ぼした影響を理解しようとした。だがほどなく、分析の網を広げて、彼らの同志も対象にせざるをえなくなった。その同志とは、暗殺団の死刑執行人だ。彼らには〝共通の敵〟がいた。自国の市民、場合によっては隣人であるにもかかわらず、〝システム〟によって国家安全保障への脅威だと宣告された男女や子ども――社会主義者や共産主義者だ。その中には、さっさと抹殺しなければならない者もいれば、拷問によって秘密情報を吐かせ、反逆を認めさせたあとで殺さねばならない者もいた。

拷問をする際、執行者が頼りのひとつとしたのが〝創造的悪〟、つまり、カトリック教会や国家の役人が行なった異端審問以来、数世紀にわたって洗練されてきた拷問の器具やテクニックだった。ブラジルの拷問者は、無実を主張し、責任を認めず、最も高圧的な尋問戦術にもびくともせず、粘り強く抵抗する敵に対して、即興で新たな拷問を加えた。だが、彼らが巧妙な手口を自在に使えるようになるまでには時間がかかったし、人間の弱さに対する新たな洞察も必要だった。

一方の暗殺団の仕事は簡単だった。正体を隠すためのフード、銃、そして集団による支持のおかげで、彼らは祖国への義務を手早く非人間的にはたせた。要するに〝やっつけ仕事〟だった。だが、拷問者はけっしてやっつけ仕事はできなかった。拷問にはつねに人間関係が含まれる。あるときある人物に対して、どんなタイプの拷問を、どのくらいの激しさで使うべきかを理解することが欠かせないのだ。拷問のタイプが間違っていたり内容が甘すぎたりすれば、自白は引き出せない。かといって激しすぎれば、自白の前に死んでしまう。いずれの場合も、拷問者は期待に沿えず、上官の怒りを招くことになる。その代わり、情報を引き出すのに適切な拷問の種類と程度を駆使できるようになれば、上官から多くの報酬とあふれんばかりの称賛を得ることができる。

では、実際にそんなことができたのはどんな男たちだったのか？　何年ものあいだ来る日も来る日も同胞の肉体を引き裂くまでになってしまったのは、サディスティックな衝動や反社会的な人生経験を積み重ねたからなのか？　それとも、彼らはそもそもほかの人とは別の種族で、邪悪な種子、邪悪な幹、邪悪な花だったのか？　あるいはまた、彼らはふつうの人々でありながら、特定の訓練によって嘆かわしい行為をするようプログラムされていたのか？

疑問はまだある。これらの拷問者や殺人者の養成にひと役買った外的状況の要因は特定できるのか？　彼らの悪行が内面の欠陥に起因していたのではなく、外部の力（政治的、経済的、社会的、歴史的、経験的要因）のせいだったとすれば、ほかの環境や文化にも同じ考え方を適用することで、このような人間性の変容を引き起こす原理をいくつか発見できるかもしれない。

こうした想いを抱いて、私は社会学者にしてブラジル研究家であるマーサ・ハギンスと、ギリシャの心理学者で拷問の専門家であるミカ・ハリトス－ファトゥーロスとともに、ブラジルのさまざまな拷問現場を訪れ、数十人に徹底的にインタビューした（その調査方法と詳しい研究結果の概要については、ハギンス、ハリトス－ファトゥーロス、ジンバルドーによる著書を参照）[*44]。ミカは以前、ギリシャの軍事政権のもとで訓練を受けた拷問者について似たような研究をしたことがあったが、私たちの得た結論は、彼女のそれとおおむね一致していた[*45]。

この調査で私たちは、サディストは訓練の過程で排除されることに気づいた。こうした人物は管理能力がなく、苦痛を与える楽しみに胸を躍らせてばかりで、自白の強要という目的を忘れてしまうからだ。集められるかぎりの証拠からして、拷問者や暗殺団の死刑執行人は、その役割にたずさわる前は異常でも変質的でもなかったし、その任務を終えたあとの数年間でも、変質的傾向や病的逸脱は見られなかった。

彼らの変化は、多くの状況や組織に関わる要素（たとえば、彼らがこの新たな役割を演じるために受けた訓練、集団としての仲間意識、国家安全保障というイデオロギー、社会主義者と共産主義者は祖国の敵だと吹き込まれた信念など）の帰結だった。状況的影響要因はほかにもあった。たとえば、この特別な任務を与えられることで、自分たちは特別で、同僚よりも格上で優秀だと感じられること。同志のあいだだけで任務の秘密が共有されていること。疲労や個人的問題とは無関係に、成果を出すよう、たえずプレッシャーをかけられることなどだ。

私たちの多数にして詳細なケーススタディで明らかになったのは、ソ連の共産主義に対抗した冷戦時代（一九六四〜一九八五年）、こうしたいまわしい行為にたずさわり、政府の命を受けてCIAから密かに支援を受けた男たちは、みなふつうの人間だったということだ。サンパウロのカトリック大司教管区のメンバーによる「ブラジルの拷問」という報告書には、CIAの職員が幅広く関わって行なわれたブラジルの警官の拷問訓練について詳細が記されている。*46 その内容は、「米州学校」〔訳注：精鋭軍人を育成する機関〕で共産主義という共通の敵と闘う国々の諜報員に対して教育された、尋問と拷問に関する内容と一致している。*47

国家安全保障への脅威という強迫観念があるかぎり、こうした行為がいつどこの国で繰り返されてもおかしくないというのが、私と同僚の一致した意見だ。

昨今の〝テロとの戦い〟によって懸念や行きすぎが生じる以前、都会の多くで絶え間ない〝犯罪との戦い〟が繰り広げられていた。ニューヨーク市警では、こうした〝戦い〟から「ニューヨーク市警コマンド部隊」が生まれた。この独立した警察チームは、現場の状況次第では、レイプ犯、窃盗犯、強盗と目される人々を自由に追いつめて逮捕してよいとされた。彼らが着ていたTシャツには「人間狩りに勝る狩りはない」というモットーがプリントされていた。また、「夜はわれらのもの」というのが彼らの鬨《とき》の声だった。

専門化したこうした警察文化は、私たちが研究したブラジルの警官＝拷問者の文化とよく似ていた。彼らの犯した悪名高い残虐行為のひとつに、アフリカ系移民（ギニア出身のアマドゥ・ディアロ）の殺害がある。この移民が身分証明証を見せるために財布を取り出そうとした瞬間、四〇発を超える銃弾が撃ち込まれたのだ。*48 ときには不運なことが起こるものだとしても、その多くは、特定可能な状況的・組織の力によって引き起こされているのだ。

自爆テロ犯は見境いのない狂信者か、心ある殉教者か？

驚くべきことに、これら拷問者などの暴力労働者にあてはまることは、学生から自爆テロ犯に変身するパレスチナ人にもあてはまる。

最近の報道記事で、自殺による殺人者へと変貌するプロセスを分析した研究成果が注目された。[*49] それによると、この役割を引き受けるのは、貧しく、自暴自棄で、社会的に孤立し、無学で、仕事も未来もない若者などではない。法精神科医のマーク・セージマンが、アルカイダのメンバー四〇〇人を調査したところ、その四分の三は上流・中流階級の出身だった。

自爆テロ犯に変身するこれらの若者がふつうの人、さらには優秀な人でさえあることは、別のデータでも示されている。彼らのうち九〇パーセントという大多数の若者が、両親のいる温かい家庭に生まれ育っていた。三分の二が大学に進学しており、三分の二が既婚、大半が子どもを持ち、理工系の仕事についていた。「これらの若者は多くの点で社会の最優秀層である」と、セージマンは結論づけている。[*50]

大義のために死のうという決意の引き金は、目の前の不正義に対する怒り、報復、憤激だろう。心理学者のトーマス・ジョイナーは「人はなぜ自殺するのか」という論文で「人々が死を望むのは、ふたつの根本的な欲求が満たされないまま消えてしまうときだ」と述べている。そのひとつ目は、他人と仲間になりたい、あるいはつながりたいという欲求。これは、私たちが同調と社会的権力にとっての要《かなめ》だと指摘してきたものだ。ふたつ目は、他人に尊重されていると実感したい、あるいは誰かや何かに影響を与えたいという欲求だ。[*51]

また、長年にわたって自爆テロを研究してきたイスラエル人心理学者のアリエル・メラリは、爆死にいたるまでの道のりに共通するいくつかの段階について説明している。[*52] それによると、過激派グループの上級メンバーはまず、愛国心の強そうな若者を選ぶ。選定の基準は、おおやけの集会でイスラエルを非難するどんな宣言をしたか、あるいはイスラムの大義やパレスチナの行動をどれだけ支持するかだ。次に、選んだ若者たちに、どれほど真剣に祖国を愛し、イスラエルを憎んでいるかを議論するよう仕向ける。そして訓練を受けると誓うよう求めるのだ。その後、若者たちは三〜五人を定員とする秘密の小部屋の一員となり、年長者から仕事の要領（爆弾をつくり、変装し、ターゲットを選んで攻撃の日時を決める）を学ぶ。

訓練の仕上げは、個人的な公約をするビデオづくりだ。彼らはそこで、みずからをイスラムに仕える「生ける《アル・シャヒー》殉教者《ド・アル・ハイ》」だと宣言する。片手にコーラン、片手に銃。ヘッドバンドの記章には、新しい地位が示されている。このビデオは家族に送られるため、彼らは最終的な行為から逃れられなくなる。なにしろ新参メンバーは、殉教すればアラーのそばに行けるばかりか、彼らの親族も天国で高い地位を約束されると言われている。そのうえ、自殺をそそのかすこのパイには、さらなる甘味まで加えられている。かなりの金銭的報酬、つまり毎月の年金が家族に渡るのだ。

ほうびはまだある。みごと任務が成功したあかつきには、コミュニティのいたるところに自分たちの写真入りポスターが飾られる。次の自爆テロ犯を鼓舞するモデルとして。それでもなお、飛び散る釘をはじめ、爆弾部品による痛みに不安を抱く者は、こう言ってなだめられる。最初の一滴の血が地面にふれる前に、あなたたちはすでにアラーの横に座っており、痛みはまったく感じず、喜びだけに包まれる――

賽《さい》は投げられた。彼らは、通常では考えられないことをする覚悟を念入りに固めてきた。非人間化のためのレトリックが、テロの犠牲者の人間性と無実を否定するために使われたのは言うまでもない。

こうした体系的プログラムを通じて、おおぜいのふつうの若い男女がヒーローやヒロインへ変身する。命をなげうつ彼らの行為は、熱狂的信者としての自己犠牲と、虐げられた人々が大義のために徹底してなす献身の手本となる。そして、次に控える若き自爆テロ犯をかきたてるのだ。

このプログラムは、さまざまな社会心理学的原理や動機づけの原理を利用し、集団的な嫌悪と狂乱から、生ける殉教者を生み出している。彼らは愚かでも無分別でもない。大半の国の若者によく見られるものとはまったく異なる考え方や感覚を持っているにすぎないのだ。

フランス人映画監督ピエール・レホフは、『自殺による殺人者』を制作するにあたって、イスラエル刑務所で多くのパレスチナ人にインタビューした。彼が、爆弾を爆発させる前に捕まったり、自爆テロの志願者を扇動して捕まったりした人々について出した結論も、すでに紹介した分析と重なり合う。「誰も彼もが、道徳的理由によってそれは正しい行動なのだと私に納得させようとした。彼らは悪事をはたらきたがっている若者ではない。善行をなしたがっている若者だ……組織の内部ではじつに善良な若者たちであり、何か偉大なことをしつつあると固く信じているのだ[*53]」

どんな若者の自殺も殺人も、人類という織物の裂け目である。あらゆる国の大人たちが力を合わせて防がなければならない。年寄りのイデオロギーを拡大するために若者を犠牲にするのは、悪行以外のなにものでもない。

われわれを爆撃する「九・一一の完全なる兵士」と「ふつうのイギリス青年」

大量殺人者の〝ふつうさ〟を示す最後のふたつの例は、どうしてもとりあげておく必要がある。ひとつ目は、九・一一に関するある綿密な研究で明らかにされている。九・一一では、自爆テロ犯がニューヨークとワシントンDCを攻撃し、何の罪もない三〇〇〇人近い市民を死に追いやった。ふたつ目は、二〇〇五年六月にロンドンで起きた自爆テロの容疑者に関する捜査報告書からわかる。地下鉄と二階建てバスが襲われたこの事件でも、多くの死者と重傷者が出た。

記者のテリー・マクダーモットは、著書 *Perfect Soldiers*（完全なる兵士）で、丹念な調査をもとに九・一一のテロリスト数名を描いているが、そこで強調されているのは、この男たちが日常生活ではいかにふつうだったかということだ。[*54] マクダーモットは、調査を通じて、「世界中のあちこちに彼らとよく似た男たちがたくさんいるはずだ」という不吉な結論にたどりついた。これは、悪の陳腐さというアーレントのテーマへと私たちを連れ戻す言葉だ。

ニューヨークタイムズ紙の批評家ミチコ・カクタニは、こんな不気味な論評を寄せている。「この本は、並外れた〝悪の天才〟や〝怒りに目をぎらぎらさせた狂信者〟という戯画を、九・一一の驚くほど平凡な陰謀者の肖像に置き換えてしまう。彼らがわれわれの隣人や飛行機の同乗者であっても何の不思議もない」[*55]

そして、このぞっとするようなシナリオは現実のものとなった。〝ありふれた殺人者〟という自爆テロ犯の集団が、ロンドンの交通システムに組織的攻撃をしかけたのだ。彼ら若きイスラム教徒たちは、いずれもイングランド北部のリーズという都市に住む仲間であり、親戚、隣人にとっては〝ごくふつうのイギリス青年〟だった。[*56]彼らの経歴に危険人物だと思わせるものはいっさいなかった。

つまり、何も隠さなくても、この〝ふつうの青年〟たちは町や職場にすんなり溶け込めたのだ。ある者はクリケットが得意で、より敬虔な生活をおくるために酒と女性を断っていた。ある者はフィシュ・アンド・チップスの店を営む地元の商人の息子だった。ある者は障害児の話を聞く有能なカウンセラーで、最近父になり、家族とともに新居に引っ越したばかりだった。外国人としてアメリカで飛行訓練を受けようとする中で疑念をつのらせた九・一一のハイジャック犯とは異なり、これらの若い男たちはみな地元出身で、警察からはいっさいマークされていなかった。ある犯人の友人はこう振り返る。「彼の性格からは想像もつきません。誰かが彼を洗脳し、事件を起こさせたにちがいありません」

「自爆テロ犯の最も恐ろしいところは、彼らがどこから見てもふつうだということだ」。このテーマを専門に研究するアンドリュー・シルケはそう結論づけている。[*57]彼によると、自爆テロ犯の遺体からアルコールや薬物が検出されたことは一度もないという。彼らは、明晰な頭脳と献身の精神をもって任務に取り組んでいるのだ。

アメリカのコロンバイン高校のような、生徒による校内での発砲事件でも、加害者を知っていた人々は一様にこう言う。「彼はとてもいい子でした。きちんとした家庭の子ですし……そんなことをするなんて信じられません」。こうした例を見るにつけ、第一章で提起したことが思い起こされる――私たちは本当はどこまで他人を知っているのだろうか？　また、その次には当然ながらこんな疑問が浮かぶ。何らかの激しい圧力を受けた状況で、自分がどうふるまうかをどこまで確信できるだろうか？

命じられるままにわが子を殺す人々

さて、悪の社会心理学の最後の仕上げとして、私はここで、ガイアナのジャングルで起きた事件をとりあげなければならない。

一九七八年一一月二八日、アメリカ人の宗教指導者が、九〇〇人を超える信者を集団自殺に追い込んだ。その指導者の名はジム・ジョーンズ。サンフランシスコとロサンゼルスの人民寺院教区で牧師を務め、この南米の国で社会主義者のユートピアを建設しようとしていた。かつてアメリカにいた時代に嫌っていた物質主義と人種差別主義に代わって、兄弟愛と寛容がこの国を満たすはずだった。*58

だが、そこでよりよい生活をおくろうとしていた人民寺院の貧しい信者たちの夢は、裏切られた。時とともに、ジョーンズが親切で敬虔な牧師さまから死の天使へと変貌したからだ。まさにルシファーのように。彼は信者に強制労働を課し、武装した衛兵を配置し、市民的自由を全面的に制限し、半飢餓状態を放置した。自分の定めた多くの規則にわずかでも違反すれば処罰し、いつしかそれは拷問へとエスカレートした。

ついに、心配した信者の親戚が、ある下院議員にはたらきかけ、報道陣とともにその居住地を視察してもらうことにしたが、ジョーンズは手はずを整え、視察団の一行が帰途につく間際に彼らを殺害した。そして、居住地に住むほぼ全員を集めて長広舌をふるい、青酸カリ入りの清涼飲料を飲んで自殺するよう迫った。拒んだ人々は衛兵に無理やり毒を飲まされたり、逃げるところを撃ち殺されたりした。だが、ほとんどの人は指導者に従った。ジョーンズが異常なまでに独善的だったのは間違いない。彼は自分の演説と声明のすべて、さらには拷問のようすさえもテープに録音させていた。自殺を迫った最後の演説も例外ではなかった。その中でジョーンズは、現実をねじ曲げ、嘘をつき、懇願し、誤ったたとえを用い、イデオロギーと超越的な来世に訴え、自分の命令に従うよう傲然と言い放った。

彼の部下が九〇〇人を超える信者に手際よく毒薬を配ったあとに行なわれた、この演説の一部を紹介しておこう。これだけでも、狂った権威に全面的に服従させるために彼がとった戦術が伝わってくる。

どうか、われらに薬を。簡単なことだ。簡単なことだ。薬による発作は起こらない（もちろん起こる。とくに子どもの場合は）……死を恐れてはならない。この地に数名の人間がやってくる。彼らはわれわれの子どもを拷問するだろう。われわれの仲間を拷問するだろう。年寄りを拷問するだろう。そんな目に遭うわけにはいかない……どうか、急いでもらえるだろうか？　その薬を急いで使ってもらえるだろうか？　あなた方は自分のしたことがわかっていない。私はやってみた……どうか。神のために、その薬を使おう。われわれは生きてきた――生きてきた、ほかの誰もが生きも愛しもしなかったときに。われわれがこの世界で手にしたのと同様のものを、あなたがたは手にしようとしている。終わらせよう。その痛みを終わらせよう（拍手）……自分の子どもとともに進みたい者には、そうする権利がある。それが人道的だと私は思う。私は進みたい――だが、あなたがたが進むのを見たい……それは恐ろしくない。怖くない。それは友だ。友なのだ……そこに座って、あなたがたのお互いへの愛を見せてほしい。さあ、進もう。さあ、進もう。さあ、進もう（子どもが泣いている）……威厳をもって人生をなげうとう。涙と苦悶のうちになげうってはいけない。死は何でもない……別の次元に進むだけのことだ。このままではいけない。このヒステリーをとめよう……

われわれはそんなふうには死なない。威厳をもって死ななければならない。やがて選択の余地はなくなるだろう。いまは選択の余地がある……子どもたちよ、それはあなたがたを休ませるものにすぎない。ああ、神よ（子どもが泣いている）……母よ、母よ、母よ、母よ、母よ、どうか。母よ、どうか、どうか、どうか。こんなことをしてはならない──してはならない。こんなことをしてはならない。子どもとともに命をなげうつのだ（この筆記録全体はオンラインで読める）[*59]。

このあと、信者たちは言うとおりにし、〝お父さん〟のために死んだ。

ジム・ジョーンズやアドルフ・ヒトラーのようなカリスマ的で暴君的な指導者の権力は、彼らが信奉者をひどい目に遭わせたあとでさえ、さらには死んだあとでさえ持続する。どんな些細なことであれ、彼らが以前に善行をしていれば、どういうわけか忠実な支持者の心の中では、それが悪行の遺産よりも大きな意味を持つようになるのだ。

ゲイリー・スコットという若者の例を挙げよう。スコットは父のあとを追って人民寺院に入ったものの、反抗的だったせいで追放されてしまった。その彼が、ナショナル・パブリック・ラジオでジェイムズ・レストン・ジュニアが司会を務める『父は気遣う──ジョーンズタウンの最後』という番組が放送されたあと、視聴者参加番組に電話出演した。そして、規則に違反したためにどんな罰を受けたかを語った。彼は殴られ、鞭で打たれ、性的虐待を受け、ボアコンストリクターという大蛇に体を這いまわられるという最悪の恐怖に耐えた。だが、もっと重要なのは、この責め苦に対して、彼が辛抱強くもはっきりと口にした言葉だ。

「ジム・ジョーンズを憎んでいますか？」

「いいえ、まったく」

スコットは〝狂信者〟〝忠実な信奉者〟だった。父があの毒の泉で命を落とし、自分自身も残酷な拷問を受け、屈辱を味わわされたにもかかわらず、いまだに〝お父さん〟ことジム・ジョーンズを崇拝し、愛してさえいると堂々と述べたのだ。ジョージ・オーウェルの『一九八四年』に出てくる全能の党でさえ、ここまでの勝利は主張できないかもしれない。

私たちは、同調に加え、服従も克服しなければならない。どちらも強力だが、それでも克服は可能なはずだ。看守と囚人、拷問者と被害者、自爆テロ犯と市民の犠牲者といった、加害者と犠牲者が対面するときには、どちらかの心理的構造を変化させていくいくつかの段階がある。たとえば、加害者を匿名にすると、その人物は個人の説明責任、義務、自己監視を弱め、意識的に自制することなしに行動するようになる。また、非人間化は、犠牲者の人間性を奪い去り、彼らを動物のようなもの、あるいは何者でもないものにしてしまう。

私はここで、悪の現場に居合わせた人の多くが傍観者となり、積極的な介入者や助力者、あるいは告発する英雄とはならない事実についても問いたい。悪に対するこうした怠慢は、じつのところ悪の土台である。そのせいで加害者はこう信じるようになるからだ——何が起こっているかを知っているほかの人々はこの事態を受け入れ、是認した。たとえ、沈黙によってそうしただけだとしても。

この章の最後に、同調と服従に関する私の結論にふさわしい言葉を掲げておこう。ハーバード大学の心理学者、マーザリン・バナジの言葉だ。

——

人間の本性について理解を深める社会心理学は、自分よりも大きな力が精神生活と行動を決定するという事実を発見した。その力の中でも最も重要なのが、社会状況の力である。*60

第一三章
没個性、非人間化そして怠慢の悪

人間の歴史を振り返ると、陰謀、反抗、殺人、虐殺、革命、追放などが累々としている。これらは、強欲、内紛、偽善、背信、残虐、憤怒、狂気、憎悪、遺恨、肉欲、悪意、野心がもたらす最悪の帰結だ……おまえたち原住民は、自然が地球上を這いずりまわることを黙認しているちっぽけでいまいましい害獣の中でも、最も有害な種だと言わざるをえない。
――ジョナサン・スウィフト『ガリバー旅行記』*1

ジョナサン・スウィフトが、ヤフーこと私たち人類をここまでけなすのは少々極端かもしれないが、彼がこの文明批評を書いたのは、現代世界のいたるところで大量虐殺が始まる前、ホロコーストが起こる前だったことは頭に入れておいてほしい。彼のこの見解は、西洋文学の基本テーマを映し出している。つまり、アダムが神に背き、悪魔の誘惑に屈して以来、人類は当初の完璧な状態から堕ちるところまで堕ちたということだ。

堕落に関しては、大きくふたつの考え方がある。社会哲学者のジャン＝ジャック・ルソーは、堕落が広まるのは社会の力の影響だとし、人間は腐敗を招く社会と接したがゆえに美徳を損なった〝高貴で原始的な野蛮人〟だと考えた。人間は全能にして有害な、社会の罪なき犠牲者だという考え方だ。

一方、この対極にあるのが、人間は生まれながらにして悪であり、遺伝的に悪い種子だという見解だ。人類は、理不尽なわがまま、とめどない欲望、敵意あふれる衝動に突き動かされる存在であり、更生させるためには、教育、宗教、家庭を通じて、合理的で、理性的で、思いやりのある人間に変貌させるか、国家権力の課す規律によって管理するしかないというわけだ。

この論争は何世代も前から続いているが、あなたはどちらの立場をとるだろうか？　本来、私たちは善なのに、邪悪な社会によって堕落させられるのか？　それとも、本来は悪なのだが、善良な社会によって矯正されるのだろうか？　いや、一票を投じる前に、第三の視点も考えてみよう。すなわち、もしかしたら私たちは、聖人にも罪人にも、利他的にも利己的にも、親切にも残酷にも、支配的にも服従的にも、加害者にも被害者にも、囚人にも看守にもなれるのかもしれない。そして、社会環境によって、数ある潜在能力のどれが伸びるかが決まるのかもしれない。現代の科学者は、胚性幹細胞がほぼどんな細胞や組織にもなれること、また、ふつうの皮膚細胞が万能細胞に変化しうることを発見しつつある。これら生物学上の概念と、人間の脳の可塑性（変形する性質）を、人間の本性の可塑性にまで拡大してはどうだろうか。[*2]

私たちをかたちづくるのは、豊かさと貧しさ、地理と気候、時代、文化的、政治的、宗教的な優位性などといった、人生を支配するさまざまなシステムと、日々の状況の両方だ。これらの力がさらに、生物学的要素や人格と相互に作用し合う。すでに述べたように、堕落する可能性は、複雑な人間の精神に内在している。善悪両方への衝動、それが人間本性の基本的な二面性なのだ。こう考えれば、人間行動の誇るべき面と不可解な面を深く、詳細に、描くことができるはずだ。

ということで、ここまでは権威への同調と服従について検討してきたが、ここからは、没個性化、非人間化、傍観者的無関心（すなわち〝怠慢の悪〟）といったテーマについても考えを深めていこう。これらの知識があれば、ふつうの善良な個人（それはもしかしたら心優しい読者、つまりあなたかもしれない）がいかにして、ときに他人にひどいことをしたり、倫理観や人権意識に反する悪行にまで走るのかを理解する土台ができるだろう。

没個性化――匿名性と破壊衝動

ウィリアム・ゴールディングの小説『蝿の王』は、イギリスの善良な少年聖歌隊員の一行が、顔をペイントするだけで殺人もいとわない小さな獣に変貌してしまうという物語だ。

ある日、飛行機が墜落し、少年たちは無人島に漂着する。彼らはそこで生活しはじめるが、食料が尽きてしまう。ジャック・メリデュー率いる一行は豚を殺そうとする。が、キリスト教では殺しが禁じられているため、やりおおせない。そのときジャックは、顔をペイントして仮面にすることを思いつく。そして、水面に映った自分の顔を見た彼は、身の毛もよだつ変化を起こす。

ジャックは驚いた。そこに映っているのは、もはや自分ではなく、恐ろしげな他人だった。水をまき散らして立ち上がると、興奮した笑い声をあげた。池の脇で、彼の筋肉質な肉体の上にある仮面に目をやった少年たちはあぜんとした。ジャックは踊り出し、笑い声は血に飢えたうなり声となった。彼は跳ねまわりながらビルのほうへ向かっていった。独自の存在となった仮面がジャックをおおい隠し、恥と自意識から解放した。

このあと、ジャックのグループのほかの少年たちもペイントの仮面をつけ、「豚を殺し、のどをかき切って、血を流す」ことが簡単にできるようになる。[*3] 生き物を殺す、というそれまで無縁だった行為に手を染めた彼らは、ついには、動物ばかりか敵対する人間の殺害まで楽しむようになる。その犠牲者の中には〝ピギー〟とあだ名をつけられた賢い少年もいた。力が正義となり、地獄が解き放たれた。善良な少年グループのリーダーであるラルフは、ジャックのグループに追いつめられていく。

匿名になった女性の衝撃的な行動

外見を変えると行動に大きな影響が及ぶという考え方は、心理学的にも妥当なのだろうか？　私たちはある実験を通して、この問いへの答えを探ってみた。[*4]

最初の実験では、女子大生が被験者となり、マジックミラー越しに姿を見て声を聞くことのできる別の若い女性ふたりに、電気ショックを与えられるかどうかを試した。その際、被験者のうちの半分は無作為に匿名に、つまり〝没個性化〟し、残りの半分は身元を明らかにした。

没個性化グループは四人ずつ一〇組。四人はいずれも頭巾とゆったりした大きめの白衣で容貌を隠し、一から四までの番号を名前代わりにした。そして、このグループの被験者は個人ではなく匿名集団として扱った。本人たちには、こうした措置をとるのは言語によらないしぐさを隠し、他人に反応を知られないようにするためだと説明した。一方、対照グループには名札をつけ、個別化しやすいようにした。だが、それ以外の条件は両グループともまったく一緒だった。そのうえで、どちらも二〇回の実験のあいだにふたりの〝犠牲者〟に繰り返し電気ショックを与えるよう指示された。

実験者の説明では、電気ショックを与えるのは、ストレス環境下での創造性を研究するためということだった（もちろん架空の設定）。私は隣室に控え、マジックミラー越しに観察した。ミルグラム実験と異なり、この実験では電気ショックを与えて攻撃的にふるまうよう直接圧力をかける権威者はいない。実験のあいだ、私は彼女たちといっさいやりとりをしなかった。また、創造性の研究の協力者とされるふたりの女性と同様、学生たちは観察窓から私の姿を見ることができた。別々の個室に入っていたため、集団の同調圧力もかからなかった。

グループの四人のうちひとりが電気ショックを与え、ターゲットの女性が痛がるそぶりを見せれば、創造性を損なうのにじゅうぶんなストレスがかかっていることになるが、電気ショックを与えないからといって、反抗的とか挑戦的ということにはならない。チームメイトが電気ショックを与えるのを眺めている傍観者だということにすぎなかった。

ここで興味の焦点となったのは、電気ショックを与える時間だった。どれくらい早くボタンから指を離すか、あるいはどれくらい長くボタンを押しつづけるかは、学生本人の意思にゆだねられていた。もちろん、指示に従わずボタンを押さないという選択肢もありうる（しかし、その選択をした者はひとりもいなかった）。

なお、実験の共謀者である被害者女性は、テープ録音したインタビューで、ひとりはとてもいい人、もうひとりは〝性悪〟というイメージを演出していた。被験者の心の中に、被害者に対する異なる態度を生み出すためだ。また、被害者はふたりとも電気ショックのランプが点灯したら痛がるふりをし、迫真の演技を別室の学生に見せるよう訓練されていた。さらに、参加学生全員には参考として、電気ショックがどういうものかを実験開始前に体験してもらった（電圧は七五ボルト。もちろん、実際の実験では電気ショックはいっさい与えられなかったのだが）。

こうして、二〇回の実験のそれぞれで、女子学生たちはふたりの女性に対して電気ショックを与えるかどうか、与えるとしたらどれくらいの長さにするかを決めていった。ひとり目のターゲットが去るとふたり目が入室し、また二〇回の実験をした。四人組の被験者グループと対照グループは、はじめに録音テープを一緒に聞いていたから連帯感はあったものの、別々の個室にいたため、互いの行動に直接影響を及ぼすことはできなかった。

さて、結果はどうだったか。匿名性か非匿名性かということ以外、どちらのグループもまったく同じ条件下にあったにもかかわらず、匿名にした女子学生は、名前を明らかにした学生の二倍の電気ショックを被害者に与えた。さらに、匿名にした女子学生はふたりの被害者に同じように電気ショックを与えた。電気ショックのボタンに指を置いてしまうと、ターゲットの女性にどんな感情を抱いているかなど関係なくなったのだ。匿名の女子学生はまた、回が進むにつれて、電気ショックの時間を延ばしていった。被害者が目の前で身をよじり、呻き声をあげているというのに、ショックボタンを押す指により長く力を込めつづけた。一方、名前がわかる女子学生たちは、好感の持てる女性と感じの悪い女性を区別した。前者よりも後者のほうに、より長く電気ショックを与えたのだ。

この事実から、匿名、すなわち没個性化の心理状態になったとき、女子学生の心の中で劇的な変化が起こったことがわかる。回を重ねるたびに電気ショックの時間を長くしていったのは、感情が高ぶっているときのスパイラル効果だろう。興奮状態でのふるまいが増強され、一つひとつの行動がさらに大きな行動を引き起こし、次の反応がコントロールできなくなったのだ。私の研究での経験からして、これは他人を傷つけたいというサディスティックな願望によるものではない。その瞬間、他人を支配し、制圧しているという充足感によるものだ。

その後、同様の実験が研究室や屋外でも行なわれたが、結果は似たようなものだった。実験によっては、没個性化のために仮面を使ったり、ホワイトノイズを浴びせたりした。電気ショックの代わりに発泡スチロール製のボールを被害者に投げつけたりもした。参加者も、ベルギー軍の軍人、小学生、さまざまなタイプの大学生とまちまちだった。

時間の経過とともにショックを強くしていくという現象は、教師（ショックを与える者）が、生徒（犠牲者）を教育するという名目で行なわれた実験でも見られたが、この場合も、訓練が進むにしたがってショックのレベルは上がっていった。*5

読者のみなさんはご承知のとおり、スタンフォード監獄実験でも、看守や職員にミラーサングラスと標準的な軍隊式の制服を着用させて、没個性化をはかっていた。これら一連の実験調査からは、重要な結論が導かれる。すなわち、自分が匿名だと感じられる状況、誰も自分の正体を知らず、知ろうともしない状況では、個人としての責任感が薄れ、悪行に走る可能性が高まる。

とくに、後者の状況要因が加わると、その傾向は強まる。数々の実験が示すように、人は何らかの状況や機関が、他人に対して反社会的あるいは暴力的な行為を加えることを〝許可〟すれば、喜んで闘いを始める。しかしその一方、匿名性で自己中心的な姿勢が抑制され、社会的行動が促されれば、進んで愛を交わすこともある（パーティで匿名性を活用すると、より社交的になるように）。

以上のことから、匿名性と攻撃性をめぐるウィリアム・ゴールディングの洞察は、心理学的見地からも妥当だったといえる。もっとも、そのあり方はゴールディングが描写した以上に複雑で興味深い。

ええ、たしかにこの服を着ると性格まで変わりますわ。

——ウィリアム・シェイクスピア『冬物語』

他人に匿名性を与えるのは、仮面だけではない。〝扱い方〟もそのひとつだ。個性あるひとりの人間としてでなく、システムの中の区別がつかない〝他人〟として扱われたり、自分の存在が無視されたりすると、人は自分を匿名だと感じる。そして、一個人とみなしてもらえないというその思いは、ときに反社会的行動につながる。

ある研究者が、ボランティアの大学生を人間的に扱った場合と、実験の〝モルモット〟として扱った場合、どちらの学生が盗みをはたらきやすいかを試した。実験後、ボランティアの学生たちを研究室にひとりにしたのだ。深皿いっぱいに入った硬貨やペンを失敬する絶好のチャンスだ。すると、モルモット扱いされた学生は、人間的に扱われた学生より盗みをはたらく頻度が高かった。*6 親切は、思っている以上に報われるのである。

ハロウィンで小学生が暴走する

もしも、ハロウィン・パーティで仮装して誰だかわからくなった子どもたちが、賞品を争うゲームで遊んだら何が起こるだろう？　仮装という匿名性に加えて攻撃をしかけるチャンスを手にしたら、子どもたちはどうなるのか？　社会心理学者のスコット・フレイザーは、それを実験した。

小学生の子どもたちが、担任教師が主催するハロウィン・パーティに参加した。[*7]　その会場にはたくさんのゲームが揃っていて、ゲームに勝つたびにコインがもらえるという。集めたコインは、パーティの最後にプレゼントのおもちゃと交換できることになっていた。コインを多く集めるほど、いいおもちゃがもらえる。だから、みんなできるだけ多くのコインを集めようとした。

各々のゲームには、非攻撃的なルールと、ふたりが対決するルールとがあった。たとえば、筒に入ったお手玉を誰が早く取り出せるかを競うゲームでは、非攻撃的なルールの場合、ひとりずつ筒に手を入れて挑戦したが、攻撃的なバージョンでは、ふたりのどちらが筒から先に取り出せるかを競い合った。このとき典型的だった攻撃は、生徒同士の押し合いだった。

この実験に対照グループはない。A―B―A方式として知られている、基準前／変更導入／基準後という手順を踏む。子どもたちはまず衣装なしで遊び（A）、次に衣装を着て遊び（B）、また衣装なしで遊ぶ（A）のだ。

教師はまず子どもたちに、いま衣装が運ばれてくるから、待っているあいだに遊びを始めようと言った。衣装が届くと、子どもたちはそれぞれ別室で着替え、お互い誰だかわからなくなった状態で同じゲームを続けた。さらに最終段階では衣装を脱ぎ（別のパーティに参加している子どもたちに渡すという名目で）、第一段階と同じ状態でゲームを続けた。各段階に要した時間は、それぞれ一時間だった。

匿名性の力は、結果を見れば一目瞭然だった。生徒たちの攻撃性は、衣装をつけたとたんに大きく増した。子どもたちが攻撃的なゲームをして遊んだ時間は、（A）では四二パーセントだったのに（B）では八六パーセントと倍増していた。

興味深いふたつ目の発見は、攻撃性のツケが大きいということだ。子どもが獲得するコインの数は、攻撃的なゲームに興じる時間が長ければ長いほど減った。攻撃的なゲームは非攻撃的なゲームよりも時間がかかるうえに、ふたりの参加者のうちひとりしか勝てないので、結果として高価な賞品から遠ざかったのだ。手に入るコインの数がいちばん少なかったのは、匿名で攻撃性が最も高かった第二段階の（B）で、平均して三一枚しか取れなかった。対照的に（A）の段階では五八枚のコインが獲得できた。しかし、仮装して匿名になった子どもたちには、もはやそんなことはどうでもよかった。

三つ目の発見は、（B）の段階で攻撃的行為がエスカレートしても、それが最後の（A）の段階に持ち越されなかったということだ。最後の（A）は最初の（A）とほぼ同じ状態で、攻撃的行為は三六パーセントまで減り、子どもたちが獲得したコインは七九枚に増えた。このことから、匿名性によってもたらされる行動の変化は、内面の気質的変化によるものではなく、外的状況に応じた変化にすぎなかったのだとわかる。つまり、状況を変えれば行動も変わる。

素晴らしい賞品と交換できるコインの獲得、という子どもたちの最大の利益にとって、攻撃はマイナスでしかない。にもかかわらず、匿名性によって攻撃が促進されたのは、攻撃それ自体がごほうびになっていたからだろう。遠くの目標より目先の〝お楽しみ〟というわけである（あとで見るように、アブグレイブの虐待でも同じ現象が起こっている）。

これに関連した実地調査でも、ハロウィンのときに近所の家庭を訪ねた子どもたちがお菓子をくすねる確率は、身元がわかる場合よりも匿名の場合のほうが高かった。このとき実験者の友人たちは、キャンディを山盛りにした容器と硬貨を入れた容器を出し、それぞれに「一人につき一個どうぞ」と書き添えておいた。ひとりで来る子もいれば、仲間と一緒に来る子もいたが、家の主人には訪問者が誰だかわからないと伝えておいた場合、衣装で身元を隠し、グループでやってきた子どもの大半が、キャンディと硬貨を余分にくすねていった（先の〝モルモット〟扱いされた大学生がやったこととまったく同じだ）。一方、家の主人が、仮面で隠された身元を明かすよう求めたケースでは、対照的な結果が出た。[*8]

七〇〇人以上の子どもを観察したところ、最も違反率が高かったのは匿名でグループ行動をした子どもで五七パーセント、匿名で単独行動の子どもはそれより低かった（二一パーセント）。最も違反が少なかったのは、身元を明かして単独行動をした子どもで（八パーセント）、身元を明かしてグループ行動をしていた子どもはそれより多かった（二一パーセント）。

身元が明らかで単独行動の子どもでも、くすねる子はいた。労せずして手に入るお金とおいしいお菓子の誘惑は、抗いがたいほど大きかったわけだ。とはいえ、完全な匿名性という条件が加わると、その誘惑はがぜん増し、多くの子どもが取れるだけ取ってやろうという気になったのだった。

おとなしい若者も戦場では人を殺すのはなぜか？

実験室やパーティのゲームから現実の世界に戻ると、匿名性と暴力は生か死かという重みを帯びてくる。外見が変わると敵に対する扱いも違ってくるのか？　文化人類学者のR・J・ワトソンがこの問いを提起したのは、没個性化に関する私の初期の著作を読んだあとだった。[*9] 彼のデータソースである「地域別人間関係資料」には、人類学者、伝道師、心理学者、その他の人々が報告した世界中の文化情報が保存されているが、ワトソンはふたつのデータを発見した。ひとつは、兵士が戦う前に外見を変える社会と変えない社会に関するデータ、もうひとつは、彼らがどこまで敵を殺し、拷問し、切り刻むかを示すデータだ。

そこから見えてきたのは、「匿名性は破壊的行動を促す」という予想をはっきり裏づけるものだった。ワトソンは、これらふたつのデータがセットで存在する二三の社会のうち、一五の社会で兵士が外見を変えていたことを突きとめた。それらの社会は最も破壊的で、八〇パーセント（一五の社会のうちの一二）が敵に対して虐待していた。これとは対照的に、兵士が外見を変えない八つの社会では、うち七つの社会の兵士が破壊的行動をしていなかった。言い換えれば、敵に殺されたり、拷問を受けたり、手足を切断されたりしたケースの九割で、そうした行為に及んだのは、外見を変えて没個性化した兵士だった。戦時には、ふだんは禁じられている敵の殺傷という攻撃的行為が制度として認められているのだからなおさらだ。

文化の叡智に従えば、ふだんは穏やかな若者を、殺人もいとわない兵士に変貌させる重要な鍵は、外見を変えることにある。戦争ではたいてい、年寄りが若者をそそのかしてほかの若者を殺傷させるが、最初に外見を変えれば実行しやすくなる。軍服を着たり、仮面をつけたり、顔をペイントしたりして、ふだんの風貌を変え、匿名になると、いつもは心の中にある思いやりや他人への優しさが消えていくのだ。

だがその後、戦争が終わると、兵士はまた平時の状態に戻る。軍服を脱ぎ、仮面を外し、顔のペイントを落とし、もとの人格と平和な態度を取り戻せば、あっという間に逆方向の変身が完了する。ある意味で、彼らは身の毛のよだつ社会儀式に参加していたようなものだ。彼らには、知らず知らずのうちに、先に述べたハロウィン実験のA—B—A方式が使われていた。身元がわかるときは温和で、匿名になると人を殺し、再び身元がわかるようになると温和に戻るのだ。

だが、中には外見を変えなくても、一時的に匿名になった感覚を持つ人々がいる。第一章で記したとおり、私たち研究チームは、場所の匿名性が都市における破壊行為に及ぼす影響を実証するため、簡単な実験を行なった。ニューヨーク市ブロンクスにあるニューヨーク大学のキャンパス近くと、カリフォルニア州パロアルトにあるスタンフォード大学のキャンパス近くに車を放置し、その車（ナンバープレートは外され、ボンネットは上がっていて、乗り捨てられたものであることは明らかだった）に対する破壊行為を写真とビデオにおさめたのだ。

すると、ブロンクスの匿名環境では、四八時間のうちに車や徒歩で通りかかった数十人が立ち止まって車を破壊した。大半は身なりのきちんとした大人だったにもかかわらず、車から価値のある部品を奪ったり、ひたすら壊したりした——それも白昼堂々と。一方、パロアルトでは破壊行為をした通行人は、一週間のあいだひとりもいなかった。

環境はときに、「自分は匿名であり、支配層は誰も自分のことを知らないし、誰も自分の個性を、したがって人間性を認識していない」と感じさせるのにひと役買う。そのとき私たちは、彼らが破壊者や殺人者の予備軍へと変身するのに手を貸しているのだ。

アポロンのような温和な性格をディオニュソスのような激しい性格に変える

仮に、人間の〝良い〟面とは、ギリシャの神アポロンのような合理性、秩序、一貫性、叡智であり、反対に〝悪い〟面とは、ディオニュソスのような混沌、無秩序、不合理性、肉欲だとしよう。アポロン的特質の中心は抑制と禁欲であり、それと対立するのが、制約のない解放と色欲というディオニュソス的特質だ。

この場合、人は、社会的に望ましく、個人的にも歓迎すべき行為を導いている認知制御が阻害され、停止され、歪曲される状況に陥ると邪悪になる。たとえば、良心、自己認識、責任感、義務、義理、責務、道徳、罪、恥、恐怖を感じなくなり、損得勘定によって自分の行動を分析することがなくなる。

一般に、こうした変貌を遂げさせる方法はふたつある。ひとつは、行為者が社会的な責任を負うきっかけを減らす（誰も私のことを知らないし、気にしてもいない）。もうひとつは、行為者の自己評価に対する関心を減らす。前者は、行為者に〝自分は匿名だ〟と感じさせることで、社会的評価や社会的承認への関心を断つ。これは、個人的責任をあいまいにする環境で活動しているときなどに効果を発揮する。後者は、人の意識状態を変えるという策を使って、自分自身への監視と行動の一貫性の監視をやめさせるというものだ。例としては、アルコールやドラッグを摂取する、激情をかきたてる、猛烈な活動にたずさわる、過去や未来に関心を持たずひたすら現在を生きつづける、反省せず他人に責任を押しつけるなどがある。

こうした没個性化は、独特の心理状態を生み出し、その場そのときの欲求や性的衝動が行為を支配するようになる。行動が思考にとって代わり、あとで味わう満足よりも目の前の楽しみを求めるようになる。しっかり考えてくだした節度ある決断が、浅はかな感情的反応に道を譲る。気分が高揚した状態は、往々にして没個性化の前ぶれであり結果でもある。

いつもの習慣的な反応や人格では対処できないような、新奇で無秩序な状況であれば、没個性化の効果はさらに増幅される。そこでは、人々は状況により大きく影響されるようになり、戦争をするのも愛を交わすのと同じくらい容易になる。すべては、その状況が何を要求し、何を引き出そうとしているかで決まる。極端な場合、善悪の区別も、違法行為は罪に問われるという考えも、不道徳なことをすれば地獄に堕ちるという意識もなくなってしまう。[*10]

人は内面の抑制が効かなくなると、すべての行動が外的状況の支配下におかれる。外が内を制圧するのだ。可能なことや利用できることが、正当なことや公正なことを押しつぶす。そうなると、道徳のコンパスはもはや方向性を見失う。

アポロンからディオニュソスへの変貌は、迅速かつ予測不能だ。悪事をはたらくようになった彼らは、自分たちの行動が未来にどんな結果をもたらすかなど考えずに、いまという瞬間がいつまでも続くかのごとく刹那的に生きる。ふつうなら残酷さや性的衝動を抑える力がはたらくが、没個性化の前にはそれも消滅してしまう。脳の回路がショートして、計画と意思決定を司る前頭葉の機能が失われる。そのあと釜には、辺縁系の中でもより原始的な部位、とりわけ感情と攻撃の中枢である扁桃体が座るのだ。

エクスタシーとコミュニティの没個性化

古代ギリシャにおいて、ディオニュソスは神の中でも特異な存在で、伝統的な考え方や生き方に逆らう新たな現実を生み出す存在とみなされていた。それは、合理的な討議と秩序ある計画という退屈なくびきから人間精神を解放する力の象徴であり、破壊する力（限りない肉欲と社会に抑圧されない個人の愉楽）の象徴でもあった。

ディオニュソスは酩酊、狂気、めくるめく性の悦楽、戦闘欲の神でもある。その支配力は、自己認識と合理性を喪失させ、連続する時間を停止させ、行動規範や公共責任をくつがえそうとする人間の衝動を屈服させる。

ところであなたは、キリスト教のマルディ・グラをご存じだろうか。その起源は、カトリック以前の異教徒の儀式にあると言われる。現在では、東方の三博士が生後まもないイエス・キリストを訪れたことを記念する公現祭（一月六日）からスタートし、自己犠牲と節制を旨とする四旬節（灰の水曜日）の前日まで行なわれる。マルディ・グラは、言ってみればみだらな楽しみ、刹那的な生、〝酒、女、歌〟をこれでもかと追い求める祝祭だ。気配りや責任はひとまず忘れ、誰もがお祭り騒ぎで官能に溺れる。

だが、このバッカス的な祭礼によって日常の制約や理性的な行動から解き放たれつつも、人々の頭の片隅にはぼんやりとながら、つねにこんな意識がある。この祝祭は束の間のこと、四旬節が来れば、いつもより厳しい制約が課される——。つまり、〝マルディ・グラ効果〟とは、個人の行動に対する道徳的制約を一時的に捨て去り、あとの影響や責任を忘れてひたすらいまを楽しむ、まさに集団行動における没個性化なのだ。

非人間化と道徳からの解放

非人間化とは〝人間の人間に対する非人道的行為〟を理解するための中心的概念で、ある人々が一定の人々を人間としての道徳的秩序から排除しようと考えるときになされる。非人間化の推進者から見れば、この対象とされた人は人間の地位を失っている。推進者は、特定の個人や集団を人類に含まれない存在とみなすことで、理性的行動を支配している道徳を無効にしてしまうのだ。

非人間化は、偏見、人種主義、差別の中心にある。それは他人を貶め、「烙印を押されたアイデンティティ」を押しつける。たとえば、社会学者のアーヴィング・ゴッフマンは、身体障害者が社会的信用を傷つけられるプロセスを詳述しているが、障害者の非人間化を進める輩は、彼らのことを完全な人間ではなく、それゆえ穢れているとしている。[*11]

問題は、このような条件下では、正常で公正な人間、いつもなら理想主義に燃える人間でさえも、有害で残酷な行為に手を染めることがあるということだ。ここでは、他人の人としての性質に反応しないため、非人間的な行動が必然的に促される。「己の欲するところを人に施せ」（マタイによる福音書七章一二節）という黄金律も切り捨てられてしまう。人間でなくなった〝モノ〟には、冷淡な態度や失礼な態度をとったり、要望や依頼を無視する、彼らを自分のために利用したり、さらにはその存在に腹を立てて殺してしまうといったことが起こりやすくなる。[*12]

日本軍のある将官によると、第二次世界大戦前に日本が中国を侵略した際、兵士に中国市民を虐殺させるのは簡単だったという。「なぜなら、彼らを同じ人間ではなく〝モノ〟とみなしていたからだ」。この傾向が顕著に出たのが、一九三七年の南京大虐殺だった。第一章で紹介したフツ族のしたことを思い出してほしい。そこでは、レイプ被害者は〝虫けら〟や〝ゴキブリ〟でしかなかった。同じくナチスによるユダヤ人大虐殺も、プロパガンダ映画やポスターを通じて、ユダヤ人は下等動物で、害獣や貪欲なネズミにすぎないという認識を国民に広めることから始まった。アメリカ各地で起きた白人集団による黒人のリンチも、やはり人類に対する罪とは考えられなかった。黒人はただの〝ニガー〟にすぎないとして貶められていたからだ。[*13]

同様に、アメリカ兵が多くの無辜《むこ》のヴェトナム人を殺したソンミ村虐殺事件の裏にも、自分たちと外見の違うアジア人を〝東洋人《グーク》〟と呼んで非人間化したという事実があった。[*14]現在では、〝グーク〟にとって代わって、〝イスラム野郎〟や〝タオル頭〟といった言葉が飛び交っている。どちらも、イラク戦争で自分たちと見かけの違う市民や兵士を侮蔑するために使われている言葉だ。「彼らも人間だという事実から目を背け、敵とみなそうとするのです」。そう語るメヒア軍曹は、この戦争をおぞましいものと考え、軍務への復帰を拒否した。「彼らを〝イスラム野郎〟と呼ぶのをご存じでしたか？　殺したり虐待したりするときに気がとがめないよう、打てる手はすべて打つのです」[*15]

こうしたレッテルとそれに付随するイメージに強力な動機づけ効果があることは、実験でも確認されている。そのことは第一章でも言及したが、ここでさらに詳しく紹介しておこう。

大学生を獣に変える実験

かつて、スタンフォード大学の私の同僚であるアルバート・バンデューラとその教え子たちが、他人への悪意を育む非人間化の力を立証する実験をした。[*16] それは次のように進められた。

まず、近隣の短期大学に在籍するボランティアの男子学生七二名に、三人一組で〝監督チーム〟をつくってもらった。彼らの任務は、〝意思決定者チーム〟（他大学の学生）の間違った意思決定を罰することだった。もちろん、この実験の真の被験者は、監督役を演じている学生のほうだ。

実験は二五回行なわれ、監督者はそれぞれの回で意思決定チーム（隣の部屋にいると言われている）が集団で決定を練りあげるようすに耳を傾ける。監督者は、その決定が適切かどうかを評価する情報を手にしているので、間違った決定がくだされるたびに電気ショックを与えて罰する。電気ショックの強度はレベル一から一〇までを選ぶことができ、意思決定者チームの全員が受けることになっていた。

また、監督者にはあらかじめ、「実験の一般性を高めるため、さまざまな社会的背景を持つ参加者が選ばれているが、意思決定者のグループはどれも似たような属性の人々だ」と伝えてあった。これは、まもなく彼らに貼られるレッテルが好意的なものであれ否定的なものであれ、グループ全体にあてはまるようにするためだ。

そのうえで研究者たちは、ふたつの条件に変化をつけた。ひとつは〝犠牲者〟に貼るレッテル、もうひとつは、監督者の電気ショックに対する責任の度合だ。レッテルは三つ（非人間化、人間化、どちらでもない）、責任はふたつ（個人の責任と分散した責任）にランダムに割り振られた。

こうして、各グループの参加者が持ち場に着くと、研究助手と実験者の会話がインターホン越しに聞こえてきた。どうやら、意思決定者が記入したアンケートについて話しているようだ。助手がひとり言で、このグループの個人的資質は、彼らを採用した人物の言うとおりだなと言った。〝非人間化〟グループの意思決定者は、「獣みたいな腐った連中」とされていた。対照的に〝人間化〟グループの意思決定者は「明敏で、理解力があり、その他の点でも人間味あふれる面々」だという。第三の〝どちらでもない〟グループに関しては、評価の言葉がなかった。

言っておくが、参加者は電気ショックを受ける被害者とじかに接してはないので、それらの評価を自分で判断することはできなかった。意思決定者チームの学生に対するレッテルは、あくまで受け売りだ。それでも、こうしたレッテルは、罰の与え方に影響するのだろうか（じつは意思決定者グループは存在しない。標準的な応答をテープ録音しただけ）。

実験の結果は、レッテルが罰の大きさに強く影響することを示した。最も強い電気ショックを受けたのは、「獣」として非人間化のレッテルを貼られた人々で、ショックの強度は一〇回連続で上昇した。どの監督グループでも、電気ショックの強度は試行のたびに上がりつづけ、平均で七にまで達した。最も弱かったのは「善良」のレッテルを貼られた人々への電気ショック、どちらでもないとされたグループが受けた電気ショックはその中間だった。

一度目の実験では、三者への電気ショックのレベルはまったく同じで、すべての監督者が同一の弱い電気ショックを与えた。しかし実験が続き、意思決定者の間違いが繰り返されるうちに、三つのグループに対する電気ショックのレベルに差がついてきた。獣のようだとされたグループに電気ショックを与える学生たちは、試行のたびにレベルを上げていった。前述した私の実験で、没個性化した女子学生がショックのレベルを上げたのと同じだ。

時間の経過、試行の繰り返し、経験の積み重ねに伴ってどんどん攻撃的になるのは、自己増幅効果の現われだろう。おそらく、痛みを与えることではなく、こうした優越的状況で権力や支配力をふるう（他人が受けて当然の罰を与える）ことに喜びを感じているのだ。レッテルに他人の人間性を奪う脱抑制の力があることは、複数の研究者たちが指摘している。

また、この実験で「善良」とみなされていた人々の被害がいちばん少なかったことから、同じレッテルでも好意的なレッテルを貼れば、他人に敬意を払うようになることがわかる。人間として扱う力は、処罰を封じる。この現象は、理論的にも社会的にも、非人間化に劣らず重要だ。ここには、善にも悪にも使われる言葉やレトリックに関する大切なメッセージがある。子どものころは「棒や石で叩かれれば骨が折れるが、何を言われようが痛くもかゆくもない」などと言ったものだが、この言いぐさの後半は「悪い評判は命とり、良い評判は希望をくれる」に変える必要がありそうだ。

ところで、与えられる電気ショックの強さに対する〝責任〟の違いはどう影響したのだろう？　自分の与える電気ショックのレベルはチーム全体の反応の平均値だと思っている場合、そのレベルはぐっと上がった。これまで見てきたとおり、どんなかたちであれ責任が分散すると、他人を傷つける行為への歯止めはききにくくなる。予想にたがわず、電気ショックが最も高いレベルに達したのは、参加者が感じる責任がより軽く、なおかつ被害者が非人間化されている場合だった。

バンデューラの研究チームはさらに、参加者が自分の行為をどう正当化したかも調べていた。それによると、非人間化が責任逃れの言い訳を促し、罰の強化につながっていくことがわかった。人は通常、他人に害をなす行動を自制しているものだが、これらの実験を目にしたバンデューラは、それがいかにして捨て去られるかについて、「道徳的束縛からの解放」という概念を構築するにいたった。

道徳的束縛からの解放とは?

このモデルではまず、大半の人は子ども時代のしつけで社会化され、道徳基準を身につけていると仮定する。道徳基準は家族やコミュニティによって定められ、社会的行動の先導役、あるいは反社会的行動の抑止力となる。両親、教師、その他の権威者から課されたこれらの道徳基準は、長い時間をかけて、個人の行動規範として内面化される。

人は自分で思考や行動をコントロールするようになると、それが満足感につながり、自尊心を生むようになる。また、非道なふるまいを抑制し、人道的な行為を育むために、自分自身を罰するようにもなる。

道徳で自分を律するという個人の自己規制のメカニズムは、不変でもなければ静止してもいない。それは動的で、あるときは自分が容認できる行為をとるが、あるときは非難されるべき行為に目をつぶったりする。個人も集団も、ある時点の、ある状況の、ある目的のためには道徳を切り離してしまう。それでも、全体としての道徳基準は維持できる。道徳のギアをニュートラルにし、歩行者をひく心配がないよう惰性で走行したあと、再びギアを上げてもっと高い道徳的立場へと戻っていくようなものだ。

これについて、バンデューラはさらに踏み込み、人がこうしたメカニズムを生み出すのは、行動を律する自己抑制をときに切り離すことで、有害な行為を道徳的に容認できる行為に変えるためだという。彼によれば、これは人間にとってじつに基本的なプロセスで、こうすることで、政治、軍隊、テロリストなどによる暴力だけでなく、「良識ある人々が、自分の利益になる一方で人に害を及ぼすような活動に、あたりまえのように勤しむ状況」を説明しやすくなるという。[*17]

もっと具体的に言えば、私たちはみな、次の四つのうちひとつ以上を発動すると、いかなる破壊行為や悪行に手を染めても、後ろめたさを感じなくなる。

①「有害な行動を名誉ある行動だと再定義する」。そのためには、暴力を神聖視する考え方を受け入れ、道徳的な言い訳をひねり出せばいい。自分たちの〝公正な〟行動と敵の悪辣な行動を都合よく比較してもいい（私たちは奴らを拷問しているだけだが、奴らは私たちの首をはねる）。あるいは、現実の残酷な行動を美化する婉曲表現を使うのもいいだろう（〝付帯的損害〟とは、要するに民間人が爆撃に巻き込まれてこっぱみじんになることであり、〝友好爆撃〟とは、兵士が味方を誤射・誤爆することだ）。

②「個人の責任を分散したり転嫁したりする」。これによって、自分の行動とその悪しき帰結の因果関係を極力意識せずにすむ。人道に対する罪も、犯したことに気づかなければ、自責の念にかられることはない。

③「自分の行動がもたらした実害に対する見方を変える」。こうすれば、自分の行動の否定的な結末を無視し、歪曲し、過小評価し、信じないでいられる。

④「見方を変えて、犠牲者は罰せられて当然だと考える」。結果に対する責任を相手に押しつけ、もちろん相手を非人間化し、思いやりなどかけるに値しない存在とみなすのだ。

非人間化を「理解する」ことと「許す」ことは別である

ここでも再び言い添えておきたいのは、こうした心理分析が、加害者の不道徳かつ違法なふるまいを許したり、軽く見たりするためのものではないということだ。私の意図は、人々が自分の行動を道徳基準から切り離すときの精神的メカニズムを明確にすれば、そのプロセスを反転させやすくなる、というところにある。また、共感にもとづいた人間らしさを深めるには、道徳的な関わりが欠かせないことも再確認できるはずだ。

だが、権力の座にいる人々は、国家的重大事における状況分析をしばしば拒否する。最近の事例でも、ライス元国務長官は、次に紹介するように、状況を分析する代わりに、異端審問官がほくそ笑むような、あまりにも単純な気質重視の見解を支持した。

コンドリーザ・ライスは、現在スタンフォード大学の政治学教授であり、ロシアの軍事を専門としている。彼女のこれまでのキャリアからすれば、国家レベルでの複雑な政治問題の分析には敏感でなければおかしい。ところが二〇〇五年七月二八日、『ジム・レーラー・ニュースアワー』という報道番組でのインタビューで、彼女は教義的で単純な気質重視の見解を擁護した。「アメリカの外交政策は、テロリズムをなくすどころか、むしろ促しているのではないか」というインタビュアーの問いに対し、そうした考え方は「言い訳をこしらえることに熱中しているようなものだ」と批判し、テロリズムとは「悪人」の問題にすぎないと言い切ったのだ。

ライスは言った。「いつになったら、われわれはテロリストを弁護したり、誰かがそうさせていると言ったりするのをやめるのでしょうか？　それらは間違いです。彼らは人を殺したがる悪人にすぎません。彼らはじつのところ、イスラムとは関係ない歪んだイデオロギーのもとに人を殺そうとしているのに、どういうわけか、不当な扱いに対する怒りの表現なのだと訴えたがります。これは怒りとは関係ありません。テロは、何かを築こうとするのではなく、破壊しようとする行為です。世界中の人々がそれを悪だと名指しし、彼らのために言い訳するのをやめるとき、われわれは問題を直視できるのだと思います」

私のほうがあなたより人間らしい!?

人間は往々にして、〝外部集団〟に属する他人を、動物に似た性質を持つものとみなしてさげすむ。そればかりか、彼らが〝人間の本質〟を持つことすら認めなかったりする。最近になって、〝外部集団の人間性希薄化〟という現象が研究されるようになった。その研究によると、人は自分の属する集団のメンバーには人間特有の感情と特質が備わっていると考えるが、外部の集団にはそれが存在しないとみなす傾向がある。これは一種の感情的偏見だ。*18

しかし、私はこう明言したい。人間性の本質は、他人の中にも、内部集団のメンバーの中にもない。それは何よりもまず、私たち自身の中にあるのだ、と。

外部集団は人間性が希薄だとか人間以下だとか言うとき、人は自分が他人よりも人間らしいと考えがちだ。人間に特有の性質、さらには人間の本性も、自分本位の基準に照らして考え、他人には認めたがらない。自分だけが人間的だとする見方は、他人の人間性を希薄化するのを助長する。

現実には、こうした傾向はかなり一般的だ。オーストラリアのある研究チームは、人間性の認識に関する研究の締めくくりに、古代ローマの著作家テレンティウスの有名な格言、「およそ人間に関することで私に無縁なものはない」[*19]をもじってこう言っている。「およそ人間に関することで私に無縁なものはないが、あなたに無縁なものはある」(この尊大な〝私〟=自己中心主義の限界について教えてくれる新たな研究が待たれる)

「国家の敵」をつくる方法

平凡で善良な男女を悪行へとかりたてる武器としては、国民国家が市民を鼓舞するために生み出す操作原理も挙げておかねばならない。これらの原理は、国家がいかにして若者に破壊的な戦争へ加わる覚悟を決めさせ、国民から侵略戦争への支持をとりつけているかをよく検討すれば、ある程度わかるようになる。兵士も市民も、全国的メディアによる(政府と共謀した)プロパガンダがつくり出す〝敵のイメージ〟に囚われ、〝あなたの敵〟という新たなカテゴリーの人々を憎むようになるのだ。

兵士にとって、こうした精神の方向づけは最強の武器となる。それがなければ、別の若者に銃口を向けて射殺するなどということはそうそうできない。一方、市民は、敵に支配されたらどうなるのかと想像を膨らませるうちに、無力であることの恐怖を植えつけられる。[*20]そして、この恐怖がやがて憎しみに変わり、脅威を減らすためなら敵対行為もいとわないという気持ちになり、ついには、これほどの脅威をもたらす敵と戦う以上、手足を失おうが死のうが、わが子を戦場に送り出そうがやむをない、というところまでいってしまう。

サム・キーン[*21]は、『敵の顔』（柏書房）という著書で、大半の国家がいかにして、敵の原型をつくりだすかについて明らかにしている。国家は、視覚的なプロパガンダを通じて、自分たちが危険な〝奴ら〟〝部外者〟〝敵〟とみなす人々に対する憎しみの共感を醸成し、社会的パラノイアを生み出していく。憎しみの矛先は、あるときは女性や子どもや家庭に、またあるときはその国の神のありかたに害をなし、国家の基本的な信念や価値観を破壊するとされる者に向けられる。公正な民族、善良なメンバーの心に邪悪な敵の存在を植えつけるため、その〝敵〟は侵略者、正体不明者、暴行犯、無神論者、野蛮人、強欲者、犯罪者、拷問者、殺人者、窃盗犯、非人間的な獣などとされる。ヘビ、ネズミ、クモ、昆虫、トカゲ、巨大ゴリラ、タコ、さらには〝イングランドのブタ〟まで、一般にひどく恐れられている鳥獣虫魚が国をむさぼり食う気味の悪いようすを描くのだ。

この手のプロパガンダは、世界規模で広く展開されてきた。国によって違いはあるものの、どれも「敵対人《ホモ・ホスティリス》」によって活用される、とっておきの戦略のひとつだ。

〝他人を選別して非人間化する〟という考え方によって、その人たちはふつうとは違う有害な存在なのだとおおやけに宣言されると、私たちは彼らに対して想像を絶する仕打ちをするようになる。たとえば、一九二〇〜四〇年代にかけて、六万五〇〇〇人ものアメリカ市民が、断種手術（意に反した不妊手術）を受けさせられた。当時の優生学の信奉者は、人類浄化のために、望ましくない形質を持つ者はすべて排除すべきだとして、その行為を科学的に正当化した。こんな見方をするのはアドルフ・ヒトラーくらいだろうと思うかもしれないが、実際にそれを先導したのは、アメリカで最も尊敬されていた法律家のひとり、オリヴァー・ウェンデル・ホームズだった。

一九二七年、彼は判決の中で、強制断種は違憲どころか社会にとって利益になると述べている。

——退化した子孫が罪を犯して処刑されたり、知的障害のために餓死したりするのを待つよりも、明らかに欠陥のある人々が子どもをつくりつづけるのを社会として阻止したほうが、全世界のためになる。知的障害者は三代続けばじゅうぶんなのだ。[*22]

第一二章で紹介した、ハワイ大学での実験が思い出される。彼らは、社会に適合しない人々を排除するために、（必要とあらばそれが自分の家族であっても）〝最終的手段〟をとることを進んで支持した。また、さかのぼれば、アメリカにもイギリスにも、〝弱者との闘い〟に関与した歴史がある。どちらの国にも、社会に最もふさわしい人々の特権的地位をさらに高める一方で、優生学を声高に支持し、不適格者を抹殺する計画を提唱する有力者がおおぜいいいたのだ。[*23]

怠慢の悪——何もしない傍観者

悪が勝利をおさめるために必要なことはただひとつ、善良な人々が何もしないでいることだ。

——エドマンド・バーク（イギリスの政治家）

不当な体制をおとなしく受け入れてしまうことは、その体制に加担していることであり、悪の共犯者になることであると知るべきだ。

——マーティン・ルーサー・キング・ジュニア[*24]

ふつう、悪といえばもっぱら加害者の暴力的、破壊的な行動が頭に浮かぶ。だが、必要があるときに手を差し伸べなかったり、反論しなかったり、服従を拒まなかったり、告発しなかったりといったことも、一種の悪である。ほとんど意識されないが、その出来事を目にしていながらきちんと見ようとしない、もしくは耳に届いているのにきちんと聞こうとしないといったもの言わぬ人々も、じつは悪事に深く加担しているのだ。実際、悪事の現場で沈黙を守る人々の存在は、善と悪のあいまいな線引きをいっそうわかりにくくする。

そこで、こう問うてみたい。人はなぜ助けないのか？　援助が必要とされているときに、なぜ行動しないのか？　その消極性は、薄情さや無関心といった個人的な欠陥のせいなのか？　それとも、ここでも何らかの社会力学がはたらいているのか？

キティ・ジェノヴィーズ事件

ニューヨーク、ロンドン、東京、メキシコシティといった大都市では、人は文字どおり無数の人間に囲まれている。みな互いに、通りを並んで歩き、レストランや映画やバスや列車ですぐそばに座り、行列に一緒に並ぶ。しかし、互いが手を組むことはない。それればかりか、まるで存在していないかのようだ。

かつて、ニューヨークのクイーンズに住むキティ・ジェノヴィーズという若い女性が、人々の存在をいちばん必要としたときにも、そこには誰もいなかった。

> 法を遵守する立派なクイーンズ住民三八人は、キューガーデンで殺人者が女性のあとをつけまわし、刺殺するのを、三〇分以上、何もしないでただ眺めていた。犯人は、住民の話し声がしたり、寝室の明かりが突然つくたびに暴行を中断して逃げ去ったが、そのあとまた戻ってきて彼女を探しあてると再び刺した。結局、彼女は三度も襲われたが、その最中に警察に電話した者はひとりとしていなかった。ある目撃者がようやく通報したが、女性はすでに亡くなっていた。（一九六四年三月一三日付ニューヨーク・タイムズ紙）

最近になって、この事件の詳細が改めて分析され、実際の事件現場を何人が目撃したのか、彼らは起こっていることを本当に理解していたのかという点に、疑問が投げかけられた。住民の大半は高齢者で、真夜中に突然たたき起こされた。それでも、手入れの行き届いた閑静な郊外に住む多くの人が、身の毛のよだつような叫び声を耳にしながら、救いの手をいっさい差し伸べなかったことは事実だった。キティは階段で力尽き、狂った殺人者から逃れることができぬまま、ひとりで死んだ。

じつはそれからほんの数カ月後、傍観者がどこまで冷淡で無関心になれるかを、もっとまざまざと見せつける事件が起こっていた。その日、一八歳の秘書がオフィスで殴られ、首を絞められ、服をはぎとられ、暴行された。彼女は裸で血を流しながらも必死の思いで犯人から逃れ、階段を駆け降り、玄関口で「助けて！　助けて！　レイプされたの！」と叫び声をあげた。だが、四〇人ほどがにぎやかな通りに集まったにもかかわらず、彼らは全員、レイプ犯が暴行を続けようと彼女を引きずっていくのを眺めていただけだった。助けの手を差し伸べた者はいなかったのだ！　彼女をすんでのところで救出したのは、たまたま通りかかった警察官だった（一九六四年五月六日付ニューヨーク・タイムズ紙）。

傍観者の実態を調査する

こうした事態を受け、ふたりの社会心理学者が傍観者の介入に関する一連の研究に着手した。彼らは〝ニューヨークの冷淡な傍観者たち〟で片づけるいつもながらの気質分析に反対し、その状況のどんな要因が、人々の社会的行動を麻痺させるのかを解明しようとした。ビブ・ラタネとジョン・ダーリー[*25]は当時、ともにニューヨークにある大学（ラタネはコロンビア大学、ダーリーはニューヨーク大学）の教授で、事件現場は目と鼻の先だった。ふたりは、地下鉄や街角といったニューヨークのさまざまな場所と実験室の両方で、実験を行なった。

すると、大方の人の直観に反して、「緊急事態を目撃する人が多ければ多いほど、誰かが助けの手を差し伸べる確率は下がる」という結果が出た。手をこまねいて見ている集団に入ると、人は互いにほかの誰かが助けるだろうと考えてしまう。そのせいで、その場に自分だけ、もしくは自分とほかにひとりしかいない場合に比べて、行動を起こさなければというプレッシャーが低くなるのだ。自分以外の人が複数いるだけで、何かしなければという個人の責任感が分散してしまうということだ。ちなみに、実験参加者の性格テストでは、人格と緊急事態に介入するスピードや確率とのあいだに関連性はなかった。[*26]

ニューヨーク市民でもロンドン市民でも、その他の世界中の大都市住民でも、直接助けを求められたり、その場に自分ひとりか数人しかいなかったら、助ける可能性は高い。介入しようとしないのは冷淡だからではない。人は、助けそうな人がほかにたくさんいると、きっと自分以外の誰かが手を差し伸べるだろう、自分がわざわざリスクを負う必要はないと考えてしまうのだ。中には、暴力沙汰に巻き込まれて命を危うくするのを恐れる人もいるだろう。事態はそれほどひどくないと思っている人もいるだろう。場違いなことをして愚か者と思われるのがいやな人もいるだろう。〝お節介〟を焼いてやけどするのを心配する人もいるだろう。いずれにしても、緊急時の消極的な非行動には、集団ならではの思惑が関係しているのだ。

助けてほしい？　だったらそう頼むといい

私のかつての教え子トム・モリアリティは、状況をちょっと変えるだけで、ニューヨーク市民に積極的な行動を促せることを証明した。[*27]

トムはまず、ふたつのシナリオを用意した。ひとつは、〝サクラ〟の女性が混んでいるレストランのテーブルに財布を忘れる。もうひとつは、混雑した海辺でシートの上にラジオを忘れるというものだ。そのうえで、研究チームの別のメンバーが財布やラジオを盗むふりをする。トムは現場の周辺にいる人々の行動を記録した。その結果、ほぼ半数は何もせず、犯人が盗品を持って逃げるのを見逃した。しかし残りのほぼ半数は、全員が犯人をその場で押さえ、犯行を防いだ。何が違ったのだろうか？

じつは、女性がその場を離れる前、前者の半数には、そばにいたときに時間をたずねただけで最小限のやりとりしかしなかったが、後者の半数には、そばにいたときに、戻ってくるまで財布やラジオから目を離さないでほしいとひとこと頼んでいたのだ。このちょっとした直接の依頼によって、人々の心に見知らぬ人の持ち物を守らなければという社会的責任が生じ、その責任が完璧にはたされたというわけだ。助けてほしい？　だったらそう頼めばいい。冷淡とされるニューヨーク市民が相手だろうと、ほかの大都市の市民だろうと、直接頼めば助けてもらえる可能性は高まるはずだ。

この実験からは、私たちが追究してきたもうひとつのテーマも浮かびあがってくる。それは、社会状況を生み出すのも、それを変えるのも人間だということだ。私たちは状況が求めるプログラムに従って動くロボットではない。人間は、みずからの創造的・建設的行為によって、どんなプログラムでも書き変えられる。ただ問題は、他人による状況の定義と規範をうのみにすることがあまりにも多いこと、その規範に異を唱えて行動しようとしないことだ。

善きサマリア人《びと》は急いでいても善良でいられるか？

傍観者に関する一連の研究の結果、援助と利他的行為を扱う社会心理学が登場した。[*28] その中で、ある研究者のグループは、窮地にある他人に手を差し伸べないのは、本人の気質の欠陥のせいではなく、そのときの状況に原因がある可能性が高いことを証明した。[*29] これは私のお気に入りの研究のひとつなので、再びみなさんに実験参加者の役を演じてもらおう。

あなたはプリンストン神学校で牧師になる勉強をしている学生だ。そして今日、効果的なコミュニケーションに関する心理実験のために、善きサマリア人についての説教をビデオ録画することになった。

あなたは、ルカによる福音書一〇章のくだりをよく知っている。善きサマリア人とは、イェルサレムからエリコへ向かう道の脇で苦しんでいた人を立ち止まって助けたただひとりの人のことだ。ルカによる福音書には、この人物は天国で当然のほうびをもらえるだろうとある。利他主義の美徳を心に留めよという聖書の教えである。

さて、あなたは心理実験室からビデオ収録センターに向かっていたが、途中の小道で、ひどく苦しんでいる人のそばを通りかかった。その見知らぬ人は、地面にうずくまって呻き声をあげている。助けが必要なのは明らかだ。ここで、あの善きサマリア人になるべく立ち止まることを妨げるような状況を想像できるだろうか？——よりによって、善きサマリア人の寓話を頭の中で反復しているそのときに。

しかし、もしもこんな状況だったらどうだろう？　話は心理実験室に戻る。あなたは、自分の収録時間に遅れているから急いでほしいと告げられた。ほかの神学生はそれぞれ、まだ少し時間があるとか、かなりあるなどと言われていた。そのあと、収録センターに向かう途中で、くだんの人と出会った。あなたが善良な人間、聖職を目指す人間、かつての善きサマリア人と同じく、立ち止まって苦しんでいる他人を助けるという美徳を念頭におく人間だとすれば、時間的なプレッシャーがあるからといって、先ほどと違いが生じるだろうか？　あなたは違いなど生じないと思いたいだろう。どんな条件であろうと立ち止まって、助けの手を差し伸べるはずだ、ほかの神学生も苦しんでいる人を助けに駆けつけるだろう、と。

しかし、もしもそんな賭けをしたら、あなたの負けだ。実験では、九〇パーセントもの神学生が、善きサマリア人について説教するために急いでいるからという理由で、善きサマリア人になるまたとないチャンスを逸した。彼らは相反する課題に直面した。学問を助けるか、苦しむ人を助けるか。その結果、学問が勝利をおさめ、苦しむ人は見殺しにされたのだ。苦しんでいる人の視点から結論を言えばこうなる——人々が遅刻して急いでいるときに、助けを必要とするような苦境に陥ってはいけない（苦しんでいる人はもちろんサクラだったが）。

この実験では、神学生に時間の余裕があるときほど、助けてくれる可能性は高くなった。このことから、〝時間的なプレッシャー〟という状況の要因が、助ける者と何もしない者の違いを生むことがわかる。キティ・ジェノヴィーズ事件で何もしなかったニューヨーク市民とは異なり、この場合は、神学生は冷淡だとか、シニカルだとか、無関心だなどと気質的説明に訴える必要はない。この実験はのちにも再現されたが、結果は同じだった。神学生があまり重要でない課題のために目的地に向かっていたときには、圧倒的多数が立ち止まって助けた。ここから得られる教訓は、「〝人々はなぜ苦境にある人を助けないのか〟について理解しようとするなら、誰が助ける、あるいは助けないかを問うのではなく、そのときの状況の社会的・心理学的特徴を問うべきだ」[30]となる。

制度化された怠慢の悪

悪事の現場には、加害者、犠牲者、そして逆境に負けない者がいる。だが、たいていは目の前の出来事を見ているだけの人もいる。彼らは何が起こっているかを知っていながら、助けようとも悪事に立ち向かおうともせず、結果としてみずからの怠慢によって悪事を助長してしまう。

路上や警察署の裏部屋で、マイノリティを殴りつけている同僚をとめないのは、仲間の善良な警官だ。カトリック教会のイメージが何より大事だからと、好色な教区司祭の罪を隠したのは、善良な司教や枢機卿だった。彼らは何が間違いかをわかっていながら、その悪と本気で対峙しなかった。そのせいで、男色家たちは何年ものあいだ罪深い行為を続けた（最終的にカトリック教会は数十億ドルの賠償金を支払い、多くの信者が幻滅することになった）[31]。

同じように、会社の帳簿が不正操作されているのに見て見ぬふりをしたのは、エンロン、ワールドコム、アーサー・アンダーセンをはじめ、多くの腐敗した企業の善良な社員だった。また、スタンフォード監獄実験で悪い看守を甘やかし、虐待がエスカレートしても見逃しつづけたのは、苦しんでいる囚人のためにいっさい介入しなかった善良な看守だった。いや、悪を目にしていながら、肉体的な暴力を制限しただけで、地下の監獄に精神的な暴力が満ちるままにしていたのは、ほかでもない、この私だ。研究者と監獄の責任者という相いれない役割に囚われて、私は目の前で生じている苦しみをしっかり見据えることができなかった。私も怠慢の悪の有罪者だったのだ。

こうした怠慢は、国家のレベルであれば大量殺人や大量虐殺を引き起こすこともある。ボツワナやルワンダがそうだったし、最近ではダルフールが同様の事態に陥った。個人と同じく国家も、面倒なことに巻き込まれるのを望まず、脅威の深刻さや即時行動の必要性を否定することが少なくない。国家はまた、犠牲者の訴えよりも為政者のプロパガンダのほうを信じたがる。さらに政策決定者には、〝そこでビジネスをしている〟人々から内圧がかかることも多い。

一九三九年に起こった事件は、制度化された怠慢の悪として、私の知る最も悲しむべき事例のひとつだ。その年、ホロコーストを逃れようとする九三七人のユダヤ人難民を乗せた蒸気船セント・ルイス号は、ドイツのハンブルクを出発してキューバに向かったが、キューバ政府は当初の受け入れ合意を反故《ほご》にしてしまった。難民と船長は一二日間にわたって、目の前に見えているマイアミに入港できるようアメリカ政府に必死に求めつづけた。しかし、アメリカ政府と人道主義者のフランクリン・D・ルーズベルト大統領は、マイアミだけでなくほかのいっさいの港への入港も拒み、結局、船は大西洋を戻っていった。その後、一部の難民はイギリスなどの国々に受け入れられたが、多くの人はナチスの強制収容所で命を落とした。自由を摑みかけていたのに、奴隷労働者として死んでいったのだ。

ときには、無能さが無関心や優柔不断と結びついて、適切な行動ができなくなることもある。ニューオーリンズを襲ったハリケーン・カトリーナによる災害（二〇〇五年八月）は、その古典的な例だった。このときは、いくつものシステムが複雑にからみ合っていたせいで、自由に使える膨大な資源をまったく活用できず、多くの住民の被害や死を防げなかった。市も州も国も、考えられるかぎり最悪の天災が迫っているという事前の警告にもかかわらず、自力で現地を離れられない市民の避難と安全確保に必要な準備を怠った。市と州の権力機構は、幹部レベルの方針が異なっていたせいで、満足にコミュニケーションがとれなかった。そのうえ、ブッシュ政権の対策は皆無で、対策がとられたときには遅すぎたし、少なすぎた。また、連邦緊急事態管理庁（FEMA）と国土安全保障省の無能で経験不足の指導者たちは、不潔な環境で何昼夜も過ごすことを強いられている数十万人もの生存者に、州兵、予備役兵、赤十字、州警察、空軍を動員して、食料、水、毛布、薬品等の物資を配布するといった措置をとらなかった。一年経っても、ニューオーリンズの大半は依然として混乱したままで、近隣を含む全体が荒廃し、人気《ひとけ》もなかった。数千という家屋に解体予定の印がついていたが、支援はほとんど来なかった。

こうした荒れはてた地域を見て、私の心は痛まずにはいられなかった。中には、システムが対策に失敗したそもそもの原因は、階級と人種の問題にあると批判している人もいる。避難できなかった生存者のほとんどが、下層階級のアフリカ系アメリカ人だったからだ。いずれにしても、怠慢の悪が、多くのニューオーリンズ市民の死、絶望、幻滅に責任を負っていることは確かだった。避難した人の半分は、二度と故郷に戻ってこないかもしれないと言われている。[*32]

ブルータス、おまえもか

〝そのとき〟が来たら信念に従って行動できるかどうか――私たちはみな、胸に手を当てて考え、そうできるよう願わなければならない。誰かが祖国や人類に対する忠誠の誓いを破っていたら、警鐘を鳴らすのだ。だが、これまで述べてきたように、現実の社会では、同調せよ、チームプレーヤーであれ、波風を立てるな、システムにたてついて罰せられるリスクを冒すな、といった圧力がきわめて大きい。その多くは、権力システムのトップダウンの力と相まって、従業員や下位メンバーに、「いまは特殊な状況だから、非倫理的で違法であってもこれがふさわしいのだ」とそれとなく伝える。そうやって、何がふさわしい行動かを権力組織が定義するわけだ。

最近明るみに出た政府、軍、企業の指導者層のスキャンダルの多くも、部下に対して言外に伝えられる権威者の期待が、有害な形で交錯している。これらの部下は〝内輪〟に入りたいと願っており、多くの同僚は事情を知っていながら黙認していた。

リーダーとメンバーの関係を考えるうえで参考になるのは、そのダイナミックな関係を鋭く分析したジーン・リップマン＝ブルーメンの *The Allure of Toxic Leaders*（有害なリーダーの魅力）だ。これを読むと、リーダーが見せる毒性にメンバーが早い段階で気づけば、その甘い毒を黙って飲まずに予防策をとれることがわかる。[*33]「有害なリーダーは広い範囲に魔法をかける。われわれの大半はそうした人物が嫌いだと断言するが、彼らが雇用主やCEO、上院議員、牧師、教師だと従ってしまうことも珍しくない。従わないまでも黙認してしまう。さらにわれわれは、有害なリーダーがみずから姿を見せなくてもこちらから探し出すことがある。ときには、善良なリーダーに有害な一線を越えさせて、有害なリーダーにしてしまうことさえある」

これまでの歴史を通じて、行動できたはずの人が何もしなかったこと、もっと知るべきだった人が無関心だったこと、いちばん大事なときに正義の声をあげずに沈黙していたこと、そうしたことが、悪の勝利を可能にしてきたのだ。

——ハイレ・セラシエ（元エチオピア皇帝）

状況の力をあなどるな

心理学では、人格と状況の相互作用によって行動が生み出されるというのはわかりきったことだ。人はつねに異なる状況の中で動いている。さまざまな環境の産物であると同時に、環境の生みの親でもあるのが人間だ。[*34]私たちは、環境の偶然性にもてあそばれるだけの受動的な存在ではない。ふつうは状況を選んでそこに飛び込んだり避けたりするが、自分の存在や行動によって状況を変えることもある。その社会の中で他人に影響を及ぼすとも、無数の方法で環境を変化させることもできる。たいていの場合、私たちは能動的な主体であり、人生がたどる一連の出来事に影響を及ぼせるばかりか、自分の運命を形づくることもできる。[*35]

しかしその一方、人間の行動や社会は、文化的な価値観や慣習から大きな影響も受けている。[*36] 欧米では、医学、教育、法律、宗教、精神医学といったほぼあらゆる主要分野の制度が一体となって、神話を生み出すのにひと役買っている。「個人はつねに自分の行動を支配しており、自由意思と理性的な選択を通じて行動している。だからこそ、ありとあらゆる行動に責任を負っているのだ」という神話だ。正気でないか心神耗弱に陥っているのでないかぎり、間違いを犯す個人は自分のしていることをわかっているはずであり、したがって相応の罰を受けるべきだというわけだ。

こうした考え方をする気質主義者たちは、状況的要因などつけ足しにすぎないとみなす。興味深い行動を引き起こす要因を評価するとき、彼らは〝人〟に大きく賭け、〝状況〟には申し訳程度にしか賭けない。こうした見解は一見、個人の尊厳を重んじているように思える。個人はあらゆる誘惑や状況的誘因に打ち勝つ内面の強さと意思の力を備えているのだ、と。

しかし、私たちのように逆の路線をとる人間は、こうした見方は現実の人間の弱さを否定するものだと考える。これまで見てきたような状況の圧力に直面した際に大事なのは、人間の弱さを認識しておくことだ。そうすれば、有害な影響に抵抗する力を強められるし、人間やコミュニティが回復する力を強化するための有効な戦略を立てることもできる。

私たち状況主義者は、すべての人に次のように促す。暴力、破壊行為、自爆テロ、拷問、レイプといった〝思いもよらない〟〝想像を絶する〟〝無分別な〟悪行を理解したいなら、心からの謙虚さを忘れないようにしよう。

自分たちのような善人と悪人はまったく別だと考え、その悪行を引き起こした状況の分析をなおざりにするのはやめよう。〝私たち以外〟の人間にも〝もともと持っている思いやり〟があるはずだと解釈しよう。善かれ悪しかれ、人間がやってきたあらゆる行為は、同じ状況下であれば、あなたや私がやってもおかしくないという教訓を肝に銘じよう。

現行の刑事司法制度は、人が犯罪に走る原因について、一般市民が持つ常識的見解に頼りすぎていて、たいていは動機や人格にもとづく要因しか注目されない。だが、そろそろ行動科学が提供する膨大な証拠を考慮すべきときなのではないか。それらの証拠は、状況の力が、道徳的行為はもちろん犯罪行為にも影響を及ぼすことを立証している。法制度は、人の心と身体のはたらきが健やかな場合とそうでない場合の研究を活かして、医学や医療のモデルを採用してもいいのではないだろうか。現代の心理学が、法の理論と実践に投げかける課題を分析してきた私の同僚、リー・ロスとドナ・シェストウスキーはこう言っている。

> 刑事司法制度の運営は、次のようなものを指針としつづけてはならない。どんな状況でも行動はぶれないという幻想、気質と状況が行動に与える影響についての誤った概念、個人と状況の相互作用を無視した思考、あるいは、好ましくはあるがきわめて空想的な自由意思という概念。これは、かつての魔術や悪魔の憑依《ひょうい》に関する俗説を指針とすべきでないのと同じことだ。*37

アイデンティティも状況に依存している

私たちの人となりは、どこで暮らし、食べ、愛を交わすかで決まる。そういう意味では、性格を知っているよりも、人種、社会的地位、教育、宗教、居住地といった〝ステータス〟の組み合わせを正確に知っているほうが、態度も行動も広く見当がつけられたりする。

個人のアイデンティティも、じつは社会的に位置づけられている。そのアイデンティティの大半は、他人にどう扱われたり虐げられたりするか、どう認められたり無視されたりするか、どう褒められたり罰せられたりするかによって決まっていく。だから、どんな人と関わるかによって、同じ人間が臆病なはにかみ屋にもなれば、セックスアピールあふれる自信家にもなる。ある集団ではリーダーになるが、別の集団ではメンバーのひとりで終わることもある。

また、他人が抱いている期待次第で、その期待に応えようとがんばりもすれば、手を抜くこともある。結果として、他人が抱く期待は往々にして予言的になる。多くの場合、私たちは知らず知らずのうちに、他人が抱くイメージどおりに行動し、そのイメージが、新たな現実を生み出していくことが少なくない。つまり、他人が思うとおりの人間になってしまうのだ。*38

狂人ばかりの場所で正気だと判断してもらうには

状況は、その人の本当のアイデンティティとは異なることが明らかなときでさえ、あるアイデンティティを押しつけてくる。エルジン州立病院の〝模擬病棟〟実験（第一一章）で、病院職員が〝精神病患者〟をありとあらゆる手段で虐待したことを思い出してほしい。あのときの患者たちは本物ではなく、患者の格好をし、その役割を演じる同僚職員だった。同じくスタンフォード監獄実験でも、模擬監獄の看守は看守のふりをしている学生であり、囚人は囚人のふりをしている学生であることは全員がわかっていた。それでも、あのとき彼らの本来のアイデンティティにその事実はほとんど意味がなかった。彼らはまたたく間に、状況が課したアイデンティティを身につけた。私自身も、監獄の監督者となって歩き、話し、歪んだ思考に囚われた。

場合によっては、状況によって割り当てられた役割が〝本質化〟してしまうこともある。自分はまったく正常なのに、精神科病院に入院させられてしまったところを想像してみてほしい。なぜ、そんなことになったのか？

入院手続きを担当した職員が、誤ってあなたを統合失調症患者にしたからだ。診断の根拠は、あなたがその職員に「人の声が聞こえる」と訴えたことにあり、それ以外にはない。当然、あなたは納得がいかないし、出してもらうにはできるだけ正常に、かつ感じよくふるまえばいいこともわかっている。そうすれば、職員はすぐに、これは何かの間違いで、この人は精神を病んでいるのではないと気づき、あなたを帰宅させるはずだ。

だが残念ながら、ことはそううまく運ばない。スタンフォード大学の同僚、デイビッド・ローゼンハンによる興味深い実験によれば、そんな状況におかれたら、永遠に退院できない可能性すらある。

「狂人ばかりの場所で正気を保つこと」という素晴らしいタイトルがついているこの実験では、デイビッドと七人の共同研究者が同じシナリオを実行に移した。[*39] まず、それぞれが別々の精神科病棟の入院担当者に、人の声や雑音やドスンという音が聞こえると訴えた。それ以外の症状については何も言わなかったが、全員が地元の精神科病棟に入院させられた。だが八人は、患者用のパジャマとスリッパを身につけるやいなや、つねに感じよく、見るからにまともにふるまった。

さて、職員がそれに気づき、この患者はじつは正気だと理解し、お別れを言ってくれるまでにどれくらいの時間がかかっただろうか？

八人の入院患者全員の答えは簡単だった。「永遠に無理！」。精神を病んだ人に囲まれた場所にいるとすれば、あなたはも精神を病んでいるにちがいない。正気の人間なら精神科病棟の患者にはならないのだから——状況が課したアイデンティティのせいで、こうした理屈がまかり通ってしまう。事実、退院するには大変な手間がかかった。同僚と弁護士の助けを借りてようやく解放されたのは、数週間後のことだった。

ちなみに、この完全に正気の八人が退院すると、それぞれのカルテにはまったく同じ所見が記された。「患者は統合失調症を発症するも寛解」。どれほど病気ではないと言っても、病院職員はいつなんどき再発するかわからないと思っていた。病院のスリッパを捨ててしまうのはまだ早いのだ！

専門家も見誤るという現実

自分や自分と似た境遇の人を変化させる力を実感するには、ある状況に身を置かなければならない。外側から眺めていては何もわからない。その状況に関する詳細な知識をどれだけ持っていようとも、その場を支配する感情のトーンはわかりようがないからだ。言葉にならない特徴、できつつある規範、自分は参加者だという意識（自我関与）と覚醒は、現場にいないかぎり感じとれない。ゲームショーの観客でいるのと、プレーヤーとして出場するのが違うのと同じだ。

先述したミズ・エリオットやロン・ジョーンズによる実験のように、体験による学習が大きな効果を持つ理由のひとつがここにある。四〇人の精神科医がミルグラム実験の結果を予想するよう求められたとき、権威者の影響力を過小評価したのを覚えているだろうか？ 彼らは、最高レベルの四五〇ボルトの電気ショックを加える者は一パーセントにすぎないと言った。それが大はずれだったのはご承知のとおりだ。なぜ、はずれたのか？ 彼らは、ふつうの人間にふつうならしないことをさせる状況の力を理解していなかったからだ。

状況の力の重要性については、最近、過去一〇〇年の社会心理学研究が検証され、八〇〇〇万人が関わった二万五〇〇〇件を超える研究の結果がまとめられた。[*40] 三二二回の独立したメタ分析（さまざまな研究による発見を、実験結果の規模や一貫性を分析することで定量的に総括するもの）を行なったのだが、その結果、状況の力には確実に強い影響があることが判明した。

また、その結論はこうだった。「社会心理学的な証拠が強調するのは、社会的状況の力であり対人状況の力だ。社会心理学は一〇〇年にわたり、人々が良かれ悪しかれ互いにどう影響し合うかについてさまざまな研究を重ね、知識を蓄積してきたのである」[*41]

リンゴ、樽、荷車、商人に目を向ける

さて、ここまで分析をしてきた私たちに、現代の異常現象を理解すべく、いよいよイラクへ旅立つときが来た。アブグレイブ刑務所で行なわれたイラク人に対する虐待の実態は、あっという間に世界中に広まり、人々を震撼させた。どうしてこんなことが起きたのか？　責任者は誰なのか？　拷問をしている人をわざわざ写真におさめたのはなぜなのか？……。多くの疑問が何カ月にもわたってメディアに渦巻いた。アメリカ大統領は「真相を究明する」と誓い、多くの政治家や評論家はしたり顔で、すべては一部の〝腐ったリンゴ〟のしわざだと断言した。虐待者はサディスティックな〝ならず者兵士〟の一団にすぎない、と。

本当だろうか？　私は真実を求めて、何が、どう起こったのかを再検証することにした。

アブグレイブ刑務所

第一四章

アブグレイブの虐待と拷問

スタンフォードの画期的実験は、軍によるあらゆる拘留活動に教訓を与えてくれる……心理学者たちは、ふだんは人道的に行動する個人や集団が、特定の状況下ではいかにして、またなぜ、そうでない行動をとることがあるのかを理解しようとしてきた。

――シュレジンジャー独立調査委員会報告*1

二〇〇四年四月二八日、ワシントンDC。アメリカ心理学会を代表して、全米科学団体代表者協議会の会合に出席するためワシントンにきていた私は、その日ホテルの部屋で、次々にテレビのチャネルを変えているうちに、思わず身体が凍りついた。CBSの番組『60ミニッツII』*2で流された信じがたい映像が、目に飛び込んできたからだ。

画面に映されたのは、裸にされた囚人の男たちがピラミッド状に積み重ねられた山を前にして、うす笑いを浮かべて立っている米軍兵士の姿だった。女性兵士が裸の囚人の首に犬用のリードをつけ、引きまわしているものもあった。別の囚人たちは、獰猛なジャーマン・シェパードにいまにも襲いかかられそうになって、ひどく怯えていた。ポルノのスライドショーのように、次から次へと画面は切り替わった。煙草をくわえ、腕を斜めに伸ばすナチス式の敬礼をしている女性兵士の前では、裸の囚人たちが自慰をさせられていた。フェラチオのまねをさせられている囚人もいた。

米軍兵士が捕虜に同性愛的なポーズを強制し、痛めつけ、辱め、苦しめている――とても信じられなかったが、目の前には事実が映し出されていた。信じがたい映像はなおも次々に現れた。ある映像では、囚人が緑色の頭巾や女性用のピンクのパンティを頭にかぶせられ、立たされたり窮屈な姿勢で前かがみにさせられたりしていた。そばには壮健な若い男女の兵士がいる。彼らは本当に、暴君サダム・フセインから解放されたばかりのイラクに、民主主義と自由をもたらすという輝かしい使命を担って、国防総省《ペンタゴン》から派遣された兵士なのか？

驚くべきは、このおぞましいスライド画像の多くに、被害者とともに加害者自身の姿が写っていたことだ。いまわしい所業に及ぶことと、いつまでも残る写真としてそれを記録することはまったく別だ。〝勝利記念写真〟を撮ったとき、その加害者は何を思っていたのだろうか？

最後に現れた画像は、頭巾をかぶせられたひとりの囚人が、両腕を横に伸ばし、指に電線をつながれ、段ボール箱の上に危なっかしく立たされているものだった。この囚人は、足の疲れに耐えきれず段ボール箱から落ちれば感電死する、と（デイヴィス軍曹によって）思い込まされていた。その頭巾は少し持ち上げられ、電線が壁から身体につながっているのが見えるようになっていた。本当は電線は偽物。これは、肉体的な苦痛ではなく心理的苦痛を味わわせることを狙ったものだった。囚人がどのくらいの時間、命を失うかもしれないという極度の恐怖に震えていたかはわからない。だが、この男の気持ちになってみることはできるはずだ。この画像はその後、またたくまに心理的拷問の象徴となった。

番組では、少なくとも一二の画像が次々に映し出された。私はテレビを消したいと思いつつも、その写真の生々しい迫力と想像を超えた世界に心を奪われ、目をそらすことができなかった。このときの私は、ほかの国民と同じように、これらの拷問はごく一部の〝腐ったリンゴ〟のしわざだと確信していた。統合参謀本部議長のリチャード・B・マイヤーズ将軍も同じだった。彼はテレビのインタビューで、これらの告発に驚き、犯罪的虐待の画像に仰天したと述べたが、同時に、そうした虐待が〝組織的〟だという証拠はないことを確信しているとも

言った。そうではなく、ひと握りの〝はぐれ兵士〟の特異な行動だと断定したのだ。

この権威ある軍のスポークスマンによれば、米軍兵士の九九・九パーセントは、海外での任務を模範的に遂行している。したがって、こうした言語道断な虐待に手を染める一パーセントにも満たない欠陥兵士のことで、慌てふためく必要はなかった。

「率直に言って、われわれの全員が、一部の者の行為に失望していると思います」。『60ミニッツⅡ』のインタビューでそう語ったのは、イラク駐留軍副司令官のマーク・キミット准将だ。「われわれはつねに兵士を愛していますが、正直なところ、彼らを誇らしく思えない日もあります」。アメリカの多くの軍刑務所で看守として働く者のうち、想像を絶する非人道的拷問に関与しているのはごく一部の腐った兵士にすぎない――彼にそう言われて、国民は少し気が楽になった。*3

しかし、ちょっと待ってほしい。イラク、アフガニスタン、キューバの軍刑務所を徹底的に調査したわけでもないのに、これが特異な事件だなどとどうしてわかるのだろう？　スキャンダルは表沙汰になったばかりで、徹底調査をする時間は誰にもなかったはずだ。

システムの責任を否定して樽の中の少数者に責めを負わせるような権威筋の声明は、つねに問題をはらむ。マイヤーズ将軍の主張を聞いて頭に浮かんだのは、警官による容疑者の虐待が表沙汰になるたびに、報道陣の前で

述べる警察署長の釈明だ。彼らは一部の〝腐ったリンゴ＝悪徳警官〟に罪をかぶせ、警察署の裏部屋や、警察本部の規範や慣行から目をそらさせようとする。大慌てで一部の規律違反者のことを〝問題児〟だと断定するのは、既存のシステムを守ろうとする者の常套手段だ。学校の校長や教師もこの手を使う。教室に〝混乱をもたらす〟生徒を悪者にする一方、そうした混乱を引き起こす要因かもしれない退屈なカリキュラムや特定の教師のお粗末な授業などが、時間をかけて調査されることはない。

アルグレイブ刑務所の虐待について、ドナルド・ラムズフェルド国防長官は、「きわめて不快」であり「わが国の価値観と相いれない」として糾弾した。「国民が目にしている写真の中の合衆国軍人の姿が、国防総省のあらゆる関係者を傷つけ、怒らせたのは間違いない」。「悪事をはたらく者は処罰され、そこにいたるプロセスは調査され、問題は正される必要がある」。そして、こうつけ加えた。「あの写真のような行為が間違いであり、残酷、残忍、破廉恥にして、アメリカ人の価値観に反することがわからない者がいるとすれば、そういう人間をどう訓練すればいいのかまったくわからない」*4。彼は、陸軍予備役憲兵のような困難な任務にあたらせるのに、適切な訓練と準備が欠けていたのではないかという軍の責任を問う声を、遠まわしに避けようとしたのだ。

ラムズフェルドはまた、こうした行為の本質は〝虐待〟であって〝拷問〟ではないと急いで定義しなおした。「これまで非難されている行為は虐待であり、それは厳密に言って拷問とは違うと思う。私は〝拷問〟という言葉を使うつもりはない」[*5]。ラムズフェルドの言う〝厳密〟とは何のことだろうか？[*6]

メディアは、ゴールデンタイムのテレビ、新聞の第一面、雑誌、ウェブサイトなどを通じ、連日これらの映像を世界に発信しつづけた。これに対してブッシュ大統領は、米軍と政権、とくに国防長官の威信を守るべく、前例のない緊急の被害対策プログラムを開始した。独立した調査を実施し、「この問題を根底まで」明らかにする、としかつめらしく宣言したのだ。

しかし大統領は、このスキャンダルの〝根底〟だけでなく〝頂点〟も明らかにする調査を命じるつもりはなかったのだろうか？　もしそうしていれば、問題の枠組みのみならず全貌を知ることができるはずだった。というのも、イラク多国籍軍副司令官のマーク・キミット准将が「虐待事件についてはこれらの件しか把握していませんでしたが、イラクに駐留以来、ほかにもいくつかの事例があったことを承知しています」と明言したからだ（この言葉は、「事件は特異なもので組織的なものではない」というマイヤーズ将軍の断定と矛盾する）。

実際、国防総省のジョン・スキナー中佐によれば、アブグレイブのスキャンダルが暴露されて以来、きわめて多くの虐待、拷問、殺人が明るみに出て、二〇〇六年四月までに、それにまつわる申し立てを調査するために、四〇〇を超える軍事調査委員会が個別に発足したという。

虐待写真に対するおおやけの反応としては、ほかにも注目に値するものがふたつあった。

ひとつ目は、トークショーの司会者で超保守派のラッシュ・リンボーの反応だ。彼にとって、裸の囚人のピラミッドなど大学生の悪ふざけと大差なかった。「これはスカル・アンド・ボーンズ（イェール大学の秘密結社）の入会儀式と似たようなものだ。あれしきのことで、われわれは他人の生活を台なしにしようとしていいのか。

軍事的努力を台なしにするばかりでなく、楽しい時間を過ごしたというだけで、告発された兵士を叩きつぶそうとしているが、こうした兵士が日々銃火にさらされているのはご存じのとおりだ。みなさんは、情動の解放について聞いたことはあるだろうか？　ときには憂さ晴らしも必要だという話を聞いたことは？」[*7]

情動の解放としての拷問？　ストレスをためた兵士の感情浄化《カタルシス》？　ちょっとした憂さ晴らしをして楽しい時間を過ごしただけ？　すべては、この影響力ある有名人を通じて、拷問というおぞましい行為を正当化するものだった。スカル・アンド・ボーンズの〝悪夢の晩〟とアブグレイブの拷問現場の違いのひとつは、言うまでもなく、前者への入会者は、その決意の証として〝しごき〟を受けるかどうかを選べることだ。事前の同意なしに、敵の占領軍によってこうした辱しめや拷問を強いられるわけではない。

ふたつ目は、ジェイムズ・インホーフェ上院議員（オクラホマ州選出の共和党員）の反応だ。彼はこの報道に激怒した。とはいえ、ラムズフェルド国防長官の宣誓の場となった上院軍事委員会のメンバーである彼の怒りは、写真に写っていた事態よりも、写真が引き起こした怒りに向けられていた。インホーフェ議員は、虐待されるのには相応の理由があるとして、犠牲者とそれらの画像を公開したメディアを非難した。「周知のとおり、この囚人たちは交通違反で収監されているわけではありません。1−Aや1−Bといった独房棟に入っているとすれば、殺人者であり、テロリストであり、暴徒なのです。その手の多くがアメリカ人の血で染まっているはずです。ですから、彼らの扱いは大いに懸念されるところです」。この議員は、メディアは写真の公表によって世間に怒りを広め、世界各地のアメリカ人に対するさらなる暴力を誘発していると攻撃しつづけた。[*8]

ペンタゴンも、似たような論法でこれらの画像の公開を阻止しようとした。だが、ドナルド・ライダー少将は陸軍内部報告で、囚人は暴力的だという見方に疑問を投げかけている。それによると、一部のイラク人は、米軍に対して「不満や反感」を示しただけで長期にわたって拘束されていたという。その他の報告からも、収容者の多くが「罪のない一般市民」（刑務所管理者のジャニス・カーピンスキー准将の言葉）だった。彼らは暴動が起こった町の掃討作戦で逮捕された。こうした掃討作戦では、一家の男は少年を含めて全員が、最寄りの軍事刑務所に投獄されたのち、尋問のためアブグレイブに送られることが多かった。

これまで私は、ブラジルで拷問の調査をしたり、拷問に関する講義を準備したりしてきたから、身の毛もよだつ虐待の画像はたくさん見てきた。それにもかかわらず、アブグレイブというエキゾチックな名前の刑務所から現れた画像を目にしたとたん、私は、何かが違う、だがどこかなじみがあるという印象を受けた。

ほかと違うと感じたのは、加害者の楽しげで恥知らずな態度に関わっていた。どう見ても破廉恥な行為をしたリンディ・イングランド上等兵によれば、それはほんの「お遊び」にすぎなかった。彼女の笑顔は、周囲で起こっている大混乱《カオス》にまるで似つかわしくなかった。

一方、なじみがあるという感覚は、これらの画像を見て、スタンフォード監獄実験の最悪の場面をまざまざと思い出したからだった。それに気づいたときは愕然とした。頭に袋をかぶせられた囚人。裸体。性的屈辱を味わわせるゲーム……、そのひとつはラクダの性交、男たちが性器を露出させて互いに馬跳びをするというものだった。似たような虐待が、私たちの実験でも、学生の演じる看守によって、学生の演じる囚人に対して行なわれていた。また、私たちの実験とまったく同じように、最悪の虐待は夜間シフトのあいだに起こっていた。さらには、どちらも囚人は審理前勾留のために収容されていた。

まるで、スタンフォード監獄実験の最悪のシナリオが、ぞっとするような条件下で数カ月にわたって実行されたかのようだった。囚人に対してほぼ絶対的な権力を持つと、善良な若者であっても何が起こるかを、私はこの目で見ていた。私たちの実験環境にあった制限のすべてが外れた場合にどうなるかを想像してみれば、アブグレイブ刑務所では強力な状況の力が、さらには圧倒的なシステムの力が作用していたにちがいないとわかる。

私には、拷問における共犯関係を隠蔽しようと必死にあがいている〝システム〟の姿がはっきり見てとれた。しかし、はるか彼方の状況に関する真実を知り、そうした状況を生み、持続させたシステムに関する真実も明らかにするには、どうすればいいのだろうか？

理不尽な虐待に理屈をつける

スタンフォード監獄実験で明らかになったのは、当初は〝甘いリンゴ〟だった看守の中に、強力な状況の力のせいで〝酸っぱく〟なる者が現れたということだった。さらに、あとになって気づいたのは、そうした状況をきわめて効果的・破壊的に機能させるシステムを生んだのが、私と研究チームだったということだ。私たちは、囚人への虐待を防ぐトップダウンの抑制策を適切にとることができなかった。そればかりか、看守を創造的悪行へと誘う非人間化と没個性化を促すような指針と手順を設定してしまった。

では、アブグレイブでは何が起こっていたのか？　これを理解するためには、そこで囚人の監視を任ぜられる以前、看守たちがどんな人間だったのかを見極めなければならない。彼らの身に生じたものが、看守の気質によるものなのか、それとも特異な状況のせいなのかを判別するためには、看守が刑務所に持ち込んだ病理があったかどうかも確定したい。だが、それができるだろうか？　加えて、看守が投げ込まれた状況がどんなものだったかも明らかにしたい。そのときその状況で、看守にとっての現実とはどんなものだったのだろうか？

そして最終的には、権力構造（囚人はもちろん、看守その他、あの地下牢のあらゆる関係者の労働・生活条件を設定し維持したもの）について解明されなければならない。この特異な刑務所を利用して、〝拘留者〟を法的支援のないまま無期限に収容し〝高圧的な手法〟で尋問することを、システムはどう正当化するのか？　ジュネーブ条約の捕虜保護条項や、米軍の捕虜に関わる行動基準（捕虜の処遇において残酷、非人間的、侮辱的ないかなる行為をも禁じる規則）を軽視する決定は、どのレベルでなされたのか？　戦時、平時を問わず、これらの規定は、民主主義社会における捕虜の扱いに関する最も基本的な行動基準だ。各国がこうした基準に従うのは、慈悲深い善意からではなく、自国の兵士が戦争捕虜として捕まった場合に適切な処遇を保証してもらうためだ。

私は、調査報道記者として訓練を受けたことはない。アブグレイブへ出かける手段も、虐待に関与した主要人物にインタビューする方策もない。そんな人間が、この虐待の全容を明らかにできるとは思えなかったが、スタンフォード監獄実験の管理者として得た経験をもとに、この暴力の理解に力を尽くせないとしたら、それは恥ずべきことだろう。あの監獄実験から私が学んだのは、ある行動を解明したいなら、それを生み出すさまざまな要因（気質、状況、システム）をすべて詳しく探らなければならないということだった。

ジョー・ダービーは英雄か、それともふつうの男か

同時に私は、この地下牢の虐待に光をあてた人物についても知りたかった。アブグレイブの〝リトル・ショップ・オブ・ホラーズ〟を内部告発し、おぞましい行為を国民の目の前にさらしたのは、二四歳の陸軍予備役兵、ジョー・ダービーだった。彼は、陸軍当局に虐待行為の存在を認めさせ、すべての陸軍刑務所での同様の行為を取り締まらせた。まさに英雄だ。アブグレイブ刑務所の夜勤番の憲兵と同じ第三七二憲兵中隊に所属していたが、看守の任務にはついていなかった。

ことの発端は、ある日、友人のチャールズ・グレイナー伍長がダービーに、一枚のCDをくれたことにある。そこには、グレイナーその他の看守が撮影した、数百枚のデジタル画像とビデオクリップがおさめられていた。画像の一部はすでにグレイナーの部隊内で回覧され、何枚かはパソコンのスクリーンセーバーにさえ使われていたという。ダービーも、当初はその写真を見て面白がった。尻を丸出しにして積み重なった裸のイラク人を見て「こりゃ笑える」とも思った。だが、次々と見ていくうちに、心が痛みはじめた。

「私には受け入れ難いものでした」と彼は言った。相手が交戦地帯で収監されている外国人であっても、アメリ

カ人がこんなひどいことをするのは間違っていると思ったのだ。「その思いを抑えることができませんでした。三日ほどして、ついに写真を届け出る決心をしました」。ダービーは報告書を書いたが、友人を裏切りたくないという気持ちと良心の呵責《かしゃく》の狭間で引き裂かれたという。リンディ・イングランドとも入隊訓練以来の知り合いだった。それでも、自分が目にしたものは「私がひとりの人間として信じていたあらゆること、法の支配について教わったあらゆることに反していました」。

二〇〇四年一月のあの日、ジョー・ダービーは問題のCDのコピーをマニラ封筒に入れ、匿名のメモとともに犯罪捜査部（CID）の係官に手渡した。ダービーは、アブグレイブでの任務が続いているあいだは匿名を望んだ。仲間を裏切ってしまったことへの仕返しを恐れていたからだ。[*9] しかしのちには、特別捜査官のタイラー・ピエロン（アブグレイブ刑務所の陸軍犯罪捜査司令部に所属）に対して、あの封筒にCDを入れたのは自分であり、CIDに対してもっと詳しい話をしたいと打ち明けた。

大声で内部告発するには、想像を絶する勇気が必要だった。CDの画像に映っている第三七二憲兵中隊の仲間たちが困ることは間違いなかった。それでも、ダービーは正しいことをしたのだ。

軍におけるダービーの地位が、最も階級の低い陸軍予備軍の特技兵だったことも考慮しなければならない。彼は軍の管理する刑務所で起こっていることに敢然と立ち向かおうとした。私はのちに気づいたのだが、その刑務所は「テロリストや造反分子からすぐに役立つ情報を引き出す」ために、国防長官自身が設けた特別な尋問センターだった。こうした制度に立ち向かうには、不屈の精神が必要だった。[*10]

首都にリンゴの花が咲くとき

事件が表面化してまもなくのこと。ワシントンDCのナショナル・パブリック・ラジオ（NPR）に勤めるスタンフォードの卒業生が、アブグレイブの写真と、私の講義で見たスタンフォード監獄実験の写真が似ていることに気がついた。そこでNPRの番組でインタビューすべく、ワシントンDCのホテルにいた私を探し出した。
インタビューの要点は、当局の〝腐ったリンゴ〟という言い訳をしりぞけ、アブグレイブとスタンフォード監獄実験の類似性から私が引き出した〝腐った樽〟に置き換えることだった。NPRによるこの最初のインタビューは、すぐさまほかの多数のテレビ、ラジオ、新聞のインタビューで利用され、「さまざまなリンゴと汚れた樽」というキャッチフレーズが生み出された。メディアがこぞって私にコメントを求めたのは、監獄実験の生々しいビデオや静止画像によって強い印象を与えられるからだった。

すると次に、看守をしていた憲兵の弁護人を務めていたゲーリー・マイヤーズが動きだした。彼は、私の実験に依拠すれば、自分の依頼人が行なったとされる虐待行為を外的要因によるものだと主張できると考えた。こうしてマイヤーズは、1A、1B棟で夜間シフトにあたっていた憲兵、アイヴァン・〝チップ〟・フレデリック・ジュニア二等軍曹の鑑定人として私を招聘《しょうへい》した。私はそれに応じた。その心の内には、この異常な行動の原因を分析するうえで、少しでも多くの情報を入手したいという思いもあった。

人格、状況、そしてフレデリックをあのような犯罪に走らせたシステムという三つの背景情報をもとに、異常行動を煽ったダイナミックな相互作用をよりよく理解したい――そう願った私は、マイヤーズから頼まれた支援に同意した。とはいえ、虐待に関わったどの人物よりも、勇気をふるって虐待を暴露したジョー・ダービーに共感していることは、はっきり伝えておいた。[*11]

こうして、私はフレデリック二等軍曹の弁護チームに参加し、この暗闇の新たな核心に向かう旅に出発した。

事件現場――アブグレイブ刑務所

イラクの首都バグダッドから西へ約三二キロメートル、ファルージャから数キロのところにアブグレイブはある。アメリカによる占領に対抗するゲリラ紛争の中心地、いわゆる「スンニ三角地帯」の中にあるこの町こそ、アブグレイブ刑務所の所在地だ。この刑務所はかつて、西側メディアから「サダムの拷問本部」と呼ばれていた。バース党政権時代、サダム・フセインが週に二回の公開処刑で〝反乱分子〟を拷問して殺した場所だからだ。イラクの生物・化学兵器計画の一環として、ここの政治犯や刑事犯を実験に利用したとも言われていた。

無秩序に広がる刑務所施設に、フセイン時代は常時五万人もの囚人が収容されていた。よくない評判がたえずつきまとっていたのは、精神安定薬のソラジンが浸透するまで、ここが重度の精神障害者向けの精神科病院として利用されていたからだった。敷地面積約一・一五キロ平米、一九六〇年にイギリスの請負業者によって施設が建設され、周囲には二四基の監視塔が立てられた。

敷地内は壁で囲まれた五つの地区に分かれ、それぞれが特定の容疑の囚人を収容するようになっていた。約四メートル四方に四〇人もの囚人が詰め込まれ、劣悪な環境で暮らしていたが、中庭は広く、その中央には高さ約一二〇メートルに及ぶ巨大な塔がそびえていた。アメリカの大半の刑務所は人里離れた田舎につくられるが、アブグレイブの近隣には、一九六〇年以降に建てられたであろう大きなアパートメントやオフィスがあった。

アブグレイブ刑務所長のバーナード・フリン大佐によれば、この刑務所を攻撃しようとする者は目と鼻の先にいた。「ここは治安の悪い地域にあるので、格好のターゲットなのです。まあ、治安はイラク全土で悪いのですが……ある監視塔は近所の家のすぐそばに立っていて寝室を覗けるほどですし、ポーチもすぐそこに見えます。狙撃手は家々の屋根やポーチから監視塔にいる兵士を狙い撃ちしてきました。そのため、われわれはつねに警戒を怠らず、狙撃を防ぎ、武装勢力の侵入を許さないようにしていました」[*12]

二〇〇三年三月、米軍がフセイン政権を倒すと、刑務所の名称は、好ましくない過去と決別するため、バグダッド中央拘留所（ＢＣＣＦ）に改められた。だが、フセイン政権の崩壊後にすべての囚人が解放されると、刑務所はたちまち略奪に遭った。ドア、窓、レンガにいたるまで、取り外せるものはすべて盗まれた。また、メディアでは報道されなかったが、アブグレイブ市立動物園では、野生動物が一匹残らず解き放たれた。やがて捕まったり殺されたりするまでのあいだ、ライオンやトラが通りを歩きまわっていたという。

元CIA事務局長のボブ・ベアーは、そのころこの悪名高い刑務所を訪れて目撃した光景について語っている。「アブグレイブを訪れたのは、解放から数日後のことでしたが、あんなすさまじい光景を見るのは生まれて初めてでした。私は『サダムフセインを追放する理由を問われても、アブグレイブがあればじゅうぶんだ』と言いました」。ベアーの容赦ない言葉はさらに続いた。「犬に食われた遺体が転がっていました。拷問されたのです。壁からは電極が突き出ていました。身の毛もよだつ場所でした」*13

イギリスの高官は、アブグレイブを破壊するよう勧めた。にもかかわらず、アメリカ当局は早急に再建することを決めた。〝有志連合［訳注：国際連合の枠組みによらずに平和維持活動や軍事介入を行なう諸国連合］に対する罪〟という、定義のはっきりしない容疑者、反乱を指導したとされる容疑者、その他さまざまな犯罪者を拘留するのが目的だった。治安対策として拘留された人々の多くは、軍による行きあたりばったりの掃討作戦や、高速道路の検問所での〝不審行動〟のために逮捕された、罪のないイラン市民だった。中には家族全員が拘留されている場合もあった。すべては、有志連合に対する予期せぬ反乱に関する情報を引き出すためとされた。いったん逮捕されると、尋問で無実が判明しても釈放されることはなかった。軍は釈放後に彼らが反乱に加わることを恐れていたし、そんな決定をくだす責任は誰もとりたくなかったからだ。

迫撃砲攻撃のたえないところ

まもなく、刑務所の中央の堂々たる塔は、近くの建物のてっぺんからほぼ毎晩攻撃される迫撃砲の標的となった。二〇〇三年八月、刑務所の壁の外側である「ソフトサイト」の中庭に張られたテントで寝ていた一一人の兵士が、その攻撃で命を落とした。さらに別の攻撃では、兵士でいっぱいだったテントが爆弾で吹き飛ばされた。そのうちのひとりが、アブグレイブ刑務所に駐留する軍事情報団のトップ、トーマス・パパス大佐だった。パパスは無事だったものの、彼の運転手を務めていた若い兵士は、ほかの兵士とともにずたずたに引き裂かれて死亡した。

パパスはこの突然の惨事に震えあがり、以来、二度と防弾チョッキを脱ごうとしなくなった。シャワーを浴びているあいだでさえ、ヘルメットと防弾チョッキを身につけていたという。恐るべき迫撃砲攻撃のあと、彼は大半の兵士を、刑務所の壁の内側、「ハードサイト」に住まわせた。つまり、囚人と同じく、兵士も狭い監房で寝起きするということだ。のちにパパスは「戦闘不適」を宣告され、任務を解かれた。その衰弱した精神状態では、アブグレイブで働く兵士の監督は到底無理だった。

戦友の訃報、狙撃手、手榴弾や迫撃砲による絶え間ない攻撃……、パパスのみならず、アブグレイブ刑務所に配属されたすべての兵士が恐怖にのみ込まれていた。敵による刑務所への攻撃は一週間に二〇回にも及んだ。米軍兵士もイラク人の拘留者や囚人も、敵の砲火で命を落とした。刑務所施設の一部も破壊され、建物は焼失し、ついには見渡すかぎり瓦礫《がれき》の山になった。

やがて、迫撃砲による爆撃はアブグレイブの狂気が生み出す現実の一部になっていった。ジョー・ダービーは、ドーンという迫撃砲の発射音が聞こえると、その位置と大きさを仲間同士で当て合ったことを覚えている。六〇ミリ砲か八〇ミリ砲か、あるいはもっと大きな一二〇ミリ砲か。しかし、死に直面してのそうした心理的無感覚も、永遠には続かなかった。ダービーは告白する。「私の部隊がアブグレイブを離れる数日前、まったく突然に、初めてみんなが迫撃砲攻撃を恐れはじめたのです。不思議なものです。彼らは壁ぎわに身を寄せ合いました。気がつくと、私は部屋の隅で身をかがめ、祈っていました。そのときになって初めて、感覚の麻痺状態が次第に去っていったのです。これは、アブグレイブの写真を見るときに心に留めておかねばならないことのひとつです。

あそこにいるあいだは、私たち全員が、さまざまなかたちで感覚を失っていたのです」

数年にわたってアブグレイブに勤務したある高位の情報提供者によれば、そこは一貫して、働くにも住むにもきわめて危険だったという。兵士の悩みに輪をかけたのが、戦火で荒廃して下水設備がないことだった。あるのは地面に掘った穴とポータブルトイレだけだった。しかも、屋外のポータブルトイレは、すべての囚人と兵士が用を足すには数が足りなかった。定期的に空にされることもなかったため、必然的にあふれてしまい、酷暑の夏にはたえずひどい悪臭に苦しめられた。

じゅうぶんなシャワー設備もなかった。水は配給制で石鹼はなし、安定して稼働する発電機もなかったため、しょっちゅう停電した。その結果、囚人たちは、収容されている施設全体と同じように悪臭を放った。ここは、夏になると四五度をゆうに超える。強い雨が降ると、刑務所はまるでパン焼き窯《がま》かサウナのようになった。暴風が吹くと粉塵が全員の肺に入り込み、鬱血やウイルス感染症を引き起こした。

塔を解体して武装勢力の標的をなくすことを決めたあとは、迫撃砲の命中率も下がったが、その大規模な取り壊しのせいで、放置されたままの瓦礫が増え、施設の荒廃はさらに進んだ。

食事の質も設備の欠陥を埋め合わせるものではなかった。この巨大な施設は、米軍によって改修されたばかりだというのに、食堂がなかった。アブグレイブを占領後一年あまりのあいだ、兵士たちはTレーション（軍用食）やMRE（個別包装された携行食）を食べるしかなかった。ようやく食堂ができたのは二〇〇三年一二月のことだった。アブグレイブで軍事調査にあたったある准尉の「長きにわたるこの世の地獄のような」場所という言葉が、その過酷さをよく表わしていた。*14

その後二〇〇六年に、軍事司令部はついにアブグレイブの放棄を決定したが、この施設を再利用するというかつての決定で生じた損害を埋め合わせるには遅すぎた。

地獄の八〇エーカー

アメリカ史のマニアならここで、南北戦争の戦中・戦後に米軍によって創設、運営された刑務所を思い出すかもしれない。その刑務所キャンプ・ダグラスは、シカゴから数キロメートル離れた場所にあり、数千人の南軍捕虜が移送されていた。湿地を埋め立てた上に建設されたみすぼらしい施設で、資源も乏しかった。そのうえ、リーダーシップも優柔不断で怠慢、戦争捕虜の処遇に関する明確な方針もなかった。

おまけに、地元住民および五〇〇〇人もの捕虜を監督していた看守たちは、南軍という〝裏切り者〟に強い敵意を抱いていた。結果として、数千人もの囚人がここで奴隷労働者として飢え、殴打され、拷問され、故意の虐待を受け、伝染病やウイルス性疾患にかかって命を落とした。

こうして、キャンプ・ダグラスは「地獄の八〇エーカー」として知られるようになった。一方、北軍捕虜にとっての〝この世の地獄〟は、有名なアンダーソンヴィル刑務所だった。*15

現場に出ない新所長

二〇〇三年六月、ジャニス・カーピンスキー陸軍予備役准将は、第八〇〇憲兵旅団の司令官に就任した。この旅団はアブグレイブ刑務所をはじめ、イラクにある陸軍刑務所をすべて管理していた。

カーピンスキーの登用は、ふたつの点で奇妙だった。ひとつは、彼女が交戦地帯で唯一の女性司令官だったこと。もうひとつは、彼女がいかなる形態の刑務所組織も運営した経験がなかったことだ。この人事でカーピンスキーは、三つの大規模拘留所、イラク全土の一七の刑務所、八大隊の兵士、数百人のイラク人看守、三四〇〇人の未熟な陸軍予備兵、さらに1A棟の特別尋問センターを指揮することになった。経験の浅い予備役将校の肩に負わせるには、考えられない重責だった。

いくつかの情報源によれば、カーピンスキーは危険の連続とひどい生活環境に耐えられず、アブグレイブでの職務をすぐに放棄して、バグダッド空港近くの安全なキャンプ・ヴィクトリーに避難してしまったという。それでなくとも彼女はたびたびクウェートへ出かけ、たいていは現場を離れていた。だから、のちにカーピンスキーはこう主張した。現場を毎日監督することはできなかった。そもそも命令系統の上位の人々から、1A棟は「特別な場」なので私の直接の監督下にはないと言われた。だから一度もそこを訪れなかった、と。

女性が名目だけの責任者となったせいで、兵士のあいだに性差別的な態度が広がり、それが軍紀の崩壊を招いた。「カーピンスキー将軍の部下たちは、彼女の命令をときに無視し、軍服の着用や上官への敬礼といった規定を破りました。そのことが、刑務所内のゆるんだ規律をさらにゆるめたのです」と、旅団のある隊員は語っている。匿名を条件に話してくれたこの兵士によると、現場の司令官たちは、カーピンスキーは女だから話を聞く必要なんかないと言って、彼女の命令を日常的に無視していたらしい。[*16]

カーピンスキーが曲がりなりにもやりおおせた仕事といえば、毎週の「垢落とし《スクラブ》」だった。危険性がないとか、有用な情報を持っていないとか、反乱分子でも犯罪者でもないといった理由で釈放する囚人を、彼女が決めていたのだ。だが、カーピンスキーはリスクを冒さなかったから、釈放される拘留者は比較的少なかったという。その一方で、毎日多くの囚人が新たに運ばれてきたため、在監者数は増えつづけることになった。事態をいっそう悪化させたのは、たとえばキャンプ・ブッカが定員オーバーになったときなどに、そこから囚人がどんどん移管されてくることだった。

結局、カーピンスキーの就任から半年で、在監者数は一万人以上に膨れあがった。その中には一〇歳から一七歳までの少年少女三〇人もいた。子ども向けの教育プログラムはもちろん、子どもを収容するための施設もなかった。「子どもたちが何カ月ものあいだあんな環境で暮らしているのを目にすると、胸が痛みました」と、そこを視察したある人物は述べている。そのほか、精神に障害がある人や、結核のような伝染病にかかっている人を隔離する方策もいっさいとられなかった。

このような劣悪な環境を考えると、二〇〇三年一二月のセントピーターズバーグ・タイムズ紙のインタビューで、カーピンスキー将軍が「万事問題なし」と語ったのはじつに不思議なことだ。彼女はそのインタビューで、アブグレイブに収監されている多くのイラク人受刑者にとって「刑務所の生活環境はいまや自宅での暮らしよりも良好です」と語っている。さらに「ひところは、彼らが出ていこうとしないのではと心配したほどです」とも述べている。だが現実には、カーピンスキーがクリスマス前のインタビューに気さくに応じていたまさにそのとき、第三七二憲兵中隊の予備役兵が1A棟で行なった数々の「サディスティックで、あからさまで、猥褻な犯罪的虐待」を、アントニオ・タグバ少将が調べていたのだ。

カーピンスキーはのちに訓告を受け、任務を解かれ、譴責《けんせき》され、指揮官の地位を追われた。そして大佐に降格すると退役した。囚人虐待に関する調査の結果、彼女は怠慢と無知の罪、つまり何かをやったからではなく、やらなかったために責任ありとされた、最初の将校となった。

カーピンスキー自身も、*One Woman's Army*（ひとりの女の軍隊）という自伝で、自分の側から見た物語を語っている。[*17] この本には、キューバのグアンタナモからやってきた陸軍チームのことが詳しく書かれているが、彼女によると、チームを率いるジェフリー・ミラー少将は「われわれがアブグレイブの尋問の性格を変えよう」と語った。それは、容疑者にもっと厳しくあたるべく「生ぬるいやり方をやめ」、テロリストや武装勢力との戦いに必要な「すぐに役立つ情報」を得るやり方に改めることを意味した。ミラー少将はまた、刑務所の正式名を「バグダッド中央拘留所（BCCF）」から、いまでもイラクの人々に恐れられている旧名「アブグレイブ刑務所」へ戻すよう強く主張した。

この本には、イラク駐留米軍司令官のリカルド・サンチェス中将の発言も紹介されている。サンチェス中将は、「ミラー少将が、囚人や拘留者は〝犬のようなもの〟にすぎないから、彼らの処遇をもっと厳しくする必要があると言って譲らない」と何度も言っていたという。カーピンスキーの見解では、アブグレイブにおける非人間化と新たな拷問の指針を定めたのは、上官であるミラーとサンチェスだった。[*18]

被告――フレデリックとはどういう人物か

私が初めてチップ・フレデリックに会ったのは、二〇〇四年九月三〇日のことだった。彼の弁護士のゲーリー・マイヤーズが、フレデリックとその妻マーサとともに、サンフランシスコで一日を過ごせるよう手配してくれたのだ。私がチップに四時間にわたる詳細なインタビューをしているあいだ、マーサは軽く観光をし、その後、ロシアン・ヒルのわが家に全員が集まって昼食をとった。それ以来、私はチップ・フレデリックとひんぱんに手紙でやりとりするようになった。マーサやチップの姉のミミ・フレデリックとも、電話やeメールで連絡をとり合った。

しかし、私はフレデリックと対面する直前（同年九月）に、彼の履歴と入手可能な情報のすべてを調べ、それをもとに軍の臨床心理医（アルヴィン・ジョーンズ博士）に対して、フレデリックを心理学的に評価してほしいと頼んでいた。[*19] また、心理アセスメントの専門家が実施した、ミネソタ多面人格目録（ＭＭＰＩ）のブラインド評価も検討した。さらには、フレデリックのインタビュー時の心理的燃えつき度を測定し、その結果を仕事によるストレスの専門家に評価してもらってもいた。

事件当時、フレデリックは三七歳。ウェストヴァージニア州で炭鉱員をしている七七歳の父と、専業主婦で七三歳の母がいた。子どものころは、メリーランド州のマウント・レイクパークという小さな町で育った。母はとても優しく面倒見がよかった。父もとてもよくしてくれたという。大好きな思い出のひとつは、父と一緒にガレージで自動車を整備したことだ。彼には、登録看護師として働いている四八歳の姉ミミもいた。ヴァージニアで結婚したのは一九九九年六月。相手の名はマーサ、ふたりはフレデリックが働いていた矯正施設で出会った。マーサはそこの指導員だった。彼女にはすでに成長したふたりの娘がいた。

また、フレデリックは生まれてこの方、日曜日にはバプテスト教会の礼拝に通ってきた。彼自身は、アブグレイブの虐待に関与したあとでさえ、自分を道徳的で信心深い人間だと思っていた。イラクへ赴任する前、彼は地元の短期大学《コミュニティカレッジ》に通い、さらには、単位こそ取れなかったが、メリーランド州のアレゲーニー・カレッジでもいくつかの講座を受けていた。コミュニティカレッジでの成績は、平均点の「C」、単位を落としたことはなく、新しいスキルを身につけるのが好きだった。

とはいえ、彼は勉強よりは運動が得意なタイプで、高校ではバスケットボール、野球、アメリカン・フットボール、サッカーに勤しんだ。成人してからもソフトボールチームに所属していた。ポジションはレフト、長距離打者というよりはアベレージヒッターとして活躍した。狩猟と釣りも楽しんだ。

以上からもわかるとおり、フレデリックは総じて〝人付き合いのよい人物〟で、古くからの親友がおおぜいおり、その関係はずっと続いている。友人たちとはとても仲がよく、フレデリックによれば「彼らのためなら命を投げ出してもいい」ような人々だった。甥や姪たちともずっといい関係にあるという。彼は家族思いの男だ。家族を頼りにし、家族もつねに彼を頼りにしてきた。愛妻のマーサは、フレデリックによれば「完璧」で「とてもしっかりした女性」だ。彼は彼女の娘たちも「自分の娘のように」愛していた。

健康面でも、フレデリックはいたって良好だ。手術も心理カウンセリングも受けたことがなく、精神的な問題で薬を飲んだこともない。ただ一度の警察沙汰といえば、一九歳のとき夜遅くまで〝かくれんぼ〟をして大声で騒いだために治安妨害で逮捕され、五ドルの罰金を科されたことだった。煙草はほとんど吸わず、酒は週にビールを数本飲む程度、違法薬物を使ったこともなかった。

自分自身について、フレデリックはこう述べている。「とても寡黙で、ときに内気。現実的で、温厚で、人あ

たりがよく、全体的に見て善人」。[*20]ただし、いくつか追加しておくこともある。彼はふだん、他人に拒絶されるのを恐れている。そのため、何らかの意見の不一致があった場合は、仲間外れにされないよう妥協することが多い。他人が「私を怒ったり、嫌ったり」しないように、他人に合わせて考えを変えてしまうのだ。自分ではもう決めたと思っているときでも、他人の影響を受けやすい。ひとりでいることを好まず、他人と一緒にいたがる。短時間でもひとりになると気分が落ち込む。

内気に関しては、私の調査によって、服従との関連性が裏づけられている。内気な大学生は、対立する恐れがない場合は自分を貫くが、おおやけの場で自説を強いなければならなくなると、自分とは意見の異なる他人に妥協し、同意しがちだった。[*21]

そしてもうひとつ。フレデリックは熱狂的な愛国者だった。毎朝、前庭に国旗を掲揚し、日暮れどきになると降ろした。友人や家族へも国旗をプレゼントした。「家族や勤務地に贈るために国旗を何枚も買いました。それらはまず一枚残らずクウェートで掲揚しました。九枚か一〇枚はあったと思います。バグダッドでも掲揚し、妻に送るつもりでした」。私がインタビューしたときのフレデリックの言葉だ。国歌を聴くと「鳥肌が立ち」「目に涙が浮かぶ」という彼は、先日、刑務所の独房から手紙をくれた。「私は、成人してからの人生のほとんどを国に捧げたことを誇りに思っています。私は国や家族や友人のためならいつでも死ぬ覚悟でした……私は何かをやる男でありたかったのです」[*22]（正直なところ、こうした感情は、私のようにもう少し控えめな愛国心を持つ者にとっては、少々オーバーに感じる）。

姉のミミは、弟についてこう言っている。

チップと一緒に育つことは私の喜びでした。私は一〇歳九カ月年上です。チップはもの静かで、仲間への思いやりがありました。いつも他人の気持ちを考え、執念深いところはまったくありませんでした。平凡な人間で、いたずらが好きでした。いつも犬にピーナッツバターを食べさせては、地面を転げまわるほど大笑いしたものです。好きなスポーツでも、チームプレーに徹するタイプでした。
また、公正であることを人生哲学にしていて、それを、義務をはたして責任を負うこととともに信条としていました。彼の善良な道徳観と価値観は、両親から教わったものです。一七歳の若さで陸軍へ入ったときは、家を出ていく彼を見送ったのを覚えています。その後、すっかり成長した若者として戻ってきましたが、彼の価値観や美徳は変わっていませんでした。チップは暇な時間には狩猟や釣りをするのが好きです。スポーツ、カーレースのナスカー、オートバイ、家族と過ごすことを楽しんでいます。*23

矯正施設と軍での勤務成績

イラクに赴任する前の一九九六年一二月から五年間、チップ・フレデリックは、ヴァージニア州ディルウィンにあるバッキンガム矯正センターという小規模な刑務所で、刑務官として働いた。常時六〇～一二〇名の受刑者を監督するフロア主任だった。そして、ここで施設内訓練を受けていたときに、自分の指導員になったマーサと出会った。彼の職歴の唯一の汚点は、間違った制服を着用したことによる戒告だが、ある受刑者の自殺を防いで表彰されたおかげで帳消しになっている。ちなみに、刑務官になる前はボシュロムで眼鏡の製造にたずさわっていた。

私は、当時のフレデリックの勤務評定も見た。ヴァージニア州矯正局が毎年行なっていた評定だが、その所見を要約すると、試用期間中の訓練を通じて彼がどのように成長して刑務官となったかが浮かび上がってくる。彼は、ほぼあらゆる個別の評価項目で期待を上まわっていた。

「この試用期間中、フレデリック刑務官は与えられた課題をうまくこなした。規定の達成基準をすべてクリアした」。「フレデリック刑務官は決断力を発揮し、素晴らしい仕事をしている」（一九九七年四月）。中には、「被評価者は職務の割り当てについてもっと一貫性を維持し、有無を言わせず起立させて点呼をとる必要がある」（一九九七年一一月）といった評価や、点呼の開始と終了について「まずまずながら改善を要す」という評価もあるが（スタンフォード監獄実験における点呼の苦い経験を思い出してほしい）、その他の点では一様に好意的だ。「彼はとても優秀な刑務官で、指導力を発揮している」。「彼のようすは期待を上まわっている」（一九九八年一一月）。鍵や備品の扱い方についても同様だった。ほかの評価項目もすべて「期待どおり」となっていた。「フレデリック刑務官はすべての基準を満たしており、すぐれた士官になる素質がある」。「フレデリック刑務官は、受刑者の留置、管理、安全対策に関して立派に任務を遂行している」。「フレデリック刑務官はつねにきちんとした清潔な身なりをしており、靴も磨いていて、制服に誇りを持っているようだ」（一九九九年一一月）「フレデリック刑務官は自分の持ち場を安全、安心、清潔に運営・維持している。特別監房の担当になると、自分の受け持つ区画を清潔に保ち、検査への準備を整えている」。「フレデリック刑務官はつねに割り当てられたシフトにふさわしい身なりをしている。プロとしての外見を維持している」。「同僚とも受刑者ともうまくやっている。なすべき任務についてじゅうぶんな知識を持ち、方針や手順をしっかり身につけた。同僚が仕事を仕上げる際にも、問題なく支援している」（二〇〇〇年一〇月）

彼の評価はどんどん高まり、その成績はついに「期待を上まわる」域に達した。また、最終評価報告の一部には、次のような結論も含まれていた。「被評価者に制御できない要因は存在せず、それによって彼の行動が左右されることはなかった」。これは重要な指摘だ。というのも私は、〝彼に制御できない状況的要因〟が、アブグレイブでのフレデリックの行動を劣悪なものにしたと考えるからだ。

二〇〇一年五月、フレデリックは最終評定で高い評価を得た。「フレデリック刑務官はフロア主任として素晴らしい仕事をしている。担当区画の収容者や突撃部隊ともうまくコミュニケーションをとっている」。「フレデリック刑務官は、行動、外見ともにプロとして高い水準を示している」。「フレデリック刑務官は明文化されたすべての方針を非常にうまく実行している」。「フレデリック刑務官は問題点の把握にすぐれている」

遵守すべき明確な手順と明文化された方針のもとで、チップ・フレデリックが非常に有能な刑務官になったことは明らかだった。彼は仕事を通じて学び、囚人の監視と監督員のフィードバックから知識を身につけた。また、プロとしての立ち居ふるまいを維持するとともに、身だしなみを重視した。

一九八四年にフレデリックが軍隊に入ったのは、ひとつには金と経験を求めてのことであり、またひとつには友人たちと一緒にいるためであった。加えて、入隊は当時、愛国的行為だと思われていたこともある。彼は州兵として工兵部隊に一一年あまり勤務したあと、予備役の憲兵としてさらに一〇年間働いた。その経歴の中で受けた唯一の悪い評価は、入隊まもないころに部隊の整列に遅刻したことだった。

その後、彼は現役兵士となり、二〇〇三年五月に初めての勤務地であるクウェートへ派遣される。それからバグダッドの南のアル・ヒッラという小都市に移り、六人の仲間とともに第三七二憲兵中隊に配属された。当時の彼は、パトロール隊の送り出しを担当する二等軍曹だった。*24


任務は充実していたし、現地の人たちも私たちを好きになってくれました。大きな事件は起こらず、大きな損害も発生しなかった。私たちがその地を去るまで平和が続きました（ポーランドの有志連合軍があとを継いだ）。私は努めて文化を学ぶようにしました。アラビア語をいくらか習得し、必ず現地の人々と交流していました。袋に詰めたキャンディを（その村の）子どもたちに贈ったりもしました。子どもたちはいつも私

――に声援をおくってくれました。

フレデリックは村の子どもたちの話に耳を傾け、一緒に遊ぶことに時間を割いて、彼らを笑顔にさせられたことをずっと誇りに思っていると報告していた。[*25]

また、この時期のフレデリックは、つねにきちんとした身なりでいられるよう、軍服に〝簡易プレス〟をかけていた。軍服を洗濯して乾燥させたあと、マットレスの下の合板にはさみ、そのうえで一週間寝るのだ。兵士の中でズボンに折り目をつけていたのは彼だけで、そのことでからかわれもしたが気にしなかった。「それが私という人間であり、だらしないのは嫌いだからです」。彼は自分のことを、「つねにものごとが快適で、整っていて、清潔」であることを好む完璧主義者だと言っている。実際、整理整頓への偏愛がきわめて強いため、ときには「妻がおかしくなりそうになる」こともあったという。幸か不幸か、アブグレイブ刑務所ではそんなふうに整理整頓する時間も理由もなかった。二〇〇三年一〇月、彼はその地に着任した。

チップ・フレデリックが母国にとって模範兵だったことは、何年ものあいだに授与された数々の褒賞からもわかる。陸軍賞賛章（三度）、陸軍予備役勲章（四度）、国防章（二度）、Mデバイス付き予備役軍年功記章、下士官専門技能開発略章、軍隊勤務略章、陸軍海外派遣訓練場略章（二度）、対テロ世界戦争記章、対テロ戦争海外派遣軍記章……。これらの褒賞がすべて、のちに「ごろつき兵士」とされる人物に与えられたものだった。本当は、アブグレイブで起こったシリア人収容者発砲事件へのすぐれた対応によって、青銅星章も授与されることになっていた。しかしこれは、虐待が表沙汰になったために取りやめられた。

心理学的に評価してもらった結果は？[*26]

では、チップのＩＱ（知能指数）はどうだったか？　テストでは、言語性知能と動作性知能を組み合わせた評価で平均値におさまっている。

注目したいのは、人格および情緒的機能に関する三つの評価基準のひとつである「妥当性」だ。これは、テストされている人物が、すべてのテスト項目を通じて自分自身をどう表現しているかを、虚偽、防御、ごまかし的な回答を抜き出すことによって評価するものだ。その結果、フレデリックには、自分を過度に積極的あるいは消極的に見せる傾向はなかったが、評価にあたった軍の臨床心理医によれば、「被験者は自分を道徳的で高潔な人物に見せようとしていた」。同時に、テストの結果からは「いかなるサディスティックな、あるいは病的な性向」もないことが明らかになった。

こうした結論が示唆するのは、軍や政府の擁護者が彼に向けてきた〝腐ったリンゴ〟という非難されるべき属性には、何の根拠もないということだ。

テスト結果から、被験者がなぜ、愛情に満ちた配慮と協力的な人間関係を獲得・維持しようとするのかがわかる。彼は親切、従順、柔和であることを期待される一方、精神的支援、愛情、指導、安心感を得ようとして、他人に依存できる関係を求めている。彼は多くの場合、人をなだめ、自分も対立を避けようとする。そしてまた、他人に遠ざけられるのを恐れ、否定的感情を表に出すのをためらう傾向がある。安心感や愛着、あるいは気づかってもらうことを過剰に求め、ひとりでいると不安を感じやすい。安心感を維持するために他人の希望を受け入れる、それが彼の性向の根底にあるものの一部だ。[*27]

臨床心理医のラリー・ビュートラー博士が独自に行なったフレデリックの性格評価も、軍の臨床心理医とかなり一致していた。博士はまず、「評価の結果は、彼の現在の情緒的機能を示す信頼できる指標と考えられる」としたうえで、[*28]「大きな病変の証拠がないことは留意されるべきだ……（彼は）重篤な人格的病変、つまり診断基準の第一軸に含まれる病変は示していない」と強調している。

つまり、フレデリックが、任務遂行の場で罪悪感を抱かずに虐待に走るような精神病質人格だという証拠はまったくないということだ。彼は、統合失調症、鬱病、ヒステリー症、その他あらゆる主要な精神的病態に関しても、「正常で健康な範囲」におさまっていた。

だが、ビュートラー博士はこうも述べている。私の考えでは、基本的な心理的特質から生じる一連の精神症状は、アブグレイブで遭遇したような複雑で過酷な状況における彼のリーダーシップに懸念を生じさせる。


こうした（フレデリックの）精神症状は、新たな状況への対応力を妨げ、柔軟性や変化に対する適応力を低下させる恐れがある。彼は優柔不断で、臆病で、決断に際して他人の助けに頼りがちである……自分には価値があると言ってほしい、努力を認めてほしいと願っており、課題の設定や遵守、あるいは意思決定に際して、他人の助けに頼り切っている……「正しいことをしよう」と懸命に努力するにもかかわらず、他人に引きずられやすく、状況、権威、仲間の圧力に左右されることが多い。


これらの報告からは、チップ・フレデリック二等軍曹が、すぐれた〝社会―情緒的リーダー〟にはなれても、すぐれた〝課題遂行型リーダー〟にはなりにくいことがわかる。両者は対照的だ。社会―情緒的リーダーは、自分の組織に属する人たちのニーズに敏感で、集団に帰属することのプラス面を伸ばす活動に取り組む。他方、課題遂行型リーダーは、リーダーシップのもっと公的な側面、つまり、課題や基準の設定、職務の割り振り、集団の目標を達成するための情報のフィードバックといったことに焦点を合わせる。

理想的なのは、この両方の特質を備えることだが、実際にはどちらか一方にすぐれた複数のリーダーのあいだで、任務が分担されることが多い。ただし、あいまいで、求められるものが変わりやすく、明確な目標のない状況（1A棟における夜間シフトの勤務状況が典型）では、社会–情緒的リーダーよりも課題遂行型リーダーが必要とされる。

つまりフレデリックは、それ以前の環境である矯正施設ではすぐれたリーダーだったかもしれないが、あのアルグレイブでリーダーとして複雑な任務をこなすには、まったく不適切な人物だったのだ。

さらに、組織の環境内での心理的燃えつき症候群に関する結果も、興味深いものだった。マスラック・バーンアウト・インベントリー（MBI）〔訳注：燃えつき症候群の重症度を判定する基準〕では、情緒的消耗感、脱人格化、個人的達成感の三つが指標となっている。考案したのはクリスティーナ・マスラック、スタンフォード監獄実験のヒロインだ。のちに、彼女とマイケル・ライター博士とによって、さらに洗練・拡張された。

ライター博士は、フレデリックを調べる際、「被験者」の素性や具体的な労働環境を知らぬままブラインド分析をした。*29 その結果、フレデリックには一般的でない特徴があることが判明した。通常、仕事上の燃えつき症候群では、高いレベルの情緒的消耗感、冷笑的態度の増大、仕事に対する個人的達成感の低下が同時に進む。ところがフレデリックの場合、冷笑的態度も個人的達成感に関するマイナス評価もほとんど見られなかった。にもかかわらず、きわめて高い情緒的消耗感が示されていたのだ。

こうした特徴から浮き彫りになったのは、極度に疲労している人間の姿であり、それは燃えつき症候群のある種の典型的な特性だった。とりわけ、精神的に衰弱し、慢性的に疲労している。彼の場合、休息も仕事からの解放も不十分なため活力を取り戻せず、それが慢性的な疲労を招いている。彼の現状が本来のアイデンティティと相いれないのは明らかだ。彼は厳しい要求に応える能力を持っているつもりなのだが、実際には現状に圧倒されている……こうした特徴からは、ここで問題となっている労働環境に特有の燃えつき症候群に陥った人物の姿が浮かび上がる。つまり、労働環境が違えば、彼は前向きで熱意あふれる功労者になった

──かもしれないということだ。

認知心理学の研究でも、さまざまな課題の達成は、慢性的ストレスや平行作業《マルチタスキング》といった過剰な負荷によって阻害されることがわかっている。記憶、問題解決、判断、意思決定などはすべて、精神に限度を超えた負荷がかかると効率が落ちる。*30 フレデリックの認知能力は、過剰な負担に圧倒されていた。ひどく困難な新たな仕事に夜ごと直面するという状況が、彼にそこまでの負担を強いたのだ。

では、これらの手がかりを念頭に、ライター博士の報告にあった〝労働環境〟に焦点をあててみよう。チップの視点からすると、夜間シフトの1A棟での仕事はどんなものだったのだろうか？　二〇〇三年一〇月から一二月までの三カ月間、あなたがチップ・フレデリックの立場にあったと考えてみてほしい。

腐ったリンゴか最高の木の一片《チップ》か？

だがその前に、この若者が当時の状況にいかなる病変も持ち込まなかったことは、改めて心に留めておかなければならない。前述したように、チップ・フレデリックの履歴には、何らかの虐待やサディスティックな行為に関わることを予感させるものはいっさいなかった。それどころか、異常な環境で働き、暮らすことを強いられていなければ、全米を代表する兵士として軍の新兵募集ポスターに登場していたかもしれない。実際、彼は軍がでっちあげた偽りの英雄ジェシカ・リンチ二等兵［訳注：イラク戦争中に捕虜となった女性兵士。のちに救出されたが、米特殊部隊のプロパガンダに利用されたとされる］やパット・ティルマン二等兵［訳注：アメリカNFLの現役選手だったが、同時多発テロ後レンジャー部隊に志願。アフガニスタンで友軍の誤射で死亡したものの、その経緯は隠され、英雄として軍の宣伝に利用された］の代役を務めた可能性もあった。*31 軍はフレデリック二等軍曹を、国を愛し、血の最後の一滴まで国に捧げる覚悟を持った熱狂的愛国者として利用できただろう。そう、彼は最高の樽の中の最高のリンゴだったかもしれないのだ。

あるいはまた、チップ・フレデリックはスタンフォード監獄実験の参加者のひとりだったとしてもおかしくない。彼らはみな善良な若者であり、正常で健康だったのだから——あの地下監獄へ降りていくまでは。フレデリックはスタンフォード監獄実験の参加者ほどの知的レベルではなかったし、中流階級の出でもなかったが、〝タブラ・ラサ〟、すなわち何も書かれていない石板として出発した点では彼らと変わらない。だがまもなく、その石板には監獄という病的環境によって、くっきりと文字が刻まれてしまった。

この善良であったはずの兵士から最悪の部分を引き出した〝状況〟とはどんなものだったのだろうか？　それは、消すことができないほどの刻印をいかにして刻みつけ、彼のふだんの精神的・行動的な機能をいかに歪めたのだろうか？　かつては美味だったこのリンゴが落ち込んだ〝樽〟の本質とは何だったのだろうか？

状況——1A棟における悪夢とナイトゲーム

フレデリック二等軍曹は、矯正施設で働いたかつての経験を買われ、アブグレイブで夜間シフトにあたる、陸軍予備役憲兵からなる小グループの指揮を命じられた。この任務遂行のためには、ハードサイトにある四つの棟を監督しなければならない。ハードサイトとは、鉄条網で囲まれたテントキャンプの中のこと、コンクリートの建物の外側ではなく内側ということだ。そうしたキャンプのひとつがキャンプ・ヴィジラント（のちにキャンプ・リデンプションと改称）であり、そこには四つに分かれた収容施設があった。

キャンプ内にある1A（アルファ）棟の内部には、収容者すなわち〝拘留者〟を尋問する特別な設備があった。通常、尋問にあたるのは民間人の契約尋問者で、民間軍事会社のタイタン社に雇われた通訳がつくこともあったが、たいていの場合は、陸軍情報部、ＣＩＡ、その他の関連機関によって大ざっぱに監督された。

フレデリック二等軍曹はまず、約四〇〇人の囚人を担当した。二〇〇三年一〇月の初旬、彼の所属する第三七二予備役憲兵中隊（基地はメリーランド州クレサプタウン）が、第七二憲兵州兵中隊の任務を引き継いだときのことだ。本国で警備レベルが中程度の一〇〇人ほどの囚人を担当していたときと比べて、規模は拡大したものの、当初は複雑な任務もうまくこなしていた。だが、ブッシュ大統領が「任務完了」を宣言してからまもなく、それまで支援してくれていたイラク市民がいなくなり、大混乱が起こった。アメリカと有志連合の占領に反対する暴動や外国でのテロが急増し、収拾がつかなくなったのだ。それがさらにどのくらい広がるのか、組織化され、制御不能に陥るまで拡大しつづけるのか、誰にもわからなかった。

多くの兵士たちは、仲間の死に対する復讐心と、突発的混乱を封じ込められるのかという恐れや不安がないまぜになった。そこに、「反政府暴力が発生した町では、それらしき容疑者をすべて逮捕せよ」という命令がくだされた。それは、家族全員、とくに成人男子を広く逮捕することを意味していた。だが拘留の体制は、この新たな負担をうまく処理できなかった。拘留者および彼らへの尋問に関する管理記録は途中で放棄され、収容者数が一一月に二倍、一二月にはほぼ三倍の一〇〇〇人を超えると、基本的な環境整備はまったく足りなくなった。

フレデリックは十数人の憲兵を指揮することに加え、これらの収容者全員の管理、さらには五〇〜七〇人のイラク人警官も監督せねばならなかった。このイラク人警官たちは、さまざまな容疑で収監されている一〇〇〇人を超すイラク人の監視にあたっていたが、２、３、４棟で働いていたイラク人警官は、囚人から金をとって武器などの禁制品をこっそり渡すとして悪名が高かった。

囚人の平均年齢は二〇歳代だったものの、中には五〇人ほどの青少年や、わずか一〇歳ばかりの子ども、六〇歳代の高齢者も含まれていた。その全員が、大きな監房に一緒に入れられていた。女囚、売春婦のほか、将軍をはじめサダム・フセインの政党で幹部を務めていた者の妻は、１Ｂ（ブラボー）棟に収監された。アルファとブラボーには、それぞれ常時約五〇人の囚人が収容されていた。じゅうぶんな資源もないままに、この複雑な施設を運営することは、フレデリックにとってかなりの重荷だった。なにしろ彼は、ヴァージニア州の小さな町で、少数の民間囚人を監督した経験しかなかったのだから。

訓練と報告義務はどうなっていたか

ジンバルドー「この刑務所での看守、看守長としての訓練について聞かせてください」[*32]

フレデリック「何もありません。この任務のための訓練はなかったので。フォート・リーに動員されたとき、異文化理解に関する講座は受けました。四五分くらいだったでしょうか。政治と宗教については基本的に議論しない、彼らを〝アラブ野郎〟〝ラクダ乗り〟〝タオル頭〟〝ターバン野郎〟などと呼んではならないといった注意でした」

ジンバルドー「あなたが受けた指示や、上官に対する報告義務について、何か言いたいことは？」

フレデリック「とくにありません」

ジンバルドー「あなたの直接の上官は誰でしたか？」

フレデリック「スナイダー一等軍曹です。私は四つの棟の責任者でしたが、彼は私の上官で、指揮系統はさらに上に向かっていました。スナイダー軍曹の上はブリンスン大尉、その上はリーズ大尉、さらにその上はフィラボーム中佐でした」

フレデリックのシフトは午後四時から午前四時まで一二時間にわたっていた。彼が続けて述べたところでは、これらの上官が夜間にアルファ棟にいることはほとんどなく、せいぜいシフトのはじめに短時間姿を見せるだけだった。スナイダー軍曹は矯正に関する専門的訓練を受けていなかったため、彼から指示を受けることはなかったが、フレデリックのほうからは何度も、スナイダー、ブリンスン、リーズの各上司に提案したり改革を具申したりしたという。

ジンバルドー「意見を具申をすることもあったのですか?」

フレデリック「ええ、施設の運営についてしました。囚人を手錠で監房の扉につながないとか、自傷行為者を除いて囚人を裸にするべきではないとか、精神疾患のある囚人は収容しないとか……私が着任してまず要求したもののひとつは、規則であり、管理運用規定でした。年少者、男、女、それに精神障害のある囚人をすべて同じ場所に収監していましたが、これは軍法に違反しています」

ジンバルドー「では、指揮系統をさかのぼろうとしたのですね?」

フレデリック「何らかの地位にあると思われる人がやってくると、誰にでも言いました……彼らはたいてい、『自分に何ができるかを考えてみるといい。その調子でがんばってくれ』と言いました。それが軍の情報部のやり方なんです」

しかしあるときは、フレデリックが不満を漏らすと、上官から冷笑されたり叱責されたりしたという。そういうとき上官は、戦闘地域という条件をよく考えて最善を尽くさなければならないと言った。たしかに、彼はカンザス州やヴァージニア州の刑務所にいるわけではなかった。明文化された手順も、正式な管理方針も、しっかりしたガイドラインもなかった。これまでの人生で最も重要な任務にもかかわらず、あるべきリーダーとなるために必要な手続き上の援助がなかったのだ。彼は頼りにできる支援体制を欠いたまま、すべて独力でやるしかなかった。心理学的な評価から導き出した彼の欲求や価値観からすれば、これはまさに最悪の職場環境だった。失敗は目に見えていた。いまはまだ、その始まりに過ぎなかった。

ノンストップの夜間勤務の実態

フレデリックは一二時間ぶっ通しで任務についていいただけではない。それを週に七日間、四〇日にわたって一日の休みもなく続けたのだ！　その後一日だけ休みをとって、四晩連続勤務のあと一日休暇をとれるようになったのは、さらに二週間フルに働いたあとだった。どんな職場であれ、こんな勤務スケジュールは非人間的だ。だが、訓練を受けた矯正官が不足していたうえに、この途方もない日々の仕事量を上官が理解しなかったせいで、フレデリックのストレスや燃えつきの兆候は気づかれなかった。彼はただ上官の望みどおりに行動し、不満は胸にしまっておくしかなかった。

午前四時、一二時間に及ぶ長いシフトが終わると、フレデリックはひたすら眠るためだけに独房に向かった。そこは、トイレはないがネズミならたくさんいる、一・八×二・七メートルほどの空間だった。いつも汚れていた。じゅうぶんな掃除用具も洗浄用の水もなかったからだ。

チップ・フレデリックは、インタビューでこう語っている。「施設を清潔に保つための道具はありません。水道設備もひどいものでした。そのせいで大便がポータブルトイレに溜まっていましたし、あたり一面ゴミとカビだらけでした……不潔そのものです。施設内には遺体の一部も散らばっていて……野犬の群れも走りまわっていました（サダム・フセインの処刑した囚人は刑務所内に埋められたが、野犬がその遺体を掘り出し、そのまま居着いていた）。それでも、朝、任務から解放されるとくたくたで、ただ眠りたいだけでした」

彼は朝食も昼食も食べ損ね、一日一食しかとれないことも多かった。その一食もTレーションや味気ないMREだった。「食べさせなければならない兵士がおおぜいいたので、ひとりあたりの量もわずかでした。私はチーズとクラッカーが多かったですね」。そのうえ、運動好きで社交的なはずなのに、たえず疲れていたせいで運動もやめてしまったし、勤務スケジュールが合わず仲間とも付き合えなくなった。

彼の生活はますます、刑務所の管理と彼の指揮下で働く予備役憲兵だけを中心にまわるようになった。こうして、部下の憲兵たちはまもなく、フレデリックにとって、社会心理学者が言うところの「準拠集団《レファレンスグループ》」となった。それは、彼に大きな影響を与える新たな内輪の集団だった。彼は、精神分析医のロバート・ジェイ・リフトンがかつて述べた「トータル・シチュエーション」に取り込まれていた。リフトンによれば、こうした状況が、カルト集団や北朝鮮の戦争捕虜収容所におけるマインドコントロールを容易にした。

現場にいたその他大勢の人々

1A棟の夜間シフトを最も多く担当したのは、チャールズ・グレイナー・ジュニア伍長とミーガン・アンブール特技兵だった。フレデリックはほかの棟の監督にも動きまわったから、グレイナーに夜間シフトで1A棟を直接管理するよう命じていた。ふたりが勤務を外れたときは、サブリナ・ハーマン特技兵が代役を務めた。ときには、ジャヴル・デイヴィス軍曹が穴を埋めることもあった。

リンディ・イングランド上等兵は文書係で、ここの配属ではなかったが、ボーイフレンドのチャールズ・グレイナーに会うためによくやってきた。二一歳の誕生日も、彼女は1A棟で祝った。第三二五情報大隊のアーミン・クルツ特技兵も、1A棟の周辺にたびたび姿を見せた。

そのほか、「軍用犬係」の兵士もいた。彼らは犬で囚人を脅して口を割らせたり、武器所持の疑いのある囚人を監房から追い出したりするために、あるいはただ力を誇示するためだけに1A棟に現れた。彼らが五つのチームでアブグレイブへ派遣されたのは、二〇〇三年一一月。みなグアンタナモ収容所で腕を磨いていた(これらの軍用犬係のうち、マイケル・スミス軍曹とサントス・カルドナ二等軍曹は、のちに囚人虐待で有罪とされた)。

何か特別な医療問題が起こったときは、看護兵や衛生兵がやってきた。さらに、タイタン社から派遣された民間の請負業者も何人かいた。彼らは暴動やテロの情報を持っていると思われる囚人の尋問を担当した。囚人とのやりとりでは、通訳の助けが必要になることも多かった。特別な尋問の場合は、FBIやCIA、軍の情報部員が現れることもあった。

予想されたことながら、軍のお偉方が真夜中に姿を見せることはめったになかった。フレデリックが任務についていた数カ月のあいだ、カーピンスキー司令官が1A、1B棟を訪れたのは、テレビの撮影クルーを案内した一度だけだった。その部隊に所属していたある予備兵は、アブグレイブにいた五カ月間で、カーピンスキーを見たのはわずか二回だけだったと言った。ほかの一部の将校は、午後遅く、少しだけ姿を見せることがあった。フレデリックはめったにないそうした機会を利用して、施設についての問題を報告し、実行してもらいたい改革を提案した。しかし、どれひとつとして採用されることはなかった。

このふたつの棟には、軍服を着ていない、身元のわからないさまざまな人が出入りしていた。身分証明の提示も求められなかったから、彼らはまったく匿名の存在だった。本来、勤務中の兵士は民間人の命令を受けないことになっているが、そんな軍事行動のルールに反して、民間の請負業者が憲兵に命令を出し、特定の囚人への尋問準備を手伝わせていた。こうして、軍の情報部が担っていた役割を民間業者に任せることが増えるにしたがい、境界線はますますあいまいになっていった。

フレデリックが故郷に宛てた手紙やeメールには、1A棟での自分たちのおもな任務は〝尋問者の仕事がより円滑に進むよう手助けすることだ〟とはっきり書かれていた。「軍の情報部は『いい仕事をしている』と言ってわれわれを励ましてくれます」。「通常、第三者が尋問の様子を見ることは許されませんが、彼らは私の刑務所運営を気に入っているので例外扱いしてくれました」。フレデリックはまた、自分の部下は尋問者に頼まれたことを巧みに実行し、彼らが欲しい情報を白状するよう拘留者の態度を軟化させている、と誇らしげに報告していた。「われわれは拘留者をうまく扱って、口を割るよう仕向けています……われわれのやり方は、非常に高い成功率をおさめました。彼らは結局、数時間以内には口を割ります」

さらにフレデリックは、故郷に宛てた文書で、CIA係官や言語学者、民間防衛企業の尋問者などで構成される軍の情報チームが、アブグレイブの地下牢で行なわれている作戦全体を支配していると繰り返し指摘していた。フレデリックから聞いた話では、そうした尋問者たちは故意に名前を明かさず、身分証もつけていなかったので、いったい誰なのかまったくわからなかったそうだ。ほとんどの人は軍服すら着ていなかった。フレデリックのこの供述は、サンチェス将軍に関するメディア報道と一致している。サンチェスは、拘留者からすぐに役立つ情報を得る最善の方法は、徹底した尋問と秘密主義だと語っていた。

そしてもうひとつ、刑務所で働く軍関係者向けの規則の中には、自分の行動の責任を回避しやすくするものがあった。それが、虐待への扉を開くひとつの要因だったのかもしれない。「運営指針」と題された日付けのない回覧メモ（1A棟にもこの方針が適用された）によれば、「(軍情報部を表す) MIという頭字語は、この区域では使用しない」とされていた。「さらに、隔離区域で働くすべての軍関係者は、収容されている特別拘留者に対し、実際の身分を知られないようにすることが望ましい。(身元判明につながるものを外した) いわゆる殺菌された軍服の着用が強く推奨される。なお、隔離区域では、本名や実際の階級で呼び合うことは禁止される」[*33]

軍独自の調査から明らかになったのは、アブグレイブで行なわれていたことに関するフレデリックの供述は真実だということだった。尋問者がアブグレイブで働く予備役憲兵の尻を叩いて、イラク人拘留者を誘導させていた。[*34] 拘留手続きだけにたずさわる憲兵と、情報収集を進める情報部員という、古くから画然と引かれていた境界線は、拘留者の懐柔に予備役憲兵が投入されたときからあいまいになった。

虐待には、情報部員も関わっていた。たとえば、あるイラク人の将軍から情報を引き出すために、尋問者たちは彼の一六歳になる息子を全身ずぶ濡れにし、泥を塗りつけ、裸のまま寒い戸外に放り出した。サミュエル・プロヴェナンス軍曹（アルファ中隊、第三〇二情報大隊）は、複数の通信社に対し、尋問者の中のふたりはティーンエージャーの女性を性的に虐待し、ほかのメンバーもそれに気づいていたと語った。次章では、これよりはるかに悪質な虐待が、多くの兵士や民間人によって行なわれたことを見る。

イラク多国籍軍副司令官のマーク・キミット准将は、『60ミニッツII』に出演した際、ダン・ラザーのインタビューを受けてこう語った。「私は（拘留者虐待に関する）調査の対象には、実際に罪を犯した者だけでなく、そうした犯罪をそそのかした者も含めることを望みます」。そして続けた。「なぜなら、彼らもある程度の責任を負っているのは間違いないからです」（私としては〝システム〟がみずからの関係者を告発・調査する動きは鈍かったと指摘したい）

チップ・フレデリックもまた、一五〜二〇人の〝幽霊拘留者〟を監督していた。これらの拘留者が〝幽霊〟だったのは、この刑務所にいたことを示す公式記録も、正式な拘留者名簿への記載も、身分を証明するものもなかったからだ。彼らは「OGA（その他の政府機関）」というくくりで記録されるだけの囚人だった。重要情報を握る高級官僚とみなされていたので、その情報を引き出すためならどんな手段を使ってもかまわないとされていた。私とのインタビューで、フレデリックはこう打ち明けた。「デルタフォース（対テロ特殊部隊）の兵士に殺された拘留者を見たことがあります。兵士がその男を殺したのです。でも、誰も気にしていないようすでした。あそこでは、何が起こっても誰も気にしなかったのです」[*35]

幽霊拘留者のひとりだったその〝男〟は、アメリカ海軍特殊部隊（SEALs）の一団に激しく殴打されたあと、尋問中にCIA係官によって拷問台に吊るされ、窒息死した。その後、遺体は氷詰めにされ、衛生兵によって腕に点滴を刺されて遺体袋に入れられた。彼は体調を崩しており、朝になったら病院に運ばれるはずだったと偽装するためだ。ついでに言えば、荷馬車の御者がその男をどこかへ捨てる前に、夜間シフトの憲兵（グレイナーとハーマン）は、その男と一緒に〝記念写真〟を撮っている（この件については次章で詳述する）。

夜間シフトの憲兵たちは、1A棟へのさまざまな来訪者によるこうした虐待を目撃した。その結果、彼らは虐待の許容範囲に関する新たな規範を確立していった。殺人を犯しても罰を受けないですむなら、抵抗する拘留者を平手打ちしたり、屈辱的な格好をさせて困らせたりするくらい何が悪い？　そう考えるようになったのだ。

懸念すべきいくつもの要因

刑務所の塀の内側には恐るべきものがたくさんあった——囚人にとっても、看守にとっても。たいていの刑務所では時間をもてあまし、発明の才にあふれた囚人たちが、手に入るものなら何でも利用して武器をつくりだす。アブグレイブでは、ベッドや窓枠、折り取られた金属、割れたガラス、尖らせた歯ブラシなどからつくられていた。発明の才がなくても、金があればイラク人看守を買収して、銃、ナイフ、銃剣、弾薬などを手に入れることができた。

フレデリックは、イラク人看守は、前任だった第七二憲兵中隊の仲間から、イラク人看守の多くは簡単に買収されてしまうから気をつけろと警告されていた。彼らは、警備情報、施設の地図、衣服、武器などを囚人に提供して、脱走の企てを助けることさえあった。こっそり囚人に薬物を渡す者もいた。フレデリックはこれらの看守を監督する立場にあったが、それは建前で、実際には看守たちは監房棟の見まわりを拒否し、屋外のテーブルに適当に座って煙草をふかしながらおしゃべりをしていた。フレデリックにとってこれは、たえまないフラストレーションとストレスの一因だったにちがいない。

囚人たちは囚人たちで、定期的に言葉や暴力で看守を攻撃した。糞便を投げつける者もいれば、伸ばした爪で看守の顔をひっかく者もいた。二〇〇三年一一月二四日には、ぞっとするような出来事が監房棟で発生した。イラク人警官が、シリア人の反乱容疑者の独房に拳銃、弾薬、銃剣をこっそり持ち込んだのだ。フレデリックの小部隊は、その男と撃ち合ったすえに相手を殺さず制圧できたが、この事件をきっかけに、その監房棟で働く全員が、自分たちに対する攻撃をさらに恐れ、たえず用心するようになった。

ときには、劣悪な食事をめぐって囚人が暴動を起こすこともあった。提供される食事は食べられたものではなかったうえ、量も足りなかったからだ。また、アブグレイブのソフトサイト近くで迫撃砲弾が爆発したときにも、暴動がよく起こった。施設は日常的に砲撃を受け、看守も囚人も怪我をした。命を落とす者もいた。

「いつも怯えていました」とフレデリックは告白した。「私にとって、迫撃砲やロケット弾の攻撃や銃撃戦は、とても恐ろしいものでした。イラクに来るまで戦闘地域での経験はありませんでしたから」。それでも彼は、囚人、同僚の憲兵、イラク人警官に対する自分の立場を考えて、愚痴を言わず勇敢にふるまうより仕方なかった。恐れを知らず、落ち着き払っているふりをすることが求められたのだ。その後、収容者がますます増えつづけ、「拘留者からもっと多くの〝使える情報〟を引き出せ」という上役の要求が強まるにつれ、外面の沈着冷静な態度と内面の不安からくる葛藤はさらに悪化した。

フレデリックは、恐怖を抑え込んだだけではない。この複雑な任務と過剰な要求によるストレス、そして極度の疲労にも耐えていた。彼はこの任務に向けて何の準備も訓練もしていなかった。秩序、整頓、清潔を重んじる彼の価値観と、つねに彼を取り囲んでいるカオス、腐敗、無秩序には、あまりにも大きなへだたりがあった。フレデリックは刑務所の責任者でありながら、自分は〝無力〟だと感じていた。「誰も私に協力しようとしなかったし、施設の運営方法もいっさい変えられなかった」からだ。

彼はまた、自分が匿名の存在になるのを感じはじめていた。「誰も私の意見に耳を貸してくれませんでした。明らかに説明責任が欠如していました」。フレデリックがおかれていた物理的環境は、その不毛な醜悪さによって匿名性を生み出した。勤務中に万全な軍服を着ることを禁じる規則のせいで、場所の匿名性に人物の匿名性も加わった。彼の周りでは、来訪者や民間の尋問者の大半が、名前もわからないままやって来ては去っていった。誰が責任者かもすぐにはわからなかったし、限りなく増えていくように見える囚人も、オレンジ色のつなぎ服を着たり、まったくの裸だったりして、互いに区別がつかなかった。ここまで極端に没個性化を生み出す環境は想像できない。

スタンフォード監獄実験の看守との類似点

チップ・フレデリックと同僚たちが経験した心理状態は、スタンフォード監獄実験の看守たちが経験したそれと似ていた。

没個性化のプロセスが、人と場所の匿名性によって生み出されたことは明らかだった。囚人の非人間化は、その途方もない人数、裸の強制、一様な外見のみならず、看守が彼らの言葉を理解できないことからも避けられなかった。夜間シフトの憲兵のひとり、ケン・デイヴィスは、のちにテレビのドキュメンタリー番組で、囚人を人間とみなさなくなる気持ちが膨らんできた様子を語った。「私たちは看守の訓練を受けたことはありませんでした。上官は『想像力をはたらかせろ。奴らを吐かせろ。われわれが戻ってくるまでに吐かせるんだ』と言いました。囚人たちを連れてくると、すぐに頭に砂袋をかぶせます。手錠をかけ、地面に投げ飛ばす。裸にすることもあります。私たちはみんな『奴らは犬にすぎない』と聞かされました（どこかで聞いた文句では？）。そして次第に、人々にそうした目を向けるようになり、あるとき突然、彼らを人間以下の存在とみなし、自分がやるとは夢にも思わなかったことをやりはじめたのです。これが恐ろしいところです」*36

スタンフォードでもアブグレイブでも影響力を持ったのが、退屈さだった。あらゆることが管理された長時間の夜間シフトから生じた退屈さは、興奮や刺激を求める強い誘因になった。結果として、どちらの看守集団も、楽しめそうだと思ったことをみずから〝起こす〟と決めた。

彼らには、困難で複雑な任務を遂行するための特別訓練もなければ、監督スタッフによる管理も欠けていた（そのため説明責任は求められなかった）。そのせいで、すべてがいっそう悪化した。双方の刑務所とも、システムの運用者は、看守が囚人に対して絶対的な力をふるうことを許していた。そのうえ、看守は囚人の脱走や暴動を恐れていた。スタンフォードと比べ、アブグレイブ刑務所がはるかに命を落としやすい環境だったことは言うまでもない。

スタンフォードの看守は、囚人に対する加虐性や攻撃性に夜ごと激しさを増し、最終的に一連の性的な行為を強いるまでになったが、１Ａ棟では、それがいっそう悪辣で極端なかたちをとった。さらに、双方のケースで最悪の虐待が起こったのは、ともに夜間シフトでだった。その時間帯は監督者に最も気づかれにくいと、看守が思ったからだ。こうして、歯止めがなくなっていった。

ここではっきりさせておきたいのは、いま述べたような状況の力は、ミルグラム実験のように悪事をはたらくよう看守を直接そそのかしたわけではない、ということだ。一部の民間尋問者が、囚人を無防備にするため〝軟化〟させるよう促したのを除けば、アブグレイブにおいて（スタンフォードにおいても）、状況の力がもたらしたのは、虐待行為にまつわる社会的・道徳的束縛からの〝解放〟だった。

双方の夜間シフトの看守は、責任が分散されると、タブーとされる行為をしても罰を受けないと気づいた。新しい規範は、いままでなら考えられなかった行為も許すと知ったとき、あえてそれに異議を唱える者はいなかった。〝鬼のいぬ間に洗濯〟というわけだ。これも『蝿の王』を連想させる。この物語でも、仮面をつけた略奪者が大惨事を引き起こしたとき、監督すべき大人はいなかった。また、前章で述べた匿名性と攻撃性に関する研究も想起させる。

これに関しては、ジェイムズ・シュレジンジャー率いる独立委員会が達した結論も興味深い。その報告書では、スタンフォードとアブグレイブの類似点がいくつも挙げられている。三ページにわたる補遺（G）では、心理的ストレス因子、囚人の非人道的扱いの基盤、人並みに思いやりのある人々が他人に対して残酷にふるまう社会心理的要因について、以下のように記述されている。

●社会心理学の基本原則を理解し、周知の環境リスク要因を認識していれば、対テロ世界戦争において拘留者が虐待される可能性はじゅうぶんに予想できた（しかし、ほとんどの指導者たちは、こうしたリスク要因になじみがなかった）。

●たとえ一定の条件が虐待の可能性を高めたとしても、それによって、不道徳または違法な行為に関与した個人が許されたり免責されたりすることはない。
●社会心理学の研究成果によれば、戦争という状況と拘留者管理の力学は、人間の虐待というリスクをはらんでいる。したがって、じゅうぶんな注意を払い、入念に計画を練り、訓練を行なったうえで臨まなければならない。
●スタンフォード監獄実験は……軍によるあらゆる拘留活動に教訓を与えてくれる。ただし、この実験は比較的穏やかな環境で行なわれた。対照的に、軍による拘留活動では、兵士は穏やかさとは無縁の、ストレスに満ちた戦闘状況で任務を遂行することになる。
●心理学者たちは、ふだんは人道的な個人や集団が、特定の状況下ではいかにして、またなぜ、ときに異なる行動をとるのかを理解しようとしてきた。

シュレジンジャー調査では、虐待行動が起こる理由を説明する社会心理学の概念として、以下のようなものを挙げている。没個性化、非人間化、敵対的先入観、集団思考、道徳的束縛からの解放、社会的促進［訳注：集団で同種の作業を行なうと、他者の存在が刺激となり、単独で行なうときより作業量が増大する現象］。本書ではすでに、スタンフォード監獄実験に関連して、こうしたプロセスのすべてを論じたが、同じプロセスが、アブグレイブでもはたらいていたのだ。ただし、集団の総意をリーダーの意見に合わせてしまう「集団思考」だけは存在しなかった。彼らは組織的に虐待を計画したわけではなかったのだ。

「集団思考」は、私のイェール大学時代の恩師で、心理学者のアーヴィング・ジャニスが提唱した概念だ。これによって彼は、知的な人々で構成された集団がくだす誤った意思決定を説明した。こうした集団は、友好的でまとまりがいい、異なる見解を持つ者がいない、支配的なリーダーがいるといった場合、〝集団の調和〟という利益のために、反対意見を抑え込んでしまう。悲惨な結果に終わったキューバのピッグス湾への侵攻（一九六一年）は、ケネディ政権による集団思考の典型例だ。

もっと最近では、アメリカの情報コミュニティ（ＩＣ）とブッシュ政権とで、イラクが大量破壊兵器を保有していると思い込んでいた事例がある（結果として、それがイラク戦争につながった）。「イラクの大量破壊兵器問題に関与した組織のメンバーには、集団思考のいくつかの側面がはっきりと見られた。すなわち、代替案をほとんど検討しない、情報を選択的に収集する、集団内で同調圧力あるいは批判を自制する力がはたらいている、集団的正当化が起こる、といったことだ」。上院情報委員会がこう結論づけた背景は、オンラインで読める。[*37]

社会心理学者のスーザン・フィスクとその同僚研究者も、サイエンス誌で発表した独自分析で、シュレジンジャー調査を支持した。「アブグレイブ事件は、特異な個人的悪徳だけが起因ではない。社会的プロセスもその原因の一部だった」と彼らは述べている。そこに挙げられている社会的プロセスとは、同調性、社会化された権威への服従、非人間化、感情的偏見、状況のストレス因子、ごく軽微な虐待が極端なレベルまでに徐々にエスカレートする、といったことだった。[*38]

イラクでの従軍経験がある元兵士も、次のような証拠文書を提供してくれた。

ジンバルドー教授

私は、キャンプ・クロッパーを設営した部隊に所属する兵士（対情報活動機関主任）でした。キャンプ・クロッパーは、バース党政権崩壊後にバグダッドに初めてつくられた拘留施設です。私は、教授の監獄実験の教訓とイラクの現場で目にしたことを、はっきりと関連づけることができます。派遣期間中には、憲兵と囚人の両方と幅広く接しましたが、教授が研究で述べたような状況をたくさん目撃しました。

私たちの部隊は、アブグレイブの兵士とは異なり、非常に優秀な指揮官に恵まれていましたので、アブグレイブのような事態に陥ることはありませんでした。部隊の指揮官は、規則を理解し、基準を定め、規則が遵守されるよう監督しました。規則違反も調査され、違反があれば処罰されました。

捕虜拘留という任務は誰をも非人間的にします。私は最初の二週間で感覚が麻痺してしまったように思います。私たちが、自分たちは何者であり、なぜそこにいるのかを忘れないでいられたのは、指揮官たちの積極的な関与があったからです。いずれにせよ、教授の実験報告は興味深く読みました。おかげで、私の考えをさらに明確にすることができました。

敬具

テレンス・プラキアス*39

1A棟の〝性的力学〟

アルファ棟の夜間シフト看守の特徴のひとつは、彼らが若い男女からなる混成チームだったことだ。監督されていない若者のあいだでは、女性はきわめて興味をそそる存在となる。感情の高ぶったこの混成チームに加わった女性が、若いリンディ・イングランドだった。彼女は新しいボーイフレンド、チャールズ・グレイナーと過ごすため、グレイナーがシフトについているあいだ、あたりをぶらついていた。

イングランドとグレイナーは、やがて燃えるような性的逸脱行為に走り、そのようすをデジタル写真やビデオに記録した。ついにイングランドは妊娠し、グレイナーの子を生んだ。しかしグレイナーが二九歳の看守ミーガン・アンブールとも別の関係を進行させていたのは間違いない。というのも、ふたりはのちに結婚したからだ。グレイナーが懲役刑を宣告されたあとで――。

イングランド、グレイナー、ミーガンという三角関係にはメディアも注目したが、イラク人の刑事犯の中に売春婦がいた事実はほとんど報じなかった。彼女たちは胸をはだけてポーズをとり、予備役兵が撮った写真におさまっている。さらに、拘留者には裸のイラク人男性もたくさんいた。裸なのは、上部機関から命じられた辱しめ作戦のせいでもあったし、オレンジ色の囚人服が不足し、全員に行き渡らないせいでもあった。皮肉にも、支給品の発注ミスのせいで、女性用のピンクのパンティを着けければならない男性囚人もいた。こうなると、囚人の頭にパンティをかぶせるという辱めが始まるのも時間の問題だった。

未成年の囚人は成人囚人と分けたいというフレデリックの要請もむなしく、イラク人囚人は集団で、同房の一五歳の少年をレイプした。サブリナ・ハーマン特技兵は、犯人たちのひとりの脚に、マーカーペンで「私は強漢犯です（原文ママ）」と書いた。別の男には、乳首の周りに口紅で顔を描き、裸の胸いっぱいに囚人番号を書いた。性的な雰囲気は爆発寸前にまで高まっていた。ある憲兵は、男性囚人に、ケミカルライトや箒の柄を使って男色行為を行なった。男性の囚人たちは、一部の看守からレイプするぞと何度も脅された。別の証拠からは、ある憲兵が女性囚人のレイプに関わったこともわかっている。アブグレイブは軍の刑務所というより、ポルノの館と化しつつあった。

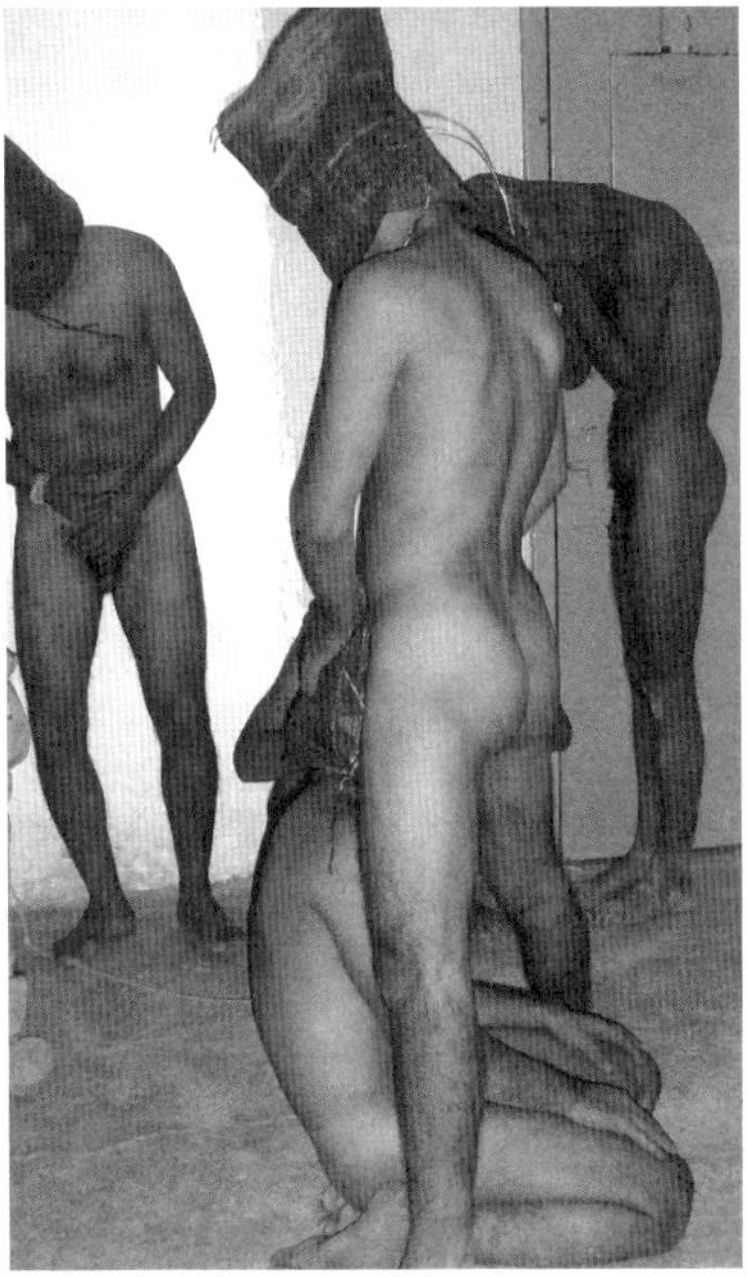

多くの独自調査のひとつを主導したジェイムズ・シュレジンジャーは、夜間シフトのこうした所業について、「まるで映画の『アニマル・ハウス』〔訳注：大学生の無軌道ぶりをテーマにしたコメディ〕のようだった。誰の手にも負えない状況に陥っていた」と述べている。

また、チップ・フレデリックも、次々に起こった性的虐待を時系列に沿って回想している。

●二〇〇三年一〇月一日～一〇日：裸にし、監房のドアに手錠でつなぎ、女性用下着をはかせる。

これは、第七二憲兵中隊が行なった気晴らしを引き継いだもの。

●同一〇月一日~二五日:性的なポーズをとらせる(情報部関係者の面前で、裸のまま互いに手錠でつながれている)。そこにいた見知らぬ兵士が、自分はギトモ(グアンタナモ収容所)出身だと言い、ギトモで実施されているストレスのかかる姿勢をいくつかグレイナーに教えた。

●同一一月八日:ガンシ・コンパウンド(アブグレイブ刑務所内の隔離収容施設のひとつ)で暴動発生。七人の拘留者が1A棟へ移送される。彼らはさまざまな武器を持っており、憲兵を人質にとって殺す計画だった。この夜にピラミッド、暴行、性的ポーズ、自慰行為が強制された。今回は犬が連れて来られた。

徹底的な調査に続き、アントニオ・タグバ将軍の報告によって、1A棟と1B棟を担当する憲兵隊のメンバーたちが行なった虐待や拷問が列挙された。タグバ将軍の手厳しい報告には、次のような嫌疑が含まれていた。

ⓐケミカルライトを折って、中のリン酸をかける。
ⓑ実弾を込めた9ミリ拳銃で脅す。
ⓒ裸の拘留者に冷水をかける。
ⓓ箒の柄や椅子で殴る。
ⓔ男性の拘留者をレイプすると脅す。
ⓕ監房の壁に叩きつけられてケガをした拘留者の傷を、看守の憲兵に縫合させる。
ⓖケミカルライトや箒の柄で、男性の拘留者に男色行為を行なう。
ⓗ軍用犬をけしかけて脅し、怖がらせ、ある事例では実際に噛みつかせた。

また、憲兵が個人的に行なった虐待には、次のような行為が含まれていた。


ⓐこぶしで殴りつける。平手打ちをくらわす。蹴とばす。素足の上に飛び降りる。

ⓑ裸の男女の拘留者を、ビデオや写真に撮る。

ⓒ写真に撮るために、さまざまな卑猥な姿勢を強いる。

ⓓ衣服を無理やり脱がせ、何日も裸のままにしておく。

ⓔ裸の男の拘留者に女性用下着を着けるよう強制する。

ⓕ男の拘留者のグループに自慰を強制し、それを写真やビデオで撮影する。

ⓖ裸の男の拘留者を積み重ね、その上に飛び乗る。

ⓗ裸の拘留者を軍用携行食の箱の上に立たせ、頭に砂袋をかぶせ、手足の指、ペニスに電線をつなぎ、電気による拷問を装う。

ⓘ裸の拘留者の首に犬用のリードと首輪を巻き、それを手にした女性兵士にポーズをとらせ、写真に撮る。

ⓙ憲兵の看守が女性拘留者と性交する。

ⓚ(口輪を外した)軍用犬をけしかけて脅し、怖がらせる。実際に噛みつかせ、重傷を負わせた事例が、少なくとも一件あった。

ⓛ死亡した拘留者の写真を撮影する。


「こうした事例は、数名の容疑者による告白書、拘留者による供述書、目撃証言などによってじゅうぶんに裏づけられている」とタグバ将軍は結論づけている。[*40]

注目すべき記述

これらの軍規違反や犯罪のリストは、虐待容疑者に関する審理を決着させるものに思える。だが、同報告書においてタグバ将軍は、これらの憲兵は上官によって虐待に関与するよう仕向けられていたとしている。「軍情報部（ＭＩ）をはじめとするアメリカ政府機関の尋問者は、証人尋問を有利に進めるため、拘留者の心身をまいらせておくよう強く要請した」というのだ。

ジョージ・フェイ少将の調査報告はさらに踏み込んでいる。彼は、こうした虐待で軍の情報部が演じた積極的役割について手厳しく論評しており、それによると、七カ月にわたって「軍の情報部員は憲兵（夜間シフトの看守）に、拘留者を虐待し、定められた尋問手続きや関連規定を無視するよう要請し、奨励し、黙認し、そそのかした」という。[*41] 次章では、このふたりの将軍の報告をさらに詳しく検討し、虐待におけるシステムの不全と指揮官の共犯に焦点をあてよう。

二〇〇三年一〇月二五日。夜

１Ａ棟では、この日の真夜中近く、三人のイラク人拘留者が監房から引きずり出され、裸のまま互いに鎖でつながれ、床を這わされ、性的行為のまねをするよう強要された。虐待写真の一枚には、この数珠つなぎにされた三人の囚人を取り囲んで見降ろしている兵士が七人ほど写っている。主導したのは、尋問官のラモン・クロールと軍情報部の特技官アーミン・クルツだった。氏名の判明している傍観者には、憲兵のケン・デイヴィスがいた。デイヴィスは一部始終を見届けてから、その場をそそくさと立ち去った（すぐにとめなかったことをずっと後悔している）。

情報部の予備兵イズリエル・リヴェラも傍観していたひとりで、のちに『蝿の王』を思わせる出来事だったと述べている。彼もとめようとはしなかったが、翌日、クルツとクロールのことを通報した。ふたりはその後、軍法会議にかけられ、クルツは懲役八カ月、クロールは懲役一〇カ月に処せられた。クルツの父親は、キューバ人として初めてウェストポイント陸軍士官学校を卒業した人物だった。グレイナーもこの虐待に加わったとされたが、結局、虐待者として認定されることはなかった。

この虐待の引き金を引いたのは、これらの囚人が同じ房に拘留されていた少年をレイプしたという噂だった。虐待は、それに対する報復だった。未成年を大人の囚人と同房させていればこうしたレイプが起こると上官に訴えていたフレデリックも、この噂には腹が立ったと述べている。しかし、その後の軍の調査によって、少年へのレイプはデマだったか、少なくとも問題の三人の囚人はいかなるレイプにも手を染めていないことがわかった。

この虐待事件については、夜間シフトの虐待の一例として迫真のドキュメンタリーが製作され、カナダ放送協会のニュース『第五階級』で放映された（二〇〇五年一一月一六日）。胸を打つ証言と詳しい背景説明を含んだこの番組は、カナダ放送協会のウェブサイトでも見ることができる。[*42]

グレイナーという触媒の存在

チャールズ・グレイナー予備役伍長がアブグレイブ刑務所の夜間シフトではたした役割は、スタンフォード監獄実験の夜間シフトで看守の〝ジョン・ウェイン〟がはたした役割と同じだった。両者とも、ことを起こす触媒だった。〝ジョン・ウェイン〟は、独自の「ちょっとした実験」をしくもうとして、割り当てられた役割の限界を大きくはみ出した。グレイナー伍長は、囚人を肉体的・精神的に虐待する際に自分の役割を大きく超えてしまった。

重要なのは、グレイナーも〝ジョン・ウェイン〟もカリスマ性があり、自信をみなぎらせ、強硬で真剣な態度を示して同じシフトの同僚に影響を与えたということだ。フレデリックがグレイナーの上官だったにもかかわらず、フレデリックがいるときでも、グレイナーは実質的に1A棟を支配していた。写真を撮るというアイデアも、もとはグレイナーによるものらしく、多くの写真がグレイナーのデジタルカメラで撮影されていた。

海兵隊予備役のグレイナーは、湾岸戦争でも看守の任務についたことがあった。しかし、そのときは問題を起こしていない。「砂漠の嵐作戦」のあいだは最大の捕虜収容所で六週間ほど働いたが、ここでも問題は起こさなかった。

「彼は僕たちを元気づけてくれる男のひとりでした」と、同じ部隊のあるメンバーは回想している。別の仲間の記憶では、グレイナーは「冗談好きで、社交的で、すぐにジョークを飛ばす奴」だった。その仲間は、「私が知るかぎりでは、意地悪なところはなかった」とも言った。部隊の別のメンバーは、グレイナーを含む一部の兵士がイラク人捕虜と暴力沙汰になるのを避けるには、野戦指揮官がリーダーシップをとり、部隊の規律に従う兵士が主導権を握るよう指示すべきだったと話した。

また、三〇年にわたってグレイナーを知るある近隣住人も、肯定的な評価をした。「彼は本当にいい男でした。チャックについては、褒める以外に言葉がありません。他人に迷惑をかけたことは一度もないんですから」。グレイナーの母親も、彼の高校卒業アルバムに誇らしげにこう書いている。「あなたはいつもお父さんと私の誇りです。最高の息子です」[*43]

しかし、グレイナーは妻に暴力をふるったという影の一面も報じられている。その後、妻はグレイナーと別れた。報道記事によれば、警備が最高レベルの刑務所で刑務官を務めていたころ、グレイナーは一度ならず懲戒処分を受けている。

いずれにしても、1A棟の夜間シフトでは、グレイナーの反社会的行動に対するあらゆる制約が、すっかり消えてしまった。とって代わったのは、混乱と弛緩したなれなれしさだった。強力な権威構造はどこにも見当たらなかった。軍の情報部員や民間の契約尋問者から、容疑者を〝軟化〟させるよう促されると、彼はすぐにその誘いに乗った。

グレイナーは、この何でもありの不安定な環境の中で、強い性的興味に囚われていった。先述したとおり、彼はリンディ・イングランドと性的関係を持ち、それを記録した。また、イラク人の女性囚人に胸や性器を露出させ、それも写真に撮った。報告によれば、囚人に集団自慰をさせ、「性器が床を引きずるように」裸で這いまわれと命じ、「オカマ野郎」と罵声を浴びせたともいう。*44 裸の囚人をピラミッド状に積み重ねることを最初に思いついたのもグレイナーだった。頭巾をかぶせられた裸の囚人たちが、男女の兵士の前で集団自慰をさせられている最中、グレイナーはイングランドに、こう冗談を言った。*45「ここに並べた自慰野郎は、きみへの誕生日の贈り物だ」

グレイナーの裁判のあと、フレデリックは彼のことで私に手紙をよこした。「彼にすべての責任があるとは思いません。彼は、自分は何をやってもオーケーだと思い込まされていただけなのです。私は自分の行動を反省しています。もし二〇〇三年一〇月に戻れるなら、あんなふうにはしないでしょう……自分がもっと強かったらと悔やまれます……」*46

二〇〇三年一一月に、虐待について最初に上官に報告した（だが無視された）マシュー・ウィズダム特技兵は、グレイナーの裁判で証言した。それによると、グレイナーは囚人を殴ることを楽しんでいただけでなく、彼らを虐待しながら笑い、口笛を吹き、鼻歌を歌っていたという。ジョー・ダービー特技兵が監房棟で起こった発砲事件についてグレイナーにたずねたとき、彼はダービーに、自分の有罪の根拠となる写真を満載したCD二枚を渡した。そのCDが映し出した光景の醜悪さに驚いたダービーが、こんなことをして何の意味があるのかと言うと、グレイナーは「キリスト教徒としてのおれは間違いだと言うが、刑務官としてのおれは大の大人にちびらせるのが大好きなのさ」と答えたという。

チップ・フレデリックは、グレイナーに影響されたことをいまでも悔やんでいる。これは、同調し、従属するというフレデリックの人格的性向に関する予測が正しかったことを示す事例のひとつだ。彼についての心理学的評価によれば、フレデリックはふだんから、他人に拒絶されることを恐れている。だから意見が一致しなければ、自分を受け入れてもらうために妥協することが多い。彼は、相手が「自分を怒ったり嫌ったり」しないように、他人に合わせて考えを変えた。もう決めたと思っているときでさえ。

不幸にも、彼の心は、ストレス、恐怖、疲労、そしてグレイナーの影響によって、むしばまれていったのだ。

グレイナーの人間像に迫る

日本映画の古典、黒澤明監督の『羅生門』では、同じ出来事が、それに立ち合った人々によってまるで異なった語られ方をする。スタンフォード監獄実験でもそうだったことはすでに述べたとおりだ。看守の〝ジョン・ウェイン〟と囚人八六一二＝ダグは、のちにメディアに対し、サディスティックな「演技」をしていただけだとか、おかしくなったふりをしていただけだと語っている。さらに最近では、〝ジョン・ウェイン〟ことヘルマンが、自分の行為について別の見方を示している。

――当時、私がどう思っていたかと聞かれたら、そう、囚人たちは意気地なしにちがいないと答えたでしょう。彼らは性格が弱いか、あるいはそう見せかけているかだ、と。自分のしていることが実際に誰かを神経衰弱にさせるなんて信じていなかったからです。ちょっとした悪ふざけでした。そうですとも、操り人形師になるようなものです。私は彼らを動かしていたのです。*47

スタンフォード監獄実験に参加したそのほかの囚人や看守は、恐ろしい経験だったと言うか、たいしたことではなかったと言うかのどちらかだった。現実とは、それを見る人の心の中にあるともいえる。だが、アブグレイブの場合、軍部、軍法会議、メディアの三者が一致して認める現実によって、人々の人生は劇的な影響を受けた。たとえば、チャールズ・グレイナーは調査の当初から、集団の中の〝腐ったリンゴ〟として描かれた。サディスティックで、悪辣で、拘留者に対するみだらな虐待に関与した、と。かつて勤務していた矯正施設で問題行為を起こしたという記録が、暴力的で反社会的な性質を1A棟へ持ち込んだ証拠として提出された。無責任なメディア宣伝だった。その一方、ペンシルヴェニア州グリーン郡の矯正協会によるグレイナーの勤務状況報告からは、収容者に対する違法行為や虐待で彼が告発され、嫌疑をかけられ、懲罰を受けたことはいっさいなかったことがわかる。

無責任な怪物としてのグレイナーと、優秀な兵士としてのグレイナーとの著しい対照は、彼が囚人を虐待したまさにその月の勤務評定にも見いだされる。二〇〇三年一一月一六日、小隊長のブリンスン大尉がグレイナーに与えた職務評価書（四八五六）には、彼は立派な仕事をしてきたとある。

グレイナー伍長、貴官は陸軍旅団戦闘チーム（BCF）の1棟において、「軍情報部管理」エリアの担当下士官（NCOIC）として立派に職務をこなしている。現地の軍情報部隊、とりわけ中佐（名前は黒塗りされているが、ジョーダン中佐らしい）から多くの称賛が寄せられている。引き続き高いレベルで任務を継続し、われわれの使命全体の成功に貢献してもらいたい。

しかしグレイナーは、軍服を着用し、兵士にふさわしい外見を保つよう注意されてもいる（これは1A棟では誰も実行していなかったが）。また、1A棟で働く彼やほかの兵士がさらされている高いストレスを認め、こうしたストレスがグレイナーの行動に及ぼす影響、とりわけ特定の囚人を扱う際の実力行使には気をつけるよう求められている。とはいえブリンスン大尉は、グレイナー流の実力行使を妥当と容認している。大尉は、「貴官が自分の身を守る必要があると考える場合、私は貴官の決断を一〇〇パーセント支持する」とつけ加えている（この職務評価書のPDFファイルは入手可能[*48]）。

　これに関連して、予備役憲兵のケン・デイヴィスは最近、グレイナーとのかつての交友関係について、彼を擁護する驚くべき発言をした。


　ある晩、シフトを終えた彼（グレイナー）の声がひどくしわがれていた。

「グレイナー、風邪でも引いているのか？」と私が言うと、「いいや」と彼が答えた。

「それじゃ、どうしたんだ？」

「囚人たちを怒鳴ったり、道徳的にも倫理的にも間違っていることをいろいろやらなきゃならない。おれはどうすればいいんだ？」

「じゃあ、そんなことはやめたらいい」

「やめられないんだ」

「どういう意味だい？」

「鉄条網や塀のむこう側で砲弾が破裂するたびに、奴らがやってきて、またアメリカ人が命を落としたと言う。それから、こうも言う。自分たちを助けてくれなければ、おまえもアメリカ人の死に責任を負うことに

――なるぞってな」[*49]

1A棟のストレスレベルがいかに高いかについてこうした認識があれば、兵士がその不安に対処するのを支援する精神衛生の専門家が派遣されているはずだ、と誰でも考えるだろう。事実、アブグレイブには数カ月のあいだ精神科医がひとり赴任していた。だがその医師は、憲兵の治療やカウンセリングにあたることも、精神を患った囚人を相手にすることもなかった。それどころか、その医師のおもな役割は、軍情報部による尋問の効率化を支援することだったと報告されている。

ミーガン・アンブールは「少なくとも、この調査の対象となった七人に関しては、男色行為やレイプに関わったとする信用すべき訴えはなかったし、そうした行為を示す写真やビデオもありませんでした」と断言し、こう続けた。「私は調査の当初からすべての写真とビデオを持っています。一日一三時間近くをその監房棟で過ごしましたが、レイプや男色行為は起こりませんでした」[*50]

本当はそこで何があったのか、アブグレイブの惨事について誰が、何が責められるべきなのかを、私たちが知る日は来るのだろうか?

デジタルに記録された悪行

兵士や警官や看守は、国家同士の戦いでも、犯罪者との対決でも、〝敵〟や容疑者や捕虜を容赦なく虐待したり、拷問したり、殺害したりしてきた。戦闘地域での任務中に生命が危険にさらされたり、〝外国人〟が味方の兵士を傷つけたりしたときにも、こうした行為があっておかしくない(許されはしないが)。だが、差し迫った生命の危険がなく、捕虜が無防備で武装もしていない場合、民主的政府の関係者による残虐行為は想定も許容もされていない。

だからこそ、一九九一年三月に、ロサンジェルス警察の一団が武器を持たないアフリカ系アメリカ人の運転手を繰り返し殴打するビデオがテレビで放映されたとき、多くのアメリカ人は胸を痛めた。その運転手、ロドニー・キングは、なすすべもなく地面に横たわったまま、警棒で五〇回以上も殴られた。そのあいだ、一〇人あまりいた警官は、ただ見守っていただけだった。そればかりか、中には、彼の背中を踏みつけて動けないようにし、暴行に手を貸した者もいた。

作家のスーザン・ソンタグは、現代社会における視覚映像の力を分析して、次のように書いた。

長いあいだ——少なくとも六〇年間、映像は、重大な争いがどう判断され、記憶されるかを規定してきた。西洋の記憶の博物館はいまや、ほぼ視覚の博物館と化している。映像は、ある出来事について何を思い出すかを決める無敵の力を持っている。いまならおそらく、世界中の人々が合衆国が昨年イラクに先制攻撃して始めた戦争から連想するのは、アメリカ人によるイラク人囚人の拷問の映像、悪名高いサダムフセインの刑務所、アブグレイブで行なわれた拷問であるのは間違いないだろう。[*51]

アメリカ市民は日常的に、出演者が公衆の面前で競って恥をかきあう『ジェリー・スプリンガー・ショー』のような番組を目にしているが、ソンタグは、アブグレイブの映像は恥を忘れたこの国の文化の最悪の姿だと強調している。彼女はまた、アメリカの文化は無制限の権力と支配を称賛しているとも非難している。さらには、二〇〇三年三月に、戦闘に先立って行なわれたバグダッドへの猛攻撃にペンタゴンがつけた「衝撃と畏怖」という作戦名にからめて、アメリカ文化の恥知らずぶりも説明している（その後一部の批評家は、軍と無責任な民間軍事会社がイラクで行なったことをはっきりさせるために、作戦名を「恥辱と卑劣」に変えるよう提案した)。

ともあれ、アブグレイブのデジタル画像は、世界中の人々に類のない衝撃を与えた。これまでは誰も、看守による性的虐待や拷問の物的証拠を、あるいは不埒《ふらち》な行為を楽しみ、みずからポーズをとってその蛮行を記録する男女の物的証拠など見たことがなかった。彼らにはなぜ、そんなことができたのか? なぜ、虐待を記録し、わざわざ自分の署名をつけたのか?

現代社会の危険な力

その単純な答えのひとつは、デジタル技術の発達のおかげで誰でもすぐに写真家になれるようになったからだ。撮影したものは、現像を待つ必要もなく、現像所でチェックされることもない。簡単に、ただちに、オンラインで共有できる。昨今のカメラは小型だが撮影容量は大きく、価格も手頃だ。誰でもどこでも、その場で数百枚もの写真を簡単に撮ることができる。おまけに、珍しい画像を多くのウェブサイトを通じて世界中に配信すれば、ふつうの人々が束の間の名声を享受することもできる。

あるアマチュアのポルノサイトでは、男性視聴者に対し、無料でポルノビデオを見る代わりに、彼らの妻やガールフレンドのヌード画像を投稿するよう持ちかけたが、兵士たちには、無料で見る代わりに戦場の画像を投稿するよう呼びかけた。[*52] 多くの兵士がそれにこたえ、投稿された画像のいくつかには〝残酷〟という警告が付されていた。中には、アメリカ兵の集団が、焼け焦げたイラク人の遺体を前にして笑いながらハイタッチをしている画像もあった。そこには「Burn Baby Burn(燃えろ、ベイビー、燃えろ)」というキャプションがつけられていた。

歴史に残る〝勝利記念写真〟

こうした画像は、ある〝勝利記念写真〟の記憶に結びつく。一八八〇年代から一九三〇年代にかけて、黒人の男女がリンチされ、あるいは焼き殺されている現場で、見物人や加害者がカメラにポーズをとっている写真が多数出まわった。前章で、こうした映像は非人間化の最悪の象徴であることを見たが、この写真も同様だった。これら罪深い事件を記録した写真は絵葉書になり、購入されたり友人や親戚に送られたりした。写真の中には、黒人の男女が苦しみながら殺されるのを見るために、親に連れられてきた幼い子どもたちが、笑顔で写っているものまであった(こうした数々の絵葉書は、最近出版された *Without Sanctuary*［聖域なし］で見ることができる)。[*53] アフリカ系アメリカ人へのこうした拷問や殺人は、白人に対する〝犯罪〟の処罰として行なわれていたが、じつはでっちあげにもとづいていることが多かった。

勝利記念写真としては、第二次世界大戦中、ドイツ兵がポーランドのユダヤ人やロシア人に行なった、私的な残虐行為を撮影したものもある。第一二章で述べたように、〝ふつうの人〟だった年配の予備役警官でさえ、時間が経つにつれて、殺人行為の執行人として自分たちを記録するようになった。[*54] このほか、執行人も写った処刑写真を多数収録した、ジャニーナ・ストラックの *Photographing Holocaust*（ホロコーストを写真に撮る）[*55] などもある。トルコ人によるアルメニア人の大虐殺の写真も、その集団虐殺を扱ったウェブサイトに掲載されている。[*56]

動物の権利《アニマルライツ》という思想が広まる以前には、マカジキ、トラ、ハイイログマなどを前に勝ち誇る大物ハンターやスポーツフィッシャーマンの写真がよく見られた。アーネスト・ヘミングウェイも、そんなポーズをとって写真におさまったことで有名だが、最も有名な一枚といえば、やはり元アメリカ大統領セオドア・ルーズベルトのそれだろう。仕留めたばかりの巨大なサイを前に誇らしげに立っている一枚だ。息子のカーミットとともに、大型銃を手に脚を組んで水牛の背中に平然と座っている写真もある。[*57]

こうした勝利記念写真は、野生の強大な獣をねじ伏せる男の力と優越性を広く誇示するもの、つまりは、みずからの技能、勇気、技術によって相手に打ち勝ったことを示すものだった。どの写真でも、たいていの場合、勝者はいくらか険しい表情をしていて、笑っていることはめったにない。彼らは恐るべき敵との戦いにおける勝者として、打ち倒された巨人ゴリアテの前で投石器を手にする若きダビデにでもなったような気分で、ポーズをとっているのだろう。

覗き見好きのために芸をする目立ちたがり屋

だが、アブグレイブの夜間シフトの看守たちは、その多くがにやけた笑顔で写っている。その表情は、彼らが目立ちたがり屋であることを示している。実際、一連の虐待は、アブグレイブという異常な状況で行なった極限的行為を記録する小道具にすぎなかったのではないかと思わせる写真もある。目立ちたがり屋は、これらの馬鹿げた行為を見て楽しむ、熱心な覗き見客を期待している。一方、彼らには、画像がいったん拡散すればもはや管理できなくなることが理解できず、結果として、当局に現行犯逮捕されてしまった。

頭に頭巾をかぶせられて両手に電極をつながれた男や、囚人を威嚇している犬の写真を除けば、彼らが撮った写真のほとんどは性的なものだった。拷問と性の結びつきは、見る者の多くを当惑させる一方で魅了もする。私たちはみな、その極端な行為をまじまじと見るために、サドマゾ的迷宮に誘い込まれる。虐待を目にするのは身の毛のよだつことでありながらも、そうした映像から目が離せないのだ。www.voyeurweb.com という素っ気ない名前の無料アマチュア・ポルノサイトには、毎日二二〇万の閲覧者が引き寄せられているという。

複雑な動機の数々

人間の行動は複雑だ。どんな行動も、動機はふつうひとつではない。アブグレイブのデジタル画像も、性的関心と目立ちたがり屋精神だけでなく、複数の動機や人間関係の力学の産物だ。地位と権力、復讐と報復、無力な者の没個性化……、これらすべてが虐待と写真撮影につながった可能性が高い。同時に、次に述べるように、ときには尋問者によって大目に見られたり、しくまれたりしていたことも考慮しなければならない。

●囚人の威嚇に使われた〝やらせ写真〟

アブグレイブで勝利記念写真が撮られた理由のひとつは、憲兵たちが、民間会社や軍の尋問者から、ポーズをとって写真を撮るよう指示されていたからだ。退役した刑務所管理者ジャニス・カーピンスキーと、告発された何人かの兵士の報告によれば、当初、ポーズをとって写真を撮るアイデアは、それを使って囚人を脅すのが目的だったという。「彼らは、ずばり本題に入って自供を引き出すために、写真を用意していました」。二〇〇六年五月四日、スタンフォード大学で開かれた公開討論会で、カーピンスキーはそう語った。「彼らはノートパソコンを取り出し、囚人に写真を見せては、『とっとと自供しないと、明日はおまえたちもこのピラミッドのいちばん下だぞ』と言っていました。あれは意図的に、組織的に行なわれたのです」*58

たしかに、一部の写真は明らかに誰かのカメラに向かってポーズをとっている。そこでは、憲兵たちがカメラに向かって笑い、ハイタッチをし、何かに気づかせようと指をさしている。囚人の首に犬用のリードをつけ、床を引きまわしているリンディ・イングランドの写真も、そもそもは脅しを目的にしたものであった可能性が高い。イングランドが犬のリードを装備品袋に入れてイラクに来たとは考えにくいからだ。

しかし、当局者がたとえ一枚であってもこうした虐待写真を撮る許可を憲兵に与えれば、社会的促進が起こるにはじゅうぶんだ。その許可が、任務中の創造的悪という夜ごとの活動へとドアを開いたのだ。憲兵が退屈を紛らわせ、復讐し、優越性を誇示する楽しい性的ゲームは、いったん始まると終わりが見えなくなった。

●アブグレイブの写真

比較文学のジュディス・バトラー教授は、アブグレイブの写真の意味を、もう一度考え直してみるよう求めている。教授は、特定の憲兵が気まぐれで撮影したものと思ってはいけないと主張する。むしろ、憲兵たちは「組み込まれた撮影者」であり、その画像は軍の基本的価値観（同性愛嫌悪、女性蔑視、すべての敵に対する支配）

を反映したものだったのだ、と。[59]

●地位を得ること、復讐すること

軍の階級システムの中で、陸軍予備役は一般に低い地位にある。そのせいで、おぞましい刑務所の夜間シフトに配属された予備役憲兵は余計に低く見られた。彼ら自身、自分たちが樽のいちばん底にいることを実感していた。惨めな条件で働き、民間人に命令され、現場で起きていることに注意を払ってくれる当局者もいなかった。その場で彼らより低い地位にいるのは、囚人だけだった。

そんな彼らにとって、虐待とそれを記録することは、囚人に対して明確な優位性を確立するのに役立った。拷問と虐待は、自分より劣った者に対する絶対的支配を誇示するための力の行使だった。看守の一部が写真を必要としたのも、みずからの優位性を確認し、その優越的地位を同僚に知らしめるためだった。

一連の写真は、彼らに〝自慢の種〟を与えた。そこには、自分たちとまったく異なる他者としてのアラブ人に対する否定的な態度や、人種差別も含まれていた。二〇〇一年の九・一一から持ち越された、アラブ的背景を持つ浅黒い肌の男全員への敵意である。

しかし、多くの兵士に共有されたもっと直接的な動機は、イラクの暴徒によって戦友が殺されたり重傷を負ったりしたことへの復讐だった。その復讐心が、暴動に参加したり、少年へのレイプが疑われたりした囚人への報復につながったことは明らかだ。たとえば、ピラミッド状に積み重ねられた七人の囚人は、キャンプ・ガンシでの暴動で女性憲兵を負傷させた者たちだった。

彼らを辱しめ、殴打することは、言われたとおりにしないとどういう結果になるかを思い知らせる〝教育手段〟だった。チップ・フレデリックも一回だけ囚人を殴っている。岩を投げて女性憲兵を負傷させたとされた男性の胸に、パンチを食らわせたのだ。フェラチオのまねをさせたり、女性兵士が見ている前で自慰をさせたりしたのも、単に恥をかかせるためではなく、一線を越えたとみなされた囚人に対する報復として、憲兵たちが考え

たシナリオだった。

●没個性化とマルディ・グラ効果

では、リンディ・イングランドの〝すべてはほんのお遊びにすぎなかった〟という考えを、どう説明すればいいのだろう？　私が思うに、ここには没個性化が関係している。すでに指摘したように、個人と場所の匿名性は、変性意識状態［訳注：通常とは異なる意識状態］を生み出す。そして、それが行為に対する責任のあいまいさと結びつくと、没個性化が誘発される。こうなると当事者は、合理的な計画も、結果への配慮もないまま、ひたすら行動することに没頭する。過去と未来は、いま現在の快楽の時間にとって代わられる。感情が理性を支配し、激情は放置され、精神の空白状態となるのだ。

言い換えれば、これは仮面をつけて刹那的に生きることの〝マルディ・グラ効果〟だ。仮面がアイデンティティを隠し、ふだんは抑制されている、好色で、暴力的で、利己的な衝動を解き放つと、多くの人は計画的な謀議も悪意の企てもないまま、目先の状況の求めに応じて行動を起こしはじめる。私のニューヨーク大学の研究室でこの『蝿の王』現象が生じたとき、何が起こったかはすでに見たとおりだ。没個性化した女性は、罪のない犠牲者へ与える電気ショックを強めつづけた。スタンフォード監獄実験でも、一部の看守が似たようなことをした。アブグレイブでも、いったん無制限の行動を経験した結果、攻撃や反社会的行為に対するタガが外れてしまったのだ。

私が看守にサディスティックにふるまうよう促したのではなかったのと同じく、軍も囚人に性的虐待を加えるよう促したわけではなかった。それにもかかわらず、スタンフォードでもアブグレイブでも、看守たちのあいだには、やりたい放題やっていいのだという感覚になるような規範が浸透していた。彼らは個人として説明責任を負っておらず、目撃者がいないために何をしても罰せられなかった。こうした状況では、道徳的な判断は消え去り、これまで身につけてきた教訓よりも行動のほうが雄弁になる。ディオニュソスの衝動がアポロンの理性を抑え込むのだ。道徳からの解放は、こうした状況に巻き込まれた人々の精神的・感情的風景を一変させてしまう。

●虐待の比較――イギリス軍兵士の場合と米軍エリート兵士の場合

1A棟の夜間シフトではたらいた社会心理学的原理が、〝個人に〟特有なものではなく、〝状況に〟特有なものであるとすれば、同じ戦闘地域の似たような環境でも、同様の虐待を見つけられるはずだ。アメリカのメディアには注目されなかったが、実際、その種の行為が少なくとも二例確認されている。

ひとつ目は、イラクのバスラ刑務所に駐留していたイギリス兵による囚人の性的虐待だ。彼らは、囚人を裸にしたあとで、互いに男色行為のまねをするよう強制した。その写真が出まわり、イギリス世論はショックを受けた。自国の若者がそんなおぞましい行為に手を染め、しかも記録にまで残すとは……。虐待者のひとりが、かつての戦闘で勲章を授けられた英雄だったという事実も、国民への裏切りに拍車をかけた。

さらに悪いことに、二〇〇四年六月二九日、BBCニュースが「イギリス軍は虐待写真を交換し合っていた」ことを報じた。そのニュースのサブタイトルは「イギリス兵、イラク人捕虜への残虐行為を示す写真を数百枚交換」となっていた。精鋭で知られるクイーンズ・ランカシャー連隊に所属していた数人の兵士が、デイリー・ミラー紙に渡した何枚かの写真のうちの一枚には、頭巾をかぶせられた囚人がライフルの銃床で殴られ、小便をかけられ、銃を頭に押し当てられているようすが写っていた。兵士たちの話では、こうした虐待の写真はほかにもたくさんあり、「写真交換の文化」で共有されていたという。だがそれらは、彼らがイラクを去るときの荷物の中にあったのが見つかり、陸軍司令部によって破棄された。

ちなみに、テレビ番組でいえば、これに先立つ同年五月一二日に、『60ミニッツII』もアメリカ兵の撮影したホームビデオを公開した。キャンプ・ブッカとアブグレイブがどんな状況にあるかが明るみになったそのビデオの一部には、若い女性兵士がイラク人の囚人を侮蔑する様子が映っていた。彼女はそこで言い放っている。「私たちはすでにふたり殺したわ……だからどうしたっていうの？ 私にとって心配の種がふたつ減っただけよ」。キャンプ・ブッカに勤務し、虐待で告発された別の数人の兵士は、番組でこう語った。「問題は軍の指揮系統から始まりました――虐待や拷問の写真が撮影されたときのアブグレイブと同一の指揮系統です」[*60]

確認されているもうひとつの虐待例は、ファルージャ近くのマーキュリー前進作戦基地（FOB）で起こった。この基地は、造反者をはじめとする囚人がアブグレイブに移送されるまで暫定的に収監される施設だった。虐待したのは、ここに駐屯していた第八二空挺師団の兵士たちだ。「われわれは（ファルージャ市民から）〝殺人狂〟と呼ばれていました。彼らは、もし捕まってここに収監されたら大変なことになると知っていたのです」。この軍曹は続けて、ひどく殴ったり拷問したりして、自分たちがどうやって「PUC（支配下にある者）を叩きのめす」かを説明した。そしてこう続けた。「キャンプにいる誰もが知っていたことですが、フラストレーションを解消したければ、PUCのテントに行けばいいのです。ある意味で、それは気晴らしでした」

同じ部隊の別の軍曹は、囚人の両脚を金属バットで折るといった虐待の動機を詳しく語った。「退屈した日には、全員を隅に座らせ、ピラミッドをつくらせました。これはアブグレイブより前でしたが、まったく同じようなものでした。憂さ晴らしにやっていたのです」

二〇〇五年九月には、この〝精鋭部隊〟の将校だったイアン・フィッシュバック陸軍大尉も、FOBで行なわれていたさまざまな虐待について、ヒューマン・ライツ・ウォッチ（全世界で人権擁護運動を展開する最大の人権団体。www.hrw.org. 参照）に証言した。彼は、部下がみずからの恐ろしい行為をデジタル画像で記録していたと語った。「彼らも、アブグレイブで撮影されたのと同じような写真を撮ったと言っていました。でも、兵士たちはその写真を破棄し、焼却したそうです。彼らの言葉は、正確にはこうでした。『彼ら（アブグレイブの兵士）が、われわれがやるよう指示されたのと同じことをやって災難に見舞われたので破棄しました』」[*61]

フィッシュバック大尉は、次章でもう一度登場する。1A棟での虐待と同じことを行なった自分の部隊の行為が、そこでさらに詳しく語られる。

アイヴァン・フレデリック軍曹、訴追される

軍の調査官と検察官のチームは、告発された七人の憲兵の訴追準備に並々ならぬ熱意を注いだ（アブグレイブに責任を負う軍司令部が、それほどの注意や関心、あるいは資源のごく一部でも現場の監督や規律維持に向けていれば、こんな裁判の必要はなかったはずだ）。調査官と検察官の戦略は、単純で有無を言わせぬものだった。証拠と証言をじゅうぶんに集めてから、被告人それぞれに司法取引をもちかけたのだ。有罪を認め、仲間の憲兵に不利な証言をするなら、想定される最高刑を引き下げよう、と。

裁判はジェレミー・サイヴィッツ特技兵のようなわずかな関与しかなかった者から始まった。フレデリック、グレイナー、イングランドという大物三人の審理に集中し、それ以外の者については〝さっさと終わらせる〟ためだった。

フレデリックには、これから述べる五つの容疑がかけられた。これに対して被告人フレデリックは、司法取引

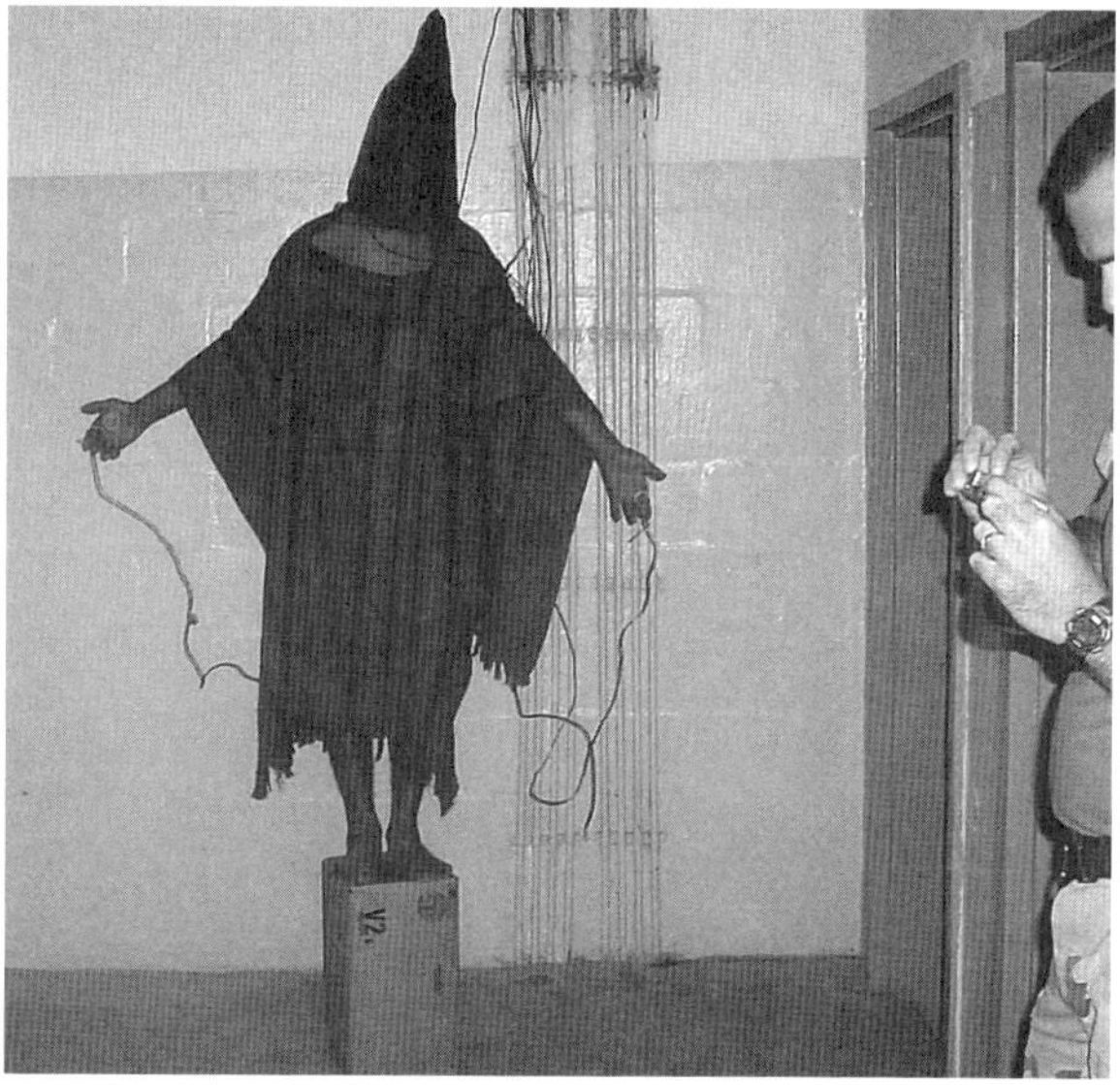

の一環として、「事実に関する合意」においてそれらが真実であり、立証可能で、証拠能力があることを認めた。

拘留者虐待の共謀　共謀は通常、その計画について書かれたもの、録音されたもの、あるいはビデオに撮られたものなどの具体的証拠がなければ、立証が難しい。しかしこの事件では、憲兵たちの共謀は、1A棟でほかの憲兵たちと〝非言語的合意〟があったとして成立した。つまり〝暗黙の共謀〟が、被告人全員と、デイヴィス、グレイナー、アンブール、ハーマン、サイヴィッツ、イングランドとのあいだに存在したということだ。

彼らは、「拘留者（従属者）の虐待に相当し、軍事司法統一法典第九三条違反となる、いくつかの行為に関与することを」グループとして合意していたと申し立てられた（「事実に関する合意」三ページ）。非言語的合意とは、目配せやうなずきや手ぶりによる合意を意味しているのか？　あるいは、記録されたいくつもの行為で共同したことをあとから振り返れば、事前の共謀があったはずだという意味なのか？

職務怠慢　フレデリックは担当下士官として、「すべての拘留者を尊厳と敬意をもって扱い、自分の目の届くところにいる拘留者と囚人たちを、違法な虐待、残虐な行為、不当な扱いから保護する義務があった（「事実に関する合意」六ページ）。だが彼は、これらすべてについて怠慢があった。

拘留者の虐待　これは、指に電極を接続され、頭に頭巾をかぶせられた囚人に関する容疑だ。この囚人は、無理に立たされていた箱から落ちれば、感電死すると信じ込まされていた。フレデリックも囚人の左手に電線の一本をつなぎ、〝土産〟としてその写真を撮った。

この容疑の背景として、〝ギリガン〟とあだ名をつけられたこの囚人が、苦しい姿勢で箱の上に長時間立たされていた理由も言及されている。彼は「睡眠管理プログラムの一環として眠らないようにさせられていた。通常では、囚人を尋問前に眠らせないようにし、激しい運動をさせることが多い」（「事実に関する合意」六ページ）。その他の記載もある。たとえば、人間ピラミッドの何人かの囚人に対する虐待。あるいは、自分で排泄物を体に塗りつけたため〝クソ野郎〟とあだ名をつけられた囚人を、（排便するのをやめさせようと）二台の緊急搬送用担架のあいだにはさみ、フレデリックがその囚人の上にまたがって写真に撮らせたなど（精神的に不安定な囚人が自傷しないよう二台の担架にはさんでおくのは、医療関係者も推奨しているやり方だと言われている。つまり、それはフレデリックのアイデアではなく、医療手続きに従ったものだった）。

殴打による暴行　前述したように、フレデリックはある囚人の胸を「相手の呼吸がとまるほど強い力で」殴打した（「事実に関する合意」八ページ）。（この囚人はキャンプ・ガンチで脱走を企て、女性憲兵を殴ったあとで1A棟へ移送された暴徒のひとりだった）

みだらな行為の共謀　これは、何人かの拘留者に、男女の兵士やほかの拘留者の前で自慰を強制し、それを写真に撮っ

たことについての訴追だ。「被告人の行為は軍の名誉を汚す性質のものであり、秩序と規律に対して偏見を抱かせる」。「被告人や共謀者によって撮られたこれらの写真や映像は、個人的な動機で撮影されたもので、公的なものではなく、個人のパソコンに保存された」（「事実に関する合意」九ページ）

軍法会議の中身

二〇〇四年一〇月二〇日と二一日、裁判地をアメリカに変更するようにとの弁護人の申し立てにもかかわらず、フレデリックの軍法会議はバグダッドで開かれた。私はバグダッドのような危険な場所へは行かないと断ったので、イタリアのナポリにある海軍基地からビデオ会議システムを通じて証言するように言われた。だが、これはやりにくかった。私の証言は音声フィードバックの遅れのため何度も途切れ、画面上の裁判映像もときどき停止したからだ。

やっかいなのは、私が話しかけるのはテレビ画面に向かってであり、判事と直接やりとりするのではないという事実だ。おまけに、証言のあいだはノートを参照しないように言われていた。つまり、入念に読んできた数百ページにわたる五件の調査報告だけでなく、フレデリックと1A棟をめぐる状況について収集したその他のあらゆる背景情報を、〝記憶から〟呼び出さなければならなかったのだ。

フレデリックはすでに罪状を認めていたので、私の証言は、彼の行動に対する状況とシステムの影響を明らかにすることに絞られた。彼の行動は、まったく正常な若者に異常な状況の力がはたらいたことで引き起こされた。私は、心理学的評価で得られた、1A棟に配属されるまでのフレデリックの経歴の肯定的側面、そして彼へのインタビューの要点を述べた。いずれも、フレデリックにはいかなる病理学的性向もないという結論を補強するためだった。そのうえで、むしろ〝状況〟こそが、彼が関与し、後悔し、有罪であることを認めている行為を引き起こしたのだと主張した。

また私は、フレデリックの行動が状況的・社会的力学によってどう影響されたかを説明する中で、これが〝言い訳論〟ではなく、判決にあたって通常はあまり考慮されない概念分析であることもはっきりさせた。さらには、この事件に関与する資格と適性が私にあることをわかってもらうため、スタンフォード監獄実験とアブグレイブ刑務所での虐待の特徴と調査結果、そして両者の類似点をざっと説明した（私の全証言は二〇〇四年一〇月の「アイヴァン・〝チップ〟・フレデリックの裁判記録謄本」二九四〜三三〇ページに掲載されている。残念ながらオンラインでは読めない）。

しかし、検察官のマイケル・ホーリー少佐は、状況についての私の主張を一蹴した。フレデリックは善悪の区別をわきまえていたし、任務につくためのじゅうぶんな軍事訓練を受けており、容疑事実である不道徳で有害な行為に関与することを、おおむね合理的な判断にもとづいて決めたとしたのだ。ホーリー少佐はまた、全責任は、わかっていながら悪事をなすフレデリックの気質にあるとして、法廷では状況やシステムの影響をいっさい考慮しないよう求めた。少佐は、ジュネーブ条約は有効であり、罪を犯した兵士たちはその制約を知っておくべきだったとにおわせもした。次章で述べるが、これは事実ではない。ジョージ・ブッシュ大統領と彼の法律顧問は、一連の法的メモにおいてこうした拘留者や拷問の定義を変更しており、この〝テロとの戦い〟の期間、ジュネーブ条約は過去のものだった。

そして判決は？

軍判事のジェイムズ・ポール大佐は、わずか一時間で容疑事実のすべてについて有罪判決をくだし、フレデリックは懲役八年の実刑判決を受けた。その厳しい判決内容から考えて、私の証言は最低限の効果しか持たなかったようだ。ゲイリー・マイヤーズ弁護士の説得力ある弁護にしても同じことだ。私が詳述した状況とシステムという要因は、軍とブッシュ政権によって展開された世界的ＰＲの舞台では、ほとんど価値がなかった。彼らは全世界とイラク国民に対して、自分たちが〝犯罪に厳しい〟ことや、少数のならず者兵士（優秀な米軍という樽の中の〝腐ったリンゴ〟）は迅速に処罰することを示さなければならなかった。全員が裁判にかけられ、判決がくだされ、収監されれば、米軍についた汚点は消えてなくなるはずだった。*62

フレデリック以外の被告についてもふれておこう。チャールズ・グレイナーは有罪を認めることを拒否し、懲役一〇年の判決を受けた。リンディ・イングランドは、一連の込みいった裁判を経て懲役三年とされた。ジェレミー・サイヴィッツは懲役一年、ジャヴル・デイヴィスは懲役六カ月。サブリナ・ハーマンも、アブグレイブ配属前のイラク人に対する親切な行為の証拠が評価され、懲役六カ月ですんだ。ミーガン・アンブールは収監されずに釈放された。

類似事件と比較してみる

チップ・フレデリックが手を染めた虐待が、囚人たちに身体的・精神的苦痛を加えたばかりか、その家族にも消えることのない恥辱を与え、激怒させたことは疑いない。彼は罪を認め、厳しい判決を言い渡された。イラク側から見れば判決は寛大すぎただろうが、私から見れば、虐待を生んだ状況からして厳しすぎた。

試しに、ヴェトナム戦争時にくだされた、別の兵士の判決と比較してみたい。

事件は、チャーリー中隊の兵士が、ヴェトコン捜索のためミライ集落に侵攻したときに起きた。その集落にヴェトコンの姿はなかったにもかかわらず、五〇〇人を超えるヴェトナム人の女性、子ども、老人が、至近距離から機関銃の一斉射撃で殺されたり、暮らしていた小屋ごと焼き殺されたりした。米軍兵士が抱えていた慢性的ストレス、フラストレーション、そして恐怖が、想像を絶する激しさで村民を標的に噴き出したのだ。多くの女性がレイプされ、腹を切り裂かれた。頭皮を剝がされた人までいた。その身の毛もよだつ残虐行為は、映画『Interviews with My Lai Veterans（ミライの古参兵へのインタビュー）』の中で、複数の兵士によってありのままに語られた。

また、ジャーナリストのセイムア・ハーシュは『ソンミ――ミライ第四地区における虐殺とその波紋』（草思社）という著書で、この残虐行為を詳しく報じた。

しかし、こうして事件の一年後に、事件がようやくおおやけになったあと、一連の犯罪で有罪となったのは、ウィリアム・カリー・ジュニア中尉だけだった。彼の上官だったアーネスト・メディナ大尉は、この「捜索と殲滅作戦」のあいだ現場にいたばかりか、みずから村民に発砲していたと報告されたにもかかわらず、すべての容疑について無罪判決を受け、除隊した。〝狂犬〟とあだ名をつけられていたメディナ大尉は、チャーリー中隊の部下を心から誇りにしており「われわれは大隊中で最高の中隊になった」と言っていたが、その評価は時期尚早だったと言うべきだろう。

その後、一〇〇人を超えるミライのヴェトナム人を謀殺したとして有罪になったカリー中尉も、終身刑だったはずが三年半に減刑された。しかも、彼はその刑期を兵舎に軟禁されて過ごし、刑務所には一日も服役しなかった。ほとんどの人は、彼がのちに大量殺人について恩赦を受けて故郷の町に帰り、晩餐会のゲストスピーカーとして講演料を受け取ったり、ビジネスマンとして尊敬されたことは知らない。

もしも、カリーが将校ではなく一介の下士官にすぎなければ、そしてチャーリー中隊の兵士たちによって〝勝利記念写真〟が撮影され、その写真が言葉では伝えきれない血なまぐさい虐殺をありありと見せていたら、状況は変わっていただろうか？　変わっていたと私は思う。

最近、さまざまな犯罪で軍法会議にかけられ、有罪とされたほかの兵士とアブグレイブの夜間シフトの憲兵たちとを並べてみると、似たような、あるいはより悪質な犯罪で有罪になった場合でさえ、ほかの兵士に言い渡される判決はずっと寛大だったことがはっきりする。

―　**フレデリック二等軍曹**　処罰は最高で懲役一〇年。不名誉除隊（ＤＤ）、下士官の最低階級であるＥ１への降格。司法取引により、懲役八年。DD、E1への降格、さらに、二二年にわたる勤務に対する退職年金をはじめ、あらゆる手当の没収。

バーグ伍長　過失致死、自傷行為、虚偽陳述で有罪。最高で懲役一一年の刑だったが、懲役一八カ月およびE1への降格に。

プライス一等軍曹　暴行、虐待、司法妨害で有罪。最高で懲役八年、DD、E1への降格の刑だったが、二等軍曹（SSG）への降格という判決を受け、懲役とDDはなし。

グレイナー伍長　暴行、虐待、暗黙の共謀、破廉恥行為、職務怠慢で有罪。判決は最高で懲役一五年、DD、E1への降格の刑だったが、懲役一〇年、DD、E1への降格および罰金という判決を受けた。

ブランドニ等兵　暴行、虐待、虚偽宣誓、傷害で有罪。判決は最高で懲役一六年、DD、E1への降格の刑だったが、受けた判決は、E1への降格だけだった。

軍曹（名前は非公開）　暴行、違法な発砲、強盗、職務怠慢で有罪。最高で懲役二四・五年、DD、E1への降格の刑だったが、戒告状を受け取るだけですんだ。

イングランドニ等兵　共謀、虐待、破廉恥行為で有罪。最高で懲役一〇年、DD、E1への降格の刑だったが、懲役三年という判決を受けた。

パーキンス一等軍曹　加重暴行、暴行殴打、司法妨害で有罪。最高で懲役一一・五年、DD、E1への降格の刑だったが、懲役六カ月および二等軍曹への降格という判決を受けた。

マーチン大尉　加重暴行、暴行、司法妨害、将校として不適切な行為で有罪。最高で懲役九年の刑だったが、懲役四五日という判決を受けた。

これで明らかなように、軍事司法の量刑尺度は、似たような犯罪に対してバランスを欠いていた。アブグレイブの憲兵に対する法的判断を大きく偏向させたのは、やはり、あの勝利記念写真だったと思う（さらに網羅的な比較や、軍法会議にかけられた六〇人の兵士のリスト、あるいは彼らの処分に関する説明などを知りたい方は、www.supportmpscapegoats.com を参照のこと）。

看守から囚人に転落した苦しみ

私はこれまで人格の変化を理解することに焦点をあててきたが、想像しうるかぎり最も極端で、めったにない変化のひとつは、看守という権力を持つ立場から、囚人という無力な立場になった人物に生じる変化だろう。かつては優秀な刑務官、献身的な兵士、愛情深い夫だったチップ・フレデリックの事例がまさにそうだった。軍法会議の判決と、それに続く実刑という冷たい仕打ちに打ちのめされた彼はいま、受刑者七八九六八九号として、フォート・レヴンワース合衆国軍刑務所に収監されている。

バグダッドで判決を受けたあと、フレデリックはまずクウェートへ移送され、自分にも他人にも危害を加えなかったのに、独房に拘禁された。彼は、そこでの状況はアブグレイブの監房棟を思い出させたと述べている。だが、フォート・レヴンワースに収監されると、状況はさらに悪化した。アブグレイブのスキャンダルが発覚して以来、フレデリックは不眠症、鬱病、不安発作に苦しみ、投薬を受けていたのだが、このカンザス州の刑務所ではいっさいの薬物を禁じられ、〝きっぱりやめる〟ことを強いられた。それは不眠とたえざるストレスを意味した。彼は二〇〇四年のクリスマスに「そんなことができるとは思えません。もはや我慢の限界です」と手紙に書いてよこした。[*63] 彼は狭く冷たい独房に入っていた。与えられたのは二枚の薄い毛布だけ、枕もなかった。はき古して汚れた靴下と糞尿のシミのついた下着を着るよう強制された。

同僚の憲兵の裁判のためにテキサスへ送られたときは、非人間的な処遇がさらにひどくなった。軍は公開の場で、涙ながらに見つめるフレデリックの目の前で、彼が二〇年以上にわたる貢献で獲得した勲章や功労章を軍服から剝ぎ取った。そして傷に塩をすりこむように、裁判所の庁舎の前に引き出し、手枷、足枷をつけられた彼の姿をメディアにさらした。米軍の顔に泥を塗るようなことをすれば必ず手痛い報復があることを、フレデリックは日々思い知らされてきたのだ。

とはいえ、〝アブグレイブの七人組〟の裁判がすべて終わって以降は、処遇もだいぶ改善されてきた。フレデリックは新たな職を手につけるべく、刑務所内の理容学校へ行くことにしている。刑務官として働くことはもうできない。それでもこう言う。「軍に復職して、名誉を回復したいと切に願っています。私は何ごともあきらめない男だったし、何かができる男でした……祖国、家族、友人のために死ぬ覚悟もできていました。成人してからのほとんどを祖国のために捧げたことを、誇りに思っています[*64]」

このフレデリックの発言は、スタンフォード監獄実験の囚人、八一九＝スチュワートを思い出させる。彼は、囚人仲間に自分が悪い囚人でないことを示すため、監獄へ戻りたいと言った。ある集団に加わることが難しければ難しいほど、その集団への忠誠心が強くなることは、古典的な社会心理実験でも明らかにされている[*65]。

ところで、人生がめちゃくちゃになったのはフレデリックだけではない。ペンシルヴェニア刑務所（ふたりはここで出会った）の刑務官である彼の妻マーサ・フレデリックは言う。「アブ＝イラクは残酷な落とし穴です。アブは私の人生が埋葬された墓場になってしまいました、フィリップおじさん、かつてのふつうの生活はもう二度と戻らないでしょう。私にとって人生とは、あそこの瓦礫から経済的・精神的に立ち上がるべく戦いつづける場所になってしまいました[*66]」

この悲しい話には続きがある、先ごろ、マーサは離婚を決意した。担わなければならない経済的・精神的負担のせいだという。この決断がフレデリックにいっそうの打撃となったことは間違いない。ただし、彼女はいまもしっかりと彼を支えている。マーサは手紙にこう書いてよこした。「私は事件のあいだずっと、彼の前に、かたわらに、後ろに寄り添ってきました。結婚という絆がなくなっても、そうしつづけるつもりです。私はただ、この空虚さの中で生きつづけることができないだけです」[*67]

結局のところ、イラク人へのあの虐待的な尋問は、それに見合う価値があったのだろうか？　軍や民間会社の指揮官が求めていた、〝すぐに役立つ情報〟は得られたのだろうか？　得られた可能性は低い。わずかばかりの情報は手に入ったのだとしても、アメリカのモラルのまごうことなきイメージダウン、尋問された者の苦しみ、尋問した者への消えることのない心理的影響を正当化するほどの価値は、とても認められない。もちろん、軍当局は探していたものを手に入れたと言うにちがいない。しかし、何を手に入れたかは機密とされているから、その力ずくの尋問が、テロや反政府暴動との戦いにどれだけ役立ったかはけっして説明されることはない。彼らは自分たちの足跡を隠すために、嘘をつかざるをえないだろう。

拷問や尋問の専門家のほとんどは、屈辱的かつ名誉を傷つけることを狙ったこうした身体的虐待が、信用できる情報をもたらすことはめったにないという点で一致している。自白や告白は、脅しによってではなく親密な関係の構築によって、憎しみの醸成ではなく信頼の獲得によって得られるのだ。すでに紹介したように、軍の尋問にたずさわった何人かの兵士も、こうした手法に否定的な反応を示していた。

それでも、提供するべき情報を持たない多くの無辜の人々が拘留された。訓練を受けた尋問者はごく少数で、訓練を受けた通訳はさらに少なかった。そこには、ただちに情報を得るべしという上部からの厳しい要求があった。その要求に疑問をはさむことは許されなかった。

政治学者にして拷問研究の権威でもあるダライアス・レジャリも、イラク、グアンタナモ、アフガニスタンの軍事基地すべてで行なわれた、こうした尋問手法について疑念を表明した。彼は、「人は物理的強制という条件下では何も話そうとしない」というのは衆目の一致するところだ、と強く主張している。そのほか、この問題についての記述は、アメリカ陸軍野戦教範の中の尋問マニュアル（FM30―15）や、アメリカ中央情報局クバーク・マニュアル（一九六三年）、人的資源開発マニュアル（一九八五年）などのアメリカ政府の公式文書でも見つけることができる。

ちなみにレジャリは、Salon.comに寄せた小論の中で、こうも断言している。「拷問には、任務に没頭している尋問者に麻薬のような快感を与える邪悪な魅力があるようだが、そこから回復するには数世代を要するという破壊的な後遺症も残す[*68]」

諸悪の根源を求めて

この章での私は心理学的事件記者さながらだったが、次章からは検察官役を演じてみたい。このあと私は、軍の指揮系統から何人かを選んで告発する。彼らは権力を誤用して、グアンタナモ収容所での拷問を許可し、続いてそのやり口をアブグレイブに輸出した。また、憲兵と軍情報部にその拷問戦術の採用を、（耳に心地よい言葉で）許可する一方、1A棟の夜間シフトの憲兵に必要な、リーダーシップや監督、説明責任や任務といった訓練は行なわなかった。よって私は、彼らが遂行の罪と怠慢の罪の両方を犯していると主張する。

また、〝システム〟を仮想の裁判にかけ、最終的にはブッシュ大統領と彼のアドバイザーを被告人席に座らせよう。彼らの罪状は、世界中に広がっているテロとの戦いのために、〝拷問は容認できる必要な戦術だ〟と再定義したことだ。それだけではない。軍によって拘束された反政府分子や外国人に、ジュネーブ条約で認められた保護条項を適用しなかった罪もある。ラムズフェルド国防長官は、〝収監者〟から自供や情報を引き出すというあいまいな目的のために、虐待が容認される尋問センターをいくつもつくったことで告発される。アメリカの道徳規範を侵害した点でも責任があるはずだ。たとえば彼は、自分たちにとって〝価値の高い〟収監者を「囚人特例引き渡し計画」によって外国へ移送し、拷問を〝外注〟した。

私は、ブッシュからチェイニー、ラムズフェルド、そしてそれに連なる指揮系統のヒエラルキーである〝システム〟が、こうした虐待の基礎を築いたことを明らかにしたい。そして、民主主義社会の一員として、今後はけっして虐待が起こらないように、尋問センターの構造と運営方針を変更するよう強く求めたい。

とはいえ、次章は明るい雰囲気で幕を閉じるはずだ。なぜなら、憲兵、軍情報部員、尋問者たちの権限行使を改善するための訓練計画が、アブグレイブで導入されたからだ。二〇〇四年五月、本章で検証したような暴力の防止を目的とした新たな規則を定めるために、心理学者仲間のラリー・ジェイムズ大佐がアブグレイブへ派遣された。興味深いのは、「憲兵と関係者は全員、訓練の一環としてスタンフォード監獄実験のDVDを見る」という規定だ。スタンフォード監獄実験と戦闘地域にある現実の危険な刑務所の類似性を強調することは、拡大解釈だと思われるかもしれないが、大切なのは物理的な相違点ではなく、双方に共通する基本的な心理学的力学だ。[*69]本章の冒頭で紹介したシュレジンジャーの報告や海軍の暗号専門家だったアラン・ヘンズリーによる報告でも、何人かの独立した調査者がこうした比較をすでに行なっていることを指摘しておきたい。

たとえばヘンズリーは、虐待で訴追された被告人たちを分析して、次のように結論づけている。

> アブグレイブの場合、ほぼ同一の要素で構成されたジンバルドーの実験とその結果がすでに存在していたのだから、現場の人間が一連の虐待事件を起こすだろうことは容易に予測できた。[*70]

もうひとつ、この章を終わらせるにあたり、ニューズウィーク誌のバグダッド支局長、ロン・ノードランドの発言を紹介しておきたい。よき意図で始まったはずの戦争の何がまずかったのかについて、彼はこう言う。

何がまずかったのか？　考えられることはたくさんあるが、最大のターニングポイントは、アブグレイブのスキャンダルだった。二〇〇四年四月以降、イラクの解放は、被害対策《ダメージ・コントロール》という点で絶望的になった。アブグレイブの囚人への虐待は、イラク民衆との関係を広い範囲で悪化させた。そのうえ、虐待は成果をもたらさなかった。アブグレイブ刑務所で〝すぐに役立つ情報〟が得られたと軍は主張しているが、あらゆる虐待や辱めが、アメリカ人の命をひとりでも救ったり、大物テロリストの逮捕につながったりした証拠はまったくない。*71

〝システム〟にメスを入れる

軍検察官マイケル・ホーリー少佐は、アイヴァン・フレデリック軍曹の裁判で愛国的な最終論告をした。イラク、アフガニスタン、キューバの軍事刑務所に収容された〝不法戦闘員〟、および拘留者への拷問を分析するにあたり、まずはこの論告を読んでほしい。

思い出していただきたいことがあります、裁判長。敵もまた、われわれ同様、士気によって戦っており、その士気が、現在も将来も、敵軍の巻き返しの原動力となりうるということをです。もうひとつ考えていただきたい。それは、いずれ降伏するかもしれない敵のことです。理想としては、敵がアメリカ陸軍の戦闘力にひるんで降伏してほしい。しかし、仮に囚人——というより敵が、負ければ侮辱と屈辱的処遇は必至だと信じれば、息絶えるまで戦いつづけるのではないでしょうか？　その結果、戦闘中に兵士の命を、状況が違えば失わなくてよい命を奪うのではないでしょうか？　（被告憲兵の）この種の行動は長く尾を引き、最終的には、陸軍兵士、海軍兵士、海兵隊員、航空兵を含む、将来、捕虜になりうるすべての兵士とその処遇に影響を与えるものであることを、ここで申し上げておきます。

検察官はさらに続ける。

最後に、裁判長、われらがアメリカ陸軍の名誉は、尊くも傷つきやすいものであります。われわれはアメリカ陸軍に神聖なる信頼を置いております。どの軍でもそうですが、とりわけ陸軍に信を置くのは、それが大いなる責務と力、他者に武力を及ぼす力を担っているからであります。力による不正な抑圧や、敵対者・暴徒・暴力集団への転身からわれわれをへだてているものはただひとつ、名誉の感覚です。自分たちは正しいことをしている、与えられた命令に従っている、名誉ある行ないをしているという感覚です。この行為（アブグレイブ刑務所での虐待と拷問）は、それを貶めるものであります。ほかのあらゆる軍と同じく、われわれもまた、みずからを鼓舞するためには高い道徳的基準を必要とするのです。[*1]

フレデリックの裁判では、私も最終意見陳述をした。原稿なしで思いつくままを述べたものだったが、その内容は本章で展開する議論の伏線ともなるので紹介しておこう。

フェイ報告書とタグバ報告書（両報告書については後述）からわかるのは、軍がこの裁判に投入している資源や配慮を、いくらかでもアルグレイブに投じていれば虐待は防げた――アブグレイブ事件は起こらなかったということです。しかし、アブグレイブはぞんざいに扱われました。優先事項ではなかったのです。バグダッドの考古学博物館と同じく（この博物館では、バグダッドの〝解放〟後、兵士たちが手をこまねいているうちに貴重な収蔵品が略奪された）、保安面での優先順位が低かったのです。この刑務所の事件は、そうした不幸な状況下で偶発的に起こりました。

したがって私の考えでは、裁かれているのは軍であり、中でもフレデリック軍曹の上官全員です。彼らは何が起きているか知っていたはずで、それを防ぐべきであり、とめるべきであり、問題にすべきでした。裁かれるべきは彼らです。あるいは、仮にフレデリック軍曹に責任があるとしても、彼の処罰がどんなものであれ、どうあるべきであれ、指揮系統全体の責任により酌量されるべきだと考えます。[*2]

アブグレイブで演じられた劇の中心人物は、この悲劇の上演を可能にした演出家、脚本家、舞台監督だ。憲兵たちは、ある意味では単なる端役にすぎなかった。私たちは、尋問の場となったアブグレイブで、システムによるどんな圧力がはたらいていたかを突きとめなければならない。そこには、〝管理の悪〟が存在していた。アブグレイブの虐待と拷問の土台にあったのは、この悪だ。[*3]

アブグレイブ虐待調査がシステムの欠陥を暴き出す

アブグレイブばかりか、イラクやアフガニスタンやキューバの軍収容所でも多数の虐待が報告されたのを受けて、国防総省はこれまでに正式な調査を一〇件以上も行なってきたが、私はフレデリック軍曹の弁護をするにあたって、それらの報告の半分をつぶさに調べてみた。すると、虐待を招く状況をつくった軍と政治の指導者を起訴したケースはほとんどないことがわかった。調査はひとつを除いてすべて軍の命令で実施され、〝加害者に的を絞れ〟という指令が出されていたためだ。唯一の例外は、ラムズフェルド国防長官の命令によるシュレジンジャー報告書だった。これも視野が限られ、期待されるほど独立的でも中立的でもなかったが、軍と政府の指揮系統を告発するための出発点は与えてくれた。

以下、各報告書の内容を紹介していこう（アブグレイブの虐待および調査報告の時系列に沿ったまとめは、ウェブサイトを参照のこと)。*4

最初に警告信号を発したライダー報告書

陸軍の主任法執行官であるドナルド・ライダー少将・憲兵司令官は、サンチェス中将の命で第一回報告書（二〇〇三年一一月六日）を作成した。彼が軍犯罪捜査機関の要請で審理チームのトップに指名されたのは同年八月。この捜査機関は連合軍司令部（CJTF―7）で、陸軍、海軍、海兵隊、空軍の軍人、および国防総省の文官を含む合同捜査班だった。

ライダーの報告書では、イラクの収容所組織の全体が検証され、改善案が勧告されている。そして結論として、深刻な人権侵害があり、訓練と人員が「システム全体にわたり」不適切だったのは明白だと述べている。また、情報部が憲兵に、囚人に対する尋問の「準備」作業への協力を求めたことを指摘し、囚人を監視するだけであるはずの憲兵と、囚人の尋問が任務である情報部チームとの境界があいまいであることにも懸念を示している。

情報部と憲兵とのあいだにこうした緊張関係が生じた発端は、アフガニスタン戦争にさかのぼる。このとき憲兵は、情報部に協力して「面談前に好都合な条件を整え」た。これは、囚人の意思をくじくことを意味する婉曲表現だ。「憲兵の役割を定義し……看守の仕事を情報部の仕事から明確に切り離す」手順を確立するよう求めたライダーの報告は、軍収容所機構にたずさわる者すべてに伝えられるべきだった。

しかし、この価値ある貢献にもかかわらず、「ライダーは自分の警告を徹底しなかった」と、ジャーナリストのセイムア・ハーシュは言う。「状況はまだ切迫していないと結論づけたからだ。ライダーは、手順の一部に欠陥はあるにしても、『不適切な監禁処置を意図的に行なっている憲兵隊はない』と述べた」。この報告書が発表された二〇〇三年秋は、１Ａ棟で目にあまる虐待が最も多く起きた時期だったが、ジョー・ダービー特技兵による暴露（二〇〇四年一月一三日）よりは前だった。このスキャンダルをおおやけにした、ハーシュによるニューヨーカー誌の記事（二〇〇四年五月五日）は、ライダー報告書について、「彼の調査はよく言えば失敗、悪く言えば隠蔽だ」と結論づけている。[*5]

徹底的で手厳しいタグバ報告書[*6]

二〇〇四年一月、軍上層部と犯罪捜査チームの内部で例の悪名高い写真が浮上、サンチェス中将はもはや体裁をとりつくろったライダーの報告に甘んじているわけにはいかなくなった。そこで、アントニオ・M・タグバ少将を指名し、拘留者に対する虐待の疑義、記録にない脱走、広い範囲に及ぶ規律と報告責任の欠如について、より本格的な調査を命じた。タグバは立派に務めをはたし、二〇〇四年三月、詳細かつ広範な調査結果を発表した。その報告書は、司令官の職務怠慢を糾弾し、同僚司令官のその他の重大な過失を告発し、〝例の写真〟の一部も証拠として挙げていたことから、本来は機密として扱われるはずだった。しかし、あまりに興味をそそる内容だったため、メディアへの流出（おそらく大金を積まれのだろう）は避けられなかった。

結局、タグバ報告書はニューヨーカー誌にリークされ、前述したように、おもな出来事と写真がハーシュの記事によっておおやけにされた。だが、写真はそれ以前に『60ミニッツⅡ』のプロデューサーに渡っており、二〇〇四年四月二八日に放映された（これが発端となって、私はこの冒険に乗り出したのだ）。

タグバは報告書で、ただちにライダーの報告に異議を唱えた。まず彼は、「残念ながら、ライダーが審査して浮上した多数のシステムの問題は、この調査でもまったく同じだった」と記している（傍点著者）。そして、「実際、拘留者に加えられた虐待の多くは、あの審査の最中か前後に起きた」と記し、こう続ける。「ライダー少将の報告書の結論に反し、第八〇〇憲兵旅団、第三七二憲兵中隊に配置された隊員は、刑務所の業務手順を変更して情報部の尋問のために〝条件を整える〟よう指示されていた」。タグバ報告書で明らかになったのは、陸軍情報部員、CIA職員、民間業者、その他の政府機関が「証人尋問に好都合な肉体的・精神的条件を整えることを憲兵の看守に強く求めていた」ことだった。

この記述の裏づけとして、タグバは数人の看守の宣誓供述を引用した。

第三七二憲兵中隊のサブリナ・ハーマン特技兵は、拘留者の指とつま先とペニスに針金をつけて箱の上に立たせた事件について、宣誓供述でこう述べている。「自分の仕事は、拘留者を眠らせずにおくことでした」。彼女によれば、情報部員はグレイナー伍長に相談を持ちかけていたという。「情報部が求めていたのは、彼らの口を割ることでした。グレイナーとフレデリックの仕事は、情報部やほかの政府機関が彼らの口を割る手伝いをすることだったのです」

情報部と政府機関が看守の憲兵にどんな影響を与えたかについて、ジャヴァル・デイヴィス軍曹は次のように証言している。

「情報部の拘留区域である1A棟で、道徳的に問題だと思われるいろいろなことを囚人がさせられているのを目撃しました。われわれは1A棟で、囚人の処遇については独自の規則と管理運用規定があると言われました。その規則も管理運用規定も見たことはなく、口頭で伝えられただけです。1A棟の責任者になっていたのはグレイナー伍長でした。彼は、政府の職員と情報部兵士はいろいろ指示をするが、書面で指示されたことは一度もないと不満を漏らしていました」

また、1Aと1Bはほかの棟となぜ規則が違うのかと聞かれたデイヴィス軍曹は、こう答えた。「ほかの棟は一般囚人向けですが、1A／Bは情報部の拘置所だからです」。さらに、なぜこの虐待のことを自分の指揮系統に伝えなかったのかと聞かれるとこう答えた。「もし彼らがふつうでないことや指針から外れたことをしているなら、誰かが何か言うはずだと思っていたからです（またしても怠慢の悪だ）。それに、この棟は情報部のもので、情報部員は虐待を認めていたように見えました」

デイヴィス軍曹はまた、情報部員が看守に、拘留者を虐待するようほのめかすのを聞いたとも述べた。どう言ったのか聞かれると彼は、「こいつをおとなしくさせてくれ」「ひどい夜にしてやれ」「しっかりお仕置きしてやれ」と言ったせりふを口にした。デイヴィス軍曹によれば、そうした指示はグレイナー伍長とフレデリック軍曹に向けられた。

そして最後にこう述べた。「私の理解では、情報部員はグレイナーのやり方を褒めていました。たとえば、『よくやった、あっという間に落ちたよ。何を聞いても答える。いい情報をとうとう漏らしたぞ』とか、『この調子で頼む』といった具合です」

報告書には、第三七二憲兵中隊のジェイソン・ケネル特技兵がタグバに語った言葉もある。これは、スタンフォード監獄実験でも、規則違反をした囚人のマットレスやシーツ、衣服や枕を看守が取りあげたことを思い出させた。

「彼らが裸なのが見えましたが、情報部員はマットレスもシーツも衣服も取りあげるよう命じました」。情報部員の誰がそれを指示したかは思い出せなかったが、彼はこう述べている。「そうしてほしければ、私に書面で伝えるべきでした」。彼はあとになって「われわれは、囚人が困るようなことをしてはいけなかった」と知らされたのだ。

これらは、1A棟で日常的に虐待が行なわれていたこと、情報部員をはじめとする諜報員が憲兵に非公式に虐待を促していたことを示す、ほんの一例にすぎない。彼らは裏で虐待を命じておきながら、表向きの公式発表では「囚人虐待や非人道的扱いは絶対に許さない」の一点張りだった。そうしたやり口が、その後、もっともらしい否認の口実を生んだのだ。

スタンフォード監獄実験との類似性を感じさせる点はほかにもあった。たとえば、タグバ報告書は〝点呼〟の統一の必要性を強調している。スタンフォード監獄実験でも、点呼が虐待の機会として重要な役割を帯びていった。この報告書では、「第三二〇憲兵大隊による拘留者の点呼の仕方には統一性がなかった」とし、次のように苦言を呈している。

収容所内の各施設が、それぞれ違う方法で点呼をしていた。拘留者を一〇人ずつ縦列に並ばせる施設もあれば、一列に座らせる施設もあった。敷地の片端に全員を並ばせ、もう一方の端に移動させながら点呼をとった施設もあった。

報告書によれば、行き過ぎた拘留者虐待を知った軍上層部が、軍法会議にかけるよう勧告したものの、その意志を貫くにはいたらなかった。彼らは虐待に気づいていながら行動を起こさなかった。そのせいで、囚人を虐待してもとがめられないという印象が強まってしまったのだ。

旅団幹部が兵士への伝達を怠った、あるいは兵士の戦術技能の向上をはからなかったことを明示する別の例は、二〇〇三年五月一二日、イラクのキャンプ・ブッカで起きた抑留者虐待事件に関わっている……

> 犯罪捜査部の徹底的な調査により、第三二〇憲兵大隊の兵士四人が、タリル空軍基地からの移送任務後、抑留者を殴ったり蹴ったりしたと断定された……四人の兵士に対する軍事司法統一法典による正式の起訴は避けられたが、ジェントリー中佐によって、法典第三二条にもとづく取り調べが行なわれた。中佐は四人の被告人を高等軍法会議にかけるよう勧告し、カーピンスキー准将がこれを支持した。
> 　この虐待は記録されていたが、カーピンスキー准将が兵士たちに、捕虜の処遇に関するジュネーブ条約を思い出させたり、虐待の繰り返しを防ぐ手だてを講じたりした証拠はない。また、この虐待事件に関与した兵士の司令官であるフィラボーム中佐（昇進予定）が、兵士に対して抑留者の処遇に関する適切な訓練を受けさせようとした証拠もない。

●問題は、コミュニケーションも教育もリーダーシップもなかったこと

タグバが提示した多くの事例から、兵士も陸軍予備役憲兵も適切な訓練を受けておらず、刑務所の看守という困難な役目を務めるために必要な物資も情報も与えられていなかったことがうかがえる。報告書にはこうある。

> 第八〇〇憲兵旅団と所属部隊においては、法律・規定・原理・命令に関して、知識と実践と徹底が全般的に欠如している……
> 　収監後に拘留者と受刑者をどう扱うかは、個々の抑留施設、刑務所、収容所によってまちまちであり、第八〇〇憲兵旅団の担当地域では、シフトによってさえ異なっていた。（傍点筆者）

また、こんな記述もある。

アブグレイブとキャンプ・ブッカの両収容所では、収容人数が最大収容能力を大幅に超える一方、看守に関しては人数も物資も不足していた。さまざまな施設で、この不均衡が一因となって、劣悪な生活状況、脱走、報告義務の不履行が起きている。施設が過密であるせいで、拘留者の中から脱走や暴動を組織しそうなリーダーを発見し隔離する能力も、限られてしまっている。

報告書はさらに、チップ・フレデリックが自分の棟の治安維持について挙げた問題のひとつを認めている。大勢の身元不詳の民間人と、面識のない人間が出入りし、フレデリックと部下たちに命令していたという問題だ。

概して、アメリカの民間軍事会社（タイタン社、ＣＡＣＩなど）の社員、第三国の国民、地元の民間業者は、アブグレイブ刑務所内で適切に監督されていないようである。われわれの現地視察中も、彼らは好き勝手に収監区域内を歩きまわっていた。さまざまな服装（私服や砂漠用迷彩服）の民間人が収監区域内やその周辺に存在するのは、混乱の原因になるとともに、報告義務の遂行と脱走の発見が困難になる一因ともなっている。

さらにタグバは、囚人の脱走と暴動の事例を多数記録し、憲兵と拘留者の衝突で死者が出たことも述べている。そして、どの事例でも同じ結論を繰り返している。「発見、要因、改善策に関する情報は何ひとつ、われわれ調査チームに提示されなかった」。報告書は、ある大規模な囚人の暴動で死者が出たことも指摘しているが、暴動に関してはチップ・フレデリックも言及している。前述したように、彼は、その暴動の首謀者が１Ａ棟に移送されることになり、そこから虐待にいたったと述べている。

二〇〇三年一一月二四日。暴動および一二人の拘留者への銃撃……一三時〇〇分ころ、数人の拘留者がガンチ収容所内の全域で暴動を開始した模様。その結果、拘留者三人が射殺され、九人が負傷、アメリカ軍兵士も九人負傷した。ブルース・ファルコン大佐（第二二〇憲兵旅団、副司令官）による、陸軍規則一五―六にもとづいた調査の結論は以下のとおり。拘留者は生活環境に抗議して暴動を起こし、それが激化した。殺傷力のない武器では効果がないため、第三二〇憲兵大隊司令官による非常時抑制策「ゴールデン・スパイク」の実行以後は、殺傷力を持つ武器の使用が許可された。

この暴動と、殺傷力のある武器による鎮圧の責任はどこに、あるいは誰にあるのか？　タグバは、多数の問題が関わっているとして、次のように指摘している。

さまざまな要因としては、看守の総合的訓練の欠如、管理運用規定の不足あるいは欠如、勤務交代の前の看守による正式な点呼の不徹底、予行演習と実地訓練の欠如、生命に関わる衝突とそうでない衝突を混同した武器使用、事件後の事後報告の欠如、交戦・活動規則の非公示および理解不足、囚人の過密、軍服の非統一、司令部と兵士のあいだのコミュニケーション不足などが挙げられる。

とりわけタグバが憂慮したのは、軍司令部が、憲兵旅団の訓練が明らかに不十分だと知っていながら、まったく改善に乗り出していなかった点だ。

第八〇〇憲兵旅団は、アブグレイブ刑務所の運営といった任務のために、適切な訓練を受けていなかったことが判明した。ライダー報告でも指摘されているように、第八〇〇憲兵旅団の部隊は、動員されている期間中、矯正にふさわしい訓練を受けていなかった。動員前も動員後の訓練中も、具体的な任務の指令を受けておらず、その結果、特定の任務に特化した訓練ができなかった。動員拠点で行なわれた訓練は、中隊レベルで計画、実施されたものであって、大隊・旅団レベルの指示や監督はなく、主としてごく一般的な任務と法執行の訓練だけだった。司令部は、その不完全さを認識していたにもかかわらず、矯正にふさわしい訓練を要請した証拠は見当たらなかった。憲兵学校長にも、ドイツのマンハイムにあるアメリカ陸軍刑務所にも、陸軍憲兵隊総司令官にも、カンザス州レヴンワースのアメリカ陸軍教化隊［訳注：軍刑務所］にも……訓練を要請した形跡はない。

今回の調査でわかったのは、カーピンスキー准将とその部下が、イラクの統合作戦区域全域にわたり、適切な資源の配分をしていなかったということだ。アブグレイブ（BCCF＝バグダッド中央拘留所）は通常六〇〇〇～七〇〇〇人の拘留者を収容していたが、運営にあたったのは一大隊のみだった。その一方、HVD（注目度の高い拘留者）施設は、わずか一〇〇人の拘留者の収容に対し一大隊全体で運営されている……

深刻な人員不足に加えて、アブグレイブに配置された陸軍兵士の生活の質はきわめて低かった。食堂も、売店も、理髪店も、福利厚生・レクリエーション施設もなかった。無数の迫撃砲やライフル、携行式ロケット弾で無差別攻撃され、施設内の兵士も拘留者も深刻な脅威にさらされた。収容施設の過密状態も深刻で、旅団は、兵站《へいたん》面の深刻な問題を解決できる物資と人員を欠いていた。最終的に、それまで互いに親しくなっていた旅団内の兵士たちは、上官と部下の適切な関係よりも友情を優先したように見える。

●怠慢で力不足の司令官をタグバが糾弾する

タグバ少将の報告書には、ほかのどの調査とも一線を画す特色がある。そのひとつが、軍人としてのリーダーシップを発揮しなかったという理由で、軍による懲罰に値する人物を積極的に特定していることだ。少将がおおぜいの軍指導者を名指しし、軍人としてのリーダーシップの手本どころかまねごとでしかない指揮をとったとして糾弾した理由は、時間を割いて説明するに価する。

アブグレイブにおける第八〇〇憲兵旅団の任務に関しては、司令官のあいだに明らかな摩擦とコミュニケーション不足があったことが判明した。その司令官とは、二〇〇三年一一月一九日からアブグレイブ前方作戦基地を指揮した第二〇五軍事情報旅団司令官と、前方作戦基地内の拘留者管理を指揮した第八〇〇憲兵旅団司令官だ。アブグレイブでは、司令部の責任に明確な区分がなく、司令官レベルでの調整は皆無に等しかった。また、ふたつの職務の統合もなかった。調整が行なわれたのは最下級レベルで、司令官の監督はほとんど及ばなかった……

第三二〇憲兵大隊は、二〇〇三年五月にフィラボーム中佐の指揮のもと、ブッカ戦域捕虜収容所で虐待を引き起こした部隊として、すでに汚名を負っていた。つまり、フィラボーム中佐は司令官としても指導者としても力不足だと実証されていた。にもかかわらず、カーピンスキー准将は彼を大隊の司令官の座に留まらせた。その大隊は、准将の率いる第八〇〇憲兵旅団の中で最も問題があり、圧倒的多数の拘留者を監視していた……

多くの証人が、第八〇〇憲兵旅団第一部［訳注：人事担当］のヒンズマン少佐と第四部［訳注：兵站担当］のグリーン少佐が職務怠慢だったと証言しているが、いくつもの苦情にもかかわらず、ふたりとも解任されず、それが旅団員の業務効率と士気に悪影響を及ぼした。そのうえ、旅団司令部法務官のジェイムズ・オヘア中佐は、指導力に欠けており、みずからの行動にまったく責任を負おうとしなかった。また、旅団副隊長のゲイリー・マドックス中佐は、人員の優先的配置も、必要に応じた明白な矯正措置も、日常業務の監督も怠り、旅団員を適切に監督しなかった……

さらにおおぜいの将校と上級下士官が、この時期の不祥事で譴責・懲罰を受けている。

この分析を読むかぎり、アブグレイブでは、1A棟の夜勤の陸軍予備役憲兵だけでなく、将校レベルでも、男子学生寮さながらの愚行が繰り広げられていたと結論せざるをえない。結局、将校と下士官の計一二人が、不祥事、職務怠慢、リーダーシップの欠如、過度の飲酒に対して譴責あるいは(軽度の)懲戒を受けた。突出した例では、第八七〇憲兵中隊司令官のレオ・メルク大尉が、部下である女性兵士たちのヌード写真を盗み撮りした。別の例では、複数の下士官が下級将校と不適切な交友関係を持ち、車を降りる際、携行していたM―16ライフルを必要もなく発射した。この意図せぬ過失により、燃料タンクが爆発した。

タグバは、一般兵士と予備兵の立派な手本であるべき司令官十数名について、降格あるいは解任し、譴責処分にすべきだと勧告している。以下に挙げる軍上層部の各人については、リーダーシップの欠如を示す具体例も挙げている。第八〇〇憲兵旅団司令官、ジャニス・L・カーピンスキー准将。第二〇五軍事情報旅団司令官、トーマス・M・パパス大佐。第三二〇憲兵大隊司令官、ジェリー・L・フィラボーム中佐(昇進予定)。統合尋問聴取センター前所長兼第二〇五軍事情報旅団連絡将校、スティーヴン・L・ジョーダン中佐。第三二〇憲兵大隊第三部〔訳注：作戦担当〕、デイヴィッド・W・ディネンナ少佐。第三七二憲兵中隊司令官、ドナルド・J・リース大尉。

同じくタグバが名を挙げている下級将校は、1A棟における地位からしても重要だ。以下はその一部である。第三七二憲兵中隊小隊長、ルイス・C・レイダー中尉。第三二〇憲兵大隊作戦担当下士官、マーク・エマーソン上級曹長。第三七二憲兵中隊、ブライアン・G・リピンスキー曹長。第三七二憲兵中隊一等軍曹、シャノン・K・スナイダー一等軍曹。報告書は、1A棟の運営責任者であったはずのリース、レイダー、エマーソン、リピンスキー、スナイダーがともに譴責されるべきだとしている。彼らには、以下のうちひとつあるいは複数の容疑がかけられている。

●ジュネーブ捕虜待遇条約により拘留者に与えられる保護について、直属の陸軍兵士に知らしめ理解させることを怠った。

●アブグレイブのハードサイト1A棟を持ち場とし、〝訪問〟していた部下の陸軍兵士の適切な監督を怠った。

●兵士としての基本的な倫理、技量、報告義務を適切に確立し、実践することを怠った。

●拘留と強制移住の実施に際し、直属の陸軍兵士に適切な訓練を受けさせることを怠った。

チップ・フレデリックや同じシフトの看守だった憲兵たちは、申し立ての中で、「拘留者に尋問の準備をさせるとき、何が正しく何が許されないか皆目わからなかった」と言ったが、それはこの報告書によっても裏づけられている。

だが、非があるのは軍だけではない。調査では、民間軍事会社の尋問担当者と通訳数人も、個人的に虐待に関わっていたことが明らかになっている。タグバ報告書は、そうした民間人のうち、以下の容疑者を特定している。CACI社員、スティーヴン・ステファノウィッツ（連邦政府との契約で第二〇五情報旅団に所属していた民間の尋問者）。同じくCACI社員、ジョン・イズリアル（連邦政府との契約で第二〇五情報旅団に所属していた民間の通訳者）。

ステファノウィッツの容疑は「尋問技術の訓練を受けていない憲兵に、〝条件を整え〟て、尋問を手伝うことを許可、指示した」ことだった。それは「許可もされていなければ、適用される規定や方針からも外れていた。彼は明らかに、自分の指示が肉体的虐待（傍点筆者）に等しいことを知っていた」。これこそ、フレデリックとグレイナーが、「1A棟のおもな仕事を仕切っていたと見られる民間人から促された」と報告した事態だ。〝おもな仕事〟とは、必要ならばどんな手段を使ってでも、すぐに役立つ情報を手に入れることだった。

このほかタグバは、スナイダー一等軍曹が「直属の兵士が目の前で拘留者の素手と裸足を踏みつけて虐待したのに、報告を怠った」件について警告し、〝怠慢の悪〟の悪い見本の影響も明らかにしている。

こうして、タグバは力強い結論に達する。アブグレイブの虐待の件でまだ審理されておらず、告発すらされていない軍将校と民間人軍属の罪について、彼はこう述べている。

> 数人のアメリカ陸軍兵士は、イラクのアブグレイブおよびキャンプ・ブッカで、目にあまる行為と重大な国際法違反を犯した。そればかりか、第八〇〇憲兵旅団および第二〇五軍事情報旅団の上層部のおもだった指導者たちは、二〇〇三年八月から二〇〇四年二月まで、アブグレイブとキャンプ・ブッカの拘留者虐待を防ぐために定められた規定、方針、司令部からの指令を遵守しなかった……
>
> ことに、トーマス・M・パパス大佐、スティーヴ・L・ジョーダン中佐、スティーヴン・ステファノウィッツ氏、ジョン・イズリアル氏は、直接的あるいは間接的にアブグレイブの虐待に責任があると私は見ており、前段で述べた処罰をただちに行なうよう強く勧告する。手続第一五条による取り調べを開始し、彼らの罪をあますところなく見極めるべきなのは、言うまでもない。（傍点筆者）

数人を非難しただけのミロラシェク報告書

アフガニスタンとイラクで確認された九四件の虐待と、アメリカ軍による方針に反する行為を引き起こした状況について調査したのは、陸軍監察官であるポール・T・ミロラシェク中将だった（報告書は二〇〇四年二月一〇日に発表）。この報告書では、虐待の誘因となった上級司令官・将校の不適切な決断がいくつも特定されていた。だが、虐待は軍の方針の産物でも、上級将校の過失でもないと結論づけ、虐待にたずさわったとして、非難の矛先を下級兵士たちに向けている。中将によれば、アフガニスタンとイラクの軍収容所で起きた九四件の拘留者虐待は、「少数の個人が許可なく行なった行為」だけが原因だという。九四件の虐待は、1A棟の夜間シフトの範囲をはるかに超えた場所で起きていたが、この監察官は、被害の責任を指揮系統全体からすっぱりと切り離したのだ。

上層部によるこうした〝ごまかし〟は、ライダー報告書とそっくりだ。とはいえ、上層部の責任を認めない中将の結論は、同じ報告書のほかの指摘としばしば矛盾している。

この報告書は、部隊が「拘留者の処遇について司令部からあいまいな指導」を受けたとし、さらに、尋問について定められた方針は「明確でなくあいまいさを含んでいた」としている。また、イラクの収容所において、上級司令官がグアンタナモ収容所(ギトモ)の指針を活用すると決めたのは間違いだったとしている。ギトモの抑留者は、テロや武装蜂起との戦いに役立つ情報を引き出せる可能性のある、重要度の高い「外国人戦闘員」と見られていた。ラムズフェルド国防長官が、そうした抑留者に適用すべき一連の厳しい尋問戦術の大枠を決めたのだが、その戦術がどういうわけか海を越え、イラクの収容所と一般拘留者にも適用された。ミロラシェク報告書には、上級将校によるこの行為は「グアンタナモの尋問のみに適用される指針であると明記したラムズフェルドの決定の文言と矛盾するように見える。そのせいで、ことにストレスの度合いが高い戦闘状態においては、濫用の余地をかなり残す〝リスクの高い〟尋問手法が用いられることになった」とある。

上と外にも非難の矛先を向けたフェイ/ジョーンズ報告書[*7]

第二〇五軍事情報旅団がアブグレイブでの拘留者虐待に関与した容疑については、ジョージ・R・フェイ少将が調査を指揮し、アンソニー・R・ジョーンズ中将が補佐についた。この調査では、旅団司令部より上の組織や個人が虐待に関与したかどうかも検討された。[*8] 報告書では、虐待を犯した個人（おなじみの「道徳的に堕落した少数の兵士と民間人」）に責任を帰し、その気質に原因を求める一般論を提示しながらも、示唆に富む方法で、状況・システム要因にまで原因を広げている。

まず、フェイ／ジョーンズ報告書は導入部で、「アブグレイブの出来事は、それだけを孤立させて理解できるものではない」とし、そのうえで、〝作戦環境〟が虐待にどう影響したかを概説している。その内容は、私が提示してきた社会心理学的分析とも合致し、虐待行為には状況の力とシステムの力の両方が強くはたらいたことを詳述している。

以下は、最終報告書からの抜粋だ。

ジョーンズ中将によれば、上級将校たちは虐待してはいないが、赤十字国際委員会の報告に直ちに対応せず施設の監督を怠り、明確で一貫した戦術遂行の指針に欠けた通達を出した責任がある。

フェイ少将によれば、第二〇五軍事情報旅団員二七人が、二〇〇三年七月二五日から二〇〇四年二月六日にかけて以下のような行為に及んだとされている――憲兵に拘留者虐待を求め、勧め、黙認し、ときには虐待に参加した。また、定められた尋問手順や、尋問中に適用される法律と規則に違反した。（傍点筆者）

アブグレイブに配置された部隊の指導者や、陸軍兵士と部隊を監督する指導者は、部下の監督またはこの重要な任務の直接の監視を怠った。彼らは兵士に適切な訓練をしなかった。過ちから学ばず、任務に特化した研修を継続的に実施しなかった……有効なリーダーシップの欠如が一因となって、暴力的あるいは性的な虐待事件と、誤解や混乱による事件の両方について、発見と予防措置が遅れた……原則が守られ、任務のための研修が行なわれていれば、虐待は起きなかったはずだ。（傍点筆者）

ふたりの将校によるこの合同報告書には、彼らがアブグレイブの虐待の原因と考えた複数の要因がまとめられている。おもな原因として挙げられているのは、以下の七つだ。

- 個人の犯罪的傾向（予備役憲兵にあるとされた性向）
- リーダーシップの欠如（システム要因）
- 旅団および上層部における指揮系統の機能不全（システム要因）
- 尋問業務への複数の機関・組織の関与（システム要因）
- 嘱託の尋問官／分析官／言語専門家の選別、認定、その後の統合における効率の欠如（システム要因）
- 尋問業務における憲兵と情報部の役割と責任についての明確な理解の欠如（状況・システム要因）
- 安全と治安の欠如（状況・システム要因）

つまり、フェイ／ジョーンズ報告書は、虐待を引き起こした七つの要因のうち六つまでは状況あるいはシステム要因に帰するとした。さらには、視野を広げて、虐待の引き金として重要な役割をはたした多数のシステム的欠陥にも光をあてている。

個人の責任、指導者の責任、司令部の責任を超えたところに目を向ければ、システム上の問題や課題もまた、虐待が起きた不安定な環境を生む一因となっていた。この報告書は、数十に及ぶシステム上の欠陥を特定し、列挙している。それらは原則と方針に関わることから、リーダーシップと司令部と統率、物資と訓練にいたるまでの諸問題までを含む。

●ＣＩＡの違法な活動への協力という「チームワーク」

ＣＩＡが虐待を伴う尋問にはたした役割は内密のはずだが、驚いたことに、この報告書ではその役割を公然と批判している。

> 尋問者の行為および拘留者に関する説明責任が組織に欠けていたせいで、アブグレイブの拘留者管理は正常な状態になかった。ＣＩＡがいかにして、どんな権限のもとに「拘留者二八」（この拘留者マナデル・アル＝ジャマディについては後述）のような囚人をアブグレイブに収容できたのかは、はっきりしない。この件に関しては、ＣＩＡと連合軍司令部（ＣＪＴＦ－７）とのあいだで交わされた了解覚書が存在しないからだ。現地のＣＩＡ幹部はパパス大佐とジョーダン中佐を説得し、現地で確立していた規則と手順から外れた活動を許可させた。（傍点筆者）

この記述をしばし反芻してから、軍とＣＩＡの関係についてさらに考えてみよう。フェイ／ジョーンズ報告書によれば、「パパス大佐から、ＣＩＡによるアブグレイブ刑務所の使用についての相談を持ちかけられたブロッツ大佐は、全員がひとつのチームだからという理由で、ＣＩＡに協力するよう勧めた。ブロッツ大佐は、ジョーダン中佐にも協力するよう指示した」。

●不健全な労働環境の創出

この報告書は、ＣＩＡ諜報員によるこの種の〝法を超越した〟秘密工作が、ガンに侵されたような環境をいかに助長したかを詳述している。

―「拘留者二八」の死や、尋問室に弾丸を込めた銃が持ち込まれたといった出来事は、アブグレイブのアメリ

> 力人には（情報部員にも憲兵にも）周知のことだった。個人が責任を負わず、一部の人間が法と規則を超越していたことで、憶測と反感が生まれた。そしてその反感が一因となり、アブグレイブに不健全な環境が生じた。「拘留者二八」の死は未解決のままである。

ここでは、殺人の罪を免れる隠れみのとなった〝匿名での任務〟についても言及している。いわく「アブグレイブで活動するＣＩＡ諜報員は偽名を使い、本名はけっして明かさなかった」。

●憲兵の自己弁護が真実だとわかるとき

「虐待行為の多くは、情報部のために働いていたさまざまな人によって奨励・支持されていた」というチップ・フレデリックを含む夜間シフトの憲兵の申し立ても、この調査で裏づけられている。

> 起訴された憲兵の申し立てによれば、彼らの行為は情報部の指示によるものだった。自己弁護になってはいるが、申し立てには事実にもとづいた部分もある。**アブグレイブでつくりだされた環境が一因となって**、そうした虐待が起き、**長いあいだ上級機関の目から隠された**のだ。裸にして侮辱する、ストレスをかけたり身体的訓練（体操）をさせたりするといった行為から始まったものが、道徳的に堕落し監督を欠いた兵士と少数の民間人のグループによって、性的・身体的暴行に発展した。（傍点筆者）

調査にあたった将官は繰り返し、状況およびシステム要因が虐待に主要な役割をはたしたことを強調している。とはいえ、虐待犯の性向に原因を帰するのはやめなかった。虐待犯は〝道徳的に堕落した〟少数の個人、いわゆる腐ったリンゴであり、それを除けば、樽の中には申し分のない〝大多数の兵士たちの気高い行為〟があふれんばかりに詰まっているというわけだ。

●汚れ役を演じる忠犬

フェイ／ジョーンズ報告書は、尋問の効率化のために〝容認された〟戦術のいくつかを詳述し、それを非難した文書のさきがけとなった。たとえばジェフリー・ミラー少将は、犬の利用をキューバのギトモ収容所から持ち込んだものと指摘しつつ、「拘留者を〝怖じ気づかせる〟ために犬を利用する手法は、適正な許可なしに使われた」とつけ加えている。

囚人を怖じ気づかせるために口輪をはめた犬を使うことがいったん許可されると、さらに恐怖を煽るために、今度は勝手に犬の口輪が外されるようになった。報告書では、身元を明らかにされたある民間人尋問者（第二一号、民間会社CACIの社員）が、尋問に口輪を外した犬を使い、この犬は拘留者を護衛するためのものじゃないんだぞ、と憲兵に怒鳴ったという。直前には、犬の嚙みちぎる力を見せつけるため、その犬に拘留者のマットレスを引き裂かせていた。

別の尋問者（陸軍兵士一七、第二軍事情報大隊）も、犬の不適切な使用を報告しなかったとして告発されている。この尋問者は、軍用犬係がふたりの少年拘留者を怖がらせるために、監房に口輪を外した犬を送り込んでやりたい放題させるのを黙って見ていた。また、軍用犬係が、拘留者を失禁させるまで怖がらせる競争をしようと話していたのも報告しなかった。彼らは、犬をけしかけて脅し、すでに数人の拘留者を失禁させたと言っていた。

●裸の囚人は非人間化された囚人である

拘留者に協力させるために裸にするという手法は、アフガニスタンとグアンタナモの収容所から持ち込まれたものだった。フェイ／ジョーンズ報告書は、アブグレイブでこの戦術が使われた際、「権威と適正な法的見解の境界があいまいになった」と指摘している。だがイラクの戦域では、この手法がひたすら押し進められた。囚人を裸にしたことの意味は重い。それが拘留者の〝非人間化〟をさらに進めるのにひと役買い、憲兵による、より過酷な虐待の温床になったと見られるからだ。

●分離が隔離になるとき

サンチェス中将は、特定の拘留者に対する長期〝隔離〟戦術を認めた。彼が真に意図したのは、ほかの囚人仲間からの〝分離〟だったようだが、アブグレイブのハードサイトでは、言葉が額面どおりに受け取られ、多くの拘留者が完全隔離された。独房での監禁と同様、「看守から最低限の世話と食事を与えられ、情報部員から尋問されるほかは」、外部からの接触を完全に絶たれたのだ。フェイ／ジョーンズ報告書によれば、「そうした独房は風通しが悪いか、まったく通気性がなく、真っ暗で、しばしば酷暑あるいは酷寒にさらされた。隔離室が使われる際は、管理も監視もずさんだった。隔離戦術の適切な訓練も明確な指針も与えられず、経験もなかったため、憲兵も情報部員もタガが外れたようにさらなる虐待へ走った。感覚は遮断され、生活条件は危険で不健康なものだった」

●責任は誰に――将校、情報部員、尋問官、分析官、通訳、翻訳者、衛生兵

フェイ／ジョーンズ報告書は、虐待に責任があると判明した二七人全員の名前や識別番号を挙げ、有罪と断じて締めくくられている。私にとって重要なのは、虐待を知り、目撃し、さまざまな方法でそれに加担さえしながら、虐待の防止や中止、あるいは報告のために何もしなかった人の数だ。こうした人々が、やりたい放題を続けても許されるという〝社会的証明〟を憲兵に与えた。平然と笑みを浮かべる彼らの顔は、尋問チームのネットワークによる支援を意味していた。譴責を受けるはずの虐待に賛同の意が表されたのだ。ここでも、怠慢の悪が作為の悪を促していた。

衛生兵と看護兵に罪があるのは、多くの場合、苦しんでいる犠牲者を助けず、暴力を目前にしながら見て見ぬふりをし、さらにひどいことをしたからだ。彼らは虚偽の死亡証明書に署名し、負傷や手足の骨折の状態を偽った。医学・生命倫理学の教授であるスティーヴン・H・マイルズの著書 *Oath Betraya* （誓いへの背信）によれば、彼らはヒポクラテスの誓いを破り、「魂を二束三文で売った」のだ。[*9]

容疑者リストの筆頭にくるのは、またもや適性に欠けるパパス大佐だ（彼には一二の嫌疑がかけられている）。そして、またもやスティーヴン・ジョーダン中佐（統合尋問聴取センター所長）だ。さらに、タグバの容疑者リストには挙げられていない将校、デイヴィッド・プライス少佐（同センター執行役員）、マイケル・トンプソン少佐（同センター副執行役員）、キャロリン・ウッド大尉（同センター尋問管理分隊担当将校）も責めを負うべきだとされている。

キャロリン・ウッド大尉は、まだ中尉だった時代に、第五一九軍事情報旅団長として重責を担ったが、そのときにも虐待事件が起きていた。アフガニスタンのバグラム収容所で、彼女がより厳しい尋問指針を許可した結果、拘留者にひどい殴打が加えられたのだ。ひとりは命を落とし、別の女性拘留者はウッドの部下である三人の情報部尋問官から性的暴行を受けた。フェイ／ジョーンズ報告書は、ウッド大尉がその虐待を知っていたことから、「アブグレイブで拘留者が虐待される可能性を認識していたはずだ」と指摘している。

ちなみにこの大尉は、アフガニスタンでの任務後に青銅星章［訳注：空中戦以外の勇敢な行為をした者に授けられる］を授与され、アブグレイブの虐待が発覚したあとにも、昇進と同時に再び青銅星章を授与されている。[*10] 彼女のようなリーダーが高い評価を得るとすれば、軍事組織における悪いリーダーとはどんな人物なのだろう？

1A棟での虐待は、おおぜいが目にしていた。しかし、彼らはみな傍観者となり、介入しなかった。そしてそれが、虐待を長引かせる一因となった。目撃しながら何もしなかった者としては、以下の面々が挙げられている。

●情報部尋問官の陸軍兵士一五、および陸軍兵士二二（拘留者を〝練習台〟にして失神するまで殴打したと憲兵が話すのを耳にしていた）。
●情報部分析官の陸軍兵士二四（拘留者虐待の現場写真の多くに写っている）。
●尋問官の陸軍兵士二五（軍用犬係が犬をけしかけて拘留者を脅し、監房に追いつめるのを「面白いと思ったという」。この女性兵士は裸の囚人のピラミッドがつくられた現場にもいた)。
●衛生兵の陸軍兵士二〇(囚人の虐待を目撃し、裸体ピラミッドの写真を見た)。
●衛生兵の陸軍兵士〇一(この女性兵士も、治療のために呼ばれた際、人間ピラミッドを見た)。

このほか、前述したように、犬が捕虜を襲うのを眺めていながら、軍用犬係に異議を唱えたり虐待を報告したりしなかった者もいた。

黙って見ているだけでは飽き足らず、嬉々として騒ぎに加わった者もおおぜいいた。ある陸軍分析官(兵士一〇)は、三人の裸の拘留者に向かって放水した。ある尋問官(陸軍兵士一九)は、写真に撮影された三人の拘留者の虐待に積極的に参加し、スポンジのボールを彼らの性器に向かって投げつけ、水を浴びせた。また、ある拘留者を虐待するよう憲兵に指示した。その拘留者はその後、「裸で頭巾をかぶせられ、床で泣きべそをかいている」状態で発見された。

この報告書は、さらにもうひとり、個人的に関与した女性尋問官も挙げている。「陸軍兵士二九は、グレイナーが拘留者を平手打ちするのを見た。コンピュータのスクリーンセイバーで、裸の拘留者七人の人間ピラミッドの画像を見た。複数の写真が撮影されるのを見た。憲兵が拘留者に冷水のシャワーを浴びさせ、土の中で転がらさせ、体が乾くまで寒空の下に立たせたのを知っていた。さらに陸軍兵士二九は、囚人の衣服を剝ぎ取って裸にし、冬の夜、寒い戸外を歩かせた」

この女性尋問官が、拘留者の虐待を憲兵に指示したかどで告発されているという事実は、チップ・フレデリックの弁護の最も強力な後押しとなる。拘留者が尋問に協力しなかったため、彼女がフレデリック二等軍曹に虐待の指示を与えたことは立証されている。フェイとジョーンズは、その指示が「結果的にのちの虐待につながったと見られる」とした。

この徹底調査による報告書を読めば、1A棟の夜勤憲兵が囚人を虐待、拷問した理由を、個人の常軌を逸した動機や加虐的衝動のみに帰することはできなくなるはずだ。代わりに見えてくるのは、いくつもの因果関係が複雑にからみ合った全体像だ。ほかにも多数の兵士と民間人が挙げられ、拷問と虐待にさまざまな関わり方をしていたことが示されている。その中には実行犯もいれば、教唆した者も、虐待を傍観しながら報告しなかった者もいる。報告書では、おおぜいの将校も、リーダーシップの欠如と著しい混乱状態の創出によって虐待を引き起こした責任があるとして指弾されている。チップ・フレデリックと部下の兵士たちは、そうした混乱に巻き込まれたのだ。

とはいえ、この調査によれば、サンチェス中将はいかなる過ちにも直接関わってはいなかった。ポール・J・カーン大将は、彼がまったく無実ではないとしているが、記者にはこう語った。「サンチェス中将は責められるべきではないが、起こったこと、あるいは起こらなかったことに責任はある」。[*11] いやはや、じつに見事な言葉遊びだ。サンチェス中将は「責められるべき」ではなく、あらゆることに「責任がある」だけなのだ！　私はカーン大将ほど慈悲深くはなれない。

罪を特定したシュレジンジャー報告書[*12]

次に、ラムズフェルドが命じ、将官ではなく元国防長官のジェイムズ・シュレジンジャーが指揮した特別調査について検討してみよう。この任にあたった委員会は、新たに独立調査をする代わりに、軍上層部や国防総省の指導者たちから聞き取りをした。

その結果できあがった報告書は、状況とシステムの影響がアブグレイブの虐待の一因だとする私たちの主張を裏づける、価値ある証拠を提供してくれた。とくに興味を引くのは、施設運営における多数の不備を具体的に述べ、指導部と司令部の罪を指摘したこと、そして、ジョー・ダービーが軍犯罪捜査官にCDを渡したあとで軍が虐待写真を隠蔽したのを暴露したことだ。

さらに、意外なことにこの報告書は、社会心理学的調査がアブグレイブの虐待の理解にどうつながるかも詳述している。あいにくその部分は補遺（G）に押しやられているため、あまり読まれていないようだが、この付録は、アブグレイブの状況とスタンフォード監獄実験で起きた虐待のあいだに、明らかな類似性があることまで示している。

●軍による虐待の拡大

シュレジンジャー報告書がまず指摘するのは、アメリカ軍のあらゆる施設に広がった〝虐待〟の体質だ（〝拷問〟という語は一度も使われていない）。二〇〇四年一一月時点で、共同作戦区域内に三〇〇件の拘留者虐待の疑いがあった。うち六六件はグアンタナモとアフガニスタンの部隊による虐待、五五件はイラクでのものだった。また、それら虐待事件の三分の一は尋問に関係し、少なくとも五人の拘留者が尋問中に死亡していた。ほかにも二〇件以上の拘留者の死亡事件が捜査中だった。

●おもな問題領域と悪化の条件

シュレジンジャー報告書は、虐待を生んだおもな背景として、以下の五点を挙げている。

- ●憲兵と情報部兵士の任務にふさわしい訓練の不足。
- ●装備と物資の不足。
- ●〝すぐに役立つ情報〟を獲得せよという尋問官（また、そこに関わった経験・訓練不足の人員と、尋問前に九〇日も拘束された拘留者）への圧力。
- ●リーダーシップが〝弱く〟未熟なうえに、組織自体が、混乱してあまりにも複雑すぎた。

●ＣＩＡが独自の規則にもとづいて活動し、軍の指揮系統に報告義務がなかった。

この報告書は、アブグレイブ刑務所、ことにハードサイト1Ａ棟の兵士に与えられた任務を困難にした多くの状況についても、具体的に述べている。

●収容所はしばしば敵軍の迫撃砲と携行式ロケット弾の攻撃に見舞われ、憲兵はつねに怯えていた。
●拘留者が頻繁に脱走しようとした。
●収容所内で数度に及ぶ暴動があった。
●情報部兵士と憲兵が深刻な資源不足に悩まされていた。
●情報部と憲兵隊が内部の団結と中間層のリーダーシップを欠いていた。
●アメリカへの帰任や配置転換によって、予備役情報部も、憲兵隊も上級下士官をはじめとする人員が不足していた。
●第三七二憲兵隊員は、収容所の看守を務めるための訓練を受けていなかった。
●膨大な数の拘留者への対応が限界に達していた。
●第八〇〇憲兵隊は、優先度がきわめて低い部隊であり、直面する不備を克服する能力がなかった。
●規律に欠け、行動規範の確立も遵守もされなかった。
●司令部間の責任区分が不明確で、調整もないに等しかった。粗雑で機能不全の司令構造だった。
●リーダーが弱く無能だった。上層部は部下の適切な訓練と監督を怠った。
●医療スタッフの一部が、拘留者の虐待を目撃しながら報告せず、傍観者として暗黙の容認をした。
●ラムズフェルド国防長官が、ＣＩＡ長官の要請により拘留者一名を秘密裏に拘束するよう指示したことを公表した。この手法が司令部の最上層部による謀略の手本となり、アブグレイブの指揮官たちもさまざまなやり方でこれを見習った。

●問題はまたしてもリーダーシップの欠如

この報告書では繰り返し、あらゆる階層でリーダーシップがまったく発揮されなかったこと、そして、それが悪名高い夜間シフトの憲兵による虐待の一因となったことを明らかにしている。

●アブグレイブ1A棟での夜勤兵による常軌を逸したふるまいは、適切な訓練、リーダーシップ、監視があれば避けられたはずである。
●そうした虐待は……逸脱行動と、リーダーシップおよび規律の欠如の表われである。
●ほかにも、撮影されなかった尋問中の虐待と、アブグレイブ以外で起きた尋問中の虐待があった。
●とはいえ虐待は、周知の基準に従わなかった一部の個人の過失にすぎないものではない。また、適切な規律を守らせなかった少数の指導者の過失にとどまるものでもない。より高いレベルの組織と個人の両方に責任がある。（傍点筆者）
●戦術的レベルでは、軍事情報部員に虐待の責任があるとするフェイ／ジョーンズ調査の結論に同意する。
●アブグレイブの不明瞭な指揮系統をさらに悪化させたのは、上層部の込みいった人間関係である。
●連合軍司令部（CJTF－7）によって生み出された指揮系統のあいまいさに、リーダーシップの不足と監督不行き届きが加わり、虐待を許すアブグレイブの雰囲気ができあがった。
●指導者レベルでは、二〇〇三年夏から秋にかけて、第八〇〇憲兵旅団と第二〇五軍事情報旅団のあいだに軋轢があり、コミュニケーションも不足していた。規律は欠如し、行動規範は確立も遵守もされなかった。怠慢で機能不全な司令部の体質が定着した。

●下級下士官から大隊・旅団レベルにいたるまで、いずれの部隊にもリーダーシップの深刻な衰えが見られた。両旅団の司令官は、虐待が起きていることを知っていたか、知っているのが当然だったのであり、予防措置をとるべきだった。
●上層部は、基準、方針、計画を兵士に伝えなかったことで、囚人に対する虐待的行動に暗黙の了解を与えた。
●第八〇〇憲兵旅団司令官と第二〇五軍事情報旅団長のリーダーシップの弱さと無能さゆえに、アブグレイブの虐待を防ぐことができなかった。
●サンチェス中将とウォジダコウスキー少将が、拘留・尋問業務にあたる兵員の適切な監視を怠ったとするジョーンズの指摘に、われわれも同意する。
●独立委員会の見解では、刑務所内に虐待につながる状況が生じた一因は、カーピンスキー准将のリーダーシップの欠如にあった。

●**虐待写真の隠蔽**

シュレジンジャー委員会は、虐待と拷問が〝勝利記念写真〟によって発覚したときの軍の反応にもふれているが、興味深いことに、当局者全員が、怠慢と不正行為の責任を免れるような表現を用いていた。拷問と虐待の動かぬ証拠である写真の意味と意義を低く見積もることで、隠蔽を企てたのだ。

「二〇〇四年一月一四日に写真を見た高官は、それが意味するであろうものに気づかなかったため、上層部に写真を見せるよう指示した」。連合軍司令部（ＣＪＴＦ－７）と中央軍司令官に宛てた二〇〇四年三月中旬の中間報告書をもとに考えると、「これらの将校や幕僚が写真の影響力を正しく評価していなかったことは、上層部に直ちに写真を見せなかったことからわかる。ここでも、指揮系統の上部に悪い知らせを持ち込みたがらない姿勢が、国防長官への通知が遅れた要因となった」。

この指摘は正しくない。二〇〇四年四月、統合参謀本部議長のリチャード・マイヤーズ将軍は、CBSテレビでの写真の公表に待ったをかけようとした。つまり、彼はその写真の「意味するであろうもの」に気づいていた。それでもこの最高司令官は、事件は組織的なものではなく〝少数の腐ったリンゴ〟による犯罪行為だと臆面もなく公言したのだ。

社会心理学の観点からも断罪

倫理的問題について詳細に考察し、アブグレイブ刑務所で作用していた心理的ストレスと状況の力を概観している点で、シュレジンジャー報告書は軍拘留施設での虐待に関する一〇件以上の調査の中でも異彩を放っている(あいにく、それらの報告はいずれも末尾の補遺H「倫理」およびG「ストレス要因と社会心理学」に押しやられてはいるが)。

たとえば、この委員会は報告書で次のように指摘している。

> 社会心理学の原理を根本的に理解し、既知の環境リスク要因の数々に気づいていれば、対テロ世界戦争中に拘留者が虐待的扱いを受ける可能性は容易に予測できた……社会心理学によるこれまでの発見が示すとおり、戦争状態と、拘留者を扱う際にはたらく力学は、人間に対する不当な処遇が生じる危険性をはらんでいる。したがって、じゅうぶんな警戒と綿密な計画・訓練をもってあたらなければいけない。

だが、報告書によれば軍指導者の大半は、そうした重要なリスク要因を理解していない。もちろん、虐待行為の心理学的基礎が理解できたからといって、加害者が罪を免れるわけではない。それはこの報告書も明記している。私が本書全体を通じて述べてきたとおり、たとえ「ある種の条件が虐待的扱いの可能性を高めたとしても」、「そうした条件によって、不道徳な、あるいは違法な行為に故意にたずさわった個人が許されたり免責されたりはしない」。

スタンフォード監獄実験との類似性を認める

シュレジンジャー報告書は「スタンフォード監獄実験は、軍によるあらゆる拘留活動に教訓を与えてくれる」と宣言し、スタンフォード監獄実験とアブグレイブの虐待の類似性に言及している。そのうえで、「軍による拘留活動では、兵士は穏やかさとは無縁のストレスに満ちた任務を遂行する」と明記している。つまり、そうした戦闘状況では、私たちの実験で見られたよりもさらに極端な権力の濫用が生じかねないというわけだ。

報告書はさらに、〝ルシファー・エフェクト〟の中心的テーマをも探っていく。「心理学者たちは、ふだんは人道的に行動する個人や集団が、特定の状況下ではなぜ、またいかにして、ときに異なる行動をとるのか理解しようとしてきた」とし、それを理解するのに役立つ概念として、以下のようなものを挙げているのだ。没個性化、非人間化、敵対的先入観、集団思考、道徳的束縛からの解放、社会的促進、その他の環境要因。

環境要因のひとつとしてとりあげられているのは、広く行なわれた衣服の剝ぎ取り行為だ。「衣服を剝ぎ取るという尋問手法は、アブグレイブで大きく発展し、拘留者たちを長時間、裸にしておくようになった」。当初の意図は拘留者に弱みを感じさせ、尋問官に従わせることだったが、最終的にはこの戦術が、1A棟で非人間的な状況をつくり出していった。

シュレジンジャー報告書にはこうある。このやり方は、時とともに「看守のみならず尋問官にも心理的影響を与えたようだ。衣服の着用は社会的な慣習であるために、それを剝ぎ取ることで、関係者の目の前で拘留者を非人間化するという意図せぬ結果を生んだのかもしれない……非人間化はふつう……ふだん他者への虐待的な扱いを抑止している道徳的・文化的ハードルを下げてしまう」

そのほか、ここではふれなかった別の報告書でも、さまざまな状況・環境要因と、多くのシステム・構造要因が、アブグレイブの虐待を生んだとしている。しかし、これら十指にあまる報告書の筆者たちはみな、軍の最高幹部や国防長官のドナルド・ラムズフェルドに任命されていたから、指揮系統の上位者に責めを負わせることには二の足を踏んだ。

そこで、そうしたより大きな構図に焦点を合わせるために、次にヒューマン・ライツ・ウォッチによる最近の報告を検討したい。

ヒューマン・ライツ・ウォッチ報告書――「拷問のやり逃げ?」[*13]

「拷問のやり逃げ?」。これは、ヒューマン・ライツ・ウォッチの報告書（二〇〇五年四月）にある挑発的な表題だ。アメリカの軍人と民間人軍属による多数の囚人への虐待、拷問、あるいは殺人について、この報告書は真に独立した調査の必要性を強調し、無慈悲な人権侵害につながった施策の立案者すべての調査を求めている。

アブグレイブの拷問用地下牢とギトモの同様の施設、そしてアフガニスタンとイラクの軍収容所は、最高〝設計者〟ことブッシュ、チェイニー、ラムズフェルド、テネットの企てによるものと考えていいだろう。その〝保証人〟は弁護士だ。彼らは拷問を新しい手法や手段で合法化する言葉と構想を発案した。大統領の法律顧問だったアルベルト・ゴンザレス、ジョン・ヨー、ジェイ・バイビー、ウィリアム・タフト、ジョン・アシュクロフトがこれにあたる。また、拷問という工事の〝現場監督〟はミラー、サンチェス、カーピンスキーといった軍指導部の将官とその部下たちだ。最後に技術兵がくる。強制的尋問、虐待、拷問といった日々の仕事をこなす〝作業員〟にあたる人々で、情報部兵士、ＣＩＡ職員、民間契約業者と軍の尋問官、通訳、衛生兵、そして、チップ・フレデリックと夜間シフトの仲間たちを含む憲兵などはここに入る。

アブグレイブの写真が暴露されてまもなく、ブッシュ大統領は「誤った行ないをした者には裁きを受けさせる」と誓った。[*14] だが、ヒューマン・ライツ・ウォッチ報告書によれば、裁きを受けたのは下級憲兵だけで、施策し、イデオロギーを吹き込み、虐待する許可を与えた者はひとりも裁かれなかった。この報告書の結論は、以下のとおりだ。

この間の数カ月で、拷問と虐待はアブグレイブのみならず、世界各地の一〇カ所以上の収容所で起きていたことがわかった。その多くが、死亡あるいは深刻な心的外傷を招いたこと、かなりの犠牲者がアルカイダともテロとも無関係の市民だったこともわかった。また、アメリカが海外で管理する〝極秘の場所〟で虐待が行なわれたことや、当局が容疑者を第三国の地下牢に送り、そこで虐待が行なわれた可能性が高いことを示す証拠も見つかっている。

だが現時点では、誤った行ないをした者で裁かれたのは指揮系統の最底辺の人間だけだ。証拠からすれば、裁かれるべき者はもっと多い。にもかかわらず、より広範な虐待の原因となった施策の立案者たちは、免責の壁に取り囲まれている。

高位の文官と軍指導者たち――ドナルド・ラムズフェルド国防長官、ジョージ・テネット元ＣＩＡ長官、イラクの元最高司令官リカルド・サンチェス中将、キューバのグアンタナモ収容所の元司令官ジェフリー・ミラー少将――が意思決定し、打ち出した施策が、深刻かつ広範に及ぶ違法行為を促したことを物語る証拠はますます増えている。その状況から強く示唆されるのは、みずからの措置によって違法行為が起きたのを彼らが知っていた、あるいは知っていて当然だったということだ。虐待が実際に起きている証拠を提示された際、彼らがそれを阻止する行動をとらなかったことを示すデータも増えつづけている。

上級将校が容認し、過去三年間に広く用いられた強制的手法には、他国で行なわれ、野蛮な行為や拷問だとしてアメリカが繰り返し非難した方法も含まれる。陸軍の野戦マニュアルですら、それらの手法の一部を拷問として非難しているほどだ。

関連性のある証拠の多くは依然として秘匿されたままだが、ここに列挙した過去一二カ月間に発覚した一連の新事実は、調査の必要性を示す強力な論拠となっている。最高幹部が何をし、何を知り、虐待の拡大に気づいてどう対応したかについて、真に独立した徹底的調査が必要だ。

1A棟の虐待と拷問の写真は胸が悪くなるが、兵士、CIA、その他の民間人軍属による拘留者の殺害の数々は、それすら色あせさせる。「アメリカがアブグレイブの汚点を拭い去りたいなら、虐待を命じるか黙認した最高幹部を捜査し、大統領が何を許可したのか洗いざらい公表する必要がある」と、ヒューマン・ライツ・ウォッチの特別弁護人、リード・ブロディは語り、こうつけ加えている。「アメリカ政府は、テロとの戦いの名のもとに拘留者を不当に扱うことを、金輪際、拒否しなければならない」*15

多数が虐待し、少数が処罰され、将校はただ乗り

軍の最近の発表によれば、二〇〇一年一〇月以降、イラク、アフガニスタン、キューバのグアンタナモ湾において、拘留者の虐待で告発された人数は六〇〇を超える。そのうち一九〇人はまったく調査されていないか、調査されているという情報がない〝幽霊虐待者〟だが、それ以外の少なくとも四一〇人は調査され、以下のような結果が出ている。一五〇人が懲戒処分。七九人が軍法会議にかけられて五四人が有罪。一〇人が一年以上の収監。

三〇人が一年未満の収監。一四人が収監なし。一〇人は無罪。そして、一五人は未決あるいは告訴取り下げとなった。また、七一人は軍法会議にかけられることなく、行政処分あるいは非司法的処分とされた。計算すると、報告書が発表された二〇〇六年四月の時点で、少なくとも二六〇件の調査が終了、あるいは進捗状況が不明ということになる。[*16]

軍用犬係のひとり、マイケル・スミス軍曹は、口輪を外した犬を使って囚人を拷問した罪で収監六カ月を言い渡された。彼は「尋問のために囚人をおとなしくさせろという命令に従った」と主張した。報告によれば彼は、「兵士たるもの優しくするような弱腰ではいけない」とも語ったとされており、実際に弱腰ではなかった。[*17]

二〇〇六年四月一〇日時点では、司令官責任の原則に従って、軍が将校を起訴したという証拠はなく、起訴を試みた形跡さえない。刑事責任を問われた将校は五人いたが、司令官責任の原則で起訴された者は誰もいなかった。そのうちのひとりの陸軍大尉は、アフガニスタンの拘留者二名の死亡について職務怠慢の罪で起訴されたが、取り下げられた。ある海軍大尉は、幽霊拘留者のマナデル・アル＝ジャマディの死に関し、暴行と職務怠慢の罪で起訴されたが無罪になった。残る三人の将校（中尉と大尉と少佐）は、軍法会議で拘留者虐待の罪で有罪となった。彼らは拘留者の虐待に直接加わったか部隊に虐待を命じたとされたている。だが、ひとりはわずか四五日の収監、もうひとりもわずか二カ月の収監で、三人目にいたっては、実刑判決すら受けずに放免された。

軍司令部は、ふつうは微罪で量刑が軽いときに適用される非司法的な聴聞と行政上の戒告によって、道を踏み外した将校たちに寛大に対処したのだ。一〇件の殺人と二〇件の暴行を含む、七〇件を超える重大な犯罪的虐待についてさえそうだった。その寛大さは、少なくとも一〇件の虐待に関して、ＣＩＡ諜報員と、ＣＩＡまたは軍の嘱託として働いていた二〇人の民間人にも示された。拘留者の虐待はアブグレイブをはるかに超えて拡大していたにもかかわらず、多くの虐待・拷問事件で、司令官の責任逃れが横行していることは明らかだった。[*18]

指揮系統の上位の責任に迫る

ヒューマン・ライツ・ウォッチは、憲兵旅団と軍事情報旅団の兵士、ＣＩＡ、そして民間人軍属の尋問者による虐待の広がりを詳細に記録している。そのうえで、指揮系統のほぼ最上位にまで、戦争犯罪と拷問に対する刑事責任を追及した。

現職の国防長官をはじめとする高官たちの調査に、大きな政治的障害があるのは明白だが、犯罪の性質が重大で、誤った行ないの証拠はいまや膨大なものになっている以上、それを次の段階に進めなければならない。違法な施策を立案あるいは許可した者の責任についても問わなければ、アメリカは責任を放棄することになる。そこに手をつけなければ、ジョージ・Ｗ・ブッシュ大統領をはじめとする要人が、いくらアブグレイブの写真に〝嫌悪〟を訴えても無意味である。犯罪の説明責任が真にはたされなければ、世界中の残虐行為者が今回の囚人の扱いを引き合いに出し、みずからの行為への批判をかわしつづけるだろう。アメリカほど支配力と影響力を持つ国の政府が、反拷問法に公然と逆らえば、他国がまねするよう誘っているのも同然だ。アメリカ政府に強く求められる、人権擁護者としての信頼は、拷問の発覚によって傷ついたが、施策立案者が完全に刑事免責され、拷問が今後も続けば、その信頼はさらに傷つくだろう。*19

施策立案者の免責特権を剝ぎ取る

アメリカの法律も国際法も、〝司令官責任〟あるいは〝上官責任〟の原則を認めている。つまり、文民当局または軍当局の人間は、司令下にある者の犯罪に刑事責任を負うことがあるということだ。そうした責任の立証には、三つの要素が必要とされる。第一に、明確な上下関係があること。第二に、上官は部下が罪を犯しつつある、あるいはすでに犯していることを知っていたか、知っていて当然だったこと。第三に、上官が犯罪の防止あるいは犯人の処罰に必要な合理的措置をとらなかったこと。

戦争犯罪と拷問は、一九九六年の戦争犯罪法、反拷問法、そして統一軍事裁判法［訳注：いずれもアメリカの法律］によって罰せられることになっている。ヒューマン・ライツ・ウォッチは、ドナルド・ラムズフェルド国防長官、ジョージ・テネット元CIA長官、リカルド・サンチェス中将、ジェフリー・ミラー少将の四人に関して、犯罪調査を開始する根拠となる「一応の立証ができる事件」が存在すると明言している。

四人それぞれに責任があるとする理由のすべてをここで論じることはできないが、その一部だけは紹介しておきたい（その全容と裏づけとなる証拠は、ヒューマン・ライツ・ウォッチの報告書に記録されている）。

ドナルド・ラムズフェルド国防長官を裁く

ラムズフェルドは、上院軍事委員会にこう述べた。「これらの出来事は私の監督下で起きました。国防長官である私には、それらについて説明責任があります。私が全面的に責任を負います」。[*20] その彼に対し、ヒューマン・ライツ・ウォッチはこう主張する。「アフガニスタン、イラク、グアンタナモで〝司令官責任〟原則の下で起きたアメリカ軍による戦争犯罪や拷問に関し、ラムズフェルド国防長官を調査すべきである」。ラムズフェルド国防長官は、ジュネーブ条約を軽視し、ないがしろにして、部隊が戦争犯罪や拷問に手を染める条件をつくり出した。[*21] 拷問等禁止条約ばかりかジュネーブ条約にも違反する尋問の手口を容認し、拘留者を赤十字国際委員会の目から隠すことを許したのだ。ヒューマン・ライツ・ウォッチはこう続ける。

ラムズフェルド国防長官は、アフガニスタンでの戦争の最初期から、ブリーフィング、赤十字国際委員会の報告書、ヒューマン・ライツ・ウォッチの報告書、メディア報道を通じ、部隊による拷問などの戦争犯罪を把握していた。にもかかわらず、彼が権限を行使して囚人の不当な扱いを止めるよう警告したという証拠はまったくない。彼がそうしていれば、アメリカ軍による犯罪の多くが、回避された可能性がある。

ラムズフェルドがグアンタナモに認めた違法な尋問法が実際に使われたのか、拘留者が非人道的に扱われたかのかどうかも、調査によって明らかになるだろう。彼はのちに、許可を求めずにそうした手法を用いてよいとする承認を撤回している。イラクの囚人に対する身体的強制と性的侮辱を奨励する秘密プログラムを彼が認めたかどうかも、検証されるだろう。そうした疑惑を申し立てているのは、ジャーナリストのセイムア・ハーシュだ。いずれかが事実であれば、司令官責任に加え、拘留者への犯罪行為を教唆した責任も問われる可能性がある。

ラムズフェルドは、ジュネーブ条約と拷問等禁止条約に違反する一連の尋問手法を許可した。そしてそれらはグアンタナモで抑留者に使われ、さらにアフガニスタンとイラクの軍事収容施設に持ち込まれた。拘留者の尋問に関する彼の指令には、以下のようなものが含まれていた。

- ●ストレスのかかる姿勢（立位など）を、隔離状態で四時間まで、最長三〇日間にわたり強いる。
- ●移送と取り調べのあいだ、頭巾をかぶせる。
- ●光と聴覚刺激を奪う。
- ●慰安のための物品をすべて取り上げる（宗教的な物品も含む）。
- ●強制的理容（ひげを剃り落とすなど）。
- ●衣服の剝ぎ取り。
- ●ストレス誘因として、恐怖感（犬への恐怖など）を利用する。

そのほかにも一般的な業務規定として、拘留者を極端な暑さや寒さ、光や音にさらすことが許されていた。

国防総省は、アブグレイブでの事件発覚以前の二〇〇三年五月と七月、そして翌年二月にも、赤十字国際委員会から拘留者への拷問と虐待に関して繰り返し警告を受けていた。[*22] 赤十字国際委員会は、多数の軍事施設での何百件にも及ぶ囚人虐待の申し立てについて報告し、ただちに虐待を正す措置をとるよう繰り返し求めていたのだ。しかし、その懸念は無視され、虐待は深刻化し、赤十字国際委員会の視察は短縮された。

二〇〇四年二月に多国籍軍当局者に提出された極秘報告書では、多国籍軍の拘置によって「自由を奪われ保護されている人たち」への違法行為のうち、とくに以下のようなものが問題視されている。

- 死や重傷を招くこともある拘束時や拘留当初の暴力。
- 情報を確保するため尋問中に課される身体的あるいは心理的な強制。
- 光のない独房での長期にわたる監禁。
- 死や負傷を引き起こすような、拘束中の過度で不適切な実力行使。

この極秘報告書は、国防長官はきちんと気を配るべきだったのに、そうしなかったのは明らかだという手厳しい警告で締めくくられている。「ここに述べられている行為は、国際人道法で禁止されている。矯正施設はこうした行為を厳重に警戒すべきだ。具体的には、方針と慣行を見直し、是正措置をとり、囚人をはじめ当局の保護下にある人々の処遇を改善すべきである」

また、アムネスティ・インターナショナルも、独自の綿密な調査を通じて、イラクでの拘留と拷問に苦言を呈してきた。彼らは報告書で、イラク、アメリカ、イギリスの当局に対し「イラクにおけるすべての拘留者の基本的人権が尊重されるよう、早急かつ具体的な措置をとる」ことを求めている。「ことに、拘留者を拷問や不当な扱いから守るための適切な予防措置を実施しなくてはいけない」[*23]

カリフォルニア大学バークレー校のジャーナリズム学教授であるマーク・ダナーは、著書 *Torture and Truth: America, Abu Ghraib and the War on Terror*（拷問と真実――アメリカとアブグレイブと対テロ戦争）の執筆にあたり、関係文書すべてに目を通し、詳細な調査を行なった。その結果、こんな結論に達した。「文書を読むかぎり、ドナルド・ラムズフェルド国防長官は、軍法が許す限界を超えた行為をじきじきに承認していた。ちなみに、囚人の扱い方に関して言えば、そうした行為は文民の法律が許す限界をも超えていた」[*24]

ジョージ・テネット元CIA長官を裁く

ヒューマン・ライツ・ウォッチは、ジョージ・テネット元CIA長官もさまざまな違法行為で告発している。テネットの指令や個別の許可により、CIAは拘留者に〝水責め〟（容疑者を溺死寸前にさせる）や、服用薬を与えないなどの拷問を加えた。CIAはほかにも、窒息寸前の状態にしたり、囚人に〝ストレスのかかる姿勢〟を取らせつづけたり、強烈な光と音を集中的に浴びせたり、睡眠を奪ったり、常習的な拷問で知られる外国政府の支配下にあると思わせたりした。

テネット長官のもと、CIAは拘留者を他国の政府に〝引き渡し〟、そこで拷問を受けさせた。また、テネット長官の指示で、拘留者を法の保護の外に追いやった。彼らは、人目につかない場所で孤立無援の状態に陥り、物資の補給も治療もいっさい受けられず、外界との接触も絶たれ、逮捕した者のなすがままになった。そのように長期にわたり外部との連絡を絶たれた拘留者は、〝行方不明〟になったも同然だった。

フェイ／ジョーンズ調査がくだした結論を思い出してほしい。「CIAが拘留と尋問を行なったことが、報告義務の欠如、虐待、組織間の協力の減少につながり、不健全な神秘性をかもし出し、それがアブグレイブの雰囲気をさらにむしばんだ」。実際、CIAは独自の規則に従い、法を超えた活動をしていた。

テネット長官の時代、CIAは〝幽霊拘留者〟も幅広く利用した。その数を正確に知るのは不可能だが、フェイ／ジョーンズ調査を監督した上級将校のポール・カーン大将は、上院軍事委員会でこう述べている。「幽霊拘留者の数は何十人にも及ぶ。一〇〇人近いかもしれません」。CIAは、アブグレイブでもかなりの数の拘留者を名簿に載せず、赤十字国際委員会の目から隠していた。

虐待が起きた時期に、アブグレイブの情報収集活動の副司令官を務めていたスティーヴン・ジョーダン陸軍中佐は、軍調査官にこう語っている――〝ほかの政府機関〟と秘密精鋭部隊が、「毎日のように短期拘留者を連れてきた」が、彼らは名簿へ記載されることも収容者番号を付与されることもなく拘束されていた。

もちろん、これは国際法違反である。*25

●〝アイスマン〟逝けり

フェイ／ジョーンズ報告書は、〝幽霊〟事件のひとつにもふれている。二〇〇三年一一月、マナデル・アル＝ジャマディという名のイラク人拘留者が、アメリカ海軍特殊部隊（SEALs）によりアブグレイブ刑務所に収容された。その後、彼はCIA諜報員の尋問を受けたが、正式に登録されることのないまま「拷問の結果、死亡した」。そして、その死因はきわめて特異な方法で隠匿された。

調査報道記者のジェイン・メイヤーは、この殺人と隠蔽にCIAが果たした邪悪な役割に光をあて、ニューヨーカー誌（二〇〇五年一一月一四日）に発表した。彼女の秀逸な記事「死の尋問」は、「CIAは合法的に囚人を殺せるか？」と問いかけている。

アル＝ジャマディ事件は、チップ・フレデリックをはじめとする〝ならず者兵士〟の職場だったアブグレイブにおける状況を理解しようとする際、とくに重要な意味を持つ。彼らは、幽霊拘留者が日常的に暴行され、拷問され、ときには殺害さえされるのを目の当たりにする環境に放り込まれた。そして、加害者による「殺人のやり逃げ」を目撃したのだ。

フレデリックたちは、彼が袋叩きにあい、窒息死させられ、氷詰めにされたのを知っていた。幽霊拘留者マナデル・アル＝ジャマディ、通称アイスマンの身に起きたことに比べれば、ふつうの拘留者への仕打ちは単なる〝おふざけ〟のように見えたにちがいない。

アル＝ジャマディは、いわゆる重要度の高い尋問対象者だった。テロリストに爆発物を供給した疑いがかけられていたからだ。二〇〇三年一一月四日、午前二時、海軍特殊部隊のあるチームが、バグダッド市外の自宅で彼を拘束した。拘束時の激しい抵抗の結果、アル＝ジャマディは目の周りに青あざが、顔には切り傷ができ、おそらく肋骨が五、六本折れていた。

特殊部隊はアル＝ジャマディをアブグレイブに連行すると、尋問のためCIAに引き渡した。尋問の主導者はマーク・スワナーだった。このCIA諜報員は、通訳を伴ってアル＝ジャマディを刑務所の待機房に入れると、衣服を剝ぎ取り、武器のありかを白状しろとどなりはじめた。

メイヤーの記事によれば、スワナーは憲兵に命じ、この囚人を1A棟のシャワー室に連れていった。憲兵のうちふたりがスワナーの命令に従い、すでに完全に無抵抗だったにもかかわらず、囚人を鎖で壁につないだ。それは、〝パレスチナ流吊るし刑〟という腕から吊るす拷問の体位だった（この方法はもともとスペインの異端審問で使われ、〝ストラッパード〟と呼ばれていた）。憲兵のひとりの述懐によれば、彼らが部屋を出たあと、「叫び声がしきりと聞こえた」という。一時間もしないうちに、マナデル・アル＝ジャマディは死亡した。

当直の憲兵ウォルター・ディアスの話では、アル＝ジャマディは手錠をかけられ、まったく無抵抗だったから、そんなふうに吊るす必要はなかった。スワナーに命じられて憲兵たちが遺体を壁からおろしたとき、「まるで水道の蛇口を開いたように、鼻と口から血がどくどく流れ出た」とディアスは報告している。

さて、被害者の遺体をどうするか？　いまやそれがCIAにとっての問題だった。憲兵隊長ドナルド・リース

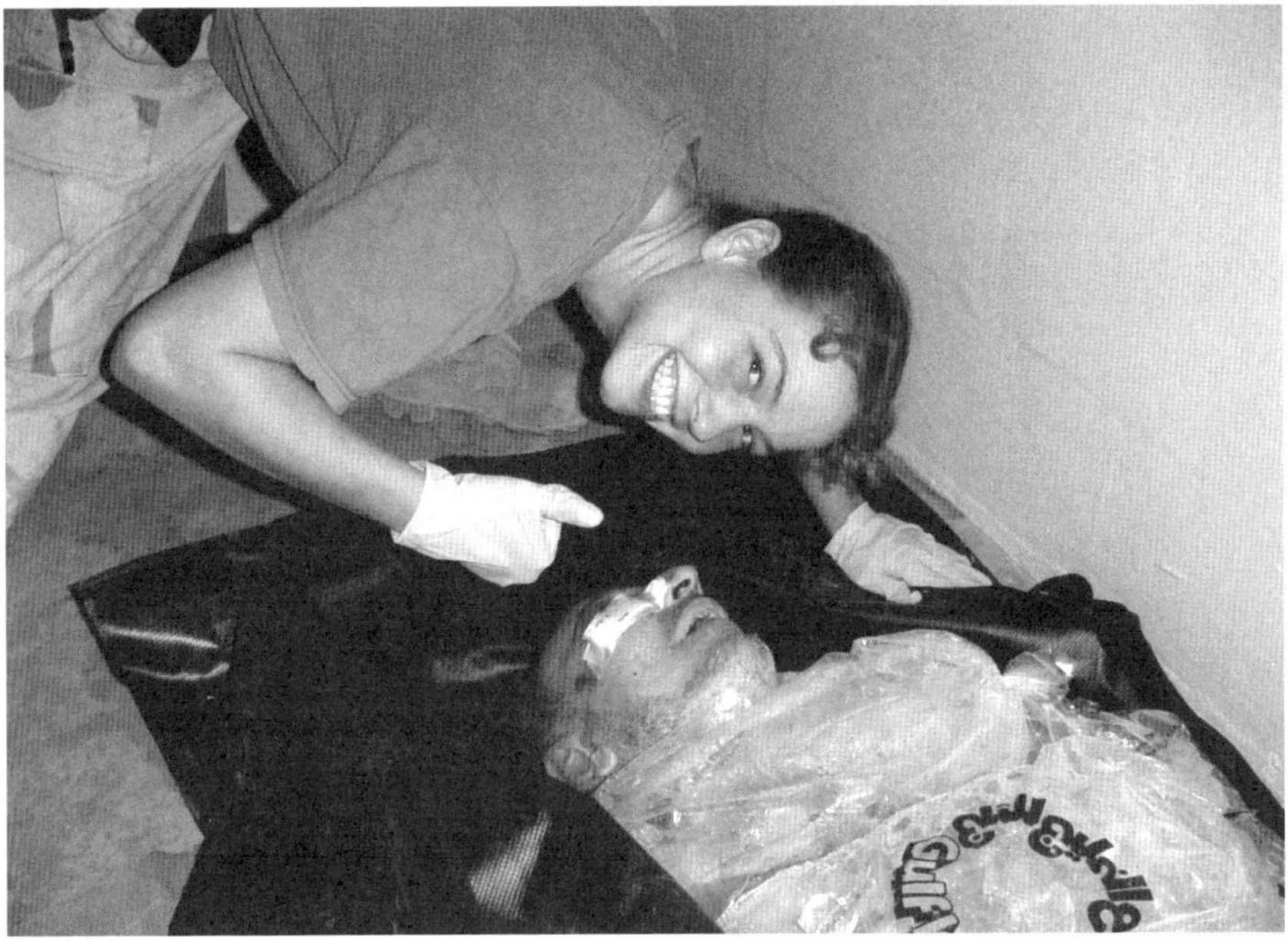

大尉と情報部長のトーマス・パパス大佐は、自分のシフトで起きたこの〝不幸な出来事〟について連絡を受けたが、心配する必要はなかった。ＣＩＡがみずから内密に処理したからだ。

　アル＝ジャマディの遺体は、腐敗を遅らせるため氷詰めにされ、透明テープを巻かれて翌朝までシャワー室に置かれた。そして翌日、衛生兵が〝アイスマン〟の腕に点滴を刺してストレッチャーに乗せた。あたかもまだ生きていて、体調を崩しただけのように見せかけて刑務所の外に運び出したのだ。アル＝ジャマディが心臓発作を起こしたと聞かされていたほかの拘留者たちを動揺させないためだった。続いて、現地のタクシー運転手が遺体を積んで、いずことも知れぬ場所へ運び去った。証拠はすべて消され、書類にも痕跡はない。アル＝ジャマルディは、最後まで正式に登録されなかったからだ。手荒な扱いをした海軍特殊部隊も無罪放免となり、衛生兵も特定されなかった。数年後のいまも、マーク・スワナーは相変わらずＣＩＡで働いており、刑事責任も問われていない。この事件は幕が引かれたも同然だ。

　グレイナー伍長のデジタルカメラにおさめられた多数

のおぞましい映像の中には、〝アイスマン〟の写真が数枚あり、これが後世への記録となっている。最初の写真では、にっこり笑ったサブリナ・ハーマン特技兵が、痛めつけられた彼の遺体の上にかがみ、親指を立ててポーズをとっている。そこへグレイナーが割り込み、〝アイスマン〟が融ける前に同じく会心の笑みを浮かべる。フレデリックをはじめとする夜勤の憲兵たちも、間違いなく何が起きたのか知っていた。

こんなことが起こっても、これほど手際よく処理されるのだから、1A棟の地下牢はどんな遊びも許される〝幼児の遊戯室《ロンパールーム》〟だ。写真が撮影されなければ、そして、ダービーが警鐘を鳴らさなければ、かつて極秘とされた場所で何が起きたのか、世界が知ることはなかっただろう。

CIAには、いまだに法の枷がいっさいはめられていない。たとえテロとの世界戦争のさなかであろうと、法律はCIA諜報員の拷問や殺害をとめるのが筋のはずだ。皮肉なことにスワナーは、この殺害された幽霊拘留者から有用な情報は得られなかったと認めている。

CIAが拷問に手を染めるのは、いまに始まったことではない。歴史学者のアルフレッド・マッコイが、冷戦から対テロ戦争にいたるCIAの役割を記した著書の分析でも、それは明らかだ。マッコイによれば、アブグレイブの虐待の衝撃的な写真は目新しいものではない。彼の見方はこうだ。

画質の粗いそれらの写真をよく見ると、一九五〇年代に誕生し今日《こんにち》の完成にいたるまでの、CIAの拷問手法が系統的にわかる。イラクの写真が明らかにするのは、CIA秘密刑務所という世界規模の強制収容所で行なわれてきた標準的な尋問手法だ。対テロ戦争開始以来、こうした施設が政府の権限で運営されてきた。それらの写真と、写真が契機となって行なわれた調査からはっきり読みとれるのは、CIAがアブグレイブの主導的な組織であり、グアンタナモ、アフガニスタン、イラクで繰り返された組織的拷問の根源であったことだ。それを考えると、アブグレイブの虐待で軍法会議にかけられた七人の兵士は、単に命令に従ってい

たにすぎない。彼らの行為の責任は、指揮系統をはるかにさかのぼった先にあるのだ。[*26]

リカルド・サンチェス中将を裁く

ラムズフェルドと同じく、リカルド・サンチェス中将も、自分の責任を堂々と認めた。「イラクの上級司令官として、アブグレイブで起きたことの責任を引き受けます」[*27]。だが、そうした責任はそれなりの結果を伴うものであり、カメラを意識した対外的ジェスチャーとして利用すべきものではない。ヒューマン・ライツ・ウォッチは、この最高司令官を、拷問と戦争犯罪の罪で裁判にかけるべき四人の大物のひとりとしてこう述べている。

サンチェス中将は、戦争犯罪と拷問の容疑の主犯として、あるいは〝司令官責任〟原則にもとづいて、取り調べを受けるべきだ。中将は、ジュネーブ条約と拷問等禁止条約に反する尋問方法を許可した。ヒューマン・ライツ・ウォッチの見るところ、彼は直属の部隊によって拷問と戦争犯罪が行なわれていることを知っていたか、知っていて当然だったにもかかわらず、そうした行為を止める効果的な方策をとらなかった。

本書で私がサンチェス中将を裁くのは、ヒューマン・ライツ・ウォッチの報告書の言葉を借りれば、「彼はジュネーブ条約と拷問等禁止条約に反する尋問の規則と技法を広めたのみならず、指揮下の部隊によって拷問と戦争犯罪が行なわれていることを知っていたか、知っていて当然だった」という事実のためだ。

グアンタナモ収容所では、何カ月もの尋問にもかかわらず〝すぐに役立つ情報〟は集められなかった。そのため、みながプレッシャーを感じ、なりふりかまわず早急にテロリストの尻尾を摑もうとした。マーク・ダナーは、軍情報部将校のウィリアム・ポンス大将が出したeメールについて報告しているが、その内容は、二〇〇三年八月半ばまでに「尋問要望リスト」を提出するよう同僚に要請するものだった。ポンスはこのメッセージに、アブグレイブをやがておおう暗雲の不吉な伏線をひそませていた。「これらの拘留者に関しては、紳士も手袋《グローブ》を外しつつある〔訳注：ボクシングのグローブを外して素手で殴ること、つまり手加減せず本気でやること〕」。メールはこう続く。「ボルツ大佐（イラクの軍情報部副司令官）は、われわれの目標はそうした拘留者の口を割らせることだと明言している。負傷者は増えつづけており、さらなる攻撃から友軍兵士を守るのに役立つ情報を収集しはじめる必要がある」[*28]

ジェフリー・ミラー少将は、ギトモの収容施設の責任者になってまもない二〇〇三年八月から九月にかけて、特技兵の遠征隊を率いてイラクを訪れている。彼の任務は、新たな厳しい尋問方針をサンチェス中将、カーピンスキー准将をはじめとする将校に徹底させることだった。カーピンスキーによれば、「ミラー少将はサンチェスの胸に指を突きつけて、情報が欲しいのだと告げた」という。[*29] ミラーがわがもの顔で将校に指示できたのは、ギトモでいわゆる〝成功〟をおさめたおかげで、ラムズフェルドと軍上層部の将官があからさまに後ろ盾となっていたからにすぎない。

同年九月一四日、サンチェスは新たな尋問規則を回報に明記し、部下の憲兵と情報部兵士に従来よりも過激な手法を取らせることにした。[*30] 彼が明確に打ち出した目標には「恐怖を感じさせる。拘留者を混乱させる。捕われたというショックを与える」といったものがあった。以下は、ラムズフェルドからミラー経由で伝えられた、新たな手法の一部だ。

●軍用犬の配備。尋問中の安全を維持するとともに、アラブ人の犬に対する恐怖心を利用する。犬は口輪をはめて……つねに軍用犬係の管理下に置き、拘留者と接触しないようにする。
●睡眠の管理。拘留者には二四時間につき最低四時間の睡眠を与える。七二時間を超えては続けない。
●怒号、大音量の音楽、照明の調節。恐怖を生み、拘留者を混乱させ、捕われたショックを長引かせるために使う。負傷防止のため音量を調節する。
●ストレスのかかる姿勢。身体の姿勢（座る、立つ、ひざまずく、うつ伏せになるなど）を利用するのは一回につき一時間までとする。この方法の利用は四時間を超えないものとし、それぞれの姿勢ごとに適切な休みをはさむ。
●偽の旗。拘留者に、アメリカ以外の国の人間が尋問しているように信じ込ませる。

シュレジンジャー報告書の指摘によれば、サンチェスが指示した尋問方法のうち一〇あまりが、陸軍野戦マニュアル三四―五二で許されている範囲を超えており、グアンタナモで認められていたものよりもさらに過激だった。サンチェスの出した回報は、二〇〇五年三月にＦＤＩＡの訴訟を受けて公表されたが、そのおよそ一年前、この中将は議会での宣誓証言（二〇〇四年五月）で嘘をついていた。犬、睡眠妨害、過度の騒音、恐怖の惹起などによる威嚇は命じたことも認めたこともないと証言したのだ。やはり彼は裁かれるべきだ。

軍司令部がどの程度、拘留者への虐待を直接指示していたかについては、われらが英雄である内部告発者、ジョー・ダービーが一兵士として見解を述べている。「司令部の誰ひとりとして、虐待について知りませんでした。なぜなら、司令部の誰ひとりとして、虐待に気づくほど注意を払っていなかったからです。それこそが真の問題でした。司令組織の全体が無関心で、自分たちの小さな世界で生きていました。つまり、これは陰謀ではありません――単なる怠慢、それだけです。司令部はどうしようもなく無知でした」[*31]

サンチェス中将は、アブグレイブ・スキャンダルが原因で、軍上層部に迫られて早期退役した（二〇〇六年一一月一日）。彼はこう認めている。「それが、私が退役を余儀なくされたおもな理由であり、唯一の理由だ」（二〇〇六年一一月二日付ガーディアン・アンリミテッド）

ジェフリー・ミラー少将を裁く

ヒューマン・ライツ・ウォッチは、ジェフリー・ミラーについてこう断定している。「ジェフリー・ミラー少将は、厳重に管理されたキューバのグアンタナモ収容所の司令官として、拘留者に対する戦争犯罪と拷問に責任があることが疑われる。よって取り調べを受けるべきである」。また、彼は「グアンタナモで、指揮下の部隊が戦争犯罪と拷問を行なっていたことを知っていたか、知っていて当然だった」とし、さらに、「ミラー少将は、イラクで使うための尋問手法を提案し、それらの手法がアブグレイブの拷問と戦争犯罪の直接の原因となった可能性がある」ともしている。

ミラー少将は、二〇〇二年一一月から二〇〇四年四月まで、グアンタナモ統合任務部隊（JTF－GTMO）の司令官を務めたあと、イラクの抑留作戦の副司令官となり、二〇〇六年までその地位にあった。リック・バッカス准将の後任として、ギトモにも派遣された。バッカスはジュネーブ条約の指針を厳格に守るべきだと主張し、上層部からは囚人を「甘やかした」と見られていた。グアンタナモの「キャンプ・エックスレイ」はまもなく「キャンプ・デルタ」となり、収容者六二五人、憲兵と情報部兵士一四〇〇人を抱える、きわめて緊張度の高い場所となった。

ミラーは、改革者として軍情報部員と憲兵の看守を初めて統合し、専門の尋問チームをつくった。それまで陸軍に厳然と存在していた線引きをあいまいにしたのだ。また、囚人の頭の中を覗くため、専門家を頼った。「彼は心理学者、精神分析医といった行動科学者を起用した（文民も軍人もいた）。そうした専門家が心理的な弱みや欠点、拘留者を操って協力させる方法を探り、精神的弱点や文化的弱点といったものを詮索した」[*32]

ミラー配下の尋問者たちは囚人の診療記録を利用し、鬱病や混乱を誘発して口を割らせようとした。これに囚人たちが抵抗し、複数のハンガーストライキが行なわれた。また、少なくとも一四人の囚人が早い段階で自殺し、その後数年間で数百人が自殺未遂をした。[*33] 最近も、ギトモの抑留者三人が監房でシーツを使って首つり自殺をしている。三人とも、ギトモに何年も拘束されたが、正式な起訴はされていなかった。

しかし、ある政府報道官は、そうした囚人たちの行為を絶望のしるしと見るどころか、注意を惹くためのPR活動だとあざけった。[*34]また海軍少将のひとりは、それは絶望による行為ではなく、むしろ「多勢に無勢の戦いをわれわれに挑んでいる」のだと言ってのけた。

ミラーの尋問チームでは、より手荒い取り調べが奨励された。それまで米軍兵士に認められなかったきわめて厳しい尋問手法を、ラムズフェルド国防長官が正式に許可したからだ。アブグレイブは、ミラーが抵抗する囚人から〝すぐに役立つ情報〟を引き出す手段を試す実験場と化していった。ラムズフェルドは補佐官のスティーヴン・カンボーンを伴ってギトモに赴いた際、ミラーと会って、全員が同じ手を使うよう念押ししている。

カーピンスキー准将がミラーに言われたという言葉を思い出そう。「囚人は犬のように扱わなくてはいけない。もしも……囚人が自分たちは犬とは違うと思っていたら、のっけから尋問の支配権を失ったに等しい……とにかく効果てきめんだ。それが、グアンタナモ湾でわれわれがしていることだ」[*35]

記録によれば、カーピンスキーはこうも述べている。ミラーが「やって来て」、アブグレイブでの業務を「〝ギトモ化〟するつもりだと言った」[*36]。パパス大佐の報告によると、ミラーは、ギトモでの犬の使用は囚人から情報を得やすくするのに有効だと証明されており、犬を使う際は〝口輪をはめてもはめなくても〟かまわないと言った。[*37]

また、ミラーは命令が確実に守られるよう報告書を書き、遵守すべき指示を詳細に記録したCDを現地に残して遠征隊を引き上げた。続いてサンチェス中将が、グアンタナモで使われていた手法の多くをさらに洗練した、新たな厳しい規則を承認したのだ。退役した元陸軍大将ポール・カーンは、グアンタナモで認められた戦術をこうしてアブグレイブに適用したことが、問題を生んだと明言している。「混乱が生じつつあったと思います。つまり、アブグレイブのわれわれのコンピュータには、アブグレイブではなくグアンタナモのために書かれたラムズフェルド国防長官のメモが入っていました。それが混乱を引き起こしたのです」[38]。これまで述べてきたすべての理由から、私はジェフリー・ミラー少将を、人道に対する罪で裁かれるべき被告人のリストに加える。[39]

こうして、ヒューマン・ライツ・ウォッチの告発は、アブグレイブの虐待と拷問に責任を負うシステムの頂点、すなわちディック・チェイニー副大統領とジョージ・W・ブッシュ大統領の手前までできた。私はこのあと、ふたりも本書の裁判の被告人リストに加える予定だが、まず究明すべき問題は、次の点だ。1A棟の虐待は、少数の腐ったリンゴによる特異な事件なのか。それとも武装勢力と疑われた者の逮捕、拘留、尋問に関わった多数の軍人および文民によって暗黙のうちに認められ、広く行なわれた虐待の一パターンにすぎなかったのか。

いたるところ拷問だらけ、騒乱のおまけつき

統合参謀本部議長のリチャード・マイヤーズ将軍は、虐待写真が公表された翌日から一貫して、虐待への組織的関与を全面否定している。そして〝アブグレイブの七人〟にすべての罪をなすりつけている。彼は、二〇〇五年八月二五日にこう公言した。「アブグレイブに関しては、少なくとも一五件の調査を行ない、対処もしてきたつもりです。ちょっとしたスナップ写真だけ、つまり、アブグレイブの夜間シフトの兵士だけの問題であり――実際にそうだったわけです――虐待に加わったのはごく一部の看守だけだとすれば、それは問題がそれほど広がっていなかった何よりの証拠です」[40]

彼は調査報告書をひとつでも読んだのだろうか？　私が本書で要約した独立調査報告書の一部でも読めば、虐待が1A棟の写真に写った数人以外に広まっていたことは、火を見るよりも明らかだ。調査結果からは、軍幹部、文民尋問者、軍情報部、CIAも、虐待を引き起こす状況を生み出していたことがわかる。関わっていたどころ

か、彼らはほかのさらに悪質な虐待にも加わっていた。

前述したとおり、シュレジンジャー委員会は、イラク全土での五五件の拘留者虐待について詳述していた。また、拘留者が死亡した二〇件についてはまだ調査の最中で、タグバ報告書では、アブグレイブでの「組織的で違法な拘留者の虐待」につながる邪悪で犯罪的な虐待が多数、発見されている（傍点筆者）。さらに、国防総省の別の報告書には、アブグレイブでの戦争犯罪の容疑が四四件も記録されている。

赤十字国際委員会はアメリカ政府に、多くの米軍収容所で拘留者の処遇に「拷問に等しい」心理的・身体的強制が含まれてきたと通告した。この委員会は、アブグレイブで尋問者が用いるそうした手法は「軍情報部員が自白させて情報を引き出す、標準的業務手順の一部であるように見える」とも述べている。さらに、われわれが調べたより新しい統計資料では、六〇〇件以上の虐待が、イラク、アフガニスタン、キューバのアメリカ軍収容所全体で報告されている。

これでも、ある悪質な収容所の地下牢に、〝少数の腐ったリンゴ〟があっただけだと言うのだろうか？

アブグレイブ以前からあちこちで囚人を虐待

軍・文民双方の管理司令部は、イラクにおける虐待と拷問を、二〇〇三年秋に1A棟で起こった悪質な兵士数人による逸脱行為にすぎないことにしようとした。ところが、その主張は新たに見つかった陸軍文書によってくつがえされた。二〇〇六年五月二日、アメリカ自由人権協会（ACLU）が公開した陸軍文書で、政府高官は、アブグレイブのスキャンダルが露見する二週間前に、イラクとアフガニスタンの虐待事例を知っていたことが明らかになったのだ。「イラクとアフガニスタンにおける拘留者虐待の疑い」と題された二〇〇四年四月二日付の資料では、アメリカ軍による拘留者の虐待と〝殺害〟をめぐって進行中の六二件の調査について詳述している。

そこで問題にされた虐待は、暴行、拳での殴打、足蹴りと平手打ち、模擬処刑、女性拘留者への性的暴行、

「ほかのイラク人へのメッセージとして」イラク人の子どもを殺すという脅迫、拘留者の衣服の剝ぎ取り、打擲《ちょうちゃく》、起爆装置で驚かせる、手錠をかけたイラク人の子どもたちに対する投石、マフラーの結び目を使って窒息させる、銃口を突きつけて尋問する、といったことだ。その結果、少なくとも二六件で拘留者が死亡している。中にはすでに軍法会議にかけられた虐待もあった。

虐待はアブグレイブにとどまらず、キャンプ・クロッパー、キャンプ・ブッカのほか、イラクのモスル、サマラ、バグダッド、ティクリート、それにアフガニスタンのオルグンの収容施設にも広がっていた。[*41] 複数の調査のうち一二番目のものは、リチャード・フォーミカ陸軍准将の指揮下で行なわれた。それらの調査をもとにした国防総省の報告書によれば、アメリカの特殊部隊は二〇〇四年前半の四カ月間、許可のないまま捕虜に対して一連の苛酷な尋問手法を用いつづけた。一部の拘留者は一七日間もクラッカーと水しか与えられず、裸のまま、横たわることも立つこともできない狭い独房に一週間閉じ込められ、凍え、睡眠を奪われ、感覚に過剰な負荷をかけられた。

この虐待は二〇〇三年のアブグレイブ虐待事件よりかなりあとの話で、そうした手法の使用許可がすでに撤回されていた時期のことだった。しかし、発覚後も、兵士は誰ひとりとして叱責処分さえ受けなかった。フォーミカは、虐待は〝故意〟でも〝個人の過失〟でもなく、〝不適切な政策の失敗〟のせいだと考えた。彼はみずから視察したあとこう述べている。「拘留者の誰ひとりとして、そうした処遇のせいで疲弊しているようには見えなかった」。[*42] 開いた口がふさがらない！

海兵隊員がイラク市民を冷酷に殺害する

ここまで私は、善良な看守を堕落させかねない〝監獄〟という悪質な樽がどんなものかに焦点を絞ってきたが、この世には、もっと大きくもっと破壊的な、〝戦争〟という樽がある。

あらゆる時代、あらゆる国の、あらゆる戦争は、ふつうの人を、さらには善人までも殺人者に変えてきた。敵とされる相手を殺すこと、それが兵士の訓練の目的だ。だが、戦闘状況の極度のストレス、疲労、恐怖、怒り、嫌悪、猛烈な反撃にさらされると、人間は敵の戦闘員を殺すだけでは飽き足らなくなる。軍の規律がゆるみ、上官の監督下で自分の行動に責任を負っているという認識を失ってしまうと、怒りが爆発し、敵軍兵士はもとより民間人に対しても、想像を絶するようなレイプと殺人のかぎりが尽くされるのだ。

実際に道徳の羅針盤が失われた例としては、軍によるヴェトナムのソンミ村ミライ集落虐殺事件や、「タイガーフォース」部隊による虐殺などがある。後者の精鋭戦闘部隊は、七カ月間にわたり非武装の民間人を処刑しながら行軍を続けた。[*43] そして、戦争の残忍さが戦場から故郷にまで波及する事態は、悲しいことにイラクで再び現実となったわけだ。[*44]

軍事専門家が警告するのは、多勢に無勢の戦いでは、兵士は姿の見えない敵とも戦わねばならなず、極度のストレスにさらされるということだ。そうなれば、規律の遵守は難しくなる。戦時の残虐行為はあらゆる戦争で起こる。ほとんどの占領軍により行なわれ、ハイテク部隊でさえ例外ではない。「戦闘はストレスを伴う。民間人への犯罪行為は典型的な戦闘ストレスの症状だ。それなりの人数の兵士をそれなりの戦闘に投入すれば、民間人を殺害する兵士が出てくる」と、ワシントンのある軍事シンクタンクの幹部は述べている。[*45]

兵士とは訓練を積んだ殺人者であることを、私たちは認識すべきだ。新兵訓練所での集中訓練が無事に修了すると、戦場が実地試験の場となる。彼らは「汝、殺すなかれ」という戒めに従うそれまでの道徳習慣を抑制することを覚えなくてはいけない。脳の配線を変えて、戦時の殺人を自然な反応として受け入れさせるのだ。新しい軍事訓練は、「殺人学」の名で知られている。この用語を考案したのは、現在、ウェストポイント（陸軍士官学校）で軍事科学教授を務める退役中佐、デーヴ・グロスマンだ。彼は、著書『戦争における「人殺し」の心理学』（ちくま学芸文庫）と自身のウェブサイトで、この用語について詳しく解説している。[*46]

〝殺人者をつくる訓練〟はときに暴走し、殺人を日常茶飯事にする。イラクでは二一歳の兵士が、検問所でとまらなかった民間人を殺したが、その直後に彼はどう感じたか。「どうってことはない。ここでは、人を殺すのはアリを踏みつぶすようなものさ。誰かを殺して、『さて、ピザでも食いにいこうか』みたいな。人を殺すのは人生を変えるような経験だと思っていた。でも実際にやってみると、『ま、いいか』という感じだった」[*47]

二〇〇五年一一月一九日、イラクの町ハディーサの道路脇で爆弾が爆発し、アメリカの海兵隊員ひとりが死亡、ふたりが負傷するという事件が起きた。海兵隊の調査によれば、その後数時間のあいだに、一五人のイラク市民が爆発物によって死亡した。だが、事件は解決ずみとされた。多くのイラク人が毎日のように、同様の死に方をしていたからだ。

事態が変わったのは、タヘル・タベットという住民が、多数の弾丸を撃ち込まれて死亡した何人もの遺体をビデオテープに撮り、タイム誌のバグダッド支局に持ち込んでからだ。それを契機に、海兵隊大隊による民間人二四人の殺害について、本格的な捜査が始まった。その結果、海兵隊員たちは三軒の民家に押し入り、銃撃と手榴弾で七人の子どもと四人の女性を含む住人を、手際よくほぼ皆殺しにしたらしいとわかった。彼らはまた、近くの道路でタクシーをとめ、タクシーの運転手ひとりと、乗っていた学生四人も射殺した。

その行為が、交戦規則を無視した、正当な理由のない民間人の殺害であることに気づいた海兵隊の上級将校は、隠蔽工作をした。二〇〇六年三月、大隊司令官と配下の中隊司令官ふたりが職権を解かれたが、このうちのひとりは、自分が「政治の犠牲になった」と述べている。本書の執筆時点で、ほかにもいくつかの調査が進行中であることから、上級司令官の関与はさらに発覚するかもしれない。

注目すべきは、キロ中隊第三小隊に所属するこれらの海兵隊員が、二度目あるいは三度目の海外軍務という経験豊富な兵士だったことだ。かつてファルージャの激しい戦闘で戦い、戦友の半数近くが死亡したり重傷を負ったりしていた彼らは、ハディーサの虐殺以前から、怒りと報復感情が高まっていたのだ。[*48]

兵士にとって戦争は地獄だ。しかし、兵士が人の道を外れ、民間人に残虐行為をはたらくようになれば、戦闘地域の一般市民、とりわけ子どもは決まってさらなる地獄を見るはめになる。最近起きた別の事件では、アメリカ軍がイラクのイシャキという小さな村で一三人もの村人を殺害した。現在調査中だが、縛られて頭を撃たれた遺体も複数あり、子どもも数人含まれていた。アメリカ軍当局者は〝非戦闘員〟が殺害されたことを認めながらも、そうした犠牲を〝付帯的死亡〟と呼んだ（これもまた、道徳的逸脱を婉曲に表現する例だ）。[*49]

もしも、上級将校が一般市民を殺す許可を兵士に与えたらどうなるか想像してほしい。イラクのティクリート市で、家宅捜索中に非武装のイラク人三人を殺したとして起訴された四人の兵士は、旅団司令官のマイケル・スティール大佐にこう命じられていた。「武装勢力、テロリストの男は全員殺せ」。この新たな交戦規則について報告した兵士は、同僚から、銃殺の件については口外しないよう脅された。[*50]

戦争の最も醜い部分のひとつに、兵士による民間人女性のレイプがある。その一例として、第一章でルワンダのフツ族民兵によるツチ族女性の虐殺を紹介したが、同様の残虐行為の疑いが、新たにイラクで浮上している。アメリカ軍兵士の一団（第一〇一空挺師団）が、一四歳の少女を、両親と四歳の妹を殺したあとでレイプし、その後、彼女の頭を撃ち、全員の遺体を燃やしたとして、連邦裁判所に訴えられているのだ。兵士たちがこの血なまぐさい暴行を意図的に行なったことは、証拠から明らかだ。彼らは、検問所で少女に目をつけたあと、（身元がわからないよう）軍服を着替えて少女の家に行き、家族を殺害してから彼女に暴行を加えているからだ。しかし軍は当初、この殺害事件を武装勢力によるものとしていた。[*51]

残忍さに対する自己抑制がこのように停止してしまうのは、戦闘地域の兵士にはよくあることで、アメリカ軍に限った話ではない。イギリス軍兵士も、イラク人の若者を殴打している場面をビデオ撮影している。このビデオでは、部隊の伍長だった撮影者が、虐待を楽しむよう仲間をそそのかし、笑っているのが聞こえる。軍報道官のひとりは、この行為について〝ごく少数の兵士〟のしわざにすぎないとしたが、トニー・ブレア首相は徹底的に調査することをはっきりと約束した。[*52] ブレア首相には、少なくとも〝腐ったリンゴ〟の比喩を使わないだけの良識があった。

尋問官たちの告白

では次に、アメリカ軍の尋問官数人の告白に耳を傾けてみよう。彼らは自分が目撃し、みずから手をくだした広範な虐待と拷問を公表している。拘留者の虐待で、彼らは何を見て、何をしたのか。

アンソニー・ラグーラニス特技兵（退役）は、二〇〇一～二〇〇五年まで五年間にわたり陸軍尋問官を務め、二〇〇四年にはイラクに派遣された。アブグレイブに配置されたのは初めてだったにもかかわらず、イラク全土の収容施設で任務にあたる、特別情報収集部隊に配属された。彼が語る、イラクでの尋問にあまねく行きわたった〝虐待の文化〟のデータベースは全国規模であり、1A棟固有のものではない。[*53]

もうひとりはロジャー・ブロコー軍曹（退役）だ。彼は二〇〇三年春から半年間、アブグレイブで尋問官として勤務した。ブロコーの報告によれば、彼が話した尋問相手のうち、危険人物だったり武装勢力に属していたりした者はごくわずかで、おそらく二パーセントほどにすぎなかった。大半は、イラク警察に恨まれていたか嫌われていたせいで、目をつけられたり連行されたりした人々だった。

ラグーラニスもブロコーも、囚人からの情報収集がきわめて非効率的だった理由のひとつは、有効な情報を持たない人たちで施設があふれ返っていたせいだと述べている。武装蜂起地域の全世帯の男性全員を対象とした一斉検挙で、おおぜいが一挙に運ばれてきた。だがその一方、訓練を受けた尋問官や通訳はじゅうぶんに確保できていなかった。そのせいで、拘留者たちが取り調べを受けるころには、たとえ情報を持っていたにしても、すでに古くて役に立たないものになっていた。

費やされた多大な努力に反して、確実な成果はあまりに少なく、欲求不満は大きく膨らんでいった。そうした不満も、大きな暴力の誘因となっていた。時間がない。武装蜂起は増えている。軍司令官からの圧力は高まる……。指揮系統の上位にいる文民高官のこうした焦りは、司令官にも伝わっていた。情報を引き出すことは死活問題だった。

ブロコー「ほんのちょっとしたことで、手当たり次第に人を捕えていました。一週間あたりにこれだけの人数を尋問して指揮系統の上に報告する、と割り当てが決められていたからです」

ラグーラニス「囚人からいい情報が得られることは稀でした。われわれがとらえた囚人が無実で、提供する情報を持っていなかったからだと思います」

ブロコー「私が尋問した人の九八パーセントは、拘束される理由がありませんでした。外見だけを見て家宅捜索し、連行して収容所に放り込んでいたのです。パパス大佐からは、情報を手に入れろという圧力がかかりました。『情報を入手して、アメリカ兵士の命をあとひとり救うんだ。情報を引き出して武器を、武装勢力を発見すれば、兵士の命が救えるんだぞ』。これが、拘留者の口を割らせるためなら何をやってもいいという発想につながったのだと思います」

ブロコーはまた、「グローブを外す」というメッセージが指揮系統をくだり、比喩が現実になったと報告している。[*54]

ブロコー「『これからはグローブを外すんだ』という言葉を耳にしました。ジョーダン大佐がある夜、会議の席上で言ったのです。『グローブを外せ。奴らに、われわれの支配下にあることを思い知らせるんだ』。〝奴ら〟とは拘留者のことです」

多国籍軍に対する武装蜂起が破壊的かつ大規模になるにつれ、情報部と憲兵には、入手困難な情報を摑めという圧力がさらに強くかけられた。匿名でインタビューを受けたある人物は、ＰＢＳの番組『フロントライン』でこう話している（二〇〇五年一〇月一八日）。

「イラクで起きた虐待の大半は、写真撮影されていないから騒ぎにならないでしょう。イラクではハンヴィー〔訳注：ジープ型のディーゼル式軍用車〕の後席にも輸送用コンテナにもカメラは積んでいないので、余計にひどいことになるのです。静止画カメラもビデオカメラもない。監視の目がないから、何でもやりたい放題です」

ラグーラニスが、詳しい状況についてさらに語る。「イラク全体がそうです。前に言ったように、市民を自宅で拷問をしています。歩兵隊が、イラク人の家で彼らを拷問しているのです。お話ししたように、いろいろな手口を使います。火傷させる、斧で足を打ち砕く、肋骨など骨を折る……そう、本当に――ひどいことをしていました」。彼はさらにこう述べている。「部隊が出かけていって民家に押し入り、家宅捜索するときも、家に居座って、そこで拷問していました」。ブロコーも、同じような虐待を何度か目撃した。「目の周りに青あざができ、唇が腫れあがっている人を見ました。脚と腕に、手当てが必要なひどい擦り傷ができている人もいました」

いったい情報部と憲兵は、情報を得るためにどこまで許されていたのだろうか？

ラグーラニス「懸命に情報を引き出そうとしていたという面もありますが、単に純粋なサディズムという面もありました。とにかく、押して押して押しまくって、どこまでやれるか確かめたくなるのです。完全に支配下に置いて自由にできるはずの相手が思いどおりにならないと、無性に苛立たしくなってくるものです。しかも、それを一日中、毎日、続けるのですから、どこかの時点で、レベルを上げたくなりはじめます」

一触即発の状態に、心理的触媒として極度の恐怖と報復が加わったらどうなるだろうか？

ラグーラニス「たえず迫撃砲やロケット弾、携行式ロケット弾を撃ち込まれて、腹の底から怒っていても、どうしようもないのです。その見えない敵のせいで、周囲で人が死んでいく。だから、爆撃の容疑者だと思われる男を尋問室に連れてくれば、やれるかぎりのことをしたくなります」

実際にどの程度やったのか？

ラグーラニス「尋問施設の責任者だった上級准尉を覚えています。彼は、海軍特殊部隊が冷水を使って囚人の体温を下げるやり方を聞き知っていました。体温を下げ、直腸内の温度を何度もはかって、死なないよう、低体温症すれすれの状態に保つのです」。必要な情報を白状すれば、囚人は見返りとして死ぬ前に解凍されるというわけだ。

この尋問者はまた、尋問室として使われていた冷たい金属製輸送用コンテナ内でも、似たような手口を夜通し使った。

ラグーラニス「そうやって囚人を低体温症ぎりぎりの状態に保ちながら、いわゆる〝環境操作〟された状態で、耳をつんざくような音楽やストロボ光を浴びせていました。軍用犬を連れてきて、囚人にけしかけたりもしました。犬は口輪をはめ、軍用犬係がリードを持っていますが、囚人は目隠しをされているので、それがわかりません。大型のジャーマンシェパードでした。囚人に質問して、その答えが気に入らないと、私が軍用犬係に合図して、犬が吠えて囚人に飛びかかりました。嚙みつくことはできませんが、あまりの恐怖に、つなぎの囚人服を濡らしてしまう者もいましたね。目隠しをされているから、なおさら怖いのです。そういう状況に身をおくのは、本当に怖いものです。でもそれが、私に命じられたことでした。やれと言われたことはひとつ残らず、上級准尉の承認をもらいました」

道徳から逸脱すると、ふつうなら自責の念を覚えるようなことも平気になる。

ラグーラニス「まともな社会の外にいる気になるんです。家族や友だちがその場にいて、何が起きているか見ているわけではありません。そして、誰もが、何と言うか、こうした異常な状態、つまり……うまい言葉が見つからないのですが、自分たちのしていることについて妄想の世界に入り込んでしまうのです。周囲を見まわすと、大丈夫だと思えるものが崩れていく。私自身、そう感じました。モスルのあの輸送用コンテナの中を思い出します。一晩中、ある囚人と一緒でした。とにかく、ひどい孤立感、道徳的な孤立感を感じ、その男に何でもやりたいことができるように思えた。いや、そうしたいとさえ思ったかもしれません」

この若い尋問官は、これから一生、国のための任務の一環として自分がした悪を抱えて生きなければならない。火に油を注ぐように暴力がエスカレートする過程を、彼はこう描写した。「押して押して押しまくり、どこまでやれるか確かめたい気持ちが高まる一方でした。それは人間の本性の一部のように思えます。アメリカの刑務所で行なわれた実験で、あるグループに別のグループを監視させ、支配権を与えると、あっという間に虐待と拷問が始まったというのを読んだことがあるでしょう？　そう、じつによくあることなんです」（彼が言った実験とは、スタンフォード監獄実験のことだろうか？　そうだとしたら、この実験は〝本物の監獄〟として都市伝説の地位を得たことになる）

虐待を食いとめるためには、強いリーダーシップが欠かせない。

ラグーラニス「自分が行ったどの抑留施設でも、残忍な行為や虐待を目にしました。『虐待は許さない』という、本当に強い、強力なリーダーシップがなければ……どの施設でも、虐待が起きていたでしょう。情報を引き出すのが仕事ではない憲兵でさえ、虐待していました。そこではみんながやっていることだからです。自分を抑えるか、上から抑えられないかぎり、そうなるのです」

しかしラグーラニスは、さらに悪質な「バベル北部のフォース・リーコン〔訳注：アメリカ海兵隊武装偵察部隊〕による虐待」を目にすると、もう耐えられなくなった。彼は虐待についての報告書を書きはじめ、傷の写真や囚人の宣誓供述を添えた文書を作成し、すべてを海兵隊の指揮系統を通じて送付した。だがその告発は、チップ・フレデリックがアブグレイブの実態について上官に申し立てたときと同じ結果を招いた。つまり、海兵隊司令部の誰ひとりとして、この尋問官の申し立てにこたえた者はいなかったのだ。*55

ラグーラニス「誰も、一度も、見に来ませんでした。この件で私に話しに来る人もいませんでした。私は虐待の報告書をどこにも送らなかったかのような錯覚に陥りました。誰も虐待の調査をしなかったし、調査するすべもなかった。というより、やる気がなかったのかもしれません」

当局がこうして沈黙すれば、あらゆる異議が台なしになってしまう。若い尋問官が任務遂行のための助力と改善を請うたにもかかわらず、高官が応じなかった理由のひとつは、おそらく当局上層部も確信が持てず、意見が一致しなかったからだろう。強制的尋問で〝拷問〟がどこまで許されるかについて、意見の相違があったにちがいない。

ＦＢＩとＣＩＡは、容疑者、ことに〝重要度の高い〟容疑者の処遇のあり方をめぐって衝突していた。ＦＢＩのメモからは、ＣＩＡの戦術についての決定的な報告がひとつ見つかっている。

ＦＢＩ本部御中

私が面談室に入っていくと、拘留者が手足を鎖で縛られ、胎児のような姿勢で床の上に転がされ、椅子も、食物も、水も与えられていませんでした。多くの場合、排尿も排便もその場でしたまま、一八時間から二四時間、あるいはそれ以上、放置されていました。

グアンタナモ収容所の尋問チームがどんな所業に及んだかを示す例もある。〝囚人〇六三〟についての記録だ。九・一一テロの「二〇番目のハイジャック犯」と考えられていたその囚人、モハメド・アル＝カフタニは、想像しうるほぼすべての方法で虐待された。その場で排尿させられ、何日も続けて睡眠も食事も許されず、獰猛な犬をけしかけて脅された。それでも抵抗を続けると、ブラジャーを着けさせられ、頭には女性用のＴバックをかぶせられた。尋問官は彼をホモと呼んでからかった。犬用リードをつけて動物の芸までさせた。女性尋問官は、彼を性的に興奮させてから、信仰上の過ちを犯したことを責めるべく、その体にまたがった。

タイム誌の調査報道記者たちは、アル＝カフタニの一カ月に及ぶ秘密尋問の生々しい詳細を、一時間刻みどころか一分刻みで記録した日誌を公表した。[*56] そこには、粗雑かつ野蛮な手法と、多少洗練された手法が混在していた。馬鹿げた愚かな行為も多数交ざっていた。熟練した刑事なら誰でも、この囚人からもっと多くの情報を、もっと短時間に、もっと道義にもとらない手法で得られただろう。

海軍法務部長のアルベルト・モラは、この尋問の事実を知ってあぜんとした。いかなる軍、いかなる政府も黙認してはならない違法な行為とみなしたからだ。モラの雄弁な陳述は、そうした虐待的尋問の黙認が何を意味するかを考える際に大いに役立つ。

虐待がもはや違法とされず、逆にひとつの政策として適用されるなら、人間と政府の関係を根本的に変えてしまうでしょう。虐待は、個人の権利という概念全体を破壊します。合衆国憲法は、人間には生得権があると認めています。それは国家や法律によって与えられるのではない、個人の尊厳に与えられる権利であり、虐待を受けない権利をも含みます。そしてまた、生得権はアメリカ国内のみならず、あらゆる人間に適用されます――「違法な敵性戦闘員」に指定された人々にさえもです。もし、それを例外とするならば、合衆国憲法そのものが瓦解します。これはすべてを一変させる問題であります。[*57]

戦術として練られた残忍な尋問手法と、写真に写された1A棟の憲兵の〝倒錯した精神〟から生じたとされる手法とを比較してほしい。1A棟での写真には、女性のパンティを頭にかぶせられた拘留者の姿が多数写っていた。リンディ・イングランドが、囚人の首に犬用のリードをつけて地面を引きずっているおぞましい写真もあった。いまとなっては、頭上のパンティ、リード、非人間化といった筋書きはすべて、CIAとミラー少将のギトモ特別尋問チームのやり方から借用されたと結論づけるのが妥当だろう。それが広く受け入れられ、戦争地域全体で使われたのだ。ただギトモでは、写真撮影が許可されていなかっただけだ。

エリート兵士の所業

指揮構造全体に対する告発の証人のうち、私に最も深い感銘を与えたのは、イアン・フィッシュバック大尉だった。彼は勲章も授けられたウェストポイントの卒業生で、イラクに配置された精鋭空挺部隊の隊長だ。その彼が最近、囚人への虐待の蔓延を訴えるためにジョン・マケイン上院議員に手紙を送った。それは、こんなふうに始まる。

> 私はウェストポイントの卒業生で、現在、陸軍歩兵隊の大尉として任務にあたっております。第八二空挺師団とともに二度、海外で従軍しました。アフガニスタンとイラクで一度ずつです。対テロ世界戦争の任務中、指揮官の行動および発言から、私は、アフガニスタンとイラクではジュネーブ条約の遵守を求めないのがアメリカの方針だ、と信ずるにいたりました。

フィッシュバック大尉は、ヒューマン・ライツ・ウォッチとの数度にわたるインタビューで、尋問官に課される法的限界が混乱したことでどんな結果が生じたかを、具体的かつ詳細に明かしている。また、ファルージャに近いキャンプ・マーキュリーの前進作戦基地で、彼の部隊に属していたふたりの軍曹も、彼の説明を補足している。*58

マケイン上院議員への手紙でフィッシュバックが証言したところによれば、囚人たちは日常的に、尋問前に顔や身体を殴打されたり、顔に化学薬品をかけられて火傷したり、身体を衰弱させる姿勢のまま鎖で縛られつづけたり、意識を失うほど激しい運動を強いられたりしていた。囚人をアブグレイブ式ピラミッドに積み重ねることもあった。そうした虐待は、アブグレイブの虐待スキャンダルの暴露以前にも、その最中にも、それ以後にも起きていた。

われわれがマーキュリー前進作戦基地にいるとき、囚人がピラミッド状に積み重ねられたことがありました。裸ではありませんでしたが、ピラミッド状に重なってはいました。一度に少なくとも二時間、極度に激しい運動を強いられていた囚人たちもいました……冷水を浴びせられてから、夜、外に出された例もありました(ここでも、ラグーラニスが報告した苛酷な天候にさらす戦術が使われている)。兵士が野球のバットを持って拘留者の脚を強打したこともありました。すべて、私が部下の下士官から得た情報です。

フィッシュバックはまた、司令官が虐待を指示し、黙認したと証言した。「こんなふうに告げられるのです。『こいつらが先週、手製の爆発物を爆発させた犯人だ』。すると、われわれは彼らを手ひどく懲らしめます……でも、ご理解いただきたいのですが、それがルールだったのです」(特殊な状況では、次々と新たな慣行が遵守すべき標準となっていくという〝緊急時規範〟について思い出してほしい)

また、フィッシュバックの部下の軍曹は、こう証言している。「キャンプの誰もが、欲求不満を解消したければPUCのテントに行けばいいと知っていました(囚人たちはPUC〔persons under control＝管理下人員〕と呼ばれていた)。それは、ある意味で気晴らしでした。ある日、ひとりの軍曹がやってきて、PUCにポールを摑めと命じました。続いて前かがみになるように命じると、その男の脚を、ルイビル・スラッガー社の小型金属バットで折りました。PUCが死なない程度にやっていました」

前述したように、フィッシュバックの報告によれば、部下の兵士たちは囚人の虐待をデジタルカメラで撮影もしていた。

マーキュリー前進作戦基地には、アブグレイブ事件と同様の写真がありましたが、アブグレイブのものとあまりに似ているため、兵士たちは破棄したそうです。燃やしたのです。アブグレイブの兵士たちは、われわれが命じられたのと同じことをして問題にされた。だから破棄したのです。

フィッシュバック大尉はついに、みずからの懸念と訴えを上層部に伝えるべく、一年五カ月にも及ぶキャンペーンを開始した。だが、アンソニー・ラグーラニス尋問官やアイヴァン・フレデリック軍曹と同様、手応えはまったくなかった。そこで、ついにマケイン上院議員に手紙を送って事実を公表した。マケインにとってその手紙は、ブッシュ政権によるジュネーブ条約違反を申し立てする際の一助となった。

しかし当然ながら、この英雄的内部告発により、フィッシュバックは上官たちから不興を買っている。彼はノースカロライナ州フォートブラッグ基地に帰還させられ、軍の尋問を受けるために隔離された。それでも、フィッシュバックが圧力に屈しそうにないことは、マケイン上院議員に宛てた手紙の結びからもうかがえる。

もしも逆境と攻撃に直面して理想を捨てるとすれば、われわれはその理想を本当は手にしてなかったのです。ほんのわずかでも、〝アメリカ〟という理想を捨てるくらいなら、闘いながら死ぬほうがましです。

囚人にセクシーダンスで迫る〝拷問娘〟の存在

軍が、おそらくＣＩＡと共謀してギトモの収容所で犯した悪行は、ここで働いていた軍の通訳、エリック・サールの証言によっても明らかにされた。彼は、「拘留者とイスラム教信仰のあいだに溝をつくる武器として、性が利用された」と報告している。この若い兵士は、愛国心に燃え、テロとの戦いの手助けができると信じてグアンタナモ湾へ赴いたが、すぐに、手助けなどまったくできていないと気がついた。そこで起こっていることは、すべて〝間違い〟だった。

サールは、二〇〇五年四月四日、エイミー・グッドマンのラジオ番組『デモクラシー・ナウ』のインタビューに答え、囚人に使われた性的戦術について生々しく証言している。彼はそれを実際に目撃していた。このときのインタビュー内容は、サールが書いた *Inside the Wire: A Military Intelligence Soldier's Eyewitness Account of Life at Guantanamo*（鉄条網の内側――軍情報部兵士が目撃したグアンタナモの実態）という暴露本でも詳しく述べられている。[*59]

アラビア語に堪能なサールは、この収容所で任務にあたった半年のあいだ、正規の尋問官の質問と発言を囚人のために通訳し、囚人の返答を尋問官に英語で繰り返した。そこでは、尋問官と囚人双方の意図が互いに過不足なく伝わるよう、適切な言葉を正確に使うことが求められたが、新手のやり口では、魅力的な女性尋問官が利用された。サールはこう報告している。「女性尋問官は、尋問中の囚人を性的に誘惑し、囚人が自分を不潔だと思うように仕向けた……囚人の背中に乳房をこすりつけ、彼女の身体の部分について語った……囚人はショックを受け、激怒していた」

サールは辞職した。そのような尋問手法は「まったく効果がなく、われわれの民主主義的価値観にそぐわない」と確信したからだ。[*60] ニューヨーク・タイムズ紙のコラムニスト、モーリーン・ダウドは、囚人に性的な誘惑をしかけて情報と自白を得ようとしたギトモの女性尋問官たちに〝拷問娘《トーチャー・チック》〟というあだ名をつけた。[*61]

サールは、軍隊ふうに規定すれば〝女性による宇宙侵略〟とでも呼べそうな場面との遭遇についても報告している。餌食となったのは、監房で長時間祈りを捧げていた二一歳の〝重要度の高い〟サウジアラビア人だった。尋問の開始前、女性尋問官ブルックとサールは、いずれも匿名性を保つために軍服の名札にテープを貼るという〝衛生処理〟を施した。そのときブルックが言った。「これから話す拘留者はろくでなしだから、ちょっと強めにやる必要があるかもしれないわ」。その理由を彼女はこう明かした。「あいつがしゃべらないせいで、私が上からにらまれはじめているのよ。今夜は何か新しい手を試さないと」。このサウジアラビア人拘留者は、九・一一のハイジャック犯とともに飛行機の操縦を習ったと考えられていて、きわめて重要度が高かった。サールはこう指摘している。「非協力的な拘留者を取り調べていた軍の尋問官は、たちまち〝温度を上げ〟たがった。どなり、威嚇し、悪い警官の役を演じ、信頼関係の構築を怠った」

ブルック尋問官は続けた。「とにかく、私に全面的に協力する以外に選択肢はないって、あいつに思わせなくちゃ。自分のことをめちゃくちゃ不潔だと感じさせて、監房に戻って夜通し祈るなんて無理だと思わせるのよ。あいつと、あいつの神様とのあいだに壁をつくることが必要なの」[*62]。囚人が質問に答えなかったため、尋問官はさらに温度を上げようと決めた。

「驚いたことに」とサールは声をあげた。「彼女は上着のボタンをゆっくりと、じらすように、まるでストリッパーのように外しはじめ、胸にぴったりと張りついて伸びきっている茶色の軍用Tシャツをあらわにしました……それから、ゆっくりと囚人の後ろにまわり、彼の背中に乳房をこすりつけはじめたのです」。彼女はこう言って囚人をからかった。「こういうでっかいアメリカのおっぱいは好きなの？　ファリーク。硬くなりはじめているのがわかるわよ。アラーの神様はどう思うかしら？」

次に彼女は彼のすぐ前に座り、自分の手を胸に当てて、囚人をからかった。「こういう大きなおっぱいが好きじゃないの？」。囚人が顔を背けてサールのほうを見ると、彼女は囚人の男らしさに疑問を呈しはじめた。「あんた、ゲイなの？　どうしてずっと彼を見てるの？……この人は、私がいいおっぱいをしてるって思ってるのよ。そうでしょ？」（サールはそうだと言うようにうなずいた）

それでも囚人がブルックに唾を吐きかけて抵抗すると、彼女は平然と、さらに締めあげにかかった。自分のズボンのボタンを外しながら、囚人にたずねたのだ。

――「ファリーク、私が生理中だって知ってた？……いまあんたに触ったらどう感じる？」（彼女がパンティの中から手を出すと、その手は血でおおわれているように見えた)。そして最後にもう一度、誰に言われて操縦を習ったか、誰が飛行訓練学校に送り込んだのかを、彼にたずねました。彼女は「くそったれ」と吐き捨てるように言いながら、彼が経血だと思っているものを彼の顔になすりつけました……「あんたの兄弟は、朝、アメリカ女の経血があんたの顔についているのを見たら、どう感じるかしら?」。ブルックは立ち上がりながら言いました。「ところで、今夜はあんたの監房の水は止めてあるから、血は明日までついたままよ」。彼女が捨てぜりふを残し、私たちは部屋を出ました……彼女は、上官から求められた情報を得るために、いちばんいいと思ったことをしたのです……自分はいま何をしたんだろう? 自分たちはいったい、ここで何をしていたんだろう?

じつによい問いかけだ。けれども、サールにも、ほかの誰にも、明確な答えはなかった。

ギトモの罪のさらなる暴露

エリック・サールはほかにも、欺瞞的で非倫理的で違法な慣行をいくつも暴露している。たとえば、彼を含む尋問チームのメンバーは、国際赤十字の監視員にけっして話しかけないように、彼らに近づかないようにと厳命されていた。また、〝幽霊拘留者〟についてはこう述べている。「かなりの数がいました。彼らがどうやって、なぜギトモに来たのか、私たちにはまったくわかりませんでした。彼らが犯罪を犯した証拠はありません。おおぜいが気力をなくしていました」

さらに、サールはこうも述べている。「ギトモには幼い子どももいて、基地の主要施設であるキャンプ・デルタ以外の場所に収容されていました。尋問する価値がないにもかかわらず、長期間、拘留されていたのです」。イラクとアフガニスタンからギトモに連れてこられたにちがいない子どもの囚人については、これまで誰も報告していない。

尋問を視察するために要人の訪問が予定されたときは、〝やらせ〟がお膳立てされたという。エリック・サールは、すべてが衛生処理されて〝完璧〟な舞台が整えられたと述べている。ナチスがチェコスロヴァキアのテレジーン強制収容所につくった、「ユダヤ人モデル収容所」を思い起こさせる話だ。ナチスはここを見せて国際赤十字の監視員らをだまし、収容者が現状に満足しているように信じ込ませた。以下、サールの話だ。

情報チームに配属されて覚えたことのひとつは、ＶＩＰの来訪があるときにどうするかです。来るのは将官だったり、政府の要職にあるお偉方だったり、情報機関の人だったり、あるいは議会からの派遣団だったりしましたが、みなで口裏を合わせ、彼らが訪れる時間帯には、過去に協力的だった拘留者を尋問室に座らせました。協力的な態度をとり、テーブルに向き合ってふつうの会話ができ、過去に適切な情報の提供をしたような者を見つけて、来訪中のＶＩＰ向けにその尋問を再現させたのです。

でもそれは、情報のプロにとっては屈辱的なことでした。そう感じていたのは私ひとりではなかったと思います。情報機関は、正しい決定に役立つ正しい情報を政策立案者に提供することがすべてです。正しい情報を提供するためだけに存在しているのです。それなのに架空の世界をつくり、来訪者のためにギトモを実態とかけ離れたものにするなどという発想は、情報活動のプロとしてのあらゆる努力を根底からくつがえすものでした。

どの部屋でも、マジックミラー越しに監督者が尋問を観察できた。にもかかわらず、サールによれば「そうすることは稀」だった。また、重要度の高い拘留者の大事な取り調べは、隠しカメラでビデオ撮影されることになっていたが、サールによればそれもなかった。もし撮影されていれば、上級将校も彼と同様に、常軌を逸した性的な戦術に嫌悪し、やめさせたかもしれない。サールはこう言った。

> 尋問室にはカメラもありましたが、取り調べは記録されませんでした。ミラー少将は、撮影は法律上の問題を生むだけだと考えていました。映像は、観察室のスクリーンに映し出されるだけでした。ほぼすべての取り調べにおいて、尋問室で起きたことを知っている者は尋問官と、通訳と、拘留者だけでした。

拷問の〝外部委託《アウトソーシング》〟

しぶとい容疑者から情報を無理やり引き出す方法として拷問が広まっていたことは、CIAの極秘プログラムからも発覚した。このプログラムを通じて、アメリカのために汚れ仕事を引き受けた国に囚人が送り込まれていたのだ。〝引き渡し〟あるいは〝特別引き渡し〟と呼ばれる措置によって、数十人、ことによると数百人の〝重要度の高いテロリスト〟が、さまざまな国へ、しばしばCIAが借り上げたビジネスジェット機で移送された。[*63] ブッシュ大統領は、拘束した拘留者をCIAが〝行方不明〟にしたり、アムネスティ・インターナショナルによっても拷問の使用が立証されている国に〝引き渡し〟たりするのを許可していたと思われる。[*64] 送り込まれた囚人は、〝未公表の場所〟につくられた秘密抑留施設に入れられ、外部から隔離された。また、非戦闘・非戦場環境で外国の当局が逮捕した〝容疑者〟を、国際法による法的保護なしに、グアンタナモ収容所などに送り、拘留するという〝逆引き渡し〟もあった。

憲法権利センター（CCR）代表のマイケル・ラトナーは、このプログラムについてこう述べている。

> 私は、それを拷問の外部委託《アウトソーシング》と呼びます。プログラムの内実は、いわゆるテロとの戦いにおいて、CIAが世界のどこであれ欲しい人間を捕え、拷問――別の言い方がよければ尋問にたずさわりたくないときは、わ

が国の情報機関と親交のある別の国に容疑者を送るというものです。それはエジプトかもしれないし、ヨルダンかもしれません。[*65]

この引き渡しプログラムを担当したCIA高官のひとりが、マイケル・ショイアーだった。彼は次のように淡々と報告している。

中東の本国に、容疑者に関する未処理の法的手続きがあり、容疑者を受け入れる意志もあれば、その国へ送りました。この場合、容疑者はアメリカではなく、その国の法律によって処遇されます。モロッコなり、エジプトなり、ヨルダンなりの法律にです。[*66]

これらの国で使われた尋問手法には、明らかにCIAが知りたくもない拷問が含まれていたが、CIAはとにかく何らかの有用な情報さえ得られればよかったのだ。とはいえ、現在のような情報社会でそうしたプログラムの存在を隠し通すのは難しい。アメリカの同盟国が主導した、CIAの外部委託拷問プログラムとの関わりが疑われる移送が、これまでに少なくとも三〇件捜査されている。その結果、重要容疑者たちが東ヨーロッパにあるソ連時代の施設に移送されたことが明らかになった。[*67] 拷問の外部委託プログラムから判断するかぎり、CIAと軍情報部員は、囚人を拷問したくなかったのではなく、外国の代理人のほうが巧みなやり方を心得ていると考えていたようだ。たしかに〝代理人〟たちは、拷問の手腕をアメリカ人よりも長く磨いてきた。

イラクとアフガニスタン両国の施設における拘留者の検死・死亡報告書からは、報告された四四の死亡事件の半数近くが、海軍特殊部隊、軍事情報部、CIAのいずれかによる尋問中あるいは尋問後に起きたことがわかる。頭巾をかぶせる、さるぐつわをはめる、首を絞める、鈍器で殴る、水責めにする、睡眠を奪う、極端な温度操作をするといった虐待による尋問が、殺人を引き起こしたのだ。アメリカ自由人権協会のアンソニー・ロメロ事務局長は、こう明言している。「尋問が死を招いたことに疑問の余地はありません。拷問について知っていた高官たちは、手をこまねいていました。そうした方針をつくり、承認した人々は責任を問われるべきです」[*68]

頂点に切り込む――チェイニーとブッシュの責任

（アブグレイブの）写真が日の目を見てから数カ月間でどんどん明らかになったとおり、こうした虐待のパターンは、規則に従わない兵士個人から生まれたのではない。それは、ブッシュ政権が規則を曲解、無視、あるいは放棄しようと決めた結果である。政権の方針が、アブグレイブと世界中で行なわれた虐待を生む土壌となったのだ。

ヒューマン・ライツ・ウォッチの報告書「アメリカ――拷問のやり逃げ?」にあるこうした文章を読むと、長い指揮系統の頂点に注目せざるをえなくなる。すなわち、ディック・チェイニー副大統領とジョージ・W・ブッシュ大統領だ。

拷問の概念を変えた〝テロとの戦い〟

ブッシュ政権は、それまで失敗してきた〝貧困〟および〝麻薬〟との戦いと語呂を合わせ、〝テロとの戦い〟を宣言した。この新たな戦いの前提は、テロが〝国家の安全〟と〝国土〟への最大の脅威であり、あらゆる手段で対抗すべきだというものだった。同様のイデオロギーは、アメリカのみならずほぼすべての国家によって、国民と軍から抑圧や攻撃への支持を得る道具として使われてきた。

たとえば、一九六〇～七〇年代には、ブラジルやギリシャをはじめとした多くの右翼独裁政権が、〝国家の敵〟と目された市民の拷問や、抹殺部隊による処刑の大義名分として利用した。[*69] また、イタリアの右派であるキリスト教民主党は、一九七〇年代後半に〝緊張戦略〟を唱えて、赤い旅団（共産主義過激派）によるテロの恐怖を誇張し、政治的統制の手段とした。古典的なものとしては、ヒトラーがユダヤ人を、一九三〇年代のドイツの経済破綻の原因と決めつけた例がある。このときからユダヤ人は国内の脅威であるとされ、国外への侵攻計画が正当化され、それが、ドイツおよびナチス占領下のすべての国でのユダヤ人抹殺につながった。

恐怖は、国家が好む心理的武器だ。国民を怖がらせて、全能の政府が安全を約束するのと引き換えに、基本的自由と法による保護を差し出させるのだ。九・一一後のアメリカも、恐怖が決め手となり、一般大衆と議会の大多数がイラクへの先制攻撃を支持し、ブッシュ政権によるさまざまな政策の愚かしい継続を支持した。

その手はじめは、サダム・フセインが保有する〝大量破壊兵器〟がアメリカと同盟国を核攻撃すると予言し、オーウェル流［訳注：宣伝のために事実を操作・歪曲すること］に恐怖を広めることだった。イラク戦争を決議する議会投票の前夜、ブッシュ大統領は国民と議会に、イラクはアメリカの安全を脅かす〝邪悪な国家〟だと告げた。「そうした事実を知ったからには、アメリカはみずからに向けられた脅威を無視すべきではありません。危機の明らかな徴候を目の当たりにしながら、最終的証明（決定的証拠）がキノコ雲の形で現われるまで待つわけにはいかないのです」。[*70] キノコ雲をアメリカの上空に広げたのは、サダムではなく、ブッシュと側近たちだ。

それから数年間、ブッシュ政権の主要メンバー全員が、演説のたびに不吉な警告を繰り返した。政府改革委員会特別調査部がヘンリー・A・ワックスマン下院議員のためにまとめた、ブッシュ政権のイラクに関する公式発言についての報告書がある。作成にあたって、ブッシュ、チェイニー、ラムズフェルド、コリン・パウエル国務長官、コンドリーザ・ライス国家安全保障担当補佐官のすべての発言を集めた公共データベースが利用されたというその報告書によれば、五人の高官はおおやけの場での一二五回のうち、イラクの脅威について二三七回、〝虚偽にして誤解を招く〟発言をしたという。平均すると、〝伝道師〟ひとりにつき五〇回ほどになる。また、九・一一の一周年にあたる二〇〇二年九月には、ブッシュ政権がおおやけの場で、五〇回近くの誤解を招く欺瞞的発言をしていたとも報じられている。[*71]

ピューリッツァー賞受賞作家のロン・サスキンドは、調査にもとづく分析の中で、ブッシュ政権のテロとの戦いの枠組みの大半は、九・一一直後のチェイニーの発言を原点とするとしている。チェイニーはこう発言した。「パキスタンの科学者が、アルカイダの核兵器の製造または開発に手を貸した可能性が一パーセントでもあれば、それを確実な情報として扱い、対応すべきだ。われわれがすべきなのは分析ではない……対応だ」。サスキンドは、著書 *The One Percent Doctrine*（一パーセント主義）でこう書いている。「いまになってみれば、それは、その後数年間の出来事と政権の対応の枠組みとなる行動基準を示していた」

サスキンドはさらに、この対テロ戦争という新しいかたちのストレスと、捕虜の予期せぬ暴動と反抗に対する認知的不協和のもとで、巨大な連邦政府の運営は効率と効果を欠いていたと指摘する。「政府には、防御の衝動と、対立する政治目標と、誰が何をするか、誰が市民、統治者、権力者にはたらきかけるかを決めるルールがある。たしかに政府は多くのことを達成しているが、機能不全が目立つことも少なくない。言い換えれば、政府は嘘をつき、偽り、実行可能なことを隠している。ときには自己保身のために。（国民の）信頼を得なければ、政府は空っぽの事務所にすぎないからだ」[*72]

恐怖を声高に広めるもうひとつの方法は、ブッシュ政権の国土安全保障省による、テロ警戒度（色分け）警告システムの政治利用だった。このシステムは当初、あらゆる災害警告システムと同様、国民を結集して脅威に備えることが目的だった。だがその後、一一段階の漠然とした警告が、一般市民の行動に現実的な助言を与えることはなかった。ハリケーンの警報が出されれば、避難が呼びかけられる。竜巻警報が出されれば、退避用地下室に入らなくてはいけないとわかる。だが、いつどこで起こるかわからないテロ攻撃の警報が出ても、ただ「警戒を強める」よう言われるばかりで、通常どおり生活するしかなかった。結局、〝信頼できる情報〟だとされたにもかかわらず、あまたの脅威は現実にならなかったが、国民にはそれに対する何の説明も報告もなかった。警戒レベルが上がるたびに国軍と国家警察を動員すれば、一カ月に最低でも一〇億ドルはかかり、国民にも無用な不安とストレスがかかった。つまるところ、色分けされた警戒レベルの放送は、有効な警告システムというよりも、たとえテロ攻撃がなくとも、テロリストに対する恐怖を国民に持たせつづけるための、高くつく手段だった。

かつて、フランスの作家アルベール・カミュは、恐怖はひとつの手法だと指摘した。恐怖のせいで人は合理的に考えるのをやめる。恐怖のせいで人は、敵やテロリストや武装勢力を漠然と思い浮かべ、自分たちを脅かす彼らを打倒しなければいけないと考える。ある種の人々を何らかの実体や概念としてとらえはじめると、渾然一体とした〝敵の顔〟が浮かび、彼らを殺したい、痛めつけたいという原始的な衝動が、平凡で穏やかな人々のあいだにさえ生じるのだ。*73

私は、そうした〝幽霊警告〟は機能しないばかりか危険だと公然と批判している。事実、ブッシュの支持率上昇がそうした警告と密接に相関していた証拠がある。*74 ここで肝心なのは、門前に敵がいるという恐怖を煽り、その恐怖を持続させることで、ブッシュ政権が大統領を戦時国家の全能の最高司令官に仕立て上げたということだ。みずから〝最高司令官〟を名乗り、議会から与えられた権限を大幅に拡大したブッシュ大統領とその顧問団は、自分たちは国内の法も国際法も超越した存在で、それゆえにどんな政策も、新たな法解釈において主張するだけで合法になると信ずるにいたった。

アブグレイブの暗い地下牢に咲いた悪の華の種子は、ブッシュ政権によって植えつけられたのだ。

「拷問副大統領」としてのディック・チェイニー

ワシントン・ポスト紙は社説で、ディック・チェイニーを「拷問副大統領」と書いた。彼が国防総省の予算案に対するマケインの修正案を廃案にしようと奮闘し、変更させたからだ。[*75] マケインの修正案は、アメリカ軍に囚人の人道的扱いを求めるものだったが、チェイニーは法律に例外を設け、CIAが容疑者から情報を引き出すのに必要と判断したあらゆる手段を使えるよう、ロビー活動に励んだ。彼は、もしマケインの修正案が通れば、CIA職員は手枷足枷をはめられたも同然となり、対テロ世界戦争での奮闘があだとなって告発の危険にさらされると主張した（彼らの取り組みがいかに残虐で致死的なものだったかは、すでに垣間見たとおりだ）。

拷問の使用と、残忍、非人間的、卑劣な処遇をいかなる政府機関にも禁じる法案を提出したジョン・マケイン上院議員は、ヴェトナム戦争で捕虜となり、拷問の恐怖を経験していた。マケインは、軍の尋問はすべて、陸軍の「情報尋問に関する野戦マニュアル」（FM34―52）に従うよう求めてもいる。この法案は九〇対九で上院を通過した。のみならず、海兵隊、陸軍、海軍の上級司令官十数人が連名でマケインに送った私信でも、強く支持されていた。彼らはこぞって、陸軍野戦マニュアルはつねに従うべき実証ずみの〝黄金律〟だと主張した。さらに将官たちは、追伸で「国防総省以外の機関が囚人を拘留、尋問する際には、残忍で卑劣な処遇を許す法の抜け穴があってはならない」とも述べている。[*76]

マケインは、ニューズウィーク誌に掲載された「拷問の真実」という小論で、大局的見地に立って以下のように述べている。

これは思想戦争だ。抑圧的統治に育まれた悪意がテロリストを生んでいる場所で、そのテロに直面しながらも自由を広めていこうとする闘いだ。囚人の虐待は、この思想戦争でわれわれに過酷な代償を支払わせている。虐待が表面化するのは避けられず、表面化すれば、われわれの道徳的地位は脅かされる……囚人の虐待による被害は、敵よりもわれわれのほうが大きいのだ。[*77]

だが、この法案が通過しても、チェイニーは相変わらず熱心に、ＣＩＡがあらゆる手段を使うことを支持しつづけるだろう。彼が九・一一直後に表明した信条に固執していることを考えれば、さもありなんだ。ＮＢＣのテレビ番組『ミート・ザ・プレス』のインタビューで、チェイニーはこう発言している。

> それでも、われわれはいわゆる影の部分の仕事もしなくてはいけません。情報世界の影の部分で、時を過ごさなくてはいけないのです。そこですべき多くのことは、情報機関が利用できる資源と方法をもって、粛々と、議論なしに成し遂げなくては成功しません。それが、彼らの活動する世界です。われわれの目的を達成するためには、基本的に、利用可能なあらゆる手段を使うことが不可欠なのです。*78

一方、コリン・パウエル国務長官の首席補佐官だったローレンス・ウィルカーソン大佐は、ナショナル・パブリック・ラジオ（ＮＰＲ）のインタビューで、チェイニーとブッシュの新保守派《ネオコン》チームが、イラクとアフガニスタンでの囚人虐待につながる指令を出したと非難した。

> （チェイニーの）副大統領執務室から（ラムズフェルド）国防長官を介して現場の司令官へといたる、目に見える追跡記録があったのは明らかです。細心の注意を払った表現は、現場の兵士にとってふたつのことを意味しました。よい情報が足りないから、その証拠を入手しろ――ところで、入手できるかもしれないこんな方法があるぞ、という具合です。

なお、ウィルカーソンは、チェイニーの法律顧問だったデイヴィッド・アディントンについても、「最高司令官である大統領がジュネーブ条約から逸脱することを認めるよう、強く主張した」と語っている。*79

「戦争の最高司令官」としてのジョージ・W・ブッシュ大統領

さて、いよいよ権力の頂点に切り込むときがきた。

無期限の対テロ世界戦争を指揮する司令官として、ジョージ・W・ブッシュ大統領は、法律顧問団を使って、イラクへの先制攻撃の合法的基盤を整え、拷問の定義を改め、新たな交戦規則をつくり、いわゆる〝愛国者法〟を通じて国民の自由を制限し、違法な傍受、盗聴、アメリカ国民の電話内容の監視を認めた。例によって、すべては神聖なる国土の安全を守る世界戦争という大義名分のもとに。

ブッシュの法律顧問団は以下の面々だった。アルベルト・R・ゴンザレス大統領法律顧問（のちに司法長官に昇進）、ジョン・ヨー司法副次官補、ジェイ・S・バイビー司法次官補（いずれも司法省）、ジョン・アシュクロフト司法長官、国務省法律顧問のウィリアム・H・タフト四世。このうちアルベルト・ゴンザレスは、大統領にこんな法律的判断を示している。「この新たな戦争の性質ゆえに、その他の要因がきわめて重要になります。たとえば、情報をすばやく入手する能力……私の判断では、この新たな状況において、敵国捕虜への尋問を厳しく制約するジュネーブ条約は過去のものになります」（二〇〇二年一月二五日付のメモ）

拷問メモ

二〇〇二年八月一日付の司法省のメモは、「拷問メモ」として報道された。メモでは拷問を、内容ではなく極端な結果のときだけ問題にしていた。その定義によれば、肉体的苦痛とは「臓器不全や身体機能の障害、はては死亡といった深刻な身体の負傷に伴う苦痛と同程度」のものを言う。これに従えば、拷問罪で告発された者を起訴するには、「激しい身体的あるいは精神的苦痛」を引き起こそうとする被告人の〝具体的な意志〟がなければならない。「精神的拷問」も限定的に定義され、「重大な心理的危害が長期間、つまり月単位、年単位で続く」行為のみが対象とされた。

このメモはさらに、一九九四年の反拷問法の批准は、大統領の総司令官としての権限を妨げる可能性があるため、憲法違反とみなされうるとまで述べている。司法省の法律専門家が打ち出した別の指針は、テロとの戦いにおける政権の目的に合わせて、ジュネーブ条約を解釈し直す権限を大統領に与えるものだった。新たな解釈では、アフガニスタンで拘束された交戦国民、タリバン兵士、アルカイダの容疑者、武装勢力、連行・拘留されている人々はすべて戦争捕虜とはみなされず、したがって戦争捕虜が受ける法的保護は適用されない。彼らは「敵性非戦闘員」として、世界のどの施設でも無期限に、協議なしで、具体的嫌疑がかけられなくとも拘束されうる。そのうえ大統領は、重要度の高いテロリストを〝消滅〟させるＣＩＡのプログラムも承認したと見られる。

これらは状況証拠だが、説得力がある。たとえば、ジェームズ・ライゼンは著書『戦争大統領――ＣＩＡとブッシュ政権の秘密』（毎日新聞社）で、新たな尋問戦術へのＣＩＡの関与について「政権の最上層部の高官のあいだで、ブッシュに責任を負わせず、否認権を与える密約があった」と結論づけている。*80

ブッシュ政権とその法律顧問団との関係をもっと遠慮なく描写したのは、法学者のアンソニー・ルイスだ。入手可能なメモをすべて徹底的に調べたあと、彼はこう述べている。

> これらのメモは、あたかも悪徳弁護士がマフィアのドンに、法の網をくぐって刑務所行きを免れる方法を指南しているかのように読める。起訴の回避が、まさにこのメモのひとつのテーマだ……さらに深く憂慮すべき別のテーマは、大統領が囚人の拷問を命令できることだ。連邦法でも、アメリカが加盟している国際的な拷問等禁止条約でも、拷問は禁じられているのに。*81

読者のみなさんには、本書でふれた関連資料のすべて（調査報告書、赤十字国際委員会の報告書その他）と、二八の「拷問メモ」をすべて読むことをお勧めしたい。ブッシュ大統領の法律顧問、ラムズフェルド、パウエル、ブッシュなどの手になるそうしたメモが、アフガニスタン、グアンタナモ、イラクでの拷問の合法化への道を開いた。カレン・グリーンバーグとジョシュア・ドレイテルが編集した、一二四九ページもの大著 *The Torture Papers: the Road to Abu Ghraib*（拷問文書――アブグレイブへの道）は、文書の形で残されたメモの記録すべてを公開し、政府の法律専門家による法律技術の悪用を白日のもとにさらしている。[*82]「世界で最も法が完備したこの国で、アメリカ人の保護に貢献してきた技術が――悪のために誤用される」。それがどういうことかは、本書を読めばわかる。[*83]

みずから選んだリーダーを含む政府高官の動機と意図を国民が理解できるよう、ふたりの編者は、これらの文書が何を意味するかをきわめて明確な言葉で結論づけている。

「地獄への道は善意で敷きつめられている」ということわざがある。だが、本書に収録した政府内部のメモを見ると、グアンタナモ湾やアブグレイブといった煉獄への道が、悪意で敷きつめられていたことは明らかだ。まずアフガニスタンで、次にグアンタナモ湾で、そしてのちにはイラクで、拘留者に対する虐待の横行を招いた政策は、囚人に対する一方的かつ恣意的な拘留、尋問、虐待、判決、懲罰を容易にするための三つの邪悪な意図の産物だった。①拘留者を法廷や法律の手の及ばない場所に置きたい。②拘束した人の処遇に関するジュネーブ条約を無効にしたい。③連邦法および国際法のもとで政策実行者が戦争犯罪の責任を問われることがないようにしたい。

「政策を立案した人たちは、本物のテロの脅威を前にして、安全を追求するあまり方向を誤っただけだ」などと、いくら善意を主張してもむだだ。政策立案者たちが、法にもとる意図をはっきり認めているのだから……それらのメモが発するメッセージは、誤解の余地がない。つまり、この政策立案者たちは、みずから遵守すると誓ってきた自国の司法制度が気に入らないのだ。それが抑制と均衡、権利と制限を伴うからだ。文民と軍によるわが国の司法制度へのこうした反感と不信は、きわめて非アメリカ的なものである。[*84]

また、法学教授のジョーダン・パウスト（元アメリカ陸軍法務部大尉）は、拘留者虐待を正当化するお膳立てを整えたジョージ・W・ブッシュの法律顧問団について、こう書いている。「ナチス時代以降、これだけおおぜいの法律家が、戦時拘留者の処遇と尋問にまつわる国際犯罪に、これほど明白に関わったことはなかった」その顧問団名簿の筆頭にくるのが、アルベルト・ゴンザレス司法長官だ。彼は、拷問を前述のように解釈し直した法律メモの作成に手を貸した。ゴンザレスとブッシュは、アブグレイブの写真が公表されてようやく、拷問について極端な考えを示すこのメモを不当だとしてしりぞけた。

テロとの戦いで大統領の権限拡大に貢献してきたゴンザレスは、ナチスの有力な法律専門家、カール・シュミットに比せられてきた。「非常時においては、国家の最高幹部を法的拘束から解放する」というシュミットの考えは、ドイツ憲法の停止を促し、ヒトラーに絶対的権力を与えた。ゴンザレスの伝記作家によれば、彼は好人物で、加虐的あるいは精神異常の傾向とは無縁の〝ふつうの人〟だという。[*85] それでも彼の法律メモは、市民的自由の停止と、テロ容疑者に対する国際法違反の苛酷な尋問の原因となってきたのだ。[*86]

国防総省の犯罪捜査班が異議を唱える

最近、ニュース専門放送局のＭＳＮＢＣが報じたところでは、国防総省の犯罪捜査班は、同省の上層部に対し、二〇〇二年前半以来、何年にもわたって警告を繰り返してきたという。その警告とは、情報部チームが手荒い尋問手法を駆使しても、信頼できる情報が得られないばかりか、戦争犯罪となるおそれもある。露見すれば国民を当惑させるというものだった。しかし、経験豊富な犯罪捜査官によるこうした懸念と助言の大半は、ギトモとアブグレイブの尋問を指揮する司令官全員に無視された。彼らは、厳しく高圧的な尋問を好んだ。

元海軍法務部長のアルベルト・J・モラは、この犯罪捜査班を公然と擁護した。「『たとえ命じられたとしても、われわれはこうした行為に加担するつもりはない』と言った彼らを、私は非常に誇りに思います。彼らは英雄です。それ以外に言いようがありません。アメリカ的な価値観と、われわれが生きる支えとなる制度を守るために立ち上がり、きわめて大きな勇気と誠意を見せてくれました」。だが、この捜査官たちにも虐待はとめられず、ラムズフェルド国防長官に過酷な尋問手法の一部を引っ込めさせ、ブレーキをかけるのがやっとだった。[*87]

テロとの戦いへの執着

「自由の守護における過激は悪徳にあらず……正義の追求における節制は美徳にあらず」。故バリー・ゴールドウォーター上院議員のこの言葉が示す危険な道へとブッシュを進ませたのは、テロとの戦いに対する執着だった。ブッシュ大統領はこの言葉に従い、アメリカ国家安全保障局（NSA）が、法にもとづく令状なしに国内で国民を監視することを許可した。そしてそれは、大規模なデータマイニング〔訳注：データの蓄積から必要な情報を捜し出すこと〕作戦に発展した。電話とインターネットの膨大な通信内容がNSAによって集められ、分析のためFBIに送られた。その情報量はFBIの処理能力をはるかに超えていたという。[*88]

二〇〇六年一月のニューヨーク・タイムズ紙が詳報したところによると、こうした監視には、国際電話が中継される国内の主要通信交換装置への〝裏口からのアクセス〟と、複数の国内大手通信会社の内密の協力が必要だった。[*89] この暴露記事は、大統領に法や議会による抑制と均衡という制限なしの権限を与えれば、暴走は避けられないことを明らかにしている。法を超越しているというブッシュの感覚は、リチャード・ニクソン元大統領のそれに近いと言われる。ニクソンは「一九七〇年代に国内監視の犬を放ち」、その行為を「大統領がするなら、それは違法でないということだ」と弁明した。[*90] ブッシュはいま、まったく同じことを、同じく罪はないのだという感覚で言っている。

法を超越しているという感覚は、ブッシュがかつてないほど「署名声明」を多用したことからもうかがえる。署名声明とは、議会を通過した法律を承認する過程で、大統領がみずから署名したばかりの法律に従わない特権を主張するものだ。ブッシュ大統領はアメリカ史上のどの大統領よりもこの戦術を多用し、議会を通過した成文法が自身の憲法解釈と対立した際に、七五〇回も法律に従わないとした。ブッシュは拷問に反対するマケイン修正案にも、個人的な制約を加えている。[*91]

だが、これに対して最高裁判所が待ったをかけた。最高裁判所は、ブッシュ政権がグアンタナモの抑留者を軍事委員会（裁決機関）の裁判にかけるという計画を認めなかった。そんなことは連邦法で許されていないし、国際法にも違反していたからだ。ニューヨーク・タイムズ紙によれば、「この判決は、政権による大統領権限の大幅な拡大に対し、これまでで最も有意義な歯止めとなった」。[*92]

おかしなことに、テロという悪を世界から排除したいと望みながら、ブッシュ政権自体が〝管理という悪〟の紛れもない典型になっていた。この政権は、死にいたるほどの苦痛を人々に与えながら、形式的、合理的、効率的な手続きを駆使して、自分たちがしていることの本質を偽っている。自分たちが高次の目的とみなすものを正当化する手段から、目をそらせているのだ。[*93]

〝管理という悪〟がはたらいた別の例としては、ホロコーストにおけるナチスのユダヤ人撲滅計画、チャレンジャー号事故におけるNASAの所業、アメリカのタバコ会社幹部と彼らが雇った〝科学専門家〟によるタバコの販売促進、エンロンをはじめとする不正企業の欺瞞に満ちたビジネス慣行などがある。〝管理という悪〟は、いったん方針が設定され、その手順が支配的になると、いかなる個人とも無関係に持続する。そういう意味では、これはシステムの問題とも言えるが、組織にはリーダーが必要であり、リーダーはそうした悪の創出や存続に対する説明責任を負うべきなのも確かだ。

システムは、行為主体と行為集団によって構成される。両者の力と価値観が、システムの影響力の及ぶ範囲内で〝承認された行動〟を決め、その行動への期待を創出したり改変したりするのだ。リーダーも構成メンバーもシステムの強い影響力のもとにおかれるから、その意味では、システムは両者を合わせた以上のものだが、違法で不道徳で非倫理的な行ないに関与するシステムを率先してつくり出した個人は、いくら状況の圧力があったとしても、やはり説明責任を負う必要がある。

ブッシュ大統領と顧問団は、(一九九六年の)戦争犯罪法を改めた。議会に圧力をかけて二〇〇六年に軍事委員会法(上院法案三九三〇号)を通過させ、同年一〇月一七日に大統領が署名したのだ。軍事委員会法が起草された目的のひとつは、ハムダン対ラムズフェルド裁判の最高裁の判決をはねつけることだった。この判決では、政権が軍事法廷でグアンタナモ収容所の拘留者を裁判にかけることは認められなかった。

新たな軍事委員会法には、アメリカ政府による〝違法敵性戦闘員〟の抑留と処遇に関し、物議をかもす多くの措置が規定されている。たとえば、違法敵性戦闘員に指定された者は、軍法による兵士としての権利も、民法による市民の権利も認められない。大統領には戦時の幅広い権限が与えられ、アメリカ国民も含めたあらゆる人を、違法敵性戦闘員に認定できる。認定されてしまうと、ジュネーブ条約が保障する人身保護令状の請求権と保護を受ける権利を失う。また、無期限に投獄されて軍事法廷のみで裁かれるおそれもある。軍事法廷では、判事が捜査令状なしに得られた伝聞証拠さえ採用しかねず、法廷の構成員の三分の二の賛成だけで有罪にできる。

それだけではない。この法律には少なくともあとふたつ、異議を唱えるべき特徴がある。ひとつは、多くの尋問手法を〝侮辱的〟なものにすぎないとして許可していること、もうひとつは「人道に対する犯罪」への関与が疑われる政府職員すべてを、効力をさかのぼって保護していることだ。その犯罪には、CIA諜報員などが拘留者を尋問中に殺害した事件も含まれている(これによれば、アブグレイブの憲兵による虐待は実質的にすべて許されることになる。あれは単なる〝侮辱〟であって拷問ではないのだから)。

本来、戦争犯罪法とジュネーブ条約の遵守は、法による統治を選んだすべての文明国家にとって必要不可欠なはずだ。ニューヨーク・タイムズ紙は社説で、軍事委員会法は「アメリカの民主制度にとって最悪の専制的法律であり、現代版の『外国人法および治安法』〔訳注：敵性外国人からアメリカを守るために一七九八年に成立した四つの法律〕だ」と述べている(二〇〇六年九月二八日付)。

多くの市民や自由を愛する者の怒りは、どこへ行ったのだろう？*94

陪審員のみなさん、評決をどうぞ

さて、読者のみなさんはこの章で、おもな独立調査委員会の報告書の主要部分に加えて、多くの目撃者の証言を目にしてきた。また、ヒューマン・ライツ・ウォッチ、赤十字、アメリカ自由人権協会、アムネスティ・インターナショナル、PBSの番組『フロントライン』が広範に分析した、米軍に拘束された拘留者への虐待と拷問の本質についても目にしてきた。

あなたは現時点でも、アブグレイブ1A棟での虐待は、少数の〝腐ったリンゴ〟や〝ならず者兵士〟による逸脱行為、単発的出来事にすぎないと信じているだろうか？　また、それらの虐待と拷問は〝組織的〟プログラムの一環だったのか否かについて、どう考えるだろうか？

撮影された虐待によって有罪とされた憲兵について、いまのあなたはこう考えているかもしれない。状況の力＝〝腐った樽〟とシステムの圧力＝〝腐った樽のつくり手〟が大きく作用した以上、被告人にくだされた実刑判決は軽減する余地があったのではないか——。

アブグレイブはじめ多くの軍事施設とＣＩＡは秘密裏に運営する監獄での虐待に関係し、ジェフリー・ミラー少将、リカルド・サンチェス中将、トーマス・パパス大佐、スティーヴン・ジョーダン中佐といった上級司令官は共犯である、と断じる意志と用意が、あなたにはあるだろうか？。[*95] 同じく、ジョージ・テネット元ＣＩＡ長官、ドナルド・ラムズフェルド国防長官といったトップレベルの政治指導者を共犯と断じる意志と用意があるだろうか？　さらには、ディック・チェイニー副大統領やジョージ・Ｗ・ブッシュ大統領を共犯だと断じる意志と用意があるだろうか？（ブッシュ政権が「人道に対する犯罪」で訴えられた最近の裁判については注を参照）[*96]

あなたには、これらをじっくり考えてほしい。また、このあとに述べる軍組織の前向きな取り組みについても検討してほしい。軍は、看守の適正な訓練と、尋問中の囚人への権力の濫用を防ぐ効果的な制度が必要だと認めつつある。そうした手続きが最初から整えられていれば、アブグレイブの虐待は起こらなかったはずだ。

スタンフォード監獄実験が、軍の研修の指針となる

ハワイからバグダッドに向かう長旅の機内で、ラリー・ジェイムズ陸軍大佐は、スタンフォード監獄実験のドキュメンタリーＤＶＤ『Quiet Rage（静かなる怒り）』を繰り返し見た。おそらく〝二四回〟は。「ジンバルドーがしたことの何が悪かったのか？」。「監獄での虐待を予防するために、彼はどんな方法をとるべきだったのか？」。こうした問いがジェイムズ大佐の頭に浮かんだのは、「アブグレイブを立て直せ！」という特殊な任務に取りかかろうとしていたからだ。

ジェイムズ大佐は著名な臨床心理学博士である。ウォルター・リード陸軍病院の精神科で何年も医長を務めてきた。二〇〇四年五月、その彼に類のない任務を命じたのは、ジェフリー・ミラー少将だった。ふたりはグアン

タナモ収容所で一緒に働いたことがあった（そう、そこでミラー少将がとった戦略と手法によって、キューバとイラク双方の収容所は多大な被害を出した）。今回の任務を与えられた当時、ジェイムズは行動科学部門のトップだった。ミラー少将の直属の部下だったが、収容所の最高幹部将校のひとりだったため、施策や手続きはほとんど時を置かず実行に移すことができた。

ジェイムズがアブグレイブに赴任すると知った私は、完成したばかりのDVDを何セットか進呈した。彼からは、きみも参加してはどうかと誘われたが、私は同行に伴う危険に怖じ気づいてしまった（あの刑務所やイラク全土が、生命を脅かす状況でなければ喜んで加わっただろう）。ジェイムズが帰国するとすぐ、私は彼にインタビューし、虐待の再発を防ぐためにどんな予防戦略を講じたのかをたずねた。[*97]

おおまかに言えば、ジェイムズの目標は手順の確立だった。この刑務所に良好な秩序と規律を生み出し維持する、アメリカ矯正協会の基準にもかなう手順だ。彼はキャンプ・ブッカでも、教化隊（カンザス州レヴンワース）の行動科学部長だった陸軍中佐とともに、アメリカ矯正協会の査察官による現地視察の手はずを整えた。そして、査察官の指摘と勧告をすべて反映した。囚人用の精神衛生病院を建て、精神衛生専門家の大規模なチームをアブグレイブに派遣し、拘留者に初めて医療サービスを提供したのだ。

ジェイムズはさらに、拘留者に対するいくつかの基本原則も定めた。

---

①危害を加えない。
②あらゆる面で安全を保つ――肉体面でも、精神面でも。医療はアメリカ矯正協会が採択した基準に準じる。
③あらゆる面で合法性を保つ。軍事司法統一法典のあらゆる原則を遵守する。
④あらゆる面で倫理性を保つ。ひとりとして危害を加えられないよう留意し、「アメリカ心理学会の倫理基準に反することをしなかったか？」とつねに自問する。

⑤尋問は効果的に行なう。拘留者への「尋問」を、刑事が行なうような「聴取」に改めるよう条件を整え、アメリカ人の生命を救うのに必要な情報は、虐待的でないやり方で得ることを目指す。

収容所にいるあいだ、ジェイムズ大佐は夜間になると敷地内を歩きまわり、看守や職員と言葉を交わし、虐待や、不正や、秩序と規律に反する行動にたえず目を光らせた。問題や非行を正すためにみずから動き、解決できない問題があれば将官に直接報告した。また、刑務所のあらゆる面を検証し、ほかの施設にも広げることを見据えた「アブグレイブにおける刑務所監視と、囚人の処遇および尋問の規則」を策定した。この規則は、以下の七段階からなっていた。

①上級将校の監督は、夜間シフトも含めて常時必要である。
②「尋問」を改め「聴取」とし、アメリカの警察刑事による取り調べモデルに従う。聴取はけっして単独で行なってはならない。少なくともふたりが聴取室に居合わせること。最低でも聴取者と通訳が必要である。そうすれば互いに抑制がはたらき、二重のフィードバックが得られる。
③書面による「禁止」条項を定め、囚人の聴取中にどんな行為が禁止され、何が許されるかを明確にする。やっていいことといけないこと、正当化できないことについて、あいまいさを完全に排除しなくてはならない。
④聴取に関わる全員に「任務に特化した研修」を義務づける。
⑤聴取室はマジックミラーによって観察できるようにし、将校などが廊下から見られるようにする。聴取はすべて、事後の分析と管理者による審査のためにビデオ撮影されなければならない。
⑥憲兵隊はつねに施設全体を定期的に巡回し、上層部への報告をたやさず、看守と聴取者にもつねに監督

下にあることを知らせる（ジェイムズ大佐は、軍の心理学者ふたりをこの監督にあたる「巡回大使」とした）。

⑦監視と監督はいくつかの段階で必要とされ、聴取を受ける囚人は聴取前および聴取後にも医学的検査を受ける。聴取手続きの結果、医学的な状態に少しでも変化の徴候があれば、報告されるものとする。同様に、軍の弁護士が、すべての手順とシステムに組み込まれた各監督段階を審査しなくてはならない。

ここには含まれていなかったが、ジェイムズ大佐は憲兵たちに、『Quiet Rage』を見て権力の濫用について話し合うよう勧めた。監獄の看守という憲兵の新たな役割に役立つと考えてのことだ。

虐待が明るみに出る前だったら、ジェイムズはこれほど厳しい監督手順を設けただろうか？　断言はできないが、彼のみならず誰もがこの任務を思いつきさえしなかったのではないか。しかし、もしこうした一連の手順が定まっていれば、虐待が起きた可能性は低かったのは確かだ。これらの条件のもとでは、混乱も責任の分散も減るはずだし、各人の行動が監督されているのが自明となるからだ（もちろん、それはスタンフォード監獄実験でも実践されるべきことだった）。

実際のところ、この措置の効果は出ている。ジェイムズ大佐によると、「私たちの観察や測定の結果、新しい規則が実施されて以来、（二〇〇五年一一月現在まで）虐待は起きていません」とのことだった。

その後、国防総省は二〇〇六年八月一五日にアブグレイブ刑務所の閉鎖、拘留者の一部を解放し、残りをバグダッド空港近くのキャンプ・クロッパーに移送した。イギリスの最高法律顧問は最近、グアンタナモ収容所（国防総省によれば、長期にわたり総計七五九人の囚人を収容していた）も閉鎖するようアメリカに求めた。[*98] この収容所が不正義の国際的シンボルになっていると判断してのことだ。ピーター・ゴールドスミス英法務長官は、この収容所が軍事法廷に依存している状態は、「国際的基準に沿った公平な裁判」を原則とし尊重するイギリスの方針に反すると述べた。[*99] スペインの高名な予審判事、バルタサル・ガルソンも、この収容所は「法を尊重する国々にとっての侮辱」だとして、アメリカに閉鎖を求めた。ガルソンは、スペインは異端審問の弊害から、「拷問と侮辱は捜査技法として役に立たない」という教訓を学んだそうだ。[*100]

ちなみに、ラリー・ジェイムズ大佐は、この特別な軍務により青銅星章を授与された。わが同僚にして友人の目覚ましい業績を称えつつ本章を締めくくることができるのは、とてもうれしい。願わくはあと数年早く、彼にこの権限が与えられていればよかったのだが——。

陽光を入れる

さて、みなさんとともに続けてきた長い旅も終点に近づいた。人間にひそむ悪と直面しながら旅を続けてくれたみなさんの根気強さに感謝している。私にとっても、スタンフォード監獄実験のような虐待場面を再び目にするのは辛いことだった。チップ・フレデリックの裁判で、よりよい決着をつける手助けができなかったという自分の無力さを認めるのも、容易なことではなかった。私は懲りない楽観主義者だが、集団虐殺、大量殺戮、リンチ、拷問その他、人間が他人になすおぞましい行為の数々を目の当たりにしつづけたことで、人間のありかたについての肯定的な見方が曇りはじめてもいる。

そこで、この旅の最終段階では、陽光を入れて、人間心理の暗い隅々を明るく照らしたいと思う。プラス面を強調し、マイナス面を消し去るときが来たのだ。この旅を通じて、人間の性格の弱点、欠点、あまりに安易な変節を探究してきたが、最後は大いに肯定的に、英雄的行為と英雄たちを称えたいと思う。

ふつうの人々が、たとえ善人であってもそそのかされ、勧誘され、手ほどきを受け、システムと状況の強烈な力に流されれば悪行に走るという前提を、あなたもいまなら素直に認めてくれると思う。だが、だとすれば、逆の前提も受け入れられるのではないだろうか？　つまり、私たちの誰もが未来の英雄であり、英雄としての資質を示すことのできる状況を待っている、という前提だ。

さあ、悪の誘惑に抵抗し、英雄を称え、それに続くすべを学ぼうではないか。

そして、英雄になる

第一六章

あなたが次の英雄だ

あらゆる出口は、別のどこかへの入り口だ。

——トム・ストッパード

『ローゼンクランツとギルデンスターンは死んだ』

私たちの旅も、いよいよ終着点にきた。悪はどんな環境でも存在しうるが、私たちはとくに、その温床である監獄と戦争をつぶさに見てきた。そこはたいがい、権威と力と支配が交ざり合うるつぼとなり、隠蔽が始まるとともに人間性を停止させ、人間の最も尊い資質である思いやり、親切、協力、愛を奪ってしまう。

ここでいま一度、〝個人〟と〝状況〟と〝システム〟の定義をおさらいしよう。個人とは、人生という舞台で演じる役者《アクター》＝行為者《アクター》であり、その行動の自由を特徴づけるのは、その人の遺伝的、生物的、肉体的、心理的な素質だ。状況とは、行動の背景であり、報酬と規範的機能を通じて、行為者の役割と立場に意味とアイデンティティを与える力を持つ。そしてシステムとは、イデオロギー、価値観、力を持つ行為主体と行為集団からなる。そのイデオロギー、価値観、力が状況をつくり出し、組織の影響力の及ぶ範囲内で認められる行動を、行為者に役割として与え、期待する。

以上を踏まえて、この旅の最終段階では、ときにあらゆる人に対して負《マイナス》の方向にはたらく状況の力に屈しない方法、あるいは対抗する方法を探っていこう。望みもしなければ必要としてもいないのに、日々私たちに降りかかる影響力にどう対抗するかも探っていこう。私たちは状況の力の奴隷ではない。だが、それに抗い、立ち向かう方法は学んでおく必要がある。ここまでみなさんとともに見てきた過酷な状況下でも、数えるほど少数ながら、つねに断固たる姿勢を貫く人々がいた。いまこそ、彼らがどうやって抵抗できたのか考え、そのような人を増やすときだ。

あなたは、「状況によっては自分も、これまで見てきた実験の被験者やアブグレイブの当事者のように行動するかもしれない」と多少は考えるようになっただろうか。もしそうなら、今度は「自分が英雄だったら」と考えてみてほしい。人間の本性としての善、私たちの中の英雄、私たちみんなが持つ英雄的想像力を称えていこう。

望まない影響力に抗う方法を身につける

妄想性障害のある人は、たとえセラピストや家族が善意から発した言葉でも、そのメッセージをそのまま受け入れたり、従ったり、応えたりすることがなかなかできない。彼らは斜にかまえた姿勢と不信感から、周囲に壁をつくって孤立し、社会的な関わりを断ってしまう。こうした反応は、社会的圧力に頑として抵抗し、影響力をまったく受けない極端な見本にはなるが、その心理的代償は明らかに甚大だ。

これと対極をなすのが、過度にだまされやすく、無条件に人を信じ、ありとあらゆる詐欺師の格好の標的となる人々だ。そこまでいかなくても、人生のどこかでペテンや詐欺の餌食となる人は多い。アメリカでは毎年一二パーセントもの国民が詐欺犯にだまされ、ときには生涯の蓄えを失う。この数字は、アメリカ以外の国でも共通すると思われる。詐欺被害者の多くは分別がつくはずの五〇歳以上だが、あらゆる年齢層の人が、電話勧誘、健康管理、宝くじの詐欺にしょっちゅう引っかかっている。[*1]

第一二章で紹介した、偽警官の事件を覚えているだろうか？　マクドナルドの店舗で何の罪もないティーンエイジャーをまんまとだました事件だ。あなたはたぶん「あんな電話にだまされるなんて、彼女もまわりの大人たちも、なんて愚かなんだろう」と思っただろう。だが、ほかの多くのファストフード店でも店員が同じ詐欺に引っかかり、偽警官に盲目的に従ってしまった。その被害は全米三二州にわたり、一〇あまりのチェーンの七〇店舗近くにも及んでいた。[*2] 前述したように、電話してきた詐欺師にすっかりだまされたマクドナルドの副店長は、こう問うた。「あのときのあの状況にいるわけでもないのに、自分が何をするかがどうしてわかるのでしょうか。わかるはずがありません」[*3]

肝心なのは、だまされた人たちは自分とは違うと考え、彼らには負の気質（愚かさや無知）があるなどと決めつけないことだ。そうではなく、自分と変わらない人々がなぜ、どのようにして、すっかりだまされてしまうのかを理解しなくてはならない。そうすれば、ペテンに抵抗するすべについての認識を深められるはずだ。

〝孤立〟と〝没頭〟のはざまで

人間には、基本的に二重性が存在する。〝孤立〟対〝没頭〟、つまり懐疑と関与だ。〝取り込まれる〟ことを恐れて他者から自分を隔離させるのは極端な防御姿勢だが、他者の説得に心を開くにつれ、その言いなりになってしまうのもまた問題だ。もちろん、他者に心を開いて熱心に関わることは、人間の幸福に欠かせない。私たちはみな心強さを感じたいし、全面的に信じたいし、自発的に行動したいし、他者とつながっていると感じたい。そしてまた、人生に〝没頭〟して生きたい。ときには、本能的な不安から生じる自制をとっぱらいたくもなる。『その男ゾルバ』さながらに、情熱的に踊りたくなる。[*4]

この場合、誰にとっても難題なのは、どうすればふたつの両極、つまり全面的な没頭と極端な防御のあいだをうまく行き来できるかだ。他者と適度な距離を保つべきときや、大義や人間関係を擁護して忠誠を尽くすべきときを知るには、どうすればいいのだろう？　これは誰もがたえず直面する微妙な問題だ。この世界には、私たちを利用しようとする人たちもいるが、その同じ世界に、互いにとってよい目標だと信じるものをともに追い求めたいと願う人たちもいる。どうすれば、ふたつを区別できるのか。親愛なるハムレットよ、オフィーリアよ、それが問題だ。

もうひとつ、マインドコントロールの影響と闘う具体的な方法を論じる前に考えなくてはならないことがある。それは、〝自分だけは何にも屈しない〟というおなじみの錯覚だ。[*5]「彼らは？」「そうだ」。「自分は？」「違う！」。ここまで心理学の世界を旅してきたあなたは、多種多様な状況の力がどのように多くの人をのみ込むかを認めざるをえないはずだが、それでもまだ、自分だけは違うと思っているかもしれない。知識として学んだことを、自分の行動を変えるまでにするのは難しい。抽象論として〝ほかの人たち〟に当てはめるのは簡単でも、具体的に自分自身に当てはめるのは容易ではないものだ。

人間は一人ひとり異なる。同じ指紋がふたつとしてないのと同じように、遺伝、発達、性格のありかたがまったく同じ人間もふたりといない。そうした個人の違いは称えられるべきだ。だが、強力でありふれた状況の力に直面すると、個人の違いは縮小し、圧縮されてしまう。行動科学者ならそういうとき、集団を構成する人々について何も知らなくとも、彼らの行動の背景を知るだけで、大多数の人の行動を予測できるだろう。

とはいえ、どれほどすぐれた心理学をもってしても、一人ひとりの個人がある状況でどう行動するかまでは予測できない。個人ごとの違いはつねに存在し、説明するのは不可能だ。だからあなたは、これから学ぶことだって自分にはあてはまらないとはねつけることもできる。自分は特殊なケースで、正規分布の端に位置すると思ってもいい。ただし、その代償として、油断をつかれて痛い思いをすることは知っておいたほうがいい。

紳士や感じのいい老婦人を装った〝性根の腐った悪党〟に出会ったらどうするか？　この問いに対する私の助言は、何十年にも及ぶ多くの個人的体験から蓄積されてきたものだ。少年時代、発育不全で病気がちだった私は、生まれ育ったサウスブロンクスのスラムの薄汚い路上で生きのびるために、処世術を身につけざるをえなかった。ある状況で、ある人たちがどう行動しそうか、すばやく読む技術と言ってもいい。私はその技を大いに磨き、遊び仲間やチームやクラスのリーダーになった。

そして、私はやがて、フェイギン〔訳注：ディケンズの『オリヴァー・ツイスト』に登場する人物〕を思わせる悪党の親分に鍛えられていった。女装していたその親分に仕込まれた私は、ブロードウェイの劇場の客をだまして帽子やコートを無理やり預けさせ、返すときに本当は不要なチップをせしめる手口を覚えたりした。〝彼女〟の徒弟として腕をあげ、無料で手に入るショーのプログラムを高く売りつけたり、親分の売店で店番をし、親がついていない子どもたちにキャンディや飲み物をたらふく飲み食いさせたりもした。安アパートの部屋から部屋へ訪ね歩き、心優しい住人の同情を引いて雑誌を売りつける方法も叩き込まれた。

後年には、警察が容疑者から自白を引き出すときの戦術を正式に学んだ。それは、国家公認の拷問者が獲物から欲しい情報を手に入れるための戦術、カルト教団の勧誘者がうぶな人間を魔窟に引き込む戦術でもあった。奨学金のおかげで、ソ連政府のマインドコントロール術と、中国共産党が朝鮮戦争と国民思想改造計画の際に使った手法も研究できた。さらには、わがアメリカが生み出したCIAの思考操縦者、国家の支援によるMKウルトラ計画、[*6]ジム・ジョーンズが信者に及ぼしたカリスマ力（既述）についても研究した。カルト教団でのさまざまな体験を経て生きのびた人々をカウンセリングし、彼らからも学んできた。

このように私は、説得、服従、不協和、集団過程について、生涯にわたって取り組んできた。これらのテーマをめぐる私の著作には、態度変容や社会的影響に関する入門書のほか、ヴェトナム戦争中の平和活動家に向けた研修用マニュアルもある。[*7]

こうした実績をあえて挙げるのは、ひとえに、これから提供する情報の信用性を増したいからだ。

利他精神を高める実験

ここで、私は〝逆ミルグラム〟実験について考えてみたい。この実験の目標は、時とともに高まる〝善行〟への要求に人々がこたえるような環境をつくること。参加者は次第に、かつては無縁だった利他的行動へ誘導される。そして、ゆっくりとではあるが確実に、想像しなかったほど積極的で社会的な行為を目指すようになる。悪に向かうゆるやかな堕落を促すプログラムの代わりに、善に向かうゆるやかな向上のプログラムを用意するわけだ。だが、それを可能にする実験環境をつくりだすには、どうすればいいのだろう？

手始めとして、そうした思考実験を設計してみる。まずはじめに、各参加者に対し、段階別の経験や行為を用意する。この段階は、ふだんの行動よりもほんの少し積極的なものから、かつてないほど完璧な〝良い〟行為へと連なっている。参加者はこの最高の美徳に導かれて、当初は想像もできなかった行為をするようになるはずだ。

実験の枠組みには〝時間〟を用いる。「善行に割く時間がない」と自分を納得させて、美徳を実践しない市民のためだ。〝善意発生装置〟の第一ボタンでは、一〇分を割いて友人への礼状や同僚への見舞い状を書いてもらおう。次の段階では二〇分を使い、問題のある子どもに助言するよう求めるのがいい。こうして徐々にプレッシャーを上げていけば、次は三〇分を割いて、文字を読めない家政婦に物語を朗読することも承諾してくれるかもしれない。

利他精神の目盛りはさらに上げていく。一時間をかけて苦学生を個人指導するようになったら、次は数時間ベビーシッターをして、ひとりで子育てをする人が病気の母親を見舞えるようにしてあげる。その次は夕方に貧困者のための無料食堂で働く、失業した退役軍人を手助けする、半日を使って孤児のグループを動物園に連れていく、負傷して帰還した退役兵の話し相手をする……。着々と目盛りを上げて、より価値の高い目的のために、毎週貴重な時間を割くようにするのだ。その過程で、求められた仕事をすでにこなしている人や、次の段階へのレベルアップを先導してくれる人を社会的モデルとして紹介すれば、美徳をさらに促すのに役立つだろう。試してみる価値はある。私の知るかぎり、こうした実験はこれまで行なわれていないのだから。

理想としては、参加者が以前は夢想だにしなかった行動をするようになったときを、この善行実験の終わりとしたい。善行の実績には、健全で持続可能な環境づくりへの貢献を含めてもいい。それには、自然保護やリサイクルに役立つちょっとした行動から、本格的なエコロジー運動にお金や時間を投じたり関与したりすることまでが含まれる。より多くの市民によるイデオロギーによらない善行が、社会の多くの領域で役立つという考え方が広まり、発展することを私は期待したい。

不協和理論からわかるとおり、信念は行動に従う。良い行為をさせれば、人は次にそうした行為を正当化する基本原理（信念）を生み出していく。タルムード（ユダヤ教律法集）学者たちは、こう説いたとされる。「祈る前に信じることを人々に求めるな。ただ祈りを始めるだけでいい。そうすれば、祈りの内容と対象を信じるようになる」

逆ミルグラム実験の効果を裏づける

すでに述べたように、この逆ミルグラム実験はまだ行なわれたことはないが、仮に研究室でやってみたとしよう。自宅や地域ならもっといい。さて、うまくいくだろうか？　つまり、権威と状況の力を使って、美徳を生み出すことはできるのだろうか？　私の知見にもとづけば、うまくいく。人間と社会的影響の原理原則を利用することで、この世界にもっと正義をもたらすことができるはずだ[*8]。

逆ミルグラム実験には、社会心理学者が広く研究してきた三つのシンプルな戦術が組み合わされている。その三つとは、〝ドアに足〟作戦、社会的モデリング、そして〝役に立つ人間〟という自己レッテルだ。私はこれらを利他精神を高めるために集めたにすぎないが、研究者の発見によれば、こうした戦術は、苦労して稼いだお金を慈善事業に寄付することや、リサイクルの促進、あるいは次回の赤十字の献血キャンペーンで献血するといった行為まで、あらゆる種類の社会的行為を促すのに使えるという。
　三つのうち、〝善に向かって一歩ずつゆるやかに上昇する〟ために使うのは、社会科学者が〝ドアに足〟と呼ぶ戦術だ。この戦術では最初、誰かに小さな頼みごと（たいていの人がすぐにできること）をし、そこからだんだんと、もっと大きな頼みごと（それがそもそもの目的だ）をする。[*9] その代表的な例が、四〇年以上前に行なわれたジョナサン・フリードマンとスコット・フレイザーの実験だ。[*10]
　彼らはまず、郊外に住む人たちに対して、その小ぎれいな庭に「運転は慎重に」と呼びかける大きくて見苦しい看板を立ててほしいと頼んだ。承諾したのは住民の二〇パーセントに満たなかった。ところが、二週間前に、安全運転を呼びかける八センチ弱四方の目立たない貼り紙を窓に貼ってくれた住民、つまり小さな一歩を踏み出していた住民は、じつに四分の三が庭に看板を設置するのを承諾した。
　同じ手法は、ほかの向社会的行動でも有効だ。研究によって、以下のような事例が明らかになっている。請願書に署名するだけで、身体の不自由な人への資金援助を増やす行為につながる。簡単なアンケートに記入するだけで、死後に臓器提供する意志が強まる。ちょっとした省エネルギーをきっかけに、家庭のエネルギー節約量が増える。公共機関がささやかな取り組みをするだけで、紙製品のリサイクルが増える。[*11] それだけではない。一連の要求を徐々に大きくしていくと、まさにドアに両足をはさんだ状態になって効果が増大する。利他精神を促進する逆ミルグラム実験と同じだ。[*12]
　これを踏まえれば、逆ミルグラム実験でも、向社会的行為が促されるはずだ。スタンフォード監獄実験でもアブグレイブ刑務所でも、虐待行為をあと押しする負《マイナス》のモデルが豊富にあった。これを逆転させて正《プラス》のモデルを活用すれば、望ましい結果が期待できるだろう。実際、研究者によれば、利他的なロールモデルがあれば正の向社会的行為に関わる可能性は高まるという。
　以下は、社会的ロールモデルを示した結果得られた実例のごく一部だ。救世軍への寄付が増えた。タイヤがパンクした赤の他人に手を貸す人が増えた。攻撃的な行動の割合が下がり非暴力的な対応が促された。ゴミのポイ捨てが減った。貧しい子どもたちへの寄付が増え、自分の資源を他者と分け合う意思が強まった。*13

モデルには、言葉とは比較にならない説得力がある。ある一連の実験で、子どもたちがモデル役の大人から、貪欲あるいは慈善を勧める説得力ある説教を受けた。続いて、今度はその大人が貪欲な、あるいは慈善的な行動をとったところ、子どもたちはモデルが言ったことよりもしたことをまねしがちであることがわかった。*14 みずから説いたことは、けっして実践を忘れてはならない。

前述したタルムード学者の知恵は、逆ミルグラム実験を裏づけるもうひとつの原理とも軌を一にしている。すなわち、あなたが望むアイデンティティのレッテルを相手に貼れば、相手はあなたが望む行動をとってくれる。たとえば、「あなたは他人思いで親切で役に立つ人です」と誰かに言えば、その人が他人を思いやり、親切で役に立つ行動をとる可能性は高まる。スタンフォード監獄実験では、若者たちに囚人と看守の役を無作為に割り振った。すると、彼らはその役に合った態度とふるまいをすぐに身につけた。同じように、「あなたは役に立つ人です」と誰かに言えば、その人はそのレッテルにふさわしい態度と行動を身につけるだろう。実際、研究でも、誰かに「気前がいい人ですね」と言えば、多発性硬化症予防に向けた多額の寄付の求めに応じやすくなった。親切だと評価すれば、カードを何枚も落とした人に手を貸す可能性が高まった。〝献血者〟というわかりやすいアイデンティティを与えられた人は、知り合うこともなさそうな赤の他人のために血液を提供しつづける傾向があった。*15

人間という生きものの大いなる強みのひとつは、自分たちの社会を探究し、理解し、知っていることを駆使して生活を改善する能力にある。私たちは本書を通じ、悪を生み出す状況の力を目の当たりにしてきたが、今度は、同じ基本原理を応用して、美徳を生み出すために状況の力を利用しよう。この私の主張が間違っていたり、あなたにこの主張を受け入れてもらえなかったりしたら、人類の未来は危ういだろう。

あなたには、今日から小さな一歩を踏み出し、実生活の中で逆ミルグラム実験をするよう提案したい。あなたはそれにふさわしい人であり、私たちの世界を変え、よりよい未来を築くために、みんなの手本になれる人だ。あなたでなければ、誰にできるだろう？

望ましくない力に抵抗する一〇段階の対処法

いま一度、悪を育む原理を利用して、生活に正の面を増やし、負の面をなくすことを考えよう。影響にはさまざまなかたちがあることを考えると、抵抗の仕方もそれぞれのパターンに合わせる必要がある。たとえば、認知的不協和を解消しようとする誤った試みと闘うときには、服従させるために私たちに向けられた戦術と対抗する場合とは違う作戦が必要だ。説得力ある言葉や強力な伝達者との対決にも、私たちを非人間化したり没個性化したりする相手とは違う対処法を用いざるをえない。集団思考を弱める方法も、しつこい勧誘者の影響をやわらげる方法とは異なる。

私はすでにそうした概説を書いているが、その内容は本章で扱うには深すぎるし、細かすぎる。そこで解決策として、本書の姉妹版となるウェブサイト www.LuciferEffect.com を設けた。これなら好きなときに読み、メモをとり、参考資料を調べ、実生活で抵抗戦術を実践するためのシナリオを考えられる。自分や知人がある社会的影響戦術をしかけられたときにも、この手頃なガイドを参照すれば、攻撃のかわし方がわかるだろう。

だが、ここでも一〇段階の対処法を紹介しておきたい。これは、望ましくない社会的影響力に対する抵抗と同時に、個人の立ち直る力と市民の美徳の増進を目的としている。いずれも簡単で効果的だ。抵抗のカギは、三つの「S」を発展させることにある。すなわち、自己認識（self-awareness）、状況感度（situational sensitivity）、処世術（street swarts）だ。

①間違えた! 最初は自分に対して、次に他人に対して、間違いを認めるよう促すことから始めよう。「人間は間違うもの」という格言を受け入れよう。あなたは判断を誤った。決めた時点ではそれが正しいと考える理由が山ほどあったが、いまでは自分が間違っていたとわかるはずだ。そういうときは、三つの魔法の言葉を言おう。「ごめんなさい」、「申し訳ありません」、「お許しください」。そして、間違いから学ぼうと自分に言い聞かせるのだ。間違いを成長の糧にしよう。お金も、時間も、資源も、まずいことにつぎ込みつづけてはいけない。前に進むのだ。間違いをおおっぴらに認めてしまえば、弁解や正当化の必要もなくなる。結果的に、悪い行ない、不道徳な行為を弁護しつづけなくてもすむようになる。過ちを告白すれば、認知的不協和を減らそうという気持ちも弱まる。現実を直視すれば、不協和は消えてなくなるからだ。間違っているときは頑固に〝やり抜く〟のではなく〝きっぱりやめる〟。それは一時的には損失かもしれないが、長期的には必ず利益になる。ヴェトナム戦争を思い出してほしい。ロバート・マクナマラ国防長官ら軍と政府の幹部が、この戦争は間違いで勝ち目がないと気づいてから、いったい何年、延々と戦いが続けられたことか。*16 その的外れながんばりのせいで、いったい何万人もの命が失われたことか。その命は、失敗と過ちを認めれば救われていた。同様に、政治指導者たちがイラクでの過ちを認めることができたら、どれほど状況が好転するだろう? それは、〝面目を保つ〟ために過ちを否定し、兵士と市民の命を見捨てるという政治的決断よりもずっと重要なことだ。兵士と市民の命を救うのは、道徳的責務である。

②心をはたらかせる 賢いはずの人が愚かなことをしてしまうのは、影響の与え手の言動の特徴に注意を払わず、状況の中にある明らかな手がかりに気づかないせいだ。私たちはえてして自動操縦で飛行するかのように、過去に有効だった使い古しの台本を、いま適切かどうか立ち止まって考えることなく使ってしまう。*17 ハーバード大学の研究者、エレン・ランガーの助言に従えば、私たちは、ことに新たな状況におかれた場合は、心をふだん

のゆるんだ状態から、〝はたらかせる〟状態へと変える必要がある。[*18] 大脳皮質に目覚めの一発を撃ち込むのをためらってはならない。慣れ親しんだ状況では、古い習慣が幅を利かせつづけるが、それは時代遅れになっているかもしれないし、間違っているかもしれない。どうか、自動操縦で生きてはならないことを肝に銘じてほしい。禅の精神で落ち着いて目の前の状況の意味をとらえ、行動する前によく考えるのだ。心のゆるんだ状態のままで、天使や賢人が踏み込むのを恐れるところにけっして入り込んではならない。最善の結果を得るためには、抵抗する際、心のはたらきに〝批判的思考《クリティカル・シンキング》〟を加えるのがポイントだ。[*19] 主張を裏づける証拠を相手に要求しよう。美辞麗句と実体を区別できるよう、イデオロギーにじゅうぶんな説明を求めよう。勧められた手段によって、有害な目的が正当化されないかどうかを見極めよう。現在の行為が将来どんな結果を生むか、最終的なシナリオを想像しよう。個人や社会の複雑な問題にとって応急処置でしかない安易な解決策を拒否しよう。子どもたちの人生のごく早い時期から批判的思考を促し、彼らが目にする欺瞞的なテレビコマーシャル、偏った主張、歪んだ見方に注意を喚起しよう。子どもたちがより賢く用心深い消費者となるよう手助けしよう。[*20]

③責任を持つ　自分の決定と行為に責任を持つことで、人はよくも悪くも運転席に座る。誰かが責任を無視したり分散したりするのを許してはならない。彼らが後部座席からうるさく干渉してくれば、車は責任ある運転者を失い、無謀な走行をしはじめる。もしも、あなたがつねに個人としての責任を保ち、自分の行為に責任を持とうとすれば、望ましくない社会的影響力にも抵抗できるようになる。権威に盲従しなくなり、疑問を覚える行為をする際に責任を分散させるのは共犯の隠れみのにすぎない、とわかってくる。そうなれば、反社会的な集団規範に従うことは減り、責任の転嫁を許さず、仲間同士や友愛会や職場でも、あるいは軍隊や企業でも、責任の拡散を拒否できるようになる。現在のその行為が、いつか裁かれるかもしれないことをつねに想像してほしい。そのときになって、「ただ命令に従っただけ」とか「ほかのみんなもしていた」と弁明しても、誰も聞き入れてく

れないと心得よう。

④自分は自分、これが自分の最高の姿　他人があなたを没個性化し、あるカテゴリーや箱や枠に押し込み、モノ扱いするのを許してはいけない。個性を主張しよう。礼節を保ちつつ、自分の名前と実績をはっきりと、声を大にして表明しよう。他人にも同じことをさせよう。目と目を合わせ（目をおおい隠すサングラスの類いは外して）、あなたならではのアイデンティティを強めるような、自分自身についての情報を差し出そう。影響を受けるような状況でも自己を貫ける人と自分とのあいだに共通点を見つけ、類似点を強化しよう。匿名性と秘密主義は不正をおおい隠し、人間関係を損なう。非人間化の温床にもなる。すでにおわかりのとおり、非人間化は、いじめ、レイプ、拷問、テロ、暴君に殺戮の理由を与える。自身の個性化だけでなく、そこからさらに一歩前進しよう。それがどんなものであれ、人々に匿名だと感じさせるような社会状況を変えるために行動しよう。ほかの人にも、匿名ではなく特別な存在なのだと感じさせ、一人ひとりの価値観と自尊心を高めるような慣行を支持しよう。否定的なステレオタイプ化は誰に対してもけっしてしてはならないし、許してもいけない。言葉、レッテル、ジョークも、他人をからかうのに使われれば破壊力を持つ。

⑤正しい権威は尊重するが、不正な権威には反抗する　どんな状況でも、専門知識、知恵、年功、特別な地位などによって本当に尊敬に値する権威者と、私たちに服従を強いる不正で実体のない権威者を見分ける努力をしよう。権威の座につく者の中には、偽りのリーダー、似非《えせ》預言者、詐欺師、自己宣伝者も多い。そんな輩は尊敬に値しない。服従などせず、公然と批判的評価にさらすべきだ。親や教師や宗教指導者はもっと積極的に、子どもたちにこの重要な区別を教えよう。子どもたちは、たとえ批判的姿勢が正当である場合でも、行儀よく礼儀正しくすべきだが、同時に、尊敬に値しない権威には抵抗するという、善良さと賢明さを持ち合わせるべきだ。そ

のような子どもが増え、成長すれば、人々の利益を二の次にする自称権力者への愚かな服従は減るだろう。

⑥集団による受容を望むが、自立も大切にする　自分が求める社会集団に受け入れてもらうことの魅力は、『指輪物語《ロード・オブ・ザ・リング》』の魔法の金の指輪の魅力より強力だ。人によっては、受け入れてもらうためならほぼ何でもするし、その集団から拒まれるのを避けるために突拍子もないことまでやってのける。人間は社会的な動物であり、社会的なつながりのおかげで、ひとりではなしえない重要な目標を達成できるのだが、ときには、集団の規範の遵守が社会の善に反する場合もある。いつ規範を守り、いつ拒むか、それを見極めることが重要だ。人間はつまるところ、自分の心の輝ける孤独の中に住む。場合によっては、社会的に拒否されることも恐れず、独立を宣言する意志と覚悟がなければならない。それは、ことに自己像が揺れ動いている若い人や、自己像を職業と同一視している大人にとっては容易でないだろう。「チームプレイヤーであれ」とか、「組織の利益のために個人の道徳は犠牲にせよ」といった圧力に抵抗するのは難しい。そんなときに必要なのは、一歩引いて外からの意見を取り入れること、自分の独立を支援し、価値を高めてくれる新たな集団を見つけることだ。いつだって、これまでとは違うよりよい別の集団はあるものだ。

⑦枠組みに用心する　ものごとの枠組みをつくる人は、芸術家か詐欺師になる。どんな枠をはめるかは、説得力ある内部の議論よりも往々にして影響力が大きい。それだけではない。効果的な枠組みは、まるで枠組みらしく見えない。単なる断片的な音、視覚的イメージ、スローガン、ロゴのようにしか思えないのだ。それゆえ気づかぬうちに人々に影響を与え、自分たちが促進しようとする考えやものごとへと私たちを誘導する。たとえば、富裕層に対する「遺産税」の優遇措置削減を支持する有権者は、「相続税」に反対票を投じるよう仕向けられたが、結局はどちらも同じことで、名称に惑わされただけだった。また、私たちは〝希少〟という枠に入れられた

ものであれば、それらが豊富であっても欲しがる。あるいは、プラスになる確率とマイナスになる確率が半々と予測されても、損失の可能性ありと枠づけられたものは嫌い、利益として提示されたものを好む。[*21] XがYに負ける四〇パーセントの可能性は受け入れないが、YがXに勝つ六〇パーセントの可能性なら受け入れる。言語学者のジョージ・レイコフは著書で、枠組みの力を意識し、警戒することによって、感情、思考、投票にいつのまにか忍び込む枠組みの影響力を弱めることが重要だとはっきり書いている。[*22]

⑧時間的視野のバランスを保つ　信じてもいないことをするよう誘導されてしまうのは、〝拡張された現在〟に囚われるときだ。過去の責任感や未来の義務感を無視するようになると、人は状況の誘惑につけ込まれ、『蝿の王』に見られるように極端に走りたくなる。周囲の人が虐待をしたり自制心を失ったりしているとき、〝流れに任せる〟のをやめることができれば、未来の結果を考えて行為の費用便益分析をするようになるだろう。あるいは、個人的な価値観や基準が含まれる過去の時間枠をしっかり意識するというかたちで抵抗できるかもしれない。目前の状況と課題に応じて、過去、現在、未来を実践に活かせるバランスのいい視野を培えば、ひとつかふたつの時間枠のみに依存して時間的視野が偏っていたときよりも、責任感を持って賢明に行動しやすくなる。過去と未来が手を組んで現在の過剰な力を抑え込めば、状況の力は弱まる。[*23] たとえば、ある研究によれば、オランダのユダヤ人をナチスからかくまうのに手を貸した非ユダヤ人たちは、ユダヤ人を助けない理由をでっちあげた隣人たちのような正当化をしなかった。こうした英雄は自分の過去から生まれた道徳を頼みとし、けっして未来を見失わなかった。いつか必ず、この悲惨な状況を振り返って、自分は恐怖や社会的圧力に屈しなかったかと自問せざるをえない日がくるからだ。[*24]

⑨安全の幻想のために個人と市民の自由を犠牲にしない　安全への欲求は、人間の行動を左右する大きな要素

である。安全が脅かされる恐れや、危険から守ってくれるという約束を前にすると、本来なら絶対にしないような行為もしてしまうことがある。影響力を振りかざして人を支配する輩はたいがい、ファウスト的契約を持ちかける。個人の自由や市民の自由の一部を権力者に譲り渡しさえすれば、害は及ばないと説くのだ。このメフィストフェレスに似た誘惑者は「自分があなたを救えるかどうかは、ちっぽけな権利や小さな自由のあれこれを、みんなが少しずつ犠牲にするかどうかにかかっているのだ」と主張する。だが、そんな取引は拒否しよう。個人の基本的な自由を、安全の約束のために犠牲にしてはならない。なぜなら、犠牲は目の前の現実だが、安全ははるかかなたの幻想にすぎないからだ。昔ながらの政略結婚であれ、善良な市民が国益のために捧げる献身であれ、この点は変わらない。後者は、国民が法律やプライバシーや自由などを停止するという犠牲を払えば、個人と国の安全を保障する、と国家の指導者が約束するときに行なわれる。エーリッヒ・フロムの名著『自由からの逃走』は、民主的社会を標榜する社会であっても、ファシスト指導者は最初の一手としてこうすることを思い出させてくれる。

⑩不正なシステムに対抗できる

システムの強大な力に直面すると、個人はたじろぐ。軍や刑務所組織はもとより、仲間、カルト教団、友愛会、企業、さらには機能不全の家庭といったシステムの持つ力については、これまで述べてきたとおりだ。だがそれでも、個人の抵抗が、心と決意を同じくする他者の抵抗とひとつになれば、変化を起こすことができる。次節では、実際にシステムを変えた人たちを紹介しよう。危険を冒してシステムの腐敗を内部告発した人もいれば、建設的な活動によってシステムを変えた人もいる。抵抗の仕方としては、たとえば、情報、報酬、刑罰のすべてを支配する状況から物理的に自分を切り離す方法がある。集団思考のメンタリティへの異議申し立てや、あらゆる不正行為の容疑を立証できる能力を高めるのも手だ。ほかの権威、カウンセラー、調査報道記者、変革を目指す同胞などから援助を得ることを含めてもいい。システムはたいてい強大な力を持つため、変化に抗い、正当な攻撃にさえびくともしない。だからこそ、個人が不正なシステムや悪い樽の製作者に挑み、その英雄的行為の力を最大限発揮するためには、ほかの人たちに大義に加わってくれるよう求める必要がある。システムは、ひとりの反対意見を妄想だと決めつける。ふたりの反対者は「二人精神病（感応精神病）」の患者だと言い張るかもしれない。だが三人まとまれば、考慮に値する考えを持った一勢力となる。

以上の一〇段階の対処法は、好ましくない影響と邪道な説得に対して個人が抵抗し、共同体の力を養うための入門編にすぎない。前述したように、助言集の完全版と研究にもとづく資料については、ルシファー・エフェクトのウェブサイトにある「影響に抵抗するためのガイド」を参照してほしい。

だが最後に、ここで助言をもうふたつだけ、つけ加えておこう。

ひとつ目。小罪やちょっとした破戒を犯さないようにしよう。ごまかし、嘘、陰口、噂の流布、人種や性を差別する冗談で笑う、からかい、いじめ、といったことはしてはいけない。それらはより深刻な堕落への一歩になりかねない。それらが、自分と同じ人間に対して害を及ぼすような考え方をしたり、行動をとったりするささいなきっかけになっていくのだ。

ふたつ目、自分の内集団バイアスを抑制しよう。つまり、自分の集団は特別だと認めるのはいいが、ほかのグループの多様性も同じように尊重しよう。人間の多様性と変わりやすさの不思議をじゅうぶんに理解しよう。そうした見方を身につければ、他者への中傷、偏見と先入観、非人間化といった悪につながる集団バイアスを減じる一助となるはずだ。

英雄的行為とは何か？

ある若い女性が、自分より年上の権威者に立ち向かい、その権威者の監督下で行なわれている非難すべき行為に当人も加担していたことを認めさせた。さらに、彼女が声をあげたおかげで、無実の囚人に看守が加えていた虐待がおさまった。おおぜいの人たちが、囚人の苦しみを目にし、暴力に気づきながらも反対できなかったことを考えれば、彼女の行動は〝英雄的〟と呼べるだろう。

私たちはふだん、英雄的行為や英雄を、特別な行為、特別な人として称えたがる。だが、そう仰ぎ見られる人の大半は、自分は特別なことはしていない、あの状況なら誰でもそうしただろうと言う。自分を英雄とみなそうとしないのだ。こうした反応は、彼らの謙虚さだけが原因ではないように思う。もしかしたら、英雄の条件について、私たちのほうが誤った観念を抱いているのかもしれない。私たちは、英雄といえばスーパーマン、スーパーウーマンで、凡人とは違うすぐれた人種だと考えがちだが、本当にそうなのだろうか？

ここでは、人間の本性の最良の面と、平凡な人が英雄へと変貌するさまに目を向けたい。だがその前に、先ほどの若い女性、すなわちクリスティーナ・マスラックの話に戻ろう。

第八章で紹介したとおり、クリスティーナはスタンフォード監獄実験当時、心理学部で博士号を取ったばかりだった。私とは恋愛関係にあったが、囚人たちが鎖でつながれ、頭に袋をかぶせられ、看守に怒鳴り声で命令されながらトイレに連れていかれるのを見たうえに、私が彼らの苦痛に無関心だと感じて憤慨した。

そのときどう感じ、自分の行動をどう解釈したかは、のちに彼女自身が語っている。その言葉からは、英雄的行為という複雑な現象について多くのことが学べる。[*25]

スタンフォード監獄実験を〝終わらせた人《ターミネーター》〟としての私から見えてくる大事な物語とは、何でしょう？　注目したいテーマはいくつかあると思います。でも、まず言っておきたいのは、スタンフォード監獄実験が、よくある（そして陳腐な）アメリカの神話とは違うということ、大多数にたったひとりで立ち向かった個人の物語ではないということです。それはむしろ、大多数の物語です。監獄実験に多少なりとも関わりのあった全員（被験者、研究者、オブザーバー、アドバイザー、家族、友人）が、この実験に完全にのみ込まれました。この物語の筋書きの中心にあるのは、個性と善意を圧倒する状況の力です。

さて、ではなぜ、私は他の人とあれほど違う反応をしたのでしょう？　その答えは、ふたつの事実にあると思います。ひとつは、私があとからその状況に入ったこと、もうひとつは、〝部外者〟だったことです。ほかの人たちと違って、私はこの実験に合意のうえで参加したわけではありませんでした。監獄という文脈の中で定義された役割も持っていませんでした。そこに毎日いたわけではないため、状況の変化に流されて少しずつ深みにはまることもありませんでした。だから、その週の終わりに私が入り込んだ状況は、ほかの人たちにとっての状況とまったく同じではなかった。彼らが事前に合意していた経緯、場所、視点が、私にはなかったのです。彼らにとっては、状況はまだ正常の範囲内にあるという理解でしたが、私の目にはそうではなかった――狂気の沙汰でした。

部外者だった私には、特定の規則への不服従という選択肢がありませんでしたから、抵抗もほかの人とは違うかたちをとりました。状況そのものに異議申し立てをしたのです。この異議申し立てを英雄的行為と見る人もいますが、当時はそれがとくに英雄的だとは感じられませんでした。それどころか、とても怖くて孤独な経験でした。私は異分子で、状況と人間の両方に対する自分の判断を疑い、おそらくは社会心理学研究者としての自分の価値さえも疑っていたのですから。

続いてクリスティーナは、核心をつく英雄の条件を提示した。個人的な抵抗が〝英雄的〟という評価に値するためには、それがシステムを変え、不正義を正し、過ちを正す試みでなければならないというのだ。

もし、私の断固とした反対にもかかわらず、彼がスタンフォード監獄実験を継続したらどうすべきか？　頭の片隅でそれも考えずにはいられませんでした。もっと上の役職である学部長や学生部長、あるいは被験者委員会にこの件を告発すべきか、と。確かなことは言えませんが、そうならなくてよかったと思っています。でも、いま思い返せば、そうした行動は私の価値観を有意義な行為に転換するためには欠かせないものだったはずです。何らかの不正義に不満を述べても、その結果、うわべだけが改められて状況が変わらずに推移するなら、その反対意見と不服従に、たいした価値はありません。

さらに彼女は、ミルグラムの研究に関して本書でも論じた点に話を広げた。教師役にとって、言葉で反対するのは自分に対する気休めにすぎない。〝学習者〟にしているひどいことに関して、罪の意識をやわらげるものでしかなかった。真の意味で権威に挑むには、〝行動による不服従〟が必要だったが、ミルグラム実験の場合、一人ひとりの教師＝加害者は黙って引き下がっただけで、それ以上の不服従を示すことはなかった。有意義な方法で状況を変えることなしに、辛い状況から立ち去ったのだ。

権威ある人物にたてついたあと、英雄的少数者がすべきことについて、クリスティーナは雄弁に述べている。

有名なミルグラム実験では、被験者の三分の一が服従せず、最後まで続けるのを拒みましたが、それに何の意味があったのでしょうか？　仮に、これが実験ではなかったとしましょう。ミルグラムの〝表向きの説明〟が真実だったと仮定します。研究者たちは学習と記憶における罰の役割を研究していて、慎重に加えられる罰の教育的価値を調べるため、多数の実験に一〇〇〇人を参加させた。もしもあなたが服従せずに続行を拒否し、謝礼を受け取って黙ってその場を去ったとすれば、あなたの英雄的行為にもかかわらず、あとに続く九九九人の被験者が辛い思いをするだけでしょう。その行為は社会的影響力のない、単発の出来事です。必要なのは、一歩進んで、研究の構造と前提の全体に異議を唱えることです。個人の不服従は、組織的不服従へと転換されなくてはなりません。組織的不服従は、実験の運用条件だけでなく、状況あるいは行為集団そのものを変えます。悪が支配する状況は、決意を固めた善良なる反対者、あるいは英雄的反逆者さえ、じつにたやすく取り込みます。彼らの行為に勲章を授与したり、意見を胸の内におさめておく代償としてギフト券のようなものを渡したりするのが、その手口です。

英雄的行為と英雄をつくるのは何か？

クリスティーナの行動は、良い結果を生んだ。当初の意図を超えて害を与えはじめ、手に負えなくなる一方の状況を終わらせた。だが、彼女は自分を英雄だとみなしてはいない。個人的な感情と信念を表明しただけであり、それが（実験の責任者だった私によって）望んだ結果へ結びつけられたにすぎない。だから、暴走しはじめた実験を終わらせるために、上位の役職者の介入を求めて〝告発〟する必要はなかったという。

彼女のおかれた状況を、この実験におけるふたりの英雄候補者、囚人クレイ（四一六）および〝軍曹〟のそれと比べてみよう。ふたりとも看守の権威に堂々とたてつき、それによってひどく苦しんだ。クレイがハンガーストライキをしてソーセージを食べるのを拒んだのは、看守の完全な統制への異議申し立てだったから、仲間が鼓舞されて権利のために立ち上がってもよかったはずだ。だが、そうはならなかった。また軍曹は、看守〝ジョン・ウェイン〟のいやがらせにもめげず、卑猥な言葉を発するのを拒んだ。これも仲間から英雄的反抗と見られるべきだったし、そうした虐待に屈しないよう仲間を勇気づけるはずだった。しかし、そうならなかった。

英雄と英雄的行為を定義する

なぜか？　いずれの場合も、彼らは単独で行動し、価値観や意図をほかの囚人と共有せず、支援や承認を求めなかった。そのため、看守はふたりに〝トラブルメーカー〟のレッテルをやすやすと貼り、ほかの囚人を虐待する原因をつくった犯人だという烙印を押した。その行為が英雄的とみなされなかったのは、ほかの反逆者を仲間に引き入れて、虐待のしくみ全体を変える行動をとらなかったからだ。

こうした事例から浮かび上がるのは、英雄的行為のもうひとつの側面だ。英雄的行為も英雄の地位も、つねに行為者以外の誰かが、英雄という名誉をその行為とその人に与えることで成り立っている。ある行為が英雄的と認められ、行為者が英雄と呼ばれるためには、社会的合意が必要なのだ。

とはいえ、早まってはいけない。パレスチナの自爆テロ犯が無辜のユダヤ人市民を殺害して自分も死ねば、パレスチナでは英雄の地位を、イスラエルでは凶悪犯罪者の地位を与えられる。同様に、誰が判定するかによって、侵略者が英雄的な自由の戦士にもなれば、テロリズムの卑劣な手先にもなる。*26

つまり、英雄の定義はつねに文化と時代に縛られる。トルコの辺境の村ではいまでも、アレクサンダー大王の伝説を描いた人形劇が子どもたちの前で演じられている。大王の司令所が設置され、彼の兵士が地元民と結婚した町では、アレクサンダーはいまでも偉大な英雄だ。だが、世界を無慈悲に征服しようとした大王に陥落させられた町では、死後二〇〇〇年以上を経ても、彼は大悪党として扱われている。*27

さらには、どんな文化においても、英雄の行為が歴史の一部となるためには、文字を知り歴史書を書く力のある人が存在し、その人によって記録され保存されるか、口承によって伝えられなければならない。貧しく、植民地化され、文字の読めない先住民に、広く知られた英雄がほとんどいないのは、その行為が記録されなかったからだ。

英雄的行為はこれまで、行動科学の分野で体系的に研究されることはなかった。[*28] 英雄と英雄的行為を最も熱心に探究してきたのは文学であり、美術であり、神話であり、映画だ。人間の罪悪を立証するデータはいくらでもある。殺人や自殺、犯罪率、刑務所の収監者数、貧困レベル……。しかし、人間の好ましい活動について、同様の定量的データを見つけるのは容易ではない。あるコミュニティで、慈善、親切、思いやりからの行為が一年を通じてどのくらいあったかは記録されない。せいぜい、英雄的行為についてときおり見聞きするだけだ。こうした明らかに低い基準率のせいで、私たちは英雄的行為はめったにないものであり、英雄はきわめて例外的な存在だと思い込まされているのだ。

だが、状況は少しずつ変わりつつある。ポジティブ心理学運動の新たな研究と厳密な実証性のおかげで、昨今では人間の善に注目することの重要性について、関心が高まってきた。マーティン・セリグマンをはじめとした研究者が牽引するこの運動は、人間の本性のうちポジティブな面を強調し、心理学の長きにわたるネガティブな面を最小化しようとするパラダイムシフトを起こした。[*29]

これまでは、英雄的行為の概念といえばおもに身体的な危険の度合いを強調するものであり、ほかの要素、たとえば目的の崇高さ、自己犠牲による非暴力的行動などは軽視されていた。これに対してポジティブ心理学者たちは、人間の美徳を分析し、文化を問わず一般的に有徳と認められる行為を六大カテゴリーで示した。すなわち、英知、勇気、慈愛、正義、節制、超越で、このうちの勇気、正義、超越が、英雄的行為のおもな特質だ。超越には、自我の限界を超える信念と行為が含まれている。

英雄的行為について考えると、人間の本性に備わる正義に目が向くようになる。英雄譚が好まれるのは、人が悪に抵抗でき、誘惑に屈せず、凡庸さを乗り越え、他人が何もできないときでも行動と奉仕の要請に応えられることを、しっかりと思い出させてくれるからだ。

辞書をひもとくと、英雄的であることは、たいてい〝勇猛〟や〝勇敢〟という言葉で説明され、このふたつの言葉は勇気のことだとされている。そこで勇気の意味を調べると、英雄的資質に戻ってしまう。だが、古い辞書ではこの概念をもっと丁寧に分析し、英雄的行為の説明に使われる単語の微妙な違いも述べている。たとえば、ウェブスター改訂大辞典一九一三年版では、英雄的という言葉に、勇気、勇敢、不屈、豪胆、勇猛、武勇が結びつけられている。[*30] また編纂者は、それぞれがどう違うかを読者が理解できるよう説明している。

それによると、勇気とは精神の強健さと魂のうねりであり、恐れずに危険に立ち向かうことをいう。勇敢とは大胆で猛烈な勇気であり、つねに見返りを視野に入れつつ、大胆な行為で勇気を示す人のようすをいう。不屈はしばしば〝受身の勇気〟と呼ばれ、危険に遭遇しても確固たる精神で苦痛に耐えるのが習いとなっていることをいう。武勇とは（生身の敵との）戦いの場で示される勇気のことで、一騎打ちにはあてはまらず、比喩的に使われることはけっしてない。豪胆とは強固で揺るぎない勇気のことだ。勇猛とは冒険的な勇気のことで、意気軒昂《いきけんこう》に危険を歓迎する。

この辞書はさらに、脚注でこう解説している。戦場ではもちろん、日常生活でも、人は勇気、不屈、豪胆といった特質を見せることがある。武勇、勇敢、勇猛は、武器を使った争いに見られる。武勇は戦いとしか縁がない。勇敢さは一騎打ちで発揮される。勇猛さは攻撃にも防御にも表われるが、防御の場合は攻撃に転じるのがつねだ。英雄的行為では、こうしたさまざまなかたちの勇気がすべて力を発揮する。それは危険をものともしない行為だが、無知や軽率さからではなく、大義への崇高な献身と、大義のためなら危険に対処できるという正当な自信からなされるのだ。[*31]

軍の英雄の例

歴史的には、英雄的行為のほとんどの例で、勇敢で、勇猛で、大怪我や死の危険を伴う勇気ある行為が強調されてきた。心理学者のアリス・イーグリーとセルウィン・ベッカーによれば、勇気に崇高な目的が結びつくと、勇気だけの場合よりも英雄とみなされやすいという。[32] だが多くの場合、英雄的行為における崇高さという概念は、見えにくくとらえどころがない。それよりも、生命を賭けたり個人的犠牲を払ったりする危険のほうが、はるかに目につきやすい。〝戦争の英雄〟という英雄の理想像は、古代の叙事詩から現代のジャーナリズムにいたるまでが、一大テーマとして扱ってきたものだ。たとえば、トロイア戦争のギリシャ軍司令官アキレウス。彼はしばしば戦争の英雄の代表例としてとりあげられる。[33] その戦いぶりは、彼の行為を勇猛と規定した軍法に従ったものだった。だが、その英雄的行為のいちばんの動機は、自分の死後も人々の心の中で生きつづけるような栄光と名声を得ることだった。

この点について、歴史学者のルーシー・ヒューズ＝ハレットはこう論じている。「英雄がみずからを犠牲にするのは、ほかの人たちが生きられるようにするためだったり、彼自身が永遠に他者の記憶に残るためだったりする……アキレウスは自分の比類なさを主張し、自分の特別な人生に意義を与えるためなら、忘却から逃れるためなら、命そのものを含めてすべてを差し出しただろう」。[34] 世代を超えた栄誉と引き換えなら、肉体を危険にさらしてもかまわないという欲求は、過去の遺物のように見えるかもしれない。だが、現代の英雄的行動を評価するときにも考察に値する。なぜなら、英雄についてのこうした歴史上の見解は、英雄には生来、何か特別なものが備わっていることを示唆してもいるからだ。

ヒューズ＝ハレットはこうも書いている。「アリストテレスによれば、神のような非常に特別な人たちがいて、そうした人たちは非凡な才能ゆえに、あらゆる道徳的判断や憲法による統制を超越するのが当然だという。『それほどの器量を持つ人間を受け入れる法律はない。彼ら自身が法なのだ』」。このアリストテレスの考えから、英雄的行為のひとつの定義が生まれる。「英雄的行為は、卓越した精神の表われだ。勇気と高潔さ、英雄でない大多数の人々が生きるすべとしている窮屈な妥協への軽蔑に結びついている――それは広く崇高だとみなされる属性だ……（英雄は）画期的なことを成し遂げられる。敵を破ったり、民族を救ったり、政治体制を維持したり、

旅を完遂したり……ほかの誰もできなかったことをやってのけるのだ」[35]（傍点著者）

この〝戦友とは一線を画す目覚ましい活躍〟という考え方は、わが国の軍隊で今日まで続いている。たとえばアメリカ国防総省は、期待以上の働きとみなされる行為に多くの勲章を与えて、英雄的行為を称賛している。最高位は「名誉勲章」で、これまでに約三四〇〇人の兵士に授与されている。[36]名誉勲章の規定では、勇猛さと豪胆さの役割が強調されている。それは、ひるむことなく戦闘のただ中に突入するような、戦友とは一線を画す活躍を生む意思をいう。[37]同様に、イギリス軍は「ヴィクトリア十字勲章」を英雄的行為を称える最高位として授与している。そこでは、英雄的行為とは敵の眼前で行なわれる勇敢な行為だと定義されている。[38]

戦場以外でも、多くは軍の英雄の理想像にならっている。任務のために、つねに健康と命を危険にさらす警察官、消防士、救急隊員などがその代表格だ。消防士が着ける記章はマルタ十字の一種であり、中世にマルタ騎士団が人生の指針とすることを誓った英雄的奉仕の信条を象徴している。十字の原型は、武勇のシンボルとしてイギリスのヴィクトリア十字勲章にも残っているし、一九一九～一九四二年までは、アメリカ海軍の名誉勲章にあたるティファニー十字勲章にも使われていた。

市民の英雄の例

アキレウスが戦争の英雄の原型だとすれば、ソクラテスは市民の英雄だ。その昔、ソクラテスの教えはアテナイの支配者層にとってあまりに危険なものだったことから、政府による非難の的となった。結局、彼は裁判にかけられ、自説の撤回を拒んだために死刑を宣告された。英雄的行為は、他者あるいは社会の根幹となる道徳原理への奉仕として行なわれるのがふつうだが、アキレウスの軍人としての英雄的行為と、ソクラテスの市民としての英雄的行為とを並べてみると、英雄は、建設的な力と破壊的な力の結びつく地点で活動することが多いとわかる。

これについてヒューズ゠ハレットは、「好機の翼は死の羽毛でおおわれている」と述べた。つまり彼女は、英雄は不滅を追求しながら死の危険に身をさらす、と言っている。アキレウスとソクラテスは、いずれも英雄の格好の例であり、いずれも、人生の指針としてみずから選んだ常識はずれの行動規範に殉じて命を落とした。

理想のために死を選んだソクラテスの選択は、市民による英雄的行為の力を思い出させる永遠の規範だろう。この哲学者は、判決の言い渡しに際して、アキレウスを念頭におき、「体制への異議を封じ込めようとする恣意的な法に従うくらいなら死を選ぶ」という自分の判断を擁護した、と伝えられている。ここから思い出されるのは、アメリカ独立戦争時の愛国者ネイサン・ヘイルだ。ヘイルが死に際して見せた敢然たる姿勢は、ある種の英雄的行為の代表として後述する。

次に考えたいのは、一九八九年六月五日、北京の天安門広場においてなされた英雄的行為だ。この日、自由を求める中国民主化運動の集会で、ひとりの若者が、弾圧のために進んできた一七台の戦車の列に立ちはだかった。

この無名の反逆者は、死の行進をする戦車の列を三〇分間にわたって停止させたあと、先頭の戦車の上部によじのぼり、操縦者にこう要求したと報道されている。「なぜここにいる？　おれの街は、おまえらのせいでめちゃくちゃだ。帰れ！　Uターンして、われら市民を殺すのをやめろ」

個人の勇気に対する究極の試練に品位を保って立ち向かい、巨大な軍事力に敢然と対峙したこのときのようすは、世界中に放映され、匿名の〝戦車男〟はたちまち世界的英雄となった。その後の彼の身に起きたことについては、相反するいくつもの話が伝えられている。投獄されたという話もあれば、処刑されたという話も、身元を隠して逃亡しているという話もある。真実はわからないが、タイム誌が彼を、二〇世紀に最も影響力を持った一〇〇人に選んだことで（一九九八年四月）、市民の英雄としての彼の地位が認められたことは確かだった。

英雄的行為に出る市民の身体的リスクは、兵士や救急隊員のそれとは異なる。プロは任務と行動規範に縛られているし、訓練を受けている。同じ身体的リスクを伴う英雄的行為でも、任務が伴うか否かで基準が異なる場合がある。ただ、関与の仕方と犠牲の可能性はほぼ共通している。

差し迫った身体的リスクを冒しつつも勇敢な行為をした市民は、顕彰される。アメリカにはカーネギー英雄賞があるし、イギリスにはジョージ十字勲章がある。[39]　また、イギリスとオーストラリアでは、集団による英雄的行為も顕彰している。[40]　たとえば、オーストラリアは二〇〇五年に、「ニューサウスウェールズ州サラマンダーのトマリー高校で、同級生がクロスボウで襲撃されたあと、武装した犯人に飛びかかって拘束した高校生のグループ」を表彰した。〝常軌を逸した状況でも力を合わせたグループの、称賛に値する勇敢な行為〟が称えられたのだ。これは、単独の行為から集団の行為へと英雄的行為が拡大された例だ。後者については後述する。

〝身体的リスクを冒す英雄〟対〝社会的リスクを冒す英雄〟

複数の心理学者が示した定義によると、身体的リスクは英雄の決定的特徴とされる。ベッカーとイーグリーにとって英雄とは、「その行為によって死や深刻な身体的被害をこうむる可能性があるにもかかわらず、ひとりまたは複数の他者のために危険を冒すことを選ぶ人」だ。[41] 信条にかりたてられて、などといったほかの動機も認めてはいるが、詳しく説明されてはいない。心理学者が英雄的行為についてこれほど狭義の基本型を示し、個人的リスク、たとえばキャリアに及ぶリスクや投獄のおそれ、地位の喪失といった要素を排除するのは奇妙に思われる。心理学者のピーター・マーテンスも、この定義に反論している。マーテンスの指摘によれば、この定義はある思想や信条——労働者階級の中のアリストテレス的英雄、英雄的行為の高貴な要素のために立ち上がる英雄だけを選び出している。[42]

過酷な拷問を受けながら軍事情報の提供をいっさい拒んだという意味では、ジョン・マケイン上院議員も英雄だ。彼の考えでは、英雄的行為は身体的リスクと苦痛を超えて拡張される。マケインはこう力説する。「勇気の不変の基準は、他者のため、あるいは美徳を守るために、命を落としたり重傷を負ったりする危険を冒す行為であり、私はそうすべきだと思っています。この基準は、戦場の英雄的行為に代表されることが多いですが、戦いにおける武勇にかぎらないのは間違いありません」[43]

このように、英雄の概念はさまざまながら、それはセリグマンらが挙げた有徳の一部、すなわち勇気、正義、超越の上方に位置する。このうち勇気は、正統性、勇敢（豪胆に近い）、堅固（不屈と同じ）、熱意という四つの性格の強さの上に成り立つ。また、正義には、公正、リーダーシップ、チームワークが含まれる。崇高な大義や理想に身を捧げるという概念は、現実には正義の問題に行きつくことが少なくない。奴隷制の廃止がよい例だ。

そして三つ目の超越は、より大きな世界とのつながりを促し、人々の行為と存在に意味を与える力という意味で、英雄的行為につながる。英雄的行為をなす人は、超越性を身につけていることで、たとえ自分の行動が裏目に出たとしても泰然としていられる。英雄的であるためには、差し迫った危機に右往左往していてはならないが、そうしないでいるためには、危機そのものを自分なりにとらえ直すか、〝より高次の〟価値観に結びつけなければならない。

英雄的行為の新たな分類法

スタンフォード監獄実験に関わる英雄的行為を考察していた私は、仲間の心理学者ゼノ・フランコと対話しつつ、この興味深いテーマを本格的に探究しはじめた。

ダニエル・J・ブーアスティンは、著書『幻影の時代――マスコミが製造する事実』（東京創元社）で、英雄と有名人を混同する現代人の誤りを指摘している。「二世紀前には、偉大な人間が現われると、人々はその人のうちに神の意図を探したものだ。しかし今日では、その人の広報担当者を探す……現代の皮肉な欲求不満のうち、最も苛立たしいのは、人間の偉大さへの過度の期待を満たそうとすることだ。むなしいことに、われわれは自然がたったひとりの英雄を植えつけた場所に、あまたの人工的な有名人を育てる」[*44]

何が英雄的でないかを示す別の例が、一冊の児童書にある。[*45] この本は、アメリカの英雄の見本として五〇人を挙げ、その英雄的行為を語っているが、このうち英雄の定義が求める条件を満たしているのは、ほんのひと握りだ。一匹狼、戦士、聖人がすべて英雄というわけではない。英雄は、分別ある高貴さと、こうむりうる犠牲をバランスよく体現していなければならない。英雄に値する行為をしていないのにその地位を与えられる人がいるのは、どこかの機関や政府の何らかの目的のためだ。〝疑似英雄〟は、往々にして強烈な組織力にあと押しされたメディアがつくり出す。[*46]

英雄は、その行為に対してさまざまな見返りを受けるが、行為の時点で副次的利益を期待する人は、当然ながら英雄の地位にはふさわしくない。ただし、その行為の結果、事前に期待していたわけでも目的としていたわけでもない副次的利益が得られるのであれば、その行為は英雄的と呼ぶに値するだろう。要は、英雄的行為の中心は、〝社会〟なのであって、〝自分〟ではないということだ。

ここまでを総合すると、英雄的行為は、四つの特徴を持つものと定義できる。①自発的に行なわれる。②死の脅威、健全な身体への差し迫った脅威、健康への長期的脅威、生活の質の深刻な低下の恐れ、といった危険と犠牲の可能性を含んでいる。③ひとり以上の複数の他者あるいはコミュニティ全体のために捧げられる行ないである。④行為の時点では、副次的、付帯的利得が予測されない。

崇高な理想のための英雄的行為は、ふつう身体的リスクの伴う英雄的行為ほど劇的ではない。とはいえ、身体的リスクを伴う英雄的行為は往々にして見切り発車や、とっさの行為の結果だし、重傷や死の可能性がつきまとっても、少し時間が経てば、たいがいはその状況から離れる。これに対して、ある種の市民的英雄の行為は、身体的リスクを伴う英雄的行為以上に英雄的である。ネルソン・マンデラ、マーティン・ルーサー・キング・ジュニア、アルベルト・シュヴァイツァー博士といった人々は、人生の大半で、来る日も来る日も英雄的市民活動にまつわる試練を、覚悟のうえ進んで甘受した。

そう考えると、身体的リスクを伴う英雄的行為に関わる危険は〝危機〟と呼ぶほうがふさわしく、市民的英雄の危険は〝犠牲〟とみなされる。犠牲には時間制限がない。市民的英雄たちは、自分の行為をじっくり振り返り、決断の結果を評価できた。大義のための戦いから身を引くという選択肢もあったはずだ。が、彼らはそうしなかった。全員が、何度も人生を危険にさらした。逮捕、投獄、拷問、家族の身の危険、ときには暗殺までされた。

ウェブスター一九一三年版による英雄的行為の定義に戻ると、危険にさらされながらも高邁《こうまい》な市民的理想を擁護することこそ、英雄的行為の核と言える。身体的リスクは、英雄的行為に際して遭遇するかもしれない危険のひとつにすぎない。英雄的行為は「危険をものともしない行為だが、無知や思慮を欠く軽率さからではなく、大義への崇高な献身（傍点著者）と、そうした大義のためなら危険に立ち向かえるという正当な自信から発するもの」であるという一文が思い出される。その危険は、命を脅かす差し迫ったものかもしれないし、目に見えないものかもしれない。

アパルトヘイトに反対して投獄されたネルソン・マンデラは、二七年に及んだ収監の初日に声明を発表した。

そこには、こんな一節がある。

私はこれまでの人生で、アフリカの人々のための闘いに身を投じてきた。白人の支配と闘い、黒人の支配と闘ってきた。あらゆる人々が仲よく共生し、平等な機会が持てる、民主的で自由な社会という理想を尊重してきた。それは、私がそのために生き、達成したいと願う理想だ。だが、必要とあらば、そのために死ぬ覚悟もできている。[*47]

ゼノ・フランコと私は、英雄的行為のより柔軟なこうした定義にもとづいて、英雄的行為をさらに一二の下位区分に分類する素案をつくった。軍事的・身体的リスクを伴う英雄タイプにはふたつの下位区分、市民的で社会的リスクを伴う英雄タイプには一〇の下位区分を設けてある。さらに、一二のタイプのそれぞれについて、その定義と遭遇する危険を明らかにし、歴史上および現代の人物の例も加えた（七二四〜七二七ページの表参照）。

この分類は、各種の推論と文献レビューがもとになっている。経験による基礎づけや修正はされておらず、新しい研究による発見や、読者の手直しと加筆による改定を待つ素案である。ここに掲げた内容のすべてが文化と時代の影響を深く受けていることは、すぐに見てとれると思う。概して、欧米、中産階級、成人、ポストモダンの視点を反映している。ほかの視点も組み入れれば、きっとさらに幅が広がり、充実するだろう。

タイプ別の英雄たちの例

英雄的資質という概念を見ていくと、いろいろなかたちがあることがわかる。これから紹介するのは、とりわけ興味深い、あるいは私が個人的に知っている人々だ。

	下位区分	定義	危険／犠牲	代表例
軍の英雄（勇猛、勇敢、武勇）	①軍務やほかの職務に関連して身体的リスクを冒した英雄	危険度の高い状況に頻繁にさらされる、軍人や緊急時の対応を職業とする人。英雄的行為は任務の要求を超えたものでなければならない。	重傷 死	アキレウス 名誉勲章の受章者 ヒュー・トンプソン ジェイムズ・ストックデイル 海軍中将
市民の英雄	②職務とは無関係に身体的リスクを冒した英雄	みずからの命を危険にさらすことを承知で、他者を肉体的被害や死から救おうとした市民。	重傷 死	カーネギー英雄賞受賞者
社会的英雄（不屈、勇気、豪胆）	③宗教人	生涯にわたり宗教への奉仕に身を捧げ、高邁な信条を体現したり、新たな宗教的／精神的境地を開いた人。教師や、一般市民にとっての奉仕の手本としての役目をはたすことが多い。	禁欲的な生き方における自己犠牲 宗教的正統の転覆	ブッダ ムハンマド アッシジの聖フランチェスコ マザー・テレサ

社会的英雄（不屈、勇気、豪胆）			
下位区分	定義	危険／犠牲	代表例
④政治家兼宗教人	より幅広い変革のために政界に転じた宗教指導者、または政治行動を特徴づける深い信仰体系を持つ政治家。	暗殺 投獄	（マハトマ・）モーハンダース・ガンディー マーティン・ルーサー・キング・ジュニア ネルソン・マンデラ デズモンド・ツツ師
⑤殉教者	危険を承知で（ときには進んで）命を賭けて大義に身を捧げる宗教人・政治家。	大義や理想に身を捧げるにあたっての確実な、あるいはほぼ確実な死	イエス ソクラテス ジャンヌ・ダルク ホセ・マルティ［訳注：一八五三―九五。キューバの詩人、革命家］ スティーヴ・ビコ［訳注：一九四六―七七。南アフリカの政治活動家］
⑥政治・軍指導者	困難な時期における国家や集団の指導、国家統一のための献身、共有されるビジョンの提供などが典型。集団の生存に必要と見られる資質を体現する場合もある。	暗殺 対立 落選による地位の喪失 中傷キャンペーン 投獄	エイブラハム・リンカン ロバート・E・リー フランクリン・ルーズベルト ウィンストン・チャーチル ヴァーツラフ・ハヴェル［訳注：チェコ共和国初代大統領］

社会的英雄（不屈、勇気、豪胆）

下位区分	定義	危険／犠牲	代表例
⑦冒険者／探検者／発見者	地理的に未知の地域を探検する人や、斬新で実証されていない輸送手段を利用する人。	身体の健康 重傷 死 機会コスト（旅の長さ）	オデュッセウス アレクサンダー大王 アメリア・エアハート〔訳注：一八九七―一九三七。アメリカの女性飛行家〕 ユーリ・ガガーリン
⑧科学（発見）の英雄	未知の科学分野を探究する人、斬新で実証されていない研究方法を使う人、人類にとって価値があると見られる新しい科学的情報を発見する人。	発見の重要性に対する他者の無理解 職業上の追放 経済的損失	ガリレオ エジソン キュリー夫人 アインシュタイン
⑨善きサマリア人	困っている人を助けるために介入する人。利他的行為がいちじるしく阻害されるような、差し迫った身体の危険はない場合もある。	権力による処罰 逮捕 拷問 死 機会コスト 追放	ホロコーストの被害者を助けた人々 ハリエット・タブマン〔訳注：一八二〇―一九一三。アメリカの奴隷解放運動家〕 アルベルト・シュヴァイツァー リチャード・クラーク〔訳注：9・11の犠牲者に謝罪した元大統領顧問〕 リチャード・レスコーラ

社会的英雄（不屈、勇気、豪胆）			
下位区分	定義	危険／犠牲	代表例
⑩逆境に打ち勝つ人／弱者	ハンディキャップや逆境を克服し、悪条件にもかかわらず成功して、他者の手本となる人。	失敗 拒絶 軽蔑 ねたみ	ホレイショ・アルジャー〔訳注：一八三二―九九。アメリカの牧師、作家〕 ヘレン・ケラー エレノア・ルーズベルト ローザ・パークス〔訳注：アメリカ公民権運動のきっかけをつくった黒人女性〕
⑪官僚機構の英雄	内部あるいは他機関とのあいだに論争のある大きな組織の職員。典型は、激しい圧力にもかかわらず確固とした信条を曲げない人。	入念に積み上げたキャリアの危機 職業上の追放 社会的地位の喪失 経済的損失 信用の喪失 健康の危機	ルイ・パストゥール エドワード・トールマン バリー・マーシャル〔訳注：ピロリ菌を発見したオーストラリアの微生物学者〕
⑫内部告発者	組織内の違法あるいは反倫理的な活動に気づき、見返りを期待せずにそれを報告する人。	入念に積み上げたキャリアの危機 職業上の追放 社会的地位の喪失 経済的損失 信用の喪失 物理的報復行為	ロン・ライデンアワー〔訳注：ミライ大虐殺を暴いたジャーナリスト〕 シンシア・クーパー コリーン・ロウリー デビー・レイトン クリスティーナ・マスラック ジョー・ダービー シェロン・ワトキンス

●アパルトヘイトの英雄

人間の自由と尊厳を促進させる活動の最前線には、圧制との闘いに進んで生涯を捧げる英雄たちがいるものだ。最近では、モーハンダース・ガンディーとネルソン・マンデラが、人種差別と闘って人々を勝利へと導いた。

ガンディーは、一九一九年にイギリス政府のインド支配に抗議して〝消極的抵抗〟を開始し、約二年間投獄された。その後も二〇年以上にわたり、インドの解放と、カースト制度下にある人々の平等な処遇、そして宗教的寛容を求めて闘った。そして、第二次世界大戦のために遅れはしたものの、一九四八年、インドはついにイギリスからの独立を果たした。ガンディーはその後まもなく暗殺されたが、圧制に対して非暴力の抵抗を貫いた世界的英雄となった。*48

一方、ネルソン・マンデラは、アパルトヘイトと闘った。南アフリカは、一九四八年にアパルトヘイトを正式に法制化した。以来、一九九四年までこの制度が幅を利かせ、黒人住民を実質的に奴隷化した。マンデラは一九六二年に、ストライキと抗議集会の煽動などの罪で裁判にかけられ、その後二七年間も、悪名高いロベン島の刑務所に収監された。しかし、彼と仲間の政治犯たちは、獄中でも刑務所組織そのものを利用して、あるときは現実的に、あるときは象徴的に抵抗の気運を盛りあげつづけた。南アフリカ国民と世界に向けてアパルトヘイトの廃止を呼びかけたマンデラは、数世代にわたる囚人たちに、あなたたちは正当な大義を守るために尊厳をもって活動している政治犯なのだ、ということを理解させ、彼らのアイデンティティを変革した。また、その過程で多くの看守の態度と信念も変革し、それは刑務所組織全体に不服申し立てをする際にもひと役買った。*49

●反マッカーシズムの英雄

一九五〇年代から一九八九年のベルリンの壁崩壊まで、共産主義の脅威は、現代におけるテロの脅威に匹敵するものだった。その脅威は政治を支配し、戦争を煽り、多大な資源と人命を犠牲にした。マッカーシズムも例外ではない。それは成熟した民主主義の中で起きた、一種の弾圧的かつ独裁的な疑似政府による支配だった。ジョー・マッカーシー上院議員と下院非米活動調査委員会による〝反共産主義〟というヒステリーを鎮めた人々は、ガンディーやマンデラほど人々の理解を得られたわけではないが、不正義に対する彼らの反対行動は、私たちの定義の基準に合致している。

マッカーシズムの最盛期、カリフォルニア大学では学内運営に「忠誠宣誓」を取り入れることを決め、教職員全員に署名を求めた。しかし、心理学教授のエドワード・トールマンはこれを拒否し、その方針に反対する教授グループの先頭に立った。一九五〇年七月一八日、トールマンはカリフォルニア大学総長、ロバート・スプラウルに抗議文を提出した。同年八月、カリフォルニア大学理事会は、トールマンを含む教授三一人を、忠誠宣誓への署名を拒否したかどで解雇したが、その月の下旬、教授たちは復職を求めて「トールマン対アンダーヒル」裁判を起こした。結局、一九五二年に、州最高裁判所は署名拒否者の訴えを認めた。

忠誠宣誓論争のさなか、トールマンは若い教職員には署名だけを求め、反対闘争自体は、自分と、闘いを続ける経済的余裕がある者たちに任せるよう説いた。元来は柔らかな物腰の学者で、それまで政治運動に関わった経験はなかった彼の勇気ある姿勢は、カリフォルニア大学の多くの教員と職員の深い尊敬を集めた。[*50]

マッカーシー時代のそのほかの英雄には、ジョージ・セルデス、I・F・ストーンといった調査報道記者や、漫画家のハーブ・ブロック〔訳注：通称ハーブロック〕、ダニエル・フィッツパトリックなどがいた。たとえばI・F・ストーンはこの時期、上院国内安全小委員会の「共産主義前線組織の最も活動的で典型的な支援者」八二人のリストに入っていたせいで、取材許可証を手に入れるために裁判を起こさざるをえなかった。[*51]

アメリカが直面したのは〝想像上の共産主義の脅威〟だったが、現実の共産主義の脅威や惨状と闘った人もいる。ヴァーツラフ・ハヴェルは、経歴こそ舞台係から劇作家になったという平凡な人物だったが、チェコの共産主義体制を転覆させた一九八九年の「ビロード革命」の立役者となった。全体主義型の共産主義がチェコスロヴアキアの建国精神を破壊することを政府に認めさせるまでの約五年間、ハヴェルは何度も投獄された。それでも彼は、「憲章七七」宣言の起草や、知識人、学生、労働者による人権運動で指導的役割を果たした。

彼はまた、非暴力主義の熱烈な支持者であり、〝ポスト全体主義〟を打ち出したことでも知られる。それまでは心ならずも体制を支持していたチェコの同胞たちは、この概念を突きつけられて、自分たちにも抑圧体制を変える力があるのだと信じるようになった。ハヴェルは、獄中から妻に宛てた手紙や演説の中で、許容できない社会的・政治的秩序をくつがえす第一歩は、嘘の中で安穏と暮らしていることに市民みずからが気づくことだと訴えている。

気どらない控えめな男だったハヴェルは、のちに連邦議会議長となり、共産党政府がついに民衆の力に屈したとき、民主的選挙によって新生チェコ共和国の初代大統領に選ばれた。そしていまなお一市民として、政治的な不正義への抗議と、世界平和を目指す取り組みを支援しつづけている*52［訳注：二〇一一年に七五歳で死去］。

●ヴェトナム戦争の英雄

ひとくちに過酷な状況における軍人の英雄的行為といっても、その中身は人によってまったく異なる。ジェイムズ・ストックデイルとヒュー・トンプソンがいい例だ。

ストックデイルは、かつてスタンフォード大学のフーヴァー研究所で私の同僚だった人物だが（マインドコントロールに関する私の講義の客員講師でもあった）、二〇〇五年七月に八一歳で亡くなる前に、海軍中将に昇進した。彼はヴェトコンの捕虜だった七年間、苛酷な拷問に耐え抜き、ついに屈しなかった。そのことで、多くの人から二〇世紀の軍を代表する英雄のひとりとみなされている。

彼が生きのびられたのは、それまでに学んだ哲学を頼みの綱とし、ストア派哲学、ことにエピクテトスとセネカの教えを思い出したおかげだった。精神を集中することで、自分ではコントロールできない拷問と苦痛から心理的に距離を置き、収容所という環境でも自分を保とうと努めたのだ。彼はまた、自分と捕虜仲間のために、確固とした行動規範も定めた。極度のトラウマとなるような状況で生きのびるためは、数千年前にローマ人に拷問されたエピクテトスのように、けっして敵に意志を打ち砕かれないことが必要だった。[*53]

一方、ヒュー・トンプソンの名声は、命がけの戦闘で並はずれた勇気を発揮したことによる――しかも、同胞の兵士相手に対して。米軍史上、最も悲惨な事件のひとつは、一九六八年三月一六日にヴェトナム戦争のさなかに起きたミライ集落での虐殺だ。このとき、米軍兵士と、チャーリー中隊の将校だったアーネスト・メディナ大尉、それにウィリアム・カリー・ジュニア中尉によって、推定五〇四人のヴェトナム市民がソンミ村(ミライ第四地区、ミケ第四地区)に集められ、殺された。[*54]軍司令部は、まちぶせによる奇襲としかけ地雷によって兵力を奪われた報復として、〝ピンクヴィル〟という暗号名で呼ばれたヴェトコンの村を破壊するよう命じたのだ。敵軍兵士をひとりも発見できなかった兵士たちは、村人全員(老人も、女性も、子どもも、赤ん坊も)を集め、機関銃で皆殺しにした(一部は生きたまま焼き、レイプし、頭皮を剝いだ)。

この虐殺のさなか、村にやってきたのがヒュー・トンプソンだった。上空援護にあたっていたトンプソン准尉の操縦するヘリコプターは、村に着陸すると、まだ息があるように見えた村人たちを助けた。トンプソンとふたりの乗組員が発煙筒を設置してヘリコプターに戻ると、今度はメディナ大尉と兵士たちが、負傷者を射殺しようと駆けてくるのが見えた。ヘリコプターでミライ集落の上空に戻ったときには、兵士たちが負傷したヴェトナム人でいっぱいの小屋を爆破しようとしているのが見えた。そこで彼は虐殺をやめるよう命じ、命令に従わなければ、米軍の兵士であれ士官であれ、ヘリコプターに搭載した重機関銃を発砲すると威嚇した。士官である中尉のほうが階級が上だったにもかかわらず、トンプソンは自身の道徳を曲げなかったのだ。

村人たちを掩蔽壕《えんぺいごう》から連れ出すよう命令すると、中尉が、手榴弾で全滅させると言い張って抵抗した。それでも、トンプソンはひるまずにこう答えた。「もっとうまくやってみせる。兵を動かさないで。私の銃口はあなたを狙っている」。そして二機のヘリコプターを着陸させると、一一人のヴェトナム人負傷者を医療救助させた。続いて、ヘリコプターで元の場所に戻り、その前に見つけていた、死んだ母親に抱きついたままの赤ん坊を助けた。

その後、トンプソンがこの虐殺を上官に報告したことで、ようやく攻撃停止の命令が出されたのだった。[*55]

だが、これほど劇的に軍事作戦に介入し、それがメディアで報じられたことで、トンプソンは軍にとっては好ましくない人物となった。そのせいで、彼はきわめて危険なヘリコプター飛行をたびたび命じられ、五度も撃墜され、背骨を折り、悪夢のような体験から長く精神的な傷に苦しんだという。軍が彼と戦友のグレン・アンドレオッタ、ローレンス・コルバーンの英雄的行動を認め、その行為に対して軍人勲章を授与したのは三〇年後だった。軍人勲章は、敵との直接の戦闘以外で勇敢な行為をした者に与えられる陸軍最高の褒賞だ（ただし、逆にカリー中尉を英雄と扱う向きもあり、彼を称える歌までつくられて、一九七一年にはビルボードチャートでトップ四〇に食い込んだ[*56]）。

ヒュー・トンプソンは二〇〇六年一月に永眠した。

●ヴェトナム戦争とイラク戦争の内部告発者、そして市井の女性たち

英雄的行為は、内部告発というかたちでも発揮されることがある。かつて二名の兵士が、将校と下士官兵が結託して市民の虐待と殺害に手を染めていたという事実を告発した。ミライの虐殺を暴露したロン・ライデンアワーと、アブグレイブの虐待と拷問を暴露した陸軍予備役兵、ジョー・ダービーだ。

ミライ事件に関与した将校は残虐行為を隠蔽しようとしたが、ヴェトナムに派遣されたばかりだった二二歳の二等兵、ロン・ライデンアワーは、それを暴くためにできるかぎりのことをした。彼は流血の現場にいた兵士五人から目撃談を聞き、ヴェトナムで独自に調査にあたり、帰国後も活動を続けた。また、ニクソン大統領、国会

議員、国防総省、陸軍の幹部に手紙を送り、ミライ虐殺の公的な調査が必要だと訴えた。その手紙で彼は「良心ある国民として、アメリカ軍人のイメージを世界の眼前で汚したくはありません」と明言している。それにもかかわらず、事件の一年後、調査が不可欠だと力説したのだ。

その言い分は無視されたが、彼は大義が認められるまで粘った。信条を貫く英雄的な姿勢は、高官への手紙にもうかがえる。「わが国の基礎、背骨そのものをかたちづくるのは、法のもとの正義と平等の原理です。すべての人間に、どれほど取るに足らない人にも適用される原理です。貴殿と私がその原理を心から信じるならば、われわれの総力を結集し、本件について広範で公的な調査を押し進めるべきだと固く信じます」[*57]

結局、ライデンアワーから貴重な資料を得た若い調査記者、セイムア・ハーシュの暴露記事がきっかけとなり、大規模な調査が命じられることになった。その調査の結果は四巻からなるピアーズ報告書にまとめられ、一九七〇年三月一四日に発表された。これによって、さまざまなかたちで虐殺に関与した二〇人もの将校と下士官兵が特定された。だが、有罪判決を受けたのは、ウィリアム・カリー・ジュニア中尉だけだった。そのカリーも、終身刑を宣告されたものの、処罰は三年半の自宅軟禁という短期間で、それものちに陸軍長官により赦免された。[*58]

ちなみに、ライデンアワーはその後ジャーナリストになったが、私に語ってくれたところでは、ミライの虐殺を暴露したことで、いまもつねに、ワシントンDCではおおぜいの人に不信感を持たれていると感じるそうだ。

もうひとりの英雄はジョー・ダービーだ。アブグレイブのハードサイト1A棟での虐待は、拷問、侮辱、暴力といった衝撃的な映像が軍司令部の目にさらされたとたんに中止された。ダービーがおぞましい行ないをやめさせる非凡な行動をとったおかげだった。彼はそれまできわめて平凡な若者だったが、私が知る軍関係者の見解によれば、あの行動をとるには、相当な不屈の精神が必要だったはずだという。階級の低い陸軍予備役特技兵が上官の将校に、彼の監督下でとんでもないことが起きていると知らせるなど、並大抵のことではできない、と。

前述したように、ダービーは友人のチャールズ・グレイナーから受け取ったCDで問題の写真を見たとき、最初はとても面白いと思った。「私は、その裸のイラク人たちのピラミッドを最初に見たとき、愉快だと思いました……どこからともなく写真が出てきて、ただ笑っていたんです」と、彼は最近のインタビューでも述懐している。[*59]だが、さらにほかの写真――明らかに性的なものや殴打している場面などを見るうちに、気持ちに変化が生じた。「私には受け入れ難いものでした。その思いを抑えることができませんでした。三日ほどして、ついに写真を届け出る決心をしました」。ダービーにとってそれは、きわめて難しい決断だった。道徳上の葛藤もあった。「理解してほしいのですが、本来、私は人を密告するような男ではありません……でも、あれは私にとっては一線を越えていました。道徳的に正しいと信じていることと、仲間の兵士への忠誠のどちらを選ぶか。両方をとるのは無理でした」[*60]

中隊の兵士たちからの報復を恐れたダービーは、匿名で行動した。[*61]彼はまず、写真のCDを新たに一枚焼いて、それにタイプ打ちした匿名の手紙を添え、無地のマニラ封筒に入れた。そして、それを犯罪捜査部に持っていき、オフィスにこんなものが残されていましたとだけ言って、職員に手渡した。だがまもなく、タイラー・ピエロン特別捜査官から厳しい尋問を受け、「私が写真と手紙を入れました」と認めざるをえなくなった。続いて、ダービーは宣誓供述をした。

彼が匿名のままでいられたのは、二〇〇四年の拷問に関する議会聴聞会で、ドナルド・ラムズフェルド国防長官がダービーの名を突如として〝漏らす〟までだった。そのとき、ダービーは何百人もの兵士に混じって大食堂で夕食をとっていた。その場から連れ出された彼は、その後数年間にわたり、軍の保護拘束下で姿を隠された。「でも、まったく後悔していません」とダービーは最近になって語っている。「写真を届け出る前に、覚悟を固めていましたから。私がやったと知れれば、嫌われるだろうとわかっていました」

結果として、彼の暴露が契機となり、アブグレイブを含め、拘留者が収容されているすべての軍施設で、虐待について多くの公的調査が開始された。ダービーの行動のおかげでかなりの拷問と虐待が抑止され、アブグレイブ刑務所では運営方法も大きく変わることになったのだ。[*62]

だが、誰もがダービーのしたことは正しかったと思っているわけではない。彼の故郷のアレゲーニー山脈地方の人々でさえ、少なくない人が虐待に衆目を集めた彼の行動は非愛国的で、アメリカ人らしくなく、裏切りのにおいさえすると感じていた。ニューヨーク・ポスト紙では、「英雄は裏切り者」という見出しが掲げられた。彼の内部告発に腹を立てていない人でも、彼が英雄になったことは驚いている。なぜなら、ダービーは貧しい家庭出身の、あまりにふつうの子どもだったし、学校では目立たず、いじめられてさえいたからだ。

彼に高校で歴史を教え、フットボール部の監督でもあった、ヴェトナム戦争従軍経験者ロバート・ユーイングは、その複雑な反応をうまくまとめている。

彼のしたこと（密告）に憤った人もいましたし、そこで働いていた軍属が首を切られたために怒った人もいました。彼らは看守のしたことは相対的にはたいしたことではないと言いたいのだと思います。でも……私たちが国として、文化として、ある価値観を信じるならば、そういう人たちのふるまいは許されません。もし、また彼に会うことがあれば、とても誇りに思うよ、と言ってやるつもりです。時が経てば、たいていのアメリカ人にもわかるでしょう。[*63]

二〇〇四年、私はダービーがアメリカ心理学会の会長表彰を受けられるよう取りはからった。だが彼は、この栄誉を直接受けることができなかった。彼も、彼の妻も母も、脅迫を多数受けたため、数年にわたって軍の保護拘束下におかれることを余儀なくされたからだ。ダービーがようやく国民の英雄として認められたのは、二〇〇五年の「ジョン・F・ケネディ〈勇気ある人〉賞」を受賞したときだ。この賞の授与にあたり、ジョン・F・ケネディ図書館財団理事長のキャロライン・ケネディは、こう述べた。「国益増進のため、また、アメリカ的な民

主主義の価値観を擁護するために進んで自身を危険にさらす人々は、政府のあらゆる部門で認められ、励まされるべきです。私たち国民は、アメリカ陸軍のジョゼフ・ダービー特技兵に恩義があります。わが国が尊重する法の支配のために立ち上がってくれたからです」

英雄はまだいる。組織への異議申し立てに男女の別はない。女性も男性と同様、犯罪と不正義に対して警告を発することがある。タイム誌は二〇〇二年、大企業の不正やFBIの機能不全に果敢に立ち向かった三人の女性を、「今年の人」に選んだ。

ワールドコムの内部監査人だったシンシア・クーパーは、同社が不正な会計処理で三八億ドルもの損害を帳簿に記載しなかったことを明るみに出した。彼女が率いる監査チームは、何カ月にもわたり、人目につかないようしばしば夜間に徹底調査を行なった末、この欺瞞的な慣行を暴いたのだった。その結果、複数の役員が解雇され、起訴された。[*64]

また、飛ぶ鳥を落とす勢いだったエンロンの副社長シェロン・ワトキンスも、同社が損失を隠して多大な利益を上げているように装う〝粉飾決算〟ほか、大がかりな不正を行なっていることを暴露した。定評ある会計事務所だったアーサー・アンダーセンも、この巨大スキャンダルに関与していた。[*65]

三人目は、FBI法務部のコリーン・ロウリーだ。彼女は、自身が勤務する支部がテロ容疑者と特定した人物を捜査するよう、FBI本部に申し立てたにもかかわらず、本部が捜査を怠ったと内部告発をした。のちに、そのテロ容疑者は、九・一一同時多発テロの共謀者のひとりであることが判明した。

これら〝見たところはごくふつうだが、類い稀な度胸と判断力を持つ三人の女性〟は、いずれも、みずからが属する権力基盤を敵にまわすことで、多大なリスクを背負った。[*66]

●ジョーンズタウンの英雄たち

デビー・レイトンとリチャード・クラークは、一九七八年一一月一八日、ガイアナのジョーンズタウンで九一三人ものアメリカ人が死亡した集団自殺・殺人事件の生き残りだ。デビーはカリフォルニア州オークランドの比較的裕福で教育のある白人家庭の出身、リチャードはミシシッピ州でアフリカ系アメリカ人の貧しい家庭に生まれ、サンフランシスコに出てきた。ふたりとも、ジョーンズタウンの恐ろしい悪夢から逃れたあとでベイエリアにやってきて、私と友人になった。ともに英雄の資格を有するが、タイプは異なる。デビーは内部告発者、リチャードは善きサマリア人だ。

デビーはジム・ジョーンズの人民寺院に入信したとき、一八歳だった。長年、忠実な信徒でありつづけ、やがて教団の財務責任者となる。立場上、何百万ドルもの金をスイスの銀行の秘密口座に移す業務も任されていた。母と兄のラリーも信徒だった。

だが、デビーは時とともに、ジョーンズタウンが、宣伝されているような、さまざまな人種が手をたずさえて持続可能な生活をおくるユートピアなどではなく、むしろ強制収容所のような場所だと気づきはじめた。そこでは、一〇〇〇人近い熱心な信者が重労働を強いられ、半ば飢え、肉体的・性的虐待を受けていた。武器を持った警備員が周囲を囲み、スパイが日常生活に入り込んでいた。ジョーンズはたびたび〝ホワイトナイツ（白夜／眠れない夜）〟と称する自殺の練習まで強いていた。デビーは、彼が実際に信者を集団自殺させる準備をしていることを知り、恐怖におののいた。

そしてある日、彼女はついに大きな危険を冒してジョーンズタウンを脱出する決心をした。懸念を抱く親族と政府に、教団が隠し持つ破壊的な力について知らせるためだった。脱出計画は病気の母にも教えなかった。母が動揺すれば、ジョーンズに気づかれる恐れがあったからだ。複雑で巧妙な策を駆使した結果、デビーは脱出に成功した。そして、ただちにあらんかぎりの方法で、ジョーンズタウンで虐待が起きていることを当局に通報し、悲劇が迫っていると警告した。

デビーがアメリカ政府に、集団自殺の恐れがあると警告する宣誓供述書を提出したのは、一九七八年六月のことだった。三七項目にわたるその記述は、こう始まる。「件名：人民寺院の信徒による集団自殺の予兆と可能性。私、デボラ・レイトン・ブレイキーは、偽りの場合は偽証罪に問われるのを承知のうえで、以下のことを述べます。この宣誓供述書の目的は、ガイアナのジョーンズタウンに居住するアメリカ国民が生命を脅かされている状況に関し、アメリカ政府に注意を喚起することにあります」

そしてその半年後、彼女のカサンドラ［訳注：ギリシャ神話に登場する悲劇の予言者］めいた予言は、ぞっとするような現実になった。援助を求めた申し立ては、悲しいかな、政府高官から疑いのまなざしを向けられ、そんな奇妙な話が真実だとは思えないとして退けられていた。懸念を抱いた一部の親族は彼女の話を信じ、カリフォルニア州選出のレオ・ライアン議員に調査を依頼したが、数人の記者とカメラマン、そして数人の親族とともにガイアナを訪問したライアン議員は、理想的な生活状況だとうまく信じ込まされた。このとき、何組かの家族が離脱を決意し、彼の庇護を頼って同行したが、もう遅かった。すでにひどい妄想に取りつかれ、離脱者がジョーンズタウンの真実を外の世界に暴きたてるものと思い込んだジョーンズは、ライアン議員と同行者の一部を殺害させ、疲れきった信徒全員に青酸カリ入りの清涼飲料を配った。彼の悪名高い末期の演説の概要は、第一二章で述べたとおりだ。[*67]

デビーは、著書 *Seductive Poison*（魅惑的な毒）で、自分を含め、あれだけおおぜいの人がいかにしてこの悪魔のような説教師に説得され、魅入られたかを雄弁に書き記している。それを読むと、情け深い聖職者から死の天使へという、ジム・ジョーンズのルシファー的変貌に背筋が寒くなる。[*68] ジョーンズが利用したマインドコントロール術とジョージ・オーウェルの名作『一九八四年』で描かれるそれとは驚くほど共通点がある。ジョーンズタウンで起きたことは、想像しうる最強のマインドコントロールの現場実験と言えなくもない。ＣＩＡが後援していたのではないかと疑いたくなるほどだ。*69

もうひとりの英雄、集団自殺の難を逃れたリチャード・クラークは、彼が恋人のダイアン・ルーイとサンフランシスコに戻ったあと、私がふたりのカウンセリングを手伝ったのが縁で知り合った。リチャードは飾り気がなく現実的な男で、いつもゆっくりと話しつつ、人と場所を細やかに観察していた。

彼は、ジョーンズタウンに着いた瞬間に、何かがひどく間違っていることを察知したという。〝約束の地〟では誰ひとり、微笑んでいなかった。豊穣の地とされた場所で、誰もが腹を空かせていた。人々はささやき声で話し、けっして笑わなかった。仕事が遊びより優先されるのみならず、遊ぶ時間はまったくなかった。ジョーンズの声が、肉声やテープの音声で敷地内に昼も夜も響き渡った。男女は別々のバラックに隔離され、夫婦でさえ、ジョーンズの許可なしにはセックスを禁じられていた。しかし、そこを去ることは誰もできなかった。母国から何千キロも離れた異国のジャングルの真ん中で、自分がどこにいるのかわからなかったからだ。

そこでリチャードは一計を案じた。彼はまず、無秩序に広がった敷地のはずれにあって悪臭の漂う通称〝豚小屋〟の、誰もやりたがらない仕事を買って出た。リチャードにとってそこは、精神を麻痺させるジョーンズの巧言から逃れ、自由へいたる道を探すのにうってつけの場所だったからだ。彼はそこで脱出計画をゆっくりと、慎重に練りあげ、ダイアンに打ち明けた。機が熟したら一緒に逃げよう、と。そしてこのあと、リチャードはどう考えてもリスクの高い決断をした。ジョーンズの大規模なスパイ網をものともせず、数組の家族に脱出計画を告げたのだ。

一一月一八日、日曜日の朝、ジョーンズは、今日は休日とするよう全員に命じた。ライアン議員が、この社会主義農業ユートピアで成し遂げられた成果を称えるメッセージをたずさえて、アメリカに帰国するのを祝うためだ。それがリチャードの出発の合図となった。彼は一行八人を集め、ピクニックに行くふりをして、ジャングルを先導し、安全な場所へ向かった。彼らがガイアナの首都ジョージタウンに到着したときには、あとに残った友人も、ほかの家族も、ひとり残らず死んでいた。

リチャード・クラークは最近他界したが、自分の直感、処世術、〝矛盾感知力〟を信じたのは正しかったと最後まで思っていた。彼が何よりも喜んでいたのは、平凡な英雄である自分についてきた人たちの命を、闇の奥から救えたことだった。*70

英雄的資質の四次元モデル

ここまで紹介してきた英雄の事例からは、次ページの表のような英雄的資質の基本モデルをつくり出すことができる。ここでは、英雄的資質を三つの連続的概念で表している。すなわち、「危険の種類／犠牲」「関与の仕方や手法」「追求」の三つだ。「危険の種類／犠牲」の一方の端は身体的リスクに、もう一方の端は社会的犠牲に結びついている。同様に、「関与の仕方や手法」の一方は能動的（勇猛）、もう一方は受動的（不屈）に結びついている。そして「追求」は、生命または理想の保持に向かうものとして表わされている。生命の保持は崇高な思想でもあるため、両者はある意味では同義だが、この文脈では区別することが重要だ。

理解を深めるために、このモデルに三つの異なるタイプの英雄――ネイサン・ヘイル、マザー・テレサ、リチャード・レスコーラをあてはめてみよう。アメリカ独立戦争の英雄ネイサン・ヘイルは、イギリス下士官兵に交じってスパイ活動に従事したあと、捕えられた。彼の行為は愛国的ではあったものの、スパイ自体は英雄的ではない。もし隠密活動が露見しなければ、彼がアメリカの英雄になることはなかっただろう。ヘイルが英雄的人物となったのは、イギリス人の手により処刑され、尊厳を持って死を受け入れたからだ。「国に捧げる命がひとつしかないのが残念です」。彼の名高い辞世の言葉だ。その瞬間、ヘイルは信条のために命を捧げ、大いなる不屈の精神を示すことになった。

一方、マザー・テレサの英雄的生涯と業績は、ヘイルとはまったく違う。彼女の活動は、処刑時のヘイルの果

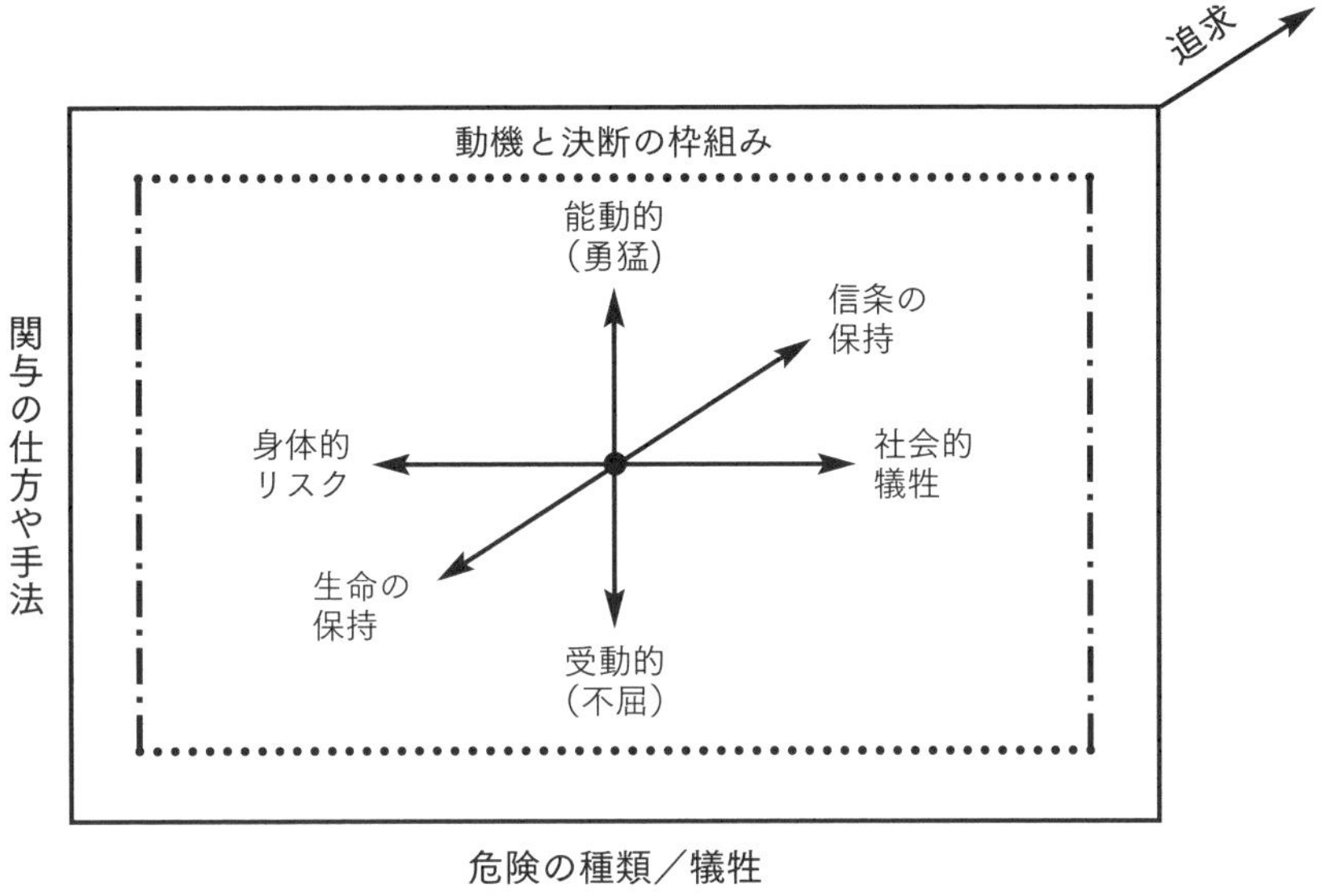

敢さのように、ただひとつの行為に要約できない。その英雄的行為は、何十年にも及ぶ。瀕死の貧しい人たちが、カトリックで言うところの恩寵に包まれて逝けるようにした彼女の献身は、信条（慈悲の心）への奉仕にもとづいている。彼女は生涯たゆまず奉仕を続け、その自己犠牲は禁欲を経て栄光に達した。彼女にとっての栄光とは、清貧、高潔、他者のために無私に徹することだった。

三人目の英雄リチャード・レスコーラは、九・一一の同時多発テロが起きたとき、ニューヨークのワールドトレードセンターにあるモルガン・スタンレーで保安部門責任者を務めていた。この日、ヴェトナム戦争に従軍して銀星勲章［訳注：戦功のあった者に与えられる］、パープルハート勲章［訳注：名誉戦傷章］、青銅星章、勲功記章を授与された元軍人の彼は、決然とした行動によって、モルガン・スタンレーの従業員数千人の命を救った。ワールドトレードセンター当局は席に留まるよう指示したが、レスコーラはオフィスにいた従業員に避難を命じたのだ。第二タワー四四階から七四階を占めていたオフィスから避難するあいだ、彼はハンドマイクで落ち着くよう呼びかけ、携帯電話の通話はやめて階段を下りつづけるよう言葉をかけていたという。

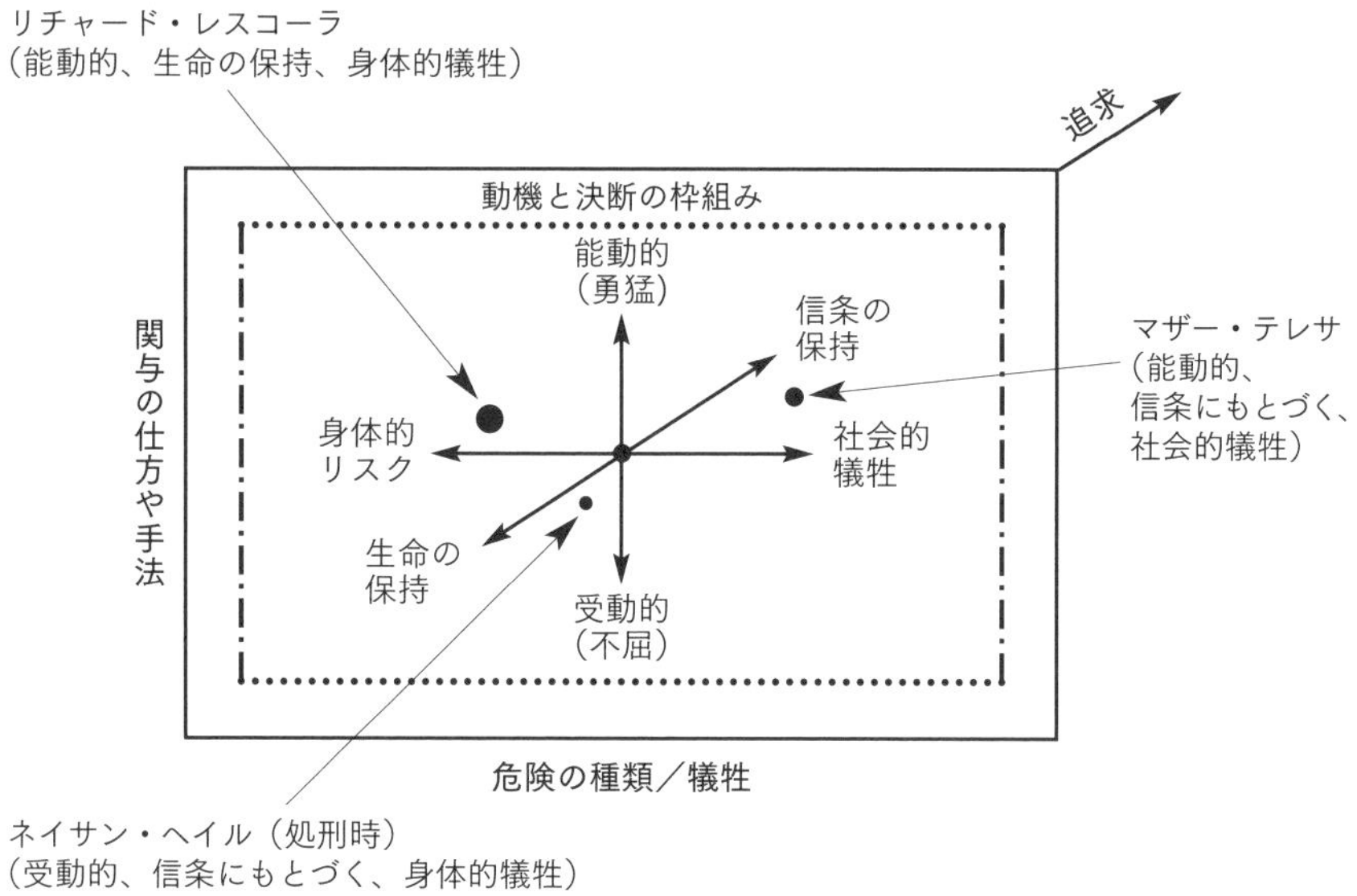

その後ビルは崩壊し、レスコーラとふたりの警備員のほか、モルガン・スタンレーの社員三人が死亡した。だが、レスコーラと彼のチームのおかげで、推定二八〇〇人の従業員の命が救われた。[*71] ネイサン・ヘイルのような犠牲的行為に比べると、レスコーラの行動は生命の保持を直接の目的としているものの、やはり究極の身体的犠牲を必要とした点で、栄光に値する。

ネイサン・ヘイル、マザー・テレサ、リチャード・レスコーラの三人は、それぞれ英雄の理想の異なる側面を体現している。彼らの行動を、モデルの中に位置づけたのが上表だ。

このモデルで追加したのは長期性だ。英雄は、瞬間的行為によって生まれることもあれば、時間をかけて生まれることもある。短期の英雄的資質、つまりひとつの行為で示される英雄的資質は、戦いを背景とするときには勇敢さ（ひとつの戦闘における勇気ある行為）として描かれる。これに対して、長期にわたり戦闘の中で繰り返し示される勇気は、武勇と呼ばれる。

いまのところ、市民による長期にわたる英雄的行為を表す言葉はない。おそらく、危機的状況で示される英雄の行為は、市民的な領域ではわかりにくいからだろう。市民の英雄で対比できそうなのは、内部告発者の場合のように、時間も状況も一時的な英雄と、マーティン・ルーサー・キング・ジュニアの場合のような、長期にわたって社会に貢献する英雄だ。

英雄は、個人でなく〝集団〟の場合もある

西部劇映画ではよく、無法者の一団に単身で立ち向かう勇敢な保安官が描かれる。だが、このように単独で英雄となる人物も、緊急事態や災害時、あるいは協調行動が求められる状況では、一致協力し集団に支えられることが多い。たとえば、南部の黒人を北部の町に運んで解放した「地下鉄道」〔訳注：南北戦争前に存在した秘密組織〕が活躍できたのも、みずからの生命を危機にさらして働いたおおぜいの人々の組織的な活動があったからだ。災害時においても、最初に対応するのは、ゆるやかに組織された市民ボランティアであることが多い。天安門の〝戦車男〟もそうだったように、集団で力を合わせて働く人の多くは匿名だ。彼らは個人的名声など望まずに共同体へ奉仕し、敢然と危険に立ち向かう。

集団による英雄的行為の実例はまだある。そのひとつは、二〇〇一年九月一一日、テロリストにハイジャックされたユナイテッド航空九三便で発揮された。

当初、乗客たちは飛行機が空港に引き返しているものと思い込み、規範に従って着席していたが、一部の乗客が携帯電話で、ワールドトレードセンターと国防総省に別の飛行機が突っ込んだと知らされたことで、事態は一変した。数人のグループが機内後部に集まり、操縦室を制圧する計画を練った。そのうちのひとりの携帯電話が、電話会社GTEのオペレーターとつながっていた。オペレーターの耳に「さあ、やるぞ！」という彼の声が届くや、電話は切れた。乗客が一丸となって協力したことで、そのハイジャック機は標的にしていたホワイトハウスや国会議事堂に達するのを阻止された。墜落現場は現在、集団によるきわめて崇高な英雄的行為を記念する場所となっている。*72

英雄を対比する――非凡さと凡庸さ

名声は現世の土に育つ草にはあらず。

――ジョン・ミルトン

私たちはいまや、英雄とはふつうとは異なる人々だという通念に異議を唱えることができる。英雄の中には、非凡なことをした凡人もいるのだ。たしかに、前者のイメージのほうがロマンがある。そのイメージには、英雄とは凡人がしないこと、できないことをした人だという含みがある。そうしたスーパースターは、英雄の遺伝子を持って生まれてきたにちがいない。彼らは規格はずれの人々だ。

一方、後者はいわば〝規格にも例外はある〟という見方だ。この見方に従って私たちが検証するのは、状況と人の相互作用、特定の時と場所で人を英雄的行為にかりたてる力学だ。状況はときとして、行為を促す触媒となったり、行為への障害を減らしたりすることがある。共同体による社会的支援ネットワークの形成などがその例だ。

クリスティーナ・マスラックのケースでも見たように、英雄的行為にたずさわった人の大半は英雄と呼ばれるのを繰り返し拒む。彼らはたいてい、そのときに必要だと思ったことをしただけだと言う。誰でも同じことをしたはずだと確信し、もし他人が同じことをしないとすれば、その理由が理解できない。ネルソン・マンデラはこう語っている。「私は救世主ではありません。尋常ならざる状況ゆえに指導者となった、ふつうの人間なのです」[*73]。社会のあらゆる階層で英雄的にふるまう人々も、同じような言い方をする。「特別なことではありません」。「すべきことをしたまでです」

こうした〝前向きな凡庸さ〟を思うとき、私の頭に浮かぶのは〝悪の陳腐さ〟である。

もう一度、悪の陳腐さについて

〝悪の陳腐さ〟とは、アドルフ・アイヒマンの裁判を傍聴したハンナ・アーレントの報告から生まれた概念だ。アイヒマンは、ヨーロッパにおけるユダヤ人の大量虐殺の指揮に加担したとして、人道に対する罪で起訴されていた。

『イェルサレムのアイヒマン――悪の陳腐さについての報告』（みすず書房）でアーレントは、彼のような人を例外とか、怪物とか、倒錯したサディストと見るべきではないと明確に述べている。概して、悪事を行なう者はもともとそうした気質を持っていたとされ、そのせいで彼らは一般社会からかけ離れた存在になってしまう、と彼女は主張する。それどころかアーレントは、アイヒマンや同類の人たちは、その平凡さこそ暴かれるべきだという。私たちがそこに気づけば、そうした人々があらゆる社会に偏在する隠れた脅威であることが、より意識されるようになるからだ。

アイヒマンは、自分は命令に従っただけだと抗弁した。この大量殺人者の動機と良心について、アーレントはこう述べている。

根本的動機について、彼は自分を「インネラーシュヴァイネフント（innerer Schweinehund）」、すなわち性根の腐った卑劣漢ではないと心から信じていた。また良心に関して言えば、次のことをはっきりと覚えていた。やましさを感じたとすれば、命令に背いたときだけだったろう――一心不乱に、細心の注意を払って、数百万人の男、女、子どもを死の旅に送り出すという命令に。

アイヒマンに関するアーレントの説明の中で最も印象深いのは、彼が終始一貫してまったく正常で、どこから見てもふつうだったという点だ。第一二章でも紹介したが、もう一度、引いておきたい。

六人の精神科医が彼を〝正常〟だと認定した——ある医師は「いずれにせよ、彼を検査したあとの私よりも正常だ」と叫んだそうだ。また別の医師は、彼の心理状態全般、妻子、父母、兄弟姉妹、友人に対する態度は「正常であるばかりか、きわめて望ましい」ことを知った。*74

こうしてアーレントは、いまでは定説となっている以下の結論に達した。

アイヒマンにまつわる問題は、じつに多くの人が彼に似ていて、その人たちが異常でもサディスティックでもないこと、彼らはぞっとするほどふつうだったし、いまでもふつうだということだ。私たちの法制度や道徳的判断基準の観点からすると、このふつうさは、あらゆる残虐行為が束になっても到底かなわないほど恐ろしいものだった。というのも、それは次のことを意味したからだ……この新たなタイプの犯罪者はじつのところ人類共通の敵であり、自分が悪事に手を染めていることを知ったり感じたりするのがほぼ不可能な状況下で罪を犯す。*75

そして、アーレントのかの有名な一節へと続く。

それはまるで、(アイヒマンが人生の)最後の数分間で、人間の邪悪さに関する長い授業が教えてくれた教訓を総括しているかのようだった——恐るべき、言葉にするのも考えるのも難しい、悪の陳腐さという教訓を。[76]

〝ふつうの人〟が残虐行為を行なうという考え方をさらに徹底したのは、前述した歴史学者クリストファー・ブラウニングだ。ポーランドの辺鄙《へんぴ》な村で、組織的かつ個人的にユダヤ人殲滅にたずさわったのは、ドイツのハンブルクからポーランドに派遣された第一〇一警察予備大隊の数百人だった。その大隊は、労働者階級から下層中産階級出身の所帯持ちの中年男たちで構成されていた。その彼らが、武器を持たない数万人のユダヤ人を、男も女も老人も子どもも射殺し、さらに数万人を死の収容所へ送ったのだ。ブラウニングは著書で、彼らがみな「ふつうの人々」だったと力説する。彼の考えでは、ナチス政権の大量殺人政策は「異常なことでも例外的なことでもなく、日常生活にはほとんど波風を立てなかった。第一〇一予備大隊の物語が示すように、大量殺人と日常的業務はひとつになっていた。正常さそのものが、あまりに異常になっていた」。[77]

心理学者のアーヴィン・ストーブも同じ見解だ。大規模な調査から彼が導き出した結論は、「悪がふつうの思考から生じ、ふつうの人々によってなされるのは当然なことで、例外ではない」というものだった。[78] ジグムント・バウマンも、ホロコーストの恐怖についての分析で、残虐性は〝性格的〟決定因子や〝欠陥的人格〟よりも〝社会的原因〟に帰せられるべきだと述べている。バウマンはさらに、破壊的権威の要求に抵抗し、道徳的自律を貫く力量のある稀有な個人こそ、この基準から外れた例外だと考えている。そうした人はたいてい、自分が隠れた強さを持つことに、試練を受けるまで気づかない。[79]

悪の陳腐さについて考えようとすると、拷問者の巣窟にも赴かざるをえない。拷問者は、必要なあらゆる手段を使って犠牲者の意志、抵抗、尊厳を損なう。さて、彼らは病的な悪人ではないのだろうか？　拷問者を調べた人々の一致した意見では、彼らはその卑しむべき所業に手を染めるまで、経歴においても気質においても、たいてはほかの大多数の人たちと区別がつかないという。アイルランド、イスラエル、シカゴという三つの異なる場所で虐待に関与した男たちを調べたジョン・コンロイも、どの場合も「口にするのもはばかられる行為」をしたのは「ふつうの人々」だったと結論づけている。コンロイは、拷問者は相手を抑圧するとき、自分が属する共同体の意志を代表しているつもりでいるのだと主張している。[*80]

また、私の研究仲間でギリシャ人心理学者のミカ・ハリトス＝ファトーロスは、ギリシャの軍事政権下で（一九六七―七四年）、国家公認の拷問者になった兵士たちを詳細に調査し、人は拷問者に生まれるのではなく、訓練によって拷問者になるのだと結論づけた。「有能な拷問者になるのはどんな人か？」という問いに対する彼女の答えは、「誰の息子でもなる」というものだった。田舎で育ったふつうの若者でも、虐待の訓練を受ければものの数カ月で〝武器化〟された。〝敵〟のレッテルを貼られた人なら誰にでも、野獣さながらに身の毛のよだつほどひどい侮辱、痛み、苦しみを加えるすべを身につけたのだ。その〝敵〟はすべて、当然ながら彼らと祖国を同じくする市民だった。[*81]

こうした結論は、多くの全体主義体制にあてはまる。私たちがブラジルの〝暴力労働者〟、すなわち国を支配していた軍事政府のためにブラジル人の同胞を拷問し、殺害した警察官について調べたことは前述したとおりだが、集めうるかぎりの証拠から、彼らも〝ふつうの人々〟だったことがわかっている。[*82]

素晴らしい、英雄的資質の凡庸さ[*83]

ここまで見たことをまとめると、悪行をなす人も、英雄的行為をなす人も、その多くが同じようにごくふつうの平均的な人たちだということがわかる。悪行と英雄的行為には共通点が多い。いずれも、特殊な気質の産物ではない。そもそも、人間の心理にも、あるいはヒトのゲノムにも、異常とか善良といった特別な属性が存在するわけではない。悪に走るのも英雄的行為に及ぶのも、特定の状況や機会に状況の力が作用して、特定の個人を決定的な一線を越えさせる行為へとかりたてるときだ。さまざまな状況の力が重なると、他者を傷つける行為、あるいは他者を助ける行為につながりやすい。その決断は、意識された計画的なものや深く考えられたものかもしれないし、そうでないかもしれない。実際には、強い状況の力は人を衝動的な行動へとかりたてることが多い。行動を決定づける状況には、たとえば以下のようなものがある。集団圧力と集団アイデンティティ。行為に対する責任の拡散。行為の影響を考慮せずに、いまこの瞬間にだけ集中すること。社会的モデルの存在。イデオロギーへの傾倒。

　ホロコーストの時代、ヨーロッパのキリスト教徒はユダヤ人を助けた。彼らについて語る際の共通のテーマは、〝善の陳腐さ〟としてよさそうだ。どれだけ多くの人が、自分を英雄だとは思わずに正しい行ないをし、良識のみにもとづいてふるまうことでユダヤ人を助けたことか。それを思うと驚かされる。背景に、ナチスによる未曾《みぞ》有《う》の組織的民族大虐殺という信じがたい悪があったことを考えるとなおさらだ。*84

　この旅で私は、アブグレイブで囚人を虐待した看守や、スタンフォード監獄実験で囚人を虐待した看守が、『蝿の王』さながらの変貌をとげ、ふつうの人間から悪をなす人間になった事実を示してきた。彼らは、長期にわたり大規模な悪をなした暴君であるイディ・アミン、スターリン、ヒトラー、サダム・フセインと比べてみる必要がある。一時的な英雄と生涯にわたる英雄も、対比しなければならないだろう。アラバマ州のバスで、後部の〝有色〟席への着席を拒んだローザ・パークスや、アブグレイブの拷問を暴いたジョー・ダービー、あるいはワールドトレードセンターの惨事の現場へ最初に駆けつけた人の英雄的行為は、特定の時と場所で発揮された勇敢さだ。それに対して、モーハンダース・ガンディーやマザー・テレサの英雄的行為は、生涯にわたり繰り返された武勇からなる。長期の英雄的行為と短期の英雄的行為の対比は、武勇と勇敢さの対比ともいえる。

　誰であれ、状況の力によっては英雄にもなるし加害者にもなる。だからこそ私たちは、一部の人を社会的な病へ引き込みかねない状況やシステムの力を制限し、抑え、妨げる方法を発見しなければならない。だが、それと同じくらい重要なのは、市民の〝英雄的想像力〟を育てるよう、あらゆる社会に義務づけることだ。そのためには、「誰もが未来の英雄であり、決断の瞬間がくれば正しく行動するよう期待されている」というメッセージを伝えることが不可欠だ。

私たち一人ひとりが、「他者の救助や危害の阻止のために行動するのか、しないのか」をみずからに問うことも重要だろう。自分の内に隠された力と徳を発見し、不正や残虐行為に反対したり、信念にもとづく価値観の実現に立ち上がったりする人々を称えるため、多くの栄誉を用意することも大切だろう。

本書でも検討してきたように、反社会的行動に関する数々の研究によって、正常な人やふつうの人でも、罪のない人への残虐行為にどこまでも手を染めかねないことが明らかにされている。[*85] だが同時に、大多数が服従し、順応し、遵守し、説き伏せられ、そそのかされているにもかかわらず、抵抗し、同意せず、服従しない人たちが、少数であれつねに存在したことも明らかにされている。ある意味で英雄的資質とは、〝大半の人をやすやすとからめとる強大な状況の力に抵抗する能力〟と言ってもいいだろう。

では、抵抗する人は盲目的に服従する人とどう違うのか？[*86] 抵抗する人は、スーパーマンのクラーク・ケントのように、特別な力を隠して何食わぬ顔をしているのか？ いや違う。一時的な英雄的行為をなす人は、誘惑されやすい平均的なグループに属する人と本質的には変わらない。とはいえ、この仮説を裏づける検証的な研究はまだ多くない。英雄的行為は体系的に研究できるような単純な現象ではなく、明確な定義も、現場でのデータ収集も不可能だからだ。英雄的行為はその場限りの予測不能なものであるがゆえに、その評価はどうしても事後的なものとなる。実際、英雄がインタビューされるのは英雄的行動の何カ月も、何年もあとであることが珍しくない。そのため、写真家のアンリ・カルティエ＝ブレッソンさながらに、英雄的行動の〝決定的瞬間〟をとらえた研究は存在しない。[*87] 危険の伴う行動を決断した基盤がどんなものかは、わからないのがふつうだ。

いまわかっているのは、英雄的行動はごく稀であるため、性格をいくら心理学的に評価しても予測はできないということだ。性格で個人差がはかれるのは、あくまで通常の環境においてである。英雄的行為が生まれやすい特異な環境では役に立たない。

アレグザンダー・(サンディ)・ナイニンガー中尉は、英雄的兵士の代表格だが、彼の経歴のどこにも、それを予測させるものはない。この二三歳のウェストポイント卒業生は、最激戦地帯で日本軍の狙撃兵を追討することを志願し、第二次世界大戦中の激戦として知られるバターンの戦いでは、手榴弾、ライフル、軽機関銃、銃剣を用いて単身で激しい接近戦を繰り広げた。たびたび負傷しながらも多くの日本兵を殺し、戦いを続けた中尉は、敵軍の掩蔽壕を破壊したあと、力尽きて死んだ。その英雄的な戦いぶりによって、死後、この戦争で初の名誉勲章が授与されたのだった。

ところがこの若者は、ふだんはもの静かで繊細で知的で、嫌悪から人を殺すなどといったことはけっしてできないと言っていた。ありとあらゆる性格テストを受けたとしても、この予期せぬ暴力的な行動を予測することは難しかっただろう。マルコム・グラッドウェルは、性格テストに関する評論でこう述べている。ナイニンガーのファイルをつくれば電話帳のように厚くなるだろうが、「われわれが最も興味を抱く事柄について、そのファイルからわかることはほとんどないだろう。それを知るためには、彼とともにバターンのジャングルの戦闘に参加するしかない」。要するに、そのときの〝状況〟を知らずして、〝人〟を理解することはできないのだ。*[88]

英雄的行為は、人間のつながりの証

その理由がまだ完全には理解できないいまも、世界中のあらゆる国で、数えきれないほど多くのふつうの人々が、特殊な状況におかれ、英雄的行為を発揮している。一見すると、こういう考え方は英雄神話に水を差し、特別なことを陳腐なことにしてしまうように思えるかもしれない。だがそうではない。英雄的行為はどんな人によってであれ、特別で希有だからだ。

英雄的行為は共同体の理想を支え、すばらしいガイドの役割をはたし、個人の行動のロールモデルとなってくれる。私たちはみな待機中の英雄だ。その行為は、誰もが、いつか選ぶかもしれない選択肢だ。

英雄的資質が、選ばれた少数の人の稀有な特性ではなく、人間の本性に平等に備わる属性だと考えれば、あらゆる共同体で英雄的行為をもっと促すことができるだろう。ジャーナリストのキャロル・デピーノはこう述べている。「英雄になる能力は、誰にでもある程度は備わっている。それに気づかないこともあるかもしれないし、ある人にとってそれは、人のためにドアを抑えて『こんにちは』と言うような、ささいなことかもしれないが、私たちはみな、誰かにとっての英雄なのだ」[89]

ふつうの英雄はどこにでもいるという、この新たなテーマに気づくと、身近なありふれた英雄や、日々、何かを犠牲にすることで私たちの生活を豊かにしてくれている人たちについて、改めて考え直してみたくならないだろうか。メディアが有名人をつくり出して英雄扱いすることに、ダニエル・ブーアスティンが皮肉なまなざしを向けているのは前述したとおりだ。だが、彼はそれ以上に力を込めて、身近なところで生き、働く、ありふれた称えられない英雄を高く評価している。

> この幻影と疑似幻影の時代に、確固とした美徳を備え、知名度ではなく本質的なことで賞賛に値する人は、たいがい称えられない英雄であることが実証されている。たとえば、教師、看護師、母親、誠実な警官、それに、孤独で、低報酬で、地味で、裏方の仕事に打ち込む人たちだ。逆説的だが、そうした人たちが英雄でありつづけられるのは、まさに、彼らが称えられないからである。[90]

さて、闇の奥へと分け入って帰ってきたこの長い旅から、いよいよ別れのメッセージを引き出すときがきた。

英雄的行為とその人々を称賛しよう。彼らは私たちを結びつけるのに不可欠な絆をつくってくれる。そしてまた、人間のつながりを育んでくれる。

私たちの身に巣くう悪は、大きな善で迎え撃ち、克服しよう。

善は、あらゆる男女の心とその英雄的な覚悟に宿る。ロシアの詩人でスターリンの強制収容所の元囚人、アレクサンドル・ソルジェニーツィンは、これが単なる観念ではないことを、私たちに思い出させてくれる。彼は言った。

「善と悪の境界線は、あらゆる人間の心の真ん中にある」[*91]

この旅の道連れになってくれて、ありがとう。チャオ。

原注

第一章

＊1 John Milton, *Paradise Lost*, in *John Milton: Complete Poems and Major Prose*, ed. M. Y. Hughes New York: Odyssey Press, 1667/1957.（『失楽園（上・下）』ジョン・ミルトン著、平井正穂訳、岩波書店、一九八一年ほか）。引用部分は Book 1, p. 254. 魔王が開く悪魔の会議の描写は Book 2, ll. 44-389.

＊2 Elaine Pagels, *The Origin of Satan* (New York: Random House, 1995)（『悪魔の起源』エレーヌ・ペイゲルス著、松田和也訳、青土社、二〇〇〇年）, p. xvii.

＊3 D. Frankfurter, *Evil Incarnate: Rumors of Demonic Conspiracy and Satanic Abuse in History* (Princeton, NJ: Princeton University Press, 2006), pp. 208-9.

＊4 悪をめぐるほかの心理学的観点に関する参考文献をいくつか挙げておく。R. F. Baumeister, *Evil: Inside Human Cruelty and Violence* (New York: Freeman, 1997); A. G. Miller, ed., *The Social Psychology of Good and Evil* (New York: Guilford Press, 2004); M. Shermer, *The Science of Good & Evil: Why People Cheat, Gossip, Care, Share and Follow the Golden Rule* (New York: Henry Holt, 2004); E. Staub, *The Roots of Evil: The Origins of Genocide and Other Group Violence* (New York: Cambridge University Press, 1989); J. Waller, *Becoming Evil: How Ordinary People Commit Genocide and Mass Killing* (New York: Oxford University Press, 2002).

＊5 独立・個人主義を目指す社会と、相互・集団主義を目指す社会のあいだで、行動と価値観がどう異なるかを比較する文化心理学の文献が増えている。以下は、そうした異なる観点が自我の概念に与える影響についての優れた入門書だ。Hazel Markus and Shinobu Kitayama, "Models of Agency: Sociocultural Diversity in the Construction of Action," in *Nebraska Symposium on Motivation*, ed. V. Murphy-Berman and J. Berman, *Cross Cultural Differences in Perspectives on Self*. (Lincoln: University of Nebraska Press, 2003).

＊6 以下は、心理学者が用いる本質主義の概念についての最も優れた解説書のひとつだ。Susan Gelman, *The Essential Child: Origins of Essentialism in Everyday Life* (New York: Oxford University Press, 2003).

知性を本質（固定）的資質と考えるか、漸進（変動）的資質と考えるかが、さまざまな分野での成功にどう影響するかについて、価値ある情報を提供してくれるのが、キャロル・ドゥエックが数十年に及ぶ独自の研究をまとめた著書だ。Carol Dweck, *Mindset: The New Psychology of Success* (New York: Random House, 2006)（『「やればできる！」の研究——能力を開花させるマインドセットの力』キャロル・S・ドゥエック著、今西康子訳、草思社、二〇〇八年）

＊7 こうした校内暴力に対処する建設的なアプローチが、心理学者仲間のエリオット・アロンソンの著書で紹介されている。彼は社会心理学の知識を力として活用し、学校の社会環境を変えて競争と拒否の代わりに共感と協力を目指す道筋を示している。E. Aronson, *Nobody Left to Hate:*

Teaching Compassion After Columbine (New York: Worth, 2000).

＊8 Heinrich Kramer and Jakob Sprenger, *The Malleus Maleficarum of Kramer and Sprenger* (*"The Witches' Hammer"*), edited and translated by Rev. Montague Summers (New York: Dover, 1486/1948). ドイツのドミニコ会修道士による著作。

＊9 女性に対する暴力は、神学的空想のこうした不幸な飛躍の遺産と認めざるを得ない。女性に対する男性の暴力の組織的使用と広範な受容の元凶は、男性権力がそれを是認したことであり、そうした権力が「魔女狩りという狂気」を生んだ教会と国家の背後にあったと、歴史家のアン・バーストウは以下の著書で述べている。Anne L. Barstow, *Witchcraze: A New History of European Witch Hunts* (San Francisco: HarperCollins, 1995)（『魔女狩りという狂気』アン・ルーエリン・バーストウ著、黒川正剛訳、創元社、二〇〇一年）

＊10 C. Wright Mills, *The Power Elite*. (New York: Oxford University Press, 1956)（『パワー・エリート（上・下）』C・W・ミルズ著、鵜飼信成、綿貫譲治訳、東京大学出版会、一九六九年）, pp. 3-4.

＊11 Sam Keen, *Faces of the Enemy: Reflections on the Hostile Imagination* (enlarged ed.) (New York: Harper & Row, 1986/2004)（『敵の顔――憎悪と戦争の心理学』サム・キーン著、佐藤卓己、佐藤八寿子訳、柏書房、一九九四年）。ビル・ジャージーとサム・キーン製作の説得力ある付属DVDも参照。詳細は http://samkeen.com を参照。

＊12 L. W. Simons, "Genocide and the Science of Proof," *National Geographic*, January 2006, 28-35. D・G・ダットン、E・O・ドヤンコウスキー、M・H・ボンドによる以下の章の大量殺人に関する洞察に富む分析も参照。D. G. Dutton, E. O. Doyankowski, and M. H. Bond, "Extreme Mass Homicide: From Military Massacre to Genocide," *Aggression and Violent Behavior*, vol. 10 (May-June, 2005): 437-473.
これらの心理学者たちによれば、軍による大量殺戮、民族虐殺、政治的虐殺の標的集団の選別を形成するのは、政治的・歴史的要因だ。そうした選別は、過去にその標的集団が不当な優遇を勝ち取ったり受けたりしてきたという考えにもとづく。それによって、この「悪の根本集団」に対する復讐として暴力が正当化される。また、そうした見方により、将来、彼らが危機や危険をもたらすという仮定にもとづく非暴力的な人々の殺害が正当化され、加害者集団は攻撃者となる。

＊13 レイプをテロの武器として利用するという悲惨な話の一部分は、ひとりの女性を中心に展開する。調査報道記者のピーター・ランデスマンは二〇〇三年九月一五日付ニューヨークタイムズ紙（pp. 82-ff.131）の詳細な報道で、彼女を「レイプ大臣」と呼んだ（以下の引用はすべて、この記事を出典とする）。

＊14 Jean Hatzfeld, *Machete Season: The Killers in Rwanda Speak*. (New York: Farrar, Straus and Giroux, 2005).

＊15 R. Dallaire with B. Beardsley, *Shake Hands with the Devil: The Failure of Humanity in Rwanda* (New York: Carroll and Graf, 2004).（『なぜ、世界はルワンダを救えなかったのか――PKO司令官の手記』ロメオ・ダレール著、金田耕一訳、風行社、二〇一二年）

＊16 心理学者で *The Nazi Doctors*（ナチスの医師たち）の著者、ロバート・ジェイ・リフトンの主張によれば、レイプはしばしば、意図的な戦争の道具であり、連続する苦痛と極度の屈辱の引き金となる。そうした苦痛と屈辱は、犠牲者本人ばかりでなく、周囲の人間にも影響を与える。「女性は清浄さの象徴と見られている。家庭はその象徴を中心にまわっている。象徴がひどい攻撃を受ければ、すべてが汚される。屈辱は永続し、生存者とその家族全体をさいなみつづける。その意味で、レイプは死よりたちが悪い」Landesman, p. 125. 以下も参照。A. Stiglmayer, ed, *Mass Rape: The War Against Women in Bosnia-Herzegovina* (Lincoln: University of Nebraska Press, 1994).

＊17 Iris Chang, *The Rape of Nanking: The Forgotten Holocaust of World War II.* (New York: Basic Books, 1997)(『ザ・レイプ・オブ・南京——第二次世界大戦の忘れられたホロコースト』アイリス・チャン著、巫召鴻訳、同時代社、二〇〇七年）, p. 6.

＊18 A. Badkhen, "Atrocities Are a Fact of All Wars, Even Ours," *San Francisco Chronicle*, August 13, 2006, pp. E1-E6. D. Nelson and N. Turse, "A Tortured Past," *Los Angeles Times*, August 20, 2006, pp. A1, ff.

＊19 A. Bandura, B. Underwood, and M. E. Fromson, "Disinhibition of Aggression Through Diffusion of Responsibility and Dehumanization of Victims," *Journal of Research in Personality* 9 (1975): 253-69. 参加者たちは、自分がレバーを押せば、隣室にいるとされたほかの学生たちにショックを与えていると信じていた。だが、想定された「獣」にもほかの誰にも、ショックは与えられなかった。

＊20 ニューヨークタイムズ紙の以下の記事からの引用。この記事では、死刑に関係する刑務所職員すべての道徳からの逸脱について、われわれの研究が紹介された。Benedict Casey, "In the Execution Chamber the Moral Compass Wavers," *The New York Times*, February 7, 2006. 以下を参照。M. J. Osofsky, A. Bandura, & P. G. Zimbardo, "The Role of Moral Disengagement in the Execution Process," *Law and Human Behavior*, 29 (2005): 371-93.

＊21 二〇〇五年一〇月五日にハヴェル財団ヴィジョン九七賞を受賞した際のスピーチで、これらのテーマを掘り下げた。この日は、チェコ共和国の元大統領で英雄的革命の指導者、ヴァーツラフ・ハヴェルの誕生日だった。以下を参照。Philip G. Zimbardo, "Liberation Psychology in a Time of Terror," Prague: Havel Foundation, 2005.

＊22 Rabindranath Tagore, Stray Birds (London: Macmillan, 1916)(『迷い鳥』ロビンドロナト・タゴール著、川名澄訳、風媒社、二〇〇九年ほか）, p. 24.

第二章

＊1 没個性化についてのこの初期の研究と理論は、一九七〇年に書いた以下の章に要約されている。"The Human Choice: Individuation, Reason, and Order Versus Deindividuation, Impulse, and Chaos," *1969 Nebraska Symposium on Motivation*, ed. W. J. Arnold and D. Levine (Lincoln: University of Nebraska Press, 1990), pp. 237-307. 以下は破壊行為についてのより新しい論文。P. G. Zimbardo, "Urban Decay, Vandalism, Crime and Civic Engagement," in *Schrumpfende Städte/Shrinking Cities*, ed. F. Bolenius (Berlin: Philipp Oswalt, 2005).

＊2 大学院の研究生、スコット・フレイザーがブロンクスの調査チームを、同じく研究生のエッベ・エベセンがパロアルトの調査チームを率いた。

＊3 "Diary of an Abandoned Automobile," *Time*, October 1, 1968.

＊4 この実地調査には地元警察の許可が必要だった。それで、放置されていた車が盗まれているようだと近所の人から連絡があったことを警察が知らせてくれた——犯人は私だ。

＊5 地域の秩序を回復すれば犯罪が減少するという「割れ窓理論」は、以下で最初に提唱された。James Q. Wilson and George L. Kelling, "The Police and Neighborhood Safety," *The Atlantic Monthly*, March 1982, pp. 22-38.

＊6 次の選挙で平和主義候補者への市民の支持を生み出すべく、基本的な社会心理学の戦略と説得・同調戦術を利用して、反戦活動家の研修プロ

グラムの作成を手伝った。イェール大学の恩師、ボブ・エイベルソンと共同でそうした考えを以下の作戦マニュアルにまとめた。R. P. Abelson and P. G. Zimbardo, *Canvassing for Peace: A Manual For Volunteers* (Ann Arbor, Mich.: Society for the Psychological Study of Social Issues, 1970).

＊7 こうした警察と学生の対立が最初に起きたのは、一九六七年一〇月、ウィスコンシン大学の学生たちがダウ・ケミカルの学内求人活動に抗議したときだった。ダウ・ケミカルは、ヴェトナムで大地と市民を火あぶりにしていた悪名高いナパーム焼夷弾の製造元だ。この大学でも、学長は市警察に学生のデモを鎮圧するようあわてて要請した。警察は鎮圧するどころか、催涙ガス、警棒での殴打、徹底的な暴行によって、学生の怒りに火をつけた。私の記憶に残るとりわけ鮮明なメディア映像では、這いつくばるひとりの学生に一〇人以上の警官が殴りかかっていた。警官の大半はガスマスクをしているか、識別可能な上着を脱いで、身元を隠していた。匿名性と権威の組み合わせは、惨事を生む。この出来事に刺激され、全米で学生たちが立ち上がった。彼らの大半はそれまで政治には無関心で、そうした活動に関わっていなかった。ヨーロッパの学生たちが、政府による公教育の無料提供の制限やそのほかの不正義に抗議してバリケードを築いたのとは対照的だ。

リチャード・ニクソンとヘンリー・キッシンジャーがヴェトナム戦争を激化させ、カンボジアにまで侵入したことに対し、オハイオ州ケント州立大学で学生たちが抗議活動を始めたのは、一九七〇年のメーデーだった。一部の学生が予備役将校訓練団の建物に放火した。州兵一〇〇〇人がキャンパスを占拠するよう命じられ、抵抗者に催涙ガスを発射した。オハイオ州知事のジェイムズ・ローズはテレビでこう述べた。「われわれが目指すのは対症療法ではなく、問題の根絶です」。折悪しく、この発言を考え方の基盤とした州兵は、問題を生む学生に過酷な対応をした——交渉も調停もなしに彼らを「根絶」しようとしたのだ。

武器を持たない学生たちの一団が五月四日に集まり、ライフルの上に銃剣をかまえた七〇人の州兵の一団に向かって移動しているとき、兵士のひとりがパニックに陥り、学生たちに直接、発砲した。突然、目のくらむような閃光を発して、州兵の大半が学生たちに向かって一斉射撃した。三秒間に六七発が発射された！　四人の学生が亡くなった。八人が負傷し、そのうち数人は重傷だった。死傷者の中には対立現場に近づいてさえいなかった学生も数人いた。授業に向かっていた彼らは、弾道の線上にいたのだ。サンドラ・シュワーのように、一二〇メートルほど離れたところで撃たれた学生もいた。皮肉なことに、予備役将校訓練団の学生、ビル・シュレーダーも撃たれた。彼は抗議活動をしていたのではなく、ただ「付帯的損害」の犠牲となった。

兵士のひとりがのちにこう述懐している。「自分の心の声が、これは間違っていると言ったが、私は相手に発砲し、彼は倒れた」。この殺害事件の責任を問われた者はこれまでひとりもいない。事件を象徴する一枚の写真では、若い女性が倒れた学生にすがって恐怖の叫びを発していた。この写真により、アメリカ全土で反戦の気運がさらに高まった。

ケント州立大学の大虐殺ほどは知られていないが、同様の事件がわずか一〇日後にミシシッピ州のジャクソン州立大学で起きている。キャンパスを占拠していた州兵が、黒人学生たちに何百発もの銃弾を浴びせ、学生三人が死亡、一二人が負傷した。

こうした致命的な対立とは対照的に、一九七〇年五月の全米規模の学生ストライキ運動の大多数は、一部に混乱や暴力もあったものの、おおむね平和的だった。多くの場合、州当局が暴力を回避する措置をとった。カリフォルニア州ではロナルド・レーガン知事が、大学・州立大学システムの計二八カ所のキャンパスすべてを四日間、閉鎖した。ケンタッキー大学、サウスカロライナ大学、イリノイ大学アーバナ校、ウィスコンシン大学マディソン校のキャンパスには州兵が派遣された。カリフォルニア大学バークレー校、メリーランド大学カレッジパーク校などでは対立があった。カリフォルニア州立大学フレズノ校では、百万ドルのコンピュータ・センターを焼夷弾が破壊した。

＊8 このプログラムはスタンフォード大学の教職員と学生のグループが始め、パロアルト市議会も支援した。私は市議会とのタウンホール・ミーティングに出席し、積極的な調停の取り組みを促した。

＊9 日曜日の朝、パロアルト警察に逮捕させる準備についてのこのくだりは、当時のやりとりの記録にもとづいてはいない。後日の私の回想を、つじつまが合うように組み立てて書きおろした。実験の手順と研究の理論づけの記述には、当日朝、逮捕にあたる警官に言ったと記憶している言葉に加えて、チュルシェ署長への事前の説明、KRONのテレビ局で幹部に逮捕劇の撮影協力を要請した際の説明、警察署に行く前にカメラマンにした説明が交ざっている。こうした必要不可欠な情報を、堅苦しい学術的な記述で流れを妨げることなく読者に伝えようと工夫した。この実験の動機全体は、どちらかと言えば理論的基礎にもとづき、新たな背景によって行動が変容する際の、気質的・性格的要因と、状況的要因の影響の度合いを検証することだった。今後の章でそれが明らかになる。

＊10 以下の三つのシナリオの材料は、この実験の模擬囚人のうちの三人だ。それまでの経歴、事後のインタビューに加えて、日曜日に逮捕された際のようすも参考にした。はっきり言えば、想像力を駆使してこの三人についての情報を膨らませ、架空のシナリオを仕立てあげた。だが、彼らが模擬囚人としてこれから見せる行動には、いくつか共通点があることがわかる。

第三章

＊1 とくに注記がないかぎり、囚人と看守の会話はすべて、実験中に撮影したビデオの音声からの忠実な書きおこしである。囚人と看守の名前は身元を伏せるために変えてある。本書で言及するスタンフォード監獄実験の資料と、オリジナルのデータおよび分析結果はすべて、オハイオ州アクロンのアメリカ心理学史アーカイブに保存されている。今後も、資料はこのアーカイブに「フィリップ・ジンバルドー文書」として寄贈、永久保存される。文書の第一部はスタンフォード監獄実験に充てられる予定だ。このアーカイブの連絡先は www.uakron.edu または ahap@uakron.edu. スタンフォード監獄実験はメディアで大々的に論じられてきたので、参加者の一部は身元を明かすことを選んだ。だが、私がこの実験について、一般読者に向けてここまで詳細に書くのは初めてだ。したがって、囚人と看守の名前は彼らの身元を伏せる方向で進めることにした。

＊2 これらの規則は、その春、ジャフィーと同級生たちが、私の応用社会心理学講座のプロジェクトで考案したものの拡大版だ。彼らはそのプロジェクトで、寮に疑似監獄をつくった。受講生たちは、私が提案した一〇件の実験プロジェクトからひとつを選択した。各プロジェクトの目的は、組織の中の個人についてさまざまな側面を調べることだった。たとえば、老人ホームに入居する高齢者、カルト宗教に入信する人、囚人と看守の役割の社会化などだ。ジャフィーと一〇人あまりの学生たちは監獄をテーマに選び、研究の一環として、ある週末、寮に模擬監獄を設置、運営した。その劇的な結果がきっかけとなって、今回、正式な実験をすることになった。私は学生たちの疑似監獄にいくつか助言はしたものの、彼らがどんな体験をしたかは、監獄実験の週末の翌日、教室でこのプロジェクトの発表を聞くまで知らなかった。大教室であけすけに表現された感情、怒り、苛立ち、恥の強さと、新たな役割における自分と友人の行動から受けた当惑の大きさに、私は目をみはった。引き続き、全員から感想を聞き出してみると、状況が与えた衝撃の大きさが明らかになった。

だが、学生たちがみずからこのテーマを選んだことを考えると、彼ら自身か、監獄に似せた環境に何らかの異常な面があったか否かははっきりしなかった。看守と囚人の役割を無作為に割り当てた対照実験をしなければ、気質的要因と状況的要因を区別することはできない。それも強力な動機のひとつとなって、この実験を計画し、その夏に実施した。

一九七一年五月一五―一六日に実施したグループ研究についてジャフィーがまとめた最終レポートには、「監獄シミュレーション」という簡潔な表題がつけられている（一九七一年春、スタンフォード大学の未公開レポート）。

*3 看守のシフト報告書。

*4 囚人の最終評価の録音。

*5 第一週に予定されていた献立。提供はスタンフォード大学トレシダー学生自治会。

①日曜日：ビーフシチュー
②月曜日：チリビーンズ
③火曜日：チキンポットパイ
④水曜日：七面鳥のクリーム煮
⑤木曜日：トウモロコシのフリッター、ベーコン添え
⑥金曜日：ミートボール・スパゲティ

朝食：ジュース約一五〇ミリリットル。シリアルまたは固ゆで卵。リンゴ一個。

昼食：パン二切れに以下のうち一種類。ボローニャソーセージ、ハム、レバーソーセージ。それに、リンゴ一個。クッキー一個。牛乳か水。

*6 囚人の回想日誌。

*7 囚人の回想日誌。

*8 囚人の回想日誌。

*9 アーカイブ所収の囚人の手紙。

*10 NBCのテレビ番組『クロノログ』（一九七一年一一月放映）のインタビューでの看守の発言。

*11 看守の回想日誌。

*12 看守のミーティングのビデオ音声からの忠実な書きおこし。以下のDVDを参照。『静かなる怒り――スタンフォード監獄実験（Quiet Rage: The Stanford Prison Experiment.）』

第四章

*1 本章をはじめ、スタンフォード監獄実験に関する章の引用の出典は、私が必要に応じて個別に同定を試みたさまざまなデータ源だ。そうしたアーカイブ・データには以下のようなものがある。実験中、さまざまな機会に撮影されたビデオの音声の忠実な書きおこし。看守の一部がシフト勤務を終える際に書いたシフト報告書。実験終了時の最終インタビュー。参加者が帰宅後、たいがい数週間以内に大学に戻ってきた

際に作成した最終報告書。実験終了後、参加者の一部がさまざまな時期に送ってくれた回想日誌。テープに録音されたインタビュー。NBCのテレビ番組『クロノログ』のために一九七一年九月に行なわれたインタビュー（一九七一年一一月放映）。個人的感想と、クレイグ・ヘイニー、クリスティーナ・マスラック、私が実験後に発表した章に綴った回想。この部分は最終評価報告書からの引用。

＊2 とくに注記がないかぎり、この部分をはじめとする囚人と看守の会話は、実験中に撮影されたビデオの音声からの忠実な書きおこしである。

＊3 看守のシフト報告書。

＊4 看守の回想日誌。

＊5 看守の回想日誌。

＊6 囚人八六一二のこの発言は、実験全体の中で最も劇的な出来事のひとつだ。このシミュレーションを成功させるためには、全員が、そこが実験のための模擬監獄ではなく、実際の監獄であるかのようにふるまうことに同意しなければいけなかった。それはある意味で、共同の自己検閲によって、あらゆる出来事を実験ではなく監獄という想定の枠にはめることへの暗黙の同意でもある。全員が、これは実験にすぎないと知っていながら、本物の監獄であるかのようにふるまうということだ。八六一二は、ここは刑務所じゃない、ただのシミュレーション、実験だと叫ぶことで、この枠を粉砕する。その前後の混乱のさなか、突然の沈黙が訪れたのは、彼が、そこが刑務所ではない理由を示す具体的だが奇妙な例をつけ加えたときだった。ほんものの刑務所では、服とベッドを取り上げるようなまねはしないからだと言ったのだ。すると、別の囚人が公然と彼に反論し、「するよ」と言い切った。このやりとりのあと、自己検閲ルールは強化され、ほかの囚人、看守、関係者は全員、わかりきった事実を口に出すことを自己規制した。自己検閲の運用についての本格的な説明は、デイル・ミラーの近刊を参照。Dale Miller, *An Invitation to Social Psychology: Expressing and Censoring the Self* (Belmont, CA: Thomson Wadsworth, 2006).

＊7 囚人の回想日誌。

＊8 囚人のインタビュー録音。

＊9 この場合、「契約」が何を意味するかははっきりしない。監獄実験のウェブサイト www.prisonexp.org で実験の資料（参加者に行なわれた実験の説明、参加者が署名した同意書、スタンフォード被験者研究委員会への申込書）を参照。

＊10 囚人の回想日誌。

＊11 囚人の回想日誌。

＊12 囚人の回想日誌。

＊13 スタンフォード監獄実験を振り返ってわれわれが執筆した章からの引用。P. G. Zimbardo, C. Maslach, and C. Haney, "Reflections on the Stanford Prison Experiment: Genesis, Transformations, Consequences," in ed. T. Blass, *Obedience to Authority: Current Perspectives on the Milgram Paradigm*, (Mahwah, NJ: Erlbaum, 1999), pp. 193-237.

＊14 同書、二二九ページ。

＊15 囚人の最終インタビュー。

＊1 とくに注記がないかぎり、囚人と看守の会話はすべて、実験中に撮影されたビデオ音声からの忠実な書きおこしである。
＊2 看守のシフト報告書。
＊3 NBC『クロノログ』のインタビュー（一九七一年一一月）。
＊4 看守の回想日誌。
＊5 囚人の回想日誌。
＊6 スパイとジンバルドー博士との最終インタビュー録音テープ。
＊7 囚人の回想日誌。
＊8 囚人の回想日誌。
＊9 この海軍研究事務所の助成金が私の没個性化研究（第一三章参照）の財源となり、その供与によって監獄実験の費用もまかなえた。この海軍研究事務所助成金の番号はN001447-A-0112-0041。
＊10 以下を参照。Leon Festinger, *A Theory of Cognitive Dissonance*(Stanford, CA: Stanford University Press, 1957)（『認知的不協和の理論――社会心理学序説』レオン・フェスティンガー著、末永俊郎監訳、誠信書房、一九六五年）。ニューヨーク大学の教え子と同僚との共同研究について私が編集した以下の研究書も参照。Philip G. Zimbardo, ed., *The Cognitive Control of Motivation* (Glenview, IL: Scott, Fores-man, 1969).
＊11 以下を参照。Irving Janis and Leon Mann, *Decision Making: A Psychological Analysis of Conflict, Choice, and Commitment* (New York: Free Press, 1977).

第六章

＊1 ここに記した看守、囚人、職員、関係者、神父が交わした会話はすべて、当時撮影されたビデオの音声からの忠実な書きおこしに、日誌の記録と私自身の記憶を補足したものだ。神父の名前は身元を隠すために変えてあるが、彼についてのそのほかのあらゆる特徴と、囚人や私とのやりとりはできるかぎり正確に再現している。
＊2 第一四章で、本物の看守であるアブグレイブのフレデリック二等軍曹が、囚人に対してどういう行為が許されるか明確な指針がないとこぼした際、まったく同じ反応が見られる。
＊3 看守のシフト報告書。
＊4 囚人の回想日誌。
＊5 スパイとジンバルドー博士との最終インタビュー録音テープ。
＊6 NBC『クロノログ』のインタビュー（一九七一年一一月）。
＊7 余談だが、囚人の人間性の剥奪と看守の権力という問題について私が論じるのを見た人物の中に、かの有名な過激派黒人政治犯ジョージ・ジャクソンの弁護士がいた。私は土曜日の午後（一九七一年八月二一日）に彼から受け取った手紙で、ソルダッド・ブラザーズ事件の看守殺

害容疑で裁判を控えている依頼人の鑑定人となるよう求められた。依頼人と面談してほしいと言うのだ。依頼人は、近所にあるサン・クエンティン刑務所の、皮肉にも(おそらくジョージ・オーウェルの『一九八四年』にちなんで)「最善適応センター」という独房に収監されていた。土曜日にはいろいろな出来事が重なり、私が弁護士の求めに応じることは叶わなかった。ジャクソンが脱獄を試み、銃で殺されたからだ。だが、私はその後、数回の裁判に深く関わった。連邦裁判所のある裁判は、「適応センターは残忍で異常な刑罰の場」だと糾弾した。また、私は「サン・クエンティンの六人」の殺人謀議事件として知られることになる、二度目の裁判の鑑定人でもあった。裁判が開かれたマリン郡裁判所はフランク・ロイド・ライトの設計で、その優美な輪郭と「最善適応センター」の輪郭は、滑稽なまでに対照的だった。

＊8 囚人の最終評価。

＊9 われわれは仮釈放委員会の聴聞会を水曜日の早い時間に開いており、その模様は次章で詳述する。だが、実際に仮釈放された囚人はひとりもいなかったため、〝軍曹〟が何のことを言っているか、わからない。ふたりの囚人が極度のストレス反応のために釈放されたのは確かだ。もしかしたら、看守はほかの囚人たちに、ふたりは彼らの希望を保つために釈放されたと告げたのかもしれない。「厳重な警備」は彼らが「穴蔵」にいるという意味にちがいない。

＊10 囚人の最終評価。

＊11 この場面の録画テープをふたたび再生した際、ふいに、この看守は彼なりに、映画『暴力脱獄』でストローザー・マーティンが演じて有名になった冷酷な刑務所長の役を演じているのだと気づいた。実際には外見も動きも、どちらかと言えば、TV映画『ガイアナ人民寺院の惨劇』で悪名高いジム・ジョーンズ師を演じた俳優、パワーズ・ブースのほうに似ている。このとてつもない惨劇が起きるのはわずか六年後のことだ。『暴力脱獄』(一九六七年)は脚本ドン・ピアース/フランク・ピアソン、監督スチュアート・ローゼンバーグ、主役のルーク・ジャクソンをポール・ニューマンが演じた。『ガイアナ人民寺院の惨劇』(一九八〇年)の監督はウィリアム・グレアム。

第七章

＊1 カルロ・プレスコットはこの日、委員会のほかのメンバーに対するこんな独白で口火を切った。「仮釈放委員会は、理想的な仮釈放候補者を却下することで知られてきた。候補者は講習、セラピー、カウンセリングを受けて委員会に名前が挙がってきた人たちだ。だが、委員たちは彼らを却下する。貧しいから、累犯だから、居住地域で支援が得られないから、両親が亡くなっているから、収入を得る手だてがないから、単に顔が嫌いだから、警官の指を撃ったから、という理由でな。彼らは、問題を起こしたことがない理想的な囚人を候補にする……理想的な囚人だ。そして、その囚人を三回、四回、五回、六回と却下する。また刑務所に戻ってきそうな若い子や、刑務所の環境で人格形成されて惑わされたような、二度と社会復帰できない子たちのほうがずっと早く釈放される。ふつうにふるまって問題を起こさず、盗みやペテンをしても刑務所に入らずに切り抜けていけるような人より、早く釈放されるんだ。とんでもない話だが、その積み重ねが、このていたらくだよ――刑務所は一大ビジネスだ。刑務所には囚人が必要だ。刑務所にやってきて、ちゃんと考えられる人間は、刑務所には戻ってこない。できることがいくらでもあるからな。だが、無期懲役で入所してくる人たちに、仮釈放委員会として『どうにでもできる余地がある』と言えば、それは実際には、仮釈放委員会が最も明白な状況に目を向けてはいけないという意味だ、つまり……」

＊2　とくに注記がないかぎり、囚人と看守の会話はすべて、実験中に撮影されたビデオの音声からの忠実な書きおこしで、仮釈放委員会の聴聞会からの引用もすべてこれに含まれる。

＊3　サンフランシスコのシドニー・ウォリンスキーの法律事務所が主導する、公選弁護人プロジェクトの一環として、私はヴァカヴィル刑務所でカリフォルニア州仮釈放委員会の聴聞会に何度も出席した。このプロジェクトの目的は、当時、カリフォルニア州矯正局で議論の的となっていた、不定期刑システムの運用における仮釈放委員会の機能を評価することだった。このシステムでは、判事は有罪判決に対し、固定した刑期ではなく、たとえば五年から一〇年といった具合に幅のある刑期を決定できた。だが、受刑者は刑期の長さの平均ではなく、最長期間、服役することが多かった。

ふたりの委員からなる仮釈放委員会に向かって、囚人がひとりずつ、自分が釈放に値することを、規定の数分間で必死にわからせようとするのを見て、私はぞっとし、悲しくなった。委員のひとりは注意を払ってさえいなかった。次の囚人のファイルを読んでいたからだ。毎日、処理しなくてはいけない囚人がずらりと続くのだ。もうひとりはおそらく、そのとき初めてファイルを見ていた。例によって仮釈放が拒まれれば、その受刑者は再び委員会に申請するまでまた一年、待たなくてはいけない。私のメモからは、仮釈放か否かを決めるおもな要因は、冒頭でどこの次元の時間を設定して質問されるかであることがわかる。質問が受刑者の過去に関するもの、たとえば犯罪や犠牲者や裁判の詳細、刑務所機構内でのトラブルであれば、仮釈放はないだろう。だが、早期に釈放されるためにどんな建設的なことをしているか、あるいは出所後の将来設計をたずねられれば、仮釈放の可能性は高まる。委員はすでに心を決めていて、無意識のうちに、過去の犯罪をよけい際立たせ、受刑者が仮釈放に値しないことを示すような枠組みに質問を当てはめていたのかもしれない。反対に、受刑者のファイルに見込みを発見すれば、未来に焦点を絞ることで、楽観的見通しについて説明する時間を数分間、与えていたのかもしれない。

＊4　ジェーン・エリオットの青い目／茶色い目の実験は、以下に記されている。W. Peters, *A Class Divided, Then and Now* (Expanded Edition) (New Haven, CT: Yale University Press, 1971/1985)（『青い目茶色い目——人種差別と闘った教育の記録』ウイリアム・ピータース著、白石文人訳、日本放送出版協会、一九八八年）。ピータースはいずれも賞を取った以下のドキュメンタリー番組の撮影にも関わった。ABCニュースのドキュメンタリー「嵐の目（The Eye of the Storm）」(Guidance Associates, New York)。続編のPBS『フロントライン』のドキュメンタリー「二分されたクラス（A Class Divided）」(www.pbs.org/wgbh/pages/frontline/shows/divided/etc/view.html)。

＊5　このカルロの長広舌はNBC『クロノログ』のプロデューサー、ラリー・ゴールドスタインのインタビューからの引用。一九七一年九月にスタンフォードで撮影され、私の秘書、ロザンヌ・ソーソットがタイプしたが、残念ながら、最終的に放映された番組には使われなかった。

＊6　George Jackson, *Soledad Brother: The Prison Letters of George Jackson* (New York: Bantam Books, 1970)（『ソルダッド・ブラザー——獄中からの手紙』ジョージ・ジャクソン著、鈴木主税訳、草思社、一九七二年）, pp. 119-20.

第八章

＊1　明晰夢とは、夢を見ながら、自分の夢の内容を観察し、支配さえするようになる半覚醒状態のことだ。この興味深い現象についてのすぐれた解説が、私の同僚の著書で読める。S. LaBerge, *Lucid Dreaming: A Concise Guide to Awakening in Your Dreams and in Your Life* (Boulder, CO: Sounds

True Press, 2004)（『明晰夢――夢見の技法』スティーヴン・ラバージ著、大林正博訳、春秋社、二〇〇五年）

＊2 カート・バンクスによる囚人のインタビュー録音。

＊3 看守の最終評価。

＊4 囚人の最終評価。

＊5 看守の最終評価。

＊6 看守の最終評価。

＊7 看守の最終評価。

＊8 NBC『クロノログ』のインタビュー（一九七一年一一月）。バーニッシュは経済学専攻の大学院三年生だった。

＊9 看守の最終評価。

＊10 看守の回想日誌。

＊11 「順法闘争」（基本的定義は以下を参照。http://en.wikipedia.org/wiki/Work_to_rule）は労働者側が組織的に用いる方策で、公務員にとってはストライキの代替策だった。警察官や消防士といった緊急対応労働者は、ストライキをすればただちに解雇あるいは配置転換されるため、代替策が必要だった。アメリカ初の例は、よく知られた一九一九年のボストン警察ストライキらしい。当時のマサチューセッツ州知事、カルヴィン・クーリッジは、ストライキを理由に一二〇〇人を解雇し、こう述べた。「何人《なんぴと》といえども、いかなる時と場所にあっても、公衆の安全に反するストライキ権は持ち得ない」。この言葉はいまでは広く引用される。クーリッジは大衆の人気を得た結果、副大統領となり、やがて合衆国大統領の座についた。一九六九年のアトランタ警察署の例もある。警察友愛会は、順法闘争とほぼ同じに見える「怠業」作戦を用いた。当時、警察は「ヒッピー」活動家を逮捕せずに寛大な措置をとるのがふつうで、それは広く受容されていたが、非公式の方針だった。（ほかにも事案がある中で）賃金と労働時間の改善を求めて抗議していた警察友愛会は、ヒッピーや軽度の違反者たちに膨大な数の違反切符を交付することで、「怠業」を開始した。事務処理システムはパンクし、警察が効率的に仕事を続けることが実質的に不可能となった。当時は犯罪の発生に対する不安が大きかったため、警察は取引に応じて賃金と労働条件を改善した。以下を参照。M. Levi, *Bureaucratic Insurgency: The Case of Police Unions* (Lexington, MA: Lexington Books, 1977). International Association of Chiefs of Police, *Police Unions and Other Police Organizations* (New York: Arno Press and The New York Times, 1971) (Bulletin no. 4, September 1944).

＊12 囚人の最終インタビュー。

＊13 囚人の実験後のアンケート。

＊14 囚人の最終評価。

＊15 ハンガーストライキを政治的手段とする作戦の歴史は、政治史家のシーラ・ハワードによれば、最初のハンガーストライカー、テレンス・マクスウィーニー国会議員（アイルランド下院）に始まる。コーク市長に選出されたばかりだったマクスウィーニーは、一九二〇年、獄中で政治的地位を求めてハンガーストライキをしている最中に亡くなった。ジェリー・アダムズ（シン・フェイン党首）によれば、マクスウィーニーがマハトマ・ガンディーに直接のきっかけを与えた（ボビー・サンズの著書の序文を参照）。一九七六〜一九八一年までに、獄中のアイルランドの政治犯が長短さまざまのハンガーストライキを行なった。最もよく知られることになった最後のストライキでは、一〇人が

命を落とした。七人がＩＲＡのメンバーで、その中にリーダー格のボビー・サンズもいた。三人はＩＮＬＡ（アイルランド民族解放軍）のメンバーだった。共和派（ＩＲＡ、ＩＮＬＡ）の囚人は、ベルファスト南方のロング・ケッシュ刑務所（「メイズ」刑務所）でハンガーストライキに入った。彼らがハンガーストライキ中に行なったほかの抗議行動に、「ブランケット・プロテスト」があった。犯罪者の身分の象徴である囚人服の着用を拒否し、代わりに毛布にくるまって暖をとりながらハンガーストライキをしたのだ。

ボビー・サンズは獄中から、激励のメッセージを込めた詩の連作などを書き送った。そうした作品に触発され、占領下の人々、ことにイラン、パレスチナ、中東の人々の政治的主張への支持が国際的に高まった。そうしたわけで、デリーの町（カトリック／ナショナリスト〔訳注：統一アイルランドを支持する独立派〕／共和派が主流）で、また、ベルファストのあちらこちらで、パレスチナの旗がアイルランドの三色旗とともにはためいている。

参考文献をいくつか挙げておく。Shelia Howard, *Britain and Ireland 1914-1923* (Dublin: Gill and Macmillan, 1983); Gerry Adams, Foreword to *Bobby Sands Writings from Prison* (Cork: Mercier Press, 1997); Michael Von Tangen Page, *Prisons, Peace, and Terrorism: Penal Policy in the Reduction of Political Violence in Northern Ireland, Italy, and the Spanish Basque Country, 1968-1997* (New York: St. Martin's Press, 1998).

＊16　囚人の最終評価。

＊17　囚人の最終インタビュー。次の長い引用も、このインタビューからとった。

＊18　看守の回想日誌。

＊19　囚人の回想日誌。

＊20　囚人の実験後のアンケート。

＊21　囚人の回想日誌。

＊22　この長文の引用と次の引用の出典は、クリスティーナ・マスラックによるエッセイで、彼女とクレイグ・ヘイニーと私の共著に所収。P. G. Zimbardo, C. Maslach, and C. Haney, "Reflections on the Stanford Prison Experiment: Genesis, Transformations, Consequences," in *Obedience to Authority: Current Perspectives on the Milgram Paradigm*, ed. T. Blass (Mahwah, NJ: Erlbaum, 1999), pp. 193-237. 引用部分は pp. 214-16.

＊23　同書、２１６〜２１７ページ。

＊24　ブルーノ・ベテルハイムが、ナチ強制収容所の囚人たちに見られた同様の現象を報告している。ベテルハイムはホロコーストの初期、まだ死の収容所ではなかった強制収容所の囚人だった。一部の囚人がどのように生き残る努力をやめ、ゾンビのようになっていくかが述べられている。生きのびることと、過酷な状況に屈することについての彼の感動的な描写は、その全文が収録に値する。彼の著書 *Surviving and Other Essays* (New York: Alfred A. Knopf, 1979)（『生き残ること』ブルーノ・ベテルハイム著、高尾利数訳、法政大学出版局、一九九二年）の中のエッセイ、「自分の顔の持ち主（Owners of Their Face）」より。

ポール・ツェランの詩を読むとき、私が思い起こすのは、収容所で他人と自分自身を観察したことで、生き残ることについて学んだという話だ。ＳＳによる最悪の虐待でさえも、生きる意志を消し去ることはできなかった（ただし、その意志を奮い立たせつづけ、自尊心を保てばだが）。意志と自尊心があれば、拷問は、決意を強めるはたらきさえする。不倶戴天の敵に生きる意欲をつぶさせまい、できるかぎり自分を保つぞという決意だ。するとＳＳの仕打ちに激怒するようになり、その怒りが、きわめて生き生きとした感情を与える。それによって、いつの日か敵を倒すことができるように、生きなければという決意がますます固まるのだ。

……それらすべてが有効なのは、ある点までだ。誰かが、あるいは世間が囚人の運命を深く憂慮しているというしるしがなかったり、わずかだったりすれば、人は外界のしるしから肯定的な意味を受け取る力をやがて失い、見放された気分になり、その結果、意志も生き残る力も打ち砕かれるのが常だ。見捨てられたわけではないときわめて明確に示されたときだけ——ＳＳがそんな機会を与えるのはきわめて稀で、絶滅収容所においては皆無だった——、希望が、少なくとも一時的に、ほとんどあきらめている人にさえも蘇る。だが、生きる気力が衰えて極度の抑うつ・人格崩壊状態にいたり、生ける屍となった人——収容所の隠語で「ムスリム（Muselmänner）」と呼ばれる人たちは、ほかの人にとっては忘れられていない証となることさえ、信じられなくなる。(pp. 105-6)

第九章

＊1　看守の回想日誌。

＊2　セロスは一八歳、学部の一年生で、ソーシャルワーカーを目指していた。

＊3　看守の事件報告書。

＊4　とくに注記がないかぎり、囚人と看守の会話はすべて、実験中に撮影されたビデオ音声の忠実な書きおこしからとられている。

＊5　公選弁護人から私への手紙（一九七一年八月二九日）。

＊6　これまでは、緊急事態ストレス・デブリーフィング（ＣＩＳＤ）が、テロ攻撃、天災、レイプ、虐待のような心的外傷後ストレス（ＰＴＳＤ）に対処する第一の療法だった。ところが、最近の経験的証拠により、この療法の治療価値に疑問が呈され、ストレスに含まれる否定的感情を増したり長引かせたりして逆効果となった事例まで指摘されている。感情を表出させるのは、場合によっては、否定的な考えを抑えるどころか、蘇らせる効果がある。

参考文献をいくつか挙げておく。B. Litz, M. Gray, R. Bryant, and A. Adler, "Early Intervention for Trauma: Current Status and Future Directions," *Clinical Psychology: Science and Practice* 9 (2002): 112-34. R. McNally, R. Bryant, and A. Ehlers, "Does Early Psychological Intervention Promote Recovery from Posttraumatic Stress?" *Psychological Science in the Public Interest* 4 (2003): 45-79.

＊7　囚人の回想日誌。

＊8　看守の回想日誌。参加者たちにはまる一週間分の報酬しか支払われなかった。実験が終わったため、二週目の報酬はなく、一五ドルの日給が、囚人、看守を務めた日数分、支払われた。

＊9　看守の回想日誌。

＊10　囚人の最終評価。

＊11　囚人の最終評価。

＊12　囚人の回想日誌。

＊13　看守の回想日誌。

＊14 囚人の最終評価。
＊15 囚人の回想日誌。
＊16 看守の最終インタビュー。
＊17 看守の実験後のアンケート。
＊18 看守の回想日誌。
＊19 看守の回想日誌。
＊20 囚人の実験後のアンケート。
＊21 看守の回想日誌。
＊22 看守の音声インタビュー。
＊23 看守の回想日誌。
＊24 DVD『静かなる怒り』のためのインタビューの忠実な書きおこし。
＊25 NBC『クロノログ』のインタビュー（一九七一年一一月）。
＊26 看守の回想日誌。
＊27 看守の回想日誌。
＊28 看守ヘルマンの〝ジョン・ウェイン〟というあだ名には、研究者仲間のジョン・スタイナーから聞いた話と面白い共通点がある。ソノマ州立大学の社会学名誉教授、ジョン・スタイナーは、ホロコーストの生き残りで、十代の数年間をブーヘンヴァルト強制収容所の囚人として過ごした。われわれの実験で最悪の看守に〝ジョン・ウェイン〟とあだ名がついたことを知ると、スタインは似たような体験を語ってくれた。「収容所の看守は全員、私たちには匿名だった。彼らを『中尉殿』とか『SS将官さん』とか呼んでいたが、名前も身分もわからなかった。だが、看守全員の中で最もたちの悪かった男には、私たちもあだ名をつけた。そいつは理由もなく発砲して人を殺し、電気柵に押しつけた。開拓時代の西部のカウボーイのように乱暴だった。だから、〝トム・ミックス〟と呼んだ、陰でだけね」。トム・ミックスは一九三〇年代と四〇年代の映画に登場するタフなカウボーイで、のちの世代にとってのジョン・ウェインのような存在だった。
＊29 看守の最終評価。
＊30 看守の実験後のアンケート。
＊31 看守の実験後のアンケート。

第一〇章

＊1 学習性無力感という概念が最初に生まれたのは、マーティン・セリグマンらの動物実験からだ。条件づけ実験で、犬にみずから回避できず逃れようのないショックを与えると、犬はじきに、逃げようとするのをやめ、あきらめたように見え、ショックを受け入れる——たとえ、そのあとで簡単に逃げる機会を与えられても。その後の実験で、人間でも同じであることが明らかにされた。逃れようのない雑音を体験した

人は、新たにストレスに満ちた雑音を聞いたとき、それをとめることができたにもかかわらず、そうしなかった。臨床的うつ病、虐待された子どもや配偶者、戦争捕虜、老人ホームの入居者の一部にも、明らかに同じ反応が見られる。参考文献をいくつか挙げておく。M.E.P. Seligman, *Helplessness: On Depression, Development and Death* (San Francisco: Freeman, 1975) (『うつ病の行動学――学習性絶望感とは何か』平井久志、木村駿監訳、誠信書房、一九八五年); D. S. Hiroto, "Loss of Control and Learned Helplessness," *Journal of Experimental Psychology*102 (1974): 187-93; J. Buie, " 'Control' Studies Bode Better Health in Aging," *APA Monitor*, July 1988, p. 20.

＊2 われわれが集めたデータとその統計的分析結果の参照に最適なのは、最初に発表した学術論文だ。Craig Haney, Curtis Banks, and Philip Zimbardo, "Interpersonal Dynamics in a Simulated Prison," *International Journal of Criminology and Penology* 1 (1973): 69-97. この雑誌は休刊となり、アメリカ心理学会の刊行物でないため、閲覧できるアーカイブはない。だが、この記事のPDFファイルは www.prisonexp.org と www.zimbardo.com で閲覧できる。以下も参照。P. G. Zimbardo, C. Haney, W. C. Banks, and D. Jaffe, "The Mind is a Formidable Jailer: A Pirandellian Prison." *The New York Times Magazine*, April 8, 1973, pp. 36ff; P. G. Zimbardo, "Pathology of Imprisonment," *Society* 6 (1972): 4, 6, 8.

＊3 T. W. Adorno, E. Frenkel-Brunswick, D. J. Levinson, and R. N. Sanford, *The Authoritarian Personality* (New York: Harper, 1950)(『現代社会学大系12　権威主義的パーソナリティ』T・W・アドルノ著、田中義久、矢沢修次郎訳、青木書店、一九八〇年)

＊4 R. Christie, and F. L. Geis, eds. *Studies in Machiavellianism* (New York: Academic Press, 1970).

＊5 A. I. Comrey, *Comrey Personality Scales* (San Diego: Educational and Industrial Testing Service, 1970).

＊6 Figure 16.1, "Guard and Prisoner Behavior," in P. G. Zimbardo and R. J. Gerrig, *Psychology and Life*, 14th ed., (New York: HarperCollins, 1996), p. 587.

＊7 B. Bettelheim, *The Informed Heart: Autonomy in a Mass Age* (Glencoe, IL: Free Press, 1960).

＊8 J. Frankel. "Exploring Ferenczi's Concept of Identification with the Aggressor: Its Role in Trauma, Everyday Life, and the Therapeutic Relationship," *Psychoanalytic Dialogues* 12 (2002): 101-39.

＊9 E. Aronson, M. Brewer, and J. M. Carlsmith, "Experimentation in Social Psychology," in *Handbook of Social Psychology*, vol. 1, ed. G. Lindzey and E. Aronson (Hillsdale NJ: Erlbaum, 1985).

＊10 K. Lewin, *Field Theory in Social Science* (New York: Harper, 1951) (『社会科学における場の理論』クルト・レヴィン著、猪股佐登留訳、誠信書房、一九五六年). K. Lewin, R. Lippitt, and R. K. White, "Patterns of Aggressive Behavior in Experimentally Created 'Social Climates.' " *Journal of Social Psychology* 10 (1939): 271-99.

＊11 Robert Jay Lifton, *The Nazi Doctors: Medical Killing and the Psychology of Genocide* (New York: Basic Books, 1986), p. 194.

＊12 映画『暴力脱獄』は、一九六七年一一月にアメリカで公開された。

＊13 P. G. Zimbardo, C. Maslach, and C. Haney, "Reflections on the Stanford Prison Experiment: Genesis, Transformations, Consequences," in *Obedience to Authority: Current Perspectives on the Milgram Paradigm*, ed. T. Blass (Mahwah, NJ: Erlbaum, 1999), pp. 193-237; 引用部分は p. 229。

＊14 囚人の最終インタビュー（一九七一年八月一九日）。

＊15 R. J. Lifton, *Thought Reform and the Psychology of Totalism* (New York: Harper, 1969)（『思想改造の心理――中国における洗脳の研究』ロバー

ト・J・リフトン著、小野泰博訳、誠信書房、一九七九年）

＊16 L. Ross, and R. Nisbett, *The Person and the Situation* (New York: McGraw-Hill, 1991).

＊17 L. Ross, "The Intuitive Psychologist and His Shortcomings: Distortions in the Attribution Process," *Advances in Experimental Social Psychology*, vol. 10, ed. L. Berkowitz (New York: Academic Press, 1977), pp. 173-220.

＊18 こうした役割の変容に関する詳しい説明は、以下でサラ・ライアルの記述を参照。Sarah Lyall, "To the Manor Acclimated," *The New York Times*, May 26, 2002, p. 12

＊19 R. J. Lifton, *The Nazi Doctors* (1986)（前掲書） pp. 196, 206, 210-11.

＊20 Zimbardo, Maslach, and Haney, "Reflections on the Stanford Prison Experiment," p. 226.

＊21 A. Zarembo, "A Theater of Inquiry and Evil," *Los Angeles Times*, July 15, 2004, pp. A1, A24-A25.

＊22 L. Festinger, *A Theory of Cognitive Dissonance*(Stanford, CA: Stanford University Press, 1957) （『認知的不協和の理論——社会心理学序説』レオン・フェスティンガー著、末永俊郎訳、誠信書房、一九六五年）（前掲書）; P. G. Zimbardo and M. R. Leippe, *The Psychology of Attitude Change and Social Influence* (New York: McGraw-Hill, 1991); P. G. Zimbardo, *The Cognitive Control of Motivation* (Glenview, IL: Scott, Foresman, 1969).

＊23 R. Rosenthal and L. F. Jacobson, *Pygmalion in the Classroom: Teacher Expectation and Pupils' Intellectual Development* (New York: Holt, 1968).

＊24 V. W. Bernard, P. Ottenberg, and F. Redl, "Dehumanization: A Composite Psychological Defense in Relation to Modern War," in *The Triple Revolution Emerging: Social Problems in Depth*, eds. R. Perruci and M. Pilisuck (Boston: Little, Brown, 1968), pp. 16-30.

＊25 H. I. Lief and R. C. Fox, "Training for 'Detached Concern' in Medical Students," in *The Psychological Basis of Practice*, ed. H. I. Lief, V. F. Lief, and N. R. Lief (New York: Harper & Row, 1963); C. Maslach, " 'Detached Concern' in Health and Social Service Professions"（一九七三年八月三〇日、カナダ、モントリオールでのアメリカ心理学会年次総会で発表された論文）

＊26 P. G. Zimbardo, "Mind Control in Orwell's 1984: Fictional Concepts Become Operational Realities in Jim Jones' Jungle Experiment," in *On nineteen eighty-four: Orwell and Our Future*, eds. M. Nussbaum, J. Goldsmith, and A. Gleason (Princeton, NJ: Princeton University Press, 2005), pp. 127-54.

＊27 スペースシャトル・チャレンジャー号事故に関するロジャース委員会報告書にファインマンが加えた付録から引用。この調査委員会での体験に関する彼の主張については、彼の自伝的著作の第二弾を参照。*What Do You Care What Other People Think? Further Adventures of a Curious Character* (as told to Ralph Leighton) (New York: Norton, 1988)（『困ります、ファインマンさん』R・P・ファインマン著、大貫昌子訳、岩波書店、二〇〇一年）

＊28 G. Ziemer, *Education for Death: The Making of the Nazi* (New York: Farrar, Staus and Giroux, 1972).

＊29 E. Kogon, J. Langbein, and A. Ruckerl, eds., *Nazi Mass Murder: A Documentary History of the Use of Poison Gas* (New Haven, CT: Yale University Press, 1993), pp. 5, 6.

＊30 Lifton, *The Nazi Doctors* (1986)（前掲書）, pp. 212, 213.

第一一章

*1 人間の機能に強力な影響を及ぼす「全体的状況」という概念を使い、アーヴィング・ゴッフマンは精神病患者と囚人に組織が及ぼす影響を描き、ロバート・ジェイ・フィルトンは中国共産党の尋問という状況の力を描いた。全体的状況とは、人が肉体的に、それから心理的に監禁され、あらゆる情報・報酬の構造がその狭い範囲内に封じ込められるような状況を言う。クレイグ・ヘイニーと私はこの概念を拡大し、ときに収容所のように機能する高校に当てはめた。以下を参照。E. Goffman, *Asylums: Essays on the Social Situation of Mental Patients and Other Inmates* (New York: Doubleday, 1961)（『ゴッフマンの社会学3　アサイラム——施設被収容者の日常世界』アーヴィング・ゴッフマン著、石黒毅訳、誠信書房、一九八四年）; R. J. Lifton, *Thought Reform and the Psychology of Totalism* (New York: Norton, 1969)（『思想改造の心理——中国における洗脳の研究』ロバート・J・リフトン著、小野泰博訳、誠信書房、一九七九年）; C. Haney and P. G. Zimbardo, "Social Roles, Role-playing and Education: The High School as Prison," *Behavioral and Social Science Teacher*, vol. 1 (1973): 24-45.

*2 P. G. Zimbardo, *Psychology and Life*, 12th ed. (Glenview, IL: Scott, Foresman, 1989), Table "Ways We Can Go Wrong," p. 689.

*3 L. Ross and D. Shestowsky, "Contemporary Psychology's Challenges to Legal Theory and Practice," *Northwestern Law Review* 97 (2003): 108-14,

*4 S. Milgram, *Obedience to Authority* (New York: Harper & Row, 1974)（『服従の心理』S・ミルグラム著、山形浩生訳、河出書房新社、二〇一二年ほか）

*5 D. Baumrind, "Some Thoughts on Ethics of Research: After Reading Milgram's 'Behavioral Study of Obedience,'" *American Psychologist* 19 (1964): 421-23.

*6 H. B. Savin, "Professors and Psycho-logical Researchers: Conflicting Values in Conflicting Roles," *Cognition* 2 (1973): 147-49. サヴィンへの私の返答は "On the Ethics of Intervention in Human Psychological Research: With Special Reference to the Stanford Prison Experiment," *Cognition* 2 (1973): 213-56.

*7 以下のURLのリンクで被験者研究審査の承認書を参照。 www.prisonexp.org.

*8 以下を参照。L. Ross, M. R. Lepper, and M. Hubbard, "Perseverance in Self-Perception and Social Perception: Biased Attributional Processes in the Debriefing Paradigm," *Journal of Personality and Social Psychology* 32 (1975): 880-92.

*9 L. Kohlberg, *The Philosophy of Moral Development* (New York: Harper & Row, 1981).

*10 バイオフィードバックと自発的条件づけについてのニール・ミラーの研究と、基礎研究がどのように応用の配当を生むかを示した彼の例については、以下を参照。N. E. Miller, "The Value of Behavioral Research on Animals," *American Psychologist* 40 (1985): 423-40; N. E. Miller, "Introducing and Teaching Much-Needed Understanding of the Scientific Process," *American Psychologist* 47 (1992): 848-50.

*11 P. G. Zimbardo, "Discontinuity Theory: Cognitive and Social Searches for Rationality and Normality—May Lead to Madness," in *Advances in Experimental Social Psychology*, vol. 31, ed. M. Zanna (San Diego: Academic Press, 1999), pp. 345-486.

*12 DVD『静かなる怒り』の詳細は以下のとおり。P. G. Zimbardo, (writer and producer［執筆・制作］) and K. Musen, (co-writer and co-producer［共同執筆・共同制作］), *Quiet Rage: The Stanford Prison Experiment* (video) (Stanford, CA: Stanford Instructional Television Network, 1989).

*13 eメールによる私信（二〇〇五年六月五日）。

＊14 C. Haney, "Psychology and Legal Change: The Impact of a Decade," *Law and Human Behavior* 17 (1993): 371-98; C. Haney, "Infamous Punishment: The Psychological Effects of Isolation," *National Prison Project Journal* 8 (1993): 3-21; C. Haney, "The Social Context of Capital Murder: Social Histories and the Logic of Capital Mitigation," *Santa Clara Law Review* 35 (1995): 547-609; C. Haney, *Reforming Punishment: Psychological Limits to the Pain of Imprisonment* (Washington, DC: American Psychological Association, 2006); C. Haney; P. G. Zimbardo, "The Past and Future of U.S. Prison Policy: Twenty-five Years After the Stanford Prison Experiment," *American Psychologist* 53 (1998): 709-27.

＊15 P. G. Zimbardo, C. Maslach, and C. Haney, "Reflections on the Stanford Prison Experiment: Genesis, Transformations, Consequences," in *Obedience to Authority: Current Perspectives on the Milgram Paradigm*, ed. T. Blass (Mahwah, NJ: Erlbaum, 1999), 引用部分は pp. 221, 225.

＊16 同書、二三〇ページ。

＊17 C. Maslach, "Burned-out," *Human Behavior*, September 1976, pp. 16-22; C. Maslach, *Burnout: The Cost of Caring* (Englewood Cliffs, NJ: Prentice-Hall, 1982); C. Maslach, S. E. Jackson, and M. P. Leiter, *The Maslach Burnout Inventory* (3rd ed.) (Palo Alto, CA: Consulting Psychologists Press, 1996); C. Maslach, and M. P. Leiter, *The Truth About Burnout* (San Francisco: Jossey-Bass, 1997)(『燃え尽き症候群の真実——組織が個人に及ぼすストレスを解決するには』クリスティーナ・マスラック、マイケル・P・ライター著、高城恭子訳、トッパン、一九九八年)

＊18 C. Maslach, J. Stapp, and R. T. Santee, "Individuation: Conceptual Analysis and Assessment," *Journal of Personality and Social Psychology* 49 (1985): 729-38.

＊19 カート・バンクスはその後、学問の世界で目覚ましいキャリアを積んだ。スタンフォードの博士号をわずか三年で取得し、プリンストン大学心理学部でアフリカ系アメリカ人として初の終身教授となった。その後、ハワード大学に移って教鞭をるとともに、エデュケーショナル・テスティングサービス（ETS）〔訳注：アメリカの非営利テスト開発機関〕でも、ジャーナル・オブ・ブラック・サイコロジー誌の創刊に際しても、価値ある貢献をした。悲しいことに、一九九八年にがんで早世してしまった。デイビッド・ジャフィーもスタンフォード監獄実験ののち、医学の世界で目覚ましいキャリアを積み、現在はミズーリ州セントルイスでセントルイス小児病院救急医療部長、ワシントン大学小児科助教授を務める。

＊20 P. G. Zimbardo, "The Stanford Shyness Project," in *Shyness: Perspectives on Research and Treatment*, ed. W. H. Jones, J. M. Cheek, and S. R. Briggs, (New York: Plenum Press, 1986), pp. 17-25; P. G. Zimbardo, *Shyness: What It Is, What to Do About It* (Reading, MA: Addison-Wesley, 1977)（『シャイネス』フィリップ・G・ジンバルドー著、木村駿、小川和彦訳、勁草書房、一九八二年）; P. G. Zimbardo and S. Radl, *The Shy Child* (New York: McGraw-Hill, 1986); P. G. Zimbardo, P. Pilkonis, and R. Norwood, "The Silent Prison of Shyness," *Psychology Today*, May 1975, pp. 69-70, 72; L. Henderson and P. G. Zimbardo, "Shyness as a Clinical Condition: The Stanford Model," In *International Handbook of Social Anxiety*, L. Alden and R. Crozier (eds.) (Sussex, UK: John Wiley & Sons), pp. 431-47.

＊21 *San Francisco Chronicle*, February 14, 1974.

＊22 A. Gonzalez and P. G. Zimbardo, "Time in Perspective: The Time Sense We Learn Early Affects How We Do Our Jobs and Enjoy Our Pleasures," *Psychology Today*, March 1985, pp. 21-26; P. G. Zimbardo and J. N. Boyd, "Putting Time in Perspective: A Valid, Reliable Individual-Differences Metric," *Journal of Personality and Social Psychology* 77 (1999): 1271-88.

*23 G. Jackson, *Soledad Brother: The Prison Letters of George Jackson* (New York: Bantam Books, 1970)（『ソルダッド・ブラザー——獄中からの手紙』ジョージ・ジャクソン著、鈴木主税訳、草思社、一九七二年）, p. 111.

*24 P. G. Zimbardo, S. Andersen, and L. G. Kabat, "Induced Hearing Deficit Generates Experimental Paranoia," *Science* 212 (1981): 1529-31; P. G. Zimbardo, S. LaBerge, and L. Butler, "Physiological Consequences of Unexplained Arousal: A Posthypnotic Suggestion Paradigm," *Journal of Abnormal Psychology* 102 (1993): 466-73.

*25 P. G. Zimbardo, "A Passion for Psychology: Teaching It Charismatically, Integrating Teaching and Research Synergistically, and Writing About It Engagingly," in *Teaching Introductory Psychology: Survival Tips from the Experts*, ed. R. J. Sternberg (Washington, DC: American Psychological Association, 1997)（『アメリカの心理学者　心理学教育を語る』ロバート・J・スタンバーグ編著、宮元博章、道田泰司訳、北大路書房、二〇〇〇年）, pp. 7-34.

*26 P. G. Zimbardo, "The Power and Pathology of Imprisonment," *Congressional Record*, serial no. 15, October 25, 1971, Hearings Before Subcommittee No. 3 of the Committee on the Judiciary, House of Representatives, Ninety-Second Congress, First Session on Corrections, Part II, Prisons, Prison Reform and Prisoner's Rights: California (Washington, DC: U.S. Government Printing Office, 1971)（連邦議会議事録）.

*27 P. G. Zimbardo, "The Detention and Jailing of Juveniles," (Hearings Before U.S. Senate Committee on the Judiciary Subcommittee to Investigate Juvenile Delinquency, September 10, 11, and 17, 1973) (Washington, DC: U.S. Government Printing Office, 1974)（上院公聴会）, pp. 141-61.

*28 P. G. Zimbardo, "Transforming Experimental Research into Advocacy for Social Change," in *Applications of Social Psychology*, eds. M. Deutsch and H. A. Hornstein (Hillsdale, NJ: Erlbaum, 1983).

*29 NBCテレビ『クロノログ』"Prisoner 819 Did a Bad Thing: The Stanford Prison Experiment"（一九七一年一一月二六日）。P・G・ジンバルドー（監修・出演）、ラリー・ゴールドスタイン（プロデューサー）、ギャリック・アトリー（記者）

*30 NBCテレビ『60ミニッツ』"Experimental Prison: The Zimbardo Effect"（一九九八年八月三〇日）、P・G・ジンバルドー（出演）、ジェイ・カーニス（プロデューサー）、レスリー・スタール（記者）。ナショナル・ジオグラフィック・テレビ"The Stanford Prison Experiment Living Dangerously"シリーズ（二〇〇四年五月）、P・G・ジンバルドー（出演）。

*31 サンダンス・チャンネル"The Human Behavior Experiments"（二〇〇六年六月一日）、ジグソー・プロダクションズ、アレックス・ジブニー執筆・演出。

*32 J. Newton, and P. G. Zimbardo, "Corrections: Perspectives on Research, Policy, and Impact," unpublished report, Stanford University, ONR Technical Report Z-13, February 1975（未公開レポート）（*Adolescence* 23 (76) [Winter 1984]: 911でも発表）

*33 C. Pogash, "Life Behind Bars Turns Sour Quickly for a Few Well-Meaning Napa Citizens," *San Francisco Examiner*, March 25, 1976, pp. 10-11.

*34 グレン・アダムズからのeメールによる私信（二〇〇四年五月四日付、本人の許可を得て転載）。

*35 S. H. Lovibond, X. Mithiran, and W. G. Adams, "The Effects of Three Experimental Prison Environments on the Behaviour of Non-Convict Volunteer Subjects," *Australian Psychologist* (1979): 273-87.

*36. A. Banuazizi and S. Movahedi, "Interpersonal Dynamics in a Simulated Prison: A Methodological Analysis," *American Psychologist* 17 (1975): 152-

60.

＊37 N. J. Orlando, "The Mock Ward: A Study in Simulation," in *Behavior Disorders: Perspectives and Trends*, O. Milton and R. G. Wahlers, eds. (3rd ed., Philadelphia: Lippincott, 1973), pp. 162-70.

＊38 D. Derbyshire, "When They Played Guards and Prisoners in the US, It Got Nasty. In Britain, They Became Friends," *The Daily Telegraph*, May 3, 2002, p. 3.

＊39 M. G. Bloche and J. H. Marks, "Doing unto Others as They Did to Us." *The New York Times*, November 4, 2005.

＊40 J. Mayer, "The Experiment," *The New Yorker*, July 11 and 18, 2005, pp. 60-71.

＊41 Gerald Gray and Alessandra Zielinski, "Psychology and U.S. Psychologists in Torture and War in the Middle East," *Torture* 16 (2006): 128-33, 引用部分は pp. 130-31.

＊42 "The Schlesinger Report," in *The Torture Papers*, eds. K. Greenberg and J. Dratel (UK: Cambridge University Press, 2005), pp. 970-71. この独立調査による発見については第一五章で詳述する。

＊43 スタンフォード監獄実験についてのリチャード・アルヴァレスの評。*Cover*, September 1995, p. 34.

＊44 『es《エス》』についてのフィリップ・フレンチの評。*The Observer*, online, March 24, 2002.

＊45 『es』についてのピーター・ブラッドショーの評。*The Guardian*, online, March 22, 2002.

＊46 『es』についてのロジャー・エバートの評。*Chicago Sun-Times*, online, October 25, 2002.

＊47 Blake Gopnik, "A Cell with the Power to Transform," *The Washington Post*, June 16, 2005, pp. C1, C5.

＊48 W. Mares, *The Marine Machine: The Making of the United States Marine* (New York: Doubleday, 1971).

第一二章

＊1 C・S・ルイス（一八九八―一九六三）はケンブリッジ大学の中世・ルネッサンス英文学教授、小説家、児童書作家で、道徳や宗教についての講演でも人気を博した。著名な作品『悪魔の手紙』（一九四四年）（中村妙子訳、平凡社、二〇〇六年ほか）で彼が描く引退した悪魔は、地上で奮闘する新米の悪魔に地獄から激励の手紙を送る。「内なる輪（The Inner Ring）」は、ロンドン大学キングズカレッジで学生向けに行なわれた一九四四年の記念講演。

＊2 R. F. Baumeister and M. R. Leary, "The Need to Belong: Desire for Interpersonal Attachments as a Fundamental Human Motivation," *Psychological Bulletin* 117 (1995): 427-529.

＊3 R. B. Cialdini, M. R. Trost, and J. T. Newsome, "Preference for Consistency: The Development of a Valid Measure and the Discovery of Surprising Behavioral Implications," *Journal of Personality and Social Psychology* 69 (1995): 318-28. 以下も参照。L. Festinger, *A Theory of Cognitive Dissonance* (Stanford, CA: Stanford University Press, 1957)（『認知的不協和の理論――社会心理学序説』レオン・フェスティンガー著、末永俊郎訳、誠信書房、一九六五年）（前掲書）

＊4 P. G. Zimbardo and S. A. Andersen, "Understanding Mind Control: Exotic and Mundane Mental Manipulations," in *Recovery from Cults*, ed. M. Langone, (New York: W. W. Norton, 1993). 以下も参照。A. W. Scheflin and E. M. Opton, Jr., *The Mind Manipulators: A Non-Fiction Account* (New York: Paddington Press, 1978).

＊5 他人の意見に合わせようとする規範的・社会的圧力だけでなく、合理的な力も働く。人は価値ある情報と知恵を提供する役割も果たせるからだ。M. Deutsch and H. B. Gerard, "A Study of Normative and Informational Social Influence upon Individual Judgement," *Journal of Abnormal and Social Psychology* 51 (1955): 629-36.

＊6 Associated Press (July 26, 2005), " 'Cool Mom' Guilty of Sex with Schoolboys: She Said She Felt Like 'One of the Group.' " コロラド州の田舎町、ゴールデンで二〇〇三年一〇月から二〇〇四年一〇月に彼女が参加した乱交・麻薬パーティについての報道。

＊7 利己的、自己中心的、平均以上といったバイアスについては、広範に及ぶ研究が進められてきた。さまざまな適用領域に及ぶおもな効果の要約は、以下を参照。D. Myers, *Social Psychology*, 8th ed. (New York: McGraw-Hill, 2005), pp. 66-77.

＊8 E. Pronin, J. Kruger, K. Savitsky, and L. Ross, "You Don't Know Me, but I Know You: The Illusion of Asymmetric Insight," *Journal of Personality and Social Psychology* 81 (2001): 639-56.

＊9 M. Sherif, "A Study of Some Social Factors in Perception," *Archives of Psychology* 27 (1935): pp. 210-11.

＊10 S. E. Asch, "Studies of Independence and Conformity: A Minority of One Against a Unanimous Majority," *Psychological Monographs* 70 (1951): whole no. 416; S. E. Asch, "Opinions and Social Pressure," *Scientific American*, November 1955, pp. 31-35.

＊11 M. Deutsch and H. B. Gerard (1955).

＊12 G. S. Berns, J. Chappelow, C. F. Zin, G. Pagnoni, M. E. Martin-Skurski, and J. Richards, "Neurobiological Correlates of Social Conformity and Independence During Mental Rotation," *Biological Psychiatry* 58 (August 1, 2005): 245-53; Sandra Blakeslee, "What Other People Say May Change What You See," *New York Times*. www.nytimes.com/2005/06/28/science/28brai.html, June 28, 2005.

＊13 S. Moscovici and C. Faucheux, "Social Influence, Conformity Bias, and the Study of Active Minorities," in *Advances in Experimental Social Psychology*, vol. 6, ed. L. Berkowitz (New York: Academic Press, 1978), pp. 149-202.

＊14 E. Langer, *Mindfulness*. (Reading, MA: Addison-Wesley, 1989) (『心の「とらわれ」にサヨナラする心理学——人生は「マインドフルネス」でいこう!』エレン・ランガー著、加藤諦三訳、PHP研究所、二〇〇九年)

＊15 C. J. Nemeth, "Differential Contributions to Majority and Minority Influence," *Psychological Review* 93 (1986): 23-32.

＊16 S. Moscovici, "Social Influence and Conformity," in *The Handbook of Social Psychology*, 3rd. ed., eds. G. Lindzey and E. Aronson (New York: Random House, 1985), pp. 347-412.

＊17 T. Blass, *Obedience to Authority: Current Perspectives on the Miligram Paradigm* (Mahwah, NJ: Erlbaum, 1999), p. 62.

＊18 一九四九年、ニューヨーク、ブロンクスのジェイムズ・モンロー高校三年生のとき、隣に座っていたのが同級生のスタンレー・ミルグラムだった。ふたりとも痩せた少年で、ひとかどの人物になってスラムの閉ざされた世界から脱け出したいという大志と欲求に胸を膨らませていた。スタンレーはちびの秀才で、正解を知る男としてみなに頼られていた。私はのっぽの人気者で、愛想がよく、社交アドバイザーとして

みなに頼られていた。われわれは当時すでに状況主義者の卵だった。私はノース・ハリウッド高校でひどい一年を過ごしてモンロー高校に戻ってきたばかりだった。あちらでは避けられ、友だちができなかった（あとで判明したのだが、私がニューヨークのシチリア・マフィアの一族出身だという噂が流れていたせいらしい）。ニューヨークに戻ると、モンロー高校三年生でいちばん人気の男子「ジミー・モンロー」に選ばれた。スタンリーと私はかつて、なぜこんな変身がありえたのか議論した。ふたりの意見は、私自身は変わっていなかったが、状況が鍵を握っていたということで一致した。年月を経て一九六〇年にイェール大学で再会したとき、彼はイェール大学の助教授、私はニューヨーク大学の助教授になったばかりだった。その際にわかったのだが、スタンレーは本当は人気者になりたくて、私は本当は秀才になりたかった。満たされなかった欲求については、このくらいにしておこう。

最近になって気づいた、スタンレーとのもうひとつの共通点にもふれるべきだろう。私が最初につくった地下の実験室がのちに改装されて、ミルグラムのイェール大学での服従実験の場として使われたのだ（彼が社会学者O・K・ムーアのしゃれた相互作用実験室を使えなくなったあとのことだ）。私がその数年前に地下室をつくったのは、アーヴィング・サーノフとの共同研究で、恐怖と不安が社会集団に与える影響の違いについてのフロイトの予測を検証するためだった。われわれが心理学入門講座を教えていた建物の地下に、ちょっとした実験室をこしらえた。その建物にはリンスリー・チッテンデン・ホールというイギリス風の愉快な名前がついていた。彼の実験もスタンフォード監獄実験も地下で行なわれたという点も、興味深い。

*19 T. Blass, *The Man Who Shocked the World* (New York: Basic Books, 2004)（『服従実験とは何だったのか――スタンレー・ミルグラムの生涯と遺産』トーマス・ブラス著、野島久雄、藍澤美紀訳、誠信書房、二〇〇八年）, p. 116.

*20 以下を参照。R. Cialdini, *Influence*. (New York: McGraw-Hill, 2001).

*21 J. L. Freedman and S. C. Fraser, "Compliance Without Pressure: The Foot-in-the-Door Technique," *Journal of Personality and Social Psychology* 4 (1966): 195-202. 以下も参照。S. J. Gilbert, "Another Look at the Milgram Obedience Studies: The Role of the Graduated Series of Shocks," *Personality and Social Psychology Bulletin* 4 (1981): 690-95.

*22 E. Fromm, *Escape from Freedom* (New York: Holt, Rinehart and Winston, 1941)（『自由からの逃走』エーリッヒ・フロム著、日高六郎訳、東京創元社、一九六六年）。アメリカでは、政府高官たちが、テロリストによる国家の安全への脅威に対する恐れを増幅した結果、多くの国民、国防総省、国家指導者たちが、さらなる攻撃を防ぐ情報を引き出すのに必要な方法として、囚人への拷問を受け入れた。第一五章で論じるように、そのような論法が、アブグレイブ刑務所でのアメリカ人看守による虐待の一因となった。

*23 H. C. Kelman and V. L. Hamilton, *Crimes of Obedience: Toward a Social Psychology of Authority and Responsibility* (New Haven, CT: Yale University Press, 1989).

*24 Blass, *The Man Who Shocked the World*（『服従実験とは何だったのか』）（前掲書）, Appendix C, "The Stability of Obedience Across Time and Place."

*25 C. L. Sheridan and R. G. King, "Obedience to Authority with an Authentic Victim," *Proceedings of the Annual Convention of the American Psychological Association*, vol. 7 (Part 1), 1972, pp. 165-66.

*26 M. T. Orne and C. H. Holland, "On the Ecological Validity of Laboratory Deceptions," *International Journal of Psychiatry* 6 (1968) 282-93.

*27 C. K. Hofling, E. Brotzman, S. Dalrymple, N. Graves, and C. M. Pierce, "An Experimental Study in Nurse-Physician Relationships," *Journal of*

Nervous and Mental Disease 143 (1966): 171-80.

＊28 A. Krackow and T. Blass, "When Nurses Obey or Defy Inappropriate Physician Orders: Attributional Differences," *Journal of Social Behavior and Personality* 10 (1995): 585-94.

＊29 E. Tarnow, "Self-Destructive Obedience in the Airplane Cockpit and the Concept of Obedience Optimization," in *Obedience to Authority*, ed. T. Blass, pp. 111-23.

＊30 W. Meeus and Q. A. W. Raaijmakers, "Obedience in Modern Society: The Utrecht Studies," *Journal of Social Issues* 51 (1995): 155-76.

＊31 *The Human Behavior Experiments* の書きおこしより。Sundance Lock, May 9, 2006, Jig Saw Productions, p. 20. 書きおこしは以下で閲覧可能。www.prisonexp.org/pdf/HBE-transcript .pdf.

＊32 裸での所持品検査のいたずらをめぐるこれらの引用と情報は、以下の情報に富む記事から得た。Andrew Wolfson, "A Hoax Most Cruel," in *The Courier-Journal*, October 9, 2004. http://archive.courier.jounal.com/article/20051009/NEWS01/510090392/A-hoax-most-cruel-Caller-coaxed-McDonald-s-managers-into-strip-seaching-worker

＊33 一九七九年のテレビインタビューより引用。Robert V. Levine, "Milgram's Progress," *American Scientist Online*, July-August 2004. 原文は以下より。Blass, *Obedience to Authority*（前掲書）, pp. 35-36.

＊34 R. Jones, "The Third Wave," in *Experiencing Social Psychology*, ed. A. Pines and C. Maslach (New York: Knopf, 1978), pp. 144-52. ロン・ジョーンズが彼の「第三の波」クラス演習について書いた論文も参照。www.vaniercollege.qc.ca/Auxiliary/Psychology/Frank/RJmore.html.

＊35『波（The Wave)』。一九八一年のテレビ・ドキュメンタリードラマ。アレグザンダー（アレックス）・グラスホフ監督。

＊36 W. Peters, *A Class Divided Then and Now* (expanded ed.) (New Haven, CT: Yale University Press, 1985 [1971])（『青い目茶色い目——人種差別と闘った教育の記録』ウィリアム・ピーターース著、白石文人訳、日本放送出版協会、一九八八年）（前掲書）。ピータースはいずれも賞を取った以下のドキュメンタリー番組の撮影にも関わった。ABCニュースのドキュメンタリー「嵐の目（The Eye of the Storm)」(Guidance Associates, New York)。続編のPBS『フロントライン』のドキュメンタリー「二分されたクラス（A Class Divided)」(www.pbs.org/wgbh/pages/frontline/shows/divided/etc/view.html)。

＊37 H. H. Mansson, "Justifying the Final Solution," *Omega: The Journal of Death and Dying* 3 (1972): 79-87.

＊38 J. Carlson, "Extending the Final Solution to One's Family," unpublished report, University of Hawaii, Manoa, 1974（未公開レポート）.

＊39 C. R. Browning, *Ordinary Men: Reserve Police Battalion 101 and the Final Solution in Poland* (New York: HarperCollins, 1993)（『普通の人びと——ホロコーストと第101警察予備大隊』クリストファー・ブラウニング著、谷喬夫訳、筑摩書房、一九九七年）, p. xvi.

＊40 E. Staub, *The Roots of Evil: The Origins of Genocide and Other Group Violence* (New York: Cambridge University Press, 1989), pp. 126, 127.

＊41 J. M. Steiner, "The SS Yesterday and Today: A Sociopsychological View," in *Survivors, Victims, and Perpetrators: Essays on the Nazi Holocaust*, ed. J. E. Dinsdale (Washington, DC: Hemisphere Publishing Corporation, 1980), pp. 405-56; 引用部分は p. 433. 以下も参照。A. G. Miller, *The Obedience Experiments: A Case Study of Controversy in Social Science* (New York: Praeger, 1986).

＊42 D. J. Goldhagen, *Hitler's Willing Executioners* (New York: Knopf, 1999)（『普通のドイツ人とホロコースト——ヒトラーの自発的死刑執行人た

ち』ダニエル・J・ゴールドハーゲン著、望田幸男監訳、ミネルヴァ書房、二〇〇七年)。以下の書評も参照。Christopher Reed, "Ordinary German Killers," in *Harvard Magazine*, March-April 1999, p. 23.

*43 H. Arendt, *Eichmann in Jerusalem: A Report on the Banality of Evil*, revised and enlarged edition (New York: Penguin Books, 1994) (『イェルサレムのアイヒマン――悪の陳腐さについての報告』ハンナ・アーレント著、大久保和郎訳、みすず書房、一九九四年), pp. 25, 26, 252, 276. 以下の引用はこの書籍より。

*44 M. Huggins, M. Haritos-Fatouros, and P. G. Zimbardo, *Violence Workers: Police Torturers and Murders Reconstruct Brazilian Atrocities* (Berkeley: University of Califrornia Press, 2002).

*45 M. Haritos-Fatouros, *The Psychological Origins of Institutionalized Torture* (London: Routledge, 2003).

*46 Archdiocese of Säo Paulo, *Torture in Brazil* (New York: Vintage, 1998).

*47 School of the Americas の公式ウェブサイト。www.ciponline.org/facts/soa.htm/.

*48 F. Morales, "The Militarization of the Police," *Covert Action Quarterly* 67 (Spring-Summer 1999): 67.

*49 自爆者に関する参考文献を参照。推薦する資料の一部を挙げておく。Ariel Merari, "Suicide Terrorism in the Context of the Israeli-Palestinian Conflict," Institute of Justice Conference, Washington, DC, October 2004; Ariel Merari, "Israel Facing Terrorism," *Israel Affairs* 11 (2005): 223-37; Ariel Merari, "Suicidal Terrorism," in *Assessment, Treatment and Prevention of Suicidal Behavior*, eds. R. I. Yufit and D. Lester (New York: Wiley, 2005).

*50 M. Sageman, "Understanding Terrorist Networks," November 1, 2004. www.fpri.org/enotes/20041101.middleeast.sageman.understandingterrornetworks.html. 以下も参照。M. Shermer, "Murdercide: Science Unravels the Myth of Suicide Bombers," *Scientific American*, January 2006, p. 33; A. B. Krueger, "Poverty Doesn't Create Terrorists," *The New York Times*, May 29, 2003.

*51 T. Joiner, *Why People Die by Suicide*. Cambridge, MA: Harvard University Press, 2006; Scott Atran, "Genesis of Suicide Terrorism," *Science* 299 (2003): 1534-39; Mia M. Bloom, "Palestinian Suicide Bombing: Public Support, Market Share and Outbidding," *Political Science Quarterly* 119, no. 1 (2004): 61-88; Mia Bloom, *Dying to Kill: The Allure of Suicide Terrorism* (New York: Columbia University Press, 2005); Dipak K. Gupta and Kusum Mundra, "Suicide Bombing as a Strategic Weapon: An Empirical Investigation of Hamas and Islamic Jihad," *Terrorism and Political Violence* 17 (2005): 573-98; Shaul Kimi and Shemuel Even, "Who Are the Palestinian Suicide Bombers?" *Terrorism and Political Violence* 16 (2005): 814-40; Ami Pedhahzur, "Toward an Analytical Model of Suicide Terrorism—A Comment," *Terrorism and Political Violence* 16 (2004): 841-44. Robert A. Pape, "The Strategic Logic of Suicide Terrorism," *American Political Science Review* 97 (2003): 343-61; Christopher Reuter, *My Life Is a Weapon: A Modern History of Suicide Bombing* (Princeton, NJ: Princeton University Press, 2004); Andrew Silke, "The Role of Suicide in Politics, Conflict, and Terrorism," *Terrorism and Political Violence* 18 (2006): 35-46; Jeff Victoroff, "The Mind of the Terrorist: A Review and Critique of Psychological Approaches," *Journal of Conflict Resolution* 49, no. 1 (2005): 3-42.

*52 A. Merari, "Psychological Aspects of Suicide Terrorism," in *Psychology of Terrorism*, eds. B. Bongar, L. M. Brown, L. Beutler, and P. G. Zimbardo (New York: Oxford University Press, 2006).

＊53 Jonathan Curiel, "The Mind of a Suicide Bomber," *San Francisco Chronicle* (October 22, 2006): p. E1, 6; 引用部分は p. E6.
＊54 T. McDermott, *Perfect Soldiers: The 9/11 Hijackers: Who They Were, Why They Did It* (New York: HarperCollins, 2005).
＊55 M. Kakutani, "Ordinary but for the Evil They Wrought," *The New York Times*, May 20, 2005, p. B32.
＊56 Z. Coile, " 'Ordinary British Lads,' " *San Francisco Chronicle*, July 14, 2005, pp. A1, A10.
＊57 A. Silke, "Analysis: Ultimate Outrage," *The Times* (London), May 5, 2003.
＊58 私がこの体験に関係するようになったのは、かねてから知り合いだった、虐殺を逃れた数少ないひとりであるダイアン・ルーイの兄弟と、ダイアンの恋人のリチャード・クラークを通じてだった。サンフランシスコに戻ったダイアンたちにカウンセリングを申し出た私は、この恐ろしい事件の体験談から多くを学んだ。その後、ライアン議員殺害を共謀したとして告発されたラリー・レイトンの鑑定人にもなり、彼を通じて、妹のデビー・レイトンとも友人になった。彼女もジム・ジョーンズの支配に抵抗した英雄だった。彼らについては、その英雄的行為を論じる最終章で詳述する。
＊59 ジム・ジョーンズが一九七八年一一月一八日に行なった末期の演説の書おこしは、「死のテープ」(FBI no. Q042) として知られ、カリフォルニア州オークランドのジョーンズタウン協会の厚意で、ウェブ上に無料公開されている。書きおこしはメアリー・マコーミック・マーガによる。http://jonestown.sdsu. edu/? pages-id=29084
＊60 M. Banaji, "Ordinary Prejudice," *Psychological Science Agenda* 8 (2001): 8.16; 引用部分は p. 15.

第一三章

＊1 Jonathan Swift, *Gulliver's Travels and Other Works* (London: Routledge, 1906 [1727]) (『ガリバー旅行記』ジョナサン・スウィフト著、山田蘭訳、角川書店、二〇一一年ほか)。スウィフトは、分身のレミュエル・ガリバーが巨人国ブロブディンナグなどへ旅する途上で、さまざまな名士から浴びせられる辛辣な言葉を通じて、人類を間接的に糾弾している。この本では、われわれ人間は、ヤフーという「不格好で最も下等な生きもの」として描かれ、人間の欠陥は治癒不能であるとされている。なぜなら「仮にヤフーの本性がわずかばかりの美徳と知恵に向かう可能性があるとしても、彼らを支配する悪徳と愚かさを正すには時間が足りない」からだ。
＊2 R. Weiss, "Skin Cells Converted to Stem Cells," *The Washington Post*, August 22, 2005, p. A01.
＊3 W. Golding, Lord of the Flies (New York: Capricorn Books, 1954) (『蝿の王』ウィリアム・ゴールディング著、平井正穂訳、集英社、二〇〇九年ほか) , pp. 58, 63.
＊4 P. G. Zimbardo, "The Human Choice: Individuation, Reason, and Order Versus Deindividuation, Impulse, and Chaos," in *1969 Nebraska Symposium on Motivation*, eds. W. J. Arnold and D. Levine (Lincoln: University of Nebraska Press, 1970).
＊5 M. H. Bond and D. G. Dutton, "The Effect of Interaction Anticipation and Experience as a Victim on Aggressive Behavior," *Journal of Personality* 43 (1975): 515-27.
＊6 R. J. Kiernan and R. M. Kaplan, "Deindividuation, Anonymity, and Pilfering." 一九七一年四月、サンフランシスコでの西部心理学会大会(Western

Psychological Association Convention）で発表された論文。

*7 S. C. Fraser, “Deindividuation: Effects of Anonymity on Aggression in Children,” unpublished report, University of Southern California, 1974. この未公開レポートは P. G. Zimbardo, *Psychology and Life*, 10th ed. (Glenview IL: Scott, Foresman, 1974)で報告されている。残念ながら、このすぐれた研究が発表されることはなかった。カリフォルニア州マリブ・ヒルズ一帯で多数の家屋を襲った火災（一九九六年一〇月）で、一時保管されていたデータ一式と手順の資料が焼失したためである。

*8 E. Diener, S. C. Fraser, A. L. Beaman, and R. T. Kelem, “Effects of Deindividuation Variables on Stealing Among Halloween Trick-or-Treaters,” *Journal of Personality and Social Psychology* 33 (1976): 178-83.

*9 R. J. Watson, Jr., “Investigation into Deindividuation Using a Cross-Cultural Survey Technique,” *Journal of Personality and Social Psychology* 25 (1973): 342-45.

*10 没個性化に関連する参考文献の一部を挙げておく。E. Diener, “Deindividuation: Causes and Consequences,” *Social Behavior and Personality* 5 (1977): 143-56; E. Diener, “Deindividuation: The Absence of Self-Awareness and Self-Regulation in Group Members, in *Psychology of Group Influence*, ed. P. B. Paulus (Hillsdale, NJ: Erlbaum, 1980), pp. 209-42; L. Festinger, A. Pepitone, and T. Newcomb, “Some Consequences of Deindividuation in a Group,” *Journal of Abnormal and Social Psychology* 47 (1952): 382-89; G. Le Bon, *The Crowd: A Study of the Popular Mind* (London: Transaction, 1995 [1895])（『群集心理』ギュスターヴ・ル・ボン著、桜井成夫訳、講談社、一九九三年〔訳注：フランス語原著からの邦訳〕）; T. Postmes and R. Spears, “Deindividuation and Antinormative Behavior: A Meta-analysis,” *Psychological Bulletin* 123 (1998): 238-59; S. Prentice-Dunn and R. W. Rogers, “Deindividuation in Aggression,” in *Aggression: Theoretical and Empirical Reviews*, eds. R. G. Geen and E. I. Donnerstein (New York: Academic Press, 1983), pp. 155-72; S. Reicher and M. Levine, “On the Consequences of Deindividuation Manipulations for the Strategic Communication of Self: Identifiability and the Presentation of Social Identity,” *European Journal of Social Psychology* 24 (1994): 511-24; J. E. Singer, C. E. Brush and S. C. Lublin, “Some Aspects of Deindividuation: Identification and Conformity,” *Journal of Experimental Social Psychology* 1 (1965): 356-78; C. B. Spivey and S. Prentice-Dunn, “Assessing the Directionality of Deindividuated Behavior: Effects of Deindividuation, Modeling, and Private Self-Consciousness on Aggressive and Prosocial Responses,” *Basic and Applied Social Psychology* 4 (1990): 387-403.

*11 E. Goffman, *Stigma: Notes on the Management of Spoiled Identity* (Englewood Cliffs, NJ: Prentice-Hall, 1963)（『スティグマの社会学――烙印を押されたアイデンティティー』アーヴィング・ゴッフマン著、石黒毅訳、せりか書房、二〇〇一年）

*12 以下を参照。C. Maslach and P. G. Zimbardo, “Dehumanization in Institutional Settings: ‘Detached Concern’ in Health and Social Service Professions; The Dehumanization of Imprisonment.” 一九七三年八月三〇日、カナダ、モントリオールでのアメリカ心理学会大会で発表した論文。

*13 R. Ginzburg, *100 Years of Lynching* (Baltimore: Black Classic Press, 1988). 以下で、絵葉書にして配られたリンチの写真も参照。J. Allen, H. Ali, J. Lewis, and L. F. Litwack, *Without Sanctuary: Lynching Photography in America* (Santa Fe, NM: Twin Palms Publishers, 2004).

*14 以下を参照。H. C. Kelman, “Violence Without Moral Restraint: Reflections on the Dehumanization of Victims and Victimizers,” *Journal of Social Issues* 29 (1973): 25-61.

＊15 B. Herbert, " 'Gooks' to 'Hajis.' " *The New York Times*, May 21, 2004.

＊16 A. Bandura, B. Underwood, and M. E. Fromson, "Disinhibition of Aggression Through Diffusion of Responsibility and Dehumanization of Victims," *Journal of Research in Personality* 9 (1975): 253-69.

＊17 道徳からの逸脱に関するアルバート・バンデューラの広範な著述を参照。一部を挙げておく。A. Bandura, *Social Foundations of Thought and Action: A Social Cognitive Theory* (Englewood Cliffs, NJ: Prentice-Hall, 1986); A. Bandura, "Mechanisms of Moral Disengagement," in *Origins of Terrorism: Psychologies, Ideologies, Theologies, States of Mind*, ed. W. Reich (Cambridge, UK: Cambridge University Press, 1990) pp. 161-91; A. Bandura, "Moral Disengagement in the Perpetration of Inhumanities," *Personality and Social Psychology Review* (Special Issue on Evil and Violence) 3 (1999): 193-209; A. Bandura. "The Role of Selective Moral Disengagement in Terrorism," in *Psychosocial Aspects of Terrorism: Issues, Concepts and Directions*, ed. F. M. Mogahaddam and A. J. Marsella (Washington, DC: American Psychological Association Press, 2004), pp. 121-50; A. Bandura, C. Barbaranelli, G. V. Caprara, and C. Pastorelli, "Mechanisms of Moral Disengagement in the Exercise of Moral Agency," *Journal of Personality and Social Psychology* 71 (1996): 364-74; M. Osofsky, A. Bandura, and P. G. Zimbardo, "The Role of Moral Disengagement in the Execution Process," *Law and Human Behavior* 29 (2005): 371-93.

＊18 J. P. Leyens et al., "The Emotional Side of Prejudice: The Attribution of Secondary Emotions to In-groups and Out-groups," *Personality and Social Psychology Review* 4 (2000): 186-97.

＊19 N. Haslam, P. Bain, L. Douge, M. Lee, and B. Bastian, "More Human Than You: Attributing Humanness to Self and Others," *Journal of Personality and Social Psychology* 89 (2005): 937-50; 引用部分は p. 950.

＊20 ロイター配信のニュースが伝えたところでは、フツ族の三五歳の母親ムカンクワヤは、フツ族のほかの母親たちとともに、「敵」とみなすようになっていたツチ族の隣人の子どもたちを集めた。そして、残忍に、迷いもなく、呆然とする幼子たちを太い棍棒で殴り殺した。「子どもたちは泣きませんでした。私たちを知っていましたから」と彼女は語った。「ただ目を大きく見開いていました。私たちは数えきれないくらいおおぜいを殺しました」。彼女の道徳からの逸脱には、自分も含む女性殺人者たちは「あの子たちのためにやった」という思い込みが含まれていた。子どもたちの父親は政府がフツ族に与えた鉈で惨殺され、母親はフツ族にレイプされて殺されたため、孤児になるよりいま死ぬほうが幸せだというのだった。将来苦労するだろうと理由をつけ、暗い行く末を避けさせるために、彼女らフツ族の母親たちは、子どもたちを撲殺した。

＊21 以下を参照。S. Keen, *Faces of the Enemy: Reflections on the Hostile Imagination* (San Francisco, CA: HarperSanFrancisco, 2004 [1991]) (『敵の顔——憎悪と戦争の心理学』サム・キーン著、佐藤卓己、佐藤八寿子訳、柏書房、一九九四年)。キーンが制作した付属ＤＶＤ（二〇〇四年）も見る価値がじゅうぶんにある。

＊22 Harry Bruinius, *Better for All the World: The Secret History of Forced Sterilization and America's Quest for Racial Purity* (New York: Knopf, 2006)より。

＊23 以下を参照。F. Galton, *Hereditary Genius: An Inquiry into Its Laws and Consequences*, 2nd ed. (London: Macmillan, 1892; Watts and Co. 1950)(『天才と遺伝』ゴールトン著、甘粕石介訳、岩波書店、一九三五年)；R. A. Soloway, *Democracy and Denigration: Eugenics and the Declining Birthrate in England*, 1877-1930 (Chapel Hill: University of North Carolina Press, 1990); Race Betterment Foundation, *Proceedings of the Third Race Betterment*

Conference (Battle Creek, MI: Race Betterment Foundation, 1928); E. Black, *War Against the Weak: Eugenics and America's Campaign to Create a Master Race* (New York: Four Walls Eight Windows, 2003); E. Black, *IBM and the Holocaust: The Strategic Alliance Between Nazi Germany and America's Most Powerful Corporation* (New York: Crown, 2001)（『ＩＢＭとホロコースト——ナチスと手を結んだ大企業』エドウィン・ブラック著、小川京子訳、宇京頼三監修、柏書房、二〇〇一年）

＊24 M. L. King, Jr., *Strength to Love* (Philadelphia: Fortress Press, 1963)（『汝の敵を愛せよ』マーティン・ルーサー・キング著、蓮見博昭訳、新教出版社、一九六五年）, p. 18.

＊25 B. Latanë and J. M. Darley, *The Unresponsive Bystander: Why Doesn't He Help?* (New York: Appleton-Century-Crofts, 1970)（『冷淡な傍観者——思いやりの社会心理学』ビブ・ラタネ、ジョン・M・ダーリー著、竹村研一、杉崎和子訳、ブレーン出版、一九九七年）

＊26 J. M. Darley and B. Latanë, "Bystander Intervention in Emergencies: Diffusion of Responsibilities," *Journal of Personality and Social Psychology* 8 (1968): 377-83.

＊27 T. Moriarity, "Crime, Commitment, and the Responsive Bystander: Two Field Experiments," *Journal of Personality and Social Psychology* 31 (1975): 370-76.

＊28 D. A. Schroeder, L. A. Penner, J. F. Dovidio, and J. A. Pilliavan, *The Psychology of Helping and Altruism: Problems and Puzzles* (New York: McGraw-Hill, 1995). 以下も参照。C. D. Batson, "Prosocial Motivation: Why Do We Help Others?" in *Advanced Social Psychology*, ed. A. Tesser (New York: McGraw-Hill, 1995), pp. 333-81; E. Straub, "Helping a Distressed Person: Social, Personality, and Stimulus Determinants," *Advances in Experimental Social Psychology*, vol. 7, ed. L. Berkowitz (New York: Academic Press, 1974), pp. 293-341.

＊29 J. M. Darley and C. D. Batson, "From Jerusalem to Jericho: A Study of Situational Variables in Helping Behavior," *Journal of Personality and Social Psychology* 27 (1973): 100-8.

＊30 C. D. Batson et al. "Failure to Help in a Hurry: Callousness or Conflict?," *Personality and Social Psychology Bulletin* 4 (1978): 97-101.

＊31 "Abuse Scandal to Cost Catholic Church at Least $2 Billion, Predicts Lay Leader," Associated Press, July 10, 2005. ドキュメンタリー映画『フロム・イーブル——バチカンを震撼させた悪魔の神父』（監督／エイミー・バーグ、配給／ライオンズゲイト・フィルムズ。二〇〇六年一〇月公開）も参照。これはカリフォルニア北部で少年・少女に対する性的児童虐待を二〇年以上、繰り返していたとして有罪になったオリヴァー・オグレディ神父を扱った作品だ。ロジャー・マホーニー枢機卿は多数の苦情を知っていながら、オグレディを排除せず、このセックス中毒者の教区を周期的に変えていた。神父は行く先々で、新たな子どもの犠牲者を餌食にしつづけた。

＊32 D. Baum, "Letter from New Orleans: The Lost Year," *The New Yorker*, August 21, 2006: 44-59; D. Wiegand, "When the Levees Broke: Review of Spike Lee's Documentary" (*When the Levees Broke: A Requiem in Four Acts*, HBO-TV, August 21, 22, 2006), *San Francisco Chronicle*, August 21, 2006, pp. F1-F4.

＊33 J. Lipman-Blumen, *The Allure of Toxic Leaders: Why We Follow Destructive Bosses and Corrupt Politicians—and How We Can Survive Them* (New York: Oxford University Press, 2005). 引用部分は p. ix.

＊34 L. Ross and R. E. Nisbett, *The Person and the Situation* (Philadelphia: Temple University Press, 1991).

＊35 A. Bandura, *Self-Efficacy: The Exercise of Control* (New York: Freeman, 1997).

＊36 R. Kueter, *The State of Human Nature* (New York: iUniverse, 2005). 文化の心理的影響についての評論は、以下を参照。R. Brislin, *Understanding Culture's Influence on Behavior* (Orlando, FL: Harcourt Brace Jovanovich, 1993). H. Markus and S. Kitayama, "Culture and the Self: Implications for Cognition, Emotion and Motivation," *Psychological Review* 98 (1991): 224-53.

＊37 L. Ross and D. Shestowsky, "Contemporary Psychology's Challenges to Legal Theory and Practice," *Northwestern University Law Review* 97 (2003): 1081-1114; 引用部分は p. 1114. 状況が法律と経済に占める位置について、以下の二名の法律学者の広範な検討と分析を読むのも有益だ。Jon Hanson and David Yosifon, "The Situation: An Introduction to the Situational Character, Critical Realism, Power Economics, and Deep Capture," *University of Pennsylvania Law Review* 129 (2003): 152-346. また、私の共同研究者のクレイグ・ヘイニーが、司法の領域に背景要因をもっと含める必要について広範に記している。一例として以下を参照。C. Haney, "Making Law Modern: Toward a Contextual Model of Justice," *Psychology, Public Policy and Law* 8 (2002): 3-63.

＊38 M. Snyder, "When Belief Creates Reality," in *Advances in Experimental Social Psychology*, vol. 18, ed. L. Berkowitz (New York: Academic Press, 1984), pp. 247-305.

＊39 D. L. Rosenhan, "On Being Sane in Insane Places," *Science* 179 (1973): 250-58.

＊40 F. D. Richard, D. F. Bond, Jr., and J. J. Stokes-Zoota, "One Hundred Years of Social Psychology Quantitatively Described," *Review of General Psychology* 7 (2003): 331-63.

＊41 S. T. Fiske, L. T. Harris, and A.J.C. Cudy, "Why Ordinary People Torture Enemy Prisoners," *Science (Policy Forum)* 306 (2004): 1482-83; 引用部分は p. 1482. 以下でスーザン・フィスクの分析も参照。 Susan Fiske, *Social Beings* (New York: Wiley, 2003).

第一四章

＊1 Final Report of the Independent Panel to Review DoD Detention Operations. 報告書全文は、以下のウェブサイトで閲覧できる。www.defence.gov/news/Aug2004/d20040824finalreport.pdf 二〇〇四年八月二四日公表。

＊2 CBSテレビ『60ミニッツII』のウェブサイトでの報道。 www.cbsnews.com/news/abuse-of-irqi-pows-by-gis-probed/

＊3 『60ミニッツII』でアブグレイブの虐待が報道される予定日の八日前に、マイヤーズ将軍がみずからダン・ラザーに電話し、CBSにその部分の放映を遅らせるよう求めた証拠がある。彼の言い分によれば、放映延期を求めた理由は「われわれの部隊」と「戦争努力」に危険が及ぶのを避けるためだった。CBSはマイヤーズの要請に応じ、問題の部分の放映を二週間、延ばした。最終的に放映を決定したのは、ニューヨーカー誌が調査報道ジャーナリストのセイムア・ハーシュによる詳細な報告記事を準備していることをCBSが知ってからだ。軍上層部がそのような要請をしたということは、差し迫ったメディアでの暴露が「映像《イメージ》の問題」のみなもとになることをじゅうぶん承知していたことを意味する。

＊4 Testimony of U.S. Secretary of Defense Donald H. Rumsfeld Before the Senate and House Armed Services Committees（ラムズフェルドの上下

両院軍事委員会での証言）, www.defensegov/speeches/speech.aspx?speechid=118

＊5 以下の記事に引用。Adam Hochschild, "What's in a Word? Torture," *The New York Times*, May 23, 2004. スーザン・ソンタグは以下の論文で、こうした行為が単なる「虐待」であり「拷問」ではないとする観念に、格調高く反論している。"Regarding the Torture of Others," *The New York Times Magazine*, May 23, 2004, pp. 25 ff.

＊6 ヴァチカンの外務局長、ジョヴァンニ・ラヨロは違う見方をした。「拷問？ アメリカにとっては九月一一日よりも深刻な打撃だ。ただし、打撃はテロリストではなくアメリカ人がみずから加えたものだ」。ロンドンに拠点を置くアラビア語新聞『アルクドス・アルアラビ』の編集長はこう表明した。「解放者は独裁者よりたちが悪い。これはアメリカにとって、ラクダの背骨を折る最後の藁だ」

＊7 "It's Not About Us; This Is War!" *The Rush Limbaugh Show*, May 4, 2004.

＊8 ジェイムズ・インホーフェ上院議員の発言は、二〇〇四年五月一一日の上院軍事委員会公聴会記録より。この公聴会で、タグバ少将がイラク人囚人の虐待問題について委員会に説明した。みずから行なった六〇〇〇ページにわたる調査（実施に一カ月を要し、報告書は全九巻）にもとづき、少将が同委員会に対して初めておおやけに述べた証言。

＊9 ジョゼフ（ジョー）・ダービーは二〇〇六年九月のGQ誌で、虐待の暴露にはたした役割について初めてインタビューに応じ、ウィル・S・ヒルトンに語った。記事のタイトルは「良心の囚人（Prisoners of Conscience）」。（ダービーの発言はこの記事より）。http://www.gq.com/news-politics/newsmakers/200608/joe-darby-abu-ghraib

＊10 もう一人の兵士、ロナルド・ライデンアワーとのあいだには興味深い共通点がある。ライデンアワーは一九六八年、ヴェトナムのミライの虐殺について内部告発をした。彼にもよそ者の要素があった。戦友の何人かが何百人ものヴェトナム市民を無惨に殺害した現場に、翌日に行ったからだ。戦友が残虐行為を手柄話として語ることと、自分が考える「アメリカが体現する根源的な道徳原理」を踏みにじられたことの両方に苦悩した彼は、公表を決意した。だが、この大虐殺の調査を、上官、ニクソン大統領、議員に再三要請したにもかかわらず、一年以上も無視されたり、圧力をかけられたりした。最終的に、ライデンアワーの粘りは報われる。若き調査報道記者、セイムア・ハーシュが関わり、一九七〇年に著書『ソンミ――ミライ第4地区における虐殺とその波紋』（小田実訳、草思社、一九七〇年）でこの事件を白日のもとにさらしたからだ。いまでは年を重ねたハーシュが、アブグレイブの虐待事件をニューヨーカー誌の記事と著書『アメリカの秘密戦争――9・11からアブグレイブへの道』（伏見威蕃訳、日本経済新聞社、二〇〇四年）で白日のもとにさらしたのは、偶然ではないだろう。ダービーの勇気ある行為は、残念な波紋を広げた。軍隊を侮辱したとして彼に殺意を抱く人が多数いたため、数年のあいだ保護拘束下に置かれることを余儀なくされたのだ。妻と母親も命を脅かされ、彼とともに身を隠さざるをえなかった。

＊11 私がしたかったのは、「ジョー・ダービー英雄基金」を設立して全米から寄付を集め、彼が保護拘束を解かれたあかつきに進呈することだった。USAトゥデイ紙の記者マリリン・イライアスは、寄付の宛先を私が用意すれば、この「隠れた英雄」の記事を掲載し、「英雄基金」にも言及すると言ってくれた。私は何カ月もかけてさまざまな機関にそうした基金の公的経路となるようはたらきかけた。だが、アムネスティ・インターナショナルも、ダービーの故郷の銀行も、私の取引銀行であるパロアルトのユニオン・バンクも、拷問被害者の協会も、どこもこたえてはくれなかった。それぞれが、こじつけとしか思えないさまざまな理由を並べ立てた。アメリカ心理学会の当時の会長、ダイアン・ハルペリンにはたらきかけ、アメリカ心理学会の年次総会でダービーに会長表彰を授けることはできたが、それも多くの理事の反対

意見を押し切ってのことだった。あまりに多くの人にとって、あまりに政治的な事柄だったのだ。

＊12 テレビ番組『PBSニューズフロントライン』の「拷問の問題（A Question of Torture）」（二〇〇五年一〇月一八日放映）より引用。

＊13 CBSのテレビ番組『60ミニッツII』（二〇〇四年四月二八日放映）。

＊14 陸軍犯罪捜査官、マーシ・ドルリーが、アメリカ軍が引き継いだときから1A棟の虐待調査までのアブグレイブの状況を教えてくれた。一連のeメール（二〇〇五年九月一六、一八、二〇日）と電話インタビュー（二〇〇五年九月八日）で、囚人のみならず憲兵も直面していた「嘆かわしく惨めな状態」の体験を語ってくれた。戦域での米軍兵士の犯罪を捜査する犯罪捜査部管理補佐官として任務にあたっていたドルリー上級准尉は、ダービーが持ち込んだCDの画像を最初に見た人のひとりだ。彼女の班は最初の内部調査を開始し、二〇〇四年二月までに終えた。彼女は私に、憲兵のあのようなふるまいに影響したであろう収容所の状態について、真実が明らかにされることを望んでいると述べた。

＊15 「地獄の八〇エーカー」。キャンプ・ダグラスに関するヒストリー・チャンネルの番組。二〇〇六年六月三日放映。

＊16 以下で報道された。"Iraq Prison Abuse Stains Entire Brigade," *The Washington Times* (www. washingtontimes.com), May 10, 2004.

＊17 Janis Karpinski with Steven Strasser, *One Woman's Army: The Commanding General at Abu Ghraib Tells Her Story* (New York: Miramax Press, 2005).

＊18 BBCラジオ4のジャニス・カーピンスキー准将のインタビュー（二〇〇四年六月一五日）。二〇〇六年五月四日、私が進行役を務めたスタンフォード大学での会議でも、彼女は同様の非難を繰り返した。

＊19 この心理学的評価は、二〇〇四年八月三一日と九月二日の軍の臨床心理医アルヴィン・ジョーンズ博士によるインタビューと、その後の一連の心理テストからなる。テストには、ミネソタ多面人格目録第二版（MMPI－2）、ミロン臨床多軸目録－111、ウェクスラー知能検査短縮版（WASI）が含まれていた。正式な心理検査報告書とテストデータは九月二一日に私に送付され、パロアルトのパシフィック心理学大学院の博士研修プログラム責任者、ラリー・ビュートラー博士に提出された。受検者の身元と氏名を伏せたまま、ビュートラー博士がテスト結果を中立的に解釈した。私は拙宅でフレデリックをインタビューしているときに、マスラック・バーンアウト・インベントリー（MBI）を測定し、仕事のストレスの専門家である組織開発センター（カナダ、ウルフヴィル）のマイケル・ライター博士に、その解釈を依頼した。博士の正式な評価を二〇〇四年一〇月三日に受け取った。受検者の背景も博士には伏せられていた。

＊20 心理検査報告書（二〇〇四年八月三一日）。

＊21 この概要と、関連するシャイネス（内気）研究については、一般書である以下の拙著を参照。P. G. Zimbardo, *Shyness: What It Is. What to Do About It* (Reading, MA: Perseus Books, 1977)（『シャイネス』フィリップ・G・ジンバルドー著、木村駿、小川和彦訳、勁草書房、一九八二年）

＊22 信書（二〇〇五年六月一二日）。

＊23 ミミ・フレデリックからのeメール（二〇〇五年九月二一日付、許可を得て引用）。

＊24 第三七二憲兵中隊は、メリーランド州クレサプタウンに基地を置く予備役部隊だった。隊員の大半はアパラチア地方の小規模で収入の低い町の出身者で、そうした町では新兵募集の広告を地元メディアで頻繁に目にする。この地方では十代で軍に志願する人が多い。収入を得たり見聞を広めたりするために、あるいは単に育った町から出るために。第三七二憲兵中隊の隊員たちは結束が固かったと伝えられている。以下を参照。*Time* magazine, *Special Report*, May 17, 2004.

＊25 フレデリックと著者のインタビュー（二〇〇四年九月三〇日）と信書（二〇〇五年六月一二日）。

＊26 アルヴィン・ジョーンズ博士がフレデリックに行なったインタビューと一連の心理テスト（二〇〇四年八月三一日―九月二日）の報告書の要約。

＊27 ジョーンズ博士によるすべてのテスト結果の要約。

＊28 この部分とそのほかの引用は、ラリー・ビュートラー博士が私に宛てた報告文書中の「受検者についての解釈」（二〇〇四年九月二二日）より。

＊29 ライター博士の評価は二〇〇四年一〇月三日に届いた。評価は博士に提出したＭＢＩ一般検査のフレデリックの回答の生データにもとづいている。以下を参照。C. Maslach and M. P. Leiter, *The Truth About Burnout* (San Francisco: Jossey-Bass, 1997)（『燃え尽き症候群の真実――組織が個人に及ぼすストレスを解決するには』マイケル・Ｐ・ライター、クリスティーナ・マスラック著、高城恭子訳、トッパン、一九九八年）。M. P. Leiter and C. Maslach, *Preventing Burnout and Building Engagement: A Complete Package for Organizational Renewal* (San Francisco: Jossey-Bass, 2000).

＊30 認知的過負荷と認知資源の負荷については膨大な心理学の文献がある。参考文献をいくつか挙げておく。D. Kirsh, "A Few Thoughts on Cognitive Overload," *Intellectica* 30 (2000): 19-51; R. Hester and H. Garavan, "Working Memory and Executive Function: The Influence of Content and Load on the Control of Attention," *Memory & Cognition* 33 (2005): 221-33; F. Pass, A. Renkl, and J. Swelle, "Cognitive Load Theory: Instructional Implications of the Interaction Between Information Structures and Cognitive Architecture," *Instructional Science* 32 (2004): 1-8.

＊31 ジェシカ・リンチ二等兵の英雄譚についての指摘は、ＢＢＣ２のテレビ・ドキュメンタリーより。この番組では、アメリカ軍が彼女の「英雄的」物語のほぼすべてを捏造し、歪曲したことが示唆されている。同様に軍によって偽の英雄に仕立て上げられたのが、ＮＦＬアリゾナ・カーディナルズに所属していたフットボールの花形選手、パット・ティルマンだ。彼が味方からの「友軍誤射」により亡くなったことは、遺族が真実を公表させるまで隠蔽されていた。ＢＢＣのジェシカ・リンチに関する暴露報道は、二〇〇三年五月一八日放映の「戦争の転回――ジェシカの真実（War Spin: The Truth About Jessica）」（ジョン・カンフナー記者）。番組内容には以下でアクセスできる。http://news.bbc.co.uk/2/hi/programmes/correspondent/3028585.stm. パット・ティルマンの件は、以下のワシントン・ポスト紙の二部シリーズで報じられた。S. Coll, "Barrage of Bullets Drowned Out Cries of Comrades: Communication Breakdown, Split Platoon Among Factors of 'Friendly Fire,'" *The Washington Post*, December 4, 2004, p A01; S. Coll, "Army Spun Tale Around Ill-Fated Mission," *The Washington Post*, December 6, 2004, p A01; 二本の記事は以下で閲覧できる。http://pqasb.pqarchiver.com/washingtonpost/doc/409744418.html?FMT=ABS&FMTS=ABS:FT&date=Dec+5%2C+2004&author=Coll%2C+Steve&pub=The+Washington+Post&edition=&startpage=&desc=Barrage+of+Bullets+Drowned+Out+Cries+of+Comrades%3B+Communication+Breakdown%2C+Split+Platoon+Among+the+Factors+Contributing+to+%27Friendly+Fire%27 http://pqasb.pqarchiver.com/washingtonpost/doc/409748800.html?FMT=ABS&FMTS=ABS:FT&date=Dec+6%2C+2004&author=Coll%2C+Steve&pub=The+Washington+Post&edition=&startpage=&desc=Army+Spun+Tale+Around+Ill-Fated+Mission パット・ティルマンの父で弁護士のパトリックは、息子の死について調査を続けている。最近、ニューヨーク・タイムズ紙の記事がこの事件の新たな詳細を報じた。M. Davey and S. Eric "Two Years After Soldier's Death, Family's Battle is with Army," *The New York Times*, March 21,

2006), p A01. パットとともに二〇〇二年に入隊し、イラクとアフガニスタンでもともに従軍した、弟のケヴィンの雄弁で力強い声明「パットの誕生日のあとで（After Pat's Birthday)」も参照。www.truthdig.com/report/item/200601019_after-pats-birthday

＊32 インタビューの質問と回答はすべて、二〇〇四年九月三〇日の拙宅でのインタビューより。インタビューはテープ録音し、その後、助手のマット・エストラダが書きおこした。

＊33 R. J. Smith and J. White, "General Granted Latitude at Prison: Abu Ghraib Used Aggressive Tactics," *The Washington Post*, June 12, 2004, p. A01. www.washingtonpost.com/wp-dyn/articles/A35612-2004Jun11.html.

＊34 尋問官が憲兵に指図し、求めている情報を得る手助けをさせる件に関し、退役したある軍尋問官が見解を語ってくれた。「まさにそこが問題です。無節操な尋問官（程度のひどい順に、軍の下級尋問官、民間の軍属、ＣＩＡ職員のような人たち）は、信じやすい人たちの先入観に、あまりにも染まりやすい。私の経験では、他人を拘留する任務を与えられた兵員（この場合、収容所の管理を任命された歩兵中隊）は、アメリカ文化の中のあらゆる「尋問官」の典型をまねます。それでも、なぜ私が彼らの想像するようなふるまいをしないかを、その理由とともに、時間をつくって説明すると、私の考えを理解するのみならず、それに合わせて進んでやり方を変えるのです。ひとりの人間がほかの人間を支配するのは、非常に大きな責任を伴います。その責任は、教え、教育し、理解させる必要があるが、命令してはいけません」。二〇〇六年八月三日に受信。本人が匿名を希望。

＊35 チップ・フレデリック、著者とのインタビュー（二〇〇四年九月三〇日）。

＊36 ケン・デイヴィスの発言は、ドキュメンタリー『人間の行動の実験（The Human Behavior Experiments)』（二〇〇六年六月一日、サンダンス・チャンネルで放映）より。

＊37 I. Janis, "Groupthink," *Psychology Today*, November 1971, pp. 43-46. 上院情報委員会の結論は以下で閲覧できる。http://intelligence.senate.gov/conclusions.pdf.

＊38 S. T. Fiske, L. T. Harris, and A. J. Cuddy, "Why Ordinary People Torture Enemy Prisoners," *Science* 306 (2004): 1482-83; 引用部分は p. 1483.

＊39 ｅメールによる私信（二〇〇六年八月三〇日）を、許可を得て転載。発信者は現在、商務省保安室に勤務。

＊40 タグバ将軍の報告書が議会で発表されたのは、二〇〇四年五月一一日。

＊41 フェイ少将がジョーンズ中将と共同執筆した報告書については、次章で詳述する。フェイ／ジョーンズ報告書の一部は以下に掲載されている。Steven Strasser, ed., *The Abu Ghraib Investigations: The Official Reports of the Independent Panel and the Pentagon on the Shocking Prisoner Abuse in Iraq*. (New York: Public Affairs, 2004).

＊42 *Fifth Estate*, "A Few Bad Apples: The Night of October 25, 2003," Canadian Broadcast Company Television News, November 16, 2005. http://thepiratebay.se/torrent/5275834/

＊43 M. A. Fuoco, E. Blazina, and C. Lash, "Suspect in Prisoner Abuse Has a History of Troubles," *Pittsburgh Post-Gazette*, May 8, 2004.

＊44 グレイナーの公判前聴聞会での軍情報分析官の証言。

＊45 Stipulation of Fact, Case of United States v. Frederick, August 5, 2004（「合衆国対フレデリック」訴訟、事実規定）

＊46 フォート・レヴンワースのチップ・フレデリックから著者への信書（二〇〇五年六月一二日）。

＊47『人間の行動の実験』（二〇〇六年六月一日）の「ヘルマン」看守。

＊48 PDFの日本語訳は左のとおり。

職務評価面談用紙

この用紙の使用については、野戦教範（FM）221100 を参照。
提議機関は陸軍訓練教義軍団（TRADOC）。

1974 年プライバシー法により求められるデータ

典拠	合衆国法典第五編第 301 条、部門規定。合衆国法典第 10 編第 3013 条、陸軍長官、大統領令 5387（社会保障番号）。
主目的	部下に属する面談データの指導者による管理と記録の補助。
通常の使用	野戦教範 221100 に従う部下と指導者の養成。指導者はこの用紙を必要に応じて使う。
開示	開示は任意である。

第 1 部　管理データ

氏名	階級／等級	社会保障番号	面談日
グレイナー、チャールズ	伍長／E－4		2003 年 11 月 16 日

所属	面談者の氏名・役職
第 372 憲兵中隊	●●大尉／小隊長

第 2 部　背景情報

面談の目的　（指導者は、面談の理由を述べる。例：個別の事案に絞った面談による勤務状況／職能の向上など。面談に先立つ指導者側の事実と意見を含める。）
勤務状況　BCF 1 棟における勤務状況

第 3 部　面談の概要

本欄の記入は面談の最中か終了後直ちに終えること。

話し合いの要点

グレイナー伍長、貴官は陸軍旅団戦闘チーム（BCF）の 1 棟において、「軍情報部管理」エリアの担当下士官（NCOIC）として立派に職務をこなしている。現地の軍情報部隊、とりわけ●●中佐から多くの称賛が寄せられている。引き続き高いレベルで任務を継続し、われわれの使命全体の成功に貢献してもらいたい。それがわれわれのミッション全体の成功にも資するだろう。

貴官の勤務状況に関して懸念していることが二点ある。第一に、勤務中の身だしなみについては、●●一等軍曹がすでに貴官に話した。私はすべての兵士に、陸軍の軍服と身だしなみの基準をつねに守ることを求め、可能ならば基準以上を目指すことを奨励する。この機会に、それを強調したい。

第二に、1 A棟での業務に伴うストレスのレベルが上がったせいで、貴官の仕事ぶりに悪影響が出ないよう、懸念している。貴官がたびたび対処しなければならないのは、きわめて価値の高い情報を持ち治安のために収容されている拘留者だ。そうした拘留者は、米軍兵士をなじったり、命令に応じなかったりして挑発し、乱暴な行為を誘うことが少なくない。そのうえ、1 棟にはハードサイト刑務所の隔離房がある。これらの房は、反抗的・攻撃的なふるまいのせいで隔離された拘留者で満員だ。また、1 棟は精神の健康に問題のある拘留者も収容している。この拘留者たちが 1 棟での仕事にストレスを加えている。

2003 年 11 月 14 日に衝突があった。治安のため収容されている拘留者のひとりの行為のせいで、貴官の言葉を借りれば、事態を収拾するために力に訴えざるをえなかった。この衝突により、拘留者は顔に擦り傷と切り傷を負った。最初に、何よりも強調しておくが、貴官には自衛の生得権があり、それは絶対に奪われない。貴官が自分の身を守る必要があると考える場合、私は貴官の決断を100パーセント支持する。貴官は、承認されている力の段階を経て行為の程度を上げていったと述べた。適切なレベルの力を、事態をおさめるために連続して行使したと述べた。それから力の行使をすべてやめ、拘留者に医療的な手当を施そうとしたと述べた。その夜、任務にあたっていたほかの憲兵の供述からは、この衝突について何の情報も得られていない。ほかの証拠が現われないかぎり、私はこの件について、貴官の話を信じる。

その他の注意

以下の場合この用紙は破棄される：（リハビリのための異動以外の）配置転換、
除隊予定時期での除隊、退役。除隊条件、特典喪失の通告。
結果に関しては現地の指示および軍規 6351200 を参照。

＊49『人間の行動の実験』でのケン・デイヴィス憲兵の報告。

＊50 以下を参照。www.supportmpscapegoats.com.

＊51 Sontag, "Regarding the Torture of Others," May 23, 2004.

＊52 "Now That's Fucked Up": www.nowthatsfuckedup.com/bbs/index.php.

＊53 Allen et al., *Without Sanctuary: Lynching Photography in America*（前掲書）

＊54 Browning, *Ordinary Men*(1993)（『普通の人びと――ホロコーストと第101警察予備大隊』クリストファー・ブラウニング、谷喬夫訳、筑摩書房、一九九七年）（前掲書）

＊55 Janina Struk, *Photographing the Holocaust: Interpretations of the Evidence* (New York: Palgrave, 2004).

＊56 www.armenocide.net/

＊57 セオドア・ルーズベルトが息子のカーミットと写した記念写真の詳細は、以下を参照。"On Safari with Theodore Roosevelt, 1909," www.eyewitnesstohistory.com/tr.htm. 興味深いことに、この遠征は多様な動物の種の「収集」を謳っていたにもかかわらず、実際には仕留めては殺すサファリ（狩猟旅行）で、五一二頭の動物が虐殺された。その中にはライオン一七頭、ゾウ一一頭、サイ二〇頭が含まれていた。皮肉なことに、セオドア・ルーズベルトの孫のカーミット・ジュニアは、イランでのCIAのエイジャックス作戦を主導した。これは一九五三年にCIAが初めて成功させたクーデターで、（民主的に選出された）モハンマド・モサデク首相を政権の座から引きずり下ろした。この最初のクーデターを起こしたCIAの論拠は、モサデクに権力を握らせたままでは共産主義の脅威にさらされるというものだった。ニューヨーク・タイムズ紙のベテランジャーナリスト、スティーヴン・キンザーによれば、この作戦によってそれから半世紀の型が定められ、そのあいだにアメリカとCIAはグアテマラ（一九五四年）、キューバ、チリ、コンゴ、ヴェトナムで国家元首の首をすげ替えることに（あるいはその企てに）成功した。そして、本書の内容に最も関連のあるイラク（二〇〇三年）まではるばる赴き、サダム・フセインの首をとった。キンザーはまた、そうした国々のクーデター後の状況で目立つのは、不安定、内乱、おびただしい数の暴力だと指摘している。そうした作戦の根深い影響は、今日まで尾を引いている。それらが生み出した多大な惨状と苦悩のせいで、そうした地域全体で反米感情が高まった。エイジャックス作戦から出発して最近のイラク戦域にいたったアメリカは、世界一周を完結させるために新たな対諜報活動に乗り出し、ひょっとするとイランに戦争をしかける計画まで立てたかもしれない。われわれの親しい友人、ニューヨーカー誌のジャーナリストでミライとアブグレイブを取材したセイムア・ハーシュが、その新事実を明るみに出した。www.newyorker.com/magazine/2005/01/24/the-coming-wars; S. Kinzer, *All the Shah's Men: An American Coup and the Roots of Middle East Terror* (Hoboken, NJ: Wiley, 2003); S. Kinzer, *Overthrow: America's Century of Regime Change from Hawaii to Iraq* (New York: Times Books, 2006).

＊58 引用部分は（私が進行役を務めた）公開討論会で筆記したメモより。二〇〇六年五月四日、この討論会の「ブッシュ政権が犯した人道に対する犯罪（Crimes Against Humanity Committed by the Bush Administration）」についての分科会で、ジャニス・カーピンスキーが語った。あるベテランの軍尋問官は、尋問官が憲兵に上意下達で写真撮影を許可したという話に疑義を呈している。「その『許可』を、仮に誰かが出したにしても、尋問官が出したとは思えません……。私は二〇年以上、尋問官と尋問活動の監督者を務め、その間にありとあらゆる『アプローチ』を耳にしてきました。尋問過程で有益かどうか疑わしい違法な行為に尋問官が手を染めるだけでなく、それを他者と共謀し、他者に委ねるなんて、信じられません」。二〇〇六年八月三日受信。本人が匿名を希望。

＊59 Judith Butler, "Torture, Sexual Politics, and the Ethics of Photography." スタンフォード大学のシンポジウム『アブグレイブ後の人間性を考え

る（Thinking Humanity After Abu Ghraib）』での講演（二〇〇六年一〇月二〇日）。

＊60 キャンプ・ブッカでの虐待に関するこのＣＢＳの報道は、以下で閲覧できる。www.cbsnews.com/news/a-gis-iraq-prison-video-diary/

＊61 これらの証言とともに、ほかにも多くの証言が以下のヒューマン・ライツ・ウォッチの報告書で読める。"Leadership Failure: Firsthand Accounts of Torture of Iraqi Detainees by U.S. Army's 82nd Airborne Division," September 24, 2005, http://hrw.org/reports/2005/us0905.

＊62 チップ・フレデリックの八年の刑期は、さまざまな訴えと、私をはじめ多くの人々の陳述で情状酌量が正当とされ、司令官の命令により六カ月減刑され、陸軍恩赦・仮釈放委員会によりさらに一八カ月減刑された（二〇〇六年八月）。

＊63 チップが１Ａ棟で夜ごと経験し、その後、収監中に感じた種類のストレスは、脳の機能に多大かつ長期にわたる影響を与えるおそれがあり、それによって、気分、思考、行動にも影響を与えうる。以下を参照。Robert M. Sapolsky, "Why Stress Is Bad for Your Brain," *Science* 273 (1996): 749-50.

＊64 私信（二〇〇五年六月一二日）。

＊65 E. Aronson and J. Mills, "The Effect of Severity of Initiation on Liking for a Group," *Journal of Abnormal and Social Psychology* 59 (1959): 177-81.

＊66 私信（二〇〇五年二月二五日）。

＊67 私信（二〇〇五年六月一五日）。

＊68 Darius M. Rejali, *Torture and Modernity: Self, Society, and State in Modern Iran* (Boulder, CO: Westview Press, 1994). 以下で彼の論文参照。http://archive.salon.com/opinion/feature/2004/06/18/torture_methods/index.html. http://archive.salon.com/opinion/feature/2004/06/18/torture_1/index.html.

＊69 ある軍将校は、私にこう報告した。「私自身、『スタンフォード状態』という言葉を、拘束している相手に対して柄にもなく行なわれたサディスティックな行為を形容するのに使ったことがある」

＊70 ヘンズリーは公認された心的外傷後ストレス（ＰＴＳＤ）の専門家であり、「アメリカ心的外傷後ストレス専門家協会」の認証を受けている。現在は心理作戦と反テロリズムに関して連邦政府のアドバイザーを務める。カペラ大学で博士課程に在籍し、心的外傷後ストレスを専門とし、アブグレイブの虐待について広範な研究をしてきた。彼はこんな指摘もしている。「この報告書で表明された主張の信頼性は、被告グループから選ばれた代表的事例の同様の分析結果から証明できるだろう。同様のデータに正の相関関係があることにより、『ジンバルドー効果』がアブグレイブ刑務所で作用したことが裏づけられ、逸脱行為が説明できるかもしれない」（五一ページ）。A. L. Hensley, "Why Good People Go Bad: A Psychoanalytic and Behavioral Assessment of the Abu Ghraib Detention Facility Staff."（二〇〇四年一二月一〇日、ワシントンＤＣでの地区弁護団協議会で発表された戦略的軍法会議弁護戦略）

＊71 R. Nordland, "Good Intentions Gone Bad," *Newsweek*, June 13, 2005, p. 40.

第一五章

＊1 マイケル・ホーリー少佐の最終論告（二〇〇四年一〇月二一日）。二〇〇五年一〇月二〇日および二一日にバグダッドで行なわれたアイヴァン・フレデリック軍曹の軍法会議にて。三五三〜五四ページ。

*2 著者が原稿なしで述べた最終意見陳述（二〇〇四年一〇月二一日）。三二九ページ。

*3 「管理の悪」を機能させるには、そこで実際に働いている人を、目的達成のために最も有効なプロセスの正しい手順、そして適切な段階の開発に専念させることだ。管理者はそうする際、目的のための手段が不道徳で違法で非倫理的だとは考えない。管理者は、みずからの方針と施策が生んだ虐待の本質という現実から、さらに、身の毛がよだつようなその結果から巧妙に目をそらす。そうした管理の悪の罪を犯すのは、過激な革命派はもとより、企業、警察、矯正機関、軍・政府の施設という場合もある。

科学的・分析的発想とともに、社会・政治問題に対する技術的・合理的・法律的な手法に頼ると、組織とその構成員は、隠蔽され倫理の隠れみのをまとった悪をなすことが可能になる。四〇年ほど前、ヴェトナムの戦争でロバート・マクナマラが使った計算ずくの手法に見られたとおりだ。国家はマニフェスト（政策表明）の中で、ふつうなら不道徳で違法で悪とみなされるような行為を国家の安全防衛に必要な行為と定義し直すことにより、そうした行為に政府機関がたずさわることを認可する。ホロコースト、第二次世界大戦中の日系アメリカ市民の強制収容と同様に、ブッシュ政権の「テロとの戦い」の一環である拷問プログラムもそうした管理の悪の一例だと、私は主張する。

「管理の悪」という深遠な概念は、ガイ・B・アダムズとダニー・L・バルフォーが以下の著書で考案したものだ。Guy B. Adams and Danny L. Balfour, *Unmasking Administrative Evil*, re. ed. (New York: M. E. Sharpe, 2004).

*4 以下のウェブサイトは、アブグレイブの出来事の時系列に沿った記録と調査報告書がひとまとめにされた、すぐれた情報源だ。www.globalsecurity.org/intell/world/iraq/abu-ghurayb-chronology.htm.

*5 調査ジャーナリストのセイムア・M・ハーシュは、アブグレイブでの虐待と拷問を以下の記事でスクープした。"Torture at Abu Ghraib. American Soldiers Brutalize Iraqis: How Far Up Does the Responsibility Go?," *The New Yorker*, May 5, 2004, p.42. www.newyorker.com/magazine/2004/05/10/torture-at-abu-ghraib

*6 以下のウェブサイトで閲覧できる。http://news.findlaw.com/cnn/docs/iraq/tagubarpt.html#ThR1.14.

*7 フェイ／ジョーンズ報告書の一部が以下に掲載されている。Steven Strasser and Craig R. Whitney eds., *The Abu Ghraib Investigations: The Official Reports of the Independent Panel and the Pentagon on the Shocking Prisoner Abuse in Iraq* (New York: PublicAffairs, 2004). 以下も参照。Strasser and Whitney *The 9/11 Investigations: Staff Reports of the 9/11 Commission: Excerpts from the House-Senate Joint Inquiry Report on 9/11: Testimony from Fourteen Key Witnesses* (New York: Public Affairs, 2004).

*8 伝えられるところでは、アメリカ中央軍司令官のジョン・アビザイド将軍が、フェイ少将よりも階級の高い将官が調査を主導することを求めた。そうすれば、高級将校にインタビューできるからだ。陸軍の軍規に従えば、そうした聴取はフェイ少将には許可されないが、ジョーンズ中将には許可された。

*9 Steven H. Miles, *Oath Betrayed: Torture, Medical Complicity, and the War on Terror* (New York: Random House, 2006).

*10 ウッド大尉の件は以下のテレビニュース番組で詳しく報じられた。"A Few Bad Apples," CBC News, *The Fifth Estate*, November 16, 2005.

*11 Eric Schmitt, "Abuses at Prison Tied to Officers in Military Intelligence," *The New York Times*, August 26, 2004.

*12 「国防総省の抑留業務を検証する独立委員会」のメンバーは、二〇〇四年八月二四日、最終報告書を提出する際、ドナルド・H・ラムズフェルド国防長官に概要を説明した。委員会の四人のメンバーは、ハロルド・ブラウン元国防長官、ティリー・ファウラー元議員（共和党、フ

ロリダ州)、チャールズ・A・ホーナー米空軍将官(退役)、委員長のジェイムズ・R・シュレジンジャー元国防長官。補遺Gを含む報告書全文は以下で読める。http://www.defense.gov/news/Aug2004/d20040824finalreport.pdf

*13 www.hrw.org を参照。別の有用な情報源は、カナダ放送協会(CBC)のニュース番組『フィフス・エステイト(Fifth Estate)』で二〇〇五年一一月一六日に放映された特集「数個の腐ったリンゴ(A Few Bad Apples)」の報道だ。この番組は、二〇〇三年一〇月二五日夜に1A棟で起きた出来事に焦点を絞っている。この夜、数人の兵士がイラク人の囚人たちを拷問し、ほかの兵士はそれを傍観していた。この出来事については第一四章でも述べた。その囚人たちが少年をレイプしたという噂が事件の発端だったが、それはでたらめだったことが判明した。以下のCBCのサイトは、この虐待にいたった経緯を時系列順にまとめた情報源で、セイムア・ハーシュのアブグレイブおよびブッシュ、ラムズフェルド、サンチェスのメモについての記事の情報源でもある。http://thepiratebay.gd/torrent/5275834/

*14 以下を参照。www.georgebush-whitehouse.archives.gov/news/releases/2004/05/20040506-10.html.

*15 "Abu Ghraib Only the 'Tip of the Iceberg,' " *Human Rights Watch Report*, April 27, 2005.

*16 E. Schmitt, "Few Punished in Abuse Cases," *The New York Times*, April 27, 2006, p. A24. この要約は、ニューヨーク大学人権・国際正義センターが、ヒューマン・ライツ・ウォッチおよびヒューマン・ライツ・ファーストと共同で作成した報告書全文にもとづく。両機関の研究者たちが情報自由法のもとで取得した一〇万件の資料をベースに数値を集計。虐待の総数のおよそ三分の二がイラクで起きたと指摘されている。

*17 "Abu Ghraib Dog Handler Gets 6 Months," *CBS News Video Report*, May 22, 2006. www.cbsnews.com/news/abu-ghraib-dog-handler-gets-6-months/

*18 報告書全文は以下で閲覧できる。http://humanrightsfirst.info/PDF/06425-etn-by_the_numbers.pdf

*19 ここで抜粋した引用部分を含むヒューマン・ライツ・ウォッチの報告書全文は、以下で閲覧できる。www.hrw.org/reports/2005/us0405/1.htm (大要). この長大な報告書の追加部分、/2.htm から /6.htm も参照。

*20 イラク人囚人の虐待に関する上院軍事委員会公聴会でのドナルド・ラムズフェルド国防長官の議会証言。二〇〇四年五月七日、フェデラル・ニューズ・サービス配信。

*21 www.icrc.org/en/war-and-law/treaties-customary-law/geneva-couventions を参照。

*22 "Report of the International Committee of the Red Cross (ICRC) on the Treatment by the Coalition Forces of Prisoners of War and Other Protected Persons by the Geneva Conventions in Iraq During Arrest, Internment and Interrogation," February 2004 (赤十字国際委員会報告書). 以下を参照。http://download.repubblica.it/pdf/rapporto_crocerossa.pdf.

*23 Amnesty International, "Beyond Abu Ghraib: Detention and Torture in Iraq," 2006. http://www.amnestyinternational.be/doc/IMG/pdf/MDE140012006_IRAK.pdf

*24 以下より引用。"A Question of Torture," PBS *Frontline*, October 18, 2005.

*25 J. White, "Some Abu Ghraib Prisoners 'Ghosted.' " *The Washington Post*, March 11, 2005.

*26 A. W. McCoy, *A Question of Torture: CIA Interrogation from the Cold War to the War on Terror* (New York: Henry Holt, 2006), pp. 5, 6.

*27 上院軍事委員会、イラク人囚人の虐待に関する公聴会でのリカルド・サンチェス中将の証言(二〇〇四年五月一九日)。

*28 Mark Danner, *Torture and Truth: America, Abu Ghraib and the War on Terrorism* (New York: The New York Review of Books, 2004), p. 33.

＊29 以下のテレビ番組のインタビューでのジャニス・カーピンスキーの発言。"A Question of Torture," PBS *Frontline*, October 18, 2005.

＊30 リカルド・サンチェス中将から中央軍司令官へのメモ「尋問および抵抗への対策の方針」(二〇〇三年九月一四日)。http://truth-out.org/archive/component/k2/item/53410:gen-ricardo-sanchez-orders-torture-in-iraq-his-memo

＊31 ジョゼフ・ダービーのインタビュー。以下に掲載。*GQ* magazine, September 2006.

＊32 ニューヨーカー誌のジェイン・メイヤーの発言。以下のテレビ番組に引用。"A Question of Torture," PBS *Frontline*, October 18, 2005.

＊33 最近でも（二〇〇六年六月）、ギトモでは九〇人近い抑留者が長期間ハンガーストライキを続け、不法収監に抗議した。ある海軍司令官はこの行動を「注意を引く」ための作戦にすぎないと片づけた。抑留者を死亡させないよう、職員は衛生兵の管理のもと、少なくとも六人に対し、鼻に挿入したチューブによる毎日の強制的栄養補給を始めざるをえなかった。それ自体が新手の拷問にも見えるが、当局は「安全で人道的」だと主張している。以下を参照。Ben Fox, "Hunger Strike Widens at Guantanamo," Associated Press, May 30, 2006. Andrew Selsky, "More Detainees Join Hunger Strike at Guantanamo," Associated Press, June 2, 2006.
これまでの章で指摘したように、アイルランドなどの政治犯によるハンガーストライキの役割と、われらが囚人クレイ＝四一六が用いた作戦には関連がある。アイルランドのハンガーストライカーで最大級の称賛を集め、大義のために死んだのがボビー・サンズだ。ギトモのハンガーストライキを組織したビンヤム・モハメド・アル＝ハバシの表明によれば、彼も、ほかのハンガーストライキ参加者たちも、要求を尊重されなければボビー・サンズのような死を望んでいる。「サンズは信念を貫く勇気を持ってみずから餓死した。ここにいるわれらが兄弟たちの勇気が、それより劣ると片ときも思ってはいけない」。以下を参照。Kate McCabe, "Political Prisoners' Resistance from Ireland to GITMO: 'No Less Courage,' " www.CounterPunch.org/2006/05/08/quot-no-less-courage-quot/

＊34 "GITMO Suicides Comment Condemned. U.S. Officials' "Publicity Stunt" Remark Draws International Backlash," Associated Press, June 12, 2006. このアメリカ政府関係者はコリーン・グラフィー国務副次官補（公共外交担当）、海軍将官はヘンリー・ハリスだった。

＊35 以下の番組のインタビューでのジャニス・カーピンスキーへの発言。"A Question of Torture," PBS *Frontline*, October 18, 2005. この発言は以下の番組でも報じられた。"Iraq Abuse 'Ordered from the Top,' " BBC, June 15, 2004. http://news.bbc.co.uk/2/hi/americas/3806713.stm. ミラーはアブグレイブに到着したとき、こう言った。「きみたちは囚人を厚遇しすぎているというのが私の意見だ。グアンタナモでは、囚人は、われわれが責任者であることがわかっているし、それを最初から心得ている」。彼はこうも言った。「囚人は犬のように扱わなくてはいけない。もしも……囚人が自分たちは犬とは違うと思っていたら、のっけから尋問の支配権を失ったに等しい……」

＊36 Scott Wilson and Sewell Chan, "As Insurgency Grew, So Did Prison Abuse," *The Washington Post*, May 9, 2004. 以下も参照。Janis Karpinski, *One Woman's Army* (New York: Hyperion, 2005), pp. 196-205.

＊37 Jeffrey R. Smith, "General Is Said to Have Urged Use of Dogs," *The Washington Post*, May 26, 2004.

＊38 以下の番組でのカーン大将の発言。"A Question of Torture," PBS *Frontline*, October 18, 2005.

＊39 ジェフリー・ミラー少将は、二〇〇六年七月三一日、軍を退役した。昇進つまり中将への昇級を希望せずに退役することを選んだのは、アブグレイブとギトモの収容所での拷問と虐待への直接の関与の容疑により、軍で残した業績に傷がついたためだ、と軍と議会の関係者筋が伝えている。

＊40　マイヤーズ将軍は、憲兵の〝腐ったリンゴ〟のみにアブグレイブのすべての虐待の責任をなすりつけつづけ、多数の独立調査が明らかにした高官の共犯性と多くの組織的過誤の証拠を無視あるいは却下している。そうした発言は、彼のしぶとい依《い》怙《こ》地《じ》さ、あるいは無知の証だ。www.pbs.org/wgbh/pages/frontline/torture/etc/script.html.

＊41　一〇万ページ超の政府文書が、拘留者の虐待と拷問の詳細に関して公表されてきた。二〇〇四年四月の陸軍情報文書に関する記事は、以下で閲覧できる。www.rawstory.com/news/2006/New_Army_documents_reveal_US_knew_0502.html.

＊42　Eric Schmitt, "Outmoded Interrogation Tactics Cited," *The New York Times*, June, 17, 2006, p. A11.

＊43　オハイオ州のトレド・ブレイド紙と同紙の記者たちは、「タイガーフォース」部隊がヴェトナムで犯した残虐行為の調査により、ピューリッツァー賞を受賞した。同部隊は七カ月余にわたり市民の殺戮と破壊行為を繰り返しながら行軍したが、その事実は軍により三〇年間、隠蔽されてきた。この第一〇一空挺師団の特殊部隊は、ヴェトナムで最多級の勲章を授けられた隊だ。陸軍は、この隊の戦争犯罪、身体の切断、拷問、殺人、市民への無差別攻撃の容疑について調査し、一八人の兵士の起訴に相当する理由を発見したものの、告発にはいたらなかった。以下を参照。"Buried Secrets, Brutal Truths,'" www.toledoblade.com/Editiorials/2003/10/23/Buried-secrets-brutal-truths.html　専門家の一致した意見では、タイガーフォースの蛮行について早期に調査されていれば、半年後のミライ虐殺は避けられた可能性がある。

＊44　イラクに三年間住み、アラビア語のイラク方言まで話せるアメリカ人記者のニール・ローゼンはこう伝えている。「占領は、イラク国民に対する広範に及ぶ巨大な犯罪になっており、その大半はアメリカの国民とメディアに知らされないままに起きている」。以下を参照。Nir Rosen, "The Occupation of Iraqi Hearts and Minds," June 27, 2006. http://www.truthdig.com/dig/item/20060627_occupation_iraq_hearts_minds. ハイファー・ザンガナ記者の解説も参照。Haifer Zangana, "All Iraq is Abu Ghraib. Our Streets Are Prison Corridors and Our Homes Cells as the Occupiers Go About Their Strategic Humiliation and Intimidation," *The Guardian*, July 5, 2006.

＊45　Anna Badkhen, "Atrocities Are a Fact of All Wars, Even Ours: It's Not Just Evil Empires Whose Soldiers Go Amok," *San Francisco Chronicle*, August 13, 2006, pp. E1, E6. 引用部分はE1ページに掲載されたグローバルセキュリティ所長、ジョン・パイクの発言。

＊46　Dave Grossman, *On Killing: The Psychological Cost of Learning to Kill in War and Society* (Boston: Little, Brown, 1995)（『戦争における「人殺し」の心理学』デーヴ・グロスマン著、安原和見訳、筑摩書房、二〇〇四年）。グロスマンのウェブサイトは www.killology.com.

＊47　Vicki Haddock, "The Science of Creating Killers: Human Reluctance to Take a Life Can Be Reversed Through Training in the Method Known as Killology," *San Francisco Chronicle*, August 13, 2006, pp. E1, E6. 引用部分はE1ページの元陸軍兵卒、スティーヴン・グリーンの発言。

＊48　David S. Cloud, "Marines May Have Excised Evidence on 24 Iraqi Deaths," *The New York Times*, August 18, 2006; Richard A. Oppel, Jr., "Iraqi Leader Lambasts U.S. Military: He Says There Are Daily Attacks on Civilians by Troops," *The New York Times*, June 2, 2006.

＊49　D. S. Cloud and E. Schmitt, "Role of Commanders Probed in Death of Civilians," *The New York Times*, June 3, 2006; L. Kaplow, "Iraqi's Video Launched Massacre Investigation," Cox News Service, June 4, 2006.

＊50　MSNBC.COM, "Peers Vowed to Kill Him if He Talked, Soldier Says," Associated Press report, August 2, 2006. http://www.nbcnews.com/id/14150285/ns/world_news-mideastn_africa/

＊51　T. Whitmore, "Ex-Soldier Charged with Rape of Iraqi Woman, Killing of Family," June 3, 2006. http://www.semissourian.com/story/1159037.html;

Julie Rawe and Aparisim Ghosh, "A Soldier's Shame," *Time*, July 17, 2006, pp. 38-39.

＊52 "Blair Promises Iraq 'Abuse' Probe," BBC News, February 12, 2006; この虐待の記事とビデオ映像は以下で閲覧できる。 http://news.bbc.co.uk/2/hi/uk-news/4705482.stm.

＊53 Roger Brokaw and Anthony Lagouranis, on "A Question of Torture," PBS *Frontline*, October 18, 2005. www.pbs.org/wgbh/pages/frontline/torture/interviews/brokaw.html

＊54 「グローブを外す」は一般に、プロボクシングの試合で通常はめる柔らかいグローブで保護せず、指の関節をむき出しにして敵と戦うという意味にとられる。口語では、敵対者同士の争いを支配する通常のルールの制約なしに、激しく徹底的に戦うことを意味する。

＊55 T. R. Reid, "Military Court Hears Abu Ghraib Testimony: Witness in Graner Case Says Higher-ups Condoned Abuse," *The Washington Post*, January 11, 2005, page A03. 「アブグレイブの虐待の罪状を認めたあと、兵卒に降格されたフレデリック二等軍曹は、看守の行動について大尉から中佐まで六人の上官に相談したが、一度もやめろと言われなかったと述べた。フレデリックはまた、彼が『エージェント・ロメロ』と特定するＣＩＡ職員が、ある武装グループの容疑者を尋問のために『おとなしく』させろと命じたとも述べた。兵士が何をしたかは気にしない、『殺さなければいい』とその職員に言われたと、フレデリックは証言した」。www.washingtonpost.com/wp-dyn/articles/A62597-2005Jan10.html.

＊56 A. Zagorin, and M. Duffy, "*Time* Exclusive: Inside the Wire at Gitmo," *Time*. http://content.time.com/time/press_releases/article/0,8599,1071230,00.html

＊57 以下に引用されている。Jane Mayer, "The Memo," *The New Yorker*, February 27, 2006, p. 35.

＊58 フィッシュバック大尉とふたりの軍曹のインタビューの詳細はヒューマン・ライツ・ウォッチの報告書に掲載され、以下で閲覧できる。 "Leadership Failure: Firsthand Accounts of Torture of Iraqi Detainees by the Army's 82nd Airborne Division," September 2005, vol. 17, no. 3(G). hrw.org/reports/2005/us0905/1.htm. マケイン上院議員に宛てたフィッシュバックの手紙の全文は、二〇〇五年九月二八日付のワシントン・ポスト紙に掲載され、以下で閲覧できる。 www.washingtonpost.com/wp-dyn/content/article/2005/09/27/AR2005092701527.html.

＊59 Erik Saar and Viveca Novak, *Inside the Wire: A Military Intelligence Soldier's Eyewitness Account of Life at Guantanamo* (New York: Penguin Press, 2005).

＊60 エリック・サールの発言。パシフィカ・ラジオ『デモクラシー・ナウ』のエイミー・グッドマンとのインタビュー（二〇〇五年五月四日）。 www.democracynow.org/2005/5/4/inside_the_wire_a_military_intelligence

＊61 Maureen Dowd, "Torture Chicks Gone Wild," *The New York Times*, January 30, 2005.

＊62 サールと尋問官「ブルック」の発言の出典は *Inside the Wire*（前掲書）, pp. 220-228.

＊63 以下の秀逸な記事を参照。A. C. Thompson and Trevor Paglen, "The CIA's Torture Taxi," *San Francisco Bay Guardian*, December 14, 2005, pp. 15 and 18. この調査によって明らかになったのが、ある私企業が所有するボーイングのジェット機Ｎ３１３Ｐが、世界中のアメリカ陸軍基地のどこにでも着陸できる前例のない離着陸許可を得ていたことだ。同機はレバノン系ドイツ国民のカレド・エル＝マスリの拉致に使用されたことが突きとめられている。同機が、そうした移送に使用されたＣＩＡ専用機二六機のうちの一機である可能性があると、ＡＣＬＵの人権専門家、スティーヴン・ワットは見ている。

＊64 以下を参照。Human Rights Watch, "The Road to Abu Ghraib," June 2004. www.hrw.org/reports/2004/06/08/road-abu-ghraib. John Barry, Michael Hirsh, and Michael Isikoff, "The Roots of Torture," *Newsweek*, May 24, 2004. http://www.newsweek.com/roots-torture-128007:「情報筋によれば、大統領の指示によって、ＣＩＡがアメリカ国外に一連の秘密拘留施設を設置し、抑留者に前例のない手荒い尋問をすることが認められた」

＊65 *Frontline*, "The Torture Question," transcript, p. 5.

＊66 同右。

＊67 Jan Silva, "Europe Prison Inquiry Seeks Data on 31 Flights: Romania, Poland Focus of Investigation into Alleged CIA Jails," Associated Press, Nov. 23, 2005.

＊68 "21 Inmates Held Are Killed, ACLU Says," Associated Press, October 24, 2005. 以下はＡＣＬＵの報告書全文。"Operative Killed Detainees During Interrogations in Afghanistan and Iraq," October 24, 2005. www.aclu.org/news/us-operatives-killed-detainees-during-interrogations-afghanistan-and-iraq

＊69 以下を参照。M. Huggins, M. Haritos-Fatouros, and P. G. Zimbardo, *Violence Workers: Police Torturers and Murderers Reconstruct Brazilian Atrocities* (Berkeley: University of California Press, 2002).

＊70 White House, President Bush Outlines Iraqi Threat: Remarks by the President on Iraq (October 7, 2002). www.georgebush-whitehouse.archives.gov/news/releases/2002/10/20021007-8.html.

＊71 "Iraq on the Record: The Bush Administration's Public Statements on Iraq." 下院政府改革委員会少数党スタッフ特別調査部作成（二〇〇四年三月一六日）。http://downingstreetmemo.com/docs/iraq_on_the_record.pdf

＊72 Ron Suskind, *"The One Percent Doctrine: Deep Inside America's Pursuit of Its Enemies Since 9/11"* (NewYork: Simon & Schuster, 2006), p. 10.

＊73 Adam Gopnik, "Read It and Weep," *The New Yorker*, August 28, 2006, pp. 21-22.

＊74 Philip Zimbardo with Bruce Kluger. "Phantom Menace: Is Washington Terrorizing Us More than Al Qaeda?" *Psychology Today*, 2003, 34-36. 以下の章でローズ・マクダーモットとフィリップ・ジンバルドーがこのテーマについて詳述している。Rose McDermott and Philip Zimbardo, "The Politics of Fear: The Psychology of Terror Alerts," *Psychology and Terrorism*, eds. B. Bonger, L. M. Brown, L. Beutler, J. Breckenridge, and Philip Zimbardo (New York: Oxford University Press, 2006), pp. 357-70.

＊75 *The Washington Post*, October 26, 2005, p. A18.

＊76 一三人の退役司令官およびダグラス・ピーターソン大使からジョン・マケイン上院議員に宛てた二〇〇五年七月二三日付の手紙（最終的には二八人の退役司令官が署名）。

＊77 John McCain, "The Truth About Torture," *Newsweek*, November 21, 2005, p. 35.

＊78 「影の部分」についてのチェイニーの発言は、二〇〇一年九月一六日、メリーランド州キャンプ・デイビッドで収録されたテレビ番組『ミート・ザ・プレス・ウィズ・ティム・ラサート』で述べたもの。発言の全容は以下を参照：https://www.youtube.com/watch?v=KQBsCIaxMuM

＊79 以下に引用されている。Maureen Dowd, "System on Trial," *The New York Times*, November 7, 2005.

＊80　James Risen, ***State of War: The Secret History of the C.I.A. and the Bush Administration*** (New York: Free Press, 2006)『戦争大統領——ＣＩＡとブッシュ政権の秘密』ジェームズ・ライゼン著、伏見威蕃訳、毎日新聞社、二〇〇六年）

＊81　Anthony Lewis, "Making Torture Legal," July 15, 2004.

＊82　K. J. Greenberg. and J. L. Dratel, eds., ***The Torture Papers: The Road to Abu Ghraib*** (New York: Cambridge University Press, 2005).

＊83　引用部分は『The Torture Papers』（前掲書）p. xiii のアンソニー・ルイスの序文より。司法省の法律専門家のうち、ブッシュ政権により任命された専門家ばかりの少数のグループが、反旗をひるがえしていたことにも言及しておくべきだろう。彼らは、国民の監視と敵国の容疑者の拷問に関してほぼ無制限の権力を大統領に与えるために提案された法律的論拠に反対した。ニューズウィーク誌の記者はこの「宮廷の反乱」（二〇〇六年二月）を明らかにし、「静かだが劇的な勇気ある行為」と評した。このグループの中には、人間ではなく法治国家の原則を擁護したことで、疎外、昇進の停止、辞職を勧告されるなど、高い代償を支払った人もいた。

＊84　Joshua Dratel, "The Legal Narrative," ***The Torture Papers***, p. xxi（前掲書）.

＊85　B. Minutaglio, ***The President's Counselor: The Rise to Power of Alberto Gonzales*** (New York: HarperCollins, 2006).

＊86　『The President's Counselor』（前掲書）のＲ・Ｊ・ゴンザレスによる書評。***San Francisco Chronicle***, July 2, 2006, pp. M1 and M2.

＊87　"Gitmo Interrogations Spark Battle Over Tactics: The Inside Story of Criminal Investigators Who Tried to Stop the Abuse," MSNBC.COM, October 23, 2006. www.nbcnews.com/id/15361458/ns/world-news-terrorism/t/gitmo-interrogations-spark-battle-over-tactics/#.VCvM03kcTDc.

＊88　"FBI Fed Thousands of Spy Tips. Report: Eavesdropping by NSA Flooded FBI, Led to Dead Ends," ***The New York Times***, January 17, 2006.

＊89　Eric Lichtblau and James Risen, "Spy Agency Mined Vast Data Trove, Officials Report," ***The New York Times***, December 23, 2005. Adam Liptak and Eric Lichtblau, "Judge Finds Wiretap Actions Violate the Law," ***The New York Times***, August 18, 2006.

＊90　Bob Herbert, "The Nixon Syndrome," ***The New York Times***, January 9, 2006.

＊91　C. Savage, "Bush Challenges Hundreds of Laws," ***The Boston Globe***, April 30, 2006.

＊92　L. Greenhouse, "Justices, 5-3, Broadly Reject Bush Plan to Try Detainees," ***The New York Times***, June 30, 2006. 海軍の弁護士がグアンタナモで抑留者の弁護を割り当てられて代理人となったが、任務を真剣かつ誠実に務めたため、ブッシュ政権に昇進を阻まれた。チャールズ・スウィフト海軍少佐は、代理人を務めたイエメン人抑留者に軍事法廷以前に有罪を認めさせるよう強く求められたが、そうしなかった。逆に、少佐はそのような任務は憲法違反であると結論づけ、ハムダン対ラムズフェルド訴訟を支援して、そうした任務の正当性を退ける最高裁判所判決につなげた。昇進を阻まれたことにより、スウィフト少佐の二〇年に及ぶ軍人としての卓越したキャリアには終止符が打たれた。ニューヨーク・タイムズ紙の社説によれば、「ハムダン氏を弁護し、二〇〇三年七月から議会で証言することで、スウィフト少佐は、どんな個人にも増して、グアンタナモ湾とブッシュ氏の無法な軍務のはなはだしい誤りを暴くことに貢献した」。"The Cost of Doing Your Duty," ***New York Times***, October 11, 2006, p. A26.

＊93　Guy B. Adams and Danny L. Balfour, ***Unmasking Administrative Evil*** (New York: M. E. Sharpe, 2004). 以下も、ブッシュ政権の誤った政策と国防総省によって、戦場の現実の否定によって、どれほど大きな災厄がイラクを襲ったかを理解するための重要な参考文献だ。Thomas Ricks, ***Fiasco: The American Military Adventure in Iraq*** (New York: Penguin Books, 2006).

＊94 戦争犯罪法を骨抜きにしようとするこの密かな企てについて最初に記事を書いたのはR・ジェフリー・スミスだ。R. Jeffrey Smith, "War Crimes Act Changes Would Reduce Threat of Prosecution," *The Washington Post*, August 9, 2006, p. A1. ジェレミー・ブレッカーとブレンダン・スミスがより詳細に掘り下げた報道をしている。Jeremy Brecher and Brendan Smith in "Bush Aims to Kill War Crimes Act," www.democraticunderground.com/discuss/duboard.php?az=view_all&address=103x23379.

＊95 アブグレイブの尋問班を監督したジョーダン中佐は、陸軍捜査部によって七件の違法行為を告発され、虐待罪で有罪とされた――虐待が明るみに出てから数年後のことだった。中佐は合板の壁を立て、虐待行為を直接見ないようにして対処していたと伝えられる（二〇〇六年四月二九日のSalon.com の報道による）。ジョーダン中佐は二〇〇六年四月二六日、軍事司法統一法典の条項により、七件の違法行為により告発されたが、二〇〇六年九月六日の時点ではいかなる判決もくだっていない。パパス大佐はジョーダンの容疑について証言することで、司法取引により訴追を免れた。ジェフリー・ミラー少将は、拘留者を脅すために犬を使用した件などに関して証言を求められた際、憲法上の自己免罪の権利を行使した。以下の記事を参照。Richard A. Serrano and Mark Mazzetti, "Abu Ghraib Officer Could Face Charges: Criminal Action Would Be First in Army's Higher Ranks," *Los Angeles Times*, January 13, 2006.

＊96 二〇〇六年一月、ニューヨークに「アメリカのブッシュ政権が犯した人道に対する罪を問う国際委員会」による法廷が設置された。この法廷がブッシュ政権にかけた嫌疑のうち、私がラムズフェルド、テネット、チェイニー、ブッシュに対して問うた司令部の共犯性に合致するものは以下の六件の訴因だ。

「拷問」訴因一：ブッシュ政権は、人道と人権の国際法、国内憲法、制定法に反して拷問と虐待の利用を許可した。

「引き渡し」訴因二：ブッシュ政権は、アメリカが拘束した人々を、拷問の実践が知られている外国へ移送（「引き渡し」）することを許可した。

「不法拘留」訴因三：ブッシュ政権は、外国の戦闘地域や、戦闘地域から遠いそのほかの国々で拘束した人びとの無期限の拘留を許可し、彼らに対して捕虜の待遇に関するジュネーブ条約による保護も、アメリカ憲法による保護も認めなかった。訴因四：ブッシュ政権はアメリカ国内で、もっともらしい理由により何万という移民を罪状も裁判もなしに一斉検挙し、拘束することを許可した。これは国際人権法と、国内憲法および公民権法に違反する。訴因五：ブッシュ政権は軍隊を利用してアメリカ国民を罪状もなく無期限に拘束・収監し、アメリカの法廷で収監に異議を申し立てる権利を彼らに認めなかった。

「殺人」訴因六：ブッシュ政権はCIAに、アメリカ国民であるか否かにかかわらず、世界のどこでも大統領が指定した人間を殺害する許可を与えることで、殺人の罪を犯した。

この法廷とそこで出された結論に関する情報は、以下を参照。archive.org/detaLes/BushCrimesCommissionNotInOurName.「ブッシュの罪を問う委員会」による証言のビデオが見られる。

＊97 ラリー・ジェイムズ大佐へのインタビューでの談話（二〇〇五年四月二五日、ホノルル）。ジェイムズがこの部分を点検し、正確だと認めている。

＊98 アブグレイブの恐怖は、アメリカ人がこの刑務所を放棄したあともなお拘留されているイラク人にとっては終わっていない――それどころか悪化している。最近の報告によれば、新たな拘束者であるイラク人看守とイラク当局は彼らを拷問し、米と水だけで餓死寸前にし、不潔

な環境で酷暑の中、狭い監房に一日ほぼ二四時間、閉じ込めている。二〇〇六年九月六日、サダム・フセイン時代以来最初の大量処刑が、この生き地獄に閉じ込められた二七人に対して執行された。囚人の一部は、アメリカ人にまた管理してほしいと伝えている。以下で記事が読める。www.theage.com.au/articles/2006/09/10/1157826813724.html.

＊99 以下で報道された。Vanora McWalters, "Britain's Top Legal Adviser: Close Guantanamo, Symbol of Injustice," *Los Angeles Times*, May 11, 2006.

＊100 E. Sciolino, "Spanish Magistrate Calls on U.S. to Close Prison at Guantanamo," *The New York Times*, June 4, 2006.

第一六章

＊1 これらのデータと関連データは、全米退職者協会（ＡＡＲＰ）刊行の重要な資料に掲載され、社会心理学者アンソニー・プラトカニスの大規模な調査にもとづく。プラトカニスは、標的とした相手に詐欺師が商品を売り込む口上を録音した何百本ものテープを調査した。彼の著書を参照。いかさまを見抜いてだまされないための具体的助言が満載された価値ある本だ。Anthony Pratkanis and Doug Shadel, *Weapons of Fraud: A Source Book for Fraud Fighters* (Seattle: AARP Press, 2005).

＊2 Andrew Wolfson, "A Hoax Most Cruel," *The Courier-Journal*, October 9, 2005.

＊3 以下の番組で元副店長のダナ・サマーズが述べた言葉。"The Human Behavior Experiments," Jigsaw productions, Sundance TV, June 1, 2006.

＊4 小説『その男ゾルバ』（秋山健訳、恒文社、一九七一年）はニコス・カザンザキスが一九五二年に書いた名作。同じタイトルの一九六四年の映画では、アレクシス・ゾルバをアンソニー・クインが演じた。監督はマイケル・カコヤニス。共演のアラン・ベイツが演じた内気で知的な雇い主が、ゾルバの破格の外向性、人生を楽しむかぎりない情熱と好対照をなす。

＊5 B. J. Sagarin, R. B. Cialdini, W. E. Rice, and S. B. Serna, "Dispelling the Illusion of Invulnerability: The Motivations and Mechanisms of Resistance to Persuasion," *Journal of Personality and Social Psychology* 83 (2002): 526-41.

＊6 ＣＩＡが一九五〇年代と六〇年代に極秘で主導したＭＫウルトラ計画については、以下の書籍に詳しい。John D. Marks, *The Search for the Manchurian Candidate: The CIA and Mind Control* (New York: Times Books, 1979). 以下はより詳細な学術的著作。Alan W. Scheflin and Edward Opton, Jr., *The Mind Manipulators* (New York: Grosset and Dunlap, 1978). アメリカの報道機関に影響力を行使し世論を操作することを意図したモッキングバード作戦をはじめ、ＣＩＡ主導のそのほか多数のプログラムについての広範な解説は、以下を参照。Alex Constantine, *Virtual Government: CIA Mind Control Operations in America* (Los Angeles: Feral House, 1997).

＊7 そうした社会的影響の多様な領域に関する拙著の一部を挙げておく。R. P. Abelson and P. G. Zimbardo, *Canvassing for Peace: A Manual for Volunteers* (Ann Arbor, MI: Society for the Psychological Study of Social Issues, 1970); P. G. Zimbardo, "Coercion and Compliance: The Psychology of Police Confessions," in *The Triple Revolution Emerging*, eds. R. Perruci and M. Pilisuk, (Boston: Little, Brown, 1971), pp. 492-508; P. G. Zimbardo, E. B. Ebbesen, and C. Maslach, *Influencing Attitudes and Changing Behavior*, 2nd ed. (Reading, MA: Addison-Wesley, 1977); P. G. Zimbardo and C. E. Hartley, "Cults Go to High School: A Theoretical and Empirical Analysis of the Initial Stage in the Recruitment Process," *Cultic Studies Journal* 2 (Spring.Summer 1985): 91-147; P. G. Zimbardo and S. A. Andersen, "Understanding Mind Control: Exotic and Mundane Mental Manipulations," *Recovery from Cults*, ed. M. Langone (New York: Norton Press, 1993), pp. 104-25; P. G. Zimbardo and M. Leippe, *The Psychology of Attitude Change and Social Influence* (New York: McGraw-Hill, 1991).

＊8 社会的影響の基本原理をもっと知るには、以下を参照。R. B. Cialdini, *Influence*, 4th ed. (Boston: Allyn & Bacon, 2001)（『影響力の武器――なぜ、人は動かされるのか』ロバート・B・チャルディーニ著、社会行動研究会訳、誠信書房、二〇一四年）; A. R. Pratkanis, "Social Influence Analysis: An Index of Tactics," in *The Science of Social Influence: Advances and Future Progress*, ed. A. R. Pratkanis (Philadelphia: Psychology Press, 2007, in press); A. R. Pratkanis and E. Aronson, *Age of Propaganda: The Everyday Use and Abuse of Persuasion* (New York: W. H. Freeman, 2001)（『プロパガンダ――広告・政治宣伝のからくりを見抜く』エリオット・アロンソン、アンソニー・プラトカニス著、社会行動研究会訳、誠信書房、一九九八年）; Robert Levine, *The Power of Persuasion: How We're Bought and Sold* (New York: Wiley, 2003)（『あなたもこうしてダマされる――だましの手口とだまされる心理』ロバート・レヴィーン著、忠平美幸訳、草思社、二〇〇六年）; Daryl Bem, *Beliefs, Attitudes, and Human Affairs* (Belmont, CA: Brooks/Cole, 1970); Richard Petty and John Cacioppo, *Communication and Persuasion: Central and Peripheral Routes to Attitude Change* (New York: Springer-Verlag, 1986); Steven Hassan, *Combatting Cult Mind Control* (Rochester, VT: Park Street Press, 1988)（『マインド・コントロールの恐怖』スティーヴン・ハッサン著、浅見定雄訳、恒友出版、一九九三年）; Brad Sagarin and Sarah Wood, "Resistance to Influence" in *The Science of Social Influence: Advances and Future Progress*, ed. A. R. Pratkanis (Philadelphia: Psychology Press, in press, 2007).

＊9 J. M. Burger, "The Foot-in-the-Door Compliance Procedure: A Multiple-Process Analysis and Review," *Personality and Social Psychology Review* 3 (1999): 303-25.

＊10 J. Freedman and S. Fraser, "Compliance Without Pressure: The Foot-in-the-Door Technique," *Journal of Personality and Social Psychology* 4 (1966): 195-202.

＊11 「ドアに足」戦術の向社会的応用についての参考文献をいくつか挙げておく。J. Schwarzwald, A. Bizman, and M. Raz, "The Foot-in-the-Door Paradigm: Effects of Second Request Size on Donation Probability and Donor Generosity," *Personality and Social Psychology Bulletin* 9 (1983): 443-50; B. J. Carducci and P. S. Deuser, "The Foot-in-the-Door Technique: Initial Request and Organ Donation," *Basic and Applied Social Psychology* 5 (1984): 75-81; B. J. Carducci, P. S. Deuser, A. Bauer, M. Large, and M. Ramaekers, "An Application of the Foot in the Door Technique to Organ Donation," *Journal of Business and Psychology* 4 (1989): 245-49; R. D. Katzev and T. R. Johnson, "Comparing the Effects of Monetary Incentives and Foot-in-the-Door Strategies in Promoting Residential Electricity Conservation," *Journal of Applied Social Psychology* 14 (1984): 12-27; T. H. Wang and R. D. Katsev, "Group Commitment and Resource Conservation: Two Field Experiments on Promoting Recycling," *Journal of Applied Social Psychology* 20 (1990): 265-75; R. Katzev and T. Wang, "Can Commitment Change Behavior? A Case Study of Environmental Actions," *Journal of Social Behavior and Personality* 9 (1994): 13-26.

＊12 M. Goldman, C. R. Creason, and C. G. McCall, "Compliance Employing a Two-Feet-in-the-Door Procedure," *Journal of Social Psychology* 114 (1981): 259-65.

＊13 正《ポジティブ》のモデルの向社会的効果については、以下を参照。J. H. Bryan and M. A. Test, "Models and Helping: Naturalistic Studies in Aiding Behavior," *Journal of Personality and Social Psychology* 6 (1967): 400-7; C. A. Kallgren, R. R. Reno, and R. B. Cialdini, "A Focus Theory of Normative Conduct:

When Norms Do and Do Not Affect Behavior," *Personality and Social Psychology Bulletin* 26 (2000): 1002-12; R. A. Baron and C. R. Kepner, "Model's Behavior and Attraction Toward the Model as Determinants of Adult Aggressive Behavior," *Journal of Personality and Social Psychology* 14 (1970): 335-44; M. E. Rice and J. E. Grusec, "Saying and Doing: Effects on Observer Performance," *Journal of Personality and Social Psychology* 32 (1975): 584-93.

＊14 J. H. Bryan, J. Redfield, and S. Mader, "Words and Deeds About Altruism and the Subsequent Reinforcement Power of the Model," *Child Development* 42 (1971): 1501-8; J. H. Bryan and N. H. Walbek, "Preaching and Practicing Generosity: Children's Actions and Reactions," *Child Development* 41 (1970): 329-53.

＊15 「他者配役」とも呼ばれる社会的アイデンティティのレッテル貼りについては、以下を参照。R. E. Kraut, "Effects of Social Labeling on Giving to Charity," *Journal of Experimental Social Psychology* 9 (1973): 551-62; A. Strenta and W. DeJong, "The Effect of a Prosocial Label on Helping Behavior," *ocial Psychology Quarterly* 44 (1981): 142-47; J. A. Piliavin and P. L. Callero, *Giving Blood* (Baltimore: Johns Hopkins University Press, 1991).

＊16 Robert S. McNamara et al., *Argument Without End: In Search of Answers to the Vietnam Tragedy* (New York: Perseus Books, 1999)(『果てしなき論争――ベトナム戦争の悲劇を繰り返さないために』ロバート・S・マクナマラ著、仲晃訳、共同通信社、二〇〇三年）; R. S. McNamara and B. Van deMark, *In Retrospect: The Tragic Lessons of Vietnam* (New York: Vantage, 1996)(『マクナマラ回想録――ベトナムの悲劇と教訓』ロバート・S・マクナマラ著、仲晃訳、共同通信社、一九九七年)。エロール・モリス監督の映画のＤＶＤも参照。*The Fog of War: Eleven Lessons from the Life of Robert S. McNamara*, 2004 (『フォッグ・オブ・ウォー――マクナマラ元米国防長官の告白』ソニー・ピクチャーズエンタテインメント、二〇〇五年)

＊17 一九七九年、イギリス、マンチェスターのウールワース〔訳注：小売チェーン店〕の店舗で火災が発生したとき、大半の人は逃げたが、一〇人が、避難できる状況にあったにもかかわらず焼死した。消防署長の報告によれば、彼らが亡くなったのは、サバイバルの台本ではなく「レストランの台本」に従ったからだ。彼らは、食事を終えて勘定を待っているところだった。人は勘定をすませないうちは、レストランから出ないものだ。みな、目立ちたくなかった。他人と違うことをしたくなかった。それで彼らは待ち、そして、全員が亡くなった。
この出来事は、私も関わったイギリスのテレビ番組『人間動物園（The Human Zoo)』の一場面で再現されている。

＊18 E. J. Langer, *Mindfulness* (Reading, MA: Addison-Wesley, 1989) (『心の「とらわれ」にサヨナラする心理学――人生は「マインドフルネス」でいこう！』エレン・ランガー著、加藤諦三訳、ＰＨＰ研究所、二〇〇九年)（前掲書）

＊19 D. F. Halpern, *Thought and Knowledge: An Introduction to Critical Thinking*, 4th ed. (Mahwah, NJ: Erlbaum, 2003).

＊20 C. Poche, P. Yoder, and R. Miltenberger, "Teaching Self-Protection to Children Using Television Techniques," *Journal of Applied Behavior Analysis*, vol. 21 (1988): pp. 253-61.

＊21 D. Kahneman and A. Tversky, "Prospect Theory: An Analysis of Decision Under Risk," *Econometrica* 47 (1979): 262-91. A. Tversky and D. Kahneman, "Loss Aversion in Riskless Choice: A Reference-Dependent Model," *Quarterly Journal of Economics* 106 (1991): 1039-61.

＊22 G. Lakoff, *Don't Think of an Elephant: Know Your Values and Frame the Debate* (White River Junction, VT: Chelsea Green, 2004). G. Lakoff and M.

Johnson, *Metaphors We Live By*, 2nd ed. (Chicago: University of Chicago Press, 2003)（『レトリックと人生』G・レイコフ、M・ジョンソン著、渡部昇一ほか訳、大修館書店、一九八六年）.

＊23 P. G. Zimbardo and J. N. Boyd, "Putting Time in Perspective: A Valid, Reliable Individual Differences Metric," *Journal of Personality and Social Psychology* 77 (1999): 1271-88.

＊24 Andre Stein, *Quiet Heroes: True Stories of the Rescue of Jews by Christians in Nazi-Occupied Holland* (New York: New York University Press, 1991).

＊25 この部分は、下記の著作のうちクレイグ・ヘイニーと私が共同執筆した章からの引用で、スタンフォード監獄実験の意味に関するクリスティーナ・マスラックの回想の二一六―二〇ページからの抜粋。P. G. Zimbardo, C. Maslach, and C. Haney, "Reflections on the Stanford Prison Experiment: Genesis, Transformations, Consequences," in *Obedience to Authority: Current Perspectives on the Milgram Paradigm*, ed. T. Blass (Mahwah, NJ: Erlbaum, 2000).

＊26 自爆テロの持つ別の意味は、心理学者ファザーリ・モハダムの以下の新著に述べられている。Fathali Moghaddam, *From the Terrorists' Point of View: What They Experience and Why They Come to Destroy Us* (New York: Praeger, 2006).

＊27 詳細は、アレクサンダーの遠征をたどる試みをマイケル・ウッドが綴った以下の魅力的な著作を参照。Michael Wood, *In the Footsteps of Alexander The Great: A Journey from Greece to Asia* (Berkeley: University of California Press, 1997)（『大遠征アレキサンダーの野望――ギリシャからアジアへの旅』マイケル・ウッド著、吉野美耶子訳、ニュートンプレス、二〇〇〇年）。ウッドの旅を記録したBBCのすばらしいドキュメンタリーをマヤ・ヴィジョン（Maya Vision）が製作している（一九九七年）。

＊28 この節で紹介したアイデアの多くはゼノ・フランコと共同で考案し、二〇〇六年に共同執筆した記事"Celebrating Heroism: a Conceptual Exploration"に詳述した。私は、権威に服従させようとする社会的圧力に個人が抵抗する際の、決断の基盤の理解を目指す新たな研究にも携わっている。ピエロ・ボッカリオと共同で行なった最初の調査がこのほど、シチリアのパレルモ大学で完了した。"Inquiry into Heroic Acts: The Decision to Resist Obeying Authority"

＊29 M. Seligman, T. Steen, N. Park, and C. Peterson, "Positive Psychology Progress," *American Psychologist* 60 (2005): 410-21. 以下も参照。D. Strumpfer, "Standing on the Shoulders of Giants: Notes on Early Positive Psychology (Psychofortology)," *South African Journal of Psychology* 35 (2005): 21-45.

＊30 *ARTFL Project: 1913 Webster's Revised Unabridged Dictionary*, http://humanities.uchicago.edu/orgs/ARTFL/forms_unrest/webster.form.html.

＊31 同右三三四～六八九ページの脚注の記述に基づく。

＊32 A. Eagly and S. Becker, "Comparing the Heroism of Women and Men," *American Psychologist* 60 (2005): 343-44.

＊33 Lucy Hughes-Hallett, *Heroes* (London: HarperCollins, 2004).

＊34 同書、一七ページ。アキレウスが死んで霊となったあと、オデュッセウスに、百姓の下男として生きるよりは死んで英雄となるほうがましだと語ったことも、覚えておきたい。ホメロスは英雄的行為を戦闘の技量と果敢さと定義せず、もっと社会的に、人間同士の忠義と相互扶助の絆の形成と維持であると定義している。豚飼いでも、礼節と互いの敬意を尊重すれば、アキレウスと同じくらい英雄的になれる（実際にホメロスの『オデュッセイア』ではひとりの豚飼いがオデュッセウスを守る）。「かつて私の父オデュッセウスが、役目や約束をはたして、

あなたに尽くしたのならば、私を助けてください」と、トロイア戦争を生きのびた英雄たちを訪ねて父を捜すテレマコスは言う。このように、英雄的行為についてのホメロスの見方は、ヒューズ＝ハレットのそれとはかなり異なる。

＊35 同書、五～六ページ。これはアリストテレスの「悲劇的」英雄の定義だ。マクベスは邪悪だし、邪悪な者として知られているが、この意味では英雄だ。悲劇的な英雄がたおれなければいけないのは、『アンティゴネ』に登場するクレオンの性格に見られるように、自分自身を「法である」と思っているからだ。

＊36 「名誉勲章」の表彰内容は以下で閲覧できる。www.history.army.mil/moh/index.htm.

＊37 合衆国法典第一〇編副編B――陸軍、第二部――人事、第三五七章――勲章と褒賞。

＊38 「ヴィクトリア十字勲章」については以下を参照。http://en.wikipedia.org/wiki/Victoria_cross

＊39 M. Hebblethwaite and T. Hissey, "George Cross Database." http://www.marionhebblethwaite.co.uk/gcndex.htm.

＊40 Governor-General, "Australian Bravery Decorations." www.itsanhonour.gov.au/honours/awards/medals/bravery.cfm.

＊41 S. Becker and A. Eagly, "The Heroism of Women and Men," *American Psychologist* 59 (2004): 163-78; 引用部分は p. 164.

＊42 Peter Martens, "Definitions and Omissions of Heroism," *American Psychologist* 60 (2005): 342-43.

＊43 J. McCain and M. Salter, *Why Courage Matters* (New York: Random House, 2004), 14.

＊44 D. J. Boorstin, *The Image: A Guide to Pseudo-Events in America*. New York: Vantage Books, 1992 [1961]（『幻影の時代――マスコミが製造する事実』D・J・ブーアスティン著、後藤和彦、星野郁美 共訳、東京創元社、一九八六年）, pp. 45, 76.

＊45 D. Denenberg and L. Roscoe, *50 American Heroes Every Kid Should Meet* (Brookfield, CT: Millbrook Press, 2001).

＊46 疑似英雄の最悪の例は、アメリカ軍が恥知らずにも利用した、アメリカのジェシカ・リンチ上等兵だ。誇張とでっちあげにより、リンチは負傷し、意識を失い、拘束されたふつうの若い兵士から、残虐な敵と単身戦って捕まった英雄に変えられ、名誉勲章を受けた。そうしたシナリオが完全に捏造されたのは、イラク戦争が報告すべき戦果をほとんど上げていない時期に陸軍が英雄を必要としたためだ。BBCのドキュメンタリーが、この偽りのヒロインをでっちあげるのに使われた多数の嘘と欺瞞を暴いた。それにもかかわらず、リンチ上等兵の物語は封印されるには惜しい美談だったため、NBCのドキュメンタリードラマに仕立てられ、一流雑誌のトップ記事になり、一〇〇万ドルの前金が支払われた彼女の本で再び語られた。BBCアメリカのドキュメンタリー『ジェシカ・リンチ上等兵の救出(Saving Pvt. Jessica Lynch)』(二〇〇三年七月一八日)、Rick Bragg, *I Am a Soldier, Too*: The Jessica Lynch Story(New York: Vintage, 2003)(『私は英雄じゃない――ジェシカのイラク戦争』リック・ブラッグ著、中谷和男訳、藤田正美監修、阪急コミュニケーションズ、二〇〇四年）を参照。

＊47 A. Brink, "Leaders and Revolutionaries: Nelson Mandela." www.content.time.com/time/magazine/article/0,9171,988171,00.html.

＊48 D. Soccio, *Archetypes of Wisdom*, 2nd ed. (Belmont, CA: Wadsworth, 1995).

＊49 W. F. Cascio and R. Kellerman, *Leadership Lessons from Robben Island: A Manifesto for the Moral High Ground*（出稿済、近刊）

＊50 G. A. Kimble, M. Wertheimer, and C. L. White, *Portraits of Pioneers in Psychology* (Washington, DC: American Psychological Association, 1991).

＊51 V. Navasky, "I. F. Stone." www.thenation.com/article/if-stone.

＊52 二〇〇五年一〇月、研究と著作によりハヴェル財団ヴィジョン97賞を受賞した際、幸運にもヴァーツラフ・ハヴェルと数日間をともに過ごし

た。獄中の彼から妻オルガへの手紙をまとめた書簡集と、同書〔訳注：英語版〕にポール・ウィルソンが寄せた政治的背景に関する解説を推薦する。Václav Havel, *Letters to Olga: June 1979-September 1982* (New York: Knopf, 1988)（『プラハ獄中記——妻オルガへの手紙』ヴァーツラフ・ハヴェル著、飯島周訳、恒文社、一九九五年〔訳注：チェコ語原著からの邦訳〕）

*53 D. Soccio, *Archetypes of Wisdom* (Belmont, CA: Wadsworth, 1995).

*54 S. Hersh, *My Lai 4: A Report on the Massacre and Its Aftermath* (New York: Random House, 1970)（『ソンミ——ミライ第4地区における虐殺とその波紋』セイムア・ハーシュ著、小田実訳、草思社、一九七〇年）。ミライ虐殺に関し、関係者、写真、ウィリアム・カリー・ジュニア中尉の裁判にいたる経緯などを含む最大級の網羅的かつ詳細な解説を提供しているのが、ダグ・リンダーの「ミライ軍法会議序論」だ。以下のウェブサイトで閲覧できる。Doug Linder, "Introduction to the My Lai Courts-Martial," www.law2.umkc.edu/faculty/projects/frials/mylai/MYL_intro.htm.

ミライで虐殺されたヴェトナムの女性、子ども、赤ん坊、老人の写真は、チャーリー中隊に配属された軍のカメラマン、ロナルド・ヘバーリが一九六八年三月一六日に私物のカメラで撮影した。二台目の陸軍公用カメラでは、この残虐行為をいっさい撮影しなかった。彼の写真が軍による隠蔽を暴いた。軍はそうした死者たちを武装集団だとし、非武装の無辜の市民が残忍に殺害されたのではないと偽っていたのだ。ただし、アブグレイブとは異なり、どの写真にも、残虐行為の最中にポーズをとる米軍兵士の姿は写っていない。

*55 T. Angers, *The Forgotten Hero of My Lai: The Hugh Thompson Story* (Lafayette, LA: Acadian House Publishing, 1999).

*56 カリー中尉賛歌の歌詞はこんなものだ。「上官殿、私はすべての命令に従い、最善を尽くしました／誰が敵か判断するのは難しく、何が善か知るのも難しい／でも、われわれの中で、理解していなかった人はひとりもいないはず」

*57 ロン・ライデンアワーの手紙（一九六九年三月二九日付）。以下の二〇一—六ページより引用。David L. Anderson, ed., *Facing My Lai: Moving Beyond the Massacre* (Lawrence: University of Kansas Press)

*58 M. Bilton and K. Sim, *Four Hours in My Lai* (New York: Penguin, 1993).

*59 ジョー・ダービーがアブグレイブの虐待行為の暴露後、初めておおやけに発言したのは、二〇〇六年九月、ウィル・S・ヒルトンとのGQ誌のインタビューで、タイトルは「良心の囚人」だった（ダービーの発言はこのインタビューから引用した）。http://www.gq.com/news-politics/newsmakers/200608/joe-darby-abu-ghraib

*60 K. Zernike, "Only a Few Spoke Up on Abuse as Many Soldiers Stayed Silent," *The New York Times*, May 22, 2004, p. 1.

*61 E. Williamson, "One Soldier's Unlikely Act: Family Fears for Man Who Reported Iraqi Prisoner Abuse," *The Washington Post*, May 6, 2004, p. A16.

*62 ラリー・ジェイムズ大佐の談話（二〇〇五年四月二四日）。

*63 H. Rosin, "When Joseph Comes Marching Home: In a Western Mountain Town Ambivalence About the Son Who Blew the Whistle at Abu Ghraib," *The Washington Post*, May 17, 2004, p. C01.

*64 S. Pulliam and D. Solomon, "How Three Unlikely Sleuths Exposed Fraud at WorldCom," *The Wall Street Journal*, October 30, 2002, p. 1.

*65 M. Swartz and S. Watkins, *Power Failure: The Inside Story of the Collapse of Enron* (New York: Random House, 2003)（『エンロン内部告発者』ミミ・シュワルツ、シェロン・ワトキンス著、酒井泰介訳、ダイヤモンド社、二〇〇三年）

＊66 R. Lacayo and A. Ripley, "Persons of the Year 2002: Cynthia Cooper, Colleen Rowley and Sherron Watkins," *Time*.
＊67 ジム・ジョーンズの末期の演説（一九七八年一一月）。http://jonestown.sdsu.edu/?pages-id=29084.
＊68 D. Layton, *Seductive Poison: A Jonestown Survivor's Story of Life and Death in the People's Temple* (New York: Doubleday, 2003). デビー・レイトンのウェブサイトも参照。 www.deborahlayton.net.
＊69 ジム・ジョーンズやオーウェルの『一九八四年』のマインドコントロール戦術、そして、ＣＩＡのマインドコントロール計画「ＭＫウルトラ」の影響に関する考察は、以下の共著中、私が担当した章で述べた。P. G. Zimbardo, "Mind Control in Orwell's 1984: Fictional Concepts Become Operational Realities in Jim Jones' Jungle Experiment," in *On nineteen eighty-four: Orwell and Our Future*, eds. M. Nussbaum, J. Goldsmith, and A. Gleason (Princeton, NJ: Princeton University Press, 2005). ジョーンズタウンがＣＩＡの支援による実験だったとする説については、以下の論文に詳しい。Michael Meires, *Was Jonestown a CIA Medical Experiment? A Review of the Evidence* (Lewiston, NY: E. Mellen Press, 1968). (Studies in American Religion Series, vol. 35).
＊70 リチャード・クラークとダイアン・ルーイについてダン・サリヴァン記者と共同で書いた記事を参照。D. Sullivan and P. G. Zimbardo, "Jonestown Survivors Tell Their Story," *Los Angeles Times*, March 9, 1979, part 4, pp. 1, 10-12.
＊71 M. Grunwald, "A Tower of Courage," *The Washington Post*, October 28, 2001, p. 1.
＊72 二〇〇一年九月一一日朝、ユナイテッド航空九三便はニュージャージーからサンフランシスコに向かう途中、複数のサウジアラビア人やレバノン人テロリストにハイジャックされた。９・11委員会が得た証拠によれば、パイロットと、客室乗務員たちと、少なくとも七人の乗客が四人のハイジャック犯に抵抗したようだ。彼らの行動のおかげで、飛行機の進路は、標的にしていたと考えられる国会議事堂かホワイトハウスからそれた。飛行機はペンシルヴェニア州シャンクスヴィル郊外の野原に墜落し、乗っていた四四人は全員死亡した。高速（時速約九六五キロメートル弱）で激突したため、地面には深さ三五メートルもの穴ができた。二〇〇六年、ユニバーサル・スタジオによって『ユナイテッド93』として映画化された。
＊73 Brink, "Leaders and Revolutionaries."
＊74 H. Arendt, *Eichmann in Jerusalem: A Report on the Banality of Evil* (rev. and enlarged edition) (New York: Penguin, 1994 [1963])(『イェルサレムのアイヒマン——悪の陳腐さについての報告』ハンナ・アーレント著、大久保和郎訳、みすず書房、一九九四年）（前掲書） pp. 25-26.
＊75 同書 p. 276.
＊76 同書 p. 252.
＊77 C. R. Browning, *Ordinary Men: Reserve Police Battalion 101 and the Final Solution in Poland* (New York: HarperPerennial, 1992)(『普通の人びと——ホロコーストと第１０１警察予備大隊』クリストファー・ブラウニング、谷喬夫訳、筑摩書房、一九九七年）（前掲書）, p. xix.
＊78 E. Staub, *The Roots of Evil: The Origins of Genocide and Other Group Violence* (New York: Cambridge University Press, 1989), p. 126.
＊79 Z. Bauman, *Modernity and the Holocaust* (Ithaca, NY: Cornell University Press, 1989) (『近代とホロコースト』ジークムント・バウマン著、森田典正訳、大月書店、二〇〇六年）
＊80 J. Conroy, *Unspeakable Acts, Ordinary People: The Dynamics of Torture* (New York: Knopf, 2000).

*81 M. Haritos-Fatouros, *The Psychological Origins of Institutionalized Torture* (London: Routledge, 2003).

*82 M. Huggins, M. Haritos-Fatouros, and P. G. Zimbardo, *Violence Workers: Police Torturers and Murderers Reconstruct Brazilian Atrocities* (Berkeley: University of California Press, 2002).

*83 英雄的資質の凡庸さという、この概念を最初に提示したのは「エッジ・アニュアル・クエスチョン二〇〇六」に寄稿した私の論文だった。このイベントはジョン・ブロックマンが主催し、毎年、幅広い分野の学者が招かれて刺激に満ちた質問に答える。二〇〇六年の質問は「あなたにとって危険な考えとは何ですか?」だった。以下を参照。http://edge.org.

*84 以下を参照。Francois Rochat and Andre Modigliani, "Captain Paul Grueninger: The Chief of Police Who Saved Jewish Refugees by Refusing to Do His Duty," in *Obedience to Authority: Current Perspectives on the Milgram Paradigm*, ed. T. Blass (Mahwah, NJ: Erlbaum, 2000).

*85 Stanley Milgram, *Obedience to Authority: An Experimental View* (New York: Harper & Row, 1974)(『服従の心理』S・ミルグラム著、山形浩生訳、河出書房新社、二〇一二年ほか)(前掲書)。以下も参照。Philip Zimbardo, Craig Haney, William Curtis Banks, and David Jaffe, "The Mind Is a Formidable Jailer: A Pirandellian Prison," *The New York Times Magazine*, April 8, 1973, pp. 36 ff.

*86 「服従者」と「抵抗者」を区別する性格の相関現象に関する研究の結果、有意義な予測変数［訳注：予測のための判断材料］はわずかしか見つかっていない。権威主義的性格の尺度であるFスケールの数値が高かった人は、権威に服従する傾向が強く、抵抗者ではFスケールの数値が低かった。以下を参照。A. C. Elms and S. Milgram, "Personality Characteristics Associated with Obedience and Defiance Toward Authoritative Command," Journal of Experimental Research in Personality 1 (1966): 282-89.
服従あるいは不服従の傾向に影響しそうなふたつ目の変数は、自分の生に影響するのは外的コントロールだと考えるか、内的コントロールだと考えるかだ。自分の行動が外的な力にコントロールされているという考えを受け入れる人のほうが、服従の傾向が強かった。同様に、キリスト教徒の実験参加者では、服従の傾向が最も強かったのは、自分の生が神にコントロールされていると信じる人たちだった。神による外的なコントロールを信じる度合いが低い人は、宗教的権威だけでなく、科学的権威も拒む傾向があった。以下を参照。Tom Blass, "Understanding Behavior in the Milgram Obedience Experiment: The Role of Personality, Situations, and Their Interactions," *Journal of Personality and Social Psychology* 60 (1991): 398-413.

*87 E. Midlarsky, S. F. Jones, and R. Corley, "Personality Correlates of Heroic Rescue During the Holocaust," *Journal of Personality* 73 (2005): 907-34.

*88 Malcolm Gladwell, "Personality Plus: Employers Love Personality Tests. But What Do They Really Reveal?" *The New Yorker* (September 20, 2004): 42. http://gladwell.com/personality-plus/

*89 Carol S. DePino, "Heroism Is a Matter of Degree," *El Dorado Times*.

*90 ブーアスティン『幻影の時代』(前掲書)原書七六ページより引用。

*91 Aleksandr I. Solzhenistyn, *The Gulag Archipelago, 1918-1956* (New York: Harper & Row, 1973)(『収容所群島――1918-1956(1〜6)』A・ソルジェニーツィン著、木村浩訳、新潮社、一九七五年―一九七八年ほか［訳注：ロシア語原著からの邦訳］)

弊社刊行物の最新情報などは
以下で随時お知らせしています。
ツイッター
@umitotsuki
フェイスブック
www.facebook.com/umitotsuki
インスタグラム
@umitotsukisha

ルシファー・エフェクト

ふつうの人《ひと》が悪魔《あくま》に変《か》わるとき

2015年8月8日　初版第1刷発行
2019年11月16日　第4刷発行

著者
フィリップ・ジンバルドー

訳者
鬼澤《おにざわ》 忍《しのぶ》／中山《なかやま》 宥《ゆう》

装幀
Y&y

印刷
萩原印刷株式会社

発行所
有限会社 海と月社
〒180-0003　東京都武蔵野市吉祥寺南町2-25-14-105
電話0422-26-9031　FAX0422-26-9032
http://www.umitotsuki.co.jp

定価はカバーに表示してあります。
乱丁本・落丁本はお取り替えいたします。

ISBN978-4-903212-46-3